Jürgen Kriz

Grundkonzepte der Psychotherapie

Jürgen Kriz

Grundkonzepte der Psychotherapie

6., vollständig überarbeitete Auflage

BELTZ PVU

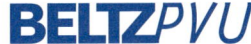

Anschrift des Autors:
Prof. Dr. Jürgen Kriz
Universität Osnabrück
FB 8, Humanwissenschaft
Fach: Psychotherapie und Klinische Psychologie
D-49069 Osnabrück

Das Werk und seine Teile sind urheberrechtlich geschützt. Jede Nutzung in anderen als den gesetzlich zugelassenen Fällen bedarf der vorherigen schriftlichen Einwilligung des Verlages. Hinweis zu § 52a UrhG: Weder das Werk noch seine Teile dürfen ohne eine solche Einwilligung eingescannt und in ein Netzwerk eingestellt werden. Dies gilt auch für Intranets von Schulen und sonstigen Bildungseinrichtungen.

6., vollständig überarbeitete Auflage 2007

1. Auflage 1985 Urban & Schwarzenberg, München
2., durchgesehene Auflage 1989 Psychologie Verlags Union, München
3. Auflage 1991 Psychologie Verlags Union, Weinheim
4. Auflage 1994 Psychologie Verlags Union, Weinheim
5., vollständig überarbeitete Auflage 2001

© Urban & Schwarzenberg, München 1985,
Psychologie Verlags Union,
Verlagsgruppe Beltz, Weinheim 2007
http://www.beltz.de

Lektorat: Reiner Klähn
Herstellung: Anja Renz
Umschlaggestaltung: Federico Luci, Köln
Druck: Druck Partner Rübelmann, Hemsbach
Satz und Bindung: Druckhaus „Thomas Müntzer" GmbH Bad Langensalza
Printed in Germany

ISBN 978-3-621-27601-6

Dem Andenken
meiner Mutter gewidmet,
die drei Kinder
in den Nachkriegswirren
allein großzog

Inhalt

1 Überblick über die Entstehung der Psychotherapie

1.1 Der Mensch als soziales Wesen 1
Elementare psychotherapeutische Praktiken 1
Der Beginn professioneller Psychotherapie 1

1.2 Anthropologie im 19. Jahrhundert 2
Zwischen Glauben und Wissenschaft 2
Vorurteile und objektive Daten 2
Medizin als mechanistische Naturwissenschaft 4
Geistige Wegbereiter Freuds 5

1.3 Anfänge der Psychoanalyse 6
Erforschung und Behandlung der Hysterie 6
Auf dem Weg zur Psychoanalyse 6

1.4 Freud und seine Schüler 8
Alfred Adler 9
Carl Gustav Jung 9
Wege von Freuds Schülern 10

1.5 Die Zersplitterung der psychoanalytischen Bewegung 11
Zerschlagung durch die Nationalsozialisten 11
Weitere Entwicklung 11

1.6 Einfluss der Psychoanalyse auf andere Ansätze 12
Philosophisch orientierte Therapien 12
Körpertherapien 12
Personzentrierte Therapie 12
Humanistische Psychologie 13
Systemische Therapien 13

1.7 Überblick 13
Ein zentraler Entwicklungsstrang 13
Das Einfluss-Schema 14

1.8 Zusammenfassung 16

1.9 Verständnisfragen 17

1 Tiefenpsychologie

2 Psychoanalyse

2.1.	**Der Begriff Psychoanalyse**	**20**
	Kritik an Freud	20
	Modifikation und Weiterentwicklung	20
2.2	**Entstehung der psychoanalytischen Theorie**	**20**
	Die Traumatheorie	20
	Vom Libidokonzept zur Neurosenlehre	22
	Entdeckung des Ichs	24
	Darstellung psychoanalytischer Grundkonzepte	25
2.3	**Das Strukturmodell der Persönlichkeit**	**26**
	Psychischer Apparat	26
	Das Bewusstsein	27
2.4	**Trieblehre**	**28**
	Eros	28
	Libido	28
	Thanatos	28
2.5	**Phasen psychosexueller Entwicklung**	**29**
	Infantile Phasen der Libido	29
	Der Ödipuskomplex	30
	Objektbeziehungen und Narzissmus	30
2.6	**Konflikt, Symptombildung und Neurose**	**31**
	Konflikt	31
	Persönlichkeitstypen und ihre Abwehrmechanismen	32
	Bedeutung frühkindlicher Konflikte	32
	Abwehrmechanismen des Ich	33
2.7	**Die therapeutische Situation**	**33**
	Therapeutisches Bündnis	33
	Das Setting	34
	Interventionen in der Psychoanalyse	34
2.8	**Traum und Deutung**	**34**
	Traumbildung	34
	Der Traum als „Hüter des Schlafs"	34
2.9	**Widerstand, Übertragung und Gegenübertragung**	**35**
	Funktion des Widerstands	35
	Übertragung	35
	Gegenübertragung	36
2.10	**Zusammenfassung**	**36**
2.11	**Verständnisfragen**	**38**

3 Individualpsychologie

3.1 Individuum und Gemeinschaft — 40
Konzeptionelle Abgrenzung — 40
Biographische Hintergründe — 40

3.2 Minderwertigkeitsgefühl und Geltungsstreben — 41
Neurotische Symptome als Abwehr — 41
Materielle Situation und Status der Familie — 42

3.3 Lebensstil, Leitlinien und Lebensplan — 43
Auseinandersetzung mit der Umwelt — 43
Vom Lebensplan zum Lebensstil — 43

3.4 Gemeinschaftsgefühl und Machtmensch — 44
Gemeinschaftsgefühl als zentrales Konzept — 44
Entfaltung des Gemeinschaftsgefühls — 45
Überwertigkeitskomplex — 46

3.5 Das Arrangement der neurotischen Symptome — 46
Funktion der Symptome — 46
Einengende Verhaltensmuster von Neurotikern — 47
Erziehungsstil und Fehlentwicklungen — 47

3.6 Individualpsychologische Therapie — 48
Bedeutung der Erziehung — 48
Erforschung des Lebensplans — 49
Verbündung mit dem Kind im Patienten — 50

3.7 Zusammenfassung — 50

3.8 Verständnisfragen — 52

4 Analytische Psychologie

4.1 Entstehung der Analytischen Psychologie — 53
Biographischer Hintergrund — 53
Studien im psychologischen Grenzbereich — 54

4.2 Struktur und Funktionen der Psyche — 55
Wissenschaft vom Bewusstsein — 55
Zwei psychische Systeme — 56
Ektopsychische Funktionen des Bewusstseins — 56
Endopsychische Funktionen des Bewusstseins — 57

4.3 Typenlehre — 57
Typen zur Klassifizierung — 57
Extraversion und Introversion — 58
Typen psychischer Ausrichtung — 58

	4.4	**Kollektives Unbewusstes und Archetypen**	59
		Annahme eines kollektiven Unbewussten	59
		Archetypen als dynamische Grundmuster	59
	4.5	**Individuation**	61
		Zwei Lebensphasen	61
		Langer Weg der Selbstfindung	61
	4.6	**Analyse nach C. G. Jung**	62
		Traumarbeit und Symbole	62
		Neurose und die Entwicklung der Persönlichkeit	62
	4.7	**Zusammenfassung**	63
	4.8	**Verständnisfragen**	65
5		**Vegetotherapie**	
	5.1	**Das Werk Wilhelm Reichs**	66
		Diskreditierung und Ablehnung	66
		Darstellung der Vegetotherapie	67
	5.2	**Reich versus Freud**	68
		Bedeutung bioenergetischer Aspekte	68
		Divergenzen zwischen Freud und Reich	68
	5.3	**Seelische Gesundheit und Energie**	69
		Orgastische Potenz	69
		Ursachen von Neurosen	70
	5.4	**Sexualität und Gesellschaft**	71
		Bedeutung der Eltern-Kind-Beziehung	71
		Neurosen und bürgerliche Zwangsmoral	71
	5.5	**Charakterstruktur und Charaktertypen**	73
		Organisation von Abwehrmustern	73
		Charakteranalyse	73
	5.6	**Körperpanzer und Körperarbeit**	75
		Verkrampfung als Energieblockade	75
		Therapeutische Körperarbeit	76
	5.7	**Zusammenfassung**	77
	5.8	**Verständnisfragen**	78
6		**Bioenergetik**	
	6.1	**Bioenergetik und Vegetotherapie**	80
		Lowen und die Mitbegründer der Bioenergetik	80
		Grundlagen der Bioenergetik	80

6.2	**Charakterstrukturen und Charaktertypen**	**81**
	Genese der Charakterstrukturen	81
	Klassifikation pathologischer Charakterstrukturen	82
	Entwicklungspsychologische Bedürfnishierarchie	82
	Grundkonflikte der Charaktertypen	83
6.3	**Grounding und Körperarbeit**	**84**
	Grounding	84
	Behandlung und Übungen	85
	Atmung und Stimme	86
6.4	**Zusammenfassung**	**87**
6.5	**Verständnisfragen**	**88**

7 Transaktionsanalyse

7.1	**Entstehungsgeschichte und Grundkonzeption**	**89**
	Biographischer Hintergrund	89
	Grundkonzeption der Transaktionsanalyse	89
	Popularisierung und Praxistauglichkeit	89
7.2	**Strukturanalyse**	**91**
	Drei Ich-Zustände	91
	Entwicklung der Persönlichkeit	91
	Systemstörungen und Funktionsaspekte	92
7.3	**Kommunikationsmodell der Transaktionsanalyse**	**93**
	Transaktionen und Reaktionen	93
	Transaktionsmuster	93
7.4	**Spielanalyse**	**94**
	Komplementärtransaktionen	94
	Das Spiel „Wenn du nicht wärst"	94
	Operationen und Manöver	95
	Vielfalt der Spiele	95
7.5	**Skriptanalyse**	**97**
	Elemente des Skripts	97
	Aufdeckung durch die Skriptanalyse	98
7.6	**Therapeutische Intervention**	**99**
	Ziele der Therapie	99
	Transaktionsanalytische Schulen	99
	Transaktionsanalytische Methoden	99
7.7	**Zusammenfassung**	**100**
7.8	**Verständnisfragen**	**101**

II Verhaltenstherapie

8 Grundkonzepte der Verhaltenstherapie

8.1 Hintergrund und Entstehungsgeschichte — 104
Der Begriff Verhaltenstherapie — 104
Historischer Überblick — 105
Gegenprogramm zur Psychoanalyse — 105

8.2 Frühe theoretische Ansätze — 106
Pawlow: Klassische Konditionierung — 106
Bechterew: Reflexologie — 107
Thorndike: Gesetz des Effektes — 107
Watson: Behaviorismus — 108

8.3 Frühe praxisorientierte Verhaltensforschungen — 109
Tierdressur und Erziehungsmaßnahmen — 109
Experimentelle Neurosen — 109
Ethisch fragwürdige Versuche — 110
Konditionierung bei psychischen Störungen — 111
Anerkennung der Psychoanalyse — 111

8.4 Die amerikanischen Lerntheorien — 112
Hull: Reiz-Reaktions-Schema — 112
Skinner: Operante Konditionierung — 113
Guthrie: Kontiguitätstheorie — 113
Tolman: Latentes Lernen — 114
Grundlage für kognitive Verhaltenstherapie — 114

8.5 Zusammenfassung — 115

8.6 Verständnisfragen — 116

9 Lerntheoretische Verhaltenstherapie

9.1 Desensibilisierung und Angstbewältigung — 117
Gegenkonditionierung — 117
Systematische Desensibilisierung — 118
Expositionstraining — 119
Angstbewältigungstraining — 120
Selbstbehauptungstraining — 120

9.2 Operante Ansätze — 121
Grundkonzepte operanter Konditionierung — 121
Token-Programme — 123
Biofeedback — 123

9.3 Selbstkontrolle — 125
Selbstverstärkung — 125
Stimuluskontrolle — 126

		Selbstbeobachtung	126
		Therapieverträge	126
		Kanfers integratives Modell der Selbstregulation	126
	9.4	**Zusammenfassung**	127
	9.5	**Verständnisfragen**	129

10 Kognitive Verhaltenstherapie

10.1	**Entstehung der kognitiven Verhaltenstherapie**	130
	Kognitive Veranlagung des Menschen	130
	Integration kognitiver Elemente	131
	Vielzahl von Ansätzen	131
10.2	**Lernen am Modell**	132
	Faktoren des Modelllernens	132
	Soziale Kompetenzen	132
10.3	**Problemlösungstherapien**	133
	Erwerb allgemeiner Strategien	133
	Ablauf der Problemlösung	133
10.4	**Verdeckte Konditionierung**	134
	Techniken	134
	Schwierigkeiten und Wirksamkeit	134
10.5	**Selbstinstruktion**	135
	Innerer Dialog	135
	Drei Phasen der Therapie	135
10.6	**Kognitive Therapie**	136
	Persönliche Domäne	136
	Kognitive Trias und Denkfehler	136
10.7	**Multimodale Therapie (BASIC ID)**	138
10.8	**Zusammenfassung**	138
10.9	**Verständnisfragen**	140

11 Rational-emotive Therapie

11.1	**Entstehung der Rational-emotiven Therapie**	141
	Biographischer Hintergrund	141
	Verhältnis zu anderen Therapieformen	142
	Wirksamkeit	143
11.2	**„A-B-C" der Rational-emotiven Therapie**	143
	Ereignis und Bewertung	143
	A-B-C-Schema	144
	„Mussturbatorische Ideologien"	144

	Selbstindoktrination	145
	Irrationale Ideen	145
11.3	**Praxis der Rational-emotiven Therapie**	**146**
	Sokratischer Dialog	146
	Analyse der A-B-C-Schemata	146
	Interventionsmethoden in der Rational-emotiven Therapie	148
11.4	**Zusammenfassung**	**150**
11.5	**Verständnisfragen**	**151**

III Humanistische Ansätze

12 Geschichte der humanistischen Psychotherapie

12.1	**Geistesgeschichtlicher Hintergrund**	**154**
	Grundkonzepte der humanistischen Psychotherapie	154
	Vorläufer humanistischer Psychotherapie	155
12.2	**Philosophische Wurzeln**	**155**
	Existenzphilosophie	155
	Phänomenologie	156
	Humanismus	157
12.3	**Einflüsse aus der Psychologie**	**158**
	Beitrag der Gestaltpsychologie	158
	Leitsätze für therapeutisches Handeln	159
	Der Einfluss Morenos	160
12.4	**Menschenbild der humanistischen Psychologie**	**161**
	Zentrale Annahmen	161
	Bedürfnishierarchie	161
12.5	**Zusammenfassung**	**162**
12.6	**Verständnisfragen**	**162**

13 Personzentrierte Psychotherapie

13.1	**Entstehungsgeschichte der Personzentrierten Psychotherapie**	**163**
	Unterschiedliche Bezeichnungen	163
	Rogers als empirischer Psychotherapieforscher	164
	Biographische Hintergründe	164
	Entwicklung der Gesprächspsychotherapie	165
13.2	**Entwicklung der Personzentrierten Psychotherapie**	**166**
	Nichtdirektivität	166
	Verbalisierung von Gefühlen	167
	Erlebniszentrierung	167

		Erweiterung und Integration	167
		Klassifikation gesprächspsychotherapeutischer Methoden	168
	13.3	**Rogers Persönlichkeits- und Entwicklungstheorie**	**169**
		Das „Selbst" als zentrales Konzept	169
		Zentrale Thesen zur Persönlichkeitstheorie	171
	13.4	**Grundhaltung des Therapeuten**	**172**
		Unbedingte positive Zuwendung	173
		Echtheit	174
		Einfühlendes Verstehen	174
		„Technik" des Verbalisierens	174
	13.5	**Der therapeutische Prozess**	**176**
		Psychische Beeinträchtigungen	176
		Veränderungen im Therapieprozess	177
	13.6	**Experiencing und Focusing**	**178**
		Experiencing	178
		Focusing	179
	13.7	**Zusammenfassung**	**180**
	13.8	**Verständnisfragen**	**181**

14 Gestalttherapie

	14.1	**Entstehung der Gestalttherapie**	**183**
		Anfänge und Mitbegründer	183
		Integration unterschiedlicher Ansätze	183
		Biographischer Hintergrund	183
		Unterschiedliche Strömungen	184
	14.2	**Gestalttherapeutische Grundkonzepte**	**184**
		Kerngebote	185
		Zentrale Begriffe	185
		Assimilation und Wachstum	186
		Umweltkontakt und Selbstregulation	187
		Kontaktstörungen	188
		Schichten um das Selbst	190
	14.3	**Gestalttherapeutische Intervention**	**190**
		Analyse von Widerständen	191
		Awareness von Abwehrverhalten	191
		Breites Spektrum an Techniken	192
	14.4	**Zusammenfassung**	**192**
	14.5	**Verständnisfragen**	**193**

15 Logotherapie und Existenzanalyse

15.1 Entstehung der Logotherapie und Existenzanalyse — 195
Grundanliegen und Weiterentwicklung — 195
Biographischer Hintergrund — 196

15.2 Theorie und Praxis der Logotherapie — 196
Bedeutung der Sinnfrage — 196
Formen der Neurose — 197
Der „Wille zum Sinn" — 197
Interventionsansätze — 198
Paradoxe Intention — 199
Personale Existenzanalyse — 200
Existentielle Grundmotivationen — 200

15.3 Zusammenfassung — 201

15.4 Verständnisfragen — 201

16 Psychodrama

16.1 Entstehung des Psychodramas — 203
Der Begriff Psychodrama — 203
Biographischer Hintergrund — 203
Einfluss auf andere Therapieformen — 203

16.2 Grundkonzepte des Psychodramas — 204
Bedeutung von Rollen — 204
Vier Aspekte der Lebenswelt — 204

16.3 Praxis der Psychodrama-Therapie — 205
Sechs Konstituenten des Psychodramas — 205
Anwendungen des Psychodramas — 206

16.4 Zusammenfassung — 207

16.5 Verständnisfragen — 207

IV Systemische Ansätze

17 Grundlagen systemischer Therapie

17.1 Einführung in die systemische Perspektive — 210
Heterogenität der Weltbilder — 210
Zirkularität — 211
Evolution und Ko-Evolution — 213
Sprachstruktur wider Systemdenken — 214

	17.2	**Grundkonzepte interdisziplinärer Systemforschung**	**217**
		Selbstorganisation	217
		Geschichte systemtheoretischer Konzepte	220
	17.3	**Systemtheorie und Systemtherapie**	**224**
		Selbstorganisierte Verhaltensmuster	224
		Humanistische und systemische Konzepte	224
		Kommunikation und Pathogenese	225
		Das Selbst im systemischen Ansatz	227
		Das System „Familie"	228
	17.4	**Geschichte systemtherapeutischer Ansätze**	**231**
		Systemische Aspekte in früheren Therapieansätzen	232
		Frühe systemtherapeutische Konzepte	233
		Anfänge familientherapeutischer Praxis	234
	17.5	**Zusammenfassung**	**235**
	17.6	**Verständnisfragen**	**237**
18	**Kommunikation und Paradoxien**		
	18.1	**Kommunikation**	**238**
		Pragmatik menschlicher Kommunikation	238
		Fünf Axiome der Kommunikation	238
	18.2	**Macht in systemischen Ansätzen**	**242**
		Vernachlässigung der Macht	242
		Untersuchung der Macht	244
	18.3	**Pragmatische Paradoxien**	**245**
		Parodoxien in der Kommunikation	245
		Double-Bind-Theorie	245
		Kommunikativ-systemische Einzeltherapie	247
		Paradoxe Intervention	248
	18.4	**Zusammenfassung**	**249**
	18.5	**Verständnisfragen**	**250**
19	**Die Zweierbeziehung als Kollusion**		
	19.1	**Systemische Paartherapie**	**251**
		Kollusion als Kernkonzept	251
		Das Abgrenzungsprinzip	251
		Regressive und progressive Tendenzen	252
		Die Gleichwertigkeitsbalance	253
	19.2	**Kollusion und Kollusionstypen**	**254**
		Vier Grundthemen in Paarbeziehungen	254
		Konzept der Kollusion	254
		Die narzisstische Kollusion	255

		Die orale Kollusion	256
		Die anal-sadistische Kollusion	257
		Die phallisch-ödipale Kollusion	258
	19.3	**Praxis der Paartherapie nach Willi**	**259**
		Kollusionsthemen als Bereicherung	259
		Erkenntnisziele der Paartherapie	260
		Beziehungsökologische Psychotherapie	260
	19.4	**Zusammenfassung**	**261**
	19.5	**Verständnisfragen**	**262**

20 Familientherapie

	20.1	**Von der Familientherapie zur systemischen Therapie**	**263**
		Familientherapie als Sammelbegriff	263
		Richtungsübergreifende Interventionskonzepte	264
	20.2	**Psychoanalytisch orientierte Familientherapie**	**267**
		Analyse von Beziehungen	267
		Pioniere psychoanalytischer Familientherapie	268
		Dynamische Familientherapie	269
	20.3	**Strukturelle Familientherapie**	**271**
		Normative Familienstruktur	272
		Pathogene Familienstrukturen	273
		Strukturelle Interventionen	273
	20.4	**Erfahrungszentrierte Familientherapie**	**275**
		Familientherapie und humanistische Psychologie	275
		Funktionen der Familiengründung	275
		Selbstwert und Kommunikation	276
		Kommunikationsmuster zur Abwehr	276
		Therapeutische Intervention	
	20.5	**Strategische Familientherapie**	**280**
		Pioniere strategischer Familientherapie	280
		Strategischer Ansatz des Mailänder Modells	281
		Pathogene Familienstrukturen	283
		Strategische Intervention	284
	20.6	**Narrative Familientherapie**	**286**
		Einfluss postmodern-narrativer Ideen	
		Lösungsorientierte Kurztherapie	286
		Therapie mit problemdeterminierten Systemen	287
		Das reflektierende Team	288
	20.7	**Zusammenfassung**	**289**
	20.8	**Verständnisfragen**	**291**

Inhalt der beiliegenden CD-ROM

Verständnisfragen 294
Zusammenfassungen 294
Fallbeispiele 294

Anleitung zur Benutzung der CD-ROM 299

Literaturverzeichnis 300

Personenregister 311

Sachregister 316

Vorwort zur 6. Auflage

Die bereits mit der 5. Auflage innerlich wie äußerlich vorgenommenen Veränderungen werden mit dieser 6. Auflage fortgesetzt:

Die wohl bedeutsamste Neuerung ist auf der beigefügten CD realisiert. Sie enthält zu allen im Buch vorstellten Psychotherapieansätzen Fallbeispiele, welche die konkrete Umsetzung der Grundkonzepte in der realen Praxis anschaulich vor Augen führen. Viele Leserinnen und Leser hatten sich so etwas immer gewünscht – und mussten immer wieder darauf verwiesen werden, dass der Abdruck solcher Fallbeispiele den Band in seinem Umfang unhandlich und in seinem Preis unattraktiv machen würde. Eine Kompromisslösung – das Einstreuen weniger kurzer Fallvignetten – kam für mich nicht infrage, weil solche „exemplarischen" Kurzbeispiele eher in die Irre führen, wenn nicht klar wird, wofür sie denn „exemplarisch" zu sehen sind. Ich gebe zu, dass solche Bedenken auch in der nun vorliegenden Form nicht völlig ausgeräumt sind: Die Gefahr, aus der Spezifität realer Beispiele unzulässige Verallgemeinerungen abzuleiten, lässt sich nicht grundsätzlich bannen. Doch denke ich, dass die durch Verwendung der CD gegebene Möglichkeit, eine umfassende Palette solcher Beispiele zur Verfügung zu stellen, dann nicht problematisch ist, wenn die Leser tatsächlich die Fallbeispiele der CD und die theoretischen Kapitel im Buch stets als Einheit sehen und behandeln. Mit der neuen Technik scheinen mir jedenfalls die Vorteile einer höheren Anschaulichkeit und exemplarischen Einsicht in die praktische Umsetzung die möglichen Nachteile missbräuchlicher Verallgemeinerungen deutlich zu überwiegen. Und ich hoffe, dass durch diesen expliziten Hinweis die Gefahr unzulässiger Schlüsse aus den Einzelfällen noch weiter verringert wird.

Ebenfalls viel geäußerten Wünschen nach einer noch mehr auf Lern- und Prüfungssituationen zugeschnittenen Ergänzung durch Zusammenfassungen und (Selbstüber-)Prüfungsfragen wurde nun ebenfalls Rechnung getragen. Wobei ich die Fragen weniger als Hinweise zur Erstellung auswendig zu lernender „richtiger" Antworten verstanden wissen möchte, sondern eher als (Nach-)Arbeitsanweisungen zur Erhöhung eines inneren Verständnisses. Auch dies sei explizit gegen das zunehmende Missverständnis ins Feld geführt, dass Wissenschaft und ihre (Hochschul-)Lehrer über einen Fundus „wahren" Wissens verfügten, den man als Student abzuspeichern und zu reproduzieren habe. Zumindest in dieser Einseitigkeit ist diese Ansicht wenig sinnvoll: Da das menschliche Gehirn im Wettbewerb um Speicher- und Retrieval-Leistungen längst jeder Computerfestplatte unterlegen ist, sollte es primär für seinen eigentlichen Verwendungszweck eingesetzt werden: zum Denken, kreativen Kombinieren und kritischen Hinterfragen der scheinbar selbstverständlichen Sätze (wofür allerdings zunächst auch ein angemessenes Wissen erforderlich ist).

Die erhebliche Arbeit, die in diesen Neuerungen der 6. Auflage steckt, hätte ich gar nicht bewältigen können, wenn mir nicht über ein Jahr Frau Dipl.-Psych. Verena Kantrowitsch ebenso kompetent wie unermüdlich zur Seite gestanden hätte: Die Fallbeispiele hat sie weitgehend selbständig ausgesucht, aufgearbeitet und auch die umfangreiche Organisationsarbeit in diesem Zusammenhang geleistet. Fragen und Zusammenfassungen wurden in gemeinsamer Arbeit erstellt. Für diese sehr bedeutsame Leistung und Unterstützung möchte ich Frau Kantrowitsch auch an dieser Stelle herzlich danken. Ebenso bedanken möchte ich mich bei Herrn Reiner Klähn als Lektor, der den gesamten Text sehr sorgfältig besonders hinsichtlich der vielen Überschriften bearbeitet, einzelne Formulierungen verbessert und viele Lücken und Unstimmigkeiten in der Literatur (hoffentlich weitgehend) ausgemerzt hat.

Wenn auch mit den drei Neuerungen – Fallbeispielen (auf CD), Zusammenfassungen, Arbeits-/Prüfungsfragen – die Anregungen und Wünsche von Lesern weitgehend aufgegriffen und umgesetzt wurden, so wurde einem weiteren von manchen geäußerten Wunsch dennoch nicht entsprochen, nämlich diesem Buch ein Glossar beizufügen. Wer sich ein solches Glossar einmal real vorstellt angesichts der Breite des in diesem Werk abgehandelten Stoffes, wird schnell nachvollziehen können, warum: Wenn man so will, *ist* das Buch ein (etwas ausführlicheres und nicht alphabetisch, sondern sachlich gegliedertes) Glossar. Eine prägnante, aber noch hinreichend verständliche Erläuterung aller in diesem breiten Spektrum an Ansätzen berührten zentralen Begriffe, würde insgesamt nicht sehr viel kürzer ausfallen als das Buch selbst. Zwar scheint es ja auch für die „Zusammenfassungen" von Werken der Weltliteratur auf jeweils einer halben bis drei Seiten einen Bedarf zu geben, wie die Medien zunehmend belegen. Doch sollten Autoren nicht freiwillig dazu beitragen, dass die Grenzen zwischen berechtigten, kompetenten Glossaren und inkompetenten, unfreiwilligen Glossen verwischt werden.

Die bereits in der 5. Auflage vorgenommenen inhaltlichen Veränderungen aufgrund von Neubewertungen und Sichtungen 15 (nun 21) Jahre nach der Erstauflage machte diesmal nur geringere Anpassungen im Stoff selbst nötig. Besonders die Darstellung der systemischen Ansätze und ihrer zugrunde liegenden Konzepte wurde für die 5. Auflage (2001) ja völlig neu geschrieben, und auch andere Ansätze haben dort teilweise eine deutliche Akzentverschiebung erfahren. Die Notwendigkeit, die fundamentalen Unterschiede humanistischer Grundkonzepte gegenüber den tiefenpsychologischen und den kognitiv-behavioralen deutlich zu betonen, besteht 2006 nicht weniger als 2001. Der gesellschaftliche Trend, alles mit derselben Elle ökonomischer Optimierung messen zu wollen, hat zu Anpassungsleistungen geführt, bei denen unterschiedliche Konturen verblassen oder zumindest zu wenig prägnant in die Diskussion eingebracht werden. Die Gefahr ist daher keineswegs gebannt, dass humanistische Psychotherapie allzu leicht als eine Variante der Verhaltenstherapie missverstanden werden könnte, der es lediglich an Konsequenz, Effektivität und Zielorientiertheit mangelt.

Daher ist es heute wichtiger denn je, auch die zentralen Grundkonzepte und ihre Unterschiede nicht aus dem Auge zu verlieren. Sowohl von angehenden Psychologen – besonders im klinischen Bereich – als auch von Studenten angrenzender Fachgebiete (z. B. Mediziner oder Sozialpädagogen) wird billigerweise erwartet, dass sie bei aller Spezialisierung doch auch die fundamentalen Sichtweisen und konzeptionellen Arbeitsgrundlagen psychotherapeutischen Handelns ganz allgemein überschauen können. Sei es, um damit überhaupt eine Grundlage für die Entscheidung zu einer bestimmten Spezialisierung zu gewinnen, oder sei es, um das eigene Handeln an den konzeptionellen Grenzen gegenüber anderen Ansätzen schärfer fassen zu können, oder letztlich, um das Verständnis für die Denk- und Argumentationsweise von Kollegen in anderen psychotherapeutischen Ausrichtungen zu erhöhen und – jenseits aller spezieller Fachtermini – eine Verständigung und Fachdiskussion zu ermöglichen.

Dies ist m. E. übrigens unabhängig davon, wie weit es gegenwärtigen Kräften in Deutschland gelingen sollte, formal die „Psychotherapie" auf zwei oder drei Ansätze (bzw. Ansatz-Klassen) zu beschränken: Die Vielfalt menschlicher Lebenswege, Ziele, Wertvorstellungen und Lebensweisen wird sich immer auch als Nachfrage nach einer Vielfalt an medizinischen und psychotherapeutischen Weisen des Umgangs der Menschen miteinander widerspiegeln. Und ich bin sicher, es wird immer Therapeuten, Wissenschaftler, Politiker und andere geben, die ihre Professionalität nicht in einer Beschränkung der Denk-, Handlungs- und Forschungsmöglichkeiten sehen, sondern in deren Erweiterung (einschließlich der kritischen Reflexion der eigenen Standorte und Perspektiven). Die Vielfalt der Grundkonzepte spiegelt somit letztlich die Vielfalt menschlichen Lebens wider und wird uns daher auch in der professionellen Psychotherapie immer begegnen – gleich wie sich die gesetzliche und soziale Lage hierzulande in nächster Zeit entwickeln wird.

Die Kompromisse hinsichtlich Auswahl, Struktur usw. in der Darstellung der Grundkonzepte, die für ein solches Werk notwendig waren, sind in den „Vorbemerkungen zur 1. Auflage" dargelegt. Diese sind daher im Folgenden unverändert abgedruckt – zumal viele Rezensenten die explizite Darlegung der Ziele dieses Werkes in den „Vorbemerkungen" als hilfreich hervorgehoben haben. Ich freue mich auch darüber, dass die vielen positiven Rezensionen gezeigt haben, dass meine Entscheidung gebilligt wurde, den gegebenen Rahmen fast ausschließlich für eine rekonstruktive Darstellung zu nutzen und daher auf eine oberflächliche Kritik zu verzichten. Kritik ist m. E. nur dann fruchtbar, wenn das zu Kritisierende zunächst einmal möglichst weitgehend erarbeitet und nachvollzogen wurde.

Osnabrück, Winter 2006 *Jürgen Kriz*

Vorbemerkungen zur 1. Auflage: Zum Hintergrund und Anliegen dieses Buches

Das vorliegende Buch ist aus einer Einführungsvorlesung (nach dem Vordiplom) hervorgegangen, die über mehrere Jahre erprobt und modifiziert wurde und derzeit die Struktur gefunden hat, die diesem Werk zugrunde liegt. Es ist primär als Lehr-, Lern- und Arbeitsbuch konzipiert – als Text also, mit dem man sich länger auseinander setzen sollte. Gerade deshalb scheint es notwendig und sinnvoll, einige der wesentlichen Vorstellungen, Entscheidungen und notwendigen Kompromisse zu dokumentieren, die den manifesten Text letztlich bestimmt haben. Der Einblick in die Intentionen des Autors soll angemessene Erwartungen schaffen und so die Auseinandersetzung mit diesem Buch erleichtern.

Mein Hauptanliegen ist es, in einem Buch „normalen" Umfangs einen gut lesbaren, möglichst sogar spannenden, einführenden, aber dennoch fundierten Überblick über zentrale Konzepte der Psychotherapie zu geben. Natürlich kann und soll das Buch nicht eine weiter gehende Auseinandersetzung mit der umfangreichen Literatur ersetzen, die zu jedem Therapieansatz vorliegt – vielmehr soll es zu dieser Auseinandersetzung hinführen und ermuntern sowie einen Rahmen abgeben, der eine gezielte Auswahl und eine weitere Aufarbeitung erleichtert.

Auch war von vornherein kein Lehrbuch „der Psychotherapie" geplant – so bleiben hier u. a. Bereiche wie Psychotherapieforschung, einzelne Befunde empirischer Studien sowie Hinweise und beispielhafte Anleitungen für die Therapiepraxis ausgespart. Dennoch gab es mehrmals Phasen in der Arbeit an diesem Band, wo ich das Unterfangen wieder aufgeben wollte, weil ich es für zu vermessen hielt, und ich mich am liebsten vor den Entscheidungen gedrückt hätte, die notwendig waren, um den Stoff aus vielen hundert Bänden über Psychotherapie (und dies ist schon eine nur kleine Auswahl) auf einen „handlichen Band" zu verdichten. Doch die Reaktionen auf erste Textteile und der Wunsch, besonders meinen Studenten eine kurz gehaltene Einführung an die Hand zu geben, machten mir immer wieder Mut zu den notwendigen Kompromissen.

Am leichtesten fiel noch die Entscheidung, welche Therapieformen in welchem Ausmaß zu berücksichtigen seien. Der Psychoboom, besonders im letzten Jahrzehnt, hat zwar mehrere hundert Therapieformen entstehen lassen, aber eine Durchsicht der gängigen wissenschaftlichen und praktischen Publikationsorgane lässt relativ klare Konturen hinsichtlich der derzeitigen Bedeutung erkennen. Dies mag gegenüber einzelnen möglicherweise genialen, aber missachteten Konzepten ungerecht sein, aber ein Einführungsbuch sollte m. E. die vorherrschenden Gewichte nicht allzu sehr verschieben. Trotz einiger persönlicher Freiheiten, die ich mir erlaubt habe (z. B. eine stärkere Gewichtung des konzeptionellen Beitrages von Wilhelm Reich), hege ich daher wenig Bedenken, dass die Auswahl insgesamt weitgehend konsensfähig ist.

Weit schwieriger hingegen erschien mir die Auswahl des „Stoffes" innerhalb der jeweiligen Therapieansätze. Zu jedem Ansatz gibt es Varianten, Modifikationen, Ergänzungen usw. Hier schien es mir aber sinnvoll, schwerpunktmäßig eher die ursprünglichen Grundkonzepte zu betonen, als das Spektrum der Weiterentwicklungen zu referieren: Gegebenenfalls lassen sich in der weiteren Auseinandersetzung mit psychotherapeutischer Literatur oder Praxis einzelne Modifikationen leichter in eine Struktur aus Grundkonzepten eingliedern als umgekehrt.

Die Grobgliederung letztlich – d. h. die Zuordnung der Therapieformen zu „Obergruppen": „tiefenpsychologische Ansätze", „verhaltenstherapeutische Ansätze", „humanistische Ansätze" und „systemische Ansätze" – kann nur als eine von mehreren gleichwertigen Alternativen gesehen werden. Selbst wenn man es bei diesen vier „Gruppen" belässt, zu denen ich mich durchgerungen habe, so ist die Zuordnung keineswegs klar und eindeutig: Beispielsweise lässt sich die Transaktionsanalyse von Berne, die hier unter die tiefenpsychologischen Ansätze eingereiht wurde, genauso gut unter den humanistischen Ansätzen oder sogar unter den systemischen Ansätzen mit aufführen. Der Ähnlichkeitsraum der Therapien ist durch eine größere Zahl abhängiger Faktoren (teilweise bipolar) bestimmt (u. a. tiefenpsychologisch, humanistisch, verhaltens- bzw. lerntheoretisch, kognitiv, systemisch, kindertherapeutisch, körperorientiert, philosophisch, sozialtherapeutisch); die terminologische Gruppierung in vier Cluster ist somit recht willkürlich und unbefriedigend – es ist gut, wenn der Leser dies berücksichtigt.

Was die Feingliederung betrifft, so habe ich den ursprünglichen Plan einer durchgehenden, für alle Kapitel gleichen Struktur wieder verworfen: Abgesehen davon, dass ein solches Vorhaben im Hinblick auf unterschiedliche Gewichtungen der einzelnen Therapieansätze (die sich auch im Umfang niederschlagen) schwer zu realisieren gewesen wäre, hätte man eine solche Struktur den Therapieansätzen als etwas Fremdes von außen übergestülpt. Weit wichtiger, als die formale Vergleichbarkeit der Ansätze über ein gemeinsames Raster zu erhöhen, erschien es mir im Rahmen einer Einführung, die Therapieformen weitgehend aus ihren internen Strukturen und ihren zentralen Anliegen heraus jeweils zu entwickeln. Dabei hat sich dieses Bemühen gewissermaßen zwangsläufig selbst in der Sprache niedergeschlagen, so z. B. in einer eher nüchternen faktenorientierten Darstellung der Verhaltenstherapien im Gegensatz zu einer eher metaphorisch-expressionistischen Darstellung der Gestalttherapie.

Statt also aus einem neutralen Abstand heraus „objektive" Vergleiche anzustellen, würde ich mir wünschen, dass der Leser sich auf eine Begegnung mit der jeweiligen Richtung einlässt und zunächst einmal versucht, sie aus der inneren Logik heraus nachzuvollziehen und zu verstehen. Aus dem gleichen Anliegen heraus wurde von Kritik nur sehr sparsam Gebrauch gemacht. Die Ansätze sind insgesamt unterschiedlich und gegensätzlich genug, als dass die Gefahr bestünde, den Leser unkritisch in irgendeine Richtung zu (ver)führen. Ich habe es daher vorgezogen, in einem Abschlusskapitel wichtige Aspekte der zuvor referierten Ansätze in einer Art konstruktiver Kritik zusammenzuführen, indem ich meine eigene therapeutische Konzeption skizziere. Mein persönlicher Eindruck ist, dass man heute allzu oft und allzu schnell mit Kritik bei der Hand ist, die eher aus Oberflächlichkeit und Unverständnis als von wirklicher Auseinandersetzung herrührt. Natürlich ist es leicht – um ein Bild zu gebrauchen – dem Frosch vorzuwerfen, dass er nicht fliegen kann, und am Vogel zu kritisieren, dass er nicht quakt. Dies verhindert aber möglicherweise, sich auf die viel mühseligere Arbeit des verstehenden Nachvollziehens einzulassen, was ich aber gerade bei einer Einführung in Psychotherapieansätze für zentral und unumgänglich halte.

Die von mir eingenommene Perspektive ist somit eine weniger systematisierende bzw. kritisierende, als vielmehr eine historisch-rekonstruierende (hinsichtlich des ersten Aspektes sei übrigens auf eine interessante Lösung von Renaud von Quekelberghe: „Systematik der Psychotherapie", 1979 im selben Verlag, verwiesen). Eine etwas stärkere Einbeziehung der historischen Perspektive mag für manchen Psychologen ungewöhnlich sein, denn nicht selten werden die Ergebnisse unserer Wissenschaft wenn schon nicht als „vom Himmel gefallene" Erkenntnisse, so doch jenseits ihrer sozialen (besonders auch: gesellschaftlichen) und historischen Kontexte vermittelt. Wenn hier die einzelnen Hauptformen der Therapieansätze dennoch (schon in den Überschriften) zunächst an einzelnen Personen festgemacht und oft mit einzelnen lebensgeschichtlichen Ereignissen in Beziehung gesetzt werden, sollten damit trotzdem auch die allgemeinen sozialen Verknüpfungen, die zu den Therapieformen geführt haben, mit vermittelt werden. Lebensgeschichte ist kein Individualproblem – schon gar nicht zu Zeiten zweier Weltkriege, Weltwirtschaftkrise und Nazi-

Herrschaft, die den historischen Hintergrund der Entwicklung der meisten Therapieformen (oder zumindest ihrer wesentlichsten Vorläufer) darstellen.

Trotz dieser stark historisch-rekonstruktiven Perspektive habe ich meine Aufgabe nicht als neutraler „Sammler von Fakten" (oder gar als „Zusammensteller von Zitaten") gesehen. Selbstverständlich habe ich mich aufrichtig um größtmögliche wissenschaftliche Redlichkeit bemüht. Aber auf Sätze wie: „X weist in der Darstellung der Theorie von Y nach, dass . . .; hingegen meint Z dazu, dass . . ." (d. h.: Deutungen der Deutungen von Deutungen, wenn auch zitiert) habe ich weitgehend verzichtet – sie sind für mich nicht „objektiv" (was immer das sein mag), sondern nur langweilig. Vielmehr verstehe ich eine Monographie immer auch als eine persönliche „Stellungnahme" des Autors: So ist das Bild der von mir erfassten Literatur an meiner wissenschaftlichen und psychotherapeutischen Erfahrung gebrochen und wird durch den Brennpunkt meines persönlichen Standortes in diesen Text projiziert. Darüber hinaus halte ich es für ein wissenschaftliches Werk nicht für abträglich, auch Staunen, Freude, Ärger, Überraschung, Beeindruckung, Faszination usw., die ich selbst beim Lesen bzw. bei der Auseinandersetzung mit der Literatur erfahren habe, zumindest implizit im Text mit zu vermitteln.

Aus diesem Verständnis heraus bin ich auch relativ sparsam mit Anmerkungen und Hinweisen umgegangen: Eine Einführung, die einerseits ein breites Spektrum unterschiedlicher Formen abdeckt und auch versucht, in den einzelnen Ansätzen jeweils zumindest die zentralen Aspekte zu berücksichtigen, die andererseits aber kaum das Kaleidoskop detaillierter Ansätze und Weiterführungen darstellend berücksichtigen kann, wäre mit ständigen Verweisen auf weiterführende Literatur, spezifischere Ansätze, Untersuchungen, Einwände usw. total überfrachtet worden. Ich habe daher viele Hinweise auf Vertiefungen, Weiterentwicklungen etc. wieder gestrichen und neben der Kennzeichnung von Quellen, aus denen zitiert oder übernommen wurde, nur solche Hinweise im Text belassen, die mir persönlich besonders wichtig und hilfreich erschienen. Da ich im Zeitalter der computerisierten Literatursuche und des Information-Retrievals überlange Literaturlisten inzwischen weder für besonders kreativ noch hilfreich halte, habe ich auch hier große Zurückhaltung walten lassen und im Zweifelsfall Literaturhinweise eher gestrichen als hinzugefügt. Gezielte Verweise auf wenige Werke zu den einzelnen Kapiteln gestatten es, bei Bedarf ohne weiteres über die Literaturverzeichnisse der dort angeführten Bücher sehr schnell einige tausend Werke zusammenstellen zu können. Ich bin aber nicht davon ausgegangen, dass der Leser einen beträchtlichen Teil des Buchpreises für den Nachweis meiner Belesenheit aufwenden möchte.

Die Einhaltung des vorgesehenen Umfanges wurde auch dadurch ermöglicht, dass ich guten Gewissens keinerlei Beispiele konkreter Interventionen aufgenommen habe. Da es nicht mein Anliegen war, ein Buch zu schreiben, aus dem man „Therapieverfahren lernen" kann, sollte auch gar nicht erst der Anreiz zu „Experimenten" gegeben werden. Eine konkrete Therapie ist immer ein langwieriger, komplexer, multifaktorieller Prozess. Gerade im Rahmen einer Einführung, ohne weiter greifende Kenntnisse also, schien mir die Gefahr größer zu sein, dass durch Herausgreifen weniger „demonstrativer" Sequenzen eine völlig falsche Gewichtung solcher langwährenden Prozesse erfolgt, als der mögliche Nutzen, die vorgestellten Konzepte in ihrer Praxis transparenter werden zu lassen. (Zudem klaffen auch in der Psychotherapie theoretische Konzepte und konkretes therapeutisches Handeln häufig weit auseinander). Die Praxis therapeutischer Intervention lässt sich über wenige abgedruckte Sequenzen ohnedies ebenso wenig vermitteln, wie man Autofahren durch Betrachtung und Analyse eines Kolbenringes lernen kann.

Obwohl ich mich bemüht habe, einen hinreichend lesbaren Text zu schreiben, ist der Band trotzdem schon wegen der notwendigen Kürze und Straffheit nicht an jeder Stelle gleich leicht zu lesen. So war z. B. die Transformation der psychoanalytischen Literatur in eine „normale" Sprache und unter Verwendung nur weniger zentraler Fachtermini nur bedingt leistbar. Vielleicht hilft es, mögliche Frustration zu verringern, wenn man sich von vornherein klar macht, dass hier oftmals überaus komplizierte, umfangreich verästelte Gedankengebäude, die in jeweils vielen umfangreichen Werken dargelegt wurden, auf wenige Seiten komprimiert wurden: Ein mäßiges Lesetempo, unterbrochen von eigenen Gedanken, erneutem Nachlesen und Hinterfragen, dürfte die angemessene Arbeitsform sein. Ein Lern- und Arbeitsbuch ist nicht als Konkurrenz zu „netter Feierabendlektüre" oder gar zu Fernsehkrimis gedacht. Angesichts des mir bekannten Leseverhaltens vieler Studenten scheint mir der Hinweis angebracht, dass in jeder Buchseite weit mehr als zehn Arbeitsstunden stecken. Daher ist es keine Schande, beim Lesen mehr als fünf Minuten auf einer Seite zu verweilen.

Es sei nochmals darauf aufmerksam gemacht, dass es neben der historischen Perspektive, die schon mit der folgenden Einleitung eingenommen wird, am Ende des Buches einen theoretisch-integrativen Zugang gibt. Hier habe ich versucht, meine eigene Konzeption von Therapie hinsichtlich wesentlicher Aspekte zu skizzieren und expliziter zu machen. Leser, die entweder schon einige Kenntnisse mitbringen, oder aber das Buch vor dem Hintergrund der Position des Autors erarbeiten möchten, können auch mit diesem letzten Kapitel beginnen (und müssen dann gegebenenfalls inhaltliche Verweise zunächst überlesen).

Abschließend möchte ich allen herzlich danken, die mir in der langen Entstehungsgeschichte dieses Buches behilflich gewesen sind. Namentlich hervorheben möchte ich Herrn Günther Wagner, der mir in der umfangreichen technischen Kleinarbeit an diesem Band hilfreich zur Seite stand, und Herrn Arist von Schlippe, den ich nicht nur als kompetentkritischen Mitarbeiter, sondern auch als Freund erfahren durfte.

1 Überblick über die Entstehung der Psychotherapie

1.1 Der Mensch als soziales Wesen

Der Mensch ist ein soziales Wesen. Wie keine andere Spezies ist er physisch wie psychisch schon in seinen elementarsten Bedürfnissen von seinen Mitmenschen – in der Regel zunächst seinen Eltern – abhängig. In hohem Ausmaß sind auch die Strukturen für die Möglichkeiten seiner Erfahrung und somit für seine ganze Entwicklung sozial vorgegeben, längst bevor er die Lebensbühne betritt: Mindestens in demselben Maße wie die „phylogenetische Erfahrung" des Homo sapiens bestimmen die allgemeinen Ergebnisse gesellschaftlicher Arbeit und anderer Interaktionsprozesse sein Leben. Hierzu gehören Werkzeuge und andere vom Menschen veränderte Materie, soziale Rollen und Handlungsmuster, „Kultur" (wie Sprache, Schrift, Wissensbestände etc.) und die spezifische historische, geographische und sozial-ökonomische Konstellation bei seiner Geburt und während seiner Entwicklung.

Ein besonderes Kennzeichen des Menschen (zumindest der letzten paar tausend Jahre) ist zudem sein reflexives Bewusstsein: Menschliches Verhalten ist weniger durch Instinkte und natürliche Umweltreize („Signale") bestimmt als vielmehr durch eine sinnhafte Strukturierung seiner Erfahrung und durch die Möglichkeit, dieses Verhalten und einige wahrscheinliche Folgen gedanklich vorwegzunehmen und somit intentional zu handeln. Dass diese Sinnstrukturen ebenfalls weitgehend sozial determiniert und in Zeichenprozesse (d. h. soziale Reize mit erlernten Bedeutungen) eingebunden sind, liegt auf der Hand (vgl. z. B. Kriz 1981, 1982, 1995, 1997).

Elementare psychotherapeutische Praktiken

Diese Einbettung in soziale Rollenmuster hat immer schon psychotherapeutisches Tun zur Folge gehabt: Eigene und fremde Vorstellungen und Erwartungen im Hinblick auf ein „normgerechtes" Verhalten und Empfinden des Menschen in der Sozialgemeinschaft machen besonders sensibel gegenüber Abweichungen von dieser Norm – auch wenn die Toleranzgrenzen und Bewertungen zu unterschiedlichen Zeiten und/oder in unterschiedlichen Gesellschaften extreme Differenzen aufweisen (vom „Ausmerzen minderwertigen Lebens" bis zur Verehrung „Heiliger").

Deshalb gab es immer schon Menschen, die durch Worte und Werke psychische, somatische oder interaktionale Beeinträchtigungen zu mildern versuchten (angefangen bei Familienangehörigen, die eine stützende Funktion wahrnahmen, bis hin zu spezifischen Rollenträgern – wie z. B. Medizinmännern). Elementare psychotherapeutische Praktiken im weitesten Sinne sind somit vermutlich so alt wie die Menschheit selbst.

Der Beginn professioneller Psychotherapie

Im Gegensatz dazu sind die Anfänge professioneller Psychotherapie (im heutigen Sinne) – in Übereinstimmung mit den meisten Autoren – erst auf das Ende des 19. Jahrhunderts zu datieren. Festgemacht werden sie gewöhnlich an Sigmund Freuds erstem umfassenden Werk „Die Traumdeutung", das 1899 erschien (Jahresangabe der Erstauflage: 1900) oder, früher noch, an dem von Freud und Breuer (s. u.) gemeinsam publizierten berühmten „Fall der Anna O." 1893 in dem Aufsatz „Über den psychischen Mechanismus hysterischer Phänomene" bzw. 1895 zusammen mit anderen Beobachtungen in dem Buch „Studien über Hysterie".

Diese Schriften dokumentieren den Beginn eines psychotherapeutischen Behandlungsansatzes, der als „Psychoanalyse" schon bald so verbreitet war, dass in der ersten Hälfte des 20. Jahrhunderts „Psychotherapie" und Freuds „Psychoanalyse" häufig als identisch angesehen wurden. Zwar gab es im 19. Jahrhundert auch schon frühe Vorläufer verhaltenstherapeutisch-pädagogischer Ansätze, doch stand dort der Erziehungsaspekt im Vordergrund, während Freuds Psychoanalyse sich von vornherein der Therapie psychisch Kranker zuwandte. Um die außerordentliche Leistung und Bedeutung Freuds verstehen und würdigen zu können, soll das geistige Umfeld, in dem die Psychoanalyse entstand, und deren Einfluss auf spätere Entwicklungen kurz beleuchtet werden.

1.2 Anthropologie im 19. Jahrhundert

Freud wurde am 6. Mai 1856 in Freiberg (Mähren) geboren, also noch einige Jahre bevor Charles Darwin (1809–1882) seine Hauptwerke über die Abstammungslehre veröffentlichte – eine Theorie, die ohnehin noch lange Zeit weitgehend als „die sträfliche Verirrung einer perversen Phantasie" aufgefasst wurde, wie Hofstätter (1972) hervorhebt. So wurde noch 1925 in Amerika der Schullehrer Scopes wegen Verbreitung der Evolutionstheorie Darwins vor Gericht gestellt.

Zwischen Glauben und Wissenschaft

Für die Betrachtung der Mitmenschen war immer noch die Bibel maßgebend – oder besser: übliche (nach heutigen Vorstellungen allerdings eher eigenartige) Interpretationen der Bibel. So vertrat etwa der große Schweizer Naturforscher Louis Agassiz (1807–1873) nach seiner Einwanderung in Amerika als Professor an der Harvard-Universität maßgeblich die Theorie der Polygenie, nach der die Menschenrassen getrennte Arten wären; daher bräuchten die Schwarzen z. B. der im Neuen Testament geforderten „Gleichheit der Menschen" nicht teilhaftig zu werden, da sie eine völlig andere Lebensform darstellten.

Auch das amerikanische Standardwerk über die Menschenrassen, „Types of Mankind", 1854 von Nott und Gliddon veröffentlicht, stellte in Zeichnungen die Ähnlichkeit zwischen Gorillas und den algerischen Negern, zwischen Orang-Utans und Hottentotten usw. dar. Selbst Darwin argumentierte 1871, dass sich in Zukunft die Kluft zwischen Mensch und niederen Affen weiten müsse, weil Zwischenglieder wie Schimpansen und Hottentotten vermutlich aussterben würden (vgl. Gould, 1983).

Wissenschaftlicher Rassismus.

Die der Polygenie gegenüberstehende zweite Spielart des wissenschaftlichen Rassismus, die Monogenie, legte übrigens die Bibel im Hinblick auf die Rassenunterschiede wie folgt aus: Alle Völker seien zwar aufgrund des Schöpfungsaktes aus Adam und Eva entstanden, doch seien die einzelnen Rassen das Ergebnis einer unterschiedlich weit fortgeschrittenen Degeneration gegenüber dem Zustand der Vollkommenheit im Garten Eden. Der Verfall sei bei den Weißen am wenigsten, bei den Schwarzen am weitesten vorangeschritten.

Messung von Hirnvolumina.

Wissenschaftlich unterstützt bzw. „bewiesen" wurden solche Ansichten durch scheinbar harte objektive Daten unter Verwendung von Messmethoden aus den (naturwissenschaftlich orientierten) Humanwissenschaften: Vorbild dafür waren die Arbeiten von Samuel G. Morton, der kurz vor der Mitte des 19. Jahrhunderts mehrere Bände von Messwerten und Tabellen über Hirnvolumina veröffentlichte. Diese Daten basierten auf seiner, insgesamt wohl umfangreichsten, Sammlung von Schädeln, die er für die Messung anfangs mit Senfkörnern, später mit Bleischrot füllte.

Vor dem Hintergrund der allgemein gängigen Annahme, dass die Hirngröße unmittelbaren Aufschluss über den Entwicklungsstand bzw. die angeborenen geistigen Fähigkeiten gebe, konnte er so das Vorurteil bestätigen, dass Weiße ganz oben, Indianer in der Mitte und Schwarze ganz unten in der Hierarchie stünden (bei Weißen übrigens Teutonen und Angelsachsen oben, Juden in der Mitte und Hindus unten).

Vorurteile und objektive Daten

Ähnlich argumentierte der französische Chirurg und Anthropologe Paul Broca (1824–1880), nach dem wir heute noch das motorische Sprachzentrum im

Vorderhirn benennen: Mit verschiedenen Schädel- und Körpermessungen und daraus konstruierten Indizes versuchte er, die angeborene Dummheit minderwertiger Rassen zu belegen. Für eine Stichprobe von 60 Weißen und 35 Schwarzen ergab sich dabei eine durchschnittliche Schädellänge hinter dem Hinterhauptsloch von 100,385 Millimetern für Weiße und 100,875 Millimetern für Schwarze, aber eine Schädellänge vor dem Hinterhauptsloch von 90,736 zu 100,404 Millimetern (man beachte das bemerkenswerte Verhältnis von inhaltlicher Relevanz und Mess-„Exaktheit", welcher sich die psychologisch-anthropologische Forschung schon damals gelegentlich befleißigte!).

Daraus schloss er 1872: „Es ist daher unbestreitbar, … dass der Körperbau des Negers in dieser Hinsicht wie in vielen anderen dem des Affen angenähert ist." Ein anderes „Kriterium" – das Verhältnis des Unterarmknochens zum Oberarmknochen (!) – hatte er zuvor mit dem Argument aufgegeben: „… scheint es mir schwierig, weiterhin zu sagen, dass die Verlängerung des Unterarmes ein Merkmal der Entartung oder Minderwertigkeit ist, da der Europäer in dieser Hinsicht eine Position zwischen den Negern einerseits und den Hottentotten, Australiern und Eskimos andererseits einnimmt" (Broca, 1862 – beide Zitate aus Gould, 1983). Die Idee, dass solche Indizes schon deshalb fragwürdig sein könnten, weil eben Nicht-Europäer auch „normale" Menschen und nicht „entartet" oder „minderwertig" sind, entsprach wenig dem Zeitgeist.

Hirngewicht und Intelligenz. Auch für die Verhältnisse innerhalb der weißen Rasse wurden selbstverständlich beliebte Vorurteile mit ebensolcher wissenschaftlichen Autorität vertreten und durch „objektive Messdaten" belegt. Zunächst einmal mussten die Frauen in gebührendem Abstand unter den jeweiligen Männern in der Hierarchie rangieren; so etwa Broca, 1861: „Frauen (sind) im Durchschnitt ein bisschen dümmer als Männer, ein Unterschied, den man nicht übertreiben sollte, der aber nichtsdestoweniger real ist"; oder Brocas Kollege G. Herve, 1881: „Männer der schwarzen Rassen haben ein Hirn, das kaum schwerer ist als das der weißen Frauen". Auch der bekannte Broca-Schüler und Autor der „Psychologie der Massen", aus der auch heute noch gelegentlich gern zitiert wird, Gustave Le Bon, erklärte 1879: „Bei den intelligentesten Rassen, wie bei den Parisern, gibt es eine große Anzahl Frauen, deren Gehirn der Größe nach den Gorillas näher steht als den höchstentwickelten männlichen Hirnen … Alle Psychologen, die die Intelligenz von Frauen studiert haben, erkennen heute …, dass sie eine der minderwertigsten Formen der Menschheitsentwicklung darstellen" (Zitate nach Gould, 1983, der auch detailliert und eindrucksvoll die Entlarvung der „objektiven" Daten als methodische Mängel dokumentiert).

Kriminalanthropologie. Kommen wir nun zu den Minderheiten mit abweichendem Verhalten, so war lange Zeit die Theorie Cesare Lombrosos (1836–1910), eines italienischen Professors für Psychiatrie in Turin, sehr einflussreich, wenn auch umstritten, nach welcher die Neigung zu Verbrechen angeboren und anhand der Körperanatomie diagnostizierbar sei. Sein Hauptwerk, „Der Verbrecher", erschien 1876, als Freud bereits 20 Jahre alt war.

Die Wirkung der Gedanken Lombrosos und die seiner Schüler (etwa eine Arbeit über die „abnormale Morphologie der Füße Prostituierter" – vorgetragen von Jullien auf dem 4. Internationalen Kongress der Kriminalanthropologie 1896) reichten bis ins 20. Jahrhundert hinein. So betont Gould, dass Kriminalanthropologie bis zum Ersten Weltkrieg Thema einer internationalen Konferenz war, die alle vier Jahre für Richter, Juristen, Regierungsbeamte und Wissenschaftler abgehalten wurde.

Die Theorie des „geborenen Verbrechers". Gould verweist auch darauf, dass eine Neuauflage der Theorien vom „geborenen Verbrecher" nochmals in den 60er Jahren des 20. Jahrhunderts erstaunliche Popularität feierte, nämlich als „Märchen über Verbrecher-Chromosomen" (Gould). Ausgehend von einer selten auftretenden Chromosomenanomalie bei Männern – der XYY-Kombination – wurde, weitgehend auf der Basis elementarer Methodenfehler, ein Zusammenhang zwischen XYY und Kriminalität behauptet. Das Bedürfnis nach einer simpel gestrickten Welt, in der komplexeste menschliche Verhaltensmerkmale die gleiche Ursache haben wie die Blütenfarben bei Erbsen und Bohnen, mit denen Johann Gregor Mendel 1865 experimentierte, bestimmt auch heute noch oftmals das Denken.

Medizin als mechanistische Naturwissenschaft

Die Zeit, in der Freud in Wien Medizin studierte und seine ersten Arbeiten begann, ist somit gekennzeichnet durch den Höhepunkt des geistigen Pendelausschlages von einem zurückgelassenen (kirchlichen) Glaubenszeitalter in ein extrem deterministisches, mechanistisches, materialistisches und somatogenetisches Weltbild. Noch 1885 wurde, wie Bitter (1977) hervorhebt, von den bedeutendsten Frauenärzten eine Heilung der Hysterie durch Kastration für möglich gehalten.

> **Frühe Geschichte der Geisteskrankheiten**
> Die naturwissenschaftlich-somatogenetische Erklärung der Geisteskrankheiten geht zurück auf Hippokrates (460–377 v. Chr.). Er teilte psychische Störungen in drei Kategorien ein, nämlich in Melancholie, Manie und Phrenitis (Gehirnfieber), deren Ursache er in einer fehlerhaften Mischung der Körpersäfte mit Auswirkung auf das Gehirn annahm. Diese Lehre ging aber wenige Jahrhunderte später verloren; es folgte eine lange Periode, in der Geisteskrankheit als Gottesstrafe für sündiges und schlechtes Wesen oder als Zeichen der Teufelsbesessenheit angesehen und demgemäß „behandelt" wurde – indem man nämlich die Betroffenen einsperrte und quälte oder gar als Hexen verurteilte und verbrannte. Besonders das 17. Jahrhundert gilt in Europa und in Amerika als Höhepunkt des Hexenwahns.
> Als dieser religiöse Fanatismus im 18. Jahrhundert nachließ, sperrte man die „Irren" in kerkerähnliche Tollhäuser, oft mit Ketten an die Mauern gefesselt. Obwohl schon im 16., 17. und 18. Jahrhundert vereinzelt Ärzte dafür eintraten, dass diese Menschen nicht als schlecht oder besessen anzusehen wären, sondern als krank (so z. B. Johann Weyer im 16. Jahrhundert in Deutschland, Robert Burton im 17. Jahrhundert in England, Philippe Pinel im 18. Jahrhundert in Frankreich), setzte sich diese Auffassung nur allmählich und erst in der zweiten Hälfte des 19. Jahrhunderts endgültig durch.

Organische Ursachen für Geisteskrankheiten. Da das 19. Jahrhundert von der naturwissenschaftlich-technischen Revolution geprägt war, deren sichtbarer Fortschritt eine materialistische Weltanschauung bestimmte und legitimierte, griff man selbstverständlich bei den nun aufkommenden Erklärungsmodellen und Klassifikationsschemata für Geisteskrankheiten in die somatogenetische Schublade: Es wurde die Existenz all dessen geleugnet, was nicht mit physikalisch-chemischen Methoden nachweisbar war.

Psychische Beeinträchtigungen wurden folglich fast ausschließlich als Gehirnkrankheiten betrachtet. Die Hirnpathologie hatte mit naturwissenschaftlicher Methodik nachweisen können, dass umschriebene Bereiche im Gehirn mit ganz bestimmten psychischen Funktionen zu tun hätten – nicht zuletzt der oben erwähnte Paul Broca trug mit seiner Entdeckung des motorischen Sprachzentrums hierzu bei. Die Psychiatrie war somit im Wesentlichen eine Neurologie.

In Deutschland bestand Mitte des 19. Jahrhunderts Wilhelm Griesinger darauf, dass in jeder Diagnose einer psychischen Störung eine physiologische Ursache spezifiziert werden müsse. Er war ab 1867 Vorsitzender der neu gegründeten „Berliner medizinischen psychologischen Gesellschaft", die 1885 in „Gesellschaft für Psychiatrie und Nervenkrankheiten" umbenannt wurde.

Auch Emil Kraepelin (1856–1926), sein Nachfolger, schlug in seinem Psychiatrie-Lehrbuch 1883 ein Klassifikationssystem der Geisteskrankheiten vor, in dem deren organische Ursache betont wird – ein Klassifikationsschema übrigens, auf dem auch heute noch die Kategorien der Schul-Psychiatrie weitgehend basieren.

Fortschritte in der allgemeinen Medizin. Unterstützt wurden solche monokausalen Auffassungen auch durch die Fortschritte, welche die allgemeine Medizin nach der Keimtheorie der Krankheiten von Louis Pasteur (1822–1895) mit dem Aufblühen der Impftechnik gegen Ende des 19. Jahrhunderts zu verzeichnen hatte; ebenso durch die Entdeckung der Erreger der Tuberkulose (1882) und der Cholera von Robert Koch (1843–1910) sowie nicht zuletzt durch den Nachweis der „Geisteskrankheit allgemeine Parese" als Folgeerscheinung der Syphilis und die Entdeckung von deren Erreger, Spirochaeta pallida (1905).

Kuriose Erklärungen. Kuriositäten – aber für die damalige medizinische Weltsicht eher typisch – sind die Arbeiten eines bekannten Arztes in den amerikanischen Südstaaten, S. A. Cartwright, vorgetragen u. a. auf dem Jahrestreffen der Louisiana Medical Association, 1851: Danach wurde als Ursache der häufigen Fluchtversuche von Sklaven eine Geisteskrankheit namens Drapetomanie, d. i. der irre Wunsch wegzulaufen, postuliert. Auch zur Erklärung anderer Probleme der Schwarzen hatte Cartwright eine Krankheit parat, nämlich Dysthesie, eine unzulängliche Reinigung des Blutes von Kohlendioxyd in den Lungen: „Es ist die mangelhafte ... Beatmung des Blutes im Zusammenhang mit einem Defizit an Gehirnmasse im Schädel ..., die die wahre Ursache jener Minderung des Verstandes ist, die die Völker Afrikas außerstande setzt, für sich selbst zu sorgen". Therapie war u. a. „schwere Arbeit im Freien und in der Sonne, die ihn zwingt, seine Lungen zu dehnen, wie Holzhacken, Klaftspalten oder Sägen" (nach Gould, 1983).

Geistige Wegbereiter Freuds

Natürlich gab es auch andere Strömungen: So wurden z. B. die Philosophen Sören Kierkegaard (1813–1855), als Begründer des Existentialismus, und Friedrich Nietzsche (1844–1900), von sehr unterschiedlichen Positionen aus (der Erste eher christlich, der Zweite eher antichristlich orientiert) zu Wegbereitern der Tiefenpsychologie (allerdings teilweise auch der humanistischen Psychologie – vgl. Kap. 12.1), indem sie subtile, unterbewusste Gefühle und Werte stark betonten (wobei Nietzsche mit seinem „Willen zur Macht" noch mehr als Freud dessen Schüler Alfred Adler beeinflusste – s. u.).

Das Unbewusste bei Schopenhauer. Ebenso finden sich in Arthur Schopenhauers (1788–1860) Schriften lange vor Freud psychologische Alltagserfahrungen und Beobachtungen hinsichtlich unbewusster Vorgänge. Heigl-Evers & Nitzschke (1984) bezeichnen sogar die „Parallelen im Denken von Schopenhauer und Freud" als „verblüffend": „Bei Schopenhauer gibt es schon den Primat des Willens, des Unbewussten, der Sexualität, erscheinen Intellekt und Bewusstsein als Sekundärphänomene, werden Affekte, Träume, Hypnose, Wiederholungszwang, Todeswunsch, Bisexualität, Verdrängung, Rationalisierung, Sublimierung, Determination allen psychischen Geschehens, besonders der ‚freien' Assoziationen, angesprochen, gilt der ‚Wahnsinn' als eine Störung der bewussten Rückerinnerung aufgrund traumatischer Vorfälle in der Biographie des Betroffenen. Weitgehend ähnliche Themen tauchen bei Freud später wieder auf."

Das Unbewusste in der Philosphie. Auch Eduard von Hartmann (1842–1906) schrieb schon 1869 eine „Philosophie des Unbewussten". Dichter wie Johann Wolfgang von Goethe (1749–1832) und Friedrich von Schiller (1759–1805) in Deutschland oder Fjodor M. Dostojewskij (1821–1881) in Russland beschreiben den Einfluss sozialer und psychischer Faktoren bei der Entstehung von Konflikten und geistigen Krankheiten.

Doch vor Freud wurden solche Gedanken nicht zu einem geschlossenen Gebäude zusammengefügt, geschweige denn systematisch auf die Behandlung von Kranken konkret angewandt. Anschauungen von Gelehrten, die – aus heutiger Sicht! – eine sehr große Affinität zu Freuds Theorie aufweisen, wie z. B. die des spanischen Philosophen und Psychologen Juan Luis Vives (1492–1540), der die Bedeutung von Assoziationen, unbewussten Motivationen und der sexuellen Triebe für die Psychopathologie ebenfalls klar herausarbeitete, oder des Theophrastus Bombastus von Hohenheim alias Paracelsus (1493–1541), der unbewusste Zielsetzungen bei kindlichen Neurosen beschrieben hat, galten im materialistisch-somatogenetischen 19. Jahrhundert längst als „überwunden".

Franz Anton Mesmer. Einflussreicher waren da schon die Erfolge des von Wien nach Paris vertriebenen Arztes Franz Anton Mesmer (1734–1815). So kennzeichnet z. B. Pongratz (1982) Mesmer sogar als Vorläufer der Hypnotherapie, die dann u. a. Freuds unmittelbare Lehrer, Breuer, Charcot, Janet, Liébeault und Bernheim (s. u.), erfolgreich bei der Behandlung der Hysterie anwandten. Doch wenn Pongratz dann – nach Hervorhebung der Vorherrschaft somatologischer Erklärungen in der Medizin (auch der Psychiatrie) zur Zeit Freuds – daraus folgert: „die psychologische Gegenbewegung wurde von ... Mesmer ... eingeleitet", so muss berücksichtigt werden, dass diese Erklärung der Heilerfolge

Mesmers, nämlich aufgrund suggestiver und hypnotischer Einwirkung, eine Erklärung aus heutigen Wissenskontexten heraus ist.

Mesmer selbst betrachtete die Hysterie streng als physische Störung und führte seine Heilerfolge – streng im naturwissenschaftlichen Sinne – auf die Beeinflussung eines magnetischen Fluidums zurück. Jedenfalls verwendete er trotz seltsam mystizistischen Auftretens insbesondere Chemikalien und Metallstäbe, die den „tierischen Magnetismus" übertragen sollten.

James Braid. In vergleichbarer Weise war James Braid (1795–1860), der in England mit der Hypnose experimentierte und in seiner Schrift „Neurohypnology or the rational of nervous sleep" 1843 erstmals Begriffe wie „Hypnotismus", „hypnotisieren" etc. verwendete, von den physiologischen Ursachen der von ihm untersuchten Phänomene überzeugt (zudem glaubte er an die Phrenologie, d. h. daran, die geistigen Fähigkeiten an der Kopfform erkennen zu können). Selbst Charcot (s. u.) vertrat übrigens im Hinblick auf die Hysterie zunächst eine somatogenetische Position; erst als Studenten ihn mit einer Patientin täuschten, der sie hysterische Symptome anhypnotisiert hatten, begann er sich auch für nichtsomatische Ursachen zu interessieren.

Freud als Naturwissenschaftler. Abgesehen von Einsichten im Bereich der Philosophie und Dichtung stand der Mediziner Freud also ganz im Paradigma mechanistisch-somatischer Medizin und Naturwissenschaft. Natürlicherweise hat dies auch sein Weltbild bis ins hohe Alter geprägt.

So machte seine Theorie, die Psychoanalyse, zunächst deutliche Anleihen bei den wissenschaftlichen Modellen der Mechanik, Hydrodynamik und Neurophysiologie. Psychische Vorgänge kennzeichnete auch Freud als „quantitativ bestimmte Zustände aufzeigbarer materieller Teile" (Freud & Fließ 1950, S. 305), und bis zu seinem Tode hoffte er, seine Theorie könnte letztlich auf physiologische und biochemische Erkenntnisse zurückgeführt werden.

Die Leistung Freuds. Freuds außerordentlich große Bedeutung besteht darin, dass er sich trotz (oder vielleicht: gerade wegen) der Hoffnung auf eine somatisch-physiologische Reduktion intensiv psychischen Prozessen und Korrelaten klinischer Phänomene zuwandte, ohne damit ins Fahrwasser der experimentellen Psychologie bzw. der russischen Reflexologie oder des amerikanischen Behaviorismus zu geraten, die sich alle nichtklinischen Phänomenen widmeten. Ebenso große Bedeutung wie durch die Begründung der Psychoanalyse hatte er als Katalysator für eine Reihe sehr bedeutender „Schüler", die Urheber eigener Richtungen wurden.

Während die Grundkonzepte der Psychoanalyse und der daraus entwickelten anderen Therapieformen in den folgenden Kapiteln dargestellt werden, soll hier zunächst diese allgemeine Entwicklung an den Anfängen der Psychoanalyse nachgezeichnet werden.

1.3 Anfänge der Psychoanalyse

Erforschung und Behandlung der Hysterie

Trotz der Vorherrschaft rein somatischer Vorstellungen in der Medizin waren bereits zu Freuds Studienzeit besonders in Wien, Paris und Nancy psychogenetische Erklärungen der Geisteskrankheiten durchaus gängig. Freud, der sich als Medizinstudent in Wien bereits frühzeitig dem mit Hypnose arbeitenden Arzt Joseph Breuer (1842–1925) angeschlossen hatte, ging 1885/86 zu Charcot, an die Salpêtrière, das große Frauenkrankenhaus in Paris. Hysterische Zustände, besonders Tics, Lähmungen, Anästhesien, Bewusstseins- und Sprachstörungen sowie (hysterische) Blindheit waren damals im Vergleich zu heute relativ häufige Erkrankungsformen.

> **Hysterie als Modekrankheit**
> Am Beispiel der Hysterie lässt sich zeigen, wie stark psychische Störungen gesellschaftlichen Einflüssen unterliegen. Der „große hysterische Anfall" oder „arc de cercle", bei dem eine Frau in Rückenlage sich extrem nach hinten krümmt, kam um die Jahrhundertwende häufig vor. Heute ist dieses Symptom völlig „aus der Mode" ge-

kommen (um den sozialen Bezug begrifflich zu kennzeichen). Zudem hatte die Hysterie diagnostisch gesehen eine Sonderstellung inne, da dieser Krankheitsbegriff, der ursächlich mit der Gebärmutter in Verbindung gebracht wurde (griech. „hystera" = Gebärmutter), schon Jahrhunderte früher verwendet und von anderen psychischen Störungen abgegrenzt worden war. Die anderen Störungen hingegen hatte man vor Kreapelin global unter allgemeinen Bezeichnungen wie „Tollheit", „Irrsinn" oder „Manie" zusammengefasst.

Hysterie und Hypnose. Jean Charcot (1825–1893) und in Fortführung sein Schüler Pierre Janet (1859–1947) erforschten systematisch die Beziehung zwischen Hysterie und Hypnose. Wie Bitter (1977) ausführt, demonstrierten sie vor allem die Tatsache, dass hysterische Symptome durch Hypnose induziert werden konnten – damit lag der Umkehrschluss nahe, die hysterischen Symptome seien in einem ähnlichen seelischen Ausnahmezustand erworben worden. Vor allem Janet bestätigte durch zahlreiche Krankengeschichten diese psychische Genese der hysterischen Phänomene, und zwar bei Männern wie bei Frauen. Dabei stellte sich heraus, dass eine Hysterie sich nicht selten als Folge eines schockartigen Erlebnisses eingestellt hatte. Man sprach von psychischem Trauma (Verwundung) und der traumatischen Entstehung hysterischer Symptome.

Beobachtungen bei Kollegen. Nach Wien zurückgekehrt, ließ sich Freud als Psychiater nieder und arbeitete wieder mit Breuer, der ebenfalls die Hypnose bei der Heilung von Patienten erforschte (vgl. Kap. 1.2). Später, 1889, ging Freud auch für kurze Zeit nach Nancy, wo die beiden berühmten Psychiater Ambroise Liébeault (1823–1904) und Hippolyte Bernheim (1840–1919) gleichfalls den Einsatz der Hypnose lehrten. Durch Beobachtungen, die er bei Bernheim machte, wurde Freud zur Technik der freien Assoziation inspiriert, die er aber erst später weiter entwickelte, nachdem er sich von Breuer getrennt hatte.

Ein Bild von der Psyche. Von Bernheim übernahm Freud auch die Sichtweise eines eher fließenden Überganges zwischen Gesunden und Kranken. Im Gegensatz zu Charcot, welcher der Ansicht war, die Fähigkeit, in Hypnose zu verfallen, sei bereits ein hysterisches Symptom, verfocht Bernheim die These, dass jeder bis zu einem bestimmten Grade hypnotisierbar sei. Er studierte daher auch deswegen Kranke, um ein Bild von der Psyche des Gesunden zu bekommen. Später ging Freud noch wesentlich weiter in diese Richtung, indem er die Verdrängung von Triebtendenzen nicht nur Kranken, sondern in unterschiedlichem Ausmaß auch jedem Gesunden zuschrieb.

Kathartischer Prozess. Während Janet die hysterische „Bewusstseinsspaltung", wie er es nannte, entsprechend dem oben skizzierten Zeitgeist noch auf eine angeborene Schwäche zur psychischen Synthese zurückführte, lehrte Breuer bereits, diese Bewusstseinsspaltung sei nicht die Folge einer Degeneration des Hysterikers, sondern eine sekundäre erworbene Erscheinung, als Folge eines krankmachenden Erlebnisses. Breuer entdeckte, dass diese hysterischen Symptome mit eindrucksvollen, aber vergessenen Szenen (Traumata) im Leben des Individuums zusammenhängen.

Indem Breuer nun die Patienten in Hypnose aufforderte, diese Szenen zu erinnern und in Rede und Gebärde zu beschreiben, wurde das Trauma erneut durchlebt. Nach dem Erwachen zeigte sich daraufhin – ggf. nach mehrfacher Wiederholung – Symptomfreiheit. Breuer nannte dies einen reinigenden bzw. „kathartischen" Prozess.

Behandlung der „Anna O.". Wesentlicher Ausgangspunkt dieser Arbeit war die Behandlung der „Anna O." (ein in den Publikationen von Freud und Breuer verwendeter Deckname für Berta von Pappenheim), deren ausführlich von Breuer und Freud dokumentierter Prozess einer erfolgreichen Therapie bei Breuer wohl zu einem der bekanntesten Fälle in der klinischen Literatur geworden ist. Vermutlich war dieser Therapieprozess auch eine wesentliche Erkenntnisquelle für Freuds spätere Arbeit.

> **Zweifelhafte Falldarstellungen**
> Anna O. wurde vermutlich nie ganz geheilt und griff weiterhin auf Morphium zurück – was allerdings in den ersten Publikationen dieses Falles verschwiegen wurde. Aus Sicht von Davison und Neale (1998, S. 23) begann deshalb die Psycho- ▶

analyse mit einem nicht gerade überzeugenden Fallbeispiel: „Es ist faszinierend und zugleich nicht ohne Ironie, dass ein unrichtig dargestellter Fall den entscheidenden Anstoß zur Entwicklung der Psychoanalyse gab." Es sei allerdings angemerkt, dass für die Verhaltenstherapie ein ähnlicher Sachverhalt vorliegt: Die klassische Konditionierung von Angst am „kleinen Albert" – durch Watson und Rayner (1920) – war ein äußerst dubioses, nicht replizierbares Experiment. Dennoch bildete eine „bereinigte Version" jahrzehntelang einen Eckpfeiler der behavioristischen Behandlung bzw. entsprechender „Angsttheorien".

Die Trennung von Freud und Breuer. Doch die Zusammenarbeit von Breuer und Freud war nicht von Dauer. Breuer vertrat die Ansicht, dass traumatische Erlebnisse und nicht ausgelebte, sondern heruntergeschluckte Affekte Ursache von Hysterien seien. Die gestaute Energie dieser Affekte werde im Unbewussten gespeichert und in Symptome verwandelt. Freud ging darüber hinaus, indem er eine Unterdrückung von Affekten weniger aufgrund äußerer Ereignisse annahm als vielmehr aufgrund sexueller Triebansprüche, die wegen moralischer Instanzen nicht ausgelebt werden können. Diese Energie wird in körperliche Symptome umgewandelt, was Freud als „Konversion" bezeichnete. Besonders wegen dieser Betonung der Energie des Sexualtriebes, der „Libido" – der Freud erst sehr viel später die aggressiven, zerstörerischen Tendenzen, den Todestrieb, gegenüberstellte – kam es zur Trennung von Breuer.

Auf dem Weg zur Psychoanalyse

Nach dieser Trennung ging Freud bald von der Technik der Hypnose zur „freien Assoziation" über, bei der der Patient aufgefordert wird, alles, was ihm gerade einfällt, frei heraus zu sagen. Dabei entdeckte Freud ein Phänomen, das früher durch die Hypnose weitgehend verdeckt worden war, nämlich den „Widerstand". Die Arbeit mit Träumen, als „Königsweg" zum Unbewussten, wurde integriert und das Konzept der „Übertragung" herausgearbeitet. In den folgenden Jahren entwickelte Freud nach und nach ein immer geschlosseneres theoretisches Gebäude, die Psychoanalyse.

Katalysatorfunktion der Psychoanalyse. Freuds Lehre hatte und hat noch immer einen gewaltigen Einfluss auf die Entwicklung der gesamten Psychotherapie. So gehen heute praktisch alle wichtigen psychotherapeutischen Ansätze in ihrer Entstehungsgeschichte auf psychoanalytische Konzepte zurück – schon deshalb, weil fast alle Gründer neuerer Therapieschulen zunächst als Psychoanalytiker begannen. Selbst die Verhaltenstherapie (und ihre Abkömmlinge), für die eine solche Verwurzelung in der Psychoanalyse nicht gilt, wurde in ihrer Entstehungsgeschichte ebenfalls stark von der Psychoanalyse und ihren klinischen Erfolgen beeinflusst.

Überhaupt ist die Wirkung Freuds und der Psychoanalyse auf andere Therapieformen weniger in einer direkten Übernahme bestimmter Konzepte zu sehen, als vielmehr darin, dass seine Theorie so viele Kollegen zu einer Auseinandersetzung damit herausforderte.

Es ist vielleicht gerade das Bemerkenswerteste an der Person und Lehre Freuds, dass sie einerseits einen Kreis bedeutender Persönlichkeiten als „Schüler" anzogen, sich diese „Schüler" dann andererseits aber – oft in heftigen Auseinandersetzungen und Kämpfen mit Freud – wieder lossagten und eigenständige Richtungen begründeten. Die oben bereits erwähnte katalytische Funktion Freuds und seines psychoanalytischen Ansatzes ist somit m. E. mindestens so bedeutend wie sein eigentliches Werk selbst.

1.4 Freud und seine Schüler

Ab Herbst 1902 traf sich wöchentlich bei Freud die Psychoanalytische-Mittwochs-Gesellschaft, der Adler, Kahane, Reitler und Stekel angehörten. Nach und nach kamen weitere Mitglieder hinzu, von denen die heute bekanntesten Abraham, Ferenczi, Jones, Jung, Rank und Reich sind. 1906 erschien die erste psychoanalytische Arbeit im angelsächsischen Sprachraum, verfasst von James J. Putnam in Harvard. 1908 fand der erste Kongress für Psychoanalyse in Salzburg statt. 1909–1914 erschienen sechs

Jahrbücher für psychoanalytische und psychopathologische Forschungen, herausgegeben von Freud und Bleuler.

1910 wurde in Nürnberg die Internationale Gesellschaft für Psychoanalyse gegründet (Präsident: Jung), und das monatliche „Zentralblatt für Psychoanalyse" begann zu erscheinen (Herausgeber: Adler und Stekel), das ab 1912 in die „Internationale Zeitschrift für Psychoanalyse" überging (Herausgeber: Ferenczi, Rank und Jones).

Alfred Adler

Als Erster trennte sich Alfred Adler (1870–1937) von Freud. 1911 trat Adler zusammen mit neun weiteren Sozialisten aus der Wiener Psychoanalytischen Gesellschaft aus, der er vorgestanden hatte. Es blieb aber z. B. der Sozialist und langjährige offizielle Vertreter Freuds, Paul Federn (1871–1950), sodass es sich beim Austritt nicht um politische Gründe im engeren Sinne handelte. Grund dieser Trennung war vielmehr, dass Adler das Freudsche Triebkonzept um soziale Aspekte erweiterte – z. B. um den „Geltungstrieb". Adler nannte seine Lehre, die starke sozialpsychologische Züge trägt und besonders bei Pädagogen Anhänger gefunden hat, im Gegensatz zur Psychoanalyse „Individualpsychologie" (eine etwas unglückliche Namensgebung für einen sozialpsychologisch orientierten Ansatz).

Die Verbreitung der Individualpsychologie. Bekannt wurde die Individualpsychologie vor allem von den Kindern Alfred Adlers, Alexandra und Kurt, sowie von seinen unmittelbaren Schülern Meiers, A. Starr, Raymond J. Corsini und, im deutschen Sprachraum besonders bekannt (obwohl seit 1937 in den USA lebend), Rudolf Dreikurs.

Darüber hinaus beeinflussten Adlers Gedanken z. B. die Freud-Schüler Karen Horney und Erich Fromm sowie Harry Stack Sullivan so stark, dass Dienelt (1973) hervorhebt, man könne diese drei ebenso gut als „Neo-Adlerianer" wie als „Neo-Freudianer" bezeichnen. Manche Aspekte von Adlers Theorie finden sich auch bei einigen anderen der in diesem Band dargestellten Therapierichtungen: Besonders die Gestalttherapie von Fritz Perls, der ein Schüler von Karen Horney (aber auch vom Freud-Schüler Wilhelm Reich) war, sowie die Rational-emotive Therapie (RET) von Albert Ellis beziehen sich auf Adler.

Wege von Adlers Schülern. Adler erging es übrigens ähnlich wie Freud. Seine Schüler und Freunde sprengten auch seinen Ansatz und gründeten neue Richtungen. Schon Rudolf Dreikurs und Alexandra Adler dehnten die Individualpsychologie auf Gruppentherapie und Arbeit in der Jugendfürsorge aus. Noch weiter entfernten sich Fritz Künkel („Charakterkunde"), Johannes Neumann und Rudolf Allers von Adlers Ansatz. Der Begründer der Logotherapie, Viktor E. Frankl (1905–1997), der zunächst Schüler von Adler und Allers war, wurde zusammen mit Letzterem 1927 sogar aus der Gesellschaft für Individualpsychologie ausgeschlossen.

Carl Gustav Jung

Ebenso wichtig wie der Bruch mit Adler und die Abspaltung der Individualpsychologie war für Freud und die Entwicklung psychotherapeutischer Richtungen die Kontroverse mit Carl Gustav Jung (1875–1961), die 1913 ebenfalls zum Zerwürfnis und zur Gründung einer eigenständigen psychoanalytischen Richtung führte.

Jung war von 1900 bis 1909 Oberarzt an der Züricher psychiatrischen Universitätsklinik bei Eugen Bleuler (1857–1939) und erst 1907 zum Kreis um Freud gestoßen. 1912 erschien Jungs Buch „Symbole und Wandlungen der Libido", in dem er den Begriff der Libido über den engeren Kontext der sexuellen Energie hinaus zur Seelenenergie erweiterte. Das Unbewusste bildet für Jung den „schöpferischen Mutterboden des Bewusstseins" und umfasst persönliche, der Ontogenese entstammende Inhalte – das „persönliche Unbewusste" – sowie kollektive, der Phylogenese entstammende Inhalte – das „kollektive Unbewusste".

Zerwürfnis. Auf dem Vierten Kongress der Internationalen Gesellschaft für Psychoanalyse, 1913 in München, griff Freud dieses Buch von Jung scharf an. Obwohl Jung nochmals für zwei Jahre als Präsident dieser Gesellschaft wieder gewählt wurde, war der Bruch vollzogen (und leider hat sich Jung nicht enthalten, im „Dritten Reich" vereinzelt rassistisch gegen Freud zu polemisieren). Jung bezeichnete seine Lehre hinfort als „Analytische Psychologie", später auch als „Komplexe Psychologie", in die er insbesondere auch religiöse und mythische Vorstellungen integrierte.

Schüler Carl Gustav Jungs. Im Gegensatz zur Individualpsychologie Adlers ist die Komplexe Psychologie Jungs bisher kaum in Unterrichtungen zerfallen – wohl auch deshalb, weil Jung bis 1961 lebte. Dienelt (1973) nennt nur den Jung-Schüler Hans Trüb, der über Jungs Ansatz hinausging und das Menschenbild stärker metaphysisch begründete. Für Trüb spielt zudem die „Beziehung zum Du", die personale Begegnung im zwischenmenschlichen Kontakt, in der Beziehung des Menschen zur Welt eine wesentliche Rolle – ein Konzept, das einen hohen Stellenwert auch in der humanistischen Psychologie hat.

Ein weiterer bedeutender Schüler Jungs, der auch eine eigenständige Schwerpunktbildung vornahm – nämlich im Bereich der Tiefenpsychologie des Weiblichen und dem des schöpferischen Menschen – ist Erich Neumann (1905–1960). Als Repräsentant der Jung-Psychologie in Deutschland galt lange der Jung-Schüler Gustav Richard Heyer (1890–1967), ein Mitbegründer der psychosomatischen Medizin. Die schon für Jungs Werk wesentliche Verbindung von östlicher Heilslehre und westlicher Psychotherapie findet sich beim Jung-Schüler Hans Jakob; aber auch der Kreis um Karen Horney hat diese Aspekte assimiliert (vgl. Dienelt 1973, S. 40). In den vergangenen beiden Jahrzehnten ist das Jungsche Werk besonders durch viele Bücher und Schriften von Verena Kast (*1943) – u. a. zur Deutung von Mythen, Märchen und Symbolen – verbreitet und weiter ausgearbeitet worden.

Wege von Freuds Schülern

Wilhelm Stekel. Noch vor Jung, nämlich schon 1912, trat auch der Mitherausgeber des Zentralblattes für Psychoanalyse, Wilhelm Stekel (1868–1940), aus Freuds Wiener Psychoanalytischer Gesellschaft aus. Ausgangspunkt seiner Kontroverse mit Freud war neben der Ablehnung der Libidotheorie besonders die Technik der Analyse und der Traumdeutung. Stekel entwickelte eine Kurzform der Psychoanalyse, die „aktive Methode".

Bei den anderen Schülern Freuds kam es nicht zu so spektakulären Brüchen und Austritten wie bei Adler, Jung und Stekel. Dennoch haben fast alle mehr oder minder von Freud abweichende Anschauungen entwickelt (deretwegen es oft genug zu Kontroversen mit Freud kam) und wurden so zu Begründern von Therapierichtungen, die sich dann als eigenständige Formen von der freudschen Psychoanalyse wegentwickelten.

Otto Fenichel. Am „reinsten" wurde Freuds Lehre noch von Otto Fenichel (1898–1946) tradiert, der sich bis zu seinem frühen Tode bemühte, die psychoanalytische Theorie sowohl gegen stärker biologistische (z. B. Melanie Klein) als auch umgebungstheoretische (z. B. Karen Horney) Modifikationen zu erhalten, obwohl auch er für eine Anpassung der Psychoanalyse an veränderte Wissens- und Lebenszusammmenhänge eintrat.

Karl Abraham und seine Schüler. Als einer der am engsten mit Freud verbundenen Schüler hat Karl Abraham (1877–1925) besonders viel für die theoretische und institutionelle Verbreitung der Psychoanalyse in Deutschland getan. Ursprünglich Assistenzarzt bei Bleuler in Bern (1904–1907) und über Jung mit Freud in Verbindung gebracht, ließ er sich 1907 in Berlin nieder und gründete dort analog zur Wiener Gruppe 1908 die Berliner Psychoanalytische Gesellschaft. Nach dem Ersten Weltkrieg gründete er in Berlin die Psychoanalytische Poliklinik und Lehranstalt, an der viele berühmte Analytiker ausgebildet wurden und/oder lehrten.

Der erste reguläre Ausbildungskandidat war Franz Alexander (1891–1964), der wesentliche Beiträge zur Entwicklung der psychosomatischen Medizin geleistet hat; Melanie Klein (1882–1960), Karen Horney (1885–1952) und Sandor Rado waren bei Abraham in Lehranalyse, und auch Erich Fromm (1900–1980), Michael Balint und René Spitz, um nur wenige Namen der berühmt gewordenen Analytiker zu nennen, gingen aus diesem Institut hervor. Im theoretischen Werk von Abraham sind besonders die Erweiterung der Libidotheorie (und Aufteilung in sechs Stadien) sowie seine Beiträge zur Charakterentwicklung und zur psychotischen Psychopathologie und deren psychoanalytischer Therapie hervorzuheben.

Sandor Ferenczi. Ebenfalls Schüler und lange Zeit enger Vertrauter Freuds war Sandor Ferenczi (1873–1933), der in Budapest der Psychoanalyse theoretisch wie institutionell große Dienste erwiesen hat. Als Gegenstück zu Abrahams Theorie der Stadien in der Libidoentwicklung erarbeitete Ferenczi die Stufen in der Entwicklung des „Wirklichkeitssinnes" – von der bedingungslosen Allmacht aus der intrauterinen Erfahrung bis zum gegenstandsgerechten Denken und Handeln. Konflikte mit Freud gab es insbesondere deswegen, weil Ferenczi Patienten, denen er das Ich stärken wollte, bemutterte und wie Kleinkinder hätschelte.

Michael Balint. Ferenczis wohl berühmtester Schüler, Michael Balint (1896–1970), der allerdings seine psychoanalytische Ausbildung zunächst in Berlin begonnen hatte, entwickelte eine Theorie der Regression und betonte besonders die Stärkung des Ich („Ich-Pädagogik") zur Überwindung der „verkrüppelten Liebesfähigkeit" vieler Patienten. Bekannt sind auch die „Balint-Gruppen": Ausbildungs- und Supervisions-Seminare für Ärzte (später auch für Psychologen, Eheberater und Sozialfürsorger) mit starker Betonung von Selbsterfahrung und Rollenspiel bei den Fallbesprechungen. Zudem setzte sich Balint, lange vor René Spitz, mit frühkindlichen Objektbeziehungen auseinander.

1.5 Die Zersplitterung der psychoanalytischen Bewegung

Freud selbst hatte für den organisatorischen und institutionellen Aufbau sowie für die Ausbreitung der psychoanalytischen Bewegung viel Energie aufgewandt. Auf Anregung seines britischen Schülers Ernest Jones (1879–1958) gründete er 1912/13 das sog. „Komitee": Ihm gehörten neben Freud zunächst fünf eingeschworene Anhänger der Psychoanalyse an, nämlich Karl Abraham, Sandor Ferenczi, Ernest Jones, Otto Rank und Hanns Sachs; 1919 kam Max Eitingon hinzu. Aufgabe dieses Komitees war es, für die Weiterverbreitung der Psychoanalyse zu sorgen sowie Freud zu entlasten und nach außen abzuschirmen.

Diese enge Gruppe um Freud stand ab 1920 über Rundbriefe in Verbindung, die von Wien aus (Freud und sein persönlicher Sekretär Rank) nach Berlin (Abraham, Sachs und Eitingon), London (Jones) und Budapest (Ferenczi) gingen. Jeder hatte von Freud zum Zeichen der Verbundenheit einen Ring mit einer griechischen Gemme erhalten, weshalb diese Gruppe auch als „Ringträger" bezeichnet wird.

Zerschlagung durch die Nationalsozialisten

Doch neben der größer werdenden Heterogenität der theoretischen Ansichten sorgten die politischen Verhältnisse für eine weitere Zersplitterung der psychoanalytischen Bewegung. Unter der nationalsozialistischen Herrschaft wurde sie in Deutschland und Österreich zerschlagen. Der Psychoanalytische Verlag mit Sitz in Wien und Leipzig wurde geschlossen, die Bücher wurden zur Vernichtung abtransportiert.

Emigration. Da Freud und viele seiner Schüler Juden waren, mussten sie emigrieren, um nicht – wie viele ihrer Angehörigen – in den Konzentrationslagern ermordet zu werden. Fast alle gingen nach England oder nach Amerika – dies erklärt den heute noch sehr starken angelsächsischen Einfluss auf die Psychoanalyse. Freud selbst emigrierte 1938 nach London, begleitet von seiner Tochter und Schülerin Anna (1895–1982), die besonders mit Arbeiten über die Abwehrmechanismen sowie zur Kinderanalyse bekannt wurde. England wurde wohl wegen des dort ansässigen Freud-Schülers und bekannten Freud-Biografen Ernest Jones gewählt, der schon 1926 Melanie Klein, die sich wie Anna Freud der Kinderpsychoanalyse widmete, nach Großbritannien geholt hatte.

Weitere Entwicklung

Psychoanalyse in den USA. Die Mehrzahl der Emigranten ging nach Amerika, so Heinz Hartmann (1894–1970) und Ernst Kris (1900–1957), die beide die Psychoanalyse schwerpunktmäßig um Beiträge zur Ich-Psychologie bereicherten, René Spitz (1887–1974), der besonders durch seine Säuglingsbeobachtungen und die Herausarbeitung von Stufen in der Entwicklung einer Objektbeziehung bekannt geworden ist, und Erik Erikson (1902–1994), die zusammen (mit anderen) die New Yorker Gruppe bildeten. Ebenfalls nach New York emigriert – wenn dann auch aufgrund „abweichender" Lehren von den klassischen Freudianern ausgeschlossen – waren Karen Horney und Erich Fromm, die dann 1943 zusammen mit Harry Stack Sullivan (1892–1949) in Washington eine Neoanalytische Psychotherapie-Schule gründeten.

Neoanalytiker. Neben Adler und Jung ist mit diesen Namen eine Entwicklung der Tiefenpsychologie verbunden, die sich recht weit von der Freudschen Konzeption entfernt hat. Während die Freudianer bei aller Heterogenität grundsätzlich an der Libidotheorie, der genetischen Entwicklungsdynamik der Person und an der Trieb- und Affektlehre Freuds festhielten, relativierten die Neoanalytiker Horney, Fromm, Sullivan, Rado und andere insbesondere die Bedeutung der Libidotheorie und die Rolle der Sexualität. Hingegen räumten sie Umwelteinflüssen und den damit verbundenen Fehlhaltungen und Fehleinstellungen einen größeren Stellenwert ein. In Deutschland ist die Neoanalyse besonders mit dem Namen des Rado-Schülers Harald Schultz-Hencke (1892–1953) verbunden, der eine erneute Verbindung der Auffassungen Freuds, Adlers und Jungs anstrebte (und für eine Verkürzung der Psychoanalyse auf 150 bis 200 Stunden eintrat, die sonst ein Vielfaches dauerte).

1.6 Einfluss der Psychoanalyse auf andere Ansätze

Philosophisch orientierte Therapien

Als eine weitere tiefenpsychologische Strömung, deren Vertreter zwar mit Freud gut bekannt waren, aber doch nicht zum engeren Kreis seiner Schüler gerechnet werden können, sind die philosophisch orientierten Therapiekonzepte zu betrachten. Hierzu gehört zunächst der bereits erwähnte Viktor E. Frankl, der zwar eher als (später ausgestoßener) Adler-Schüler gilt, aber lange Zeit auch mit Freud korrespondiert hat. Seine Logotherapie bzw. Existenzanalyse, in der die Frage nach dem Sinn im Zentrum steht, wird auch als „Dritte Wiener Richtung der Psychotherapie" bezeichnet. Sie wird heute besonders von Alfried Längle (*1951) weiter entwickelt.

Daseinsanalyse. Auch der Begründer der Daseinsanalyse (ebenfalls auch als Existenzanalyse bezeichnet), Ludwig Binswanger (1881–1966), war jahrzehntelang mit Freud befreundet; gegenseitige Besuche und ein reger Briefwechsel zeugen von dieser Beziehung. Binswanger war übrigens ebenfalls vom „Burghölzli" gekommen und hatte bei Jung promoviert. Der zweite Hauptvertreter dieser Richtung, Medard Boss (1903–1990), hatte sich sogar von Freud analysieren lassen.

Binswanger war schon damals stark durch die Philosophie Edmund Husserls (1859–1938) und (mehr noch) durch dessen Schüler Martin Heidegger (1889–1976) geprägt. Ziel seiner psychotherapeutischen Behandlung ist es besonders, das Verständnis für die Struktur des menschlichen Daseins zu gewinnen und wieder über die ureigensten Existenzmöglichkeiten verfügen zu können.

Körpertherapien

Starken Einfluss auf die Entwicklung so genannter „Körpertherapien" hatte ein anderer Freud-Schüler, nämlich Wilhelm Reich (1897–1957). Er lehrte, dass die Libido den ganzen Leib erfülle und nicht nur an die erogenen Zonen gebunden sei. Reich vertrat auch sozialistische Ideen und machte später spektakuläre und heftig umstrittene naturwissenschaftliche Experimente (besonders im Zusammenhang mit der von ihm postulierten „Orgonenergie"). Diese beiden Momente führten dazu, dass – in einer wohl einzigartigen Kampagne – in der Mitte des 20. Jahrhunderts (1954/56) in Amerika unter dem Vorwand ökonomisch-gesundheitspolitischer Gründe alle seine Bücher verboten, seine „Orgonakkumulatoren" zerstört und seine Schriften in Anwesenheit von Regierungs-Vertretern verbrannt wurden (!) – 21 Jahre, nachdem die Nazis in Berlin Freuds Bücher verbrannt hatten. Reich starb im Gefängnis.

Personzentrierte Therapie

Von Freud über Otto Rank führt letztlich auch der Weg zu Carl Rogers (1902–1987), dem Begründer der Personzentrierten Therapie – die in Deutschland durch dessen Schüler Reinhard Tausch unter dem Namen „Gesprächspsychotherapie" bekannt und verbreitet wurde. Rogers war der Erste, der intensive empirische Forschungsarbeit über die Prozesse in der Psychotherapie und die notwendigen Qualitäten des Psychotherapeuten initiiert und geleistet hat.

Humanistische Psychologie

Neben dem personzentrierten Ansatz und der Gestalttherapie von Fritz Perls sind auch andere Richtungen der humanistischen Psychologie von Freud und der Psychoanalyse beeinflusst worden. Die humanistische Psychologie wird neben der Psychoanalyse und dem Behaviorismus (mit dessen „Kind", der Verhaltenstherapie) als eigenständige dritte große psychologische „Bewegung" im 20. Jahrhundert bezeichnet. (Von „psychologischer Theorie" kann wegen der Heterogenität der darunter subsumierten Konzepte nicht gesprochen werden). Im Sinne des Humanismus und der Existenzphilosophie will die humanistische Psychologie den Menschen (wieder) neu in seiner alltäglichen sozialen Wirklichkeit, als organismische, sinnorientierte Ganzheit mit dem Ziel der Selbstverwirklichung und (sozial eingebundener) Autonomie begreifen.

Verflechtung mit der Psychoanalyse. Diese Aspekte werden besonders in den Formen der humanistischen Therapie hervorgehoben, zu denen einige der in diesem Band dargestellten Ansätze gerechnet werden: die Personzentrierte Therapie von Rogers, die Gestalttherapie von Perls, das Psychodrama von Moreno (der seinerseits und weitgehend unabhängig von Freud stark die humanistische Psychologie beeinflusste), die Logotherapie (und Existenzanalyse) von Frankl, die Bioenergetik von Lowen und die Transaktionsanalyse von Berne.

Doch ist eine klare Abgrenzung „der" humanistischen Therapien nicht möglich: Die teilweise enge Verflechtung mit psychoanalytischen Aspekten wird schon daran deutlich, dass einige der eben genannten „humanistischen Therapieansätze" in diesem Buch unter die tiefenpsychologisch-analytischen Ansätze eingereiht wurden. Auch die bereits genannten amerikanischen Neoanalytiker – Horney, Fromm, Sullivan – werden ebenfalls oft als Vertreter der humanistischen Psychologie genannt. Als Vorläufer gelten (neben Moreno) Adler und Rank.

Systemische Therapien

In den letzten Jahrzehnten des 20. Jahrhunderts ist ein weiterer heterogener Verbund unterschiedlicher Therapieformen entstanden, denen gemeinsam ist, dass nicht mehr das Individuum, sondern die sozialen Beziehungen (besonders die Familie) einschließlich der über Kommunikation und Sprache vermittelten Wirklichkeitsdefinitionen im Zentrum der Betrachtung stehen. Die Person, die nach herkömmlichen Vorstellungen zunächst als krank und therapiebedürftig angesehen wird, ist gemäß diesen Ansätzen wesentlich als der „Indexpatient" zu sehen, der als Symptomträger eine unmittelbare Manifestation eines kranken Systems darstellt.

Ähnlich den humanistischen Therapieansätzen entwickelte sich auch hier fast gleichzeitig aus unterschiedlichen Perspektiven und Therapiekonzepten heraus eine grundlegende einheitliche Intention und Sichtweise, die eine gemeinsame Namensgebung – systemische Therapie – rechtfertigt. Auch zu diesem Theorienverbund zählen Weiterentwicklungen auf psychoanalytischer Basis: Im deutschen Sprachraum besonders mit den Namen Horst-Eberhard Richter und Helm Stierlin verbunden (bzw. für die Sonderform der Paartherapie: Jürg Willi). Hier wurden die psychoanalytischen Konzepte Freuds stärker auf die Struktur systemischer Interaktionen bezogen. Inzwischen orientieren sich allerdings die eigenständigen systemtherapeutischen Konzepte stärker an der interdisziplinären naturwissenschaftlichen Systemforschung und werden eher von philosophischen Richtungen wie Postmoderne und narrativen Ansätzen beeinflusst.

1.7 Überblick

Ein zentraler Entwicklungsstrang

Die Geschichte der Psychotherapie sollte in den vorausgegangenen Abschnitten entlang eines zentralen Entwicklungsstranges nachgezeichnet werden, als dessen Wurzel Freud und die Psychoanalyse gelten. Zweifellos gibt es in der Psychotherapie auch Personen und Ansätze, die nicht oder nur kaum von dieser Entwicklung berührt wurden und doch sehr Wesentliches zum Gesamtbild heutiger Psychotherapie beigetragen haben.

Hierzu zählen große Teile der Verhaltenstherapie – wesentlich bestimmt durch Personen wie B. F. Skinner, Joseph Wolpe und Hans-Jürgen Eysenck, Aaron T. Beck, Albert Ellis oder Arnold Lazarus – außerdem Teilgruppen der systemischen bzw. Familientherapie – etwa die Palo-Alto-Gruppe um Gregory Bateson, Paul Watzlawick, Virginia Satir u. a.

Als Einzelpersönlichkeit verdient es Iacov Moreno (1889–1974) besonders hervorgehoben zu werden. Mit seinen theoretischen Konzepten und seinem Therapieansatz („Psychodrama") ist er nicht nur als Pionier der humanistischen Psychotherapie anzusehen, sondern er hat z. B. mit seiner „Soziometrie" auch in der Soziologie Bedeutung erlangt. Erstaunlicherweise wurde er selbst kaum durch Freud und die Psychoanalyse beeinflusst, obwohl er bis 1925 als Psychiater in Wien arbeitete (danach ging er nach Amerika).

Der Begründer der Gestalttherapie, Fritz Perls (1893–1970), entwickelte seine Theorie ebenfalls unabhängig von Sigmund Freud. Dieser gewährte Perls 1936 nur eine kühle „vier-Minuten-Audienz". Perls Aufsatz über „Orale Widerstände", den er am psychoanalytischen Kongress im selben Jahr vortrug, fiel praktisch durch. Dabei hatte er durchaus einen freundlicheren Empfang erwartet, da er kurz zuvor in Südafrika „für Freud" ein Institut für Psychoanalyse gegründet hatte. Diese Enttäuschung war wesentlich für Perls Abwendung von der Psychoanalyse und die Entwicklung der Gestalttherapie – er selbst sagt: „Ich bin zutiefst dankbar dafür, dass ich mich in der Auflehnung gegen ihn (Freud) so weit entwickeln konnte" (Perls 1969, S. 45).

Diese und weitere wichtige Wurzeln der Psychotherapie ausführlicher in dieses Einführungskapitel zu integrieren hätte den ohnehin kaum hinreichend sich hindurchziehenden „roten Faden" vollends zerrissen. So werden denn einige Aspekte erst bei der Darstellung der jeweiligen Therapieansätze nachgetragen.

Das Einfluss-Schema

Zum Abschluss dieses einführenden Überblicks sollen die für die Entwicklung der (weitgehend auf Tiefenpsychologie beschränkten) Psychotherapie-Konzepte wichtigsten Beziehungen anschaulich und übersichtlich in einem Einfluss-Schema dargestellt werden. Dabei wären noch viele durchaus wesentliche Kontakte, Begegnungen und Einflüsse zu nennen. Dies hätte jedoch die Übersichtlichkeit des Schemas beeinträchtigt.

Darüber hinaus bedeutet auch die Wahl der Perspektive eine Selektion: Das Schema ist überwiegend unter dem Blickwinkel des Einflusses von Freud auf die „Gründer" von anderen Therapierichtungen gestaltet. Eine alternative Perspektive für ein solches Schema wäre z. B. durch die Frage nach dem Einfluss philosophischer Schulen und ihrer Lehren eingenommen worden.

Die für die Entwicklung der Psychotherapie bedeutsamen Beziehungen im Überblick

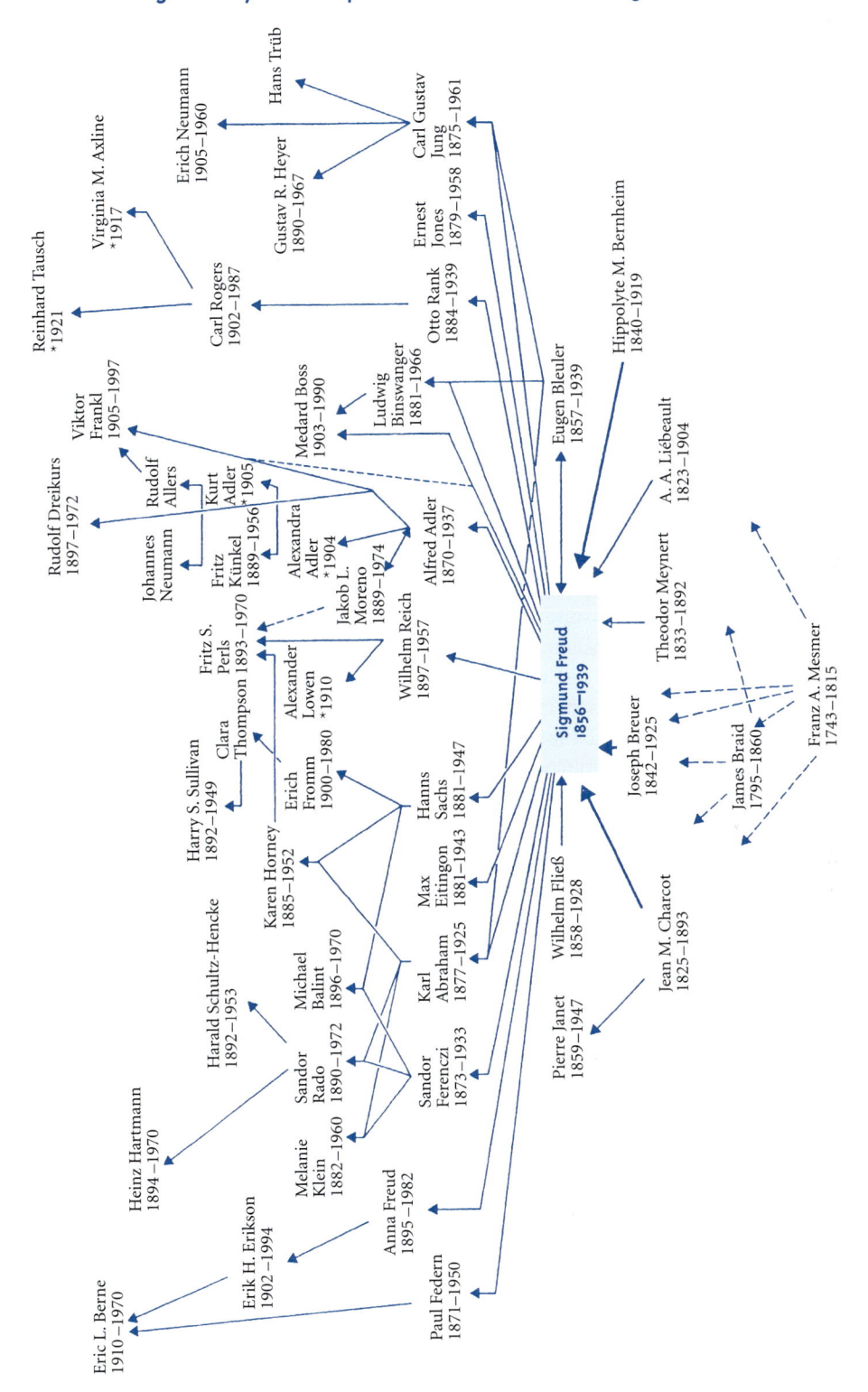

1.7 Überblick | 15

1.8 Zusammenfassung

Der Mensch als soziales Wesen. Der Mensch als soziales und reflexives Wesen bemühte sich schon immer, mögliche psychische und somatische Beeinträchtigungen zu lindern. Eine professionelle Psychotherapie entwickelte sich jedoch erst ab Ende des 19. Jahrhunderts; entscheidende Impulse dazu gab das Werk Freuds.

Anthropologie im 19. Jahrhundert. Das 19. Jahrhundert war geprägt von einem mechanistischen und somatogenetischen Weltbild, das trotz der vorangegangenen europäischen Aufklärung noch anthropologischen Vorurteilen verhaftet war. Dies zeigt sich auch im wissenschaftlichen Rassismus wie der Polygenie und der Monogenie sowie in wissenschaftlichen Versuchen, angenommene Unterschiede zwischen Frauen und Männern oder Verbrechern und Gesunden durch Unterschiede des Gehirns oder der Gene nachzuweisen.

Die Fortschritte in der allgemeinen Medizin legten auch eine monokausale Auffassung der Ursachen von psychischen Beeinträchtigungen nahe. Deshalb stützte sich die Psychiatrie fast nur auf gehirnpathologische Annahmen, die manchmal zu kuriosen Erklärungen (wie z. B. die „Drapetomanie") führten. Zwar setzten einige Philosophen (wie Kierkegaard, Nietzsche und Schopenhauer) und Dichter (wie Goethe, Schiller und Dostojewskij) dem mechanistischen Weltbild andere Ansichten entgegen und berücksichtigten etwa den Einfluss unbewusster psychischer Prozesse oder sozialer Faktoren auf das menschliche Verhalten, dennoch blieb die Suche nach somatogenetischen Erklärungen auch für Freud zunächst zentral.

Anfänge der Psychoanalyse. Dabei wurde Freud von der Erforschung und Behandlung der Hysterie beeinflusst, v. a. von Breuer, dessen Annahme eines „kathartischen Prozesses" durch die erneute Durchlebung eines erlittenen Traumas er übernahm. Allerdings setzte Freud entgegen Breuer voraus, dass es sich bei der Hysterie um eine Konversion unterdrückter sexueller Triebansprüche in körperliche Symptome handle.

Freud und seine Schüler. Freuds Bedeutung für die Geschichte der Psychotherapie liegt außer in der Begründung der Psychoanalyse auch darin, dass er Katalysator für Urheber anderer Richtungen war: Viele berühmte Schüler Freuds haben in ihrer Auseinandersetzung mit der Psychoanalyse eigene Konzeptionen entwickelt; indessen kam es v. a. bei Adler und Jung aufgrund entscheidender neuer oder veränderter Aspekte der Psychoanalyse zu Brüchen mit Freud und Austritten oder Ausschlüssen aus psychoanalytischen Gesellschaften. Die so begründeten neuen Schulen brachten ihrerseits selbst wieder Schüler hervor, die neue Konzeptionen entwickelten.

Zersplitterung der psychoanalytischen Bewegung. Nicht nur die inhaltliche Heterogenität, sondern auch die nationalsozialistische Herrschaft führte zu einer Zersplitterung der psychoanalytischen Bewegung. Während Freud nach England emigrierte, gingen viele seiner Anhänger und Begründer neuer tiefenpsychologischer Richtungen (wie die Mitbegründer der Ich-Psychologie oder die Neoanalytiker) in die USA.

Einfluss der Psychoanalyse auf andere Ansätze. Ein Großteil anderer therapeutischer Strömungen und Richtungen (wie die Körpertherapien, die Gestalttherapie, die Personzentrierte Therapie und die humanistische Psychologie) ist zumindest indirekt von der Psychoanalyse beeinflusst, auch wenn die Auseinandersetzung mit ihr oft zu einer deutlichen Schwerpunktverlagerung führte.

1.9 Verständnisfragen

- Seit wann gibt es psychotherapeutisch tätige Menschen?
- Durch welches Weltbild war das 19. Jahrhundert geprägt?
- Welche anderen Ansichten zu dieser Zeit nahmen spätere Erkenntnisse der Psychoanalyse vorweg?
- Warum gilt Franz Anton Messmer aus heutiger Sicht nicht als Begründer einer psychologischen Gegenbewegung?
- Was war Freuds größte Hoffnung bezüglich der Psychoanalyse als Wissenschaft?
- Von welchen Forschungen war die Entwicklung der Psychoanalyse beeinflusst?
- Was ist das Besondere am Fall der Anna O.?
- Was bezeichnete Freud als „Konversion"?
- Welche wichtigen Freud-Schüler haben später eigene Schwerpunkte gesetzt oder sogar neue Richtungen begründet?
- Wie kam es zum Bruch zwischen Adler und Freud bzw. Jung und Freud?
- Was führte zur Zersplitterung der psychoanalytischen Bewegung?
- Inwiefern gehen die systemischen Therapiekonzepte über die Psychoanalyse hinaus?
- Welche einflussreichen Persönlichkeiten der Psychotherapie blieben weitgehend unbeeinflusst von Freud?

1 Tiefenpsychologie

2 **Psychoanalyse**
3 **Individualpsychologie**
4 **Analytische Psychologie**
5 **Vegetotherapie**
6 **Bioenergetik**
7 **Transaktionsanalyse**

2 Psychoanalyse

2.1 Der Begriff Psychoanalyse

Selbst wenn man den Begriff „Psychoanalyse" nur auf jene Konzepte beschränkt, die von Freud selbst stammen, erscheint es fraglich, ob überhaupt sinnvoll von „der" Psychoanalyse gesprochen werden kann: Nach der ersten umfangreichen Niederlegung seiner Theorie („Traumdeutung", 1900) hat Freud noch rund vier Jahrzehnte an seiner Konzeption weitergearbeitet. Daher ist es eigentlich selbstverständlich, dass über einen so langen Zeitraum bestimmte Aspekte immer wieder modifiziert und um weitere Gesichtspunkte ergänzt wurden. Und obwohl Freud bemüht war, seine Theorie gegen allzu starke Veränderungen abzuschirmen – weshalb es auch zum Ausschluss von Adler, Jung, Reich u. a. aus der Wiener Psychoanalytischen Gesellschaft kam – hat er selbst mehrmals neue Schwerpunkte gesetzt. Dies gilt besonders für seine Theorie(n) der Angst.

> **Drei Bereiche der Psychoanalyse**
> Freud verstand unter „Psychoanalyse" keineswegs nur eine psychotherapeutische Konzeption, sondern dieser Begriff umfasst nach seinem eigenen Verständnis mindestens drei abgrenzbare Bereiche:
> (1) Eine allgemeine psychologische Theorie des menschlichen Erlebens und Handelns. Dazu gehören Freuds Trieblehre (speziell die Libidotheorie), seine Persönlichkeitstheorie (speziell das Strukturmodell des psychischen Apparates), seine Entwicklungspsychologie (speziell das Phasenmodell) und seine Neurosenlehre (alle Begriffe werden später erläutert). Die rein theoretischen (letztlich fiktiven und nicht durch Erfahrung begründbaren) Aspekte dieser Ansätze bezeichnet Freud als Metapsychologie (in Analogie zur Metaphysik).
> (2) Eine Methode zur Erforschung psychischer Vorgänge; diese Methode ist an das psychoanalytische „Setting" gebunden (s. u.), zu dessen Kernen u. a. freie Assoziation und Traumdeutung gehören.
> (3) Ein Verfahren zur Behandlung psychischer Störungen, das ebenfalls mit dem „Setting" zusammenhängt und zu dessen Kernen u. a. Übertragungs- und Gegenübertragungsphänomene, Widerstandsanalysen und Deutungstechniken gehören.

Kritik an Freud

Das außerordentlich umfangreiche Werk Freuds erstreckt sich somit vom engen Bereich psychopathologischer Überlegungen – vor allem als Neurosen- und Krankheitslehre – über die Konzipierung eines Behandlungsmodells bis hin zu sehr allgemein psychologischen Aussagen. Zu diesen gehören Werke, die bis in den ethnologischen und sozialwissenschaftlichen Bereich hineinreichen. Hier wurde später von anderen z. B. die „Universalität des Ödipuskomplexes" (s. u.) kritisiert, wie sie sich etwa in „Totem und Tabu" (1913) niederschlägt.

Ferner wurde Freud vorgeworfen, dass er historische und gesellschaftliche Prozesse zu wenig beachtet habe und zum Teil einem Psychologismus verfallen sei, d. h., er habe letztlich sozioökonomische Verhältnisse sowie Macht- und Herrschaftsstrukturen zu sehr auf „Triebgeschichte" reduziert. Dies wird allerdings von manchen Freud-Exegeten ganz anders gesehen, indem diese explizit versuchen, seine diesbezüglichen Schriften (z. B. „Massenpsychologie und Ich-Analyse", 1921, oder „Das Unbehagen an der Kultur", 1930) wieder stärker als fruchtbare Beiträge zur Sozialwissenschaft zu reinterpretieren (vgl. Erdheim & Nadig, 1983).

Ein weiterer Kritikpunkt zielt darauf, dass Freud sein Wissen um den real vorkommenden sexuellen

Missbrauch in der Wiener Gesellschaft kaschierte und verleugnete, indem er die von Patienten berichteten Verführungs- und Inzesterlebnisse als reine Phantasieprodukte interpretierte (s. u.) und damit, so der Vorwurf, letztlich die Täter schützte. Diese Kritik ist sicher insofern berechtigt, als gerade in den letzten Jahrzehnten das große Ausmaß sexuellen Missbrauchs innerhalb von Familien deutlich geworden ist – und als es plausibel ist, dass zu Beginn des 20. Jahrhunderts diese Rate nicht niedriger war. Wie weit allerdings der reale Kenntnisstand und Motive von Freud („Täterschutz") von dieser Kritik angemessen erfasst werden, ist kaum zu beurteilen.

Modifikation und Weiterentwicklung

Im Folgenden sollen die sozialwissenschaftlichen und ethnologischen Aspekte unberücksichtigt bleiben und nur Konzepte dargestellt werden, die für Psychotherapie im engeren Sinne bedeutsam sind.

Auch diese sind teilweise sehr umstritten. Einige Annahmen sind heute nicht mehr haltbar – dazu zählen bestimmte anthropologische und entwicklungspsychologische Annahmen, die Bedeutung der Libidotheorie etc.

Eine Reihe von Konzepten wurde, wie schon gesagt, von Freud selbst, andere von seinen „Schülern" modifiziert. Manche wurden aber auch, nachdem Freud sie verändert hatte, von anderen in der früheren Form wieder aufgegriffen. Das gilt z. B. für bestimmte energetische Aspekte, die dann in den Körpertherapien – etwa bei Reich und Lowen – eine wichtige Rolle zu spielen begannen, wenn auch erneut in einer konzeptionell veränderten Form.

Gerade deshalb erscheint es notwendig und sinnvoll, zunächst die Entstehungsgeschichte einiger zentraler Konzepte nachzuverfolgen (dabei wird die Kenntnis von Kapitel 1 vorausgesetzt, was die Entwicklung von Freud und der Psychoanalyse betrifft).

2.2 Entstehung der psychoanalytischen Theorie

Die theoretische Konzipierung der Psychoanalyse ist eng mit Freuds praktischer Tätigkeit und seinen persönlichen Erfahrungen verbunden. Es wurde bereits im letzten Kapitel dargestellt, dass Freud ab 1887 zunächst – als unmittelbare Auswirkung seiner Arbeit bei Charcot – zusammen mit Breuer Hypnoseverfahren einsetzte. Vor seinem Paris-Aufenthalt hatte Freud sogar für kurze Zeit die damals üblichen Verfahren wie Wassertherapie, elektrische Reizung, Ruhekur, Massage usw. angewandt. Mit der Hypnose wurde versucht, den Patienten das Verschwinden ihrer Symptome zu suggerieren.

Es gab aber auch Gründe, die gegen die Hypnose als therapeutisches Grundverfahren sprachen: So zeigte sich, dass Patienten, bei denen die Hypnose eher mit suggestiver Beeinflussung der Symptome gekoppelt wurde, zwar anfänglich eine Veränderung in der Krankheit aufwiesen, doch kamen einige später mit anderen Symptomen erneut zur Behandlung – ein Zeichen dafür, dass die Ursache der Krankheit nicht erfasst worden war. Zudem stellte sich heraus, dass einige Patienten nicht hypnotisierbar waren. Bei den anderen bestand die Gefahr, dass sie durch die Hypnose in eine starke Abhängigkeit vom Therapeuten geraten könnten. Besonders aufgrund Breuers Erfahrungen mit dem Fall der „Anna O." wurde diese hypnotische Arbeit allerdings schon bald modifiziert.

Die Traumatheorie

Mit „Anna O." hatte Breuer eine Patientin mit besonders schweren hysterischen Symptomen. Nachdem eine Reihe von anderen Behandlungsversuchen in diesem Fall gescheitert war, wozu auch das hypnotische Unterdrücken der Symptome gehörte, ging Breuer dazu über, der in Hypnose in englischer Sprache vor sich hin Assoziierenden einfach zuzuhören. Dieses assoziative Hervorbringen einer großen Fülle von Material, von der Patientin selbst als „talking cure" oder „chimney sweeping" bezeichnet, führte in der Regel zu kurzfristigem Verschwinden der Symptome oder zumindest zu Erleichterungen. (Es gibt allerdings unterschiedliche Versionen darüber, wie Breuer und seine Patientin letztlich zu dieser Form gemeinsamer Arbeit fanden.)

Katharsis. Für Breuer war damit klar, dass die produzierten Assoziationen mit der Krankheit in Zusammenhang standen. Und es lag nahe, die Ursache der Symptome in einem frühen Trauma (also einer seelischen Verletzung) zu suchen. Zusammen mit Freud entwickelte Breuer die Theorie der Katharsis, in deren Mittelpunkt die Annahme stand, dass die eigentliche Ursache der therapeutischen Wirkung das Erinnern und Wiedererleben von traumatischen Erfahrungen sei. Auf diese Weise, so die Annahme, könne der fehlgeleitete und „eingeklemmte" Affekt (Freud) auf normalem Wege abreagiert werden.

Doch auch mit dieser „kathartischen Methode" war Freud bald unzufrieden (während das Konzept der Katharsis selbst durchaus noch seine Berechtigung in der Psychoanalyse behielt). Freud empfand einen zu starken Widerspruch zwischen der Hypnose, als einer eher zudeckenden Methode, und dem Erinnern und Ausagieren der Affekte, als einer aufdeckenden Methode.

Freie Assoziation. In dem Bemühen, eine bessere Methode als die hypnotische Katharsis zu finden, um an das Verdrängte heranzukommen, versuchte Freud zunächst, die Hypnose durch eine Konzentrationstechnik zu ersetzen. Dabei übte er mit den Daumen einen Druck auf die Stirn des Patienten aus. Letztlich ging er aber dazu über, die Methode der freien Assoziation ganz außerhalb der Hypnose zu verwenden.

Mit der Methode der freien Assoziation, bei der der Patient auf der Couch liegt (also in einer sowohl regressiven als auch entspannten Haltung) und alles, was und wie es ihm in den Sinn kommt, möglichst ohne jede Zensur ausspricht, war einer der Grundpfeiler der psychoanalytischen Behandlungsmethode gefunden, der auch heute noch weitgehend seine Bedeutung hat (zumindest in der „großen Psychoanalyse").

Selbstanalyse. Diese Methode wurde aber nicht nur in der Behandlung von Patienten erprobt und entwickelt, sondern spielte auch eine große Rolle in Freuds Selbstanalyse, die er im Briefwechsel mit Wilhelm Fließ vornahm. Durch freie Assoziation, Analyse seiner Träume und seines Verhaltens befreite Freud sich selbst von hysterischen Symptomen. Er entdeckte dabei seine sexuellen Wünsche gegenüber seiner Mutter – was für den späteren zentralen Stellenwert des Ödipuskomplexes in seiner Theorie (s. u.) sicher von hoher Bedeutung war.

Phantasie statt Realität. Die vielen intim-sexuellen Inhalte in den Assoziationen einiger seiner Patienten machten Freud nicht nur die wichtige Rolle der Beziehung des Patienten zum Therapeuten deutlich, sondern führten ihn darüber hinaus zu den ersten Ansätzen seiner Libidotheorie (ab ca. 1900).

Dabei erklärte Freud (im Gegensatz zu Breuer) die abgespaltenen Affekte durch frühe sexuelle Erlebnisse und Traumatisierungen. Zunächst hielt er die Traumen, die nach dieser Theorie der Hysterie zugrunde lagen, für reale sexuelle Verführungen in früher Kindheit. Er vermutete, das Symptom spiegle den Konflikt zwischen Erinnerung und Abwehr dieses Traumas wider. Nach 1897 ließ er diese Annahme jedoch fallen: Statt realer sexueller Verführungserlebnisse nahm er nun an, die Patientinnen würden diese Erlebnisse lediglich phantasieren.

> **Sexualität und Phantasie**
> Die Abkehr von der Annahme realer sexueller Erfahrungen zugunsten einer Interpretation als „Phantasie"-Gebilde wird gewöhnlich als entscheidender Schritt für den Beginn der Psychoanalyse gewertet: Statt des *passiven Erleidens* (der Verführung) wurde nun ein *aktives Erleben* frühkindlicher Sexualität als wesentliches Moment gesehen – der Schritt von der Vergewaltigung durch den Vater hin zum „Ödipuskonflikt" (s. u.). Es sei allerdings daran erinnert, dass diese Wende von anderen (speziell im Bereich der feministischen Diskussion) mit dem Argument kritisiert wird, Freud habe damals mit dieser Neuinterpretation seine Kenntnisse über das Ausmaß des realen sexuellen Missbrauchs verschwiegen, um die Täter zu schützen.

Vom Libidokonzept zur Neurosenlehre

In den ersten zwei Jahrzehnten des 20. Jahrhunderts entwickelte Freud die Kernstücke des psychoanalytischen Theoriengebäudes. Mit der „Traumdeutung" (1900) entstand das erste umfassende Werk, in dessen letztem Kapitel auch bereits das erste topische Modell des psychischen Apparates (Differenzierung in Teilsysteme) dargestellt wurde. (In Briefen an Fließ und im „Entwurf einer Psychologie", 1895, ist davon ansatzweise aber auch schon früher die Rede). Freud unterscheidet hier zwischen „unbewusst", „vorbewusst" und „bewusst" – wobei, grob gesagt (genauer unten), das Vorbewusste praktisch jederzeit ins Bewusstsein geholt werden kann. Der Zugriff auf das Unbewusste ist hingegen üblicherweise verwehrt. Diesen Zugang zu ermöglichen, ist vielmehr gerade die Aufgabe der psychoanalytischen Technik.

Neue Instrumente der Psychoanalyse. Damit verbunden wurden (neben der freien Assoziation) auch die anderen wesentlichen Grundkonzepte der psychoanalytischen Behandlungsmethode herausgearbeitet: Ein zentrales Konzept in der psychoanalytischen Arbeit wurde der „Widerstand" eines Patienten gegen die Bewusstmachung und Auseinandersetzung mit dem Unbewussten im psychoanalytischen Prozess. Die Bearbeitung dieser Widerstände rückte zunehmend in den Vordergrund der Behandlung. Als weiteres Konzept wurde die „Übertragung" frühkindlicher affektiver Erlebnisse und Verhaltensmuster des Klienten auf den Therapeuten, die anfangs als ein Nachteil angesehen wurde, zum Kerninstrument der psychoanalytischen Arbeit. Ähnliches gilt für das Konzept der „Gegenübertragung", d. h. der gefühlsmäßigen Reaktion des Therapeuten auf die Übertragung des Klienten (alle drei Konzepte werden später genauer erläutert).

Psychische Energie. Einer besonders starken Veränderung war Freuds Energiekonzept unterworfen: Vor 1900 stand der Aspekt von psychischer Energie aus physiologischen Quellen noch ganz im Mittelpunkt der Betrachtungen. Freud hatte ja zuvor im physiologischen Labor bei Ernst von Brücke gearbeitet und war stark von Theodor Meynert beeinflusst – beides Wiener Ordinarien, die den Physikalismus von Helmholtz und Mach vertraten. Zudem hatte Freud selbst physiologische Arbeiten publiziert. Die oben erwähnte „Abfuhr des fehlgeleiteten und eingeklemmten Affektes", mit der Freud den Erfolg der Katharsis erklärte, zeigt den engen konzeptionellen Zusammenhang von psychischer Krankheit und affektiven Energien in Freuds früher Theorie. Diese affektive Energie wurde als „Erregungsquantität" bezeichnet, die er als „etwas" bestimmte, „das der Vergrößerung, Verminderung, der Verschiebung und der Abfuhr fähig ist und sich über die Gedächtnisspuren der Vorstellung verbreitet, etwa wie eine elektrische Ladung über die Oberfläche der Körper. Man kann diese Hypothese ... in demselben Sinn verwenden, wie es die Physiker mit der Annahme des strömenden elektrischen Fluidums tun" (1894, Ges. Werke I/74).

Libido. In seinen Arbeiten über die Hysterie und dann über die Angstneurose arbeitete Freud dann immer deutlicher die sexuelle Herkunft dieser Erregungsenergie heraus (wobei „sexuell" allerdings nicht – wie in der Alltagssprache – auf den Genitalbereich beschränkt ist – s. u.). Diese Energie des Sexualtriebes nannte er „Libido". Die Libido durchläuft in der kindlichen Entwicklung ganz bestimmte Phasen (s. u.), wobei unbewältigte Konflikte in diesen Phasen und eine Störung in der Ökonomie der Libido von Freud als Ursachen der Neurosen angenommen wurden. Eine besondere Bedeutung maß er hier dem Konzept des Ödipuskonfliktes (s. u.) bei, das wesentlich für die Libidotheorie und für sein späteres Strukturmodell des psychischen Apparates wurde.

Formulierung der Neurosenlehre. In diesem Zusammenhang traf Freud eine (zunächst) wichtige Unterscheidung zwischen Aktualneurosen und Psychoneurosen, die oft als Kern von Freuds erster Angsttheorie betrachtet wird: Aktualneurosen (Angstneurose, Neurasthenie) haben danach eine somatische Ätiologie, ihre Ursache ist nämlich die mangelnde bzw. inadäquate (d. h. mittels Masturbation erreichte) Abfuhr sexueller Energie. Die Anhäufung sexueller Erregung wird ohne psychische Vermittlung direkt in Symptome – besonders in Angst – umgewandelt. Freud glaubte dabei an eine Intoxikation durch die Stoffwechselprodukte sexueller Substanzen. Im Gegensatz dazu ist die Symptombildung bei den Psychoneurosen (Hysterie, Zwangsneurose) symbolischer Ausdruck frühkindlicher Konflikte im Zusammenhang mit der Libidoentwicklung. Die Ursachen liegen also hier nicht (direkt) im somatischen, sondern im psychischen Bereich. Es sei jetzt schon bemerkt, dass Freud diese Theorie zur Neurosenentstehung später weitgehend wieder verworfen hat (s. u.), dass Aspekte davon aber von Wilhelm Reich weiterentwickelt wurden.

Die Terminologie von Sigmund Freud

Die biologistischen und mechanistischen Aspekte des Theoriengebäudes von Sigmund Freud entsprachen dem (in Kap. 1 ausführlich dargelegten) Zeitgeist. So sind die Begriffe „Trieb" und „Libido" in Analogie zur Physik („Kraft" und „Energie") konzipiert. Begriffe wie „psychischer Apparat" (s. u.), „funktionieren", „fließen" (von Energie) usw. zeigen außerdem, dass Freud Anleihen bei den wissenschaftlichen Modellen des ausklingenden 19. Jahrhunderts machte: Neurophysiologie, Hydrodynamik und Mechanik. Im Briefwechsel mit Wilhelm Fließ („Aus den Anfängen der Psychoanalyse") kennzeichnete Freud psychische Vorgänge als „quantitativ bestimmte Zustände aufzeigbarer materieller Teile" (Freud & Fließ 1950, S. 305). Im Vorwort zu diesem Werk schrieb E. Kris: „Es ist ein konsequenter Versuch, die Funktion des psychischen Apparates als Funktion eines Neuronensystems zu beschreiben und alle Vorgänge letztlich als quantitative Veränderungen zu erfassen" (S. 29).

Daraus wird deutlich, dass Freud ursprünglich hoffte, die Psychoanalyse und den für seine Forschung relevanten Bereich der Psychologie auf ein System mechanistischer Hypothesen zurückführen zu können. Gerade im Hinblick auf diese persönliche und gesellschaftlich vorherrschende wissenschaftstheoretische Grundorientierung ist seine Leistung besonders zu würdigen, mit dem Strukturkonzept und der Psychodynamik eine (entwicklungs-)psychologische Theorie vorgeschlagen und damit den vorgefundenen Rahmen gesprengt zu haben.

Entdeckung des Ichs

Freuds Abkehr von diesem naturwissenschaftlich-energetisch orientierten Libidokonzept vollzog sich etwa zwischen 1920 und 1926. Zunächst wurde in „Jenseits des Lustprinzips" (1920) dem Sexualtrieb der Todestrieb (s. u.) zur Seite gestellt. Dann wurde durch die Herausarbeitung eines strukturellen Persönlichkeitsmodells – Freuds zweites topisches Modell – das Ich in das Zentrum der psychoanalytischen Betrachtungsweisen gerückt: Neurosen wurden nun auf den Konflikt zwischen psychischen „Provinzen" (oder „Instanzen") des seelischen Apparates zurückgeführt: dem Es, dem Ich und dem Überich (s. u.). Damit wurde das Anliegen der Psychoanalyse von Freud nun wie folgt gekennzeichnet: „Wo Es war, soll Ich werden".

Umformulierung der Angsttheorie. Bezogen auf das energetische Konzept, bedeutet dies die Aufgabe der früheren Angsttheorie:

Angst als Ursache von Verdrängung

In Freuds erster Konzeption wurde Angst als umgewandelte, nicht abgeführte Libido gesehen – d. h. letztlich als ein *Ergebnis* der Verdrängung ins Unbewusste. In der Neuformulierung der Angsttheorie wurde die Angst hingegen als *Ursache* der Verdrängung aufgefasst. Das Ich, das zwischen Triebwünschen aus dem Es und den (Gewissens-)Ansprüchen aus dem Überich vermitteln und eine Anpassung an die Realität leisten muss, stand seitdem in der psychoanalytischen Theorie im Mittelpunkt der Angst.

Dieser Schritt weg von der Energie und hin zur psychischen Struktur als Zentrum der Betrachtung, weg von der Klärung der (physiologischen und psychologischen) Ursachen der Angst und hin zur Beschäftigung mit ihren Symptomen, war praktisch 1926 mit der Schrift „Hemmung, Symptom und Angst" endgültig vollzogen – Freud führte darin aus, dass die Beschäftigung mit der Frage, aus welchem Stoff die Angst gemacht wird, nun an Interesse verloren habe. Selbst die Bedeutung des Ödipuskonfliktes wurde nun stark relativiert, wenn auch nicht völlig verworfen.

Ungeklärte Fragen der Libidotheorie. Über die Gründe für diesen Umschwung lässt sich viel spekulieren. Boadella (1983) weist darauf hin, dass es drei grundlegende Probleme gab, die Freud im Rahmen seiner Libidotheorie nicht zu klären vermocht hatte:
(1) die Beziehung zwischen Sexualspannung und Lusterleben,
(2) die biologischen Vorgänge, in denen das Wesen der Sexualität besteht,
(3) die Beziehung von sexueller Erregung und Angstneurose (bzw. – in Freuds Terminologie – zwischen Aktualneurose und Psychoneurose).

„Es wäre denkbar", resümiert Boadella (1983, S. 17), „dass eine Kapitulation vor diesen Problemen seine spätere Entscheidung beeinflusste, sich von seiner frühen Trieblehre abzuwenden und sich auf die Ich-Psychologie hin zu orientieren."

Es ist bemerkenswert, dass Wilhelm Reich, der 1920 zu Freud stieß, gerade die von Freud mehr und mehr aufgegebenen energetischen Aspekte in den Vordergrund seiner Arbeit stellte und dabei u. a. Antworten auf die drei eben genannten Probleme fand. So setzte Reich in gewissem Sinne Freuds ursprüngliche Forschungsrichtung gradlinig fort, während Freud und die meisten anderen Psychoanalytiker den Schwenk zur Ich-Psychologie vollzogen (vgl. auch Kap. 5.2 Reich versus Freud).

Konzentration auf Funktionen des Ichs. Noch eine andere Verschiebung in der Zentrierung der Aufmerksamkeit psychoanalytischer Arbeit hat Freud vor seinem Tode zumindest eingeleitet: Von der Betrachtung des Ichs als dem Zentrum der innerpsychischen Konflikte zwischen den drei Instanzen (Es, Ich, Überich) ging die Aufmerksamkeit primär zu den Funktionen des Ichs. Hierzu gehören Bewusstsein, Wahrnehmung, Denken, Sprache, Intention, Planung, Abwehrmechanismen, Selbstkontrolle, Frustrations- und Affekttoleranz, Selbst-Objekt-Differenzierungen usw. – Funktionen also, die dem Individuum eine adäquate Lebensführung und Problembewältigung ermöglichen.

Die von Freud schon begonnene Relativierung des Ödipuskonfliktes wurde weiter fortgesetzt: Die frühe Mutter-Kind-Beziehung gewann zunehmend mehr an Bedeutung. Eines der grundlegenden Werke dieser als Ich-Psychologie zu kennzeichnenden Orientierung der Psychoanalyse wurde von Freuds Tochter Anna unter dem Titel „Das Ich und die Abwehrmechanismen" 1936, also noch zu Freuds Lebzeiten, publiziert.

Ich-Funktionen und Ich-Psychologie. Diese Entwicklung setzte sich nach Freuds Tod fort, mit einer weiteren Veränderung (oder vielleicht besser: Erweiterung) der psychoanalytischen Betrachtungsweise: Zunehmend wurde den strukturellen Deformationen innerhalb der Ich-Funktionen erhöhte Aufmerksamkeit geschenkt – Deformationen also, welche das Ich bereits in allerfrühester Kindheit gar nicht erst zu einer angemessenen Entwicklung kommen lassen. Hiermit versucht man in der neueren Entwicklung der Psychoanalyse einige Formen von Psychose, Schizophrenie, Borderline-Syndrome und eine Reihe psychosomatischer Störungen zu erklären.

Die Ich-Psychologie war ca. von 1940 bis 1980 die vorherrschende Richtung psychoanalytischen Denkens. Hier spielten M. Mahlers Konzepte der Trennungs- und Individuationsprozesse eine zentrale Rolle: Nach einer frühen „autistischen Phase" des Säuglings (bis zum 1. Lebensmonat) ist demnach eine symbiotische Bindung an die Mutter unabdinglich für das Wohlergehen des Kindes. In diesem Entwicklungsstadium gibt es noch kein Ich, das von einem Nicht-Ich unterschieden wäre – Innenwelt und Außenwelt werden somit erst langsam, in der „Differenzierungsphase", als unterschiedlich wahrgenommen (Mahler, Pine & Bergman, 1980). Die neuere Säuglingsforschung hat allerdings Mahlers Annahme einer autistischen Phase deutlich widerlegt (vgl. Stern, 1992, 1995; Petzold, 1995).

Die von manchen als zunehmend eingestufte Tendenz von Störungen der Ich-Funktionen wird übrigens mit gesellschaftlichen Entwicklungen in Zusammenhang gebracht, welche das Entstehen eines Verlusttraumas bereits in allerfrühester Kindheit begünstigen (vgl. z. B. Kohut, 1979; Kernberg, 1981). Der Psychoanalytiker übernimmt bei solchen Störungen insbesondere auch eine stützende Funktion, durch die das deformierte Ich erst einmal Gelegenheit zum Wachsen bekommt. Dies geht weit über das hinaus, was die Psychoanalyse ursprünglich mit ihrer deutenden bis konfrontativen Arbeit an den Widerständen des Klienten thematisierte, wurde allerdings schon relativ früh von der Ungarischen Schule – u. a. Sandor Ferenczi, Michael Balint, Melanie Klein – praktiziert. Freud machte sich aber z. B. über Ferenczi lustig, dass dieser seine Patienten wie kleine Kinder „hätscheln" würde.

Darstellung psychoanalytischer Grundkonzepte

Einige Grundkonzepte der freudschen Psychoanalyse sollen im Folgenden näher erörtert werden. Dabei erfolgt die Orientierung eher an dessen späteren Darstellungen – besonders an dem kurz vor seinem Tode begonnenen (1938) und Fragment gebliebenen

„Abriss der Psychoanalyse". Ein zentraler Gedanke dieser Theorie lautet, dass psychische Störungen mit ungelösten Konflikten aus ganz bestimmten Stufen bzw. Phasen der menschlichen Entwicklung zusammenhängen. Für jede Phase gibt es eine spezifische Auseinandersetzung zwischen dem psychischen Apparat, den biologischen Trieben und der Umwelt. Aus diesem Grunde sollen zunächst das Strukturmodell und die Triebe, danach das Phasenmodell und zuletzt einige zentrale Konzepte der psychoanalytischen Therapie behandelt werden.

Probleme der Terminologie. Die besondere Problematik der Darstellung liegt darin, dass manche Konzepte zu verschiedenen Zeiten jeweils andere Bedeutungen hatten und die Terminologie weder bei Freud noch bei seinen Adepten sehr klar ist oder einheitlich verwendet wird. Nimmt man z. B. den folgenden typischen „psychoanalytischen" Satz: „Wenn man den Unterschied zwischen einem Zustand, in dem die Sexualtriebe sich unabhängig voneinander auf anarchistische Weise befriedigen, und dem Narzißmus, bei dem das ganze Ich zum Liebesobjekt genommen wird, beibehalten will, dann wird man annehmen müssen, daß die Prädominanz des infantilen Narzißmus mit den ichbildenden Momenten koinzidiert" (Laplanche & Pontalis, 1972, S. 318). Hier wird deutlich, dass die genaue Bedeutung der einzelnen Begriffe nur wechselseitig definiert ist – d. h., eine solche Aussage lässt sich nur bedingt in eine Sprache mit weniger begrifflichen Voraussetzungen transformieren.

Auseinandersetzung mit der gesamten Person. Die folgende Darstellung als Abfolge einzelner Aspekte zergliedert den Gesamtzusammenhang und die Vernetzung dieser Begriffe wegen der Kürze noch stärker, als es bei Freud trotz seiner mechanistisch-naturwissenschaftlichen Modellvorstellungen und seinem Hang zur Anthropomorphisierung (Vermenschlichung) angelegt ist: Durch Freuds anschauliche Beispiele wirken z. B. die Instanzen bisweilen wie eigenständige, miteinander kämpfende Personen, statt wie Momente einer Ganzheit.

Gerade deshalb sei hier explizit auf die Forderung Freuds verwiesen, der Therapeut habe sich bei der Behandlung eines Patienten mit dessen gesamter Person auseinander zu setzen; keinesfalls dürfe bei der Betrachtung einer Person diese in verschiedene Elemente auseinander gebrochen werden.

Auch hob Freud die Eingebundenheit der in der Psychoanalyse erarbeiteten Konfliktgeschichten in einen bestimmten soziokulturellen Kontext hervor. Daher ist der freudsche Begriff „psychisch" zwar nicht im heutigen Sinne systemisch zu verstehen; er ist dennoch ganzheitlicher und stärker in soziale Kontexte eingebunden, als es die folgende Kurzdarstellung einzelner Konzepte wiedergeben kann.

2.3 Das Strukturmodell der Persönlichkeit

Psychischer Apparat
Der psychische Apparat ist nach der Theorie Freuds in drei Bereiche (Instanzen oder psychische Provinzen) unterteilt: das Es, das Ich und das Überich.

Das Es. Im Es wirken die ursprünglichen biologischen Triebe in animalischer, nicht sozialisierter Form. Es handelt sich also um die nicht mehr auflösbaren, basalen Grundbedürfnisse und primären Impulse. Sowohl in der individuellen als auch in der stammesgeschichtlichen Entwicklung ist das Es daher die älteste Instanz, was nicht zuletzt auch seine Wichtigkeit für das Wesen eines Menschen das gesamte Leben hindurch erklärt. Da das Es seine Energie aus den inneren Organen bezieht und keinen direkten Verkehr mit der Außenwelt hat, drängen die basalen Bedürfnisse auf unverzügliche und rücksichtslose Befriedigung, die ohne die Korrektur der beiden anderen Instanzen ständig zu lebensbedrohlichen Konflikten mit der Außenwelt führen würde.

Das Überich. Das Überich repräsentiert hingegen die moralischen und ethischen Wertvorstellungen, die Normen der Gesellschaft (bzw. zunächst der Eltern). Es umfasst somit den normativen Bereich der Gebote und Verbote und hat Gewissensfunktion. Diese Normen und Werte gehören zunächst zweifellos ausschließlich der Außenwelt an, werden aber nach wenigen Lebensjahren als neue psychische Instanz – eben als Überich – zum Bestandteil der Innenwelt.

Dabei setzt das Gewissen, das ja nicht Bestandteil der Außen-, sondern der Innenwelt ist, solche

Aufgaben fort, die zunächst allein Personen der Außenwelt (v. a. den Eltern) zukamen: insbesondere die dem Es entspringenden Aktivitäten zu steuern oder zu überwachen und bei Verstoß gegen die Normen zu strafen etc. Oft – und besonders bei Neurotikern – ist dabei das Überich als Gewissen in Vertretung bzw. Ergänzung und Fortführung dieser Funktion von Erziehungspersonen noch strenger, als es die realen Vorbilder waren. Konflikte mit realen Personen werden hier also ggf. verinnerlicht und überakzentuiert.

Das Ich als Entscheidungsinstanz. Zwischen beiden Instanzen hat das Ich eine Synthese in Form eines Kompromisses herzustellen, indem es einerseits den emotionalen Grundbedürfnissen und triebhaften Impulsen zu einer realitätsangepassten Befriedigung bzw. Verwirklichung verhilft, gleichzeitig aber die Einschränkungen aus dem Überich zu berücksichtigen hat und somit Sorge trägt, dass die Person mit den Normen der Umwelt nicht zu sehr in Konflikt gerät. Das Ich hat also als zentrale Entscheidungsinstanz und als Verwalter des bewussten Handelns in Form von Selbstkontrolle zwischen den ungestümen Wünschen des Es und den normativen Einschränkungen des Überichs die Verbindung zur Realität aufrechtzuerhalten.

Für die Beziehung zwischen Ich und Es wird dabei gern das Bild eines Reiters auf seinem Pferd gewählt: Die Energie und Kraft des Tieres ist durchaus positiv zu werten und dient dem Vorankommen, sofern der Reiter die Zügel fest in der Hand behält. Für die Beziehung zwischen Ich und Überich ist bemerkenswert, dass das Überich in der bereits erwähnten übertriebenen Strenge das Ich nicht nur für Taten, sondern ggf. auch schon für Gedanken und unausgeführte Handlungen zur Rechenschaft ziehen kann.

Das Bewusstsein

Im Zusammenhang mit den drei psychischen Provinzen (die oben als Bestandteile des zweiten topischen Modells gekennzeichnet wurden) unterscheidet Freud auch drei Bereiche des Bewusstseins, nämlich das Bewusste, das Vorbewusste und das Unbewusste (also die Bestandteile des ersten topischen Modells: Freud hat dieses Modell also nicht verworfen, sondern versucht, beide miteinander in Einklang zu bringen). Die Aufgabe des Ichs, zwischen den Anforderungen des Es und denen des Überichs eine realitätsangepasste Synthese zu finden, gehört zum Bewusstsein, da sich das Ich dabei der willkürlichen Bewegungen, der Wahrnehmung, des Gedächtnisses usw. bedient.

Das Unbewusste. Ebenfalls bewusst sind Teile des Gefüges aus normativen Geboten und moralischen Wertvorstellungen, die ja dem Überich angehören. Dennoch gibt es auch solche Wertvorstellungen und soziale Anforderungen, die schon in frühester Kindheit übernommen wurden und die von Person zu Person in unterschiedlichem Ausmaß jeweils nicht bewusst sind – ja, die sogar verleugnet werden, obwohl die Person konkret danach handelt. Unbewusst ist insbesondere das gesamte Es mit seinen vitalen Triebansprüchen.

Das Vorbewusste. Als Vorbewusstes bezeichnet Freud solches Material, das zwar nicht ständig bewusst ist, aber nahezu beliebig reproduziert und erinnert werden kann. Es ist dies somit „bewusstseinsfähiges Material", das nicht verdrängt wurde, sondern das derzeit nur gerade aus dem aktuellen Bewusstsein zurückgetreten ist, um damit die Funktionstüchtigkeit des Organismus zu erhöhen.

Die Inhalte des Unbewussten hingegen, insbesondere die primitiven animalischen Strebungen im Es, werden ganz gezielt vom Organismus aus dem Bewusstsein fern gehalten, weil das Ausmaß der Triebansprüche das Bewusstsein allzu sehr erschrecken würde. Solche Inhalte haben keinen so leichten Zugang zum Bewusstsein wie das Vorbewusste, sondern müssen z. B. erschlossen und erraten werden und können in der psychoanalytischen Arbeit oft nur durch die Überwindung erheblicher Widerstände bewusst gemacht werden.

2.4 Trieblehre

Eros

Der Kern unseres Wesens, sagt Freud, liegt also im Es, dem es darum geht, seine Bedürfnisse, die konstitutionell mit der Geburt festgelegt sind, möglichst unmittelbar zu befriedigen. Die Kräfte, die hinter den Bedürfnisspannungen des Es angenommen werden, nennt Freud die Triebe – deren Energie letztlich auf Quellen physiologischer Natur zurückgeht.

Man kann zwar eine große Zahl von Trieben unterscheiden, doch lassen sich alle auf zwei Grundtriebe zurückführen: Der eine, Eros, verkörpert das Lustprinzip. Dieser dient auch der Fortpflanzung und wird u. a. als Liebestrieb oder Selbsterhaltungstrieb gekennzeichnet. Ziel des Eros ist es, durch Bindungen immer größere Einheiten herzustellen und diese zu erhalten. Der andere, Thanatos, der von Freud erst sehr viel später eingeführt wurde (s. u.), verfolgt hingegen das Ziel, Zusammenhänge aufzulösen und so die Dinge zu zerstören – Freud spricht daher auch vom Todestrieb bzw. Destruktionstrieb. Diese beiden Grundtriebe wirken gegeneinander und führen in unterschiedlichen Kombinationen – und in der Form von verschiedenen untergeordneten Partialtrieben – zur Vielfalt der Lebenserscheinungen.

Libido

Die dem Eros zugrunde liegende Energie heißt Libido. Sie macht im Laufe der Entwicklung eines Menschen Veränderungen durch: Während anfänglich, im absoluten primären Narzissmus (s. u.), die gesamte Libido auf das eigene Ich gerichtet ist, beginnt das Ich später, die Vorstellung von Objekten (meist andere Personen, manchmal aber auch Gegenstände) mit Libido zu besetzen; d. h., die narzisstische Libido wird nun in Objektlibido transformiert – ein Vorgang, der „Besetzung" heißt. Typisch für die Libidobesetzung der Objekte ist nach Freud die große Beweglichkeit, mit der diese Libido von einem Objekt auf das andere übergeht; doch gibt es auch Fixierungen der Libido an ganz bestimmte Objekte, die oft ein ganzes Leben lang anhalten.

Sublimierung. Auch wenn manche Libidobesetzungen verdrängt werden, weil sie mit der Moral in Konflikt geraten (z. B. die Fixierung auf einen Fetisch), behält die Libido ihre ursprüngliche Energie bei. Im positiven Fall kommt es dann zu einer Umsetzung auf geistigem oder künstlerischem Gebiet, der Sublimierung. Im ungünstigen Fall erzeugt sie unterschiedliche Symptome, die sich z. B. psychisch in Form von Neurosen oder körperlich in konvertierter Form zeigen.

Erogene Zonen. Eng verbunden mit dem Konzept der Libidoentwicklung ist auch das folgende Phasenmodell: Quellen der Libido sind nämlich verschiedene Organe und Körperstellen; diese Körperstellen sind für einen Teilbereich der Libido, der als Sexualerregung bezeichnet werden kann, die sog. „erogenen Zonen" – wobei Freud betont, dass eigentlich der ganze Körper eine solche erogene Zone sei. In der Entwicklung des Kindes sind nach Freud ganz typische Phasen zu beobachten, die in einer bestimmten, bei allen Menschen gleichen Reihenfolge durchlaufen werden, und die nach der Vorherrschaft bestimmter erogener Zonen bezeichnet sind (s. u.).

Thanatos

Das Konzept des Todes- bzw. Destruktionstriebes hatte Freud unter dem starken Eindruck des Ersten Weltkrieges, speziell aufgrund der Erfahrungen mit der Behandlung von Soldaten entwickelt: Soldaten mit Schockerlebnissen neigten dazu, diese negativen Erlebnisse immer und immer wieder in Träumen, Erzählungen usw. zu rekapitulieren. Ähnliches fand Freud dann auch bei anderen Personen mit traumatischen Erlebnissen. Dies führte einerseits zum Konzept des Todestriebes, andererseits zum Konzept des Wiederholungszwanges, als einer unbewusst gewählten Problemlösungsstrategie (s. u.).

Der Thanatos äußert sich in der Tendenz nach einer vollkommenen Auflösung jeglicher Spannung, d. h. letztlich darin, ein Lebewesen wieder in den anorganischen Zustand zurückzuführen. Er macht im Laufe der Entwicklung eines Menschen Veränderungen durch: Von dem zunächst rein selbstzerstörerischen Trieb, der letztendlich zum Tod führen würde, wird ein Teil der Energie nach außen gewendet, um das Individuum zu erhalten.

Diese nach außen gerichtete destruktive Energie äußert sich als Aggression und Destruktion. „Zurückhaltung von Aggression ist überhaupt ungesund, wirkt krankmachend" (Freud, 1972, S. 13). Wird ein zu großer Anteil dieser Energie durch das Überich im Innern des Ich fixiert, so wirkt diese Energie dort selbstzerstörerisch. Ein anderer Teil der Energie wird ggf. kanalisiert und neuen Zielen zugeführt.

Für diese Energie des Thanatos gibt es allerdings keinen Begriff, der der Libido beim Eros äquivalent wäre. Dies erklärt sich daraus, dass mit der Einführung des Thanatos, um 1920, energetische Fragen für Freud ohnedies eher in den Hintergrund rückten.

2.5 Phasen psychosexueller Entwicklung

„Das Sexualleben beginnt nicht erst mit der Pubertät, sondern setzt bald nach der Geburt mit deutlichen Äußerungen ein" (Freud, 1972, S. 15). Während in der Umgangssprache allerdings „sexuell" weitgehend mit „genital" gleichgesetzt wird, trennt Freud diese Begriffe sehr scharf. Er fasst das Sexualleben wesentlich weiter, nämlich als die gesamte Funktion des Lustgewinns aus den Körperzonen. Diese Funktion wird erst nachträglich in den Dienst der Fortpflanzung gestellt. „Sexualität" umfasst somit die gesamte Organisation der Libido.

Infantile Phasen der Libido

Das Phasenmodell postuliert nun, dass nacheinander unterschiedliche Organe in einer ganz bestimmten Reihenfolge als erogene Zonen dienen, nämlich zuerst der Mund (orale Phase), dann der After (anale Phase), dann das (männliche) Genital (phallische Phase), und nach einer Latenzphase schließlich in der Pubertät die (männlichen und weiblichen) Genitalien (genitale Phase). In jeder Phase konzentriert sich der Lustgewinn auf ganz bestimmte Arten (z. B. im Zusammenhang mit bestimmten Objekten), die als Fixierungen bezeichnet werden. Auf diese Fixierungen wird ggf. später, besonders in Krisensituationen, zurückgegriffen – man nennt solche Rückgriffe Regressionen (s. u.). Parallel zu diesen Phasen wird der Ödipuskomplex erlebt – eine spezifische Auseinandersetzung mit dem gleich- und dem gegengeschlechtlichen Elternteil (s. u.) –, der seinen deutlichen Höhepunkt aber in der phallischen Phase hat.

Orale Phase. Die orale Phase erstreckt sich etwa über das erste Lebensjahr. Erogene Zone ist der Mund, und die Befriedigung ist anfangs vorwiegend mit der Nahrungsaufnahme (insbesondere dem Saugen, aber auch Lutschen an der Mutterbrust) verbunden. Hierbei wird auch schon die erste Objektbeziehung ausgebildet. Ab der zweiten Hälfte des ersten Lebensjahres werden diese oralen Triebäußerungen stärker autonom und können dann auch autoerotisch (z. B. durch Daumenlutschen) befriedigt werden. Entsprechend den beiden Aktivitäten Saugen und Beißen wird auch eine frühe orale Phase (Saugen) und eine oralsadistische Phase (Beißen) unterschieden.

Anale Phase. In der analen (auch: analsadistischen) Phase, die dem zweiten bis dritten Lebensjahr zugeordnet ist, geht es um die Funktion der Ausscheidung und die Befriedigung der Aggressionen. Sadismus wird hier als eine Triebmischung von Eros und Thanatos gesehen. In dieser Phase geht es auch um den Kampf um die Exkretionen bzw. um das Reinlichkeitstraining: Der mit der Reinlichkeitserziehung verbundenen Ausübung von Macht der Eltern steht auch das Erleben eigener Macht gegenüber, denn das Kind kann geben oder verweigern.

Phallische Phase. An der phallischen Phase, etwa vom vierten bis zum sechsten Lebensjahr, ist besonders bemerkenswert, dass hier nach Freud mehr das männliche Genital (der Phallus) eine Rolle spielt. Freuds Auffassung, dass das weibliche Genital lange Zeit unbekannt bleibt und das Mädchen „in seinem Versuch, die sexuellen Vorgänge zu verstehen, der ehrwürdigen Kloakentheorie" (Freud, 1972, S. 16) huldigt, ist heute allerdings besonders umstritten. So haben schon Karen Horney, Melanie Klein, Ernest Jones u. a. auch dem Mädchen von vornherein eine spezifische Sexualität zugesprochen. Von feministischer Seite wird in diesem Zusammenhang besonders kritisiert, dass die Psychoanalyse, indem sie sich allein auf den Penis als Sexualorgan konzentriert, Bereiche typisch weiblicher Sexualität, wie Menstruation, Schwangerschaft, Geburt und Stillen, weitgehend vernachlässigt hat (vgl. z. B. Irigaray, 1980; Hacker, 1983).

Latenzphase. In der Latenzphase, die diesen drei infantilen psychosexuellen Phasen folgt, spielen die sexuellen Impulse kaum eine Rolle; stattdessen werden eher soziale Antriebe ausgebildet. Erst in der genitalen Phase, die mit der Pubertät beginnt, wird das Sexualleben wieder voll aktiviert; es richtet sich dann aber im üblichen Falle an einen gegengeschlechtlichen Partner außerhalb der Familie.

Der Ödipuskomplex

Freuds Annahme, dass der Penis das einzige genitale Organ in der phallischen Phase darstellt, ist für klassische psychoanalytische Erklärungsansätze sehr wesentlich: Indem nämlich die beiden Geschlechter von der Voraussetzung des „Allvorkommens eines Penis" ausgehen, erlebt das Mädchen ihren „Penismangel" (bzw. ihre Klitorisminderwertigkeit) und entwickelt einen „Penisneid". Der Knabe entwickelt Kastrationsängste: „Er beginnt die manuelle Betätigung am Penis mit gleichzeitigen Phantasien von irgendeiner sexuellen Betätigung desselben an der Mutter, bis er durch Zusammenwirken einer Kastrationsdrohung und des Anblicks der weiblichen Penislosigkeit das größte Trauma seines Lebens erfährt" (Freud, 1972, S. 16).

Identifikation mit dem Vater. In diesem Zusammenhang steht der Ödipuskomplex. Er ist benannt nach dem König Ödipus, dem Titelhelden in Sophokles' Tragödie „Ödipus Rex", der unwissentlich seinen Vater erschlug und seine Mutter heiratete. Freud geht davon aus, dass der Knabe schon gleich nach der Geburt eine libidinöse Bindung an die Mutter hat (s. o.), während er sich zunächst des Vaters durch Identifizierung bemächtigt. Der Ödipuskomplex entwickelt sich, indem durch eine Verstärkung der sexuellen Wünsche nach der Mutter und die Erkenntnis, dass der Vater dem entgegensteht, die Vateridentifizierung eine feindselige Tönung annimmt. Es entsteht „der Wunsch, den Vater zu beseitigen, um ihn bei der Mutter zu ersetzen" und seine „zärtliche Objektstrebung" realisieren zu können. Aufgrund der erwähnten Kastrationsängste und der Erfolglosigkeit der ödipalen Wünsche löst sich der Ödipuskomplex zunächst auf (bzw. er „geht unter" – was den Charakter der Verdrängung besser kennzeichnet), um dann in der Pubertät wieder belebt zu werden.

Ödipuskomplex beim Mädchen. Freud hat seine Konzeption des Ödipuskomplexes beim Mädchen im Laufe der Zeit wesentlich verändert: Noch bis Mitte der 20er Jahre wurde dieser Komplex analog zum Knaben gesehen – feminine, libidinöse Einstellung zum Vater und der Wunsch, die Mutter zu ersetzen. Später wurden die Prozesse im Zusammenhang mit dem weiblichen Ödipuskomplex wesentlich komplizierter formuliert (vgl. z. B. „Einige Folgen des anatomischen Geschlechtsunterschiedes", 1925, oder „Über die weibliche Sexualität", 1931). Den Begriff „Komplex" entnahm Freud übrigens der Terminologie C. G. Jungs; doch dessen Vorschlag, beim Mädchen von einem „Elektrakomplex" zu sprechen – das „Gegenstück" zu Ödipus in der griechischen Sage – lehnte Freud strikt ab.

Die anthropologisch-ethnologische Allgemeingültigkeit, die Freud dem Ödipuskomplex gab (in „Totem und Tabu", 1913, entwickelt er z. B. die Vorstellung vom Vatermord in der Urhorde) ist heute sicher umstritten – dass dieser Stellenwert vielleicht nicht ganz unabhängig von Freuds Entdeckung seiner eigenen libidinösen Wünsche an seine Mutter in seiner Selbstanalyse ist, wurde zudem oben schon erwähnt. Dennoch machen zumindest viele „klassische" (freudsche) Psychoanalytiker den Ödipuskomplex und die jeweiligen Formen seiner Lösung (bzw. Verdrängung) auch heute noch zu einem wesentlichen Bezugspunkt der Psychopathologie.

Objektbeziehungen und Narzissmus

Die oben dargestellten infantilen Phasen der Libidoorganisation sind durch die jeweils vorherrschende erogene Zone gekennzeichnet. Auf ähnliche Weise lässt sich auch die jeweilige Objektbeziehung in den Vordergrund der Betrachtungen stellen. Es geht dabei also um das Objekt (= Person oder Gegenstand), auf das die Libido gerichtet ist. Auch hier ist leider die Verwendung der Begriffe und Konzepte unter den Psychoanalytikern und selbst in Freuds Werk sehr uneinheitlich.

Autoerotismus. So wird mit „Autoerotismus" gewöhnlich die allererste Phase bezeichnet (parallel zur frühen oralen Phase): Die Libido ist auf den eigenen Körper gerichtet und findet in der erogenen

Zone selbst (hier also: dem Mund) Befriedigung, ohne dass es eines äußeren Objektes bedürfte. Weiter gefasst ist Autoerotismus aber auch diese vom Objekt unabhängige Selbst-Befriedigung – eine „Organlust" in späteren Phasen (typisches Beispiel ist die Masturbation). Dieser Autoerotismus verwandelt sich (bei gesunder Entwicklung) mehr und mehr in eine Objektliebe, indem sich die Libido bestimmten Objekten zuwendet – in der Regel zunächst einmal der Mutter, am Ende dann dem heterosexuellen Partner.

Narzissmus. Zwischen Autoerotismus und Objektliebe schiebt Freud zunächst als Entwicklungsphase den Narzissmus. (Narziss war in der griechischen Sage ein Jüngling, der sich in sein eigenes Spiegelbild verliebte). Die Libido ist hier ganz auf die eigene Person gerichtet, und zwar auf das eigene Ich. Im Gegensatz zum Autoerotismus, wo dieses Ich noch gar nicht ausgebildet ist, sondern die Libido sich nur auf die eigene erogene Zone bezieht (daher: „Organlust"), handelt es sich hier also um „Ich-Libido", d. h. um die Besetzung des eigenen Ichs mit Libido.

Primärer und sekundärer Narzissmus. Im späteren Werk Freuds (etwa ab Mitte der 20er Jahre) wird die Unterscheidung „Autoerotismus – Narzissmus" weitgehend durch die Unterscheidung „primärer – sekundärer Narzissmus" ersetzt. Mit „primärem Narzissmus" wird nun ein vor der Bildung des Ichs gelegener Zustand der Entwicklung bezeichnet, dessen Urbild das intrauterine Leben, die totale Geborgenheit im Mutterleib, ist. Nach Laplanche und Pontalis (1972) „überwiegt heute gewöhnlich im psychoanalytischen Denken ... die Bedeutung (des primären Narzissmus als) ... ein streng ‚objektloser' oder mindestens undifferenzierter Zustand, ohne Spaltung zwischen einem Subjekt und seiner Außenwelt". Was den sekundären Narzissmus betrifft, so bezeichnete Freud damit nun die von der Objektbesetzung zurückgezogene Libido. Sekundärer Narzissmus kennzeichnet somit bereits bestimmte Regressionszustände (s. u.).

2.6 Konflikt, Symptombildung und Neurose

Die einzelnen Phasen in der Entwicklung der Sexualfunktionen lösen einander nicht nahtlos ab, sondern sie überlagern sich und bestehen nebeneinander. Zudem vollzieht sich dieser Entwicklungsprozess nicht immer reibungslos. Ein zentrales Konzept für die Neurosentheorie der Psychoanalyse ist in diesem Zusammenhang der „Konflikt":

Konflikt

Den Kern eines Konfliktes bilden grundsätzlich zwei oder mehr gegensätzliche Forderungen bzw. Strebungen unterschiedlicher Bereiche im Inneren des Individuums. So können Konflikte (je nach Perspektive) u. a. auftreten: zwischen den Trieben oder zwischen den Instanzen des psychischen Apparates (s. o.) bzw. zwischen Wunsch und Abwehr. Abwehr ist dabei als Gesamtheit aller psychischen und physischen Lebensvorgänge zu verstehen, die zu dem Zwecke eingesetzt werden, die Integrität und das Selbstwertgefühl des Individuums möglichst wenig zu gefährden – dies geschieht allerdings meist unbewusst.

Neurotisches Symptom als Abwehr. Bei zu großen Konflikten und/oder einer missglückten Abwehrdynamik äußert sich das Abgewehrte in entstellter Form als neurotisches Symptom. Die Symptombildung ist somit gewissermaßen als spezifischer Selbstheilungsprozess aufzufassen, als Wiederherstellung eines Gleichgewichts der Kräfte – allerdings auf einem reduzierten Niveau und mit letztlich unbefriedigendem Ergebnis. Grundsätzlich werden also Neurosen und ihre einzelnen Symptome in der Psychoanalyse als Ergebnisse von Versuchen der Kompromissbildung verstanden. (Auf die Sonderform der Aktualneurosen – mit somatischer Ätiologie – wurde oben bereits verwiesen).

Entwicklungshemmungen und Abwehr. Die Formen der Abwehr hängen unmittelbar mit der psychosexuellen Entwicklung zusammen: Hemmungen in dieser Entwicklung bewirken später Fixierungen der Libido an Zustände früherer Phasen, welche dann die allgemeine Persönlichkeitsstruktur und die Art der aktuellen Krisenbewältigung entscheidend bestimmen. Statt einer Entwicklungshemmung kann aber auch die Libido durch mangelhaft gelöste Konflikte in einer bestimmten Phase später dazu neigen, bei realen Schwierigkeiten zu früheren prägenitalen Besetzungen zurückzukehren (Regression). Dies gilt auch für Personen, welche die volle genitale Organisation erreicht haben.

Durch solche Fixierungen bzw. Regressionen werden nun eine ganze Reihe von psychischen Störungen erklärt, so z. B. Hysterie und Angstneurose als Regression auf die phallische Phase, Verfolgungs- und Zwangsneurose als Regression auf die anale Phase, Depression als Regression auf die spätere orale Phase und Schizophrenie auf die frühorale (primär narzisstische) Phase.

Persönlichkeitstypen und ihre Abwehrmechanismen

Entsprechend der Fixierung an bestimmte Phasen lassen sich folgende (Ideal-)Typen in der Persönlichkeitsstruktur und in der Art der Krisenbewältigung (nur kurz und schlagwortartig) unterscheiden:

- Der *orale Typ* hat eine fordernde, triebhafte Haltung, die kaum zu befriedigen ist. Orale Aktivitäten, besonders Essen, Trinken, Rauchen, aber auch auffällige Sprechweisen oder manieristische Mundbewegungen, treten in ungewöhnlichem Ausmaß auf. Mangelndes Selbstwertgefühl, geringe Frustrationstoleranz, fordernde Passivität sind weitere Kennzeichen.
- Der *anale Typ* hat ein zwanghaftes Reinlichkeitsverhalten und einen übertriebenen Ordnungssinn. Er ist pedantisch, überbetont den materiellen Besitz, redet weitschweifig und mit belanglosen Einzelheiten und verbirgt hinter seiner nur oberflächlichen Anpassung passiven Widerstand und versteckte Feindseligkeit gegen Einmischung von außen. Trotz Strebens nach Autonomie und Herrschaft über andere ist er von deren Anerkennung stark abhängig.
- Der *phallische Typ* zeichnet sich durch Ehrgeiz sowie waghalsige und impulsive Aktivität aus. Mit dem Draufgängertum versucht er, seine Furcht vor diesen Aktivitäten zu verbergen. Aus einer ungünstigen Bewältigung des Ödipuskomplexes, der ja in der phallischen Phase seinen Höhepunkt hatte, können Abwendung von der Sexualität oder „Verwirrung des sexuellen Rollenverhaltens (z. B. Homosexualität oder, beim Mädchen, ein Zug zur Männlichkeit)" folgen.

Nach dieser Differenzierung muss beim narzisstischen Typ zwischen primärer und sekundärer narzisstischer Störung unterschieden werden. Primäre Narzissten neigen zu schizoidem Verhalten, unklaren Ich-Grenzen, Idealisierungen der Bezugspersonen – die, wenn sie enttäuscht werden, in Resignation, Hass oder Zynismus umschlagen oder sogar zu Depression und Depersonalisation führen. Sekundäre Narzissten fallen durch Oberflächlichkeit in Beziehungen auf: Angeberei, phallisch-exhibitionistische Tendenz, Geltungssucht.

Ausbildung der Abwehrorganisation. Die skizzierten Konfliktsituationen – wobei die ödipale Konstellation in der Entwicklung eine besondere Stellung einnimmt – erfordern vom Ich eine Abwehrorganisation, in der charakteristische Abwehrhaltungen und Abwehrmechanismen (von Wilhelm Reich und Anna Freud weiter expliziert – s. u.) mobilisiert werden. Heute wird dem ödipalen Konflikt allerdings in der obigen Form nicht mehr eine solche zentrale Stellung eingeräumt. Vielmehr wurde Freuds psychosexuelles Konzept auf die gesamte Beziehung des Kindes zu den Eltern erweitert. Auch Aspekte wie Abhängigkeit/Autonomie, Selbstwert, Verwöhnung/Versagung usw. wurden später mit einbezogen.

Bedeutung frühkindlicher Konflikte

Es liegt an der noch schwachen und erst in der Entwicklung begriffenen Ich-Struktur, dass gerade die frühe Kindheit als Keim für die Entstehung der Neurosen angesehen wird, obwohl selbstverständlich auch im Erwachsenenalter oft Konflikte z. B. zwischen den drei psychischen Instanzen vorkommen. „Es ist nicht zu verwundern, dass das Ich, solange es schwach, unfertig und unwiderstandsfähig ist, an der Bewältigung von Aufgaben scheitert, die es späterhin spielend erledigen könnte" (Freud, 1972, S. 42).

Infantile Konflikte führen zu einer Schwächung des Ich, zu den charakteristischen Abwehrhaltungen und Verdrängungen und werden bei der neurotischen Symptombildung reaktiviert. Darum steht in der Psychoanalyse als Behandlungstechnik die Abwehrarbeit des Ich im Zentrum der Therapie – und damit auch das Verdrängte und der Widerstand gegen das Erinnern des Verdrängten.

Abwehrmechanismen des Ichs

Anna Freud hat 1936 zehn Abwehrmechanismen des Ichs zusammengestellt und beschrieben. Diese sollen hier erläutert werden – wobei die ersten beiden bereits oben ausführlich erörtert wurden (vgl. A. Freud, 1964):

- **Verdrängung**
- **Regression**
- **Reaktionsbildung:** Verhalten, das eine Reaktion auf einen verdrängten Wunsch entgegengesetzter Bedeutung darstellt (z. B. Scham als Reaktion auf exhibitionistische Wünsche).
- **Isolierung:** Abtrennung vom Denken oder Verhalten von der übrigen Person.
- **Ungeschehenmachen:** So tun, als ob bestimmte Gedanken, Wünsche, Handlungen usw. nicht geschehen wären – oft verbunden mit Zwangshandlungen und Ritualen entgegengesetzter Bedeutung (z. B. Waschzwang).
- **Projektion:** Verlagerung eigener Gefühle, Wünsche, Gedanken auf andere (z. B. „er hasst mich").
- **Introjektion:** Gegenteil von Projektion; Einverleiben von Objekten, fremden Gedanken usw.
- **Wendung gegen die eigene Person:** Ersetzung eines fremden Objektes durch die eigene Person (z. B. Aggression gegen sich selbst).
- **Verkehrung ins Gegenteil:** Verwandlung des Zieles eines Triebes in sein Gegenteil mit Umkehrung von Aktivität und Passivität (z. B. Wendung des Sadismus in Masochismus).
- **Sublimierung:** Verschiebung von Wünschen oder Erinnerungen auf andere Objekte.

2.7 Die therapeutische Situation

Therapeutisches Bündnis

Entscheidendes Kennzeichen der Psychoanalyse ist nach Freud, dass sich der Therapeut mit dem durch Es und Überich geschwächten Ich des Patienten verbündet, um das Verdrängte freizulegen. Dies führt zu einem Therapievertrag in Form der sog. „Grundregel": Kernpunkt dieses Vertrages, den der Therapeut mit dem Ich des Patienten schließt, ist die Forderung, dass der Patient alles so, wie es ihm in den Sinn kommt, äußern soll – gleichgültig, ob es unwichtig, sinnlos, peinlich oder wie immer erscheinen mag, ob sich die Inhalte auf die Therapiesituation selbst, vergangene Erlebnisse, zukünftige Befürchtungen usw. beziehen mögen. Selbstverständlich sichert der Therapeut – wie bei jeder anderen Therapieform auch – strengste Diskretion zu.

Abstinenzregel. Die Abstinenzregel fordert vom Therapeuten, dass er dem „Hunger und dem Verlangen nach libidinöser Befriedigung" (Freud) unter keinen Umständen nachkommen darf. Weiter gefasst versteht man darunter auch, sich aller agierenden, wertenden Stellungnahmen gegenüber dem Patienten zu enthalten – und zwar besonders auch der indirekten, wie Trösten, Beschwichtigen, Beraten, Belehren usw. In jüngerer Zeit haben Psychoanalytiker allerdings Freuds Annahme, dass die Frustration libidinöser Triebe diese bewusst mache – und damit eine strikte Auslegung der Abstinenzregel – aufgegeben.

Intaktes Ich als Voraussetzung. Es ist unmittelbar einleuchtend, dass für die im therapeutischen Bündnis getroffene Abmachung das Ich trotz aller Beeinträchtigungen zumindest hinreichend intakt sein muss, so dass von ihm die Einhaltung dieses Vertrages erwartet werden kann. Dies ist auch der Grund, weshalb Freud die Analyse nur zur Behandlung von Neurotikern für tauglich hielt. Für Psychotiker sei hingegen die Analyse nicht geeignet: Bei diesen sei das Ich zu stark deformiert, um als Partner des Therapeuten fungieren zu können.

Es wurde allerdings bereits oben darauf hingewiesen, dass heute durchaus auch Psychotiker im Rahmen der Psychoanalyse behandelt werden. Dabei kommt dem Therapeuten als zusätzliche Aufgabe die Stützung des deformierten Ichs zu (sog. „Nachsozialisation"). Zusätzlich muss der Analytiker bis zum erfolgreichen Wachstum die Übernahme bestimmter Ich-Funktionen gewährleisten. In diesem Fall kann der Therapeut dann auch einzelne Aspekte der Abstinenzregel durchbrechen.

Das Setting
Der Patient liegt beim typischen Setting auf einer Couch, der Analytiker sitzt hinter ihm. Dadurch, dass der Patient den Analytiker nicht sehen kann und sich in einer entspannten, dem Kleinkind ähnlichen Lage befindet, sollen regressive Tendenzen, das Erinnern entsprechenden Materials, das Aussprechen auch peinlicher und belastender Assoziationen sowie die wichtige Entwicklung der Übertragung leichter fallen. Der Therapeut soll dem Material des Patienten möglichst „gleichschwebende Aufmerksamkeit" entgegenbringen, d. h. für alle Aspekte möglichst gleichermaßen empfänglich sein.

In dieser Lage produziert der Patient Material, das in bestimmtem Ausmaß die sonst übliche Selbstkritik des Ich (und Überich) umgeht und daher als direktes Produkt des verdrängten Unbewussten der Deutungsarbeit unterzogen werden kann.

Interventionen in der Psychoanalyse
Die wichtigsten Interventionen des Therapeuten in der Analyse sind (in Anlehnung an Hoffmann, 1983):
- **Instruktionen** über das analytische Verfahren.
- **Deutungen** unbewusst produzierten Materials – insbesondere von Träumen.
- **Konfrontationen,** in denen der Patient auf sein Verhalten (im weitesten Sinne – also z. B. auch von Übertragungsreaktionen) aufmerksam gemacht wird.
- **Klärungen,** in denen durch präzises Fragen, der Konfrontation ähnlich, das Thema herausgearbeitet wird.
- **Durcharbeiten,** das nach der Einsicht des Patienten einen Zusammenhang herstellt und zur Veränderung führen soll.
- **Rekonstruktionen** von Lücken im Material des Patienten, das verdrängt ist, aber ins Gesamtbild des Konfliktes und seiner Symptome gehört.

2.8 Traum und Deutung

Traumbildung
Freud nahm an, dass das unbewusste Es an der Traumbildung einen wesentlichen Anteil hat. Im Traum werden besonders viele Eindrücke aus früher Kindheit und andere teils vergessene Szenen – meist allerdings entstellt – reproduziert. Daneben gibt es allerdings auch Traumteile aus dem Ich sowie Inhalte, die nach Freud weder aus dem Kindheits- noch aus dem Erwachsenenerleben stammen können und die er daher als Teil der „archaischen Erbschaft" ansah (ein Aspekt, der in der Komplexen Psychologie von C. G. Jung eine wesentlich zentralere Rolle spielt).

Der Traum als „Hüter des Schlafes"
Der Traum wird von Freud als „Hüter des Schlafes" gekennzeichnet: Das Ich setzt dabei Bedürfnissen und Ansprüchen, die sonst zum Erwachen führen würden, eine harmlose Wunscherfüllung entgegen – etwa wenn das Hungergefühl durch einen Traum beschwichtigt wird, in dem man etwas isst. Wenn allerdings der Drang zu groß wird, wacht der Schläfer dennoch auf. Solche Ansprüche stammen insbesondere aus dem Es, also dem Unbewussten, wo sie im Wachzustand u. U. erfolgreich verdrängt werden, im Schlafzustand aber nun durch einen Traum in entstellter und damit relativ harmloser Form eine Wunscherfüllung erfahren, womit das Ich die Störung des Schlafes zu beseitigen gedenkt.

Entstehung des manifesten Trauminhalts
Freud hat unterschiedliche Mechanismen beschrieben, wie der „primäre, latente Traumgedanke" (also der Impuls des Es) durch eine solche Entstellung in den „manifesten Trauminhalt" transformiert wird:
- **Verschiebung** – ein Element eines Sachverhaltes wird durch ein anderes, meist „neutraleres" Element, ersetzt
- **Verdichtung** – ein einzelnes Element des manifesten Traumes bildet oft mehrere Elemente von latenten Traumgedanken ab
- Unlogische und **bildhafte Zusammenführung** – logisch unverträgliche Elemente können ne-

beneinander bestehen, gegensätzliche Elemente durcheinander ersetzt werden (Umkehrung) oder Unlogisches in Symbolen zusammengeführt werden.

Einsicht in frühkindliche Konflikte. Die Deutung von Träumen hat im psychoanalytischen Setting einen hohen Stellenwert, weil durch den Traum bereits unbewusstes Material zutage gefördert worden ist. Für die Deutungsarbeit allgemein – und auch die mit Traummaterial – gilt, dass es keine „allgemein gültigen" Deutungen gibt. Freud hat diesem Missverständnis ursprünglich leider selbst Vorschub geleistet, indem er Symbolkataloge veröffentlichte.

Vielmehr arbeiten bei der Traumdeutung Patient und Therapeut gemeinsam an der Offenlegung der unbewussten Bedeutung – und zwar in einem langen Prozess, in dem durchaus auch zunächst gebildete Hypothesen wieder verworfen werden.

Dabei geht es eher um eine Rekonstruktion und Einsicht in die Dynamik des frühkindlichen Konfliktes, der der jeweiligen Störung zugrunde liegt, als um eine präzise Zuordnung zwischen einzelnen Traumelementen und deren Bedeutung. Da sich der Konflikt besonders in charakteristischen Abwehrmustern manifestiert, geht es bei der Deutungsarbeit eher um die Analyse dieser Abwehrmuster bzw. der Widerstände in der Arbeit an den Inhalten als um eine symbolhafte Deutung der Inhalte selbst.

→ **Beispiel 2.1** Freuds Analyse des Traums von Irmas Injektion

2.9 Widerstand, Übertragung und Gegenübertragung

Aus der Dynamik, die der Symptombildung zugrunde liegt, ist verständlich, dass der Patient trotz der akzeptierten Grundregel und dem Wunsch nach Hilfe und Besserung der Aufdeckungsarbeit des Therapeuten Widerstände entgegensetzen muss: Wenn nämlich die Symptombildung letztlich ein Kompromiss zwischen dem Konflikt und der Abwehrorganisation ist, so ist jede Aufdeckung des Unbewussten – und damit eine Wiederbelebung des Konfliktes – eine schmerzliche Angelegenheit und ein zeitweiliger Verlust der Stabilität (oder richtiger: der Pseudostabilität) des Gesamtsystems. Trotz des unbefriedigenden Ergebnisses – unter dem der Patient ja letztlich leidet – hatte die Symptombildung ja zu einem gewissen Gleichgewicht geführt.

Funktion des Widerstands

Der Widerstand in der Therapie hat somit den Zweck, das Bewusstwerden verdrängter Konflikte zu vermeiden. Dabei zeigt die Widerstandsdynamik üblicherweise jene charakteristischen Muster, welche die allgemeine Abwehrorganisation des Patienten kennzeichnen. Deshalb kann die Form der Widerstände wichtige Aufschlüsse geben über den der Neurose zugrunde liegenden Konflikt und seine verdrängten Inhalte. Zu den Widerständen gehören – neben den eher allgemeinen Formen, die analog zu den Abwehrmechanismen sind – als therapiespezifische (unbewusste) „Boykottmaßnahmen" z. B. Schweigen, Zuspätkommen oder Mitteilen von Wichtigem am Stundenende (bzw. beim Hinausgehen).

Die wichtige Typologie der Abwehrmechanismen von Anna Freud (1936) wurde oben schon kurz referiert; eine etwas andere Typologie lieferte 1933 Wilhelm Reich in Form von Charakterstrukturen, die nichts anderes als Abwehrstrukturen sind. Eine weitere bedeutsame Klassifikation der Widerstände stammt von Sandler, Dare und Holder (1973).

Übertragung

Als stärksten Widerstand hatte Freud ursprünglich die „Übertragung" bezeichnet. Damit werden Gefühle des Patienten dem Analytiker gegenüber gekennzeichnet, die nicht in der realen Situation begründet sind, sondern von früheren Beziehungen stammen und nun in der therapeutischen Situation neu belebt werden. Hoffmann (1983) verweist allerdings darauf, dass die Weite des Übertragungskonzeptes umstritten ist – von Gefühlen, die eng mit der Neurose im Zusammenhang stehen, bis zu einem eher generellen Phänomen (vgl. auch die Diskussion zu diesem Thema in Petzold, 1980c).

Ausagieren verdrängter Konflikte. Gerade an der Übertragung wird die Beziehung von allgemeinen Handlungs-, Erlebens- und Wahrnehmungsmustern und den Widerständen in der Therapiesituation deutlich. Daher kam Freud bald zu der Einsicht, dass die Übertragung durchaus nicht unerwünscht, sondern als wichtigstes Hilfsmittel angesehen werden kann, um Aufschluss über das Verdrängte zu erhalten. Denn der Patient agiert praktisch ein Stück seiner Lebensgeschichte aus, zu dem er sonst schwer Zugang hätte. Außerhalb der Übertragung allerdings ist Agieren statt Erinnern dagegen höchst unerwünscht – der Therapeut muss diesem Wiederholungszwang entgegenwirken.

Darüber hinaus, betonte Freud, kann die Übertragung zu einer positiven Nacherziehung des Neurotikers genutzt werden: Wenn der Patient in diesem Kontext die Wiederkehr einer Elternfigur in dem Therapeuten erblickt, so erhält dieser damit auch die Macht, die ursprünglich dem Überich über das Ich eingeräumt wurde.

Gegenübertragung

Die Gegenübertragung ist als die nichtneurotische Reaktion des Analytikers auf die Übertragung seiner Patienten definiert. Somit ist die Gegenübertragung komplementär zur Übertragung zu sehen und bedeutet praktisch, dass der Therapeut die Gefühle aufgreift, mit denen er auf die Übertragung reagiert – d. h. die der Patient quasi in ihm „erzeugt". Auch diese Gefühle können nun analysiert und damit die Gegenübertragung als therapeutisches Instrument genutzt werden. Ein ungehemmtes Ausagieren therapeutischer Gefühle ist damit selbstverständlich nicht gemeint.

Gegenübertragung als therapeutisches Instrument. Auf der Basis der vom Therapeuten geforderten „analytischen Haltung" dem Patienten gegenüber – besonders: grundsätzliche Passivität, wohlwollende Zugewandtheit und gleich bleibende Aufmerksamkeit – wurden in den ersten Jahrzehnten der Psychoanalyse die beim Analytiker auftretenden Gefühle wie Wut, Langeweile, Desinteresse, überstarkes Mitleid etc. als „Störfaktoren" betrachtet, die einen verzerrenden Einfluss auf die Objektivität des Analytikers und damit auf die Effektivität der Therapie ausüben.

Besonders aber durch Ferenczi wurde die Gegenübertragung als ein wichtiges Instrument in der Therapeut-Patient-Beziehung anerkannt und spielt bis heute eine zentrale Rolle.

Im Lichte der Gegenübertragung wird die Wichtigkeit der therapeutischen Abstinenzregel erhellt: Sie unterstützt den Psychoanalytiker dabei, gegenüber dem Patienten weder aus eigenen Motivationen oder gar pathogenen Verhaltensmustern heraus zu handeln noch eine Rolle einzunehmen, die dieser ihm aufzudrängen versucht. Gerade das Phänomen der Gegenübertragung verweist aber auch auf die Notwendigkeit, dass der Therapeut sich selbst zuvor einer eigenen Therapie (in der Regel einer Lehranalyse) unterzogen hat. Darin sollte eine Klärung und teilweise Beseitigung von neurotischen Tendenzen (oder gar Störungen), Wahrnehmungsverzerrungen usw. erfolgt sein.

→ **Beispiel 2.2** Psychoanalyse eines Patienten mit Depression nach Suizidversuch
→ **Beispiel 2.3** Psychodynamische Aspekte in der Behandlung von Schlafstörungen

2.10 Zusammenfassung

Der Begriff Psychoanalyse. Die Psychoanalyse ist von ihrem Begründer Freud selbst und von seinen Nachfolgern immer wieder modifiziert und weiterentwickelt worden. Freud verstand unter ihr grundsätzlich dreierlei: (1) eine psychologische Theorie, (2) eine Methode zur Erforschung psychischer Vorgänge und (3) ein psychotherapeutisches Behandlungsverfahren.

Entstehung der psychoanalytischen Theorie. Die Entstehung der psychoanalytischen Theorie begann mit Breuers Hypnosebehandlung von „Anna O.", deren Symptomreduktion er und Freud auf die Wiederbelebung traumatischer Erfahrungen und das dadurch mögliche Abreagieren des fehlgeleiteten Affekts (Katharsis) zurückführten. Freud optimierte das Freilegen des verdrängten Materials durch die

Methode der freien Assoziation, die er auch in seiner Selbstanalyse einsetzte. Aufgrund der häufig vorgebrachten sexuellen Assoziationen seiner Patienten nahm Freud zunächst an, dass real erlebte sexuelle Traumata dem fehlgeleiteten Affekt zugrunde liegen; später hielt er Berichte bzw. Assoziationen von sexuellen Übergriffen für Phantasieprodukte und verstand sie als Auslöser von Neurosen.

Mit dem ersten topischen Modell des „psychischen Apparates", das diesen in die drei Bereiche Unbewusstes, Vorbewusstes und Bewusstes unterteilt, entwickelte Freud weitere Grundkonzepte der psychoanalytischen Behandlungsmethode, die den Zugang zum Unbewussten ermöglichen soll: Widerstand, Übertragung und Gegenübertragung. Zentrale Bedeutung erlangte sein Konzept der Libido insbesondere für seine Neurosenlehre, die neurotische Symptome v. a. auf unbewältigte Konflikte in verschiedenen Phasen der kindlichen Entwicklung zurückführt; dabei spielt der Ödipuskomplex eine entscheidende Rolle. Während Freud zunächst den Unterschied zwischen Psycho- und Aktualneurosen betonte, denen er eine somatische Ätiologie zuschrieb, beschäftigte er sich später nur noch mit den Psychoneurosen.

Mit dem zweiten topischen Modell, das den Konflikt der drei psychischen Instanzen Es, Ich und Überich ins Zentrum der Analyse stellte, veränderte sich Freuds Angsttheorie: Angst betrachtete er nun nicht mehr als Folge, sondern als Ursache von verdrängten Impulsen. Damit verlor auch das Libidokonzept für Freud und viele seiner Nachfolger an Bedeutung; stattdessen rückten die Ich-Funktionen und mit ihnen die frühe Mutter-Kind-Beziehung in den Vordergrund – die Ich-Psychologie war entstanden. Das Motto der Analyse lautete nun: „Wo Es war, soll Ich werden".

Das Strukturmodell der Persönlichkeit. Das Es umfasst als älteste und erste Instanz die primären, nicht sozialisierten inneren Impulse des Menschen, die auf sofortige Befriedigung drängen. Das Überich bildet sich aus den verinnerlichten Werten und Normen der Außenwelt (v. a. der Eltern) und fungiert dann als eigenes Gewissen und Kontrollinstanz für Primärbedürfnisse des Es. Das Ich als Entscheidungsinstanz vermittelt zwischen beiden Instanzen und sorgt so für eine gesellschaftlich angemessene Umsetzung der Primärbedürfnisse.

Diese Aufgabe des Ichs gehört zum Bewusstsein, ebenso manche Ge- oder Verbote des Überichs. Das Es ist insgesamt dem Unbewussten zuzuordnen. Da viele Inhalte des Es ängstigend sind, bedarf der Zugang zum Unbewussten u. U. intensiver psychoanalytischer Arbeit, bei der mit starken Widerständen zu rechnen ist. Inhalte des Vorbewussten können dagegen leicht vergegenwärtigt werden; sie sind nur kurzzeitig aus dem Bewusstsein und dessen Aufmerksamkeitsfokus verschoben, um die Funktionsfähigkeit des Organismus zu verbessern.

Trieblehre. Die beiden gegeneinander wirkenden Grundtriebe sind Eros und Thanatos, der Liebes- und der Todestrieb. Die zugrunde liegende Energie des Eros ist die Libido. Ihre Entwicklung verläuft normalerweise vom primären Narzissmus zur Objektlibido und ist mit verschiedenen erogenen Zonen verknüpft. Bei konflikthafter Verdrängung von Libidobesetzungen können sich psychische oder konvertierte somatische Symptome bilden.

Phasen psychosexueller Entwicklung. Mit dem Libidokonzept hängt das Phasenmodell psychosexueller Entwicklung zusammen: In der oralen, der analen und der phallischen Phase wird der Lustgewinn durch die jeweilige erogene Zone erzielt. Der Ödipuskomplex in der phallischen Phase ist ein umstrittenes, aber bis heute bedeutsames Konzept der Psychoanalyse.

Konflikt, Symptombildung und Neurose. Ein neurotisches Symptom ist als unzureichende Kompromissbildung zu verstehen, um einen Konflikt zwischen widerstreitenden Impulsen oder Instanzen einer Person zu lösen. Es handelt sich um eine Form der Abwehr, die stets versucht, das gestörte innere Gleichgewicht wiederherzustellen.

Hemmungen in der psychosexuellen Entwicklung können zur Fixierung, ungelöste Konflikte später zur Regression auf eine der drei prägenitalen Phasen führen; damit sind verschiedene psychische Störungen zu erklären. Je nach Fixierung lassen sich auch entsprechende Persönlichkeitstypen mit jeweils vorherrschenden Abwehrmechanismen unterscheiden: der orale, der anale und der phallische Typ.

Die therapeutische Situation. Im therapeutischen Setting der Analyse liegt der Patient in entspannter

Haltung auf der Couch und äußert entsprechend der „Grundregel" freiheraus seine Assoziationen, die dem Unbewussten entstammen und Material zur Deutung liefern. Es bedarf eines – trotz aller Beeinträchtigungen – intakten Ichs für das therapeutische Bündnis; für den Therapeuten gilt die „Abstinenzregel". Zu seinen wichtigsten Interventionen gehören Instruktionen, Deutungen, Konfrontationen, Klärungen, Durcharbeiten und Rekonstruktionen.

Traum und Deutung. Im Traum werden vorwiegend Regungen des Es dargestellt, die meist in entstellter Form ihre Wunscherfüllung erlangen, um die Störung des Schlafes zu beseitigen. Da die Inhalte oft von sonst verdrängten Impulsen und frühkindlichen Emotionen herrühren, sind die Träume ein Schlüssel zu den unbewussten Konflikten; da diese latenten Elemente jedoch meist entstellt erscheinen (v. a. durch Verschiebung und Verdichtung), bedürfen sie der Deutungsarbeit, die den Hintergrund der manifesten Elemente rekonstruiert (siehe Beispiel 2.1 von Freud selbst).

Widerstand, Übertragung und Gegenübertragung. Der Aufdeckung des Unbewussten setzt der Patient allerdings Widerstand entgegen, da das neurotische Symptom ja zumindest ein gewisses psychisches Gleichgewicht hergestellt hat, das nun wiederum bedroht ist. In der Widerstandsdynamik spiegelt sich die Abwehrorganisation des Patienten wider.

Er bringt dem Therapeuten auch Gefühle entgegen, die auf frühere Beziehungen zurückgehen und nun wieder auftreten. Diese Übertragung entwickelte sich zu einem wichtigen Instrument der Psychoanalyse, da der Patient dabei frühere Konflikte wiederholt (siehe Beispiel 2.2). Desgleichen die Gegenübertragung, bei der der Therapeut seine Gefühle analysiert, mit denen er auf die Übertragung reagiert. Eine wichtige Voraussetzungen für die nichtneurotische Reaktion des Therapeuten und den therapeutischen Effekt ist hierbei seine Eigenanalyse und die Abstinenzregel.

Würdigung der Psychoanalyse. Wenngleich Freuds Terminologie geprägt ist von der mechanistischen Denkart seiner Zeit, so gehen seine psychosexuelle Entwicklungstheorie und sein psychodynamisches Strukturmodell weit darüber hinaus. Auch in heutigen psychodynamischen Therapien bleiben viele wesentliche Konzepte der Psychoanalyse zentral (siehe Beispiel 2.3).

2.11 Verständnisfragen

- Was verstand Freud grundsätzlich unter „Psychoanalyse"?
- Welche Annahme verbanden Breuer und Freud mit der „hypnotischen Katharsis" und durch welche Methode ersetzte Freud sie?
- Was rückte mit der Wandlung vom Energie- zum Strukturkonzept ins Zentrum der Psychoanalyse?
- Wodurch unterscheidet sich Freuds erste von seiner zweiten Angsttheorie?
- Welche Grundannahmen macht die Ich-Psychologie?
- Inwieweit stimmen die beiden topischen Modelle des „psychischen Apparates" miteinander überein?
- Wie kennzeichnete Freud die beiden Grundtriebe?
- Wodurch sind die Phasen der psychosexuellen Entwicklung bestimmt?
- Wodurch unterscheidet sich der Autoerotismus vom Narzissmus bzw. der primäre vom sekundären Narzissmus?
- Was bedeutet „Objekt" in der Psychoanalyse?
- Wie entstehen ihr zufolge neurotische Symptome?
- Was geschieht bei der Regression?
- Warum arbeitet ein Psychoanalytiker mit der Abwehr des Patienten?
- Welche Abwehrmechanismen des Ich hat Anna Freud zusammengestellt?
- Was fordert die Grundregel des therapeutischen Bündnisses vom Patienten, was die Abstinenzregel vom Therapeuten?
- Warum sind „Psychotiker" nach klassischer Vorstellung für die Psychoanalyse ungeeignet?
- Welche wichtigen Interventionen gibt es in der Psychoanalyse?
- Was kennzeichnet nach Freud die Traumbildung?

- Warum bezeichnete er die Traumdeutung als „Königsweg zum Unbewussten"?
- Warum setzt der Patient der Aufdeckung des Unbewussten in der therapeutischen Situation Widerstand entgegen?
- Worauf geht die Übertragung zurück und wozu kann sie in der Psychotherapie angewandt werden?
- Ist Gegenübertragung ein Störfaktor? Was hat der Therapeut zu beachten?

Fallbeispiele auf CD

Beispiel 2.1: Freuds Analyse des Traums von Irmas Injektion
Das Originalbeispiel von Freud verdeutlicht:
- Freuds Methode der Traumdeutung anhand seiner Analyse eines eigenen Traums, in der er Parallelen zwischen dem manifesten Trauminhalt und den vorangegangenen Ereignissen bzw. den dadurch ausgelösten Wünschen aufzeigt.

Das Fallbeispiel bezieht sich auf die Kapitel:
2.8 Traum und Deutung
2.9 Widerstand, Übertragung und Gegenübertragung

Beispiel 2.2: Psychoanalyse eines Patienten mit Depression nach Suizidversuch
Das Fallbeispiel verdeutlicht:
- wichtige Elemente in der Anamnese,
- ihren Zusammenhang mit verschiedenen Symptomen, Abwehrmechanismen, Widerstands- und Übertragungsreaktionen,
- Traumdeutung, Übertragungsprozesse und Rekonstruktionen als therapeutische Instrumente.

Das Fallbeispiel bezieht sich auf die Kapitel:
2.6 Konflikt, Symptombildung und Neurose
2.7 Die therapeutische Situation
2.8 Traum und Deutung
2.9 Widerstand, Übertragung und Gegenübertragung

Beispiel 2.3: Psychodynamische Aspekte in der Behandlung von Schlafstörungen
Die beiden Fallbeispiele verdeutlichen anhand des Konzepts der „Gespenster im Kinderzimmer" (Fraiberg, 1980):
- wie klassische Elemente der Psychoanalyse in der frühen Beratung von Familien mit Säuglingen genutzt werden können,
- wie Schlafprobleme von Säuglingen mit Ereignissen aus der Kindheit der Eltern zusammenhängen können,
- wie Aspekte des elterlichen Verhaltens ihrem Säugling gegenüber als Re-Inszenierung eigener Traumata interpretiert werden können,
- wie durch die Einsicht in den jeweiligen Konflikt ein kindgerechteres Elternverhalten ermöglicht werden kann.

3 Individualpsychologie

3.1 Individuum und Gemeinschaft

Konzeptionelle Abgrenzung
Die Bezeichnung „Individualpsychologie", die Alfred Adler (1870–1937) seiner psychotherapeutischen Richtung 1912 gab, ist unglücklich gewählt: Adler ging es vor allem um die sozialpsychologischen Aspekte der Entwicklung und Veränderung psychischer Störungen, er beschränkte sich also ausdrücklich nicht auf eine rein individuelle Perspektive.

Er wusste jedoch als Mediziner nicht, dass der Begriff „Individualpsychologie" innerhalb der Psychologie schon belegt war, um damit den Gegensatz zur Sozialpsychologie hervorzuheben. Indem er für seine Psychotherapieform die Bezeichnung „Individualpsychologie" wählte, wollte er sich vielmehr gegen Betrachtungsweisen abgrenzen, in denen die Persönlichkeit in einzelne Elemente (Triebe, Instanzen und dergleichen) zerlegt wird – also speziell auch gegen die Psychoanalyse (s. u.).
Ganzheit der Person. Statt einer topischen Gliederung der Psyche in verschiedene Bereiche oder Instanzen wird in der Individualpsychologie die unteilbare Einheit und Ganzheit der Person und die Einmaligkeit jedes einzelnen Menschen hervorgehoben. Adler unterstreicht auch die Fähigkeit des Organismus zu Wachstum und Entfaltung – besonders zur Überwindung von Mängeln (bestimmten „Minderwertigkeiten"; s. u.). Mit dieser grundsätzlichen Orientierung kann Adler als ein wesentlicher Vorläufer der humanistischen Psychologie bezeichnet werden (vgl. Kap. 12.1). Die Persönlichkeitsentwicklung, die bei Freud durch Triebe und innere Konflikte beherrscht ist (allerdings in Auseinandersetzung mit der Umwelt), vollzieht sich nach Adler viel stärker im Spannungsfeld zwischen individuellen Gegebenheiten und den sozialen Anforderungen (s. u.).
Adler und Freud. Trotz seiner fast ein Jahrzehnt dauernden engen Zusammenarbeit mit Freud (1902–1911) und seiner Präsidentschaft in der Wiener Psychoanalytischen Vereinigung (1910) kann Adler nicht im engeren Sinne als „Schüler" Freuds angesehen werden. Schon vor und während dieser Zusammenarbeit verfolgte er immer seine eigenständige Konzeption, mit besonderer Betonung der sozialen Aspekte. So erschien bereits 1898 Adlers „Gesundheitsbuch für das Schneidergewerbe", ein sozialmedizinisches Werk, in dem es Adler darum ging, den Zusammenhang von ökonomischer Lage und Krankheit zu schildern.

1907 erschien die „Studie über die Minderwertigkeit von Organen", in der bereits einige Aspekte der späteren adlerschen Konzeption deutlich hervortreten (s. u.). Dennoch entstand dieses Werk gerade in einer kurzen Schaffensphase Adlers, in der er sich unter dem Einfluss Freuds sehr stark biologischen Betrachtungsweisen zuwandte (etwa 1906–1910) und hier z. B. jedem Einzelorgan eigene Triebe (oder „Instinkte") zusprach. Bereits 1908 aber entwickelte Adler im Gegensatz zu Freud das Konzept eines „Agressionstriebes", das in der Psychoanalyse erst mehr als ein Jahrzehnt später in Form des „Todestriebes" auftauchte und relevant wurde (vgl. Kap. 2.4 Trieblehre). Zum offenen Bruch mit Freud und zum Ausschluss aus der Wiener Psychoanalytischen Vereinigung kam es dann 1911, als Adler in drei Vorträgen mit dem Thema „Zur Kritik der Freud'schen Sexualtheorie des Seelenlebens" sich von dessen Libidotheorie distanzierte.

Biographische Hintergründe
Die Unterschiede in den theoretischen Konzeptionen von Freud und von Adler stehen in unmittelbarem Zusammenhang mit deren jeweiligem persönlichem Lebenshintergrund. So betont Jacoby (1983, S. 22), dass Freud Wert auf vornehmen Lebensstil legte und bewusst aristokratisch wirkte. Seine Patienten gehörten meist den reicheren Schichten an, die kaum andere als sexuelle Probleme und Sorgen hatten. Adler hingegen war als zweiter Sohn von sechs Kindern in der Wiener Vorstadt geboren und

aufgewachsen; seine Eltern entstammten der unteren Mittelschicht. Er hatte sich in seiner Studentenzeit mit dem Marxismus und Sozialismus auseinander gesetzt und 1897 die russische Sozialistin Raissa Epstein geheiratet, die vor Ausbruch des ersten Weltkrieges mit der Frau Trotzkis (der von 1907–1914 in Wien lebte) befreundet war. Seine Patienten kamen mehr aus der Mittelklasse, wo Probleme des gesellschaftlichen Status und des ökonomischen Fortkommens überwogen.

Gesundheitliche Probleme. Letztlich sei auf Adlers schlechte gesundheitliche Konstitution als Kind hingewiesen, die seine Therapiekonzeption mit beeinflusst hat: Er war rachitisch, immer etwas kränklich und litt an Stimmritzenkrämpfen mit Erstickungsanfällen. „Wegen dieser Anfälligkeiten wurde er von der Mutter sehr verzärtelt" (Seelmann 1982, S. 9) – zwei Aspekte, die sicher nicht völlig zufällig zu Adlers starker Betonung von körperlicher Beeinträchtigung und verzärtelndem Erziehungsstil in seiner Individualpsychologie beitrugen (s. u.).

Emigration in die USA. Auch Adler musste, nachdem er fast sein ganzes Leben in Wien verbracht hatte, vor dem sich ausbreitenden Nationalsozialismus 1934 in die USA emigrieren, zumal die Regierung Dollfuß alle seine Erziehungsberatungsstellen geschlossen hatte. Nach Adlers Tod führten seine beiden Kinder, Alexandra und Kurt, in den USA das Werk ihres Vaters fort. (Adlers zweite Tochter, Valentine, war mit ihrem Mann in die Sowjetunion emigriert, wo sie 1937 den Stalin'schen „Säuberungen" zum Opfer fiel und in Gefangenschaft starb.)

Ähnlich wie die Psychoanalyse während der Nazi-Herrschaft in Deutschland unter der Bezeichnung „Entwicklungspsychologie" verdeckt weiter gelehrt wurde, benannte man Adlers Individualpsychologie in „Gemeinschaftspsychologie" um – eine Bezeichnung, die dann später für die Fortentwicklungen der Individualpsychologie durch Leonhard Seif und Fritz Künkel belegt wurde.

3.2 Minderwertigkeitsgefühl und Geltungsstreben

Die zentralen Konzepte der Individualpsychologie sind „Minderwertigkeitsgefühl", dem das „Geltungsbedürfnis" (bzw. das daraus resultierende „Geltungsstreben") gegenübersteht, „Lebensstil" und „Lebensplan", in welchen sich die unbewussten Strategien des Individuums in der Auseinandersetzung mit der Umwelt ausdrücken. Zielvorstellung ist das „Gemeinschaftsgefühl", das am Ende einer geglückten psychosozialen Entwicklung bzw. auch einer Psychotherapie steht. Diese Begriffe sollen nun erläutert werden.

Teleologische Denkweise bei Alfred Adler
Eine teleologische Denkweise prägt das gesamte Werk von Alfred Adler. Gefragt wird weniger nach den Ursachen von Motiven und Symptomen, sondern nach deren **Zielen** und **Funktionen**. Statt Fragen nach der Kausalität, nach den Ursachen und Gründen, die lauten würden: „Woher kommt es, dass …?", stellen sich in der Individualpsychologie vielmehr Fragen nach der Finalität, also nach dem „Wozu dient es?" (z. B. auch: „Wozu habe ich Angst" statt: „Warum habe ich Angst" – vgl. hierzu z. B. Schmidt, 1977). Ebenso hat das Streben nach Geltung bei Adler den Sinn, Minderwertigkeitsgefühle zu kompensieren.

Eine teleologische Sichtweise galt lange in der abendländischen Wissenschaft als obskur, wenn nicht gar unwissenschaftlich. Im Lichte der Entwicklung in den Naturwissenschaften in den letzten Jahrzehnten – besonders im Rahmen der Systemtheorie – erfährt diese Perspektive allerdings eine Renaissance: So stellt z. B. das mathematisch-naturwissenschaftliche Konzept des „Attraktors" letztlich eine teleologische Sicht dar.

Neurotische Symptome als Abwehr
Adler teilte Freuds Anschauung nicht, nach der sexuelle Konflikte bzw. Kämpfe zwischen den psychischen Instanzen Es, Ich und Überich und letztlich die Verdrängung von Triebansprüchen ins Unbe-

wusste die Ursache für die Entwicklung von Neurosen sind. Das „Unbewusste" kommt bei Adler kaum als Substantiv vor, sondern meist nur als Attribut, etwa in Zusammenhängen wie „unbewusster Lebensplan" (s. u.) usw.

Die von Freud berichteten sexuellen Kindheitserinnerungen seiner Patienten, ihr Verlangen, ihre Kastrationsängste usw. deutete Adler symbolisch, d. h. als symbolische Besitzergreifung von den Eltern bzw. als Symbol für Sich-unmännlich-Fühlen. Stattdessen entwickeln sich nach Adler neurotische Symptome als eine Abwehr gegen Anforderungen der Umwelt. Ausgangspunkt ist dabei das Minderwertigkeitsgefühl.

Organische Ursachen für Minderwertigkeitsgefühle. Als Kern dieses Minderwertigkeitsgefühls sah Adler zunächst – noch stärker in der Tradition medizinischer und biologischer Denkmodelle stehend – reale angeborene organische Mängel an (z. B. im Skelett, im Herzen, im Magen-Darm-Trakt, im Nervensystem usw.). Diese haben eine verminderte Leistungsfähigkeit und damit eine Beeinträchtigung des Selbstwertgefühls zur Folge. Später allerdings wurden immer stärker (sozial-)psychologische Aspekte berücksichtigt – wie z. B. ein überbeschützender Erziehungsstil oder eine ungünstige Position in der Geschwisterreihe.

Kompensation von Ohnmachtsgefühlen. Allein schon durch seine weitgehende Ohnmächtigkeit und Kleinheit erfährt das Neugeborene in einer Welt der stärkeren, größeren, kompetenteren Erwachsenen deutlich auch seine Hilflosigkeit. Dieses Gefühl wird zunächst noch verstärkt, je mehr das Kind lernt, zwischen sich und den Objekten zu unterscheiden und die Außenwelt zu begreifen: Immer häufiger erlebt es, dass seine Mittel nur selten ausreichen, sich dieser Objekte im gewünschten Umfang zu bedienen. Im Vergleich mit den Erwachsenen erfährt es dann seine Schwäche und seine Abhängigkeit von denen, die es versorgen.

Geltungsstreben. Dieses erlebte Minderwertigkeitsgefühl geht mit der Tendenz einher, dieses Gefühl zu kompensieren: dem Geltungsstreben. Aus einem Gefühl des Protests gegen die Minderwertigkeitsgefühle soll das Selbstwertgefühl gesichert werden.

Diese Kompensation ist also ein allgemein menschlicher und kein pathologischer Vorgang, wie Seidel (1983) betont. Um seine Funktionsfähigkeit zu sichern, können z. B. gerade körperliche Beeinträchtigungen den Menschen in Überkompensation zu besonderen Leistungen führen. So verweist Adler in seinen Werken immer wieder auf das klassische Beispiel des Demosthenes, der kein „L" aussprechen konnte und mit einem Kieselstein im Mund so lange übte, dass er schließlich Griechenlands berühmtester Redner wurde, oder auf den Dichter Byron, der mit einem Klumpfuß der beste Turner seiner Schule war, sowie auf eine Reihe anderer berühmter Personen, die gerade in ihrem Arbeitsbereich behindert waren und es deshalb durch besondere Übung zu großen Leistungen gebracht haben – quasi als Antwort auf die Herausforderung des Schicksals (vgl. Jacoby, 1983, S. 42 ff.).

Materielle Situation und Status der Familie

Das Minderwertigkeitsgefühl kann aber zusätzlich durch soziale und/oder ökonomische Faktoren verstärkt werden. Hier spielt einerseits die materielle Situation und der Status der Familie eine Rolle, die beim Kind (vermittelt über die Eltern) den Wunsch nach Geltung und „etwas Besseres zu werden" fördern.

Geschwisterpositionen. Andererseits gibt Adler der Geschwisterposition eine wichtige Rolle: Das Erstgeborene hat gegenüber den anderen Kindern oft die Erfahrung machen können, größer, klüger, stärker usw. zu sein. Es ist daher eher ausgeglichen und neigt zu konservativen Einstellungen (da es wenig an einer Veränderung dieser Erfahrung interessiert ist). Das zweite Kind zeigt besonders die Tendenz, sich mit dem älteren zu messen, und entwickelt daraus später das Bedürfnis nach einem Gegenspieler, an dem es seine Kräfte messen kann – oder es zieht sich enttäuscht in die Rolle des Neiders zurück. Das jüngste Kind muss gegenüber den anderen aufholen.

In vielen Märchen und Mythen ist es gerade dieses jüngste und kleinste Kind, das letztlich alle anderen überflügelt. Besonders problematisch sieht Adler die Rolle des Einzelkindes, das oft verzärtelt und verwöhnt wird, so dass es daraus den Anspruch auf die ständige Aufmerksamkeit anderer entwickelt.

Geschlechtsrolle. Zu den Positionen in der Geschwisterreihe kommt differenzierend auch noch die Geschlechtsrolle hinzu – z. B. ist es ein Unterschied, ob die beiden älteren Geschwister eines dritten Kindes nur Jungen oder nur Mädchen oder beides waren usw. Es sei bemerkt, dass diese von Adler eher grundsätzlich formulierten Aspekte im Rahmen moderner Untersuchungen zum Bereich der Familienkonstellation durch quantitativ-statistische Analysen (oft unter missbräuchlicher Verwendung von Signifikanztests, indem „alles gegen alles" getestet wird) gelegentlich geradezu absurde bis groteske Formen annehmen – und das, obwohl bereits Adler betonte, dass die *subjektive* Erfahrung der Konstellation wichtiger ist als die objektive Situation (es also durchaus „typische erstgeborene Kinder" geben kann, die objektiv ein älteres Geschwister haben).

3.3 Lebensstil, Leitlinien und Lebensplan

Auseinandersetzung mit der Umwelt

Aus den Konstellationen in der frühen Kindheit (körperliche Verfassung, ökonomisch-soziale Situation, Familienposition und besonders auch der Erziehungsstil der Eltern), so nahm Adler an, entwickeln sich Grundmuster und -vorstellungen, sich der Welt zu stellen und das primäre Minderwertigkeitsgefühl entspechend den gegebenen Möglichkeiten zu überwinden. Nach Adler wird bis zum 4./5. Lebensjahr diese Form der Auseinandersetzung mit den Anforderungen der Umwelt und den eigenen Minderwertigkeitsgefühlen festgelegt; er nannte dies den Lebensstil.

Auch der Lebensstil wird final, teleologisch gesehen, also im Hinblick auf dessen Funktion und (unbewussten) Zweck. Der Lebensstil dient dazu, dass der Mensch sein Ziel bzw. sein Leitbild für die Bewältigung der Anforderungen seiner Umwelt erreichen kann und damit Gefühle der Selbstmächtigkeit erreicht werden. Das Verhalten des Menschen und seine spezifische Art, Wahrnehmungen selektiv danach zu verarbeiten, „was ihm in den Kram paßt" („tendenziöse Apperzeption"), dienen dabei seinem Sicherungsbedürfnis.

Vom Lebensplan zum Lebensstil

Es sind die „Leitlinien" seines Verhaltens, die sich im Lebensstil ausdrücken. Diese Leitlinien stellen nun wiederum Handlungsprinzipien zur Konkretisierung eines zugrunde liegenden Lebensplanes dar, nach dem der Mensch ganzheitlich sein Leben ausrichtet. Der Lebensplan ist allerdings meist unbewusst – also kein Ergebnis bewusster Planung: „Der Mensch setzt sich nicht das Ziel, aber er handelt so, als ob er ein Ziel verfolge, und sein Handeln kann nur so verstanden werden" (Jacoby, 1983, S. 39). In dem Diagramm unten sind die Beziehung zwischen Lebensplan, Leitlinie, Lebensstil und Verhalten ausgedrückt.

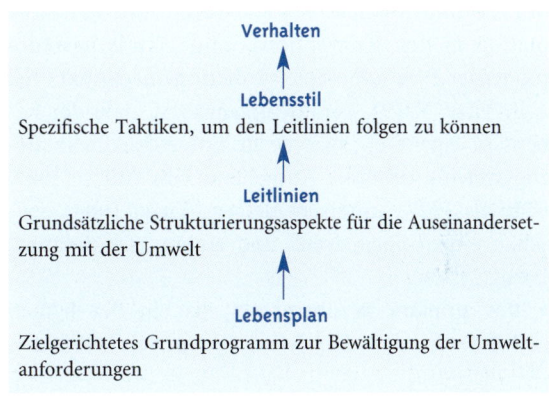

Verhalten
↑
Lebensstil
Spezifische Taktiken, um den Leitlinien folgen zu können
↑
Leitlinien
Grundsätzliche Strukturierungsaspekte für die Auseinandersetzung mit der Umwelt
↑
Lebensplan
Zielgerichtetes Grundprogramm zur Bewältigung der Umweltanforderungen

Wie Lebensplan, Leitlinien und Lebensstil sich im Verhalten ausdrücken

Die Linie vom Lebensplan zum konkreten Verhalten lässt sich also so skizzieren: Auf der Grundlage des in früher Kindheit erworbenen Lebensplans, mit dem das Kind zum Gesamtkomplex seiner körperlichen Bedingungen und seines Milieus (beides im weitesten Sinne) Stellung bezieht, entwickelt der Mensch „in seinem nie ruhenden Streben nach Überlegenheit" (Adler) Leitlinien für sein Verhalten.

Der Lebensstil ist dann die konkrete Bewegung des Individuums entlang dieser Leitlinien. Auf der Oberfläche letztlich erscheint uns, je nach spezifischer Situation, ein buntes Gemisch konkreter Verhaltensweisen, hinter denen sich aber jeweils der Lebensstil verbirgt.

Ganzheitliches Verständnis. Diese Gesamtkonzeption, nach der ein Mensch zielgerichtet sinnhaft handelt und dabei ganzheitlich Wahrnehmung und Verhalten organisiert, um bestimmte Mangelzustände zu beheben, ist ein weiteres Moment, das Adler zum Vorläufer der humanistischen Psychologie werden ließ. Daher ist die Individualpsychologie auch als eine „Verstehende Tiefenpsychologie" (vgl. Rattner, 1976) zu kennzeichnen, die den Menschen nicht in einzelne Faktoren zerlegt, welche in kausalgesetzmäßiger Einwirkung sein Handeln (und seine Krankheit) bestimmen, sondern die versucht, sein Handeln (und seine Krankheit) ganzheitlich im Hinblick auf sein eigenes Bezugssystem, den Lebensstil (bzw. den zugrunde liegenden Lebensplan) zu rekonstruieren.

Zwei Bezugssysteme für den Lebensstil. Nun hat Michael Titze, der sich im deutschen Sprachraum um die Individualpsychologie durch ihre Transformation in den Konzeptions- und Handlungsraum moderner Psychotherapie verdient gemacht hat (vgl. z. B. Titze, 1979), darauf hingewiesen, dass der Lebensstil eigentlich zwei recht unterschiedliche Bezugssysteme umfasst. Ausgehend von Adler (1982, erstmals 1927) unterscheidet er (Titze, 1984) zwischen einem „primären" und einem „sekundären" Bezugssystem:

- **Das primäre Bezugssystem,** das in der frühen Kindheit entwickelt wird, ist privat, subjektiv, vorurteilshaft, gefühlszentriert, bedient sich vorwiegend analoger Symbole (ist also bildhaft, anschaulich, metaphorisch) und ist durch extreme Urteile und verallgemeinernde Schlüsse gekennzeichnet. Es ist so insgesamt die Grundlage für egoistisches Verhalten und Streben nach persönlicher Überlegenheit. Dieses Bezugssystem ist also „das kleine Kind in uns" (Adler).
- **Das sekundäre Bezugssystem** wird hingegen erst im Laufe der Sozialisation (und bereits im Rahmen des primären) durch die Sozialpartner erworben. Es ist konventionell, intersubjektiv, regelhaft, logisch und vernünftig, bedient sich vorwiegend digitaler Symbole (ist also sprach- und schriftzentriert, abstrakt, analytisch). Es „dezentriert von der Sphäre unmittelbarer „Ichhaftigkeit" (Titze) und ist so insgesamt die Grundlage für das Gemeinschaftsgefühl (s. u.). Dieses Bezugssystem lässt sich somit als „der Erwachsene in uns" bzw. als „Gewissen" bezeichnen.

Diese klare Unterscheidung zweier Bezugssysteme erleichtert es, im Rahmen der Individualpsychologie zu einem differenzierten Verständnis des Lebensstils zu kommen, was für therapeutisches Handeln eine wichtige Komponente ist (s. u.).

3.4 Gemeinschaftsgefühl und Machtmensch

„Die Erforschung des Lebensstils", sagt Adler (1973, S. 37), setzt „in erster Linie eine Kenntnis der Lebensprobleme und ihrer Forderungen an das Individuum voraus (...). Es wird sich zeigen, dass ihre Lösung einen gewissen Grad an Gemeinschaftsgefühl voraussetzt, eine Angeschlossenheit an das Ganze des Lebens, eine Fähigkeit zur Mitarbeit und zur Mitmenschlichkeit".

Gemeinschaftsgefühl als zentrales Konzept

Dieses Gemeinschaftsgefühl ist ein zentrales – wenn nicht gar *das* zentrale – Konzept in der Individualpsychologie: In der oben gekennzeichneten finalen Betrachtungsweise sieht Adler den Sinn der Evolution in einer idealen Gemeinschaft. „Die volle Entwicklung des menschlichen Körpers und Geistes (ist) am besten gewährleistet, wenn sich das Individuum in den Rahmen der idealen Gemeinschaft, die zu erstreben ist, einfügt als ein Strebender und Wirkender" (1973, S. 71).

Kompensation der Minderwertigkeit. Das Minderwertigkeitsgefühl sieht Adler daher in diesem Zusammenhang durchaus als etwas Positives an, da es das Streben nach Überwindung hervorruft; es ist „einer schmerzlichen Spannung vergleichbar, die nach Lösung verlangt". Dieses Streben nach Geltung und nach Macht oder, in anderen Worten, nach Besonderheit und Überlegenheit – die Kompensation der Minderwertigkeit also – ist für die evolutionäre Entwicklung und die Menschheit insgesamt förderlich, sofern sie in den Dienst der Gemeinschaft gestellt wird und in dieser Gemeinschaft zu hervorragenden Leistungen führt.

So entsteht aus dem Minderwertigkeitsgefühl die treibende Kraft für allen Fortschritt und alle kulturellen Leistungen des Menschen. „Die Strebenden

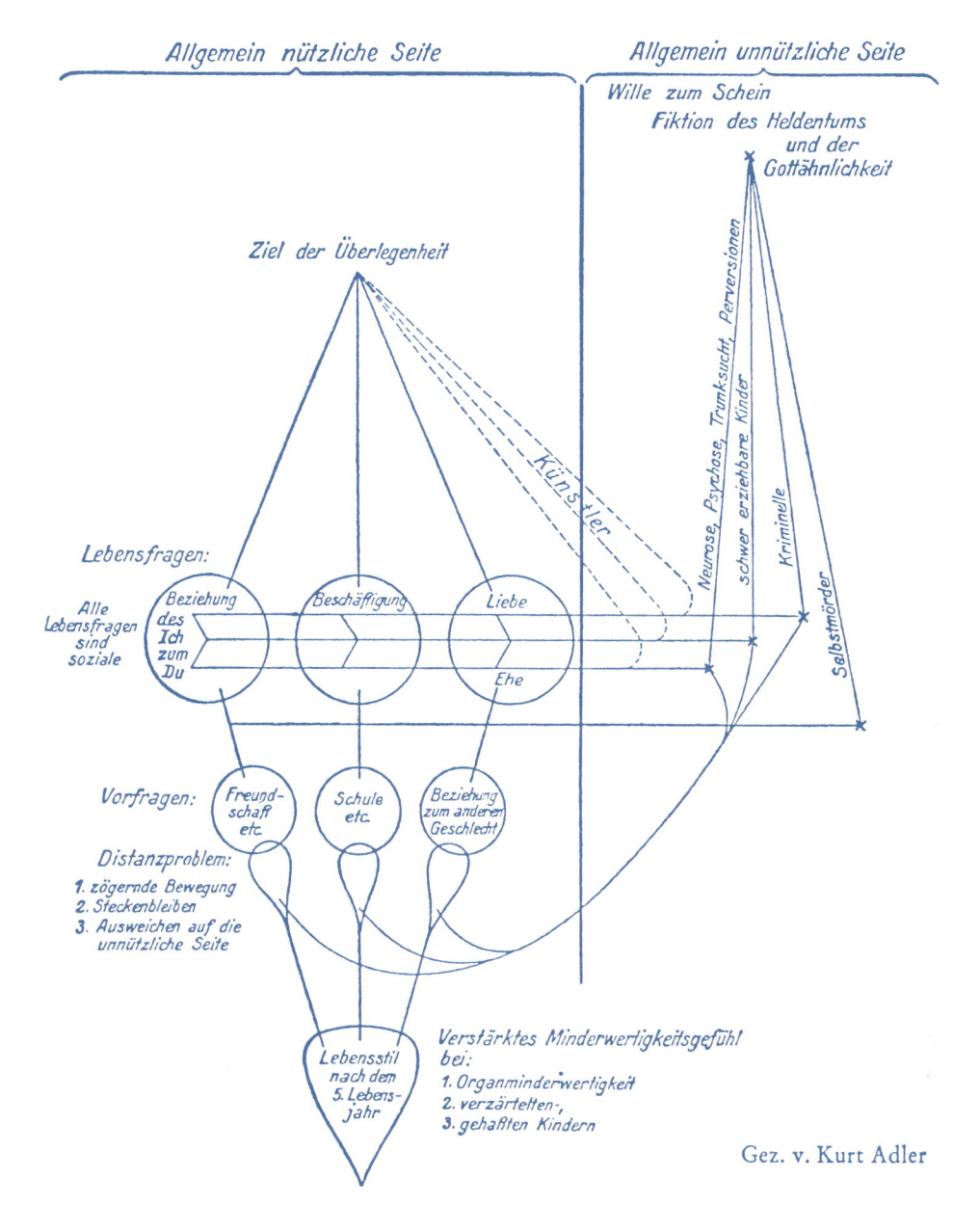

Individualpsychologische Skizze der Norm und der Fehlschläge (aus Adler, 1927)

bauen auf und tragen zur Wohlfahrt der Menschheit bei" (1973, S. 72). Kennzeichen für seelische Gesundheit ist dieses Gemeinschaftsgefühl, das sich u. a. konkret darin ausdrückt, dass man Interesse für die Belange der anderen zeigt, auf diese zugeht und mit ihnen gleichberechtigt zusammenwirken kann.

Entfaltung des Gemeinschaftsgefühls

Die Möglichkeiten zur Entwicklung dieses Gemeinschaftsgefühles sind nach Adler in der Seele jedes Kindes gegeben. Wesentlich hierfür ist zunächst die Beziehung zur Mutter, die das erste „Du" ist, zu dem das Kind eine soziale Beziehung aufbaut.

Diese Beziehung muss so gestaltet sein, dass das Kind beispielhaft einen vertrauenswürdigen Mitmenschen erfahren kann und sein Interesse für die anderen erweckt wird. Dies ist nach Adler die wichtigste Vorbereitung für die Aufgaben des Lebens.

Fehlentwicklungen. Dagegen gibt es aber auch Kinder, die nur mangelhaft für die Aufgaben des Lebens vorbereitet sind, bei denen sich demzufolge dann auch kein oder nur ein geringes Gemeinschaftsgefühl entwickeln kann. Diese Kinder sind viel mehr an der eigenen Person als an anderen interessiert, weil sie „wie im Feindeslande aufwachsen" (Adler).

So kann von gehassten, vernachlässigten und überstreng erzogenen Kindern als Leitbild eine Rolle angestrebt werden, in der das Kind dem Erwachsenen gleicht, also auch herrscht und grausam ist. Aus dem positiven Geltungsstreben im Dienst der Gemeinschaft wird dann ein „Machtmensch" mit dem Streben nach persönlicher Überlegenheit. Dagegen sind Kinder mit stark minderwertigen Organen und verzärtelte, verwöhnte Kinder oft ebenfalls mangelhaft für das Leben vorbereitet und können das Selbstkonzept entwickeln: „Ich bin der Welt nicht gewachsen, der Erwachsene (oder der andere) muss mir helfen." Ein Kind wird dann unfähig, eigenständig Verantwortung zu übernehmen und sich zu behaupten; stattdessen kann es lernen, seine Hilflosigkeit einzusetzen, andere in seinen Dienst zu stellen, diese zu tyrannisieren.

Überwertigkeitskomplex

In solchen Fällen der Fehlentwicklung wird also ein verstärktes Minderwertigkeitsgefühl erlebt, das nicht mehr einfach durch die übliche Kompensation ausgeglichen werden kann. Vielmehr entsteht ein Minderwertigkeitskomplex, der in einer Überkompensation durch einen Überwertigkeitskomplex zu verdecken versucht wird. Ein solcher Überwertigkeitskomplex – Kern des „Machtmenschen" – zielt immer außerhalb der Gemeinschaft auf den Schein einer persönlichen Überlegenheit.

Der „Machtmensch" ist somit das Ergebnis eines fehlgeleiteten Ausgleichs eines Minderwertigkeitskomplexes – eine Konzeption, mit der Adler die herrschenden Ideologien seiner Zeit und deren mächtige Führer demaskierte (den Nationalsozialismus mit Hitler in Deutschland, den Faschismus mit Mussolini in Italien und die kommunistische Gewaltherrschaft mit Stalin in Russland, der Adlers Tochter zum Opfer fiel). Statt auf der „allgemein nützlichen Seite" der Entwicklung das Ziel der Überlegenheit anzustreben, wird in solchen Fällen auf der „allgemein unnützlichen Seite" mit dem „Willen zum Schein" die Fiktion des Heldentums bzw. der Gottähnlichkeit das Leitziel für die Entwicklung.

3.5 Das Arrangement der neurotischen Symptome

Auch die Neurose, als Ergebnis einer fehlgeleiteten Entwicklung, ist analog zu den anderen zentralen Konzepten Adlers funktional und final zu verstehen: Der Neurose liegt eine zielstrebige Dynamik zugrunde. So betont z. B. Metzger (1973, S. 16) in seiner Einführung zu Vorlesungen von Adler, „daß ein Symptom nicht unmittelbar, infolge einer bestimmten unerträglichen Situation ‚entstehe' – daß es vielmehr deswegen (meist unbewußt) ausgebildet und sogar eingeübt (‚trainiert') werde, weil es in eine bestimmte Lebenslinie hineinpaßt und zur Verwirklichung dessen beiträgt, worauf diese Lebenslinie insgeheim, manchmal sogar bewußt, hinausläuft."

Funktion der Symptome

Die neurotischen Symptome dienen somit meist dazu, die Verantwortlichkeit des Individuums für einen (zumindest partiellen) Rückzug aus einem Bereich von Lebensanforderungen aufzuheben, ohne dass das Selbstgefühl eine Einbuße erleiden muss. Die Symptome haben gleichsam die Aufgabe, die Entlarvung der vermeintlichen Minderwertigkeit zu verhindern.

Die „tendenziöse Apperzeption", mit der schon der Nichtneurotiker seine Leitlinien sichert, nimmt beim Neurotiker ein extremes Maß an: Phantasiegebilde und Fiktionen werden verfestigt, die Wirklichkeit der Gemeinschaft verblasst und erscheint ihm immer mehr in seiner rein subjektiven Interpretation. Dies ist verbunden mit einer eigenen, „privaten Logik" des Neurotikers, mit der er sich teilweise den Regeln der Gemeinschaft entzieht. Diese „private Logik" muss oft unverständlich und irrational erscheinen, es sei denn, sie wird unter dem Blickwinkel des Leitmotivs – das zum „Leid-Motiv" wird – verstanden.

→ **Beispiel 3.1** Die Zweckmäßigkeit eines Irrtums
Persönlichkeitsideal der Überlegenheit. Wie schon beim „Machtmenschen" erläutert, hängen (erlebte oder befürchtete) Minderwertigkeit und Überlegenheitstendenz unmittelbar zusammen. Adler (1974) kritisiert hier die „vulgäre Anschauung" über die Neurose, die er grob durch folgende Formel charakterisiert:

> Individuum + Erlebnisse + Milieu + Anforderungen des Lebens = Neurose

Zum Term „Individuum" zählt er dabei „Heredität" (= Vererbtes), „Körperbau (Kretschmer)", „angebliche Sexualkomponenten (Freud)", „Intro- und Extraversion (Jung)", zum Term „Erlebnisse" gehören „Sexual- und Inzest-Erlebnisse (Freud)".

Dem stellt er seine Formel gegenüber, die „den obigen Anschauungen und der Wirklichkeit besser entspricht":

> Individuelles Schema der Einschätzung (I + E + M) + X = Persönlichkeitsideal der Überlegenheit

Dabei ist das X durch ein Arrangement und tendenziöse Konstruktion des Erlebnismaterials, der Charakterzüge, der Affekte und der Symptome zu ersetzen. Die Lebensfrage des „Nervösen" (d. h. Neurotikers) lautet nicht: „Was muss ich tun, um mich den Forderungen der Gemeinschaft einzufügen und daraus ein harmonisches Dasein zu gewinnen?", sondern: „Wie muss ich mein Leben ausgestalten, um meine Überlegenheitstendenz zu befriedigen, mein unabänderliches Minderwertigkeitsgefühl in ein Gefühl der Gottähnlichkeit zu verwandeln?" Mit anderen Worten: Der einzig feststehende oder fixiert gedachte Punkt ist das „Persönlichkeitsideal" (Adler, 1974, S. 57). Hier wird auch die Finalität von Adlers Konzepten nochmals besonders deutlich.

Angst vor dem Scheitern. Nur scheinbar aber ist die Neurose eine erfolgreiche Absicherung gegen die Möglichkeit einer Niederlage. Das Streben nach Überlegenheit und Macht, das hier rein privaten Zwecken dient, ist gleichzeitig verbunden mit der Angst, in diesem Streben zu scheitern. Das heißt, die zugrunde liegende Unsicherheit bleibt und führt letztlich tiefer in die Krise, weil der Rückzug in die Privatheit das Gemeinschaftsgefühl weiter verkümmern lässt. Die Symptome drücken sich dabei in unterschiedlichen Arrangements aus, die letztlich immer gegen die anderen, auf deren Überwältigung und Einbindung in die privaten Zwecke, gerichtet sind.

Gewinn durch Symptome. Sei es, dass jemand mit großer Angst seine Wohnung nicht verlassen kann oder unter Atemschwierigkeiten, Ohnmachtsanfällen usw. leidet: Alle Personen seiner sozialen Umgebung müssen sich den Symptomen unterordnen. Mitleid und Rücksicht sind der Gewinn, und es können jene Handlungen vermieden werden, vor denen große Angst besteht, die man aber „selbstverständlich tun würde, wenn nur die Krankheit nicht wäre". Es ist keine Frage, dass der Betreffende leidet, aber er zieht durch sein Arrangement der Symptome dieses Leiden dem Gefühl bzw. dem Risiko vor, wertlos erscheinen zu müssen.

Einengende Verhaltensmuster von Neurotikern

Alle diese Aspekte sind aber graduell zu verstehen, d. h., sie kommen beim „Gesunden" ebenfalls gelegentlich und in leichter Form vor. Ebenso wenig hat auch der Neurotiker den Kontakt zur Außenwelt völlig verloren oder besitzt überhaupt kein Gemeinschaftsgefühl. Auf der anderen Seite ist ein Rückzug vor den Anforderungen und der Wirklichkeit der Umwelt auch in noch gesteigerterer Form möglich: Adler sieht hier einen fließenden Übergang zu den Psychosen, bei denen sich der Mensch völlig in seine Privatheit zurückgezogen hat, oft verbunden mit einer „Selbstvergottung".

Gegenüber dem Normalen hat der Neurotiker also besonders stereotyp funktionierende, besonders stark einengende Verhaltensmuster, geleitet von Fiktionen, mit dem Ziel, alles zu vermeiden, was zur Entdeckung seiner Minderwertigkeit und seines

Versagens führen könnte. Die Neurose, formuliert Adler, ist die dem Verständnis des Patienten entzogene Ausnutzung von Symptomen. Dass es bei dem Ausmaß und der Form dieser Ausnutzung auf die frühen Kindheitserfahrungen ankommt, wurde bereits mehrfach betont. Die Individualpsychologie misst der Frage nach der Vererbung keine Bedeutung bei, vielmehr gilt nach Adler: „Alle Menschen haben alle Eigenschaften".

Erziehungsstil und Fehlentwicklungen

Die wichtige Rolle, die in diesem Zusammenhang der spezifische Erziehungsstil der Eltern spielt, hat der Adler-Schüler Fritz Künkel (1975, 1929) durch vier „Grund-Typen" der Persönlichkeit hervorgehoben, die ähnlich, wenngleich nicht so systematisch zusammengestellt, auch bei Adler zu finden sind:

Erziehungsstil der Eltern	Aktivität des Kindes	
	Stark	Schwach
Streng	Nero	Tölpel
Verzärtelnd	Star	Heimchen

Typisierungen von Fehlentwicklungen durch Erziehungsstil (nach Künkel, 1975)

Es handelt sich dabei um Typisierungen, d. h. um Extrempositionen der Fehlentwicklung, die uns im Alltag üblicherweise gemildert und in unterschiedlichen Mischformen begegnen: Nero, nach dem grausamen römischen Kaiser gewählt, steht für den Machtmenschen, eigenwillig, rücksichtslos, selbstherrlich; die eigene Angst wird durch Verbreitung von noch mehr Angst zu überdecken versucht. Der Tölpel macht alles falsch, glaubt nicht an sich und seine Möglichkeiten. Seine schon fast liebenswerte Tappigkeit überlässt die Verantwortung für das Versagen dem „Schicksal", selbst ist er eher „zu bemitleiden". Der Star braucht die Bewunderung aller, muss ständig im Mittelpunkt stehen und läuft der Anerkennung hinterher, ständig in Angst, als minderwertig gesehen zu werden, wenn er nicht der Beste ist. Das Heimchen schließlich übt durch sein Leiden Macht über andere aus; Hilfe, Mitleid und Fürsorge ist wohl das Wenigste, was es verlangen kann.

3.6 Individualpsychologische Therapie

Bedeutung der Erziehung

Durch die starke Betonung der Erziehung für das Zustandekommen von psychischen Beeinträchtigungen hat die Individualpsychologie insbesondere im Bereich der Erziehungsberatung Bedeutung erlangt. Dies ist auch ganz im Sinne Adlers, dem das „Lehren der Lehrer" sehr am Herzen lag, um über diese Mediatoren im Sinne der Prävention letztlich eine sehr breite Bevölkerungsschicht erreichen zu können.

So wurden beispielsweise unter dem Titel „Individualpsychologie in der Schule" (1973a, Erstveröffentlichung 1929) Vorlesungen für Lehrer und Erzieher publiziert, und „Die Technik der Individualpsychologie" (1974a, Erstveröffentlichung 1930) trägt im zweiten Band den Untertitel „Die Seele des schwer erziehbaren Schulkindes" und enthält im Wesentlichen Falldarstellungen, an denen sich der Erzieher und Lehrer orientieren kann. – Eine Erziehung, welche das Kind auf die Aufgaben des Lebens angemessen vorbereitet, erspart letztlich alle Therapie.

Liebe und Geborgenheit. Zu einer solchen Erziehung gehört es zunächst, in frühester Kindheit den Hunger des Neugeborenen nach Zärtlichkeit, Geborgenheit und Wärme zu stillen. Das Hauptprinzip der Erziehung in der Folgezeit ist Liebe – allerdings keinesfalls „Verzärtelung", die das Vertrauen des Kindes in die eigene Kraft schwer schädigt und, wie bereits gesagt wurde, einen der Hauptgründe für eine neurotische Entwicklung darstellt. Körperliche Strafen werden von Adler als „Barbarei" bezeichnet, auch Gehorsam darf nicht erzwungen werden; letztlich sind auch Lob und Belohnung nur mit Maßen einzusetzen.

Ermutigung und Stärkung als Therapieprinzip. Da der Kern der menschlichen Entwicklung durch das Minderwertigkeitsgefühl bestimmt ist, steht Ermutigung des Patienten an zentraler Stelle therapeutischer Interventionsprinzipien. Es geht darum, Mut in die eigenen Fähigkeiten und den Wert der Person zu wecken und zu fördern, wobei dieser Wert der Person allerdings immer auf die Gemeinschaft ausgerichtet ist, denn die übergroße Sorge um den Nachweis der eigenen Überwertigkeit gegenüber anderen hat ja zu den Beeinträchtigungen geführt, mit denen der Patient in die Therapie kommt. Gleichzeitig geht es auch darum, Mut zu machen, die eingeschränkten Handlungsräume nach und nach wieder zu erweitern, sich der Gefahr des Versagens in einzelnen Situationen zu stellen und eine solche Erfahrung dann nicht als grundsätzliche Minderwertigkeit zu deuten.

→ **Beispiel 3.2** „Dem Führer folgen"

Erforschung des Lebensplans

Diese Arbeit geschieht im Rahmen der Aufdeckung und Bewusstmachung des „falschen" Lebensplanes (die Begriffe „richtig" und „falsch" leitet Adler aus dem oben geschilderten normativen Standpunkt her, dass die Evolution des Menschen zur idealen Gemeinschaft strebt). Dabei wird die funktionale Zweckhaftigkeit der Symptome erforscht und deren letztendliches Scheitern erhellt. In der Regel läuft dies auf die Entdeckung eines Mangels an Gemeinschaftsgefühl hinaus; es wird also insbesondere auch der Mut gefördert, auf die anderen zuzugehen und sich in die Gemeinschaft als Strebender einzubringen (s. o.).

Familienkonstellation. Zur Erforschung des Lebensplanes gehört die Erhebung der Familienkonstellation, die Registrierung aktueller Probleme und Verhaltensweisen und die Schilderung früher Erlebnisse. Dabei geht es nicht um deren Wahrheitsgehalt – vieles wird in der Erinnerung und Phantasie anders dargestellt, als es möglicherweise „real" geschehen sein mag. Vielmehr geht es gerade um die Wirklichkeit der hier und heute dargestellten Erfahrungen, da aus ihnen (durch die tendenziöse Apperzeption und Erinnerung) der Lebensplan deutlicher hindurchscheint, als es bei den realen Situationen der Fall wäre.

Weitere Aspekte zur Aufdeckung des Lebensplanes, des Lebensstiles und des damit verbundenen „individuellen Apperzeptionsschemas" – kurz: des ganzen Bezugssystems – sind Erhebungen von frühesten Kindheitserinnerungen, häufigen Phantasien und Tagträumen, bevorzugten Märchen. Auch wird versucht, ein Bild der elterlichen Erziehungsstile zu gewinnen und das „bestimmende Familienmotto" zu erheben (vgl. Titze, 1979). Hilfreich ist auch die „Vermeidungsfrage" (Adler): „Was würden Sie beginnen, wenn ich Sie in kurzer Zeit heilen würde?" – weil die Antwort darauf Hinweise enthält, was mit den derzeitigen Symptomen (unbewusst) vermieden werden soll.

Körperhaltung und Gesten. Neben diesen Ansätzen, den Lebensplan eher kognitiv zu erhellen, wird auch auf Körperhaltungen, Gesten, Stimmlage etc. geachtet. So stammt von Adler der Vorschlag, sich eine kurze Zeit wie in einer Pantomime zu verhalten, d. h. nicht auf die Worte zu achten, sondern sich auf die Haltung, Gesten etc. zu konzentrieren und zu versuchen, daraus die tieferen Absichten herauszulesen. Dies schärfe dann den Blick für den Widerspruch zwischen Gesehenem und Gehörtem.

Heilung. Heilung aber, sagt Adler (1973, S. 114), „kann nur auf intellektuellem Wege, durch die wachsende Einsicht des Patienten in seinen Irrtum und durch die Entwicklung seines Gemeinschaftsgefühles zustandekommen." Diese kognitive Arbeit an der Modifikation des Lebensstils ist sicherlich besonders dann angezeigt, wenn die Störung mit dem Bereich des „sekundären Bezugssystems" (s. o.) verbunden ist.

Mangelnde Selbstakzeptanz. So hängt die Mutlosigkeit, die nach Adler das zentrale Moment jeder Neurose ist, mit mangelnder Selbstakzeptanz zusammen: Minderwertigkeitsgefühl und perfektionistische Sollensnormen lassen den Menschen sich selbst als permanenten Verlierer erleben, er „erhebt – um es gestalttheoretisch auszudrücken – seine Unvollkommenheit zur ‚Figur', während er seine latenten Fähigkeiten, Stärken und Vorzüge in die Bedeutungslosigkeit des ‚Hintergrundes' entrückt" (Titze, 1984, S. 74). Gegen das „strenge Gewissen" – wesentlicher Aspekt des sekundären Bezugssystems – wird nach Titze (1984) ein „sokratischer Dialog" geführt, der die gesetzmäßige Notwendigkeit dieser übertriebenen Normen ad absurdum führt oder zumindest hinterfragt (dieselbe Vorgehensweise findet sich in der Logotherapie von Frankl und in der Rational-emotiven Therapie von Ellis).

Verbündung mit dem Kind im Patienten
Die Wirkungen dieser kognitiv-logischen Arbeit können aber nur im sekundären Bezugssystem zum Tragen kommen – dem Teil des Lebensstils, der eben durch kognitive, logische, digitale Aspekte bestimmt ist. Im Hinblick auf das primäre Bezugssystem („das kleine Kind in uns" – s. o.) besteht die Gefahr, dass sich der Widerstand eher verstärkt, da Zwang stets Gegenzwang erzeugt, wie schon Adler hervorhob. Der Therapeut kann sich aber mit diesem „kleinen Kind im Patienten" in einem „konspirativen Sinne verbünden" – eine Vorgehensweise, die bei Titze (u. a. 1979) ausführlich beschrieben wird: Hierbei zeigt der Therapeut dem Patienten auf, dass seine Symptome als Mittel der persönlichen Existenzsicherung durchaus sinnvoll, notwendig und damit auch vernünftig sind.

So wird er einem Patienten mit Platzangst „ganz im Vertrauen" erklären, dies sei „der sicherste Weg, um Niederlagen am Arbeitsplatz zu vermeiden", angesichts einer hysterischen Symptomatik wird er darauf verweisen, dass es „keine bessere Methode gibt, um andere auf sich aufmerksam zu machen", und bei einem zwangsneurotischen Symptomgeschehen wird er möglicherweise feststellen, dies sei „ein genialer Versuch, den Zwang des Alltagslebens ad absurdum zu führen" (Titze, 1984, S. 77).

Verantwortung des Patienten. Diese Vorgehensweise, die es auch in anderen Therapieformen gibt – z. B. unter der Bezeichnung „Reframing" (vgl. in Kap. 20.1: Richtungsübergreifende Interventionskonzepte) –, lässt eine bisher vermeintliche Schwäche oder Unfähigkeit plötzlich in anderem Licht erscheinen. Einerseits wird dem Patienten so sein aktiver Beitrag zur Symptomatik und seine Handlungsmacht vor Augen geführt (woraus dann, im Sinne einer Ermutigung, unmittelbar folgt, dass er nicht mehr den Symptomen „ausgeliefert" ist, sondern handelt – und daher prinzipiell auch anders handeln könnte), andererseits zerstört diese neue Deutung Teile des Systems „privater Logik", mit der er sich bisher geschickt der Verantwortung entzog.

Witz und Humor. Ebenso werden in der Individualpsychologie Witz und Humor als paradoxe Interventionsformen eingesetzt (vgl. in Kap. 15.2: Paradoxe Intention), um die symptomatische Logik und die übertriebene Normerfüllung des Neurotikers im Hinblick auf sein sekundäres Bezugssystem zu untergraben. So verweist Titze darauf, dass die Individualpsychologie in Orientierung an anderen therapeutischen Richtungen (besonders Verhaltenstherapie und Kommunikationstherapie) mittlerweile über ein umfangreiches Instrumentarium spezifischer paradoxer Techniken verfügt. Gerade unter dem Einsatz solcher Techniken ist die Individualpsychologie über die sozialpädagogisch-beratende Zentrierung zunehmend auch in den therapeutisch-klinischen Bereich vorgedrungen.

3.7 Zusammenfassung

Individuum und Gemeinschaft. Die Bezeichnung „Individualpsychologie" wählte Adler, um die Ganzheitlichkeit und Einzigartigkeit der Person zu betonen. Jedoch spielt sich nach ihm die Persönlichkeitsentwicklung im Spannungsfeld zwischen individuellen und sozialen Lebensumständen ab. Die Betonung der sozialpsychologischen Aspekte in Adlers Theorie liegt auch in seiner Biographie begründet.

Minderwertigkeitsgefühl und Geltungsstreben. Grundlegend für Adlers Theorie ist das teleologische Prinzip, dem zufolge die Frage nach dem Ziel, Zweck oder Nutzen eines Symptoms (statt nach dessen Ursache) entscheidend ist. Demgemäß hat auch das Geltungsstreben das Ziel, das Minderwertigkeitsgefühl zu kompensieren, um das Selbstwertgefühl zu sichern. Das Minderwertigkeitsgefühl ist jedem Menschen schon durch die Ohnmächtigkeit als Kleinkind bekannt. Es wird begünstigt durch eine reale Organminderwertigkeit, die materielle Situation der Familie oder sozialpsychologische Aspekte wie der Geschwisterposition (siehe Beispiele 3.1 und

3.2). So kann es z. B. beim jüngsten Kind zu besonderem Aufholverhalten kommen.

Lebensstil, Leitlinien und Lebensplan. Die individuelle und soziale Konstellation der Kindheit bedingt Grundmuster für die Überwindung des Minderwertigkeitsgefühls. Ein früh entwickelter konkreter Lebensstil (als Abstraktion vielfältiger realer Verhaltensweisen dieses Menschen) wird zunehmend als Ausdruck grundlegenderer Leitlinien gesehen, die selbst wiederum als Konkretisierung eines noch grundlegenderen Lebensplans verstanden werden können. Der Lebensstil umfasst zwei Bezugssysteme: das primäre Bezugssystem als „das kleine Kind" und das sekundäre Bezugssystem als „der Erwachsene" oder das „Gewissen" in uns.

Gemeinschaftsgefühl und Machtmensch. Das Geltungsstreben ist zunächst nicht pathologisch, sondern kann sehr förderlich sein und bedingt gesamtgesellschaftlichen Fortschritt – sofern es im Dienst der Gemeinschaft steht. Nur in der Gemeinschaft ist Adler zufolge eine volle Entfaltung des menschlichen Körpers und Geistes möglich. Das Gemeinschaftsgefühl ist grundsätzlich dem Menschen als Möglichkeit gegeben; es äußert sich im Interesse an anderen Menschen und in der Fähigkeit zum gleichberechtigten Zusammenwirken. Seine Entwicklung wird zunächst durch eine vertrauensvolle Beziehung zur Mutter (als Modell für spätere Beziehungen) gefördert oder andernfalls behindert.

Ein mangelndes Gemeinschaftsgefühl kann v. a. bei starker Organminderwertigkeit, bei gehassten, vernachlässigten, überstreng erzogenen oder übermäßig verwöhnten Kindern entstehen (siehe Beispiel 3.1). So kann sich aus dem verstärkten Minderwertigkeitsgefühl ein Überwertigkeitskomplex entwickeln, dessen Leitziel in der Fiktion des Heldentums und der Gottähnlichkeit liegt. Ein solcher Machtmensch lebt sein Geltungsstreben nutzlos außerhalb der sozialen Gemeinschaft aus und zielt auf persönliche Überlegenheit.

Das Arrangement der neurotischen Symptome. Eine andere Fehlentwicklung bildet die Neurose, die mit einer „privaten Logik" im Zuge einer besonders starken „tendenziösen Apperzeption" und einem verkümmerten Gemeinschaftsgefühl einhergeht. Die jeweiligen Symptome haben den Sinn, dass man die Verantwortung für bestimmte Lebensanforderungen nicht übernehmen muss und dabei gleichzeitig seinen Selbstwert schützt: Sie erlauben es, Aufgaben zu vermeiden, an denen man scheitern könnte. Überdies erfordern sie Mitleid und Rücksicht von der sozialen Umgebung; auch darin liegt ihr subjektiver Gewinn. Allerdings bleiben die zugrunde liegende Unsicherheit und Angst bei solchen Arrangements aufgrund des weiter verkümmernden Gemeinschaftsgefühls bestehen.

Die besondere Einengung der Verhaltensmuster bei Neurotikern, die der Vermeidung der Entdeckung von Minderwertigkeit dient, ist vom Erziehungsstil der Eltern mitbestimmt. Durch die Kombination des Erziehungsstils (streng – verzärtelnd) und der Energie des Kindes (stark – schwach) können vier Grundtypen unterschieden werden („Nero", „Star", „Tölpel" und „Heimchen").

Individualpsychologische Therapie. Wenn die Erziehung auf der Grundlage von Liebe und Geborgenheit und mit der Förderung des Gemeinschaftsgefühls geschieht, bedarf es keiner Therapie (siehe Beispiel 3.2). Zu den therapeutischen Interventionen zählen v. a. die Ermutigung und Stärkung des Patienten, die Erforschung und Bewusstmachung des Lebensplans und der Familienkonstellation, die Bewusstmachung und Infragestellung des mit dem Minderwertigkeitsgefühl zusammenhängenden Perfektionsstrebens. Diese kognitiven Interventionen sind eher an das sekundäre Bezugssystem gerichtet. Auf das primäre Bezugssystem zielende Interventionen erfordern eine Verbündung mit dem „kleinen Kind". Zu ihnen gehört es z. B., den Patienten über die Funktion der Symptome aufzuklären und seinen Beitrag an ihrer Aufrechterhaltung und damit auch seine Handlungsmacht aufzuzeigen. Auch Witz und Humor werden als paradoxe Interventionsformen eingesetzt.

3.8 Verständnisfragen

- Warum ist die Bezeichnung „Individualpsychologie" missverständlich?
- Welche theoretischen Aspekte lassen Adler als Vorläufer der humanistischen Psychologie erscheinen?
- Was kennzeichnet einen wesentlichen Unterschied zu Freud in der Grundhaltung?
- Welche Aspekte von Adlers Biographie hängen mit einigen Kernthemen der Individualpsychologie zusammen?
- Was besagt das teleologische Prinzip?
- Wodurch unterscheidet sich Adlers Erklärung für die Entwicklung neurotischer Symptome von der Freuds?
- Wodurch kann ein Minderwertigkeitsgefühl gesteigert, wodurch vermindert werden?
- Ist das kompensatorische Geltungsstreben neurotisch?
- Wodurch wird der Lebensstil beeinflusst? Welche Unterscheidung macht Michael Titze in diesem Zusammenhang?
- Wie hängen der Lebensstil, die Leitlinien und der Lebensplan miteinander zusammen?
- Wozu dient das Gemeinschaftsgefühl?
- Wodurch wird die Entwicklung des Gemeinschaftsgefühls gefördert, wodurch beeinträchtigt?
- Worin sah Adler auch eine Erklärung für Führerfiguren wie Hitler?
- Wozu dient die tendenziöse Apperzeption allgemein, wozu bei einem neurotischen Symptom?
- Wovor soll die Neurose schützen?
- Inwieweit thematisiert Adler den heute bekannten sekundären Krankheitsgewinn?
- Warum verkümmert das Gemeinschaftsgefühl des Neurotikers?
- Woraus ergeben sich die vier Grundtypen der Persönlichkeit nach Fritz Künkel?
- Was steht im Zentrum der individualpsychologischen Therapie?
- Was gehört zur Erforschung des Lebensplans?
- Wozu dient die „Vermeidungsfrage"?
- Wie arbeitet der Therapeut jeweils mit den beiden Bezugssystemen?
- Wie wirkt der Einsatz von Paradoxie und Humor in der Therapie?

Fallbeispiele auf CD

Beispiel 3.1: Die Zweckmäßigkeit eines Irrtums
Das Fallbeispiel einer Patientin (u. a. mit Bulimie, Magersucht, Alkohol- und Tablettenabusus) verdeutlicht:
- Entstehung und Zweck der „privaten Logik" zum Schutz des Selbstwertes,
- die Übertragung des Rivalitätskonflikts mit der „vitaleren" Schwester auf eine andere Schwester zur Verdrängung tieferer Neid- und Angstgefühle,
- die Erarbeitung der Leitlinie in einem Deutungsprozess.

Das Fallbeispiel bezieht sich auf die Kapitel:
3.2 Minderwertigkeit und Geltungsstreben
3.3 Lebensstil, Leitlinien und Lebensplan
3.5 Das neurotische Arrangement der Symptome

Beispiel 3.2: „Dem Führer folgen"
Das Originalbeispiel von Adler, das die beginnende delinquente Entwicklung eines zwölfjährigen Jungen behandelt, verdeutlicht:
- das durch Geschwisterrivalität mitbedingte fehlgeleitete Geltungsstreben, die daraus entstehende Ablehnung jeglicher Eigenverantwortung und Anfälligkeit für Führerfiguren,
- die zentrale Rolle des Gemeinschaftsgefühls und der Ermutigung in der individualpsychologischen Therapie.

Das Fallbeispiel bezieht sich auf die Kapitel:
3.2 Minderwertigkeit und Geltungsstreben
3.6 Individualpsychologische Therapie

4 Analytische Psychologie

4.1 Entstehung der Analytischen Psychologie

C. G. Jung (1875–1961) wird in den meisten Übersichtspublikationen zur Tiefenpsychologie in einem Atemzug mit Sigmund Freud und Alfred Adler genannt; seine „Analytische Psychologie", die Psychoanalyse und die Individualpsychologie bilden zusammen die drei großen klassischen tiefenpsychologischen Schulen. Noch stärker als die Psychoanalyse und die Individualpsychologie ist die Analytische Psychologie unmittelbar mit dem Werk und der Lebensgeschichte ihres Gründers verbunden.

Biographischer Hintergrund

Jungs Vater war Pfarrer, der Großvater war Professor für Medizin an der Universität in Basel. Die Initialen „C. G." stehen für „Carl Gustav", doch hat sich Jung selbst in seinen Werken, bis hin zu Briefunterschriften, fast ausschließlich mit „C. G. Jung" bezeichnet, was auch das gesamte Schrifttum über ihn so übernahm. Schulzeit und Medizinstudium absolvierte Jung in Basel, kam dann aber 1900 nach Zürich, wo er bis 1909 unter Eugen Bleuler an der psychiatrischen Universitätsklinik, dem „Burghölzli", arbeitete. Wie schon Freud ging auch Jung einige Zeit nach Paris zu Janet, dem Schüler von Charcot an der Salpêtrière (dem großen Frauenkrankenhaus) – allerdings 16 Jahre nach Freud, nämlich 1902.

Assoziationsforschung. Wieder in Basel, begann Jung ausgedehnte theoretische und experimentelle Arbeiten zur Assoziationsforschung: Den untersuchten Patienten wurde dabei eine Liste ausgesuchter Worte vorgelesen und die Anweisung gegeben, so schnell wie möglich mit einem Wort zu reagieren. Aus der Analyse der sorgfältig aufgezeichneten Reaktionszeiten, besonders der auffällig verlängerten Reaktionszeiten, fand Jung typische gefühlsbetonte Wortgruppen, die er „Komplexe" nannte. (Bei Männern z. B. Themen wie Geld, Ehrgeiz, bei Frauen Themen wie Familie, Schwangerschaft etc.).

Mit diesen „Diagnostischen Assoziationsstudien" (die auch Freud einen bedeutenden Brückenschlag zwischen Psychoanalyse und experimenteller Psychologie nannte) war Jung bereits international bekannt, als er 1907 in Wien zum ersten Mal Freud begegnete. Daraufhin begann für ein gutes halbes Jahrzehnt ein sehr reger persönlicher und schriftlicher Kontakt. 1909 begleitete Jung (sowie Ferenczi) sogar Freud auf dessen Amerikareise: Freud war zum 20. Jahrestag der Clark University eingeladen worden. Allerdings hielt auch Jung dort Vorlesungen und wurde sogar mit dem Ehrendoktor ausgezeichnet. Dies zeigt die mindestens gleichwertige Reputation beider Forscher. Daher wehrte sich Jung auch zunehmend dagegen, von dem gut 20 Jahre älteren Freud als sein „Schüler" oder „Sohn" (wenn auch durchaus im Sinne eines „Kronprinzen" bzw. „geistigen Erben") gesehen zu werden.

Zerwürfnis zwischen Jung und Freud. 1911 wurde Jung Präsident der von ihm (1910 in Nürnberg) mitbegründeten Internationalen Psychoanalytischen Gesellschaft. Doch schon bald darauf deutete sich der Bruch mit Freud an: In seinem Buch „Wandlungen und Symbole der Libido" (1912) verwendete Jung den Ausdruck „Libido" bereits in einem viel weiteren Sinne als Freud. Statt des freudschen Konzeptes der Libido als Energie des Sexualtriebs verstand Jung die Libido als allgemeine psychische Energie, deren sexuelle Anteile nur eine untergeordnete Rolle spielen.

Auch das Konzept des Unbewussten wurde von Jung bereits in dem eben genannten Werk nicht nur recht unterschiedlich zu Freud gefasst, nämlich als verdrängte, unbewusste Inhalte aus dem persönlichen Erleben, sondern auch um wesentliche Aspekte bereichert, die sich unabhängig von der spezifischen persönlichen Entwicklung des Einzelnen bei allen Menschen in weitgehend gleichartiger Form finden lassen.

Jung fasste diese Phänomene unter der Bezeichnung „kollektives Unbewusstes" zusammen, dessen Inhalte so genannte „Urbilder" oder „Archetypen" sind (s. u.). Freud griff dieses Buch von Jung auf dem 4. Kongress der Internationalen Psychoanalytischen Gesellschaft (1913 in München) scharf an. Obwohl Jung noch für zwei Jahre als Präsident dieser Gesellschaft wieder gewählt wurde, kam es daraufhin zur endgültigen Trennung.

Jung nannte daraufhin seine von der Psychoanalyse immer mehr abweichende tiefenpsychologische Schule zunächst „Analytische Psychologie", später verwendete er auch die Bezeichnung „Komplexe Psychologie" – doch hat sich heute in Anlehnung an internationale Gepflogenheiten der Begriff „Analytische Psychologie" wieder weitgehend durchgesetzt.

Erforschung des kollektiven Unbewussten. 1913 gab Jung seine Tätigkeit als Universitätsdozent für zwei Jahrzehnte auf, um sich neben seiner psychotherapeutischen Praxis ganz der Erforschung des Unbewussten widmen zu können. Dafür unternahm er ausgedehnte Auslandsreisen und Expeditionen. Er wollte untersuchen, ob Archetypen tatsächlich ein Allgemeingut der Menschheit darstellen und inwieweit es hier gesellschaftliche und kulturelle Unterschiede gibt. Dabei konzentrierte sich Jung besonders auf die Erforschung der Psychologie von „Primitiven".

Seine Reisen führten ihn unter anderem nach Nordafrika (1921), zu den Puebloindianern in Arizona und nach New Mexico (1924/25) sowie nach Ostafrika (1926). In diesen Jahren differenzierte Jung seine Lehre vom kollektiven Unbewussten immer weiter aus und führte dazu auch ethnologische und religionspsychologische Untersuchungen durch. Gleichzeitig entwickelte er auch sein zweites zentrales Konzept, die Individuation, bei der es um das „Wesen und die Formen des psychischen Entwicklungsweges" geht, „der zur Herausarbeitung und Verwirklichung der in der menschlichen Psyche anlagemäßig vorhandenen Ganzheit führt" (Jacobi, 1978, S. 52).

Einfluss östlicher Philosophie. Der Direktor des Frankfurter China-Instituts, Richard Wilhelm, übte großen Einfluss auf die Lehre Jungs aus. Er förderte Jungs Auseinandersetzung mit östlicher Philosophie und gab 1929 mit Jung gemeinsam das Werk „Das Geheimnis der goldenen Blüte" heraus, einen alten taoistischen Text. Von ähnlicher Bedeutung war die Zusammenarbeit mit dem deutschen Indologen Heinrich Zimmer, dessen letztes Werk Jung 1944 unter dem Titel „Der Weg zum Selbst" herausgab. Erwähnt sei hier auch die Zusammenarbeit mit dem ungarischen Philologen und Mythenforscher Karl Kerenyi, aus der die gemeinsamen Publikationen „Das göttliche Kind" und „Das göttliche Mädchen" (Einführung in das Wesen der Mythologie, 1942) entstanden sind (vgl. Jacobi, 1978).

Von 1933 bis 1945 übte Jung noch universitäre Lehrtätigkeit aus – zunächst in Zürich, später als ordentlicher Professor in seiner Vaterstadt Basel –, die er dann aber wegen kränklicher Verfassung aufgeben musste. Die letzten 20 Jahre seines Lebens widmete er ganz seinen tiefenpsychologischen und religionspsychologischen Forschungsarbeiten und Publikationen.

Studien im psychologischen Grenzbereich

In dem umfangreichen Werk C. G. Jungs finden sich neben den genannten Themenbereichen Studien über das Mandala, ein religiöses, symbolhaftes Bild, meist rund oder vieleckig und symmetrisch, das bei vielen Völkern und in vielen Epochen zu finden ist und das Jung auch in Zeichnungen seiner Patienten entdeckte. Ferner widmete er sich dem Studium der Alchimie, die er als Vorläuferin der Psychologie (nicht der Chemie!) deutete, da das Ziel, den „Stein der Weisen" zu finden, eher durch innere Haltung und Übung als durch äußere Tätigkeit angestrebt wurde.

Keine Spekulation. Weitere Themenbereiche, die Jung beschäftigten, sind Telepathie, Telekinese, außersinnliche Wahrnehmung, Visionen und Erscheinungen – kurz: Phänomene, die heute unter dem Begriff „Parapsychologie" zusammengefasst werden. Auch beschäftigte sich Jung mit den Erfahrungen von Personen, die „klinisch tot" waren und wieder ins Leben „zurückkehrten".

Wenn diese Auseinandersetzung Jungs mit den okkulten Aspekten der Seele in der folgenden Darstellung einiger zentraler Konzepte auch unberücksichtigt bleiben muss, so sei doch zumindest betont, dass aus Jungs Perspektive die Beschäftigung mit diesen Dingen keineswegs „Spekulation" ist: Fast alle, die sich auf eine Auseinandersetzung mit Jungs Werk eingelassen haben, ohne in oberflächlicher Kritik stecken zu bleiben, kommen zu dem Schluss, „dass Jung die Empirie nie verlassen hat", wie es Jacobi (1978, S. 7) ausdrückt – eine Empirie (d. h. Erfahrungswissenschaft) freilich, die der Erfahrung nicht von vornherein die Scheuklappen positivistischer Laborexperimente als einzig akzeptable Perspektive angelegt hat.

Dies soll zumindest durch ein Jung-Zitat exemplarisch belegt werden: „Ich bin kein Wundererzähler. Ich halte mich nur an die Erfahrung … Ich bin irgendwie zufällig über die Mythologie gestolpert … Eines Tages, als ich noch an der Klinik war, sah ich einen schizophrenen Patienten, der eine seltsame Vision hatte, und er erzählte mir davon. Er wollte, dass ich sie auch sehe, aber in meiner Schwerfälligkeit war mir das nicht möglich. Ich dachte: ‚Dieser Mann ist verrückt, und ich bin normal, und seine Vision sollte mich nicht bekümmern.' Sie tat es aber doch … Später stieß ich auf ein Buch, in dem der deutsche Gelehrte A. Dieterich Teile eines magischen Papyrus veröffentlicht hatte … und auf Seite 7 fand ich die Vision meines Verrückten ‚Wort für Wort'. Das gab mir einen Schock … Es handelte sich nicht nur um ein Bild, sondern um eine ganze Bilderfolge und eine wörtliche Übereinstimmung." (Jung, 1975, S. 49).

Internationale Anerkennung C. G. Jungs

Einige umfassende Übersichten über Psychotherapie scheinen Jung geflissentlich zu übersehen (so werden z. B. in dem zweibändigen Werk von Corsini, 1983, Jung und die Analytische Psychologie nur in wenigen Nebensätzen erwähnt). Dabei ist Jungs internationale Anerkennung als Psychotherapeut und Philosoph unbestritten; mehrere Ehrendoktorate in Amerika, das Ehrenpräsidium der Deutschen Ärztlichen Gesellschaft für Psychotherapie und ähnliche Ehrungen zeugen davon – obwohl auch bemerkt werden muss, dass Jung sich zu Zeiten der Naziherrschaft in Deutschland nicht enthalten konnte, einige etwas weniger rühmliche Kommentare zu dem „Juden" Sigmund Freud abzugeben.

Auch Naturwissenschaftler schätzten Jung: So pflegte Albert Einstein in der Zeit seiner Arbeit an der allgemeinen Relativitätstheorie regen Kontakt zu Jung. Mit dem Physik-Nobelpreisträger Wolfgang Pauli fand nicht nur ein umfangreicher Briefwechsel statt, sondern es gab sogar eine gemeinsame größere Publikation (freilich mit zwei getrennten Beiträgen unter dem Titel „Naturerklärung und Psyche", Jung & Pauli, 1952). Der erst vor wenigen Jahren veröffentlichten Briefwechsel (Meier, 1992) rief erstaunliche Resonanz bei Naturwissenschaftlern hervor (s. u.).

4.2 Struktur und Funktionen der Psyche

Jungs Konzept der Psyche, auf dem auch seine Typenlehre aufbaut, ist durch polare (oder besser: komplementäre, sich ergänzende) Begriffspaare gekennzeichnet: u. a. Bewusstsein – Unbewusstes, Introversion – Extraversion, Denken – Fühlen, Empfinden – Intuieren, Animus – Anima.

Wissenschaft vom Bewusstsein

Psychologie ist nach Jung eine Wissenschaft vom Bewusstsein. Dieses Bewusstsein hat unterschiedliche Grade von Klarheit – so entwickelt sich das Ich-Bewusstsein, im Sinne von „Ich bin", erst relativ spät in der Kindheit, und auch jede Nacht sinken wir wieder in einen Zustand des Unbewussten. Das Bewusstsein beschreibt Jung daher bildlich z. B. als Haut über einem ausgedehnten unbewussten Gebiet, dessen Umfang unbekannt ist und über dessen Wesen bestenfalls indirekte Schlüsse möglich sind. „Es wäre aber durchaus möglich, dass die Dinge in Wirklichkeit ganz anders sind, als unser Bewusstsein sie sieht", warnt Jung vor allzu schnellen Schlüssen.

Die Psyche als selbstregulierendes System. Bewusstsein und Unbewusstes verhalten sich zueinander kompensatorisch: Bereits in seinen „Tavistock Lectures" 1935 (deutsch: Über Grundlagen der analytischen Psychologie, 1975) beschrieb Jung die Psyche aufgrund dieser kompensatorischen Beziehung als selbstregulierendes System, das mit den homöostatischen Mechanismen des Körpers verglichen werden kann. Die Grenze zwischen Bewusstsein und Unbewusstem ist dabei in bestimmtem Ausmaß verschiebbar.

Das Ich hat stets Anteil an beiden Bereichen, zieht Inhalte aus dem Unbewussten und Eindrücke aus der Außenwelt an. Das Bewusstsein ist weitgehend durch seine Orientierung zur Außenwelt hin gekennzeichnet; es hat sich nach Jung phylogenetisch erst spät als ein Teil des Unbewussten entwickelt.

Zwei psychische Systeme

In dem eben genannten Werk unterscheidet Jung zwischen zwei psychischen Systemem, der Ektopsyche und der Endopsyche. Beide haben jeweils vier unterschiedliche Funktionen:

> - Unter **Ektopsyche** versteht er das Verbindungssystem zwischen den Inhalten des Bewusstseins und den Umwelteindrücken. Zur Ektopsyche gehören Empfinden, Denken, Fühlen und Intuieren.
> - **Endopsyche** ist das Beziehungssystem zwischen den Bewusstseinsinhalten und den Prozessen, die vermutlich im Unbewussten ablaufen. Dazu gehören Gedächtnis, subjektive Komponenten der bewussten Funktionen, Emotionen und Affekte sowie „Einbrüche".

Obwohl die Begriffe in späteren Jahren teilweise modifiziert wurden (die Unterscheidung Ekto- und Endopsyche taucht in dieser Begrifflichkeit kaum mehr auf), sollen die genannten acht Funktionen (nach Jung, 1935/75) kurz erläutert werden, da sie sowohl Jungs Typenlehre als auch den Bereich des kollektiven Unbewussten bzw. der Archetypen verständlicher machen können.

Ektopsychische Funktionen des Bewusstseins

Die ektopsychischen Funktionen regeln oder unterstützen die bewusste Orientierung in den Beziehungen zur Umwelt:

- **Empfindung** meint die Gesamtsumme der wahrgenommenen äußeren Fakten; die Empfindung sagt einem, dass etwas ist, nicht was ist.
- **Denken** hingegen sagt einem, was etwas ist; es gibt dem Ding einen Namen und ist „Wahrnehmung plus Urteil".
- **Fühlen** vermittelt den Wert der Dinge. Jede Empfindung und jedes Denken ist mit bestimmten Gefühlsreaktionen verbunden, so dass Werturteile integrierende Bestandteile eines vollständigen Weltbildes sind.
- **Intuition** ist eine Art prophetische, unerklärbare Eigenschaft, die insbesondere Beziehungen zu Vergangenheit und Zukunft herstellt. Intuition ist eine Funktion, mit der man, sinnbildlich, „um die Ecken sehen kann" (Jung). Im „normalen", „zivilisierten" Leben in den eigenen vier Wänden wird diese Funktion wenig benützt; wenn man unter natürlichen Bedingungen lebt (wie z. B. einige Naturvölker) oder sich auf unbekannte Gebiete vorwagt, ist man hingegen auf die Intuition angewiesen.

Komplementäre Funktionen. Denken und Fühlen einerseits sowie Empfinden und Intuieren andererseits sind jeweils komplementäre Funktionen, so dass sich das folgende Funktionenkreuz ergibt, in dessen Mitte sich das Ich befindet:

$$
\begin{array}{c}
\text{Denken} \\
| \\
\text{Empfinden} - \textbf{Ich} - \text{Intuieren} \\
| \\
\text{Fühlen}
\end{array}
$$

Die Komplementarität ergibt sich daraus, dass Empfinden und Intuieren beides Wahrnehmungsfunktionen sind, und „wenn man objektive Tatsachen beobachten will (Empfinden), kann man nicht zur gleichen Zeit ‚um die Ecke schauen'". Analog dazu können die Urteilsfunktionen Denken und Fühlen ebenfalls nicht beide gleichzeitig voll ausgeübt werden: Wer klar denken will, muss Fühlen und Gefühlswerte beiseite lassen, und wenn man seine Gefühle erfahren will, ist das Denken eher hinderlich. (Dennoch sind beide, wie gesagt, Urteilsfunktionen: Beim Denken wird nach wahr und falsch, beim Fühlen nach angenehm und unangenehm bewertet.) Es ist einleuchtend, dass nach dem Muster der Bevorzugung bestimmter Funktionen eine Typologie im Sinne differentieller Psychologie entwickelt werden kann (s. u.).

Endopsychische Funktionen des Bewusstseins

Die endopsychischen Funktionen sind auf die innerpsychischen Aspekte und Prozesse gerichtet; sie stellen die Beziehung zu Inhalten her, die nicht unmittelbar über Wahrnehmungen aus den Umgebungseinflüssen kommen:

- Das **Gedächtnis** stellt die Verbindung zu Dingen her, die aus dem Bewusstsein entschwunden sind, d. h. beiseite geschoben oder verdrängt wurden.
- Die **subjektiven Komponenten der bewussten Funktionen** sind schwer zu kennzeichnen; grob gesagt geht es um eine Neigung, in einer bestimmten Weise zu reagieren, und diese Neigung hängt mit subjektiven Aspekten zusammen, die der „Schattenseite" (s. u.), der uns kaum bekannten Seite der Persönlichkeit, angehören.
- **Emotionen und Affekte** sind eigentlich weniger psychische Funktionen als vielmehr Ereignisse, bei denen die Ich-Kontrolle praktisch aufgehoben ist. Der Mensch kann sich in seinen Reaktionen ggf. zwar beherrschen, aber gegen die eigentlichen Emotionen kann er nichts tun.
- **Einbrüche** liegen vor, wenn der „Schatten", das Unbewusste, die Herrschaft völlig an sich gerissen hat und daher ins Bewusstsein einbricht. Es sind außerordentliche Situationen, die aber nicht unbedingt als pathologisch zu bezeichnen sind – so bezeichnet Jung z. B. auch künstlerische Inspiration als einen solchen Einbruch.

Zugang zum Unbewussten. Mit Hilfe dieser endopsychischen Funktionen, sagt Jung, kommt der Mensch mit seinem Unbewussten in Kontakt. Die unbewussten Prozesse sind per definitionem nicht beobachtbar, aber mit Hilfe ihrer Produkte (z. B. Träume, Affekte, Stimmungen, Assoziationen), welche die Bewusstseinsschwelle überschreiten, können bestimmte Rückschlüsse gezogen werden. Bekanntlich unterscheidet Jung hier zwischen persönlichem und kollektivem Unbewussten (s. u.).

Fünf Bereiche des Unbewussten. Jolande Jacobi, die 1939 mit Jungs Einwilligung eine systematische Einführung in dessen Gesamtwerk gegeben hat (hier: Jacobi, 1978), teilt das Unbewusste weiter in fünf Bereiche auf (hier bestehen Überlappungen mit den o. a. endopsychischen Funktionen):

- Zum persönlichen Unbewussten gehören Erinnerungen und Verdrängtes.
- Zum kollektiven Unbewussten gehören Emotionen und Invasionen.
- Ein Teil des kollektiven Unbewussten kann nie bewusst gemacht werden.

4.3 Typenlehre

Typen zur Klassifizierung

„Es ist ein Unsinn, die Menschen in Kategorien einzuteilen und mit Etiketten zu versehen" (Jung, 1975, S. 27) – viel deutlicher kann man es wohl nicht sagen, und doch werden in populärwissenschaftlichen Werken oft Jungs „gefundene Typen" dargestellt, als handle es sich um etwas objektiv Existierendes. Wenn Hans-Jürgen Eysenck (1970) somit die jungsche Dimension „Extraversion – Introversion" für seine Persönlichkeitstheorie aufgreift, hierfür ererbte Dispositionen als „Ursachen" postuliert und gar ein physiologisches Substrat im aufsteigenden retikulären System annimmt, das die Nervenerregungen für Introvertierte verstärkt, so ist diese Sichtweise der Jungs diametral entgegengesetzt.

Jung sieht die Typen nur als Orientierungsmerkmale, welche die Übersicht über umfangreiches empirisches Material erleichtern sollen; sie sind also, wenn man so will, Krücken für unsere beschränkte menschliche Intelligenz, um den Umgang mit der Komplexität empirischer Phänomene zu erleichtern und eine sprachliche Verständigung zu ermöglichen, doch kommen ihnen keinesfalls irgendwelche optischen Qualitäten zu.

Zudem betont Jung, dass er nur einige Gesichtspunkte unter vielen anderen (z. B. Willenskraft, Temperament, Vorstellungsgabe etc.) herausgegriffen hat, die ihm besonders hilfreich für eine Klassifizierung erschienen. Wenn im Folgenden also z. B. von „dem Extravertierten" gesprochen wird, so muss mitbedacht werden, dass es sich hierbei um eine pragmatische sprachliche Wendung handelt.

Extraversion und Introversion

Vor diesem Hintergrund erweitert Jung nun das oben angeführte Funktionenkreuz mit den beiden bipolaren Dimensionen aus Wahrnehmungsfunktionen (Empfinden und Intuieren) und Urteilsfunktionen (Denken und Fühlen) um eine dritte Dimension, nämlich um die Einstellungsweisen Extraversion und Introversion. Diese Dimension kennzeichnet den Grad der Zuwendung zu Objekten der äußeren oder der inneren Welt; dieser hängt unmittelbar mit der Gerichtetheit psychischer Energie zusammen (die, wie oben schon gesagt, erweiterte Konzeption des freudschen Libidobegriffes) und manifestiert sich in der Art der Handlungen und der subjektiven Erfahrungen:

> ▶ Der **extravertierte** Mensch ist eher an den äußeren Geschehnissen orientiert; sein Fühlen, Denken und Handeln richtet sich auf äußere Objekte, auf kollektive Normen.
> ▶ Der **Introvertierte** hingegen lebt eher in seiner inneren Erfahrung, zieht sich von der äußeren Welt zurück, fühlt sich durch externe Stimuli leicht überreizt, was mit einer schlechteren Anpassung an die Umwelt einhergeht. Den Schutz und die Sicherheit, die er vor der Außenwelt sucht, findet er in der Festigung seiner eigenen Position.

Auch Extra- und Introversion sind komplementär: Zunächst einmal lassen sich „reine Typen" nicht beobachten, zweitens kann der Mensch zwischen beiden Formen hin- und herpendeln, und drittens entspricht einer extravertierten Ausrichtung des Bewusstseins eine introvertierte des Unbewussten und umgekehrt.

Typen psychischer Ausrichtung

Insgesamt werden durch diese drei Dimensionen (Wahrnehmungsfunktionen, Urteilsfunktionen und Einstellungsweisen) acht psychische Typen – oder besser: Ausrichtungen der Psyche – konstituiert. Jeder Mensch kann durch bestimmte Ausprägungen auf diesen Dimensionen gekennzeichnet werden (im obigen Sinne des Kategorisierens). Die am stärksten ausgeprägte Funktion heißt dabei „Hauptfunktion" (oder „Primärfunktion", „superiore Funktion").

Die entgegengesetzte Funktion auf derselben Dimension heißt „minderwertige Funktion" (oder „inferiore Funktion"), die ganz oder zumindest weitgehend im Unbewussten liegt. Entsprechend wird auf den anderen beiden Dimensionen zwischen „superioren Hilfsfunktionen" (die eher bei der bewussten Lebensgestaltung mitwirken) und den „inferioren Hilfsfunktionen" (die weitgehend im Unbewussten bleiben) unterschieden.

Kugelmodell der Psyche. Bildlich kann man sich den Raumkörper der Psyche als Kugel vorstellen, deren drei Raumachsen die genannten drei Dimensionen sind und die etwa halb eingetaucht im Wasser des Unbewussten schwimmt. Was unterhalb der Wasseroberfläche schwimmt, liegt im Unbewussten, und die Raumachse, die am meisten herausragt, wäre die Hauptfunktion. Dabei kann sich die Kugel im Laufe des Lebens durchaus drehen – d. h., dass dann andere Funktionen eher das bewusste Erleben und Handeln bestimmen –, aber auch mehr oder weniger weit aus dem Wasser „ans Licht" gehoben werden – d. h., dass mehr oder minder größere Teile des Unbewussten dem Bewusstsein zugänglich gemacht werden.

Theoretisch ist denkbar, dass diese Kugel ganz aus dem Wasser gehoben wird, d. h. die gesamte Psyche des Menschen rund und vollkommen dem Lichte des Bewusstseins zugänglich ist – ein Ziel, das in der Individuation (s. u.) angestrebt wird. Doch praktisch ist dieses Ziel nur annähernd erreichbar – der in jedem Augenblick vollbewusste Mensch wäre kein normaler Sterblicher mehr.

Ektopsychische Typen. Von den acht Typen, die sich je nach den gerade ausgebildeten Hauptfunktionen unterscheiden lassen (im Sinne der obigen Sprachpragmatik), beschreibt Jung (1935/75) die vier Urteils-/Wahrnehmungs-Typen grob wie folgt:

> ▶ Beim **Denktyp** herrscht die Bewertung nach wahr und falsch vor, und seine Welt lässt sich aufgrund logischer Prinzipien klar ordnen. Doch während er durch sein differenziertes

Denken unangreifbar ist, fürchtet er sich zu Recht vor seinen undifferenzierten Gefühlen. Er steht im Bann der Emotionen und wird von ihnen gelegentlich überwältigt.
- Beim **Fühltyp** ist es genau umgekehrt: Dieser besitzt eine differenzierte Kenntnis seiner Gefühle und vermag gut mit ihnen umzugehen, seinen Gedanken aber ist er eher hilflos ausgeliefert – bis hin zur neurotischen Übersteigerung der Zwangsgedanken. Die Hauptfunktion lässt sich also durch den Willen gut steuern, während die minderwertige Funktion undifferenziert, aber ebenso stark vorhanden ist und sich der Kontrolle des Willens eher entzieht.
- Entsprechend fühlt sich der **Intuitionstyp** von der Realität eher bedrängt. „Er ist ein Mensch, der sein Feld bebaut, und bevor die Ernte reif ist, schon wieder zu einem neuen Feld unterwegs ist. Er hat gepflügte Felder hinter sich und dauernd neue Hoffnungen vor sich, und nichts wird in die Wirklichkeit umgesetzt" (Jung, 1975, S. 26).
- Der **Empfindungstyp** hingegen fühlt sich krank, wenn er nicht eine gegebene Realität vor sich hat – „vier Wände um sich herum" (Jung). Die wahrnehmbaren Dinge einer objektiven Realität bestimmen seine Lebenswelt.

Diese vier Typen lassen sich darüber hinaus nach der Dimension „introvertiert – extravertiert" unterteilen. Diese idealtypische Klassifikation sieht Mischformen, vor allem über die erwähnten Hilfsfunktionen, vor. Dabei muss auch das komplementäre Verhältnis zwischen Bewusstsein und Unbewusstem jeweils mit berücksichtigt werden. So ist z. B. beim extravertierten Denktypus das Unbewusste durch introvertiertes Fühlen beherrscht – Aspekte, die beim Patienten in der jungschen Analyse, insbesondere in der Traumarbeit (s. u.), zum Vorschein kommen.

Es muss allerdings hinzugefügt werden, dass die jungsche Typologie gerade innerhalb der Analytischen Psychologie und Therapie heute eine viel geringere Rolle spielt. Stattdessen steht das Thema der Komplexe und Symbole mehr im Vordergrund.

4.4 Kollektives Unbewusstes und Archetypen

Annahme eines kollektiven Unbewussten

Jung teilt bekanntlich das Unbewusste in zwei Bereiche: das persönliche und das kollektive Unbewusste. Das persönliche Unbewusste entspricht in etwa dem Unbewussten bei Freud und enthält Material, dessen persönlicher Ursprung deutlich erkennbar ist, also Vergessenes, Verdrängtes, unterschwellig Wahrgenommenes, Gedachtes und Gefühltes. Daneben aber gibt es Inhalte, die nicht als persönlich erworben bezeichnet werden können. Solche Inhalte zeichnen sich durch ihren mythologischen Charakter aus; sie sind unabhängig von einer bestimmten Kultur, Rasse oder gar persönlichen Lebensgeschichte der gesamten Menschheit gemeinsam. Es wurde einleitend bereits auf Erfahrungen Jungs hingewiesen, die ihn zur Annahme eines kollektiven Unbewussten veranlassten, ebenso auf seine ausgedehnten Forschungsreisen, auf denen er Vorstellungen und Träume von „Primitiven" untersuchte – und z. B. bei reinrassigen Eingeborenen Träume fand, deren Inhalte sich klar mit der griechischen Mythologie deckten. Jung nimmt daher an, dass bestimmte Strukturierungsprinzipien, nach denen das kollektive Unbewusste überindividuelle Grundmuster erzeugt, phylogenetischer Natur und somit angeboren sind. Solche kollektiven Urbilder bzw. Grundmuster nennt Jung (in Anlehnung an Augustinus) „Archetypen".

Die Annahme kollektiver, erworbener und vererbter Archetypen mag vielleicht manchem psychologischen Empiristen höchst sonderbar erscheinen. Wem die Labor-Psychologie allerdings noch nicht den Blick für die Merkwürdigkeiten der Entwicklung einer Blume aus einem Samenkorn verstellt hat – oder das Staunen über das Netz einer Spinne oder den Flug der Zugvögel –, dem müsste es eigentlich eher höchst sonderbar erscheinen, wenn ausgerechnet das menschliche Gehirn, als eines der komplexesten Systeme, das die Natur hervorgebracht hat, ausschließlich als Lern- bzw. Reiz-Reaktions-Automat funktionieren sollte.

Archetypen als dynamische Grundmuster

Selbstverständlich nahm Jung nicht an, dass die Archetypen „als Bilder" angeboren sind – so wenig wie die Zugvögel eine Landkarte des Mittelmeeres im Kopf haben oder die Spinne ein Bild ihres Netzes –, sondern es geht eher um grundsätzliche Strukturierungsprinzipien, die psychische Elemente, wenn sie ins Bewusstsein kommen, zu gewissen Bildern ordnen (ähnlich wie z. B. die heute in der Linguistik vorherrschende Theorie Noam Chomskys angeborene Strukturierungsprinzipien für Sprache, die sog. Kerngrammatik, annimmt oder wie die Gestaltpsychologie allgemeine Strukturierungsprinzipien der Wahrnehmung postuliert).

Dass solche Grundmuster im Sinne von Strukturierungsprinzipien im Laufe der phylogenetischen Entwicklung erworben wurden, ist wohl kaum merkwürdiger, als dass die Zugvögel – im Laufe der phylogenetischen Entwicklung ebenfalls aus den Einzellern des Meeres erwachsen – das Fliegen und die geographische Orientierung erworben haben.

Diese Ausführungen erschienen hier notwendig, weil die meisten psychologischen Lehrbücher, sofern sie Jung überhaupt berücksichtigen, im Zusammenhang mit den Archetypen von „mythologischen Spekulationen" oder „unhaltbaren Theorien" sprechen.

Korrespondenz mit Wolfgang Pauli. Zumindest jenseits der Psychologie, in den exakten Naturwissenschaften, gab es in den letzten Jahren eine Renaissance dieser Vorstellungen Jungs, die er zwischen ca. 1945 und 1955 in ausführlichen Briefwechseln mit dem Physik-Nobelpreisträger Wolfgang Pauli ausdifferenziert hatte. In dem erst viel später veröffentlichten Briefwechsel (Meier, 1992) wird deutlich, wie beide das Konzept der Archetypen als Grundlage einer Wissenschaft verwenden wollten, die Physik und Psychologie integriert. In diesem Zusammenhang entwickelte Pauli übrigens Vorschläge, die Kerne der modernen System- und Chaostheorie betreffen – obwohl diese erst rund zwei Jahrzehnte später in anderen Zusammenhängen aufkam. Die Entwicklung wurde leider durch Paulis Tod 1957 abgebrochen. Namhafte Physiker und andere Naturwissenschaftler veranstalteten nach Veröffentlichung des Briefwechsels internationale Konferenzen über diesen Jung-Pauli-Dialog (vgl. z. B. Atmanspacher et al., 1995) – allerdings weitgehend unbemerkt von den akademischen Psychologen, die in ihrem Bemühen, sich endlich als exakte Naturwissenschaft profilieren zu wollen, vorwiegend das Weltbild des 19. Jahrhunderts restaurieren.

Animus und Anima

Zwei der wichtigsten Archetypen sind Animus und Anima. Es handelt sich hierbei um die gesamtmenschliche Erfahrung am Gegengeschlechtlichen; d. h., im Unbewussten des Mannes findet sich das Bild der Anima, das alles Weibliche, Erdhafte, Gefühlvolle, Schöpferische enthält und im Traum meist als Frau verkörpert wird, während das Bild vom Animus im Unbewussten der Frau alles Männliche, Logische, Sprachlich-Rationale enthält und als Mann verkörpert wird.

Entsprechend der Komplementarität von Bewusstsein und Unbewusstem sind hier Mann und Frau aber nicht unbedingt mit dem biologischen Geschlecht identisch – eine Frau, die im bewussten Leben „ihren Mann steht" und viele männliche Züge ausgeprägt hat, kann daher im Unbewussten stärker durch die Anima beherrscht werden.

Motive aus den Märchen. Weitere Archetypen finden sich als Hauptmotive in vielen Märchen, wie der Held, der Erlöser, der Drache (oder das Ungeheuer), das Meer, der Weise, der Zauberer, das Paradies, die Hölle usw. Wenn die Träume eines Patienten sehr stark durch Archetypen beherrscht werden, kann dies ein Anzeichen dafür sein, dass das Ich sich gegen die Einbrüche im obigen Sinne (hier: Einbrüche aus dem kollektiven Unbewussten ins Bewusstsein, zumindest ins Traumbewusstsein) nicht mehr genügend schützen kann, eine Ich-Schwäche, wie sie auch bei psychotischen Schüben zu finden ist.

4.5 Individuation

Ähnlich wie auch von den anderen zentralen Begriffen der Jungschen Lehre kann von dem Konzept der Individuation in diesem Rahmen nur ein grober oberflächlicher Eindruck vermittelt werden – die Komplexität und Verflochtenheit mit den anderen Konzepten dessen, was Jung genau unter Individuation versteht, bedürfte eines eigenen Bandes zur Darstellung.

Grob lässt sich Individuation als innerer Prozess der Menschwerdung kennzeichnen vor dem Hintergrund einer gesamtkosmischen Evolution. Etwas bescheidener und säkularisierter geht es um das lebenslange Bemühen, zum eigentlichen Selbst zu finden.

Zwei Lebensphasen

Jacobi (1978) ordnet der Individuation im weiteren Sinne zwei große Abschnitte zu:
- In der ersten Lebenshälfte geht es darum, dass der Mensch die Aufgabe der „Initiation in die äußere Wirklichkeit" bewältigt. Hier geht es um die Ausprägung und Entwicklung der Hauptfunktionen (s. o.), um die Ausformung des Ich (als Zentrum des Bewusstseins) und der „Persona" – das ist jener Teil des Selbst (der ganzen Persönlichkeit), der ganz zur Außenwelt gekehrt ist und hinter dem sich der Mensch wie hinter einer Maske verschanzt. Der Sinn des Lebens in diesem Abschnitt ist durch den „Naturzweck" bestimmt: durch Erzeugung von Nachkommenschaft und Brutschutz (und in diesem Zusammenhang: Gelderwerb, Erreichen einer bestimmten sozialen Stellung etc.).
- In der zweiten Lebenshälfte geht es darum, die „Initiation in die innere Wirklichkeit" zu meistern. Individuation im engeren Sinne meint diesen zweiten Abschnitt. Dabei wird allerdings nicht davon ausgegangen, dass tatsächlich auch alle Menschen diesen Prozess der Individuation anstreben und durchlaufen. Der Sinn des Lebens ist hier durch den „Kulturzweck" gegeben, nicht, wie beim „Naturzweck", nach außen gerichtet, sondern an der Erlangung innerer Werte orientiert.

Langer Weg der Selbstfindung

Individuation meint mehr einen langen Läuterungsprozess, wie den Reinigungsprozess in der Alchimie, als das Erreichen eines festen Zieles – entsprechend der Erkenntnis christlicher Offenbarung („Ich bin der Weg"), der des Taoismus (z. B. ist bei Laotse das Tao zugleich Weg und Ziel) und der anderer großer Weltreligionen. Jung kennzeichnet das historische Leben Jesu als „Prototyp der Individuation". Bei dieser Selbstfindung lassen sich bestimmte Phasen unterscheiden, in denen eine Auseinandersetzung mit archetypischem Material stattfindet.

Phasen der Individuation

- In der ersten Phase findet eine Begegnung mit dem „Schatten" statt. Dies ist der Teil des Selbst, der dem Ich komplementär ist; er umfasst also zunächst einmal die Bereiche des persönlichen Unbewussten, die minderwertigen Funktionen (s. o.), die nicht gelebt werden – kurz: die Schattenseite des bewussten Ich. Doch reicht der Schatten auch in größere Tiefen, zum kollektiven Unbewussten. Besonders wenn der Schatten permanent verdrängt wird, sammeln sich diese unbewussten Kräfte und versuchen, mit Macht hervorzubrechen.
- Eine Auseinandersetzung mit dem Animus oder der Anima kennzeichnet die zweite Phase. In weiteren Phasen tauchen dann immer neue Archetypen auf, die bestimmte Probleme bewusst machen sollen und die dann bewältigt und integriert werden können.

Am Ende steht als Ziel (s. o.) das vollintegrierte Selbst, das mit Worten nicht mehr adäquat beschreibbar ist, das aber sowohl in der Alchimie als auch in vielen Kulturen und deren Religionen mit Hilfe der Mandalasymbolik auszudrücken versucht wurde. Als solche Darstellungen der Ganzheit findet sich u. a. der untergliederte Kreis, die sieben-, acht-, zehn- oder zwölfblättrige Blume (z. B. Rose oder Lotus) mit einem Tautropfen, einem Diamanten oder einem Neugeborenen in der Mitte.

Es dürfte deutlich sein, dass diese Phänomene jenseits „normaler" Alltagserfahrung und auch jenseits der Ziele üblicher Psychotherapie, auch jungscher Psychotherapie, liegen.

4.6 Analyse nach C. G. Jung

Die jungsche Psychotherapie, die ebenfalls als „Analyse" bezeichnet wird, ist relativ zu dem bisher skizzierten Hintergrund der Analytischen Psychologie zu verstehen. Natürlich lassen sich prinzipiell auch einzelne Elemente herauslösen und im Sinne instrumenteller Technik therapeutisch einsetzen (ähnlich wie man mit einer Violine auch Nägel einschlagen kann). Das Ziel der Psychotherapie ist nach Jung jedoch nicht symptombezogene Heilung, sondern Wachstum bzw. (einige Schritte der) Selbstverwirklichung – hierin steht die humanistische Psychologie Jung sehr nahe.

Traumarbeit und Symbole

Dem Unbewussten kommt in der analytischen Psychologie große Bedeutung zu. Darum stellt Traumarbeit das zentrale Mittel jungscher Analyse dar. Hier wiederum steht die Arbeit im Zusammenhang mit Symbolen im Vordergrund. Zur Erläuterung des Begriffs „Symbol" verweist Kast (1990) auf seine etymologische Herkunft von (griech.) „symbolon", nämlich: ein Erkennungszeichen. Wenn sich zwei Freunde im Griechenland trennten, zerbrachen sie eine Münze oder einen Ring. Durch das Zusammenpassen der beiden Hälften konnte man sich dann später z. B. gegenüber Familienangehörigen als Freund ausgeben und zu Recht Gastfreundschaft beanspruchen. Ein Symbol ist somit ein Erkennungszeichen für etwas in der Psyche – Symbol und Symbolisiertes gehören wesentlich zusammen.

Besonders im Traum werden Konflikte und die gesamten Energieprozesse des psychischen Geschehens zu symbolischen Bildern umgewandelt. Dabei wirkt der Traum oft als Warnung, der dem Träumer die Augen für seine wirkliche Situation zu öffnen versucht.

Kompensatorische Funktion. Träume haben nach Jung eine kompensatorische Funktion, indem sie das symbolisieren, was den Träumer zum Verständnis seiner Lage führen kann. Die Vorgehensweise des Analytikers bei der Traumarbeit besteht darin, mit dem Patienten zusammen eine große Anzahl von Einfällen und Deutungsmöglichkeiten für die einzelnen Traumelemente zusammenzutragen, so dass mehr und mehr ähnlich einem Netzwerk der mögliche Gesamtsinn des Traumes rekonstruiert werden kann – eine Vorgehensweise, die Jung „Amplifikation" nennt.

Jung unterscheidet außerdem zwischen Objektstufe und Subjektstufe von Träumen: Bei der Ersteren sind die Trauminhalte als symbolisierte äußere Objekte (auch Personen) zu verstehen – dies ist, entsprechend der beiden Abschnitte der Individuation, besonders bei jüngeren Menschen der Fall, die noch eine starke Außenorientierung haben. Bei älteren Menschen, die eine stärkere Innenorientierung im Sinne der Individuation aufweisen, sind die Träume meist Symbolisierungen innerer Aspekte des Träumers selbst, nicht selten auch Archetypen, die ihm Hinweise auf sein Unbewusstes geben wollen.

Deutung eines Traums. Ein Beispiel, das die Jungsche Traumarbeit auf der Objekt- und der Subjektstufe verdeutlichen kann, gibt Nell (1976): Der Traum(teil) „Ich sehe Tante Grete auf der Straße auf mich zukommen, tue aber so, als sähe ich sie nicht, und gehe auf die andere Straßenseite" wird auf der objektiven Ebene danach untersucht, welche Beziehung der Träumer zu seiner Tante hat, ob bestimmte, kürzlich geschehene Ereignisse, etwas mit dieser Tante und/oder der Beziehung zu tun haben (z. B. die Zusammenkunft mit einer anderen Person, die ihn an die Tante erinnerte) usw.

Auf der subjektiven Ebene hingegen wird untersucht, welche Teile der Persönlichkeit des Träumers der Tante Grete ähneln, was er tut, um diesen Teilen nicht zu begegnen, usw. Letztlich werden auch noch ggf. beide Ebenen, die objektive und die subjektive, in Beziehung zueinander gesetzt – etwa, wie die gerade analysierten Teile der Persönlichkeit die Begegnung mit der anderen Person beeinflusst haben.

→ **Beispiel 4.1** Deutung eines Traums von Jung

Neurose und die Entwicklung der Persönlichkeit

Entsprechend der Vorstellung der Individuation und der Funktion des Traumes sowie verbunden mit der postulierten Selbstregulierungstendenz der menschlichen Psyche, ist eine Neurose nach Jung insofern positiv zu sehen, als sie eine Weiterentwicklung der Persönlichkeit eröffnet. Jung unterscheidet dabei zwei wesentliche Ursachen für Neurosen: Zum einen kann eine minderwertige Funktion (s. o.) ins Bewusstsein drängen, zum anderen kann die Störung durch Teilbereiche der Psyche hervorgerufen werden, die von der Gesamtpsyche abgespalten und verdrängt sind. Solche Teilpsychen heißen bei Jung „Komplexe" (diese spielten bereits in seinen frühen Assoziationsexperimenten eine wichtige Rolle; s. o.).

Komplexe als Hinweise auf Traumata. Der Begriff „Komplex" ist ja inzwischen zum oft verwendeten Begriff der Alltagspsychologie geworden – und wird im Alltag entsprechend verwaschen gebraucht. Eine prägnante Charakterisierung dieses Konzepts gibt Kast (1990, S. 45): „Als Komplex ... bezeichnet man Inhalte des Unbewußten, die durch die gleiche Emotion und durch einen gemeinsamen Bedeutungskern (Archetyp) verbunden sind und die in gewissen Grenzen stellvertretend füreinander stehen können." Symbole sind dabei sowohl Ausdruck wie auch Verarbeitungsstätte der Komplexe. Dieser Zusammenhang wird auch in der Abbildung anschaulich.

→ **Beispiel 4.2** Archetypische Gegenübertragung als Märcheneinfall

Die Ursache von Komplexen sieht Jung ähnlich, wie Freud es in seiner frühen Theorie der Verdrängung darstellt: Meist sind es Traumata, seelische Verletzungen oder Schocks, durch die bestimmte Inhalte aus dem Bewusstsein entfernt werden. Die erlebbaren Emotionen und die stereotypen Verhaltensweisen im Einflussbereich der Komplexe zwingen aber den Patienten, sich mit seinem Unbewussten auseinander zu setzen, was durchaus im Sinne des Wachstums liegt. Kast betont daher, dass Komplexe die krisenanfälligen Stellen im Individuum bezeichnen und daher mit ihnen sowohl Entwicklungsthemen als eben auch Hemmungsthemen angesprochen werden.

Schematische Darstellung von Jungs Modell der Psyche (K = Komplexe, A = Archetypen)

Insgesamt sollte das therapeutische Vorgehen nach Jung von einer ähnlichen Haltung geprägt sein wie der eigene Individuationsprozess: Es geht um das Annehmen der ganzen Natur des Unbewussten, die zugleich gut und böse ist. „Die Einstellung des Therapeuten zur psychischen Schattenseite seines Patienten ... (ist) keine verurteilende, sondern eine verstehende, ihn in seinem So-gewordenSein gewissermaßen moralisch vorurteilsfrei annehmend" (Laiblin, 1977, S. 75). So gesehen kann die Neurose die Bedeutung einer Heilkrise erlangen, die den Therapeuten zu einem hilfreichen Begleiter auf einem Stück des Weges macht, auf dem Wege der Individuation.

4.7 Zusammenfassung

Enstehung der Analytischen Psychologie. Jungs Analytische Psychologie bildet neben Freuds Psychoanalyse und Adlers Individualpsychologie die dritte große Schule in der Tiefenpsychologie. Mittels seiner diagnostischen Assoziationsforschung fand Jung die ersten Hinweise für bestimmte geschlechtsspezifische Komplexe. Die Libido verstand Jung als allgemeine psychische Energie, die nicht primär sexueller Natur ist. Neben dem persönlichen Unbewussten nahm er auch ein kollektives Unbewusstes an, das allgemein menschliche Inhalte unabhängig von der speziellen Lebensgeschichte umfasst. Diese beiden Auffassungen führten zum Zerwürfnis mit Freud.

Die Lehre vom kollektiven Unbewussten entwickelte Jung hauptsächlich auf seinen Auslandsreisen weiter. Im Zuge seiner dabei einfließenden ethnologischen und religionspsychologischen Untersuchungen fand er das religiöse Symbol des Mandala in vielen Völkern unterschiedlicher Epochen sowie in Zeichnungen seiner Patienten. In der Korrespondenz mit Pauli differenzierte er v. a. das Konzept der Archetypen aus; darin zeigt sich auch Jungs positives Verhältnis zur Naturwissenschaft.

Kollektives Unbewusstes und Archetypen. Das kollektive Unbewusste erzeugt überindividuelle Bilder, sog. Archetypen. Dabei spielen auch phylogenetisch erworbene, angeborene Strukturierungsprinzipien eine Rolle. So wird z. B. die gesamtmenschliche Erfahrung am Gegengeschlechtlichen in den Archetypen Animus und Anima verkörpert. Entsprechend der Komplementarität von Bewusstsein und Unbewusstem findet sich je nachdem, welche Seite im Bewusstsein stärker ausgeprägt ist, ihr archetypischer Gegenpol im Unbewussten. Außer Träumen sind z. B. auch Märchen eine Quelle von Archetypen als Grundmustern (siehe Beispiel 4.2).

Struktur und Funktionen der Psyche. Die Struktur und die Funktionen der Psyche sind nach Jung insgesamt durch Komplementarität gekennzeichnet. Das Ich hat zugleich am Bewusstsein und am Unbewussten Anteil. Jung unterscheidet zwei psychische Systeme: Die Ektopsyche verbindet die Außeneindrücke mit Bewusstseinsinhalten; zu ihr gehören die beiden *Wahrnehmungsfunktionen* Empfinden vs. Intuieren und die beiden *Urteilsfunktionen* Denken vs. Fühlen, die jeweils nicht gleichzeitig ausgeübt werden können. Die Endopsyche verbindet Bewusstseinsinhalte mit unbewussten Prozessen; zu ihr gehören Gedächtnis, die subjektiven Komponenten der bewussten Funktionen, Emotionen und Affekte sowie „Einbrüche".

Typenlehre. Die dritte Dimension bildet die Einstellungsweise gegenüber Objekten der Außen- bzw. Innenwelt: Extraversion vs. Introversion. Die durch die Ausprägung auf diesen Dimensionen entstehenden Grundtypen der Persönlichkeit sind nur als Groborientierung zu verstehen. Es gibt nach Jung eine typkonstituierende Primärfunktion (bzw. die gegenpolige minderwertige Funktion) und (auf den verbleibenden Dimensionen) superiore bzw. inferiore Hilfsfunktionen. Die minderwertige Funktion und die inferioren Hilfsfunktionen sind weitgehend unbewusst (und wenig willentlich steuerbar) und bilden den „Schatten" des Selbst. Die Primärfunktion und die superioren Hilfsfunktionen sind dagegen eher bewusst (und willentlich steuerbar).

Individuation. Das Kugelmodell der Psyche verdeutlicht diese Zusammenhänge und veranschaulicht das nur annähernd erreichbare Idealziel der Individuation: Alle genannten Funktionen der Psyche sollen im Laufe der menschlichen Entwicklung möglichst bewusst werden, so dass ihre Anwendung voll ausgeschöpft werden kann, der Mensch die größtmögliche Ganzheit seiner Psyche erlangt und so zum eigentlichen Selbst findet. Das Urbild dieses Ziels ist in der Mandalasymbolik repräsentiert.

Die erste Lebenshälfte dient der Initiation in die äußere Wirklichkeit, die den „Naturzweck" beinhaltet. In der zweiten Lebenshälfte kann die Initiation in die innere Wirklichkeit beginnen, die den „Kulturzweck" beinhaltet. Dabei läuft die Individuation, die als Läuterungsprozess verstehbar ist, in verschiedenen Phasen ab: In der ersten Phase findet die Begegnung mit dem Schatten statt, in den folgenden Phasen die Auseinandersetzung mit Animus/Anima und weiteren Archetypen, deren Sinn die Bewusstmachung und mögliche Integration besonderer Probleme ist.

Analyse nach C. G. Jung. In der therapeutischen Praxis erfolgt die Auseinandersetzung mit dem Unbewussten v. a. durch Traumarbeit, da sich im Traum Konflikte in symbolischer Form wieder finden. Entsprechend der kompensatorischen Warnfunktion der Träume liegt in ihnen der Schlüssel für eine persönliche Weiterentwicklung (was einen entscheidenden Unterschied zu Freuds Sicht des Traums darstellt). Die von Therapeut und Patient zusammengetragenen Deutungsmöglichkeiten können auf der Objektstufe oder der Subjektstufe untersucht werden.

Eine Neurose kann durch eine ins Bewusstsein drängende minderwertige Funktion oder durch

Komplexe entstehen. Komplexe sind Inhalte des persönlichen Unbewussten, individuelle Verkörperungen der Archetypen. Sie rühren meist von frühen Traumata her; ihre Bearbeitung kann wachstumsfördernd sein.

Die Haltung des Therapeuten soll nach Jung von der Akzeptanz der ganzen Natur des Unbewussten geprägt sein, so dass er als Begleiter bei einer neurotischen Heilkrise auf dem Weg der Individuation fungieren kann.

4.8 Verständnisfragen

- Inwieweit hat Jungs Biographie sein Werk bzw. sein Werk seine Biographie beeinflusst?
- Welche verschiedenen Auffassungen führten zum Bruch zwischen Freud und Jung?
- Wie ist die psychische Struktur des Menschen nach Jung aufgebaut? Welche psychischen Systeme und Funktionen unterscheidet er?
- Mit welchen Funktionen wird „wahrgenommen" und mit welchen „beurteilt"?
- Wodurch sind Extraversion und Introversion gekennzeichnet?
- Welche drei Dimensionen konstituieren die Typologie Jungs? Wie setzen sich die acht Typen nach Jung zusammen? (Was für ein ektopsychischer Typ wäre ein gern allein am Computer sitzender Programmierer demnach?)
- Mit welchem Bild lässt sich die Psyche mit ihren Funktionen beschreiben?
- Sind minderwertige Funktionen weniger intensiv ausgebildete Funktionen?
- Was sind Archetypen?
- Was bedeutet „Initiation in die innere Wirklichkeit"?
- Was bezeichnet Jung als „Schatten"?
- Worin besteht die Individuation und worauf zielt sie?
- Was ist das Ziel der therapeutischen Arbeit in der analytischen Therapie und wie wird es erreicht?
- Welche Funktionen haben Träume oft?
- Was hat die Individuation mit der Subjekt- und Objektstufe des Traums zu tun?
- Sollte ein Mensch im Zuge der Individuation möglichst wenige Neurosen haben?
- Was sind Komplexe? Woher rühren sie und wozu können sie führen?

Fallbeispiele auf CD

Beispiel 4.1: Deutung eines Traums von Jung
Das Fallbeispiel der Fremddeutung eines Traumes von Jung verdeutlicht:
- weitere als die im Buch umrissenen Aspekte der Traumarbeit,
- die Traumdeutung im persönlichen, kulturellen und archetypischen Kontext.

Das Fallbeispiel bezieht sich auf die Kapitel:
4.4 Kollektives Unbewusstes und Archetypen
4.6 Analyse nach C. G. Jung

Beispiel 4.2: Archetypische Gegenübertragung als Märcheneinfall
Das Fallbeispiel eines 25-jährigen Mannes mit unklarer Symptomatik, der schon einige Therapeuten „ausprobiert" hat, verdeutlicht:
- verschiedene Themen und Techniken der Analytischen Therapie,
- den Einsatz eines Märchens als „Einfall der Gegenübertragung", der die Arbeit mit Symbolen ermöglicht und die Therapie aus einer Phase der Stagnation löst.

Das Fallbeispiel bezieht sich auf die Kapitel:
4.4 Kollektives Unbewusstes und Archetypen
4.6 Analyse nach C. G. Jung

5 Vegetotherapie

5.1 Das Werk Wilhelm Reichs

Der Arzt und Wissenschaftler Wilhelm Reich (1897–1957) hat, oberflächlich betrachtet, ein sehr heterogenes Werk hinterlassen, das weit über den Bereich der Psychologie hinausgeht: Auf der Makroebene ragen seine Arbeiten bis hinein in die politische Soziologie; auf der Mikroebene erstrecken sie sich über Biologie und Physikochemie bis hinein in die Physik. Dennoch ist Reichs Beschäftigung mit solchen Gegenstandsbereichen jeweils logische und unmittelbare Konsequenz der zuvor erbrachten Ergebnisse aus Forschungsarbeiten, die bei der Frage nach dem Verständnis und der Therapie psychischer Beeinträchtigungen ansetzen. Zahlreiche Autoren und Rezensenten – selbst Reichs Kritiker – bestätigen, dass seine Arbeiten durch eine faszinierende Stringenz und scharfe Logik gekennzeichnet sind: von den Fragestellungen über die entsprechenden Forschungen bis hin zu den Ergebnissen und den Schlüssen daraus, die in der Regel in neue Fragen mündeten.

Diese stringente Arbeitsweise führte Reich von der Psychoanalyse im Sinne Freuds geradlinig zur Biophysik seiner Orgonenergie (nach Reich eine unerforschte Energieform, die das ganze Universum erfüllt).

Diskreditierung und Ablehnung

Das Werk von Wilhelm Reich stieß auf ungewöhnlich heftige Kritik und Reaktanz. Seine frühen, noch ganz in der Psychoanalyse verwurzelten Arbeiten stießen zwar noch auf breite Zustimmung, doch mit zunehmender Weiterentwicklung seiner Forschungen und Theorien wurde der Kreis seiner Anhänger immer kleiner. Von vielen wissenschaftlichen Kollegen wurde er diskreditiert und gesellschaftlich abgelehnt. Reich hat außerdem zeitlebens darunter gelitten, dass ein großer Bereich seiner Theorien zwar von vielen Psychoanalytikern abgelehnt, „brauchbare" Teile daraus aber entnommen wurden, ohne ihn als Urheber zu würdigen – so verweist Boadella (1983, S. 26) darauf, dass z. B. Charles Berg (1948) in einem Buch über klinische Psychologie Reichs sexualökonomische Angsttheorie so darstellt, als sei sie seine eigene. Auch in der zentralen Arbeit Anna Freuds über die Abwehrmechanismen des Ich, an deren Entstehung Reich großen Anteil hatte (s. u.), wird Reich nur beiläufig erwähnt.

Kampagne gegen Wilhelm Reich. Bewundernswert ist dabei, dass Reich trotz der Anfeindungen und Ausbeutungen seiner Arbeit durch andere weder wissenschaftlich noch politisch „faule Kompromisse" geschlossen hat: Nicht zuletzt auch wegen seiner Verbindung von Kommunismus und Psychoanalyse wurde er sowohl aus der Kommunistischen Partei als auch aus der Psychoanalytischen Gesellschaft ausgestoßen. Nachdem Reich von Österreich und Deutschland über Dänemark, Schweden und Norwegen wegen inhaltlicher und rassistischer Anfeindungen (er war Jude) auf der Flucht war, konnte er auch in Amerika nur knapp ein Jahrzehnt (1937 bis ca. 1947) einigermaßen ungestört arbeiten.

Dann begann die Kampagne der FDA (Food and Drug Administration) gegen Reichs Orgonakkumulator – ein Gerät, mit dem Reich experimentierte: Es sollte die Orgonenergie konzentrieren und wurde von ihm auch zu Heilzwecken eingesetzt. Diese Kampagne endete schließlich damit, dass Reich wegen Missachtung des Gerichts 1957 ins Gefängnis geworfen wurde, wo er dann auch bald starb. Seine Apparate wurden zerstört und seine wissenschaftlichen Arbeiten als „Werbeschriften" für den Orgonakkumulator unter FDA-Aufsicht verbrannt. Dazu zählte z. B. auch Reichs zentraler Beitrag zur freudschen Psychoanalyse, die „Charakteranalyse", die 1933 erschienen war – also viele Jahre, bevor Reich überhaupt einen ersten Gedanken in Richtung auf die Orgonenergie gefasst oder sich gar mit den Akkumulatoren beschäftigt hatte.

Auch heute noch unklare Faktenlage. Eine der – auch noch heute – gängigen Bewertungen über Reich im Hinblick auf seine Orgonforschung ist übrigens, er „habe wertvolle Beiträge zur Charakterforschung geleistet, ehe er ‚schizophren oder zum Scharlatan' geworden sei" (zit. nach Boadella, 1983, S. 259). Dies deckt sich allerdings wenig mit der Tatsache, dass viele Ärzte Reichs klinische Befunde hinsichtlich der Orgonforschung und erfolgreicher Krebstherapie bestätigen und reproduzieren konnten. Einige von ihnen gründeten zu Zeiten des Prozesses gegen Reich die „American Association for Medical Orgonomy" (AAMO) – darunter z. B. T. Wolfe, Psychiatrie-Professor an der Columbia-Universität, und mehrere Klinikchefs. Wenn man Reichs späte Arbeiten also mit dem Hinweis auf Schizophrenie oder Scharlatanerie abtun möchte, wäre es daher erforderlich, ein solches Urteil auch auf diesen Personenkreis auszudehnen (vgl. z. B. Ollendorf-Reich, 1975, S. 124).

Um zumindest einige seiner wichtigen Arbeiten vor der Vernichtung zu bewahren, hatte Reich übrigens kurz vor seinem Tode angeordnet, dass diese in einem Archiv verschlossen und der Nachwelt erst 50 Jahre nach seinem Tod wieder zugänglich gemacht werden (was in Kürze der Fall sein wird – vielleicht erscheint dann manches in anderem Licht; wobei allerdings fraglich ist, ob der „Mainstream" heute aufgeklärter, vorurteilsfreier und rationaler mit solchen Ideen umgehen wird).

Diese wenigen Bemerkungen schienen hier notwendig und angebracht, da „der Fall Reich" und sein Werk und das ungewöhnliche Ausmaß „wissenschaftlich" und gesellschaftlich diskreditierender Reaktionen darauf bei der Arbeit am vorliegenden Buch den stärksten Eindruck hinterlassen haben.

Darstellung der Vegetotherapie

Unter der Überschrift „Vegetotherapie" wird hier ein zwar zentraler Aspekt, keineswegs aber der Endpunkt von Reichs theoretischer und forscherischer Arbeit in den Mittelpunkt der Darstellung gerückt. Dies hat zwei Gründe: Die Auswahl umfasst die Grundlagen für unterschiedliche Ansätze in der körperorientierten Psychotherapie – besonders der Bioenergetik des Reich-Schülers Alexander Lowen (vgl. Kap. 6), der Primärtherapie von Arthur Janov und der Gestalttherapie von Fritz Perls (vgl. Kap. 14).

Eine Übersicht über psychotherapeutische Konzepte ist außerdem nicht der Ort, auf Reichs biophysikalische Weiterentwicklungen seiner Arbeiten angemessen einzugehen, zumal diese, wie schon gesagt, recht umstritten sind und teilweise anscheinend im Widerspruch zu den derzeitigen Vorstellungen wohl der meisten Naturwissenschaftler stehen. Letztlich fehlt mir schlicht die Kompetenz, in diesen Streit einzugreifen.

Zwei Jahrzehnte Forschung für die Vegetotherapie. Um der Gesamtheit des Reichschen Theoriengebäudes zumindest etwas Rechnung zu tragen, soll die Vegetotherapie hier im Fokus ihrer Entwicklung dargestellt werden. Nicht zufällig endet der erste Band „Die Entdeckung des Orgons. I: Die Funktion des Orgasmus" (Reich, 1972; zuerst erschienen 1942) faktisch mit der Darstellung der Vegetotherapie (und einem kürzeren Ausblick auf die Themen des zweiten Bandes). Vegetotherapie ist so gesehen der Abschluss einer rund zwei Jahrzehnte währenden Forschungsarbeit in den Grenzen „normaler" Wissenschaft (im Sinne von Kuhns Paradigma-Konzept) im Bereich der Psychotherapie inklusive entsprechender Körperarbeit.

Der zweite Band „Die Entdeckung des Orgons. II: Der Krebs" (Reich, 1975; zuerst erschienen 1948) enthält dann die weiter reichenden und im Wesentlichen biologischen und biophysikalischen Ergebnisse der reichschen Arbeit (bis 1948), deren Darstellung hier aus den erwähnten Gründen entfällt.

Es soll abschließend in dieser Einleitung aber zumindest Ronald D. Laing zitiert werden (nach Boadella, 1983): „Noch immer schwebt zwar der Geist Wilhelm Reichs – lächerlich, bedrohlich, Mitleid erregend, je nach Projektion – ‚ausgesperrt' von den Mauern der psychiatrischen und psychoanalytischen Orthodoxie, aber es hat den Anschein, als sei bei den jüngeren Menschen aller Altersstufen ein Prozess der Neubewertung im Gang. Selbst seine späteren Arbeiten zur Biophysik, wie er es nannte, können nicht mehr so leichthin ins Kuriositätenkabinett verwiesen werden wie noch vor einigen Jahren. Je genauer ich die Dinge, über die Reich sprach, aus erster Hand kennen lernte, desto ernster nehme ich sie."

5.2 Reich versus Freud

Bedeutung bioenergetischer Aspekte

Im Zentrum des gesamten reichschen Werkes stehen (bio)energetische Fragen. Da die Entwicklung von Reichs Arbeiten nach 1920 als konsequente Weiterführung der freudschen Theorien bis 1920 verstanden werden kann, scheint es sinnvoll, hier die zentralen Aspekte der Divergenz zwischen beiden herauszuarbeiten. Reich selbst deutete noch 1942 (vgl. Reich, 1972, z. B. S. 97, 105, 129, 161 f. u. a.) diese Divergenz so, dass er das eigentliche Anliegen Freuds weiterentwickelt habe, während Freud, um sein Lebenswerk zu retten, den Kompromiss mit den ihn umgebenden Psychoanalytikern seiner Organisation einging und duldete, dass diese seine Theorie aus Unverstand und Opportunismus verwässerten.

Auch wenn diese Einschätzung nicht richtig sein sollte, ist doch bemerkenswert, dass Reich Lösungen für einige zentrale Fragen entwickelte, die Freud ursprünglich gestellt hatte, deren Beantwortung aber im Laufe der Jahre durch Zentrierung um neue Aspekte in der Theorieentwicklung Freuds „verdrängt" wurde.

„Libido"-Interpretationen. Der wissenschaftlich-lebensgeschichtliche Ausgangspunkt war Reichs Mitarbeit als junger Medizinstudent im Wiener Studentenseminar für Sexuologie, das einige Medizinstudenten gründeten, weil die Wiener Universität diesen Themenbereich vernachlässigte. Hier hielt er im Sommer 1919 ein Referat über „Libidobegriffe von Forel bis Jung". Während Autoren vor Freud mit „Libido" einfach das bewusste Verlangen nach sexuellen Handlungen bezeichneten – es sich somit um einen Begriff der sog. Bewusstseinspsychologie handelte –, unterschied Freud zwischen den Formen, in denen sich der Trieb ausdrückt (z. B. sexuellen Vorstellungen und Affekten), und dem letztlich bewusst nicht zu fassenden Trieb selbst. Libido bei Freud ist somit nicht das Verlangen, das man spürt, sondern die Energie des Sexualtriebes. Schon um 1895 war Freud zu der Überzeugung gekommen, dass psychische Krankheit mit affektiver Energie in Zusammenhang steht und dass keine psychische Krankheit auftritt, wenn diese Energie abreagiert werden kann.

Freud und die Psychoanalytische Gesellschaft.

Reichs Arbeit in diesem Seminar, zu dessen Leiter er dann gewählt wurde, führte ihn somit zur psychoanalytischen Literatur und später auch zu Freud persönlich, der einen tiefen Eindruck auf ihn machte. Schon 1920 wurde Reich in die Psychoanalytische Gesellschaft aufgenommen – was ungewöhnlich war, da er erst 1922 zum Dr. med. promovierte.

Obwohl Reich dann 1933 wegen abweichender Auffassungen in der theoretischen und praktischen Arbeit aus der Psychoanalytischen Gesellschaft wieder ausgeschlossen wurde, betonte er noch ein Jahrzehnt danach: „Ich bin glücklich, sein (Freuds) Schüler so lange ohne jede verfrühte Kritik und mit voller Hingabe an seine Sache gewesen zu sein" (Reich, 1972, S. 37).

Divergenzen zwischen Freud und Reich

Doch die Anschauungen divergierten eigentlich schon gleich nach Reichs Eintritt in die Gesellschaft. Zu dieser Zeit rückte Freud mehr und mehr von seinem ursprünglichen energetischen Konzept und der Betonung der Triebunterdrückung ab: Die Psychoanalyse entwickelte sich zu einer Ich-Psychologie, in deren Zentrum die „Struktur des psychischen Apparates" und die abwehrenden Instanzen standen.

Die Frage nach der Ursache und der Energie für diese Angst hatte für Freud an Interesse verloren. Infolgedessen wurde z. B. vom Freud-Schüler Theodor Reik statt des Konfliktes zwischen Sexualanspruch und Angst vor Strafe nun – entsprechend dem Konzept des Todestriebes – der Strafanspruch in den Vordergrund gerückt; ähnlich fand Franz Alexander nun bei Delinquenten ein unbewusstes Strafbedürfnis – zwei Konzepte, die Reich scharf kritisierte.

Konzentration auf psychische Energie. Freud und die Mehrheit der Psychoanalytiker trennten immer mehr zwischen Struktur und Energie und wandten sich ersterem Konzept zu. Reichs Arbeit blieb jedoch konzentriert auf die Fragen um den Energiehaushalt, mit dessen Hilfe sich die neurotischen Störungen manifestieren und aufrechterhalten. Dabei untersuchte er zunächst die unterschiedlichen

Formen, in denen diese Energie bei psychischen Störungen gebunden (erstarrt) ist und in ihrem Fließen (bzw. ihrer Abfuhr) behindert wird. Die Arbeit an diesen Fragen führte ihn über die (unten ausgeführten) Konzepte „orgastische Potenz", „Charakterstruktur" und „Orgasmusreflex" bzw. die Körperrhythmen und den „Charakterpanzer" bis hin zur „Vegetotherapie" und letztlich bis zur Biogenese.

Getrennte Wege. Freud ermunterte Reich anfangs immer noch auf diesem Weg – dies trotz größer werdender Divergenzen bis in die zweite Hälfte der 20er Jahre hinein; denn immerhin berief sich Reich selbst ja auch lange Zeit unmittelbar auf Freuds – frühere – Konzepte. So reagierte Freud z. B. auf Reichs Manuskript „Die Funktion des Orgasmus", das er Freud zum 70. Geburtstag 1926 überreichte, zunächst zwar nur mit einem skeptischen „So dick?" (Reich, 1972, S. 127), schrieb dann aber zwei Monate später „Ich finde die Arbeit wertvoll".

Man beachte, dass 1926 oben als das Jahr gekennzeichnet wurde, in dem Freuds Bruch mit seiner ersten Angsttheorie in „Hemmung, Symptom und Angst" manifest wurde – hier springt die Gegenläufigkeit in der Entwicklung der Theorien bei Freud und bei Reich besonders scharf ins Auge. Am Ende wurde dann die Divergenz zwischen der analytischen Ich-Psychologie und Reichs energieökonomischer Lebensforschung so groß, dass es 1933 zum endgültigen Bruch kam.

5.3 Seelische Gesundheit und Energie

Freud nahm bereits 1895 an, dass keine psychische Krankheit auftritt, wenn die affektive Energie abreagiert werden kann. Im Zusammenhang mit dem Energiehaushalt postulierte Freud eine primäre Funktion des Neuronensystems, nämlich Energie unverzüglich und vollständig zur Abfuhr zu bringen, und eine sekundäre Funktion, nämlich Energie in bestimmten Neuronen bzw. Neuronensystemen zu speichern.

Orgastische Potenz

In Übereinstimmung damit untersuchte Reich zunächst genauer die Prozesse der Abfuhr und Speicherung von Energie. Seine klinischen Erfahrungen führten ihn dabei zu einer engen Verknüpfung der Konzepte von Energie und Orgasmusfunktion: Die seelische Gesundheit hängt von der orgastischen Potenz ab – ein Begriff der innerhalb und außerhalb der Psychoanalyse vielfach (gezielt zur Diskreditierung Reichs und/oder aus Unkenntnis) missverstanden wurde: Orgastische Potenz hat vordergründig wenig damit zu tun, „zum Orgasmus zu kommen" (im engen Sinne des Wortes).

Vielmehr geht es um die Fähigkeit, sich dem Strömen der biologischen Energie, die sich vornehmlich in unwillkürlichen Muskelkontraktionen entlädt, ohne Hemmungen und Blockierungen hingeben zu können – umfasst also die gesamte Beziehung eines Menschen zu seinem Körper, zu seinem Selbst und zu seinem Partner.

Liebesfähigkeit. Die orgastische Potenz hängt mit der unneurotischen charakterlichen Haltung der Liebesfähigkeit zusammen, deren Gegenteil Angst und Verkrampfung sind (die genauere Bedeutung der Begriffe, z. B. „charakterlich", und die Zusammenhänge werden im Verlauf der Darstellung deutlicher).

Gerade das Verhalten jener Menschen, die von Orgasmus zu Orgasmus streben, um anderen und sich ihre „Potenz" zu beweisen – besonders im Sinne der damaligen „Männlichkeit" in der Wiener Gesellschaft –, ist nach Reich ein deutliches Zeichen für schwere Störungen der vollen orgastischen Befriedigungsfähigkeit. Dies ist vielmehr eher als ein Zeichen für Mangel an orgastischer Potenz zu werten.

Bei allen von ihm untersuchten Fällen hatten gerade solche „erektiv potenten" Männer nicht die Fähigkeit, den Akt über einen eng begrenzten Höhepunkt hinaus voll erleben zu können: Es war ihnen nämlich unmöglich, sich dem Ablauf der unwillkürlichen Körperreaktionen hinzugeben und mit dem Partner zu verschmelzen – ohne irgendwelche Phantasien zu produzieren und die kognitive Kontrolle aufzugeben, so dass die typischen Bewusstseinstrübungen hätten auftreten können.

→ **Beispiel 5.1** Der Orgasmusreflex – Eine Krankengeschichte

Erotik und sexuelle Aktivität. Reich wies in diesem Zusammenhang darauf hin, dass Lust, erotische Gefühle und sexuelle Aktivität, die bei natürlicher Liebesfähigkeit im Sexualakt miteinander verschmelzen, auch getrennt auftreten können – ja sogar gegeneinander gerichtet: Sexuelle Aktivität kann dann einerseits auch ohne Erotik vorkommen und Erotik muss andererseits dann nicht zu sexueller Aktivität führen.

Auch ist wichtig zu bedenken, dass die körperlichen Vorgänge nicht unabhängig von psychischen Phänomenen sind, sondern entscheidend ist die aktive Einstellung („Wahrnehmungsintention") auf einen betreffenden Reiz: „Sanftes Streicheln an einer sexuellen Zone löst bei dem einen eine Lustempfindung aus, doch beim anderen unterbleibt diese – der empfindet dann nur ein Tasten oder Reiben" (Reich, 1972, S. 47).

Ursachen von Neurosen

Da der komplette Abbau der Erregungen durch unwillkürliche bioenergetische Zuckungen des Organismus das wichtigste Kennzeichen der orgastischen Potenz ist, sieht Reich die Energiequelle für eine Neurose in der Differenz zwischen Energieaufbau und Energieabbau im Körper – wobei unter Energie weitgehend die Libido zu verstehen ist, die Energie des (im erweiterten Sinne) sexuellen Triebes.

Dabei greift er die freudsche Unterscheidung zwischen Aktualneurose und Psychoneurose wieder auf: Erstere geht nach Freud auf eine Stauung der Libido zurück (Reich spricht daher von „Stauungsneurose"), während die Symptome der Letzteren eine psychische Ätiologie und damit einen bestimmten Sinn zu erfüllen haben (vgl. in Kap. 2.2: Vom Libidokonzept zur Neurosenlehre).

Psychoneurose und Aktualneurose. Freud, der später nur noch die Psychoneurosen betrachtete, hatte nie eine Antwort auf die früher gestellte Frage geben können, woher eine Psychoneurose ihre Energie bezieht. Reich bietet hierzu als Ergebnis seiner klinischen Analysen die Erklärung an, dass jede Psychoneurose einen stauungsneurotischen Kern und jede Stauungsneurose einen psychoneurotischen Überbau habe. Zum besseren Verständnis kann eine Stauungsneurose vielleicht als Symptomatik mangelnder Energieabfuhr gesehen werden, die mit den gerade konkret-aktuellen Lebensumständen zusammenhängt, z. B. Trennung von einem Partner bei gleichzeitiger Ablehnung von Onanie aus ethischen Gründen oder in einer anderen Partnerschaft die Hemmung, sich körperlich gehen zu lassen.

Die Psychoneurose ist dann eher die grundlegende, vor allem unter dem psychischen Aspekt zu sehende Struktur, während die Aktualneurose eher die konkrete, besonders unter dem körperlich-energetischen Aspekt zu sehende Störungsform ist.

Im obigen Beispiel kann nun unter den Bedingungen mangelnder Energieabfuhr ein latenter frühkindlicher Konflikt reaktiviert werden – z. B. beginnt der Patient, Nägel zu beißen. Die Energie für dieses Symptom kommt somit aus dem „stauungsneurotischen Kern", die hier mit Nägelbeißen unterstellte Regression auf die oralsadistische Phase hat ihre psychische Ursache im „psychoneurotischen Überbau".

Seelische Hemmungen. Mit der Konzeptionierung dieser Beziehung zwischen Stauungs- und Psychoneurose hat Reich somit einerseits die obige (Freudsche) Frage nach der Quelle der Energie bei den Psychoneurosen beantwortet, andererseits eine wichtige Erkenntnis berücksichtigt, die Freud (so Reich) übersehen hatte: Stauungsneurose ist zwar „eine körperliche Störung, hervorgerufen durch falsch gelenkte, weil unbefriedigte sexuelle Erregung, doch ohne eine seelische Hemmung könnte die Sexualerregung nie falsch gelenkt werden" (Reich, 1972, S. 75).

Psychoneurotische Entwicklung. Gleichzeitig kann durch diese Beziehung von aktueller Situation und psychoneurotischer Entwicklung (die nahezu äquivalent zur Beziehung von Struktur und Energie angesehen werden kann) die Frage erklärt werden, wieso eine Psychoneurose, deren Ursachen in der frühen Kindheit liegen, erst in bzw. nach der Pubertät ausbricht: Hat nämlich einmal eine seelische Hemmung eine Sexualstauung erzeugt, so kann diese Hemmung ihrerseits dadurch wieder verstärkt werden. Im obigen Beispiel kann eine Person, die sich in einer neuen Beziehung „zusammenreißt" und sich nicht gehen lassen mag, sich dadurch ggf. nicht voll abreagieren und muss sich nun noch mehr „zusammenreißen".

Kindliche Konflikte und Hemmungen. Kindliche Konflikte, die zunächst zu keiner sichtbaren Störung geführt haben, können dann infolge einer aktuellen Hemmung ein Zuviel an sexueller Energie erhalten. In einem solchen Fall werden damit verbundene Wünsche und Vorstellungen drängend, treten ggf. in Widerspruch zur nun erwachsenen psychischen Organisation und müssen verdrängt werden – z. B. bestimmte orale Bedürfnisse, die aber das Gewissen nicht zulässt.

Bildlich könnte man den Prozess mit einem Kreisel vergleichen, dessen Achse unmerklich vom Zentrum verrückt ist; im Falle von Energiezufuhr – d. h. bei hoher Umdrehungszahl – reicht aber diese geringfügige Verrückung aus, das ganze System zu kippen. Es entsteht nun eine Psychoneurose – und der eben beschriebene Vorgang wäre eine neue Deutung der Ursachen für Freuds „Regression auf kindliche Mechanismen". Die Konzeption Reichs hat also ganz erhebliches Erklärungspotential.

Orgastische Impotenz. Die orgastische Impotenz – d. h. die Unfähigkeit zur (vollständigen) Energieabfuhr – bildet somit, nochmals zusammenfassend, den Schlüssel zum reichschen Verständnis von Neurosen: Deren Energiequelle liegt in der Stauung der Libido, die nur im Sinne der orgastischen Potenz komplett abgebaut werden könnte – also durch volle unblockierte Abreaktion über die (besonders: unwillkürliche) Muskulatur und vegetative Entspannung und keineswegs nur durch den „Orgasmus" im landläufigen Sinne allein.

Während die Sexualerregung rein körperlicher Art ist, ist der Konflikt der Neurose seelischer Art: Ein geringer Konflikt führt zu einer kleinen Störung des Energiehaushaltes. Diese kleine Stauung verstärkt den Konflikt, dieser wiederum die Stauung usw. So bricht letztlich die Psychoneurose aus und nährt sich ihrerseits energetisch aus der Stauungsenergie.

Es sei schon hier darauf hingewiesen, dass Reich „Libido" bzw. „Sexualenergie" noch umfassender und grundlegender fasste, als es schon Freud getan hatte – dies wird im Abschnitt über den Körperpanzer deutlich.

5.4 Sexualität und Gesellschaft

Bedeutung der Eltern-Kind-Beziehung

Die zentralen psychischen Konflikte und die neurotischen Phantasien, auf die in der aktuellen Form der Neurose regressiv zurückgegriffen wird, leiten sich auch nach Reich aus der Eltern-Kind-Beziehung ab, einer Beziehung, die in der Regel durch starke Repression der Libido gekennzeichnet ist: Schon Freud hatte betont, dass in der frühen Kindheit oft energetische Reaktionen in Form von Entladungen – d. h. willkürlichen und unwillkürlichen Reflexen beim heftigen Weinen, Toben etc. – ebenso wie Onanieren die Missbilligung der Eltern erfahren. Die Blockierung solcher Reaktionen und die Verdrängungsmechanismen dienen dann dem Zweck, allzu starke Affekte und die damit verbundenen Vorstellungen abzuschwächen.

Neurosen und bürgerliche Zwangsmoral

Doch diese Repression fand Reich nicht nur auf die Kindheit beschränkt. Aufgrund umfangreicher Erfahrungen und Auswertungen empirischer Daten kam er immer mehr zu der Überzeugung, dass die Neurosen weitgehend Ergebnis der bürgerlichen Zwangsmoral seien, die Eltern-Kind-Beziehung also nur bestimmte gesellschaftliche Verhältnisse widerspiegle: „Die Eltern unterdrücken die Sexualität der Kleinkinder und der Jugendlichen unbewusst im Auftrag der autoritären, mechanisierten Gesellschaft" (Reich, 1972, S. 150).

Vom neurotischen Elternhaus zur Zwangsehe. Die Grundlagen für die späteren Neurosen werden dabei in drei Hauptetappen des menschlichen Lebens erzeugt: durch die Atmosphäre des neurotischen Elternhauses in der frühen Kindheit, dann in der Pubertät und schließlich in der sog. „Zwangsehe" (Reich) nach streng moralistischen Vorstellungen.

Die frühkindliche Erziehung wurde oben charakterisiert. In der Pubertät soll dann der zur vollen sexuellen Funktionsfähigkeit herangereifte Jugendliche durch die Askese-Forderung „ehefähig" gemacht werden. Dies geschieht durch eine Unterdrückung seiner Triebe, die – den Moralisten (der damaligen Gesellschaft) zufolge – ihre aufgestaute Energie im Sexualakt ausschließlich zur Fortpflanzung entladen dürfen. Diese Unterdrückung, so Reich, wird in der (damals) „üblichen Zwangsehe", mit moralischer Ächtung von Verhütungsmitteln und Onanie, Angst vor ungewollter Schwangerschaft usw. fortgesetzt und ist eine Quelle für Neurosen.

Sexualberatung. Anschauungsmaterial für diese These hatte Reich genug: Ende der 20er Jahre war er Vizedirektor der Psychoanalytischen Poliklinik, die bei geringem Einkommen der Patienten kostenlose Behandlung anbot. Daneben hatte er die Sozialistische Gesellschaft für Sexualberatung und Sexualforschung gegründet, unter deren Obhut eine Sexualberatungsklinik für Arbeiter und Angestellte mit insgesamt sechs Beratungsstellen entstand. Einige der typischen Fragen von Klienten sind z. B. in Reich (1972, S. 146 ff.) wiedergegeben und belegen eine erschreckende Unkenntnis elementarer sexueller Fakten und die Macht repressiver Moral im damaligen Wien (das in dieser Hinsicht sicher nicht völlig anders als viele weitere europäische Städte war).

Gesellschaftliche Sexualunordnung. Die seelischen Krankheiten sind nach Reich letztlich „Ergebnisse der gesellschaftlichen Sexualunordnung". Diese Ansicht sah Reich auch durch das 1929 erschienene Werk Malinowskis „Das Geschlechtsleben der Wilden" bestätigt: Malinowski hatte u. a. bei den Trobriandern, deren Kinder eine extrem sexualliberale Erziehung erfahren, festgestellt, dass keine sexuellen Perversionen, keine funktionellen Geisteskrankheiten, keine Psychoneurosen, keine Lustmorde etc. zu beobachten gewesen waren. Dagegen lebte einige Meilen von den Trobriandinseln entfernt, auf den Amphlettinseln, ein Stamm mit vaterrechtlich autoritärer Familienstruktur und zeigte bereits „alle Züge des europäischen Neurotikers, Misstrauen, Angst, Neurosen, Selbstmorde, Perversionen etc." (Reich, 1972, S. 173).

Politische Erklärungen. Es ist einleuchtend, dass Reich sich in logischer Konsequenz dieser Erkenntnisse auch der Frage zuwandte: „Woher stammt und welche Funktion hat die soziale Unterdrückung des Geschlechtslebens" in Europa? – eine Frage, die auch schon Freud beschäftigt hatte.

Doch Freuds Antwort, dass diese Unterdrückung „um der Kultur willen" geschehe, bezweifelt Reich: „. . . man wird skeptisch und fragt sich, warum denn die Onanie der Kleinkinder und der Geschlechtsverkehr der Puberilen die Errichtung von Tankstellen und die Erzeugung von Flugschiffen stören sollte. Man ahnt, dass nicht die kulturelle Tätigkeit an sich, sondern nur die gegenwärtigen Formen dieser Tätigkeit dies erfordern . . . Die Frage ist dann nicht mehr eine der Kultur, sondern eine der Gesellschaftsordnung. Man untersucht die Geschichte der Sexualunterdrückung und die Herkunft der Sexualverdrängung und findet, dass sie nicht am Beginne der Kulturentwicklung einsetzt, also nicht die Voraussetzung der Kulturbildung ist, sondern erst relativ spät sich mit dem Privateigentum an Produktionsmitteln und dem Beginne der Klassenteilung herauszubilden beginnt" (Reich, 1979, S. 48).

Sexualkunde. Reichs weitere Beschäftigung mit diesen Fragen führten ihn zur politischen Soziologie und zum Versuch der Verbindung von Marxismus/Sozialismus und Psychoanalyse. Hieraus wiederum resultierte seine praktische Arbeit in der „Sexpol"-Bewegung (einer Verbindung von gesellschaftspolitischer und sexueller Aufklärung) und die Herausgabe sexualkundlicher Werke für die breite Bevölkerung in Berlin Anfang der 30er Jahre. Nicht zuletzt in Auseinandersetzung mit dem immer stärker werdenden Nationalsozialismus entstanden in dieser Zeit auch seine Arbeiten über die Ursachen des Faschismus.

Diese Aktivitäten – die hier nicht näher ausgeführt werden können (vgl. aber Reich, 1932, 1933/79 oder 1972, S. 145–187; Boadella, 1983, S. 63–103) – hatten 1933/34 den fast gleichzeitigen Ausschluss des „reaktionären Analytikers" aus der Kommunistischen Partei und des „Kommunisten" aus der Psychoanalytischen Vereinigung zur Folge.

5.5 Charakterstruktur und Charaktertypen

Für die Phänomene Widerstand und Übertragung der freudschen Psychoanalyse erarbeitete Reich andere Erklärungen: Wenn Libidostauung der energetische Kern der neurotischen Symptome ist, müsste eigentlich jede Symptomlösung in eine wesentliche Verbesserung der orgastischen Potenz münden – was Reichs Beobachtungen aber widersprach.

Daher ging er der Frage nach: „Wo noch, außer in den neurotischen Symptomen, ist sexuelle Energie gebunden?" (Reich, 1972, S. 101). Seine Arbeit als Leiter des Wiener Seminars für Psychoanalytische Therapie ab 1924, das sich besonders den „technischen Fragen" der Analyse – und hier speziell dem Widerstand – widmete, führte Reich von der Vielfalt an individuellen Widerständen zu seinem wichtigen Werk „Charakteranalyse" (1933) – in dem ein System von charakteristischen (!) Widerstandsmustern entwickelt und beschrieben wird.

Organisation von Abwehrmustern

Nicht zuletzt aufgrund der Erfahrungen mit den Widerständen der affektgesperrten Zwangsneurotiker, die scheinbar gegen jeden Angriff der psychoanalytischen Technik „gepanzert" (!) waren, nannte Reich die jeweils individuelle Organisation der Abwehrmuster den „Charakterpanzer". In diesem wird ein Teil der Libidoenergie gebunden, und er dient gleichzeitig zur Abwehr emotionaler Erregungen.

Erst später erwies sich, wie sinnvoll die Bezeichnung „Panzer" gewählt war, als Reich nämlich im Zusammenhang mit den physischen Korrelaten dieser Charakterpanzerung auf typische muskuläre Verspannungen und Verhärtungen stieß – Verspannungen, die zu charakteristischen Erstarrungen in Haltung und Ausdruck führten und die er dann „muskuläre Panzer" nannte (s. u.).

Anna Freud nahm regelmäßig an den Sitzungen des „Technischen Seminars" unter Reichs Leitung teil, das speziell diese Widerstandsmuster erforschte; ihre Konzeption der Erkenntnisse über Widerstandsmuster wurde in „Das Ich und die Abwehrmechanismen" (1936) niedergelegt – „und es ist klar, dass ihr Buch nur auf der Grundlage der dort geführten Diskussion entstehen konnte" (Boadella, 1983, S. 58).

Die erstarrte Lebensgeschichte eines Menschen.
Der Charakterpanzer enthält die „erstarrte Lebensgeschichte" eines Menschen, „die funktionelle Summe aller vergangenen Erlebnisse" (Reich). Im Gegensatz zu Adler allerdings, der „Charakter statt Libido" als Kernphänomen seelischer Störungen setzte, sagt Reich, „Charakterzüge wie ‚Minderwertigkeitsgefühl' oder ‚Wille zur Macht' sind nur oberflächliche Erscheinungen im Prozess der Panzerung im biologischen Sinne vegetativer Hemmung von Lebensfunktionen" (Reich, 1972, S. 115).

Grundkonflikte in frühkindlichen Entwicklungsphasen, besonders die Abwehr starker Wunschimpulse, manifestieren sich dabei so, dass die Panzerung vor allzu starken Affekten und Gefühlen schützt. Die Therapie besteht darin, die Panzerungen aufzulösen und die erstarrten Emotionen durch Mobilisierung der gebundenen Energien wieder zum Strömen zu bringen. Dieses Strömen schlägt sich letztlich dann auch in der Fähigkeit zu ungehemmtem, angstfreiem und spontanem Verhalten nieder – das was die orgastische Potenz ausmacht.

Charakteranalyse

Reichs Buch „Charakteranalyse" von 1933, in das mehrere schon früher erschienene Arbeiten einflossen, wurde und wird noch heute auch von der Mehrheit anders orientierter Psychoanalytiker als zentraler Beitrag zur Psychoanalyse gesehen (obwohl Reich es paradoxerweise im Selbstverlag herausgeben musste, nachdem der Internationale Psychoanalytische Verlag Wien einen bereits bestehenden Verlagsvertrag annulliert hatte).

Drei Charakterschichten
Der Charakter ist (vgl. Boadella, 1983, S. 47 ff.; Reich 1972, S. 129 ff.) grob in drei Schichten zu unterteilen:
(1) An der Oberfläche das „Gesicht", das eine Person seiner Umwelt zeigt (analog zur „Persona" bei C. G. Jung); hier äußern sich z. B. auch die Widerstände in vordergründiger Kooperationsbereitschaft (etwa übermäßig ▶

> freundliches Verhalten, Idealisierung des Therapeuten, sehr korrektes Betragen, betont ruhiges Verhalten auch in der Konfrontation, Mangel an Echtheit des Ausdrucks etc.).
> (2) Darunter ist eine Schicht „gefährlicher, grotesker, vernunftloser" Impulse und Phantasien, die „alptraumhafte Welt des freudschen verdrängten Unbewussten".
> (3) Ganz zuunterst, durch die Technik der Charakteranalyse freizulegen, ist eine primäre Schicht, als eine Welt „einfacher, anständiger, spontan aufrichtiger und natürlicher menschlicher Strebungen". Ein „ungepanzerter Charakter" ist fähig, aus dieser primären Schicht heraus zu handeln.

Charakterliche Abwehrhaltungen. Die besondere Rolle, die auch Reich der Kindheit für die neurotische Pathogenese zuweist, wurde oben schon erwähnt. Das Kind wählt dabei zur Abwehr von Konflikten als Schutzmechanismen entsprechende charakterliche Abwehrhaltungen in Form von charakteristischen Verteidigungsmustern im Verhalten. Dabei sind folgende Faktoren entscheidend:
- der Zeitpunkt der Konflikte,
- (damit verbunden) deren Art – nämlich (analog zu Freud) besonders differenziert nach oralen, analen und genitalen Aspekten,
- die Intensität der Konflikte,
- das Verhältnis zwischen Triebbefriedigung und Frustration,
- das Ausmaß der Identifikation mit dem gleichgeschlechtlichen Elternteil,
- die Widersprüche im versagenden Verhalten des Elternteils.

Charaktertypen. Durch vielfache Wechselwirkung dieser Aspekte kommt es zu dem breiten Spektrum der unterschiedlichen neurotischen Charakterstrukturen. Reich unterscheidet dabei folgende Haupttypen, deren folgende Kurzkennzeichnung Boadella (1983, S. 53) entnommen ist:
- Der **phallisch-narzisstische Charakter**. Die typische Bedingungskonstellation für ihn ist eine dezidiert maskuline Mutter, deren Verhalten den Sohn veranlasst, seine ursprünglichen Liebesregungen für sie zu verdrängen, sobald er das Säuglingsalter hinter sich hat. Beim phallisch-narzisstischen Charakter überwiegen im Verhältnis zu Frauen die Motive der Geringschätzung und der Rache, ergänzt durch eine verdrängte Sehnsucht, bei einem Manne Wärme und Kontakt zu finden.
- Der **passiv-feminine Charakter**. Wenn die Mutter in der analen Phase des Kindes eine übermäßige Strenge an den Tag legt, entwickelt sich ein durch Nachgiebigkeit und Unterwerfung gekennzeichneter Charakter, der in manchen Fällen, wenn bestimmte andere Umstände dazukommen, von einer masochistischen Perversion begleitet wird. Eine andere Form des passiv-femininen Typus ist die Folge einer übergroßen Strenge seitens des Vaters. In diesem Fall ist der Sohn gezwungen, die als Reaktion auf das väterliche Verhalten entwickelten starken Hassgefühle zu verdrängen und sie hinter einer weiblich-unterwürfigen Charaktermaske zu verbergen.
- Der **männlich-aggressive Charakter**. Die typische Vorbedingung für ihn ist ein strenger Vater, der sich gegenüber der Weiblichkeit seiner Tochter zurückweisend verhält. Das Mädchen verdrängt seine weiblichen Qualitäten und identifiziert sich mit der Härte und Starrheit des Vaters.
- Der **hysterische Charakter**. Wenn die Mutter sich angesichts der Liebesäußerungen der Tochter gegenüber dem Vater überaus moralisch und repressiv gibt, wird genitale Angst zum dominanten Gefühl. Im späteren Leben wird das Sexualverhalten tendenziell die Form der Suche nach dem verbotenen Vater annehmen und einerseits durch kokettes Sichanbieten, andererseits durch Zurückschrecken vor einer wirklich verbindlichen Beziehung aus Furcht vor einer Enttäuschung gekennzeichnet sein.
- Der **Zwangscharakter**. Hier erscheint die Unterdrückung des genitalen Interesses und der genitalen Aktivität als Folge einer vorausgegangenen, frühen, übermäßig strikten Reinlichkeitserziehung. Diese lässt gewalttätige und sadistische Bedürfnisse entstehen, die jedoch unter strenger Kontrolle gehalten und nur in der Phantasie ausagiert werden. Der Zwangscharakter verachtet sich selbst wegen seiner sadistischen Impulse und entwickelt zu ihrer Kompensation und Niederhaltung

bestimmte Ordnungs- und Kontrollmechanismen. Die Selbstkontrolle, der er sich in der analen Phase zu unterwerfen gelernt hat, stellt er in den Dienst der Eindämmung seiner sexuellen Aggressivität.

- Der **masochistische Charakter**. Mit dem schwierigen theoretischen und klinischen Problem des Masochismus schlug sich die Psychoanalyse schon längere Zeit herum. 1928 hatte Reich Gelegenheit, einen an einer masochistischen Perversion leidenden Mann zu behandeln. Die Behandlung dauerte drei Jahre. Masochistische Patienten erwiesen sich als besonders schwer zu therapierende Fälle, weil bei ihnen ein spezifisches Leidensbedürfnis wirksam zu sein schien, das der normalen Neigung, Lust zu suchen und Angst zu vermeiden, zuwiderlief. Als typisch sieht Reich, dass hinter der masochistischen Selbstverkleinerung unfähiger Ehrgeiz und angstbeseelte Größensucht stehen. Der Masochismus selbst ist Ausdruck unbefriedigbarer Sexualspannungen; seine unmittelbare Quelle ist die Lustangst: Die masochistische Provokation von Strafen erklärt sich als Ausdruck des tiefen Begehrens, gegen den eigenen Willen zur Befriedigung gebracht zu werden – es selbst zu tun ist verboten und mit schweren Schuldgefühlen beladen. (Die letzteren Ausführungen sind Reich, 1972 entnommen).

Diese Haupttypen sind um Beschreibungen des schizoiden Charakters und oralen Charakters durch Alexander Lowen ergänzt worden, der auch Reichs Körperarbeit in der sog. Bioenergetischen Analyse erweiterte.

5.6 Körperpanzer und Körperarbeit

In seiner „Charakteranalyse" (1933) fasste Reich das Konzept der charakterlichen Panzerung noch weitgehend psychisch. Doch schon 1934 führte er erstmals den Begriff der „muskulären Panzerung" ein. Dieses Konzept beruht auf der Entdeckung, dass sich die typischen neurotischen Widerstände physisch in ebensolchen typischen muskulären Spannungen – den „Muskelpanzern" – manifestieren. Auf diese Weise kann sexuelle Lebensenergie gebunden und z. B. auch Wut und Angst gebremst werden.

Diese muskulären Verkrampfungen enthalten gleichsam die Geschichte und den Sinn ihrer Entstehung; sie sind die somatischen Korrelate und Verankerungen der neurotischen Konflikte. Die Neurose wird damit zum Ausdruck einer chronischen Störung des vegetativen Gleichgewichts und der natürlichen Beweglichkeit (Reich, 1972, S. 227). Wichtig ist, dass psychische und somatische Erscheinungen als unterschiedliche bzw. dialektische Aspekte einer Ganzheit gesehen werden.

Verkrampfung als Energieblockade

Physische Spannung und Entspannung stehen jedoch in einem größeren Zusammenhang. Sie bilden die Endpunkte einer Folge, die nach Reich entscheidend für das Verständnis aller Lebensprozesse ist – vom Orgasmusreflex über die Eiteilung bis hin zur Fortbewegung von Amöben.

Diese Folge, als „Lebensformel" gekennzeichnet, besteht aus dem „Viertakt": Mechanische Spannung – bioelektrische Ladung – bioelektrische Entladung – mechanische Entspannung. Dabei lehnte sich Reich an die Konzeption des Berliner Internisten Friedrich Kraus an, der die elektrochemischen Prozesse im Körper und die unzähligen Grenzflächen zwischen Membranen und Elektrolytflüssigkeiten verschiedener Dichte und Zusammensetzung beschrieben sowie das Konzept der „osmotischen Bewegung" von Körperflüssigkeiten eingeführt hatte. Trotz des hohen Stellenwertes, den Reich seiner Entdeckung des Viertaktes beimaß, blieben „Expansion (Streckung, Weitung) und Kontraktion (Abkugelung, Einengung)" als „Urgegensätze vegetativen Lebens" ebenfalls relevant (vgl. Reich, 1972, S. 188–225, wo zahlreiche Aspekte dieses „Viertaktes" bzw. dieses Gegensatzes anhand biologischer, mechanischer etc. Befunde erläutert werden).

Lust und Angst. Reichs Feststellung, dass Angst und Lust gegensätzliche Manifestationen derselben Energie sind – Lust dann, wenn diese Energie am Genital zum Vorschein kommt, Angst dann, wenn diese

Energie das Herz (genauer: das kardiovaskuläre System) erfasst –, wird nun mit diesem Konzept in Verbindung gebracht: Lust und Angst sind die seelischen Korrelate von Expansion und Kontraktion.

Dazu passt auch, dass Angst mit intramuskulärer Injektion von Acetylcholin zu lindern ist (Misch & Misch 1932): Acetylcholin wirkt auf das parasympathische (vagische) System mit Erweiterung der Blutgefäße (ähnlich wie Kraus die Wirkung von Kalium- und Natrium-Salzen – bzw. deren Ionen in Elektrolyten – beschrieben hatte). Im Gegensatz dazu lässt sich durch eine umgekehrte körperliche Reaktion, nämlich Verengung und Verkrampfung (= Reaktion des sympathischen Systems) – hervorgerufen durch eine dem Cholin entgegenwirkende Substanz wie z. B. Adrenalin (bzw. Kalzium- und Magnesium-Salze) –, Angst erzeugen. Insgesamt liegen hier die biophysisch-energetischen Grundlagen des reichschen Verständnisses der Entstehung von Neurosen und deren Manifestierung im Charakter bzw. im Muskelpanzer.

Reich betont, dass nie einzelne Muskeln, sondern immer Muskelkomplexe, die einer bestimmten vegetativen Funktionseinheit angehören, in Spannung geraten und somit die Struktur des Muskelpanzers und des Körperausdrucks bestimmen (auch im Volksmund wird z. B. von „hart-näckigem" Widerstand gesprochen).

Bedeutung der Muskulatur. Die Verkrampfung der Muskulatur ist dabei die körperliche Seite des Verdrängungsvorganges und die Grundlage seiner dauernden Erhaltung (Reich, 1972, S. 228). So deuten etwa Verkrampfungen der Mund-, Kinn- und Halspartien darauf hin, dass Weinimpulse zu unterdrücken sind; die für Neurotiker typische Bauchspannung mit der flachen Atmung entsteht aus der Bekämpfung von Erwartungsangst usw. Funktionell gliedert sich der Körper hinsichtlich der Panzerung in sieben Segmente: das okulare, orale, zervikale (Nacken), thorakale (Brustkorb), Zwerchfell-, abdominale und pelvikale (Becken) Segment.

Therapeutische Körperarbeit

Entsprechend diesen Entdeckungen und ihrer theoretischen Konzipierung ging Reich von der charakteranalytischen Arbeit an den (psychischen) Widerstandsmustern immer mehr auch zu einer direkten Arbeit am Körper über. Durch verschiedene Formen der Massage wurden dabei die Muskelverspannungen gelockert und gelöst – ein Ansatz, den er nun „charakteranalytische Vegetotherapie" (oder einfach: „Vegetotherapie") nannte.

Begonnen wird die körpertherapeutische Arbeit dabei in der Regel mit dem thorakalen Segment, in dem vor allem Wut, Weinen und Sehnsucht erstarrt sind. Neben der direkten Arbeit an der verhärteten Muskulatur steht bei der Vegetotherapie auch die Arbeit an der Atmung an zentraler Stelle – besonders im Hinblick auf ein vertieftes Ausatmen, dessen Unterdrückung und Behinderung nach Reich fast bei allen Neurotikern zu finden ist.

Reich, der sich schon damals für die Verbreitung der psychosomatischen Medizin einsetzte, macht in diesem Zusammenhang die chronische „Sympathikotonie" – chronische Inspirationshaltung des Brustkorbs und die Einschränkung der vollen (vagischen) Exspiration, welche Organempfindungen und Affekte unterdrückt – für eine ganze Reihe psychosomatischer Symptome verantwortlich, so z. B. für Herz- und Gefäßhypertonie, Magengeschwüre, Spasmen aller Arten von Ringmuskeln usw. (vgl. Reich, 1972, S. 272 ff.).

Körperarbeit und Affekte. In ausführlichen Falldarstellungen belegt Reich, dass diese körperliche Arbeit geradezu automatisch die Affekte und damit verbunden auch die Erinnerungen hervorbringt, die für die Entwicklung des neurotischen Charakterzuges entscheidend waren. Entscheidende Szenen und Erinnerungen – meist aus ganz früher Kindheit – drängen sich dem Patienten unmittelbar auf.

Aus diesem Grunde werden letztlich auch in der vegetotherapeutischen Arbeit Körper und Charakter (im obigen Sinne) funktionell als gleich behandelt: Ob der Patient auf seine charakteristischen Abwehrmuster im Verhalten oder auf die chronischen Verspannungen in seiner Haltung hingewiesen wird oder aber diese durch Atemübungen oder durch direkte Manipulation des Therapeuten an den verhärteten Muskelgruppen spürt – die Arbeit an den Muskelhaltungen und am charakteristischen (Widerstands-)Verhalten gehen Hand in Hand.

Körperliche Erregung und psychische Korrelate. Der funktionelle Zusammenhang zwischen körperlicher Erregung und psychischen Korrelaten (Erregungen,

Vorstellungen etc.) soll abschließend noch einmal mit Reichs Worten erläutert werden:

„Wir haben somit folgende Reihenfolge von Funktionen im Verlauf der Wirkung eines psychischen Vorstellungskreises im körperlichen Bereiche:
- Die psychische Erregung ist funktionell-identisch mit der körperlichen Erregung.
- Die Fixierung einer psychischen Erregung erfolgt durch Festsetzung eines bestimmten vegetativen Innervationszustands.
- Der veränderte vegetative Zustand verändert die Organfunktion.
- Die ‚psychische Bedeutung des organischen Symptoms' ist nichts anderes als die körperliche Haltung, in der sich der ‚psychische Sinn' ausdrückt.
- Der fixierte vegetative Zustand wirkt auf den psychischen Zustand zurück; die Wahrnehmung einer realen Gefahr funktioniert identisch mit einer sympathikotonen Innervation; diese erhöht ihrerseits die Angst; die erhöhte Angst erfordert eine Panzerung, die gleichbedeutend ist mit der Bindung vegetativer Energie in der muskulären Panzerung. Das stört wieder die Abfuhrmöglichkeit und steigert die Spannung usw.

Psychisches und Körperliches fungieren vegetativ sowohl als einander bedingende als auch als einheitliche Systeme." (Reich, 1972, S. 264).

Entdeckung der Orgonenergie. Während Reich durch sein weiteres Vordringen bei der Erforschung von energetischen Aspekten und von allgemeinen biophysikalischen Lebensprozessen zu seiner Entdeckung der Orgonenergie kam – und die modifizierte Vegetotherapie dann auch in „Orgontherapie" umbenannte –, bilden die hier dargestellten Aspekte die Grundlagen für viele weitere Körpertherapien. Dies gilt insbesondere für die Bioenergetik, die sich am engsten an Reich anlehnt. Im folgenden Kapitel werden daher noch einige Aspekte der praktischen Arbeit deutlicher.

Im Gegensatz zu Reich, der mit seinem Orgonkonzept eine Verbindung von körpereigener und kosmischer Energie ins Auge fasste, bleiben die meisten anderen Körpertherapie-Ansätze auf den Aspekt körpereigener Energie beschränkt (eine Ausnahme bildet hier die „Core-Therapie" von Pierrakos, die in diesem Rahmen allerdings nur erwähnt werden kann; vgl. das folgende Kapitel und Pierrakos, 1977).

5.7 Zusammenfassung

Das Werk Wilhelm Reichs. Mit der Vegetotherapie wird nur ein Teil des Forschungsinteresses von Reich dargestellt, dessen vielfältige Arbeiten auf heftige Reaktionen der Diskreditierung gestoßen sind.

Reich versus Freud. Im Unterschied zu Freuds Strukturkonzept seit dessen zweiter Angsttheorie blieb für Reich das Libidokonzept zentral und damit die Frage, wie bei neurotischen Störungen Energie an ihrer Abfuhr behindert wird.

Seelische Gesundheit und Energie. Für die Vegetotherapie ist die orgastische Potenz fundamental. Sie besteht in der Fähigkeit, sich ohne Blockierungen der biologischen Energie hinzugeben, und hängt mit der unneurotischen charakterlichen Haltung der Liebesfähigkeit zusammen.

Eine anhaltende Differenz zwischen Energieaufbau und -abbau verursacht nach Reich eine Neurose. Dabei greift er Freuds Unterscheidung zwischen Psychoneurosen und Aktualneurosen (bzw. nach Reich: Stauungsneurosen) auf und entwickelt sie weiter. Ihm zufolge bedingen beide Formen der Neurosen einander: Jede Psychoneurose habe einen „stauungsneurotischen Kern" und jede Stauungsneurose einen „psychoneurotischen Überbau". Da die mangelnde Energieabfuhr, die zur Stauungsneurose führt, auch die Entwicklung einer Psychoneurose begünstigt und diese wiederum den Energiehaushalt stört und damit die Stauungsneurose fördert, entsteht ein Teufelskreis.

Sexualität und Gesellschaft. Die Hauptursache der Neurosen sah Reich in der bürgerlichen Zwangsmoral: Eine starke Repression der Libido erfolge im neurotischen Elternhaus v. a. während der frühen Kindheit und der Pubertät, später auch in der Zwangsehe. Diese sexuelle Unterdrückung sah Reich (im Unterschied zu Freud) nicht als Vorraussetzung, sondern als Folge der Kulturbildung. Daher hielt er eine breitflächige sexuelle Aufklärung und Beratung für wichtig.

Charakterstruktur und Charaktertypen. Sexuelle Energie ist nach Reich nicht nur im Symptom gebunden, sondern auch in charakteristischen psychischen Abwehrhaltungen, die zum Schutz errichtet sind und mit muskulären Verspannungen einhergehen. Die Vegetotherapie soll diese Panzerungen auflösen, die gebundene Energie zum Strömen bringen und damit auch die orgastische Potenz ermöglichen (siehe Beispiel 5.1).

Reich unterscheidet drei Charakterschichten. Ein ungepanzerter Charakter ist fähig, aus der primären Schicht seines Charakters zu handeln, statt nur das „Gesicht" zu zeigen. Zeitpunkt und Art kindlicher Konflikte bestimmen die Unterschiede der „erstarrten Lebensgeschichte eines Menschen", also unterschiedliche neurotische Charakterstrukturen, wobei Reich sechs Haupttypen unterscheidet (phallisch-narzisstisch, passiv-feminin, männlich-aggressiv, hysterisch, masochistisch, Zwangscharakter).

Körperpanzer und Körperarbeit. Lust und Angst sind nach Reich gegensätzliche Manifestationen der gleichen Energie. Angst bedingt die Spannungen und Verkrampfungen verschiedener vegetativ funktionaler Muskelkomplexe, wobei sieben Segmente unterschieden werden. Um hier eine Lockerung zu erreichen, arbeitete Reich auch direkt mit Massagen des Körpers (wobei von „oben nach unten" vorgegangen wird) und mit der vertieften Atmung. Dadurch werden ihm zufolge automatisch Affekte und Erinnerungen freigesetzt, die Aufschluss über das neurotische Verhalten (den Charakterpanzer) geben. Die Arbeit am stauungsneurotischen Kern und seinem psychoneurotischen Überbau geschieht also parallel; dies entspricht Reichs Annahme, dass Körperliches und Psychisches einander bedingende und einheitliche Systeme darstellen.

Reichs Grundkonzeptionen sind für viele der heutigen Körpertherapien (v. a. die Bioenergetik) fundamental. Seine Erforschung der Verbindung von körpereigener und kosmischer Energie (Orgonenergie) ist hierfür weniger relevant und kaum akzeptiert.

5.8 Verständnisfragen

- Wie wurde Reichs Arbeit damals und wie wird sie heute eingeschätzt?
- Welches Konzept von Freud hat Reich weiterentwickelt?
- Worin bestand die große Divergenz zwischen den beiden?
- Was bedeutet „orgastische Potenz" bei Reich und was nicht unbedingt?
- Was hat Reich mit der „Wahrnehmungsintention" gemeint?
- Was hat Reich zur Unterscheidung der Aktual- bzw. Psychoneurosen beigetragen?
- Worin besteht der „Teufelskreis" zwischen Stauungs- und Psychoneurose?
- Welche gesellschaftlichen Einflüsse fördern eine Neurose?
- Welchen Umgang mit Sexualität forderte Reich und warum?
- Worin besteht nach Reich die Arbeit am Widerstand?
- Was bezeichnet Reich als „Charakterpanzer"?
- Welche drei Charakterschichten unterscheidet Reich?
- Was kann ein „ungepanzerter Charakter"?
- Welche Haupttypen des neurotischen Charakters unterscheidet Reich?
- Was bezeichnet Reich als „Muskelpanzer"?
- Warum entwickelt sich eine „muskuläre Panzerung"?
- Was hat Angst mit Kontraktion zu tun?
- Welche Aspekte sind bei der Körperarbeit bedeutsam?
- Hat die Körperarbeit der Vegetotherapie die „verbale" Arbeit abgelöst?
- Wie kann Reich zufolge eine psychosomatische Störung entstehen und aufrechterhalten werden?

> **Fallbeispiele auf CD**
>
> **Beispiel 5.1: Der Orgasmusreflex – Eine Krankengeschichte**
>
> Das Originalbeispiel von Reich verdeutlicht anhand der vegetotherapeutischen Behandlung eines 27-jährigen, alkoholabhängigen Mannes verschiedene seiner Kernkonzepte:
>
> - den „Charakterpanzer" und den damit als körperliche Symptomatik korrespondierenden „Muskelpanzer",
> - die daraus resultierende Körperarbeit,
> - die „orgastische Potenz" als Liebes- und Hingabefähigkeit.
>
> Das Fallbeispiel bezieht sich auf die Kapitel:
> 5.3 Seelische Gesundheit und Energie
> 5.6 Körperpanzer und Körperarbeit

6 Bioenergetik

6.1 Bioenergetik und Vegetotherapie

Die Bioenergetische Analyse – oder kurz: Bioenergetik – von Alexander Lowen ist gegenwärtig weit bekannter und verbreiteter als die Vegetotherapie, obwohl sie in hohem Ausmaß auf den theoretischen Arbeiten Reichs und dessen Vegetotherapie aufbaut. Dies mag auch daran liegen, dass Reich selbst seine Arbeitskraft im letzten Jahrzehnt (also ca. ab Mitte der 40er Jahre) stärker den Untersuchungen zur Orgonenergie widmete als der Gründung einer „Therapieschule".

So ist nicht einmal die Bezeichnung für Reichs Therapieform bei jenen einheitlich, die sich unmittelbar auf Reich berufen: Neben der wohl mehrheitlich verwendeten Bezeichnung „Vegetotherapie" benutzen z. B. Baker und Nelson (1983) die spätere Bezeichnung „Orgontherapie"; Boadella (1977) nennt auch Reichs Therapie „Bioenergetik".

Lowen und die Mitbegründer der Bioenergetik

Alexander Lowen (*1910) arbeitete zunächst (ab 1934) als Rechtsanwalt, lernte dann 1940 Reich kennen, ließ sich bei ihm analysieren (1942–45) und war insgesamt zwölf Jahre dessen Schüler, unterbrochen von einem Medizinstudium 1947–51 in Genf. Seit 1952 ist er als Psychiater in freier Praxis tätig.

John C. Pierrakos. 1956 gründete er mit John C. Pierrakos in New York das Institute for Bioenergetic Analysis. Pierrakos, ebenfalls Anhänger von Reich, entwickelte dabei gemeinsam (1953–56) mit Lowen die wesentlichen Grundzüge der Bioenergetik – vorwiegend an einem einzigen Analysanden, nämlich Lowen selbst: „Es wurde eine Gemeinschaftsarbeit mit meinem eigenen Körper, und aus ihr entwickelte sich die Bioenergetik" (Lowen, 1979, S. 29).

Dennoch wird der Begriff „Bioenergetik" fast ausschließlich mit Lowen in Verbindung gebracht: Pierrakos verließ 1974 das erwähnte Institut und gründete ein anderes, an dem er seitdem seine spezielle Weiterentwicklung der Bioenergetik lehrt, die Core-Therapie. In diesem Ansatz ist insbesondere das Energiekonzept wesentlich umfassender ausgearbeitet; so wird z. B. die sog. Aura mit einbezogen. (Darunter versteht man ein strukturiertes, pulsierendes Energiefeld, das alle Körper umgibt. Da dieses Phänomen derzeit – noch? – nicht zur Schulpsychologie gehört, würde eine weitergehende Auseinandersetzung hiermit den Rahmen dieses einführenden Lehrbuches sprengen; vgl. aber z. B. Pierrakos, 1977.)

Lowens Popularität. Zur Verknüpfung der Bezeichnung „Bioenergetik" mit dem Namen Lowen aber hat sicher auch die Publikationsfreudigkeit Lowens beigetragen, der das Bioenergetikkonzept in zahlreichen Büchern und Artikeln vertreten hat. Diese sind gut lesbar, anschaulich und eingängig, lassen aber Reichs klare und stringent-logische Argumentationsweise vermissen. Vielleicht ist in diesem Zusammenhang das folgende Zitat aus Kufner (1984, S. 256) nicht ganz uninteressant: „Eines hatte ja Lowen Reich auch gesagt, als dieser ihm eine Therapie vorschlug: Eigentlich möchte ich ja berühmt werden. Reichs Antwort war: Ich werde Sie berühmt machen."

William Walling. Es gibt übrigens noch einen dritten Mitbegründer der Bioenergetik, nämlich William („Bill") Walling, der inzwischen allerdings ganz in den Hintergrund getreten ist. Bibliographien schweigen sich über ihn aus, und in der bioenergetischen Literatur wird er nur am Rande erwähnt – oder, wie von Lowen in dessen Werk „Bioenergetik" (1979), in dem immerhin ihre Entstehungsgeschichte beschrieben wird, ganz übergangen. „Vermutlich", so mutmaßt Kufner (1984, S. 256), „verwirklicht er (Walling, J. K.) in seinem Leben das, was Lowen so drängend fordert, nämlich es lustvoll zu genießen."

Grundlagen der Bioenergetik

In weiten Teilen beruht die Bioenergetik in ihrer theoretischen Konzeption auf der Vegetotherapie.

Das Hauptverdienst Lowens liegt eher darin, dass er diese Konzeption mit einem breiten Spektrum fruchtbarer Übungen und Anweisungen für die konkrete therapeutische Arbeit ausgefüllt hat, als dass er die Theorie Reichs wesentlich erweitert hätte.

Eine Ausnahme bildet Lowens Erweiterung von Reichs Charakterstrukturen um die schizoide und die orale Charakterstruktur. Ausführlich wurde die Erste in dem Buch „Der Verrat am Körper" (1967), die Letztere in dem Buch „Depression" (1972) entwickelt (s. u.).

Energiefluss und Blockaden. Die zentralen Ausgangspunkte der Bioenergetik sind mit der Vegetotherapie weitgehend identisch, nämlich die Energieökonomie des Körpers, die Notwendigkeit eines möglichst spontanen, unblockierten Fließens dieser Energie und deren Entladung durch Muskelkontraktionen. Übereinstimmend ist auch die Konzeption der funktionalen Identität von körperlichen und psychischen Blockaden bzw. „Panzerungen", die einerseits als Körperhaltungen und andererseits als Charakterhaltungen – bzw. Widerstandsmuster – manifest geworden sind. Letztlich betont Lowen genau wie Reich die funktionale Äquivalenz von Körper und Psyche. Dies zeigt sich auch bei der therapeutischen Arbeit – weshalb „Bioenergetische Analyse" (!) wesentlich präziser als „Bioenergetik" das Konzept kennzeichnet.

Wegen dieser Übereinstimmungen sollen in der folgenden Darstellung vor allem die Unterschiede von Lowens Therapieform gegenüber Reichs Vegetotherapie herausgearbeitet werden.

6.2 Charakterstrukturen und Charaktertypen

Lowen übernimmt von Reich „Charakter" als zentrales Konzept. Der Charakter steht dabei in unmittelbarem Zusammenhang mit der Organisation der gesamten Lebensbewältigungsmechanismen: Diese Organisation dient – besonders in der frühkindlichen Entwicklung, wo die wesentlichen Grundstrukturen gelegt werden – der Abwehr von Unlust und der Bewältigung von Konflikten. Die Abwehr, als Bewältigungsstrategie, wird dabei vom gesamten Organismus (oder besser: vom Organismus als einheitlichem Gesamtsystem) geleistet, umfasst also seelische und körperliche Aspekte.

Genese der Charakterstrukturen

Stress und Verspannungen. Jeder Stress, sei er psychischer oder physischer Art (auch hier ist eine Trennung willkürlich), verursacht Anspannungen im Körper, die normalerweise nach Beseitigung des Stresses wieder verschwinden. Bei lang andauerndem Stress jedoch – z. B. bei ungelösten emotionalen Konflikten, ständiger Frustration wichtiger Bedürfnisse usw. – werden auch diese Anspannungen chronisch. Sie schlagen sich als Muskelverspannungen im Körper nieder.

Diese Muskelverspannungen sind, wie schon Reich zeigte, typisch und funktional im Hinblick auf bestimmte abzuwehrende Bedrohungen: So kann schon das kleine Kind über eine flache Atmung und Exspirationshemmung allzu heftige Gefühle von Trauer und Verzweiflung abwehren. Muss es dies dauernd tun, dann wird die entsprechende Muskulatur chronisch verspannt.

Verspannungen stammen also aus jeweils spezifischen emotionalen Konflikten oder anderen, länger währenden Belastungen, die im Laufe des Lebens zu bewältigen sind. Da das Muskelsystem gleichzeitig die Körperhaltung bestimmt, führen solche charakteristischen Verspannungen somit zu typischen „Charakterhaltungen", aus denen wiederum ein bestimmtes Erleben und Verhalten resultiert. So verhindert beispielsweise der entsprechende Muskelpanzer nun eine tiefere Atmung und damit das Erleben intensiver Gefühle von Traurigkeit.

Psychosomatische Reaktionsmuster. Charakterstrukturen sind somit typische psychosomatische Reaktionsmuster und stellen die „Fleisch gewordene Geschichte der Person dar, die man aus ihrem Körper genauso ablesen kann wie die Entwicklung eines Baumes in Antwort auf die Witterungsbedingungen durch das Studium von Wuchs, Proportion und Gewebe (Jahresringe)" (Büntig, 1983, S. 77).

Der Begriff „Reaktionsmuster" weist auch darauf hin, dass das Konzept der Charakterstrukturen keinesfalls statisch gesehen wird: als etwas, was der Mensch hat, gar durch Vererbung oder im Sinne eines Makels.) Vielmehr sind Charakterstrukturen dynamisch zu sehen: als etwas, was der Mensch tut – besonders bei Belastung.

> **Charakterstrukturen als Gewohnheiten**
> Charakterstrukturen sind „eingefleischte" (durchaus auch wörtlich zu verstehen) kognitive und verhaltensmäßige Gewohnheiten, die weitgehend unbewusst, reflexartig täglich wiederholt werden und die die körperliche wie geistige Stellung des Menschen zu sich, zu seiner Umwelt und zu den existenziellen Grundfragen des Lebens charakterisieren (im doppelten Wortsinn).

Frühe Traumata. Entscheidend für diese Grundmuster sind besonders Konflikte und Traumata in der frühkindlichen Entwicklung – speziell unerfüllt gebliebene Bedürfnisse, deren Frustrationen fest im Körper verankert werden. Allerdings betont Büntig (1983, S. 77): „Sie unterliegen jedoch dem Stoffwechsel und sind daher in Grenzen, die vom Grad der Verfestigung ebenso wie vom persönlichen Einsatz für die Verwandlung abhängen, in einem bisher unmöglich erscheinenden Ausmaß veränderbar: Ich habe erlebt, wie unter bioenergetischer Therapie Schizophrene eine befriedigende Beziehung zu Arbeit und Geschlecht wieder aufnahmen, mädchenhafte Frauen ihr enges Becken ... in einer verspäteten Pubertät entfalteten, plattfüßige Melancholiker ein normales Fußgewölbe und Lebenslust entwickelten, junge Frauen mit Kniegelenksarthrosen beschwerdefrei wurden ..."

Klassifikation pathologischer Charakterstrukturen
Die Charakterstrukturen, die Lowen (1979) zur Klassifizierung der Vielfalt pathologischer Gewohnheiten (im obigen Sinne) verwendet, weisen eine andere Einteilung auf als die von Reich beschriebenen.

> **Fünf Charaktertypen**
> ▶ schizoid
> ▶ oral
> ▶ masochistisch
> ▶ psychopathisch
> ▶ rigid (bzw. starr).

Die letzten drei entsprechen in etwa auch Reichs Typen, während die ersten beiden Lowens Ergänzungen sind. Es geht bei diesen beiden Typen um Strukturen, die durch Konflikte und Frustrationen in ganz früher Kindheit erworben sind. Bereits im Kapitel über Freud wurde darauf hingewiesen, dass zahlreiche (tiefenpsychologisch orientierte) Wissenschaftler der Auffassung sind, dass diese frühen Störungen in den letzten Jahrzehnten stark zugenommen haben. Von Büntig (1983) wird sogar aus der „schizoiden" Struktur eine noch früher erworbene, die „schizophrene Charakterstruktur", abgespalten.

In seiner Charakterkunde beschreibt Lowen jede Charakterstruktur durch einen bestimmten bioenergetischen Zustand, durch ihre körperliche Erscheinungsform, durch ihre psychologische Begleitmerkmale sowie durch die Angabe ursächlicher und historischer Faktoren.

Dabei sei nochmals betont, dass diese Einteilung nicht Menschen, sondern neurotische Abwehrhaltungen zum Gegenstand hat – ein konkreter Mensch mit seinen Abwehrhaltungen also in der Regel eine Mischung dieser Typen aufweist.

Entwicklungspsychologische Bedürfnishierarchie
Lowen übernimmt nicht einfach alle sechs Typen Reichs als Charakterstrukturen und fügt seine beiden hinzu, sondern er wählt eine neue Einteilung – so umfasst z. B. Lowens Typ des rigiden Charakters Reichs phallisch-narzisstischen, passiv-femininen, männlich-aggressiven und hysterischen Charakter. Der Grund liegt darin, dass Lowen sich weniger an Freuds Phasen der Libidoentwicklung orientiert als vielmehr an einer Bedürfnishierarchie im Laufe der Entwicklung.

Entwicklungspsychologische Bedürfnishierarchie

- **Existenz:** Zunächst, im Uterus, ist das „Kind" einfach da, geborgen und voll befriedigt, ohne dass es Bedürfnisse kundtun muss. Es hat das Recht zu existieren.
- **Bedürfnis:** Nach der Geburt aber hat es sofort eine Vielzahl von Bedürfnissen – nach Nahrung, Nähe, Zärtlichkeit usw. Hier geht es um das Recht der Befriedigung von Bedürfnissen.
- **Unabhängigkeit:** In der nächsten Entwicklungsphase geht es um das Recht, selbständig und unabhängig zu sein („ich kann selbst").
- **Nähe (Geborgenheit):** Durch die gewachsene Unabhängigkeit entwickelt sich auf der nächsten Stufe ein auf die Persönlichkeit der Mutter bezogenes „ich brauche dich".
- **Freiheit:** Danach kommt eine Phase, wo es um das Recht auf Freiheit geht – und auch auf Opposition gegenüber den Eltern.
- **Geschlechtlichkeit/Liebe:** Beim letzten der natürlichen Rechte eines Kindes (etwa zwischen 3 und 6 Jahren) geht es um die Identität im Hinblick auf die eigene Geschlechtlichkeit, d. h. um die Identifizierung mit dem gleichgeschlechtlichen und die liebevolle Zuwendung zum gegengeschlechtlichen Elternteil (um das also, was Freud als „Ödipuskomplex" kennzeichnete).

Frustrationen und Bewältigungsstrategien. Beeinträchtigungen (Frustrationen der Bedürfnisse) in diesen Entwicklungsphasen führen zu den entsprechenden charakteristischen Bewältigungsstrategien – eben den Charakterstrukturen. Diese lassen sich also verstehen als „anachronistische Fortschreibungen von frühkindlichen und in der Gegenwart weitgehend unbewussten Konflikten zwischen zwei in der Entwicklung aufeinander folgenden Grundbedürfnissen ..., die als Wiederholungszwang ... immer wieder neu konstelliert werden in der (ebenfalls unbewussten) Hoffnung auf Erlösung" (Büntig, 1983, S. 80).

So ist z. B. der schizoide Charakter durch den Konflikt „Existenz vs. Bedürfnis" bestimmt. Die Lösung eines Konfliktes bedeutet, dass der Wertegegensatz verschwindet – d. h., ein schizoider Mensch würde dann lernen, dass sich Existenz und Bedürfnis nicht gegenseitig ausschließen müssen und man beides miteinander vereinbaren kann (Lowen, 1979, S. 151).

→ **Beispiel 6.1** Bioenergetische Therapie einer schizoiden Patientin

Grundkonflikte der Charaktertypen

Eine ausführliche Darstellung der Charakterstrukturen unter den obigen Gesichtspunkten – bioenergetischer Zustand, körperliche Erscheinungsform usw. – würde diesen Rahmen sprengen. Stattdessen soll hier die Typologie durch Zusammenstellung der von Lowen herausgearbeiteten Hierarchie in Bezug auf das Ausmaß an Intimität und Kontakt sowie durch den jeweiligen Grundkonflikt gekennzeichnet werden:

Charakterstrukturen und Grundkonflikte

- Der **schizoide** Charakter meidet intime Nähe. Der Konflikt lautet: „Wenn ich mein Bedürfnis nach Nähe ausdrücke, ist meine Existenz bedroht". Anders gesagt: „Ich kann existieren, sofern ich keine Intimität brauche." Der Schizoide muss also im Zustand der Isolation verharren. (In Kurzform: „Existenz gegen Bedürfnis").
- Der **orale** Charakter kann Nähe nur auf der Basis seines Bedürfnisses nach Wärme und Halt herstellen, das heißt auf einer infantilen Basis. Der Konflikt lautet: „Wenn ich unabhängig und selbständig bin, muss ich auf Halt und Wärme verzichten." Diese Maxime zwingt den oralen Menschen, in einer abhängigen Position zu bleiben. Sie wird deshalb folgendermaßen abgeändert: „Ich kann mein Bedürfnis nach Halt und Wärme befriedigen, solange ich nicht unabhängig oder selbständig bin." Wenn dieser Mensch sein Bedürfnis nach Liebe und körperlicher Nähe aufgäbe, würde er in ein schizoides Stadium eintreten, das die Wirklichkeit und das Leben weit stärker leugnet. (In Kurzform: „Bedürfnis gegen Unabhängigkeit").

- Der **psychopathische** Charakter kann nur zu den Menschen eine Beziehung aufbauen, die ihn brauchen. Solange er gebraucht wird und imstande ist, die Beziehung zu steuern, kann er zulassen, dass sich ein bestimmtes Maß an Nähe entwickelt. In dieser Struktur herrscht ein Konflikt zwischen Unabhängigkeit bzw. Selbstständigkeit und Bedürfnis nach Geborgenheit und Anschluss: „Ich kann dir nahe sein, wenn ich zulasse, dass du mich lenkst oder benutzt." Der psychopathische Mensch kann das aber nicht zulassen, weil er dann sein Selbstgefühl aufgeben müsste. Andererseits ist er auch nicht imstande, sein Bedürfnis nach Nähe abzuwürgen, was der Schizoide tut, oder das Risiko der Unabhängigkeit einzugehen, was beim oralen Charakter der Fall ist. In dieser Zwickmühle war er als Kind gezwungen, die Rollen zu vertauschen. In seinen jetzigen Beziehungen wird er gegenüber dem Partner, der eine orale Position einnehmen muss, zum Lenker und verführenden Elternteil. Indem er die Kontrolle über den anderen behält, kann er ein gewisses Maß an Nähe zulassen. Man könnte es so ausdrücken: „Du kannst mir nahe sein" statt „Ich habe das Bedürfnis, dir nahe zu sein". (In Kurzform: „Unabhängigkeit gegen Nähe bzw. Geborgenheit").
- Der **masochistische** Charakter ist zwar fähig, eine enge Beziehung herzustellen, aber nur auf der Grundlage einer unterwürfigen Haltung. Eine derartige Beziehung ist natürlich „halbherzig", immerhin jedoch intimer als alle Beziehungen, die die drei zuerst genannten Charaktertypen eingehen können. Hier spielt sich der Konflikt zwischen dem Bedürfnis nach Liebe oder Anschluss und dem Freiheitsbedürfnis ab. Einfacher gesagt: „Wenn ich frei bin, wirst du mich nicht lieben." Angesichts dieses Konflikts erklärt der Masochist: „Ich will dir gehorchen, und du wirst mich dafür lieben." (In Kurzform: „Nähe bzw. Geborgenheit gegen Freiheit").
- Der **rigide** bzw. **starre** Charakter knüpft ziemlich enge Beziehungen. Ich benutze das Wort „ziemlich", weil er trotz der augenscheinlichen Intimität und des augenscheinlichen Engagements ständig auf der Hut bleibt. Der rigide Charakter ist relativ frei – relativ, weil er ständig über seine Freiheit wacht, indem er sich von den Wünschen seines Herzens nicht zu sehr den Kopf verdrehen lässt. Seinen Konflikt könnte man folgendermaßen schildern: „Ich kann frei sein, wenn ich nicht den Kopf verliere und nicht vor der Liebe kapituliere." Kapitulation vor der Liebe hat für ihn den Beigeschmack von Unterwerfung, die ihn, wie er meint, zu einem masochistischen Charakter degradieren würde. Infolgedessen achtet er darauf, dass sein Verlangen und seine Liebe nie zu stark werden. (In Kurzform: „Freiheit gegen Kapitulation vor der Liebe"). (Geringfügig modifiziert nach Lowen, 1979)

6.3 Grounding und Körperarbeit

Grounding

Eines der für die Bioenergetik spezifischen Hauptkonzepte ist das Grounding (deutsch auch: „Erden", besser aber: „Begründet-Sein"). Es entstand zunächst einfach nur aus dem Bedürfnis Lowens, in seiner eigenen Therapie, die er bei Pierrakos machte, mehr „in die Beine ‚hineinzukommen', ihrer ganz bewusst zu werden". Er „begann deshalb, die therapeutische Arbeit (als Klient) im Stehen, nicht mehr im Liegen wie bei Reich" (Lowen, 1979, S. 28) durchzuführen.

Nach und nach wurde daraus eine Konzeption, die immer größere Bereiche umfasst: Grounding im Körper, Grounding in der Psyche, Grounding in der Sexualität (Letzteres ist, nach Lowen, das bioenergetische Äquivalent zur orgastischen Potenz bei Reich – obwohl Reich ebenfalls die gesamte Körperfunktion und die Psyche in sein Konzept mit einbezogen hatte). Beim Grounding geht es vordergründig um die Art und das Ausmaß des Bodenkontaktes. Immerhin hängt damit das Schwer- und Gleichgewicht und somit die gesamte (körperliche) Haltung eines Menschen zusammen.

Dieser Zusammenhang rechtfertigt es in der Tat, in einer Therapieform, welche die Körperhaltungen mit ihren Energieblockaden als funktional äquivalent zu Charakterhaltungen und den sie verursachenden psychischen Beeinträchtigungen ins Zentrum der Betrachtungen stellt, nicht „auf der Couch zu verharren", sondern der Boden-Ständigkeit erhöhte Aufmerksamkeit zu widmen.

Person und Körper. In wesentlich weiterer Fassung aber geht es beim Grounding um die gesamte Stellung zu den Dingen und Personen der Welt und zu sich selbst – d. h. zu sich als Person und als Körper. Beide werden allerdings in der Bioenergetik ohnedies als identische Einheit gesehen: „Das grundlegende Axiom lautet: Die Person *ist* der jeweilige Körper" (Lewis & Lowen, 1977, S. 217).

Allerdings muss dieses „ist" – obwohl so von Lowen in vielen Schriften formuliert – wohl doch eher korrelativ-funktionell verstanden werden. Sonst wäre nämlich eine Formulierung (z. B. nur drei Seiten später) wie: „grounding ... umfasst das Gegründet-Sein der Person in ihrem Körper" kaum sinnvoll: Denn wenn die Person der Körper *ist*, kann sie nicht mehr oder minder in ihm begründet sein. Die Hauptaspekte, die vom Therapeuten beim Grounding beachtet werden, umfassen Bewegungsfunktionen, Wahrnehmungsfunktionen und Ausdrucksvermögen (vgl. Pechtl, 1980).

Das Herz. Im Zusammenhang mit dem Grounding – und dem Einbeziehen auch der unteren Extremitäten in die Körperarbeit – verschiebt sich für Lowen gegenüber Reich auch die Reihenfolge, in der die Segmente des Muskelpanzers bearbeitet werden: War bei Reich die Richtung der Arbeit eher „von oben nach unten" – mit Endziel und Schwerpunkt bei der Beckenmuskulatur (entsprechend der starken Betonung der Sexualität) –, so ist bei Lowen die Arbeitsrichtung eher „von den Extremitäten (also oben und unten) zum Kern (core)."

Als Ziel und Zentrum der bioenergetischen Arbeit wird nicht das Becken, sondern das Herz – im körperlichen und im übertragenen Sinne – aufgefasst. Möglicherweise ist dies besonders dem Einfluss von Pierrakos zuzuschreiben, da im Zusammenhang mit den Energieformen der Aura das Herz als Zentrum gesehen wird.

Behandlung und Übungen

Die Körperarbeit in der Bioenergetik besteht sowohl aus Behandlung als auch aus Übungen. Die Behandlung umfasst Massage, Druck und sanfte Berührungen, um die Motilität – das natürliche, spontane Spiel der Muskeln und ihre Mikrovibration – zu erhöhen. Je mehr Verspannungen gelöst werden und je entkrampfter die Muskeln sind, desto feiner wird die Vibration.

Gebote und Ziele. Die beiden zentralen Gebote sind nach Lowen, einerseits die Knie zu jeder Zeit elastisch zu halten und andererseits den Bauch herauszulassen. Durch eingerastete Knie wird nämlich der Körper abwärts der Hüfte starr – er dient funktional nur als Stütze. Natürlicherweise aber ist der Unterkörper und sein ungehinderter Energiefluss genau so wichtig wie der Oberkörper. Ersterer ist primär für Bewegung, Entleerung und Sexualität zuständig (Bereiche, die der „zivilisierte" Mensch zunehmend ignoriert), der Oberkörper hingegen für Denken, Sprechen und Manipulation der Umwelt. Das Herauslassen des Bauches ist besonders für eine freie Atmung wesentlich (s. u.).

Die Übungen, die im Laufe von zwei Jahrzehnten entwickelt worden sind, werden sowohl in den Therapiesitzungen (einzeln oder in Gruppen) als auch in Form von Aufgaben zu Hause gemacht.

Dabei geht es vor allem um

- mehr Kontakt mit dem Boden – das Grounding,
- Intensivierung der Vibration des Körpers,
- Vertiefung der Atmung,
- Erhöhung des Selbstbewusstseins,
- Erweiterung des Selbstausdrucks.

In dem Buch „Bioenergetik für Jeden. Das vollständige Übungshandbuch", Lowen und Lowen (1979) werden über 100 Übungen vorgestellt und hinsichtlich ihrer Funktion und ihrer Wirkungsweise eingehend besprochen.

Psychoanalytische Aufarbeitung. Die Erfahrungen, die der Patient in der Behandlung und bei den Übungen macht, werden von Lowen weitgehend psychoanalytisch aufgearbeitet. Dabei steht die Dynamik zwischen Bedürfnis und Widerstand als Kernphänomen der Charakterstrukturen im Vordergrund. Die Einheit von Psyche und Soma, die oben für das Entstehen der Störungen als wesentlich hervorgehoben wurde, wird also auch bei der Behandlung besonders betont.

Atmung und Stimme
Noch größere Bedeutung als schon in der Vegetotherapie hat in der Bioenergetik die Atmung. Gerade unter energetischen Aspekten ist zu bedenken, dass neben der Nahrung insbesondere der mittels Atmung aufgenommene Sauerstoff der Hauptlieferant von Körperenergie ist. Eine vertiefte Atmung ist somit der direkteste Weg zur Erhöhung des Energieniveaus, dessen Einschränkung eines der typischsten Merkmale von Neurotikern und Psychotikern ist – neben einer Störung wesentlicher Körperrhythmen wie Energiestoffwechsel, Herzschlag, Atmung usw.

Atemstörungen und Energieniveau. Hier ist eine Wechselwirkung zu beachten: Ein zu geringes Energieniveau begrenzt die Möglichkeiten zu einem vollen Ausdruck der Gefühle und der Motilität (s. o.). Andererseits beschränken diese muskulären Blockaden die Energiezufuhr mittels Atmung, und der Körper benötigt so letztlich auch weniger Energie. Das System ist also auf einem eingeschränkten Energieniveau durchaus stabil. Auch die eingeschränkte Atmung ist also im Hinblick auf die oben skizzierte Genese der Störungen in der frühen Kindheit durchaus funktional: Immerhin hatten die Muskelverspannungen und die hiermit verbundenen Atemstörungen die Aufgabe, Affekte, Gefühle und zu stürmische Freisetzung von Lebensenergien zu unterdrücken und den Organismus so vor unbewältigbaren Konflikten und Anforderungen zu schützen.

Lowen weist darauf hin, dass bei der natürlichen Atmung die Atembewegungen wie in Wellen verlaufen: Die Einatmungswelle fängt tief unten im Becken an und fließt nach oben zum Mund, die Welle des Ausatmens fängt dort an und fließt wieder bis ins Becken.

Entspannung des ganzen Körpers. Mit einer solchen Ausatmung ist auch eine Entspannung des ganzen Körpers verbunden. „Menschen, die Angst haben, sich gehen zu lassen, haben auch Schwierigkeiten beim Ausatmen. Selbst nach einer forcierten Ausatmung bleibt die Brust noch ein wenig gebläht. Eine überdehnte Brust ist Abwehr gegen Panikgefühle, die der Angst, nicht genug Luft zu bekommen, verwandt sind. Wenn ein Mensch in diesem Zustand die Luft ganz herauslässt, erlebt er eine momentane Panik, die ihn veranlasst, sofort wieder tief Luft zu holen und die Brust zu dehnen. Er behält in der aufgeblasenen Brust eine große Luftreserve als eine Art Sicherheitsgürtel. Er hat Angst davor, diese illusorische Sicherheit aufzugeben. Andererseits tun sich Menschen, die Angst davor haben, um etwas zu bitten, schwer, voll einzuatmen" (Lowen & Lowen, 1979, S. 29).

Tiefatmung. Die Tiefatmung, die ein wesentliches Moment der therapeutischen Behandlung und der bioenergetischen Übungen ist, führt somit nicht nur zu einer erhöhten Energieaufnahme. Vielmehr wird durch eine Vibration des Körpers, die in der Regel mit diesen Übungen erzeugt wird, auch mehr Energie entladen. Dieser Prozess wird oft durch spezielle bioenergetische „Stresspositionen" unterstützt, bei denen die Muskeln anfangen zu zittern. Als besonderes Instrument zur Bearbeitung der Atmung wird oft der „Atemschemel" verwendet, ein ca. 60 cm hoher Schemel, über den sich der Patient zurücklehnt – wodurch dessen Atmung stimuliert wird, ohne gezielte Atemübungen machen zu müssen.

Bedeutung der Stimme. In diesem Zusammenhang ist es einleuchtend, dass in der Bioenergetik insbesondere auch die Stimme stärker mit einbezogen wird. Lowen weist dabei darauf hin, dass „per-sona" „hindurch-tönen" bedeute (was etymologisch allerdings höchst fragwürdig ist). Stimme ist eine wichtige Form von Vibration für den Körper: Anhand von Schreien, Stöhnen, Seufzen etc. wird deutlich, dass die Stimme nicht nur funktionell-kommunikativen Charakter hat, sondern auch notwendiges Mittel ist, Gefühle, ja die gesamte Person in ihrer Ganzheit auszudrücken. Schon das Neugeborene beginnt seine Atmung mit dem ersten Schrei. Eingeschränkte Atmung und schwache bzw. flache, tonarme Stimme hängen nach Lowen eng miteinander zusammen.

Bisweilen werden in der Bioenergetik von Pierrakos und Lowen entwickelte Griffe am Hals eingesetzt, um die Stimme freizumachen und die entsprechenden Verspannungen zu lockern (vgl. z. B. Lewis & Lowen, 1977, S. 238 ff.).

Die Bioenergetik zeichnet sich zwar durch eine große Anzahl spezifischer Übungen aus, ist aber letztlich für jede Technik offen. „Nicht, was wir machen", betont Lowen, „sondern wie wir das Leben und die Lebensabläufe – uns eingeschlossen – verstehen", ist das Wichtige in der bioenergetischen Analyse (Lewis & Lowen, 1977, S. 220).

→ **Beispiel 6.2** Bioenergetische Trauma-Therapie

6.4 Zusammenfassung

Bioenergetik und Vegetotherapie. Die Bedeutung von Lowens Bioenergetik liegt v. a. in der Erweiterung von Reichs Ansatz um einige praktische Übungen. Die theoretische Basis stimmt dabei weitgehend überein. Gleichwohl ist Lowens Ansatz bekannter als der Reichs, wozu auch seine zahlreichen Publikationen beitrugen.

Charakterstrukturen und Charaktertypen. Auch bei Lowen ist der Begriff des Charakters zentral. Die Abwehr von Konflikten geschieht ebenso wie nach Reichs Theorie durch den Aufbau einer Charakterhaltung, zu der bestimmtes Verhalten und muskuläre Verspannungen gehören (die sich gegenseitig beeinflussen). Die Charakterstrukturen können als „eingefleischte Gewohnheiten" verstanden werden, die jedoch dynamisch und veränderbar sind. Muskelverspannungen und damit einhergehende Atemstörungen sind funktional, so dienen sie z. B. zum Schutz vor bestimmten Affekten und damit verknüpften unbewältigbaren Konflikten.

Die Einteilung der Charaktertypen (schizoid, oral, psychopathisch, masochistisch, rigid) weicht von der Reichs ab; sie orientiert sich statt an der Libidoentwicklung an einer Bedürfnishierarchie im Laufe der kindlichen Entwicklung, die mit den Schlagworten Existenz – Bedürfnis – Unabhängigkeit – Nähe – Freiheit – Geschlechtlichkeit umrissen werden kann. Lowen beschreibt die Charakterstrukturen durch einen bestimmten bioenergetischen Zustand, eine körperliche Erscheinungsform u. dgl. Sie lassen sich auf den Konflikt zweier aufeinander folgender Grundbedürfnisse (bzw. deren Bewältigungsversuche) zurückführen. So kann z. B. der schizoide Charakter gar keine Nähe zulassen, ohne seine Existenz bedroht zu sehen (siehe Beispiel 6.1), während der psychopathische Charakter einen Konflikt zwischen seinem Unabhängigkeits- und seinem Nähebedürfnis verspürt und nur dann Nähe zulassen kann, wenn er dabei die Kontrolle behält.

Grounding und Körperarbeit. Im Bodenkontakt wird der das Gleichgewicht und die körperliche Haltung eines Menschen repräsentiert. Aufgrund der funktionalen Äquivalenz der Energieblockaden von Körper und Charakter entwickelte Lowen die Konzeption des Groundings. Hierbei wird auf Bewegungs-, Wahrnehmungs- und Ausdrucksvermögen geachtet. Die Körperarbeit geht von den Extremitäten aus nach innen zum Herz.

Durch Körperübungen, die Massage, Druck und sanfte Berührungen umfassen, soll mehr Bodenkontakt, mehr Vibration des Körpers, vertiefte Atmung, mehr Selbstbewusstsein und mehr Selbstausdruck erreicht werden. Dabei ist auf lockere Knie und einen herausgelassenen Bauch zu achten. Letzteres soll auch eine vertiefte Atmung ermöglichen, die ein direkter Weg zur Erhöhung des Energieniveaus ist, aber auch zur Entladung von Energie (Entspannung des ganzen Körpers). Auch die Stimme wird hierbei mit einbezogen.

Wie auch bei Reich werden in der bioenergetischen Therapie die dabei erlebten Erfahrungen des Patienten tiefenpsychologisch aufgearbeitet. Hier steht die Dynamik zwischen Widerstand und Bedürfnis im Zentrum, wobei verschiedenste Techniken angewandt werden. (Siehe Beispiel 6.2.)

6.5 Verständnisfragen

- Was sind die zentralen Konzepte der Bioenergetik und der Vegetotherapie?
- Was sind nach Lowen Charakterstrukturen und wozu dienen sie?
- Welche Charaktertypen unterscheidet Lowen? Was ist an dieser Einteilung neu gegenüber der Reichs?
- Welche Charakterstruktur hat zum Beispiel welchen Grundkonflikt in Bezug auf das Nähe-Bedürfnis?
- Warum fing Lowen mit Körperarbeit im Stehen an?
- Wozu soll Grounding dienen?
- In welcher Reihenfolge geht Lowen bei der Körperarbeit vor?
- Welche zentralen Gebote gilt es dabei zu beachten und warum?
- Was ist außer den Köperübungen noch wichtig?
- Was sind allgemeine Ziele der Körperarbeit?
- Warum atmen Neurotiker flacher?
- Wozu dienen therapeutische Atemübungen?
- Inwiefern ist die Stimme eines Menschen aufschlussreich?

Fallbeispiele auf CD

Beispiel 6.1: Bioenergetische Therapie einer schizoiden Patientin
Das Originalbeispiel von Lowen verdeutlicht anhand der Therapie einer Tanzlehrerin mit schizoidem Charakter:
- bioenergetische Techniken der Körperarbeit,
- Besonderheiten des schizoiden Charakters.

Das Fallbeispiel bezieht sich auf das Kapitel:
6.2 Charakterstrukturen und Charaktertypen

Beispiel 6.2: Bioenergetische Trauma-Therapie
Das Fallbeispiel einer traumatisierten 51-jährigen Frau verdeutlicht:
- die Bedeutung des Groundings,
- konkrete Techniken der Körperarbeit,
- den Bezug zur psychoanalytischen Aufarbeitung des Traumas.

Das Fallbeispiel bezieht sich auf das Kapitel:
6.3 Grounding und Körperarbeit

7 Transaktionsanalyse

7.1 Entstehungsgeschichte und Grundkonzeption

Die Transaktionsanalyse ist durch zwei Taschenbuchpublikationen im deutschen Sprachraum sehr bekannt worden: „Spiele der Erwachsenen" von Eric Berne (1967; in Amerika 1964 erschienen) und „Ich bin o. k. – du bist o. k." von seinem Schüler Thomas A. Harris (1975). 1962 begann Berne, eine eigene Zeitschrift herauszugeben, die seit 1971 „Transactional Analysis Journal" heißt; 1964 gründete er die International Transactional Analysis Association (ITAA).

Biographischer Hintergrund
Die Grundzüge der Transaktionsanalyse wurden von Eric Berne (1910–1970) in den 40er und 50er Jahren entwickelt. Berne wurde in Montreal/Kanada geboren; sein eigentlicher Name ist Eric Lennard Bernstein. Nach seiner Ausbildung zum Chirurgen wanderte er 1935 in die USA aus, begann eine psychiatrische Ausbildung und praktizierte zunächst von 1941 bis 1943 als Psychiater an einer Klinik in New York. 1943–1946 arbeitete er als Heerespsychiater und ließ sich danach in privater Praxis nieder.

Auslöser und Einflüsse. Lebensgeschichtlich gesehen sind wohl drei Ereignisse für Bernes Entwicklung der Transaktionsanalyse von besonderer Bedeutung: Erstens die Anforderung an ihn als Heerespsychiater, in möglichst kurzer Zeit bei möglichst vielen Soldaten aussagekräftige Diagnosen zu stellen, und zweitens seine Analyse bei Paul Federn und Erik H. Erikson (vgl. das Einfluss-Schema in Kap. 1.7). Von Federn übernahm er dabei die spezifische Sichtweise des Todestriebes und die Konzeption der wechselnden Ich-Zustände (s. u.), von Erikson die Betonung des Urvertrauens beim Neugeborenen. Der dritte wichtige Auslöser für die Entwicklung der Transaktionsanalyse war die Ablehnung von Bernes Antrag auf Mitgliedschaft in der Psychoanalytischen Vereinigung (1956) mit der Begründung, er müsse sich noch weitere Jahre einer persönlichen Analyse unterziehen (vgl. Cheney, 1971).

Dies brachte Berne dazu, seine eigene Konzeption von Persönlichkeit, sozialer Interaktion und Psychotherapie zu entwickeln und – besonders ab 1957 – in einer Fülle von Artikeln und Büchern zu publizieren.

Grundkonzeption der Transaktionsanalyse
Die Grundkonzeption der Transaktionsanalyse geht von psychoanalytischen und individualpsychologischen Vorstellungen aus – besonders von Freuds Energie- und Libidokonzept und seinem Strukturmodell sowie von Adlers Betonung sozialer Erwartungsmuster, der „Familienkonstellation" und dem „Lebensplan". Neben den genannten Konzepten von Federn und Erikson wurden aber auch sozialpsychologische, lerntheoretische und humanistische Ideen integriert. Überhaupt war Berne bemüht, vielfältige Wissensbereiche in seiner Transaktionsanalyse zu berücksichtigen und daraus eine Therapieform zu entwickeln, die möglichst vielen verständlich und leicht vermittelbar sein sollte.

Zentrale Begriffe. Die Kernbegriffe der Transaktionsanalyse sind:

- **Strukturanalyse,** mit der die Struktur der Persönlichkeit diagnostisch erfasst werden kann,
- **Transaktionsanalyse** (im engeren Sinne), mittels derer spezifische Kommunikationsabläufe systematisiert dargestellt werden können,
- **Spielanalyse,** in der eine kategorielle Zurückführung der Transaktionen auf typische, oft pathologisch stereotypisierte Grundmuster („Spiele") vollzogen wird,
- **Skriptanalyse,** die in der Herausarbeitung des persönlichen Lebensplanes besteht, aus dem heraus die Transaktionen als aktualisierte Manifestationen gestaltet werden.

Menschenbild. Trotz ihrer engen Beziehung zur Psychoanalyse und zur Individualpsychologie (weshalb sie hier, wie üblich, auch in die tiefenpsychologischen Ansätze eingereiht wird) entspricht das der Transaktionsanalyse zugrunde liegende Menschenbild dem der humanistischen Psychologie: Der Mensch wird als einzigartig begriffen und Aspekte wie Ganzheit, Selbstbestimmung und Eigenverantwortlichkeit werden betont.

Selbstverwirklichung und Wachstum. Grundsätzliches Ziel der Therapie sind somit (sozial verantwortliche) Selbstverwirklichung und Wachstum der Person. Im Gegensatz zu den anderen humanistischen Ansätzen wird in der Transaktionsanalyse allerdings auch dem „freien", „natürlichen" Kind eine grausame, sadistische, machthungrige Seite unterstellt – die Berne den „kleinen Faschisten" nennt. Dies dürfte mit auf den Einfluss von Bernes Lehranalytiker Federn zurückgehen, der einer der Wegbereiter des Konzeptes eines eigenständigen Destruktions- und Aggressionstriebes war (vgl. Federn, 1932).

Popularisierung und Praxistauglichkeit

Bernes Schriften haben oft einen stark „journalistischen" Zug – geprägt durch anschauliche, eingängige Formulierungen und Beispiele. Dies führte zwar einerseits zur schnellen Verbreitung der Transaktionsanalyse in den USA und auch in Deutschland, hat aber durch die Betonung ihrer zweifellos pragmatischen Anwendbarkeit eine differenzierte theoretische Fundierung der entwickelten Konzepte verhindert.

Die aus anderen Ansätzen übernommenen Theorieteile wurden dabei oft mittels „griffiger" Kategorien vulgarisiert und damit einem breiten Praxisfeld psychosozialer Arbeit – weit über Psychotherapie im engeren Sinne hinaus – zugänglich gemacht. Dies soll keine Wertung sein – besonders angesichts einer Fülle differenziertester psychologischer Theorien, aus denen für die Praxis überhaupt nichts folgt.

Wenn allerdings Cheney (1971, S. 19) meint feststellen zu können: „Transaktions-Analyse umfasst Psychoanalyse", dann scheint ein solcher Geltungsanspruch wohl eher den Omnipotenzwünschen des „Kind-Ich" (s. u.) als einer adäquaten Realitätseinschätzung aus dem „Erwachsenen-Ich" eines Transaktionsanalytikers zu entspringen.

Therapeutisch fruchtbare Instrumente. Berne hat mit seinen Konzepten gut handhabbare sowie diagnostisch und therapeutisch durchaus fruchtbare Instrumente vorgelegt, die allerdings die theoretischen Lücken der Transaktionsanalyse nicht schließen können. So wird z. B. nicht klar, wie das Verhältnis von frühen Konditionierungen (durchaus ein Begriff, den Berne verwendet) und eigenständigen Entscheidungen eines eher autonomen Individuums ist. Daher haben besonders nach Bernes Tod die verschiedenen transaktionsanalytischen Institute unterschiedliche Aspekte in ihrer Sichtweise von Transaktionsanalyse in den Vordergrund gerückt (s. u.) – die Grundkonzepte sind allerdings weitgehend dieselben geblieben.

Integration in andere Therapieformen. Hagehülsmann und Hagehülsmann (1983) meinen zwar unter Berufung auf Goulding (1976) u. a., „man kann nicht mehr von der TA sprechen, sondern muss von verschiedenen, sich gegenseitig befruchtenden Ansätzen, Richtungen oder Schulen mit unterschiedlichen Annahmen über menschliche Entwicklung, Wachstum und therapeutische Schwerpunkte reden" (S. 1319), aber gemeint ist wohl eher, dass die transaktionsanalytischen Grundkonzepte von anderen Ansätzen assimiliert und in therapeutisches Handeln integriert wurden. Daraus entstand dann zwangsläufig etwas Neues, ohne dass man allerdings gleich von einer „Richtung" oder „Schule" sprechen müsste.

In der Tat eignen sich die folgenden Grundkonzepte – gerade auch wegen des Fehlens einer differenzierteren Theorie – hervorragend, zur praktischen Erweiterung anderer Ansätze mit herangezogen zu werden, ganz besonders in der Paar- und Gruppentherapie und wenn es gilt, schnell wesentliche Grundkompetenzen zur besseren Wahrnehmung zwischenmenschlichen Handelns zu vermitteln.

7.2 Strukturanalyse

Drei Ich-Zustände

Die Persönlichkeit wird zunächst grob in drei „Ich-Zustände" gegliedert, die für die Gestaltung sowohl der intraindividuellen Prozesse – Wahrnehmen, Fühlen und Denken (einschließlich des „inneren Dialoges") – als auch der nach außen gerichteten Aktivitäten bestimmend sind. Diese Ich-Zustände heißen (in der Reihenfolge der Entwicklung): „Kind-Ich" (K), „Eltern-Ich" (El) und „Erwachsenen-Ich" (Er). Jeder Ich-Zustand ist durch ein abgrenzbares Prozessmuster gekennzeichnet, wobei diese Einteilung in etwa dem „Es", „Ich" und „Überich" der Psychoanalyse entspricht.

Strukturmodell der Persönlichkeit. Dargestellt wird das Strukturmodell der Persönlichkeit gewöhnlich in Form dreier übereinander liegender Kreise – dem nebenstehenden Struktur-Diagramm (das quasi das „Markenzeichen" der Transaktionsanalyse ist). Diese Ich-Zustände sind wie folgt näher zu kennzeichnen (von unten nach oben):

▶ **Kind-Ich** (K): Selektion und Verarbeitung von Information sowie Handlungen in diesem Zustand werden von den spontanen, unkontrollierten Gefühlsregungen und Wünschen beherrscht. Dieser Ich-Zustand stellt regressive Relikte aus früherer Zeit – insbesondere frühkindlich fixierte Inhalte – dar, die unter bestimmten Umständen wirksam werden.

▶ **Erwachsenen-Ich** (Er): Hier herrscht eine kognitive Verarbeitung aller Einflüsse vor (besonders aus der Organismusumgebung, dem Kind-Ich und dem Eltern-Ich) sowie deren autonome Umsetzung in eine vernünftige und begründete (Re-)Aktion relativ zur objektiven Umwelt.

▶ **Eltern-Ich** (El): Dieser Zustand wird dominiert von den internalisierten Normen und Werten – oft ungeprüft und in Form von Vorurteilen. Dieser Ich-Zustand ähnelt den Handlungs- und Urteilsprinzipien von Elternfiguren und repräsentiert die (in der Entwicklung aufgenommenen) normativ gesetzten Anforderungen.

Jede Person besitzt dabei zwar grundsätzlich alle drei Ich-Zustände (einschließlich der unten dargestellten Differenzierungen), zum Zeitpunkt der Geburt sind diese aber weitgehend nur dispositionell vorhanden.

Entwicklung der Persönlichkeit

Angeborene psychische Grundbedürfnisse. Angeboren sind nach Berne als psychische Grundbedürfnisse der „Hunger nach Zuwendung", der „Hunger nach Stimulierung" und der „Hunger nach Zeitstruktur". Angeboren sind ferner die Grundgefühle Liebe, Freude, Trauer, Angst und Zorn. Das wichtigste psychische Bedürfnis, das nach Zuwendung, wird durch „Streicheln" befriedigt – zunächst physisch, in Form von Körperkontakt, später aber auch symbolisch, wie z. B. durch Loben.

Entwicklungsverlauf des Kindes. Durch positive Verstärkung („strokes") und Internalisierung von Handlungs- und Wertestrukturen, besonders über die Eltern, manifestiert sich die spezifische Struktur der Ich-Zustände in den ersten zwölf Lebensjahren. Dabei wird die Entwicklung des späteren Kind-Ich, K2, nochmals in drei Zustände unterteilt (vgl. Schema):

Bis etwa zum 8. Lebensmonat wird das Kleinkind regiert von seinen Grundgefühlen und Grundbedürfnissen und dem Streben nach ihrer unbedingten und sofortigen Befriedigung. Dieser infantile Teil, das „Kind-Ich im Kind-Ich" (K1), wird „somatisches Kind" genannt.

Dann beginnt sich das „Erwachsenen-Ich im Kind-Ich" (Er1) zu entwickeln: voller spontaner und kreativer Neugier wird die Welt erforscht. Es geht nun um die Aufnahme und Verarbeitung von Information und Erprobung neuer Handlungen. Dieser Persönlichkeitsteil wird auch als „kleiner Professor" bezeichnet.

Das „Eltern-Ich im Kind-Ich" (El1) entwickelt sich zwischen ca. 1/2 bis zum 3. Lebensjahr; es enthält übernommene Handlungs- und Bewertungsmuster der Eltern sowie eigene getroffene Entscheidungen, mit denen sich das Kind den Anforderungen anpasst, um zur Bedürfnisbefriedigung (Streicheln) zu kommen. Dieser Teil wird von Berne „Elektrode" genannt, um zu kennzeichnen, dass praktisch automatisch die hier gespeicherten Muster bei entsprechender Stimulierung abgerufen (und umgesetzt) werden.

Die volle Funktionsfähigkeit des Kind-Ich (K2) ist somit bis zum 3. Lebensjahr erreicht. Dann beginnt sich das Eltern-Ich (El2) zu entwickeln: Kognitive Regeln (insbesondere) der Eltern werden ohne Korrektur gesammelt („Wer nicht betrügt, der wird betrogen", „Ordnung und Sauberkeit sind das wichtigste im Leben" etc.). Es erreicht seine volle Funktionsfähigkeit ca. am Ende des 6. Lebensjahres.

Danach entwickelt sich das Erwachsenen-Ich (Er2) bis zum 10.–12. Lebensjahr; Daten aus dem Eltern-Ich und dem Kind-Ich werden aktualisiert und an der Realität erprobt, jedoch ohne die Daten dort ggf. zu korrigieren. Der sog. „Computer" im Er2 nimmt eine Neuordnung und Anpassung dieser Daten vor und trainiert die Abschätzung von Wahrscheinlichkeiten für bestimmte Handlungskonsequenzen.

Alter:
3–6 J

6–12 J

6 M–3 J „Elektrode"

8 M–3 J „Kleiner Professor"

0 M–8 M „Somatisches Kind"

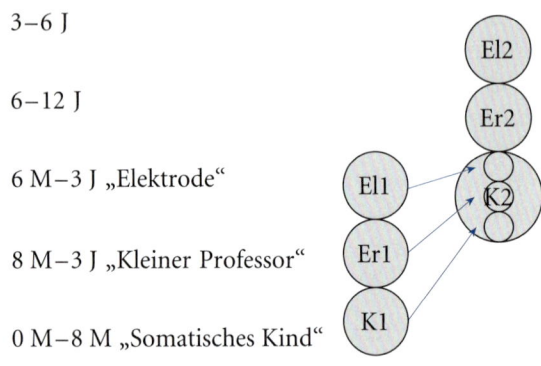

Entwicklung der Ich-Zustände nach dem transaktionsanalytischen Persönlichkeitsmodell

Systemstörungen und Funktionsaspekte

Bei einer gesunden Persönlichkeitsentwicklung sind die drei Ich-Zustände klar gegeneinander abgegrenzt; sie interagieren allerdings miteinander und gestalten so als Gesamtsystem eine Reaktion (bzw. „Transaktion" – s. u.). Wenn diese Grenzen hingegen defekt sind, ergibt sich eine gestörte Persönlichkeitsstruktur: So können die Grenzen zu durchlässig sein, so dass dann unkontrollierbare Vermischungen von Inhalten eine „Trübung" oder auch „Kontamination" ergeben. Sind die Grenzen hingegen zu starr, so dass praktisch einzelne Ich-Zustände von ihrem Einfluss auf das Erleben und Verhalten ausgegrenzt werden, so spricht man von „Abspaltung" oder „Exklusion".

Neurotische und psychotische Störungen. In beiden Fällen ist die freie Verfügbarkeit über alle Ich-Zustände eingeschränkt. In Trübungen wird dabei die Grundlage von Neurosen, in Abspaltungen die Grundlage von Psychosen gesehen. Die Ursachen hierfür werden in der Entwicklung der frühen Kindheit verortet: Um seine Bedürfnisse befriedigt zu bekommen, muss vielleicht ein Kind lernen, z. B. einen bestimmten Ich-Zustand übermäßig stark auszuprägen (der dann die anderen trübt) oder aber bestimmte Ich-Zustände nicht zu benutzen (etwa: „Ich darf nicht erwachsen werden").

„Exklusion" und „Kontamination" werden in der Transaktionsanalyse allerdings eher verstehend/deskriptiv als prognostisch/diagnostisch verwendet, d. h., die Grenze zwischen gesund und krank wird fließend gesehen.

Funktionsaspekte der Ich-Zustände. Die Ich-Zustände werden nicht nur im Hinblick auf ihre Struktur betrachtet und untergliedert, sondern auch hinsichtlich ihrer Funktion bei der Gestaltung intra- und interpsychischer Aktivitäten. Das Eltern-Ich wird dabei auf den beiden bipolaren Dimensionen „fürsorglich/nährend" ↔ „kritisch" sowie „konstruktiv" ↔ „destruktiv" in vier Funktionsaspekte untergliedert.

Das Kind-Ich wird zunächst in einen kreativen natürlichen Funktionsanteil, das „freie Kind", und einen an den Zuwendungsmustern der Eltern sich orientierenden Anteil, das „angepasste Kind", untergliedert. Letztere Kategorie wird dann wieder nach konstruktiver Funktion (wenn es mit den Anforderungen wächst) und destruktiver Funktion (wenn es durch Rebellion negative Zuwendung hervorruft) weiter untergliedert.

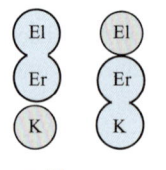

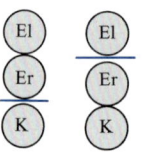

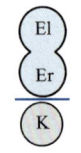

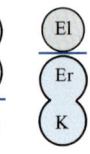

Trübungen   Abspaltungen   Mischformen

Pathologische Strukturmodelle: Störungen der Ich-Funktionen

7.3 Kommunikationsmodell der Transaktionsanalyse

Transaktionen und Reaktionen

Transaktionen sind Botschaften, die in zwischenmenschlichen Beziehungen von jedem Ich-Zustand an jeden Ich-Zustand des Partners gesandt werden können und dort eine entsprechende Botschaft als Reaktion auslösen. Hier besteht allerdings im Sinne Watzlawicks (vgl. in Kap. 18.1: Fünf Aspekte der Kommunikation) das Problem der Interpunktion: In der Regel ist nämlich die erstgenannte Botschaft selbst schon als Reaktion auf eine vorhergehende Botschaft zu sehen und so fort. Die Analyse der Transaktionen beginnt somit bei einem willkürlich gesetzten Bezugspunkt.

Transaktionsmuster

Entsprechend den neun Möglichkeiten, von drei Ich-Zuständen an drei Ich-Zustände eine Botschaft zu senden, und derselben Zahl „Antworten" gibt es $9 \times 9 = 81$ Transaktionsmuster; da zudem verdeckte Transaktionen möglich sind, bei denen zugleich zwei Ich-Zustände angesprochen werden (s. u.) und jeder der beiden Partner oder auch beide solche verdeckten Transaktionen senden können, gibt es weitere $18 \times 9 + 9 \times 18 + 18 \times 18$, also insgesamt (mit den ersten) 729 mögliche Transaktionsmuster zwischen zwei Personen.

Drei Hauptformen. Diese lassen sich aber in grundsätzlich drei Hauptformen gliedern, nämlich parallele oder komplementäre Transaktionen, gekreuzte Transaktionen und verdeckte Transaktionen.

Bei parallelen bzw. komplementären Transaktionen wird von dem Ich-Zustand reagiert, an den die Botschaft gesendet wurde, und zwar auf jenen Ich-Zustand, von dem sie kam. Andernfalls handelt es sich um eine gekreuzte Transaktion (auch dann, wenn sich die „Pfeile" nicht wirklich „kreuzen", z. B. El an Er und Er an K).

Bei den verdeckten Transaktionen wird neben dem vordergründigen Inhalt gleichzeitig (über Mimik, Gestik, Tonfall etc.) eine verdeckte psychologische Botschaft (meist die Beziehung betreffend) an einen anderen Ich-Zustand gesendet.

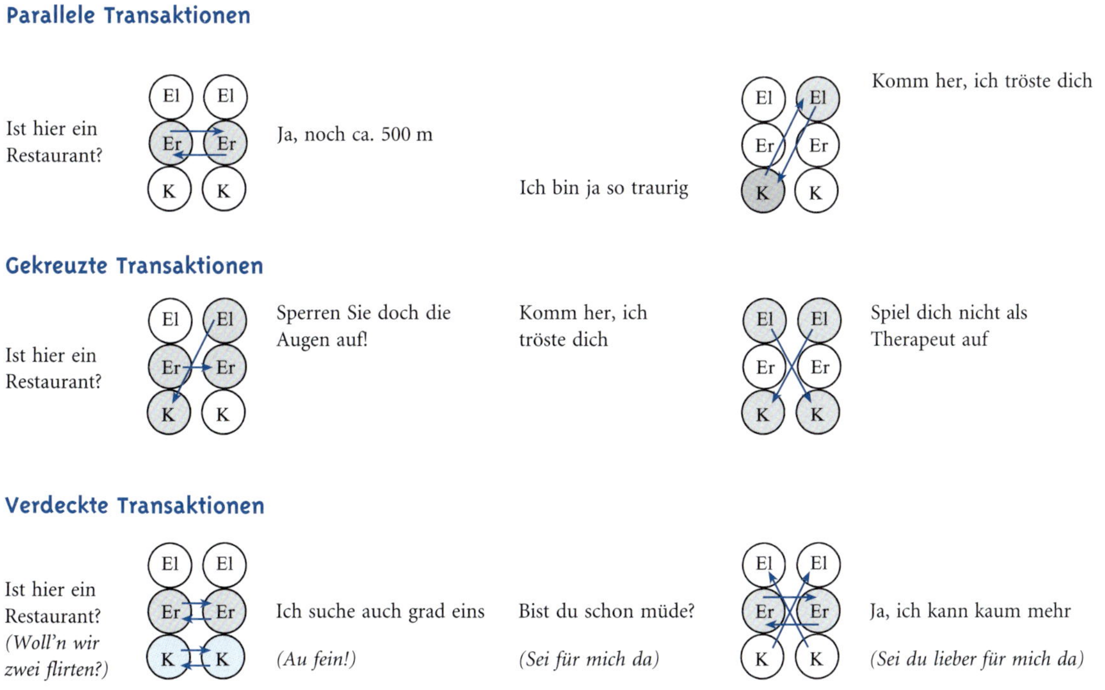

Parallele Transaktionen

Ist hier ein Restaurant? Ja, noch ca. 500 m

Komm her, ich tröste dich
Ich bin ja so traurig

Gekreuzte Transaktionen

Ist hier ein Restaurant? Sperren Sie doch die Augen auf!

Komm her, ich tröste dich

Spiel dich nicht als Therapeut auf

Verdeckte Transaktionen

Ist hier ein Restaurant? (Woll'n wir zwei flirten?) Ich suche auch grad eins (Au fein!)

Bist du schon müde? (Sei für mich da)

Ja, ich kann kaum mehr (Sei du lieber für mich da)

Transaktionen sind davon beeinflusst, welche Ich-Zustände eine Botschaft senden.

Wichtiger als die Analyse einer einzelnen Transaktion (bei der man sich über die beteiligten Ich-Zustände im Einzelnen oft streiten kann) ist das Herausarbeiten typischer, häufig wiederkehrender Transaktionsmuster als Ausdruck von eingelernten (Rollen-)„Spielen", die wiederum oft als Manifestationen eines grundlegenden Lebensdrehbuches der Person(en) angesehen werden (des „Skripts"; s. u.).

7.4 Spielanalyse

Komplementärtransaktionen

„Ein Spiel besteht aus einer fortlaufenden Folge verdeckter Komplementär-Transaktionen, die zu einem ganz bestimmten, voraussagbaren Ergebnis führen." (Berne, 1967). Dieses Ergebnis, ein „emotionaler Gewinn" (oft auf Kosten eines oder mehrerer anderer), ist die verdeckte Motivation dafür, ein solches Spiel zu unternehmen, wobei diese Motivation auch dem eigentlichen Betreiber des Spiels in der Regel nicht bewusst ist.

Spiele und Ersatzgefühle. Die Gefühle, die bei einem solchen Spiel als emotionaler Gewinn „ausgezahlt" werden, sind nach Berne in der Regel „Ersatz-" oder „Racket"-Gefühle: frühkindliche, in Eltern-Kind-Transaktionen gelernte Ersatzmuster für solche Gefühle, die nach dem Familienkodex nicht erlaubt sind (z. B. „Jungen weinen nicht").

Zur Befriedigung des erwähnten Grundgefühls „Hunger nach Zuwendung" werden solche Rollen übernommen, die zu den benötigten Streicheleinheiten („strokes") führen. Allerdings befriedigt selbst „negatives Streicheln" – Schläge, Beschimpfungen, Lächerlich-Machen usw. – noch eher den „Hunger nach Zuwendung", als überhaupt nicht beachtet zu werden.

Glaubenssätze und unbewusste Botschaften. Die Racket-Gefühle sind dabei mit ebenfalls gelernten Glaubenssätzen bzw. übernommenen Botschaften gekoppelt, z. B. „Ich schaffe nichts" verbunden mit Hilflosigkeitsgefühlen oder „Ich darf mich nicht äußern" verbunden mit Angstgefühlen. Diese werden zunächst durch Verstärkung seitens der Bezugspersonen, später oft durch Selbstverstärkung im inneren Dialog zu einem festen Bestandteil des „Lebensplanes" oder „Lebensskriptes" (s. u.), von dem aus gesehen die gewählten Rollen und Spiele stereotyp sich wiederholende aktuelle Manifestationen darstellen.

Gerade dieser Zwang zu gleichartigen Wiederholungen kennzeichnet die Spiele als neurotische Strategien. Hier bestehen große Ähnlichkeiten zum Wiederholungszwang des Neurotikers, den fast alle psychoanalytischen Richtungen betonen, bzw. zu den Charakterstrukturen bei Reich und Lowen.

Das Spiel „Wenn du nicht wärst"

Ein solches Spiel ist z. B. „Wenn du nicht wärst", das an einem Beispiel analog zu Berne (1967) zunächst „linear" erläutert werden soll. Im Zentrum steht hier die Position dessen, der das betreffende Spiel wählt – natürlich wählen auch die Mitspieler ihre Spiele, so dass eine systemische Betrachtungsweise angemessen wäre, was die Transaktionsanalyse aber bestenfalls ansatzweise leistet – sicher eine Schwäche (s. u.):

> **Verlauf eines Spiels**
> Eine junge Frau, von ihren Eltern sehr unselbstständig und mit dem Hang zu psychosomatischen Reaktionen „erzogen", hatte noch als Studentin einen ehrgeizigen Mann geheiratet, der, wie erwartet, auch bald Karriere machte. Mit seiner Hilfe hatte sie zunächst zwar noch ihr Studium beendet, promoviert und eine weitere Ausbildung durchgeführt, begann sich aber immer mehr zu beschweren, dass sie durch ihn in ihrer beruflichen Tätigkeit und persönlichen Entfaltung behindert würde, weil sie für die Kinder sorgen müsse. Die Ehe wurde geschieden, als die Frau knapp über 30 war.
>
> Doch trotz wesentlich besserer Bedingungen – die Kinder waren größer, es gab Hilfsangebote vieler Freunde und Verwandter – und eines attraktiven Berufsangebotes mit weitgehend freier Zeiteinteilung stellte sie nun fest, dass eine berufliche Tätigkeit sie überfordern würde, und gab statt einer Ausweitung sogar die bis dahin betriebene teilweise Beschäftigung und die damit verbundenen Entfaltungsmöglichkeiten auf.

Interpretation der unbewussten Botschaften. Dieses scheinbar inkonsequente (Zwischen-)Resultat zeigt etwas über die Struktur der Beziehung: Sie hatte (unbewusst) einen Mann geheiratet, von dem eine hohe berufliche Absorbierung voraussehbar war, und sofort ein Kind bekommen. Sie war nun in der Lage, sich darüber zu beklagen, dass sie alles Mögliche tun könnte, „wenn du nicht wärst". Tatsächlich aber leistete der Mann ihr einen guten Dienst, indem er als Vorwand dafür diente, etwas nicht zu tun, vor dem sie sich in Wirklichkeit fürchtete, nämlich selbständig und eigenverantwortlich ihr Leben zu gestalten, und er sie „durch die Umstände" sogar davor bewahrte, sich diese Furcht eingestehen zu müssen.

Ihr Kind-Ich hatte somit klugerweise genau einen passenden Partner gewählt. Zusätzlich aber konnte sie mit ihrem ständigen Klagen ihm Schuldgefühle machen und sich damit allerhand Vorteile ergattern, z. B. ihm materielle und soziale Zugeständnisse abringen, zu denen er sonst nicht bereit gewesen wäre. Auch ermöglichen ihr seine Schuldgefühle, eine besonders starke Position in anderen Spielen einzunehmen.

Bevorzugung bestimmter Rollen. Es gibt also eine große Anzahl von Spielen (s. u.), und eine Person ist keineswegs nur auf ein einziges Spiel oder gar nur eine einzige Rolle festgelegt. Doch werden entsprechend dem „Skript" (s. u.) bestimmte Spiele bzw. Rollen bevorzugt gewählt.

Operationen und Manöver

Berne unterscheidet zwischen „Operationen" und „Manövern": Eine Operation ist zwar ebenfalls eine Folge von Transaktionen, welche einem fest umrissenen, vorher bestimmten Zweck dienen, z. B. wenn jemand um Ermutigung bittet und sie auch erhält. Doch wird aus einer Operation ein Manöver, ein Schachzug in einem Spiel, wenn sie irgendwie zum Nachteil dessen verwendet wird, der auf die Operation eingegangen ist.

Wäre die Bewahrung vor der Selbständigkeit im obigen Beispiel eine Operation, so hätte die Frau ihrem Manne ihre Dankbarkeit (oder ihre Anerkennung) ausgedrückt. Im Spiel „Wenn du nicht wärst" aber zeigt sie genau die gegenteilige Reaktion: Sie nutzt die Situation aus, um sich zu beklagen und sich durch die Schuldgefühle zusätzliche Vorteile zu sichern.

Der Nutzen von Spielen. Das Spiel selbst ist dabei der innerliche Nutzeffekt; der äußerliche, soziale Nutzeffekt besteht darin, sich als „Opfer" von „Helfern" bemitleiden zu lassen (Berne, 1967, S. 134). Tatsächlich wurde das Spiel im obigen Fall durch die Scheidung nicht abgebrochen, sondern mit anderen Partnern modifiziert fortgesetzt: Trotz hoher Unterhaltszahlungen gab sie sich im Kreise ihrer Familie und von Freunden („Helfern") dem „Wenn er nicht (gewesen) wäre" hin, um sich so Streicheleinheiten zu sichern. Das heißt, die von der Mutter erlernte „Opferrolle" verbunden mit Traurigkeit und die Botschaft „du kannst nichts" verbunden mit Angst (und andere, wie z. B.: „Sei krank" usw.) wurden in der erfolgreichen Suche nach anderen „Rettern" weiter ausagiert.

Gescheitertes Racket. Petzold (1980a) betont, dass fast hinter jedem Spiel ein gescheitertes Racket steht (mit „Racket" bezeichnet er dabei im obigen Sinne eine Operation auf der Basis eines Racket-Gefühls, also eine Transaktion zwischen Kind-Ich und Eltern-Ich). Solange die Racket-Konfiguration konstant bleibt, ist ein Partner immer der Ausgebeutete. Wird diesem die Situation zu bunt und steigt er aus dem Racket aus, so geht der andere Partner meist zu einem Spiel über, um so doch noch Gewinn aus der Transaktion zu ziehen. Petzold demonstriert dies an dem im Schema dargestellten Beispiel (aus Petzold, 1980a, S. 134f.).

Vielfalt der Spiele

Nullsummenspiele. Revenstorf (1982/85) kennzeichnet die Transaktions-Spiele als „Nullsummen-Spiele": Es gibt dabei immer Gewinner und Verlierer, die „Auszahlung" an emotionalem Gewinn an den einen geht auf Kosten des (der) anderen. Es muss aber bezweifelt werden, ob diese Charakterisierung zutreffend ist: Vielmehr finden sich oft gerade solche „Mitspieler" ein, die ebenfalls einen emotionalen Gewinn aus der Situation ziehen, indem sie praktisch die Komplementärrolle übernehmen.

Das Spektrum der Racket-Gefühle kann nämlich im landläufigen Sinne durchaus ebenfalls komplementär geordnet werden – z. B. „Überlegenheit" und „Hilflosigkeit" oder „Selbstgerechtigkeit" und „Selbstzweifel/Scham". Da ferner frühkindliche Konstellationen bevorzugt wiederholt werden (die Merkmale und Reaktionen der anderen Akteure in diesem Spiel wurden ja ebenfalls in früher Kindheit beobachtet, erfahren und gelernt), ist es viel plausibler anzunehmen, dass sich Spielpartner geradezu unter dem Aspekt zusammenfinden, aus demselben Spiel ihren Gewinn zu ziehen – wenn auch in Form von *unterschiedlichen* Racket-Gefühlen.

Symbiotisches Zusammenspiel. Aus demselben Grunde ist auch die angeführte Aussage von Petzold, dass in einem Racket immer ein Partner der Ausgebeutete sei, wenig zutreffend – so wie man auch bei einer Symbiose zwischen einem Sadisten und einem Masochisten schwerlich sagen könnte, wer wen ausbeutet. Angesichts der Bedeutung dieses Zusammenspiels – insbesondere in dauerhaften Beziehungen – ist z. B. das Kollusionskonzept von Willi (vgl. Kap. 19.2 Kollusion und Kollusionstypen) wesentlich prägnanter. Da dieses zudem eine Entwicklungsdynamik besitzt, erklärt es auch besser, warum ein zunächst gut funktionierendes Zusammenspiel offen pathologisch werden kann, d. h. warum und wie es den Partnern irgendwann „zu bunt" wird.

Spiele der Erwachsenen. Trotz systemischer Defizite ist die Vielfalt der analysierten Spiele und ihrer Typologien wohl mit der Hauptbeitrag Bernes zur Psychologie und Psychopathologie. In dem bereits angeführten Buch „Spiele der Erwachsenen" werden allein 36 typische Spiele beschrieben und analysiert, untergliedert in „Lebensspiele", „Ehespiele", „Partyspiele", „Sexspiele", „Räuberspiele", „Doktorspiele" und „Gute Spiele".

Gleichzeitig werden aber auch andere Klassifikationen angeboten, und zwar nach der Anzahl der Spieler, den benutzten Werteinheiten (Worte, Geld, Körperteile), den psychopathologischen Zuordnungen (hysterisch, paranoid etc.), den Körperzonen (oral, anal, phallisch), der Psychodynamik (antiphobisch, projektiv, introjektiv) und dem Instinkt-Trieb (masochistisch, sadistisch, fetischistisch).

Unterschiedliche Intensität von Spielen. Zusätzlich betont Berne, dass sich Spiele und Spieler auch hinsichtlich ihrer Flexibilität, ihrer Ausdauer und ihrer Intensität unterscheiden, und kennzeichnet drei typische Stadien eines Spieles wie folgt: „Ein Spiel

Hilflosigkeits-Racket

A (K): „Mir geht es heute wieder so schlecht!"
B (El): „Ich werde sofort einen Tee machen."

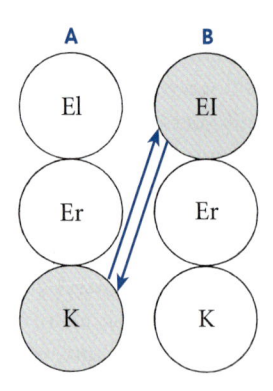

Gescheitertes Racket

A (K): „Mir geht es heute wieder so schlecht!"
B (Er): „Ich habe eben mit Dr. Peters gesprochen. Er sagt, alle Befunde seien normal." (2)
Mit einer Durchkreuzungs-Transaktion ist der Partner B ausgestiegen. Er hatte es satt, sich beständig emotional ausbeuten zu lassen. Die Interaktion von B wird wie folgt fortgesetzt:

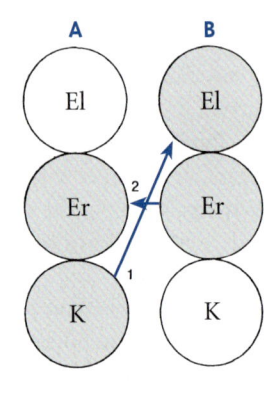

Spiel

A (K innerlich an sein El): „Mutter mach du weiter! Ich bin am Ende." (3a)
A (El): „Das habe ich mir gleich gedacht, dass du mich im Stich lässt, wenn es mir einmal schlecht geht. Du bist nicht besser als dein Vater!" (3b)
A hat hier zwar nicht die Strokes aus dem Hilflosigkeitsracket, aber einen Spielgewinn erlangt, weil A der Überlegene bleibt und B (bzw. sein K) an einer verwundbaren Stelle verletzen kann

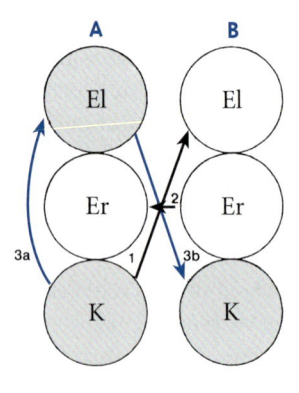

Schematische Darstellung eines Spiels (nach Petzold, 1980a)

ersten Grades gilt im Bekanntenkreis des agierenden Urhebers als gesellschaftlich akzeptabel. Ein Spiel zweiten Grades richtet zwar keinen bleibenden, nicht wieder gut zu machenden Schaden an, aber die Spieler zeigen die Neigung, es vor den Augen der Öffentlichkeit zu verbergen. Ein Spiel dritten Grades hat endgültigen Charakter; es endet im Operationsraum, im Gerichtssaal oder in der Leichenhalle" (Berne, 1967, S. 79).

Rollenspiele. Bei aller Differenziertheit solcher Spielanalysen hat sich für die Praxis die Verwendung des dreiteiligen Rollenkonzeptes von Karpmann (1968) als sehr brauchbar erwiesen. Danach können in Spielen in der Regel drei Grundmuster von Rollen entdeckt werden (bei denen auch der kollusive Charakter, d. h. das unbewusste Zusammenspiel, der Beteiligten etwas klarer wird):

- ein „Opfer", das bedrängt und verfolgt wird und sich retten lassen muss;
- ein „Verfolger", der als Bösewicht oder Ordnungshüter das Opfer drangsaliert und
- ein „Retter", der als überlegener, strahlender Held in bewundernswerter Weise dem Opfer zur Seite steht, es schützt und befreit.

Wesentlich ist, dass in dem Spiel die Rollen ggf. überraschend gewechselt werden können, etwa wenn das ursprüngliche „Opfer" die erlittene Drangsal benutzt, um nun als noch unerbittlicherer „Verfolger" anzutreten. Der Vorteil dieser groben Einteilung liegt darin, dass über diese recht einfach zu erfassenden Grundrollen rasch ein erster Hinweis auf die zugrunde liegenden Haltungen und Lebenspläne gewonnen werden und diese wieder in therapeutische Interventionen umgesetzt werden können.

7.5 Skriptanalyse

Elemente des Skripts

Spiele und die in ihnen enthaltenen Transaktionen bilden aktuelle Manifestationen eines bereits in der frühen Persönlichkeitsentwicklung geprägten Lebensplanes (oder -drehbuches), der kurz als „Skript" bezeichnet wird. Ein solches Skript wird gestaltet durch

- Lebensgrundpositionen,
- Indoktrinationen,
- Handlungsanweisungen und Rezepte,
- Modellverhalten.

Entwicklung der Lebensgrundpositionen. Die Lebensgrundposition (oder -einstellung) entwickelt sich durch den Hunger nach Zuwendung in Abhängigkeit vom „Familien-Streichelmuster". Das ist die Art und Weise, in welcher dieses Bedürfnis – besonders während der Stillzeit und der Reinlichkeitserziehung – befriedigt wird. Es werden fünf solcher Lebenseinstellungen unterschieden, denen Stufen in der kindlichen Entwicklung zugeordnet sind:

(1) **Ich bin O. K. – du bist O. K. (prä-/postnatal)** Das Neugeborene kommt mit Urvertrauen (Erikson) auf die Welt: Die intrauterine absolute Geborgenheit und Sicherheit bleibt auch postnatal zunächst noch erhalten. In dieser Grundhaltung ist das Kind sich selbst die wichtigste Person auf der Welt, es ist O. K., und alle, die diese Ansicht teilen, sind auch O. K. Diese Grundhaltung muss aber zu Enttäuschung führen, wenn sie nicht durch eine aktiv erworbene gleichartige (Nr. 5) ersetzt wird.

(2) **Ich bin nicht O. K. – du bist O. K. (1. Lebensjahr)** Sehr bald schon muss das Neugeborene erfahren, dass es hilflos, klein und von der Gnade anderer abhängig – also nicht O. K. – ist. Allein schon durch die notwendige Pflege erhält das Kind Streicheleinheiten von der Pflegeperson, die somit O. K. ist. Wird diese Haltung beibehalten, so resultiert daraus mangelndes Selbstwertgefühl, Depression mit Tendenz zu Suizid oder Sucht.

(3) **Ich bin nicht O. K. – du bist nicht O. K. (ca. 2. Lebensjahr)** Lässt die intensive Pflege – und damit die Verteilung von Streicheleinheiten – nach, erfolgen vielleicht Strafen oder sogar Missachtung, kommt das Kind zu der Überzeugung, dass die anderen auch nicht O. K. sind. Würde dieser Zustand beibehalten, so würde die Entwicklung des Erwachsenen-Ich hier aufhören, da es keine Streicheleinheiten als Verstärker erhält, deren Sicherstellung seine wesentliche Funktion ist. Abgestumpftheit, Mutlosigkeit und sogar Schizophrenie können die Folgen sein.

(4) **Ich bin O. K. – du bist nicht O. K. (ggf. ab 2. Lebensjahr)** Diese Grundhaltung entspricht im Gegensatz zu den ersten drei keinem Stadium der normalen Entwicklung, sondern entsteht nur bei fortdauernder Deprivation oder Misshandlung – die anderen sind also nicht O. K. Das eigene O. K. ist hier eine Folge des „Selbststreichelns". Daraus resultiert eine arrogante, selbstgefällige Haltung mit Neigung zur Kriminalität und Soziopathie bzw., bei leichteren Störungen, die Haltung der „Retter".

(5) **Ich bin O. K. – du bist O. K. (realistisch)** Die obigen Lebensanschauungen beruhen auf Gefühlen und sind unbewusst, weil die zugrunde liegenden Entscheidungen bereits in der frühen Kindheit gefällt wurden. Diese fünfte Lebensanschauung hingegen ist eine bewusste Entscheidung und beruht auf Denken, Glauben und Einsatzbereitschaft (Harris, 1975). Diese Lebensanschauung, aus der ein „Gelten und Gelten lassen" entspringt (Petzold, 1980a), ist Ziel der therapeutischen Interventionen in der Transaktionsanalyse.

Indoktrination der Eltern. Neben diesen Lebensgrundeinstellungen sind elterliche Indoktrinationen und Handlungsanweisungen ein weiterer wesentlicher Bestandteil des Skripts. Bei den Indoktrinationen handelt es sich um Botschaften, die (sinngemäß) immer wieder mitgeteilt werden, z. B. „werde nicht erwachsen", „sei krank", „sei ein Versager", „denke nicht" oder gar „sei nicht" etc.

Vermittlung von Handlungsanweisungen. Handlungsanweisungen werden entweder über modellhaftes Vormachen und direktes Anleiten oder über kognitiv-verbale Lebensregeln – z. B. „halte durch", „arbeite hart" – vermittelt. Üblicherweise handelt es sich dabei um Regeln, die der eigenen Lebensgeschichte der Eltern entstammen. Die frühen Skript-Botschaften oder -Verfügungen gehen dabei in der Regel verbal, aber auch nonverbal vom Kind-Ich der Eltern zum Eltern-Ich im Kind-Ich des Kindes (El1). Die späteren eher rationalen und verbal vermittelten Regeln gehen vom Eltern-Ich der Eltern zu dem des Kindes – stellen also tradierte Normen dar.

Miniskripts. Kahler und Capers (1974) entwickelten in diesem Zusammenhang das Konzept der „Antreiber", welche dem Kind ca. vom 6. bis 12. Lebensjahr als Gegenpart („Konter-Skript") zu den frühen destruktiven Botschaften vermittelt werden. Diese Antreiber oder „Miniskripts" sind Varianten der folgenden fünf Grundformeln: „streng dich an", „sei perfekt", „mach es allen recht", „beeile dich" und „sei stark und ohne Schwächen".

Lieblingsgefühle. Auch die oben bereits erwähnten „Lieblingsgefühle" sind Bestandteil des Skripts. Diese wurden als Ersatz für und im Zusammenhang mit Streicheleinheiten gelernt, weil sie in der Familie erlaubt waren und beachtet (= „gestreichelt") wurden. So kann z. B. Traurigkeit ein Lieblingsgefühl werden, wenn das Kind besonders dann Zuwendung erfährt, wenn es traurig ist. Ebenso wird oft durch negative Gefühle die Umwelt gesteuert: Auf Traurigkeit wird auch später oft mit Zuwendung und Mitleid reagiert, Unsicherheit fordert oft Aufmunterung heraus etc. Dies erklärt, warum Menschen durchaus in Spielen auch Konstellationen herbeiführen, in denen sie (zumindest vordergründig) negative Gefühle „wie Rabattmarken" einsammeln.

Aufdeckung durch die Skriptanalyse

Ziel der Skriptanalyse ist es nun, diese Lebensgrundpositionen, die Racket-Systeme und -Gefühle einschließlich der damit verbundenen indoktrinierten Skriptbotschaften und (späteren) Gegenbotschaften sowie der daraus resultierenden Spiele herauszuarbeiten. Die Einflüsse werden in einer Skriptmatrix dargestellt.

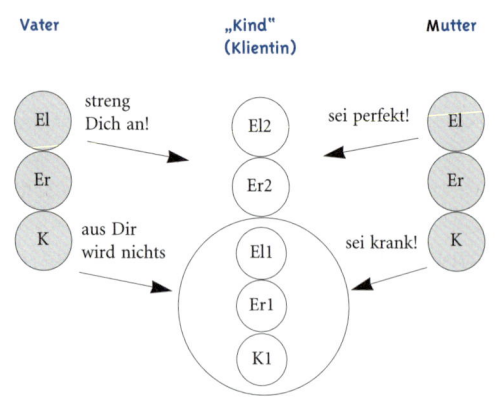

Skriptmatrix einer depressiven Klientin

→ **Beispiel 7.1** „Irgendwann bricht etwas Schreckliches über mich herein"

7.6 Therapeutische Intervention

Ziele der Therapie
Ziel der transaktionsanalytischen Therapie ist die Befreiung vom Lebensskript. Möglich wird dies nur durch ein verändertes emotionales Erleben und eine Neuentscheidung („redicision") für eine alternative Grundeinstellung. Die Aufdeckung des Skripts, der Spiele, der damit verbundenen Gefühle etc. für den Klienten und damit dessen Einsicht in die Strukturen seines Erlebens und Handelns sind dabei wichtige Gesichtspunkte, reichen aber allein nicht aus.

Transaktionsanalytische Schulen
Im Hinblick darauf, welcher Ich-Zustand im Zentrum der therapeutischen Arbeit steht, unterscheiden sich einzelne transaktionsanalytische Institute am stärksten. So unterscheiden Barnes et al. (1979) drei transaktionsanalytische „Schulen":
- In der **„klassischen Schule"** steht das Erwachsenen-Ich und dessen Stärkung im Vordergrund. Es gilt hier, das Skript und die Lieblingsspiele aufzudecken sowie den elterlichen Botschaften und Gegenbotschaften mit der Macht des Therapeuten neue Denk- und Verhaltensweisen gegenüberzustellen.
- Die **„Cathexis-Schule"** (vgl. z. B. Schiff et al., 1975) widmet sich hingegen primär dem Eltern-Ich. Es geht darum, die Indoktrinationen aufzuzeigen und zu modifizieren; dabei wird weitgehend kognitiv gearbeitet.
- Die **„Neuentscheidungsschule"** (vgl. z. B. Goulding & Goulding, 1981) schließlich stellt die ganzheitlich-organismischen Selbstregulationsprozesse der Persönlichkeit in den Vordergrund und widmet sich den Entscheidungen, die das Kind getroffen hat (die Indoktrination der Eltern wird also relativiert). Diese Entscheidungen – und damit verbundene Konflikte – werden bearbeitet, wobei auf die Fähigkeit gebaut wird, diese Entscheidungen zu revidieren und neu zu treffen (vgl. auch Harsch & Jessen, 1984).

Transaktionsanalytische Methoden
Berne selbst (1966) hat ausführlich Methoden beschrieben, die zur Festigung der Ich-Grenzen (mit Stärkung besonders des Erwachsenen-Ich) und zur „Enttrübung" (Wiederherstellung der vollen Wahrnehmungs- und Denkfähigkeit des Erwachsenen-Ich) geeignet sind. Dazu gehören provozierende Fragen, Klarstellungen von Klientenaussagen, Konfrontationen, Erklärungen, Illustrationen, Interpretationen usw., aber auch einfach Zuwendung, Überredung und Ermahnung.

Therapeutischer Imperativ. Eine weitere Methode, die in der Transaktionsanalyse eingesetzt wird – nachdem der Klient hinreichend Transparenz in sein Handeln und Fühlen erlangt hat –, ist der „therapeutische Imperativ". Dies ist eine imperative Botschaft des Therapeuten, die an das Erwachsenen-Ich des Klienten gerichtet ist und das destruktive Grundgebot der Eltern aufheben soll, z. B.: „Du kannst etwas zu Ende bringen!", oder: „Sei ganz du selbst!" Voraussetzungen dafür sind nach Berne die 3 Ps:
- **Permission** – der Therapeut gibt die Erlaubnis zum Widerspruch gegen die elterliche Skriptbotschaft,
- **Potency** – der Klient muss von der „magischen Kraft" des Therapeuten überzeugt sein,
- **Protection** – der Therapeut muss den seiner Spiele und Handlungsstereotype beraubten Klienten zunächst stützen und schützen.

Techniken aus anderen Therapieformen. Zusätzlich benutzt die Transaktionsanalyse auch noch Interventionstechniken, die aus anderen Therapieformen stammen. So können aus der Gestalttherapie z. B. der „leere Stuhl" oder Rollenspiele eingesetzt werden; oder die Transaktionsanalyse wird mit Traumarbeit, Körperarbeit oder verhaltenstherapeutischen Techniken kombiniert wie kognitives Umstrukturieren, systematische Desensibilisierung, Therapieverträge usw.

7.7 Zusammenfassung

Entstehungsgeschichte und Grundkonzeption. Bernes Transaktionsanalyse ist von psychoanalytischen und individualpsychologischen Konzepten und einem humanistischen Menschenbild geprägt. Obwohl der Transaktionsanalyse keine fundierte Theorie zugrunde liegt, werden ihre Konzepte aufgrund ihrer Praxistauglichkeit von anderen Therapieformen (v. a. der Paar- und Gruppentherapie) herangezogen oder anverwandelt; sie dienen aber auch der Vermittlung von Grundkompetenzen zur Wahrnehmung zwischenmenschlichen Handelns.

Strukturanalyse. In der Strukturanalyse wird von angeborenen Grundbedürfnissen ausgegangen, wobei das Bedürfnis nach Zuwendung (durch „Streicheln" bzw. „Strokes") zentral ist. Es werden drei Ich-Zustände unterschieden, die sich in den ersten zwölf Lebensjahren entwickeln und im Idealfall in der Interaktion Transaktionen gelingen lassen: Das Kind-Ich, dessen volle Funktion bis zum 3. Lebensjahr erreicht ist; das Erwachsenen-Ich, dessen Entwicklung vom 3. bis 6. Lebensjahr abgeschlossen wird, und das Eltern-Ich, welches sich vom 10. bis 12. Lebensjahr entwickelt. Das spätere Kind-Ich wird nochmals unterteilt in die „Elektrode", den „kleinen Professor" und das „somatische Kind".

Das Konzept der Grenzen spielt die entscheidende Rolle für die Gesundheit der Persönlichkeit: Sind die Grenzen zwischen den drei Ich-Zuständen zu durchlässig, kann es zu Trübungen kommen, sind sie zu starr, zu Abspaltungen; diese bilden die Grundlage der Neurosen bzw. Psychosen. Beide Formen der Krankheit entwickeln sich in der frühen Kindheit aufgrund der versagten Befriedigung eines oder mehrerer Grundbedürfnisse und der Notwendigkeit, diese auf andere Weise zu befriedigen, so durch übermäßige Ausweitung oder Unterdrückung eines Ich-Zustands, was dann längerfristig zur Trübung oder Abspaltung führt. Von Bedeutung ist auch die Funktion der Ich-Zustände, die jeweils in verschiedene Aspekte untergliedert wird.

Kommunikationsmodell der Transaktionsanalyse. Im Kommunikationsmodell der Transaktionsanalyse wird der Austausch von Botschaften zwischen den verschiedenen Ich-Zuständen zweier Partner betrachtet und dabei grundsätzlich zwischen (1) parallelen oder komplementären, (2) überkreuzten und (3) verdeckten Transaktionen unterschieden. Typische, immer wiederkehrende Transaktionsmuster werden als Ausdruck von eingelernten Rollen-„Spielen" verstanden, denen ein bestimmtes Lebensdrehbuch (das „Skript") zugrunde liegt.

Spielanalyse. Daher untersucht die Spielanalyse verdeckte Komplementärtransaktionen, die immer wieder unternommen werden, um einen emotionalen Gewinn zu erhalten. Dieser soll die früher verwehrten Bedürfnisse, v. a. das Bedürfnis nach Zuwendung, ersetzen: sog. „Racket"-Gefühle. Rackets hängen mit unbewusst übernommenen Botschaften zusammen und werden irgendwann fester Bestandteil des Lebens (im Sinne des Wiederholungszwangs). Sie bestimmen bevorzugte Rollen und Spiele, die auch einen sozialen Nutzen haben, wie z. B. Mitleid zu erzeugen.

Die Annahme, dass zwei Partner sich in einem komplementären Spiel finden, um unterschiedliche Racket-Gefühle einzulösen, und es sich bei den Spielen nicht um Nullsummenspiele handelt, ist plausibel (sie wird unten im Kollusionskonzept von Willi aufgegriffen). Während Berne 36 verschiedene Hauptspiele beschreibt, unterscheidet Karpmann drei Hauptrollen („Opfer", „Verfolger", „Retter"). Diese können als Hinweise auf den zugrunde liegenden Lebensplan therapeutisch handlungsleitend sein und werden daher in der Skriptanalyse berücksichtigt.

Skriptanalyse. Das Skript beinhaltet zunächst die Lebensgrundposition, die in Abhängigkeit von der Erfüllung des zentralen Bedürfnisses nach Zuwendung im „Familien-Streichelmuster" in fünf Varianten bestehen kann. Dabei lautet die Idealeinstellung, die eine bewusste Entscheidung darstellt: „Ich bin O. K. – Du bist O. K". Sie ist auch das Therapieziel. Das Skript besteht weiterhin aus elterlichen Indoktrinationen, d. h. immer wieder mitgeteilten Botschaften und Handlungsanleitungen, aus denen sich dann als Gegenbotschaften „Antreiber" oder „Miniskripts" entwickeln können. „Lieblingsgefühle", die ebenfalls durch das „Familien-Streichelmuster" bestimmt sind, werden gesucht, um eine Art von oder einen Ersatz für Zuwendung zu bekommen. Ziel der

Skriptanalyse ist es, diese Zusammenhänge aufzudecken (siehe Beispiel 7.1); sie werden in einer Skriptmatrix dargestellt.

Therapeutische Intervention. In den drei unterschiedlichen Schulen werden jeweils andere Ich-Zustände fokussiert. Als Grundmethoden zur Festigung der Ich-Grenzen und zur „Enttrübung" gehören z. B. provozierende und klärende Interventionen, Zuwendung und der „therapeutische Imperativ", der den elterlichen Grundgeboten gegenübergestellt wird; außerdem werden auch Techniken anderer Therapieformen angewandt.

7.8 Verständnisfragen

- Von welchen Vertretern der Tiefenpsychologie war Berne beeinflusst? Welche Beziehungen gibt es zwischen den jeweiligen theoretischen Konzeptionen?
- Was sind die Kernbegriffe der Transaktionsanalyse?
- Was ist eine große Stärke und gleichzeitige Schwäche der Transaktionsanalyse?
- In welcher Folge bilden sich die Ich-Zustände heraus?
- Wozu dienen „Strokes"?
- Was bedeuten die Begriffe „Trübung" (Kontamination) und „Abspaltung" (Exklusion)?
- Welche Hauptformen der Transaktionsmuster lassen sich unterscheiden?
- Wieso lassen sich manche Menschen auf ein Spiel ein, in dem sie beschimpft/geschlagen etc. werden?
- Wozu spielen Erwachsene?
- Woran erinnert die zugrunde liegende Annahme dieses Spiels?
- Wie kommt es zu einem gescheiterten Racket?
- Was kann man kritisch zur Idee von Nullsummenspielen bemerken?
- Welche drei Hauptrollen in Rollenspielen unterscheidet Karpmann?
- Wodurch wird das Lebensskript gestaltet?
- Welche Lebensgrundpositionen lassen sich unterscheiden? Wie, wann und warum entwickeln sie sich?
- Warum kann „Wut" (Traurigkeit, Passivität) ein „Lieblingsgefühl" werden?
- Wozu dient die Skriptanalyse?
- Welche Interventionsmethoden nutzt die Transaktionsanalyse?

Fallbeispiele auf CD

Beispiel 7.1: „Irgendwann bricht etwas Schreckliches über mich herein"
Das Fallbeispiel einer 40-jährigen Patientin mit Angstsymptomatik verdeutlicht:
- verschiedene Elemente der Struktur-, der Spiel- und der Skriptanalyse und ihren Zusammenhang.

Das Fallbeispiel bezieht sich auf die Kapitel:
7.2 Strukturanalyse
7.4 Spielanalyse
7.5 Skriptanalyse

II Verhaltenstherapie

8 Grundkonzepte der Verhaltenstherapie
9 Lerntheoretische Verhaltenstherapie
10 Kognitive Verhaltenstherapie
11 Rational-emotive Therapie

8 Grundkonzepte der Verhaltenstherapie

8.1 Hintergrund und Entstehungsgeschichte

Der Begriff Verhaltenstherapie
„Verhaltenstherapie" ist nicht eine Bezeichnung für einen einzelnen psychotherapeutischen Ansatz (der sich dann im Rahmen einer „Schule" ggf. ausdifferenziert hat), sondern kennzeichnet eine sehr große und heterogene Gruppe von Ansätzen, die sich im Einzelnen stark unterscheiden. Dennoch hat sich aufgrund bestimmter gemeinsamer Grundkonzepte die Bezeichnung „Verhaltenstherapie" durchgesetzt.

Lerntheoretisches Verständnis. Das wesentliche gemeinsame Moment der Verhaltenstherapien ist ein lerntheoretisches Verständnis für die Genese und die Therapie von „Störungen". Diese wurden anfangs weitgehend in Begriffen beobachtbaren Verhaltens gefasst und die Prozesse analog zur empiristisch-experimentellen Psychologie analysiert. Die Betrachtungsweise wurde allerdings in den neueren Ansätzen, in der sog. „kognitiven Verhaltenstherapie", um viele nicht unmittelbar beobachtbare Aspekte erweitert. In den letzten drei Jahrzehnten des 20. Jahrhunderts mehrten sich solche Definitionen, die ein extrem weites Verständnis von Verhaltenstherapie vorschlugen, indem sie praktisch alles Störungs- und Interventionswissen, das auf der empirischen Psychologie basiert und dessen Wirksamkeit empirisch abgesichert ist, als „Verhaltenstherapie" bezeichnen (z. B. Yates, 1977; Margraf, 1996).

Eine so weit gefasste Definition ist aber nicht unproblematisch – höchstens wenn sie unter einem Begriff wie „psychologische Psychotherapie" firmieren würde. Denn danach wäre z. B. die Personzentrierte Psychotherapie nach Carl Rogers, die sowohl auf empirisch intensiv erforschtem und abgesichertem psychologischem Störungs- und Interventionswissen beruht als auch ihre Wirksamkeit in zahlreichen empirischen Studien belegt hat, als „Verhaltenstherapie" zu bezeichnen.

Dies würden aber sowohl viele Verhaltenstherapeuten wie auch Personzentrierte Therapeuten als „Etikettenschwindel" empfinden, da sich Verhaltenstherapie (im engeren Sinne) und Personzentrierte Psychotherapie bei aller internen Heterogenität der einzelnen Strömungen fundamental in der Weltsicht und dem Verständnis des Menschen unterscheiden, die Störungskonzepte weitgehend unterschiedlich sind und die Kernprinzipien der Intervention ebenfalls (obwohl es selbstverständlich auch eine Reihe gemeinsamer Sichtweisen gibt). Dies darf als ein Plädoyer für ein engeres Verständnis von „Verhaltenstherapie" verstanden werden.

Neuere Entwicklungen. Gleichwohl hat sich die Verhaltenstherapie in den letzten Jahren erheblich gewandelt. Nach der sog. „kognitiven Wende", die schon vor rund 40 Jahren stattfand (vgl. Kap. 10) und die Einseitigkeiten des klassischen Behaviorismus überwand, wird heute beispielsweise Gefühlen, der Fähigkeit zur Selbstregulation, der Körperarbeit und der therapeutischen Beziehung ein großer Stellenwert eingeräumt. Dabei werden u. a. auch Ansätze der Bindungstheorie (Bowlby, 1975) oder der Säuglingsforschung (Stern, 1992) berücksichtigt.

Manche neuere Lehrbücher – etwa das von Parfy et al. (2003) – bemühen sich dabei ganz explizit, sowohl zu anderen therapeutischen Richtungen und Methoden als auch zu nichtbehavioralen Entwicklungen der Psychologie – etwa zur Systemtheorie (Kriz, 1999) – Brücken zu schlagen, ohne dabei die Eigenständigkeit der Verhaltenstherapie aufzugeben.

In den folgenden Abschnitten können wir uns in diesem Rahmen allerdings nur den eher klassischen und grundlegenden Konzepten widmen. Für die neueren Ausdifferenzierungen muss auf die umfangreiche Spezialliteratur verwiesen werden.

Historischer Überblick

Drei Forschungsgruppen
Historisch gesehen wurde die Bezeichnung „Verhaltenstherapie" in den Jahren 1953 bis 1959 von drei Forschungsgruppen relativ unabhängig voneinander eingeführt und verwendet:
- von B. F. Skinner und seinen Schülern in Harvard,
- von Joseph Wolpe und dessen Schülern in Johannesburg sowie
- von der Gruppe um Hans-Jürgen Eysenck am Maudsley-Hospital der Universität London (wobei aus dieser Gruppe Monte Bernard Shapiro wegen seiner Entwicklung von kontrollierten Einzelfallstudien bei Lernstörungen besonders hervorgehoben werden sollte).

Verhaltenstherapie der 60er und 70er Jahre. Daneben wären noch einige weitere Therapieansätze und deren „Begründer" zu nennen – Formen, die sich zwar später, in den 60er und 70er Jahren, als eigenständige Varianten abgespalten haben, aber dennoch der Verhaltenstherapie zugerechnet werden. Hervorgehoben werden sollte hier zunächst die Erweiterung verhaltenstherapeutischer Grundkonzepte um „Modelllernen" durch Albert Bandura und Arnold Lazarus.

Integration kognitiver Aspekte. Weitaus heterogener vollzog sich die Integrierung kognitiver Aspekte: Aaron T. Becks Kognitive Therapie entwickelte sich längere Zeit parallel zur Verhaltenstherapie, gleichzeitig gab es aber auch die stärkere Verbindung von Verhaltenstherapie mit solchen kognitiven Elementen durch Michael J. Mahoney und Donald W. Meichenbaum. Als eigenständige frühe Variante sei noch die Multimodale Verhaltenstherapie von Lazarus hervorgehoben, in die sehr viele unterschiedliche Aspekte einbezogen sind.

Eine weitere Konzeption, die üblicherweise unter den kognitiven Verhaltenstherapien aufgeführt wird, nämlich die Rational-emotive Therapie (RET) von Albert Ellis, wird später in diesem Teil noch dargestellt.

Diese Entscheidung, der RET damit einen hohen Stellenwert einzuräumen, ist angesichts der Bedeutsamkeit der anderen in diesem Teil referierten Ansätze durchaus etwas willkürlich, dennoch gibt es gute Gründe dafür: Erstens hat Ellis seine Therapieform schon zu Beginn der 50er Jahre – also parallel zur modernen Verhaltenstherapie von Wolpe, Skinner und Eysenck – entwickelt. Zweitens hat Ellis selbst seine Therapie so eingestuft, dass sie zwar ein „beträchtliches Maß an Übereinstimmung" mit der Verhaltenstherapie aufweise, sich aber dennoch gegen die Subsumierung seines Ansatzes unter die Verhaltenstherapie verwahrt (vgl. Ellis, 1962/77). Drittens – und hier besonders entscheidend – hat sich die rational-emotive Therapie auch im deutschen Sprachraum als quantitativ bedeutender Ansatz bzw. Teilaspekt durchgesetzt.

Ursprünge in den Lerntheorien. Alle diese Therapieformen wurzeln gemeinsam in lerntheoretischen Annahmen, so wie sie vorwiegend in den amerikanischen Lerntheorien der 30er Jahre von Clark L. Hull, Edward C. Tolman, B. F. Skinner und Edwin R. Guthrie formuliert wurden. Diese sind ebenfalls beachtlich heterogen und bisher keineswegs zu einem einheitlichen Theoriegebäude vereinigt. Zudem greifen sie ihrerseits auf Konzepte zurück, die schon Anfang des 20. Jahrhunderts entwickelt wurden, nämlich insbesondere auf Iwan P. Pawlows „bedingten Reflex", Edward L. Thorndikes „Effektgesetz" und John B. Watsons „Behaviorismus".

Dennoch sind die zuletzt genannten Wissenschaftler – mit Ausnahme von Skinner – nicht wesentlich an der Entwicklung und Erprobung therapeutischer Konzepte interessiert und beteiligt gewesen, sondern es ging ihnen vorwiegend um Grundlagenforschung zu Lernprozessen – und dies auch meist nur im Kontext von Tierversuchen. Deshalb entstanden verhaltenstherapeutische Techniken für die konkrete klinische Praxis erst in den 50er Jahren – abgesehen von einigen sehr frühen und beachtenswerten, aber eben nur vereinzelt durchgeführten Studien. Somit konnte sich die Verhaltenstherapie als ernst zu nehmende therapeutische Richtung erst in den 60er Jahren etablieren – also über ein halbes Jahrhundert später als die Psychoanalyse.

Gegenprogramm zur Psychoanalyse. Die Verhaltenstherapie (und der sie zunächst maßgeblich beeinflussende Behaviorismus – s. u.) wurde zwar explizit als „Gegenprogramm" zur Psychoanalyse entwickelt, dabei konnten aber die weithin verbreiteten und als erfolgreich eingestuften Konzepte der Psychoanalyse nicht ignoriert werden.

Vielmehr gab es seit Beginn zahlreiche Versuche zu einer Integration – und viele lerntheoretische und verhaltenstherapeutische Begriffe wurden zunächst als „Übersetzungen" entsprechender psychoanalytischer Konzepte entwickelt. Solche durchaus interessanten Beziehungen können hier aber wegen des begrenzten Umfanges bestenfalls angedeutet werden.

Historische Entwicklung der Verhaltenstherapie. In den folgenden Kapiteln über verhaltenstherapeutische Ansätze sollen die wesentlichen Konzepte „der" Verhaltenstherapie dargestellt werden, wobei die historische Entwicklung und Veränderung dieser Konzepte eine wichtige Perspektive der Betrachtung sein wird. Deshalb soll zunächst kurz die Entwicklung früher theoretischer und praktischer Grundlagen der Verhaltenstherapie ins Auge gefasst werden. Für eine weitergehende Auseinandersetzung mit diesem historischen Aspekt sei auf die umfangreiche und hervorragend recherchierte Darstellung der gesamten Geschichte der Verhaltenstherapie von Schorr (1984) verwiesen; dort sind auch einige der interessanten Querverbindungen zur Psychoanalyse referiert.

8.2 Frühe theoretische Ansätze

Pawlow: Klassische Konditionierung

Der bedingte Reflex. Grundlegend für die gesamte Verhaltenstherapie ist die Entdeckung des „bedingten Reflexes" durch den in St. Petersburg arbeitenden Physiologen Iwan P. Pawlow (1849–1936). Dieser untersuchte in den 90er Jahren des 19. Jahrhunderts – also zur gleichen Zeit, als auch die Entwicklung der Psychoanalyse durch Freud begann – die Physiologie des Verdauungsapparates in Tierexperimenten (und zwar an Hunden). Hierfür hatte er mit seinen Mitarbeitern Vorgehensweisen zur genauen und quantitativen Bestimmung des Speichelsekretes (und anderer Drüsensekrete) entwickelt.

Bei diesen Experimenten stellte er nun fest, dass nicht nur durch das Futter im Maul die Speichelsekretion ausgelöst wurde, sondern dass auch schon durch den Anblick des Futters, ja sogar schon durch die Schritte des Experimentators, die der Fütterung vorausgingen, dieser Reflex hervorgerufen wurde.

Das Assoziationsgesetz. Es hätte nun nahe gelegen, diese Beobachtungen dadurch zu erklären, dass die Hunde aufgrund ihrer Erfahrung zu den Schritten auch das Futter assoziieren würden. Schon lange vor Pawlows Experimenten, ca. um 1830, hatten nämlich die schottischen Psychologen Thomas Brown und James Mill das auch vielen anderen Psychologen damals bekannte „Assoziationsgesetz" konzipiert: Danach werden einzelne Erlebnisinhalte, die einmal gleichzeitig (oder zumindest in großer zeitlicher Nähe) mit anderen bewusst waren, gemeinsam wieder ins Bewusstsein geholt, sofern zunächst nur einer davon (z. B. durch einen äußeren Anlass) bewusst wird. Ziemlich ähnlich argumentierte daher auch A. T. Snarski, ein Mitarbeiter Pawlows, in seiner Erklärung dieser Ergebnisse.

Konzentration auf das Beobachtbare. Doch indem Pawlow dagegen das Konzept des bedingten Reflexes entwickelte, nahm er ganz bewusst eine Forschungsperspektive ein, die alle „psychologischen" Aspekte außen vor ließ und sich auf die reine Physiologie beschränkte. Seinen eigenen Worten nach wählte er somit die „Rolle des objektiven äußeren Beobachters und Experimentators, der es ausschließlich mit äußeren Erscheinungen und ihren Beziehungen zu tun hat" (Pawlow, 1923).

Diese Formulierung kennzeichnet ziemlich genau die Perspektive, der sich auch ab 1913 Watsons Behaviorismus – freilich im Bereich der Psychologie – verschrieb. Pawlow selbst stand damit allerdings in der Denktradition der großen russischen Physiologen wie z. B. Ivan M. Secenows (1829–1905), der die Ursachen psychischer Phänomene physiologisch zu erklären versuchte. Auf der Entdeckung des bedingten Reflexes baute Pawlow eine umfangreiche Konditionierungs-Theorie auf – wobei ihn selbst aber vor allem die Verknüpfungen im Gehirn interessierten.

Ablauf der klassischen Konditionierung. Wie in jedem psychologischen Lehrbuch ausführlicher nachzulesen ist, kann dieses „klassische Konditionieren" (in heutiger Terminologie) grob wie folgt gekennzeichnet werden: Ausgangspunkt ist ein natürliches (angeborenes) Reiz-Reaktions-Schema, bei dem auf einen unkonditionierten Reiz UCS („unconditioned stimulus"; z. B. Futter) eine unkonditionierte Reaktion UCR („unconditioned reaction"; z. B. Speichelfluss) erfolgt. Wird nun ein zunächst „neutraler" Reiz (in Bezug auf die UCR, also z. B. ein Glockenton) CS („conditioned stimulus") mehrmals „gleichzeitig" mit dem UCS dargeboten (die genauen zeitlichen Bedingungen der Verknüpfung werden unterschiedlich gesehen, meist aber sollte der CS kurz vor dem UCS einsetzen), so tritt die UCR nun auch als konditionierte Reaktion CR („conditioned reaction") auf den CS auf. Hierzu sind allerdings meist mehrere Wiederholungen dieses Vorganges notwendig. Die Stärke der Verbindung zwischen CS und CR lässt sich z. B. durch „Löschung" (oder „Extinktion") feststellen: Wird häufig hintereinander nur CS – also ohne UCS – gegeben, so tritt CR immer seltener auf, bis die Verbindung ganz gelöscht ist (allerdings gibt es dann nach einer Pause eine „Spontanerholung").

Pawlows Einfluss. Pawlows Einfluss auf die amerikanische Experimentalpsychologie war gewaltig: Als er 1929 als Präsident des Internationalen Kongresses für Physiologie nach Boston kam, waren seine Arbeiten längst auch unter Psychologen bekannt. Auch in Russland war er berühmt – allerdings lange Zeit nur wegen seiner rein physiologischen Arbeiten, für die er 1904 den Nobelpreis erhielt (also nicht für seine Konditionierungsexperimente).

Bechterew: Reflexologie

So hörte der Psychiater Wladimir Bechterew (1857–1927) erst 1905 zufällig von Pawlows Konditionierungsexperimenten – obwohl beide an derselben Akademie in St. Petersburg arbeiteten. Auch Bechterew stand ganz im materialistischen Paradigma, das alle Erscheinungen letztlich auf materielle Vorgänge zu reduzieren versuchte – insbesondere auch das Bewusstsein und andere psychische Phänomene. Bechterew wollte die psychischen Krankheiten aus einer rein biologischen Perspektive erklären und behandeln und verfocht eine „objektive Psychologie".

„Psychoreflexologie". So kam ihm Pawlows Entdeckung gerade recht. Er kreierte die „Psychoreflexologie", in der „kein Platz" war für „subjektive Vorgänge oder Bewusstseinsvorgänge", und entwickelte die „Motilitätsmethode" sowie ein entsprechendes Aufzeichnungsverfahren, mit dem Konditionierungsexperimente am Menschen durchgeführt werden konnten. Mit einem Nachbau experimentierte übrigens Watson (s. u.), der schon 1916 Ergebnisse dieser Versuche publizierte (vgl. Schorr, 1984, S. 22).

Wichtig ist allerdings, dass Bechterew mit dieser Technik und Apparatur nicht nur Forschungen anstellte, sondern auch erste verhaltenstherapeutische Behandlungen von Neurotikern und Psychotikern durchführte (s. u.).

Thorndike: Gesetz des Effektes

Edward L. Thorndike (1874–1949) gilt als Pionier der amerikanischen Lerntheorien. Bereits vor 1900 veröffentlichte er Ergebnisse von Lernexperimenten mit Tieren, so dass Pawlow selbst konzidierte, er müsse „gestehen, dass die Ehre, als Erster den neuen Weg beschritten zu haben, Thorndike eingeräumt werden muss, der unseren Versuchen um zwei bis drei Jahre zuvorgekommen ist" (zit. nach Schönpflug & Schönpflug, 1983, S. 338). In diesen Experimenten benutzte Thorndike z. B. einen Käfig für Katzen, der von innen durch einen bestimmten Mechanismus zu öffnen war.

Eigentlich ging es ihm dabei um den Vergleich der Intelligenz unterschiedlicher Tierarten. Er entdeckte aber, dass jene Bewegung, mit der das eingesperrte Tier irgendwann per Zufall den Öffnungsmechanismus fand und freikam, von nun an in gleicher Situation tendenziell genau in derselben Weise zum Öffnen des Käfigs wiederholt wurde.

„Erfolg" einer Handlung. Das von Thorndike 1911 formulierte „Gesetz des Effektes" macht den „Erfolg" des Verhaltens, auf das hin ein angestrebter Zustand eintritt, für die Fixierung der Handlung verantwortlich. Thorndikes Verdienst aus der Sicht der Behavioristen war es, sich experimentell mit beobachtbaren Verhaltensweisen auseinander gesetzt und weitgehend auf die Verwendung erlebnispsychologischer Begriffe verzichtet zu haben. Allerdings ging er den Behavioristen nicht weit genug: So kritisierte Watson, dass der Erfolg einer Handlung letztlich nur über einen introspektiven Prozess erfahrbar sei.

Watson: Behaviorismus

Für die Entwicklung des amerikanischen Behaviorismus, dessen Protagonist John B. Watson (1878–1958) wurde, hatten daher die Methoden der russischen „objektiven" Lernforschung mehr Bedeutung als die Arbeiten seines Landsmannes Thorndike. Watsons Behaviorismus war der Versuch, eine Psychologie nach den (damals so verstandenen) Prinzipien der Naturwissenschaften zu entwerfen.

Anfang des Jahrhunderts dominierte in Europa – besonders in Deutschland – bei den Psychologen die Introspektion (eine psychologische Forschungsmethode, bei der die Versuchspersonen über ihr bewusstes Erleben berichten) über andere experimentelle Ansätze. Anders war die Situation in den USA: Die Psychologen orientierten sich stark an der experimentellen Grundlagenforschung, und die Tierpsychologie nahm mit relativ gut ausgestatteten Labors einen beträchtlichen Teil der Psychologie ein.

Überwindung der Introspektion. So gab es zur Überwindung der „fruchtlosen" Methode der Introspektion bereits ein erhebliches Potential, das sich im Behaviorismus manifestierte. Letztlich ging es dabei wohl auch darum, sich gegen das starke Vordringen der Psychoanalyse – besonders im Bereich der Psychiatrie – deutlich abzugrenzen (Freud, Jung und Ferenczi waren 1909 für einige Zeit an die Clark University gekommen, was den Einfluss der Psychoanalyse noch vergrößert hatte).

Psychologie als „reine Naturwissenschaft". Nachdem sich berühmte Tierexperimentatoren wie der Psychologe Robert Yerkes und der Psychiater Gilbert V. Hamilton schon früh explizit für eine reine und objektive Verhaltensorientierung in der Forschung ausgesprochen hatten, formulierte Watson 1913 ein viel zitiertes Manifest zur „Psychologie, wie der Behaviorist sie sieht". Diese Psychologie, schrieb Watson, ist „ein Zweig der reinen, objektiven Naturwissenschaften", die den Begriff des Bewusstseins ebenso wenig brauche wie z. B. die Physik. Diese Auffassung und die damit vorgegebene Struktur einer Forschungsprogrammatik wurde für lange Zeit richtungweisend in der amerikanischen – und später z. B. auch der deutschen – Psychologie.

Die Physik und das Bewusstsein. Die Psychologie war damit allerdings einem antiquierten Naturwissenschaftsverständnis aufgesessen. Denn das Bewusstsein, das man stolz unter Berufung auf die Physik aus den Betrachtungen eliminiert hatte, wurde eben gerade von dieser fortschreitenden Wissenschaft als unumgänglich für die Konzeption ihrer Phänomene eingeführt: „Die Gesetze (der Quantentheorie) konnten nur unter Bezugnahme auf das Bewusstsein folgerichtig formuliert werden" (Eugene P. Wigner, ein führender Quantenphysiker, 1970; zit. nach Capra, 1977, S. 301).

Forschungen für die Praxis. Immerhin aber muss bedacht werden, dass sowohl Bechterew als auch Watson und viele Behavioristen mit der Entwicklung und Abgrenzung ihrer „objektiven Psychologie" gegenüber der Introspektion nicht nur „reine" Wissenschaft, sondern durchaus auch eine größere Relevanz der Forschung für die Praxis als Ziel im Auge hatten – vor allem für die pädagogische und die klinische Praxis. Im Gegensatz zu den Ergebnissen der Introspektion konnte das behavioristische Programm in diese Praxis einfließen; und auch Watson selbst beteiligte sich an dieser praktischen Umsetzung.

Daher war das Verhältnis der meisten Behavioristen (einschließlich Watsons) zur Psychoanalyse aufgrund deren unleugbarer praktischer Relevanz ausgesprochen gut (abgesehen von berufspolitischen Abgrenzungen). Auch deren umfangreiche theoretische Konzeption wurde allgemein von den Wissenschaftlern bewundert. Der explizite Kontrast des Behaviorismus bezog sich auf die mangelhafte forschungstechnische Überprüfbarkeit psychoanalytischer Konzepte.

Forschungsmethodologische Position. Der Behaviorismus ist somit eigentlich eine wissenschaftstheoretische und forschungsmethodologische Position und keine inhaltliche Theorie. Dennoch bildete er aufgrund der geschilderten Umstände die Grundlage vor allem für lerntheoretische Arbeiten, wobei Watson und andere den Aufbau von Reiz-Reaktions-

Legende um Watsons Experiment. Obwohl man unter diesen Bedingungen üblicherweise einem solchen Forschungsergebnis als Artefakt keine weitere Bedeutung mehr schenken würde, passte offensichtlich dieser Befund gut in die Ideologie der Behavioristen und ihrer Nachfolger. Die Tatsache, dass Watson selbst sein Experiment mit Albert als „unvollständig" bezeichnete und betonte, dass „keine begründeten Schlüsse gezogen werden könnten" („... verified conclusions are not possible"; nach Samelson, 1980, S. 621), wurde geflissentlich übersehen und vergessen und daraus die Legende von nicht mehr hinterfragbaren Fakten gestrickt.

Samelson vergleicht den Stellenwert von Watsons Experiment sogar mit dem der Zwillingsforschung von Cyril Burt: Burt hatte mit dem Ansatz der Zwillingsforschung „die Vererbung von Intelligenz nachgewiesen" – was Jahrzehnte von vielen als Durchbruch exakter wissenschaftlicher Erkenntnis gefeiert wurde, bis sich um 1980 herausstellte, dass diese „Ergebnisse" offensichtlich auf Datenfälschungen beruhen.

Konditionierung bei psychischen Störungen

Zu den Ersten, die Konditionierungen im Rahmen der Behandlung von Störungen einsetzten, zählt Bechterew. Zwischen 1913 und 1916 befasste er sich ausführlich mit Phobien und Zwängen. Er verwendete auf der Basis aversiver Reize die Konditionierung neuer Reflexe bei hysterischen Störungen. 1915 publizierte er ein „ablenkendes Verfahren", bei welchem dem Patienten in angstfreiem, entspanntem Zustand und bei geschlossenen Augen die furchtauslösenden Inhalte suggeriert wurden, was mit zu einem Abbau der Angst beitrug. Diese Vorgehensweise hat Ähnlichkeit zur späteren Desensibilisierungstechnik (s. u.), allerdings kombinierte Bechterew diese Techniken mit anderen therapeutischen Maßnahmen wie Bädern und Duschen, beruhigenden Medikamenten usw.

Abbau von Ängsten bei Kindern. In den frühen 20er Jahren nahm Mary C. Jones unter Supervision von Watson umfangreiche Untersuchungen zum Abbau von Ängsten bei Kindern vor. Schon im Zusammenhang mit seinem Experiment am kleinen Albert hatte Watson mehrere Möglichkeiten zum Angstabbau skizziert – nämlich Konfrontation mit dem gefürchteten Objekt, Rekonditionierung durch positive Reize (Süßigkeiten) oder der Aufbau positiver Verhaltensweisen gegenüber diesem Objekt durch Imitieren von Verhaltensweisen des Versuchsleiters. Nun wurde dieser Methodenkatalog erweitert und in konkreten Therapien erprobt. Als am wirksamsten erwiesen sich dabei die Rekonditionierung und die soziale Imitation, wobei Jones statt des Versuchsleiters nun Kinder als Lernmodell fungieren ließ.

In der zweiten Hälfte der 20er und in den 30er Jahren gab es einige Replikationsstudien und Ausweitungen dieser Ergebnisse. Mary Jones und ihr Mann Harold untersuchten am Institute of Child Welfare in Berkeley bei Kindern unterschiedlichen Alters Angstreaktionen vor Schlangen, Fröschen und Schildkröten.

Anerkennung der Psychoanalyse

Dennoch konnten behavioristische Ansätze im klinischen Bereich praktisch bis in die zweite Hälfte des 20. Jahrhunderts hinein kaum Fuß fassen. Mit ein Grund dafür mag wohl gewesen sein, dass Watsons Universitätskarriere Anfang der 20er Jahre wegen eines Skandals im Zusammenhang mit seiner Ehescheidung und einem Forschungsprojekt über Sexualität jäh beendet wurde.

Wichtiger ist aber wohl, dass die Psychoanalyse in den 20er und 30er Jahren ganz erheblich an Boden gewonnen hatte. Sie offerierte, wie schon gesagt, ein umfangreiches und praktikables Diagnose- und Behandlungsschema für die klinische Praxis – was selbst die Behavioristen (im Gegensatz zu ihrer Kritik am psychoanalytischen Erklärungsmodell) anerkannten.

Hamiltons Wandel zum Psychoanalytiker. Selbst Gilbert Hamilton, neben Watson der Hauptprotagonist des Behaviorismus, zog sich kurz nach einer seiner letzten großen empirischen Studien zur Sexualität aus der Forschung zurück. (Nach Schorr war er übrigens „besonders beeindruckt ... von einem erkennbaren Zusammenhang zwischen Orgasmusfähigkeit bzw. -unfähigkeit und neurotischem Verhalten"; vgl. dazu in Kap. 5.3: Ursachen von Neurosen). Der Behaviorist Hamilton ließ sich als Therapeut nieder und behandelte seine Patienten psychoanalytisch.

Über sein Verhältnis zur Psychoanalyse schrieb er 1931: „Tatsächlich betrachte ich sie als die beste erklärende Formulierung, die es zurzeit gibt, und sie entspricht den Fakten klinischer Erfahrung genug, um meine Tätigkeit als Psychoanalytiker zu rechtfertigen" (Schorr, 1984, S. 84).

Mit Watson und Hamilton war die behavioristische Bewegung ihrer beiden führenden Köpfe beraubt. Die Weltwirtschaftskrise (ab 1929) mit den daraus folgenden Einschränkungen an den weitgehend privat finanzierten amerikanischen Universitäten und Instituten tat ihr Übriges dazu, dass die knappen Mittel bevorzugt für die unbestritten erfolgreichen klinischen Programme auf psychoanalytischer Basis verwendet wurden und die behavioristische klinische Forschung weitgehend leer ausging.

8.4 Die amerikanischen Lerntheorien

Die amerikanischen Lerntheorien der 30er Jahre fungieren praktisch als entwicklungsgeschichtliches Verbindungsglied zwischen den skizzierten Ergebnissen der theoretischen und praktischen Arbeiten in den ersten zwei Jahrzehnten und den in den 50er Jahren aufkommenden verhaltenstherapeutischen Ansätzen: So bilden die Lerntheorien den Kulminationspunkt dieser frühen Entwicklungen und sind gleichzeitig unmittelbarer Bezugspunkt für die theoretische Fundierung der verhaltenstherapeutischen Techniken. Allerdings sind diese Theorien fast ausschließlich im Zusammenhang mit Tierexperimenten entwickelt worden, und es wurde versucht, in ihren Formulierungen den „Wissenschaftlichkeits"-Forderungen des Behaviorismus gerecht zu werden.

Da ausführliche Darstellungen dieser Lerntheorien praktisch in jedem Lehrbuch zur allgemeinen Psychologie gegeben werden, soll es hier genügen, sie nur kurz hinsichtlich ihres Stellenwertes für die Verhaltenstherapien zu rekapitulieren. Dabei sei hier nochmals auf die oben skizzierten frühen Theorien – insbesondere die klassische Konditionierung von Pawlow und das „Gesetz des Effektes" von Thorndike – verwiesen.

Hull: Reiz-Reaktions-Schema

Die Lerntheorie von Clark L. Hull (1884–1952) gilt von den hier zu nennenden wohl als die bedeutendste und umfassendste. Die Theorie versucht nicht nur Thorndikes und Pawlows Vorstellungen miteinander zu verbinden, sondern sie ist deduktiv strukturiert und weist Ansätze zur Formalisierung auf. Deshalb wurde sie auch von vielen Behavioristen als Fortschritt anerkannt, wenngleich die Begriffe keineswegs rein behavioristisch sind. Vielmehr wurden z. B. durch Begriffe wie „(An-)Trieb" (eines der Hauptkonzepte) eine deutliche (und von Hull intendierte) Verbindung zur Psychoanalyse gezogen – Hull entwickelte innerhalb des behavioristischen Ansatzes später sogar eine spezielle Trieblehre.

Er vertrat zwar im Kern den Ansatz, dass Verhalten weitgehend aus Reiz-Reaktions-Verbindungen aufgebaut sei (wenn auch in recht komplexen Ketten und in Reaktionshierarchien), dennoch verfolgte er die Intention, in seine umfassende Theorie auch „psychische" und „kognitive" Phänomene mit einzubeziehen. Allerdings wollte er, um in grundsätzlicher Übereinstimmung mit dem Behaviorismus zu bleiben, alle diese Begriffe und Phänomene rein physiologisch verstanden wissen.

Verstärkungstheorie. Das zentrale Element des Hull'schen Ansatzes ist die Verstärkungstheorie: Der Reiz (bzw. Stimulus) erhält hier den Charakter eines Hinweises („cue" – z. B. bestimmte Wege im Labyrinth), der zusammen mit dem (An-)Trieb („drive" – z. B. Hunger) für die Reaktion („response" – Laufen dieser Wege) verantwortlich ist; wesentlich dabei ist aber – ähnlich wie schon bei Thorndike – die Erreichung eines lustbetonten Zustandes durch Verstärker („reward" – hier: Futter) für die Verbindung zwischen diesem Verhalten und den vorangegangenen Reizen.

Das so gelernte Verhalten („habit" – hier: Laufen des erfolgreichen Weges) ist von Variablen wie der Triebstärke, der Größe der Triebreduktion, der Anzahl der Wiederholungen, der Zeit etc. abhängig. Die formale Fassung gelang durch Einführung von Größen wie 1 „hab" (=1/100 der maximalen Habit-

Stärke), 1 „mote" (=1/100 der maximalen Triebstärke) sowie quantitativen Verbindungen zwischen solchen Größen, z. B. dem Zusammenhang zwischen beiden eben genannten in Form des „Reaktionspotentials" – Größen, denen aber letztlich nur Sinn für gleichaltrige, gleich intelligente, unter gleichen Bedingungen aufgewachsene usw. Tiere zukommt, die also keine praktische Bedeutung haben.

Skinner: Operante Konditionierung

Die Kritik von B. F. (Burrhus Frederic) Skinner (1904–1990) an Hulls Ansatz, nämlich dass es nicht darum gehen könne, möglichst viele theoretische Ansätze in einer „Supratheorie" zu vereinigen, führte ihn selbst zu einer extrem sparsamen behavioristischen Lerntheorie, der „operanten" (oder „instrumentellen") Konditionierung. Er führte dabei folgende Unterscheidung bei der Konditionierung ein: (1) Antwortverhalten (auch: respondentes Verhalten, „elicited behavior"), bei dem der auslösende Stimulus beobachtbar ist, und (2) operantes Verhalten („emitted behavior"), eine spontan auftretende Reaktionsform, die das Tier also von sich aus hervorbringt.

Er betonte, dass Verhalten zum größten Teil nicht an Reize gebunden sei, und beschäftigte sich daher in seinen Experimenten fast ausschließlich mit der zweiten Art. Statt der Hull'schen Reiz-Reaktions-Folgen betrachtet Skinner somit beim operanten Verhalten die Kontingenzen zwischen Verhalten und den Nachfolgebedingungen.

Instrumentelle Reaktion. Die operante Konditionierung (als „Wirkreaktion") entsteht somit, indem eine bestimmte (Re-)Aktion in einer bestimmten Situation eine „triebadäquate" Belohnung erfährt: Hierdurch wird die Wahrscheinlichkeit für das Auftreten dieser Reaktion in einer gleichen Situation erhöht, d. h., die Reaktion ist verstärkt bzw. zu einer „instrumentellen Reaktion" geworden.

Wichtig ist aber auch hier die Aktivität eines bestimmten Triebes (Hunger, Durst, Sexualität etc.) – weshalb man Skinner Inkonsequenz gegenüber seinem eigenen behavioristischen Postulat vorgeworfen hat: Beobachtbares Verhalten sei z. B. nicht Hunger, sondern der Ablauf einer Fressreaktion. Dies aber führe den „reinen" Behaviorismus ad absurdum, denn wenn man auf Konzepte wie „Hunger" usw. verzichte, sei es nun höchst erklärungsbedürftig, warum z. B. Ratten lernten, eine Taste der Skinner-Box zu drücken, nur um eine Fressbewegung durchzuführen.

Verhaltensformung und Näherungslernen. Skinners Theorie beeindruckte dennoch viele durch die Sparsamkeit der Erklärung und die gute experimentelle Zugänglichkeit. Überzeugend war auch Skinners Demonstration der Verhaltensformung („shaping") bzw. des Näherungslernens („approximation"): Dabei wird nicht erst eine bestimmte Verhaltensleistung belohnt (etwa das Drücken einer Taste in der Skinner-Box – auf dessen zufällig spontanes Auftreten man ja zunächst lange warten müsste), sondern schon Verhaltensteile, die sich dem gewünschten Endverhalten annähern (z. B. Blicken in Richtung des Hebels, dann Hinlaufen, dann Pfote-Heben und letztlich das Drücken).

Zerlegung von Verhaltenssequenzen. Auf diese Weise können komplizierte Verhaltenssequenzen konditioniert bzw. ein komplexes Verhalten in kleine, eher spontan auftretende Schritte zerlegt werden – eine wichtige Erkenntnis für viele verhaltenstherapeutische Pläne. Auf Skinner geht dabei auch die Erprobung unterschiedlicher Verstärkungspläne („schedules of reinforcement") zurück (z. B. jede Reaktion – jede x-te Reaktion – alle y-Zeitintervalle usw.; s. u.). Skinner ist übrigens der einzige genannte Lerntheoretiker, der später unmittelbar an der Etablierung der Verhaltenstherapie mitwirkte.

Guthrie: Kontiguitätstheorie

Der Ansatz von Edwin R. Guthrie (1886–1959) ist im Vergleich zu den vorher genannten hoch pragmatisch: „Das Prinzip der Assoziation oder Konditionierung ist keine Erklärung für einen noch so kleinen Verhaltensausschnitt. Es ist lediglich ein Hilfsmittel, das die Erklärung unterstützt. Ein Hilfsmittel kann nicht wahr oder unwahr sein, es ist nützlich oder nutzlos" (Guthrie, 1935). Entsprechend dieser Einschätzung postulierte er auch viel vager, „Stimulusmuster, die zurzeit einer Reaktion aktiv sind, tendieren dazu, wenn sie wiederholt werden, diese Reaktion auszulösen" (Guthrie, 1938; beide Zitate nach Schorr, 1984, S. 94f.).

In Replikation des oben angeführten Versuchs von Thorndike zeigte Guthrie (mithilfe automatischer Photokameras), dass Versuchstiere ganz genau jene Bewegungsweisen wiederholen, die beim ersten zufälligen Finden des Öffnungsmechanismus zum Erfolg geführt hatten. Die letzte, entscheidende Handlungsreaktion, welche die Reizsituation beendet, wird also gelernt.

Reizmuster und Handlung. Verstärker spielen bei Guthries Theorie somit keine Rolle. Wesentlich ist vielmehr die räumlich-zeitliche Nähe zwischen dem „Reizmuster" (das letztlich die gesamte Versuchssituation umfasst, einschließlich des Zustandes des Versuchstieres) und der (ebenfalls komplexen) erfolgreichen Handlung – Guthries „Kontiguitätsprinzip". Die Verbindung zwischen Reiz(muster) und Reaktion(smuster) erfolgt dabei nach dem „Alles-oder-Nichts"-Gesetz und nicht graduell, wie von Hull postuliert.

Tolman: Latentes Lernen

Edward C. Tolman (1886–1959) entfernte sich noch wesentlich weiter als schon Guthrie von den behavioristischen Grundprinzipien – obwohl er sich selbst durchaus zu den Behavioristen zählte (allerdings eher in Abgrenzung gegenüber der Introspektion oder der Psychoanalyse – während z. B. Schönpflug und Schönpflug, 1983 in ihrem Psychologie-Lehrbuch Tolman in heutiger Terminologie folgerichtig zu den „Kognitivisten" rechnen).

Mit eindrucksvollen Experimenten belegte er, dass Reiz-Reaktions-Schemata zu kurz greifen: So ließ er Ratten in einem Labyrinth herumlaufen. Im Gegensatz zu üblichen lernpsychologischen Experimenten waren die Ratten „satt", und am Ende des Labyrinths war kein Futter – es fehlte somit sowohl der (Hunger-)Trieb als auch die „Verstärkung" zum Lernen. Dennoch konnten diese Ratten später in diesem Labyrinth unter üblichen Bedingungen (hungrig und mit Futter-Verstärkung) wesentlich schneller den richtigen Weg lernen als andere Ratten, die das Labyrinth nicht kannten. (Es sei bemerkt, dass Robert S. Woodworth später, auf Tolman aufbauend, einen „Untersuchungstrieb" konzipierte). In einem anderen Versuch demonstrierte Tolman, dass Ratten, die das Labyrinth „kannten", beim Versperren einzelner Gänge jeweils den günstigsten Umweg wählten. Wie Tolman (1932) schrieb, sind diese Ergebnisse nur so zu erklären, dass die Ratten eine kognitive Landkarte („cognitive map") erworben hatten, um sich zu orientieren und die Zweckmäßigkeit einer Handlung beurteilen zu können. Dieses Lernen ohne Belohnung nannte er „latentes Lernen".

Zeichenerwartung. Dementsprechend spielen in seiner Theorie Begriffe wie Erwartung („expectation") und Absicht („purpose") eine Rolle. Wichtig sind auch Zeichen, die etwas signalisieren, und die Zielgerichtetheit der Handlung: Statt einer Verbindung zwischen Reiz und Reaktion (S-R = Stimulus-Reaction) sieht Tolman die Verbindung zwischen Zeichen und Bezeichnetem (S-S = Sign-Significate). In Reinterpretation der Pawlow'schen Konditionierung wird der UCS, das Fleisch, zum Bezeichneten, auf das der CS, die Glocke, als Zeichen hinweist; zwischen beiden entsteht eine „Zeichenerwartung", so dass das Tier bei Ertönen der Glocke mit CR, der Speichelsekretion reagiert – als vorweggenommene Antwort auf das Bezeichnete.

Grundlage für kognitive Verhaltenstherapie

Tolmans Ansatz bildet eine wesentliche Grundlage für die späteren kognitiven Verhaltenstherapiekonzepte. Seine Theorie rangiert zwar weit entfernt vom Kern des behavioristischen Wissenschaftsideals eines Watson oder auch Skinner, weist aber gleichzeitig erstaunliche Nähe zu Pawlow auf, auf den sich Watson und Skinner vehement beriefen, nämlich: „Die Grundtätigkeit und zugleich auch die allgemeinste Tätigkeit der Großhirnhemisphären ist eine Signaltätigkeit, die über eine Unmenge von Signalen mit stets wechselnden Signalbedeutungen verfügt" (Pawlow, zit. nach Bykow, 1967, S. 721).

Während somit Pawlow die Verbindung CS-UCS ins Zentrum stellte, konzentrierten sich Watson, Hull und Guthrie in guter Tradition von Thorndikes „Effekt" (CR) eher auf CS-CR (wobei allerdings der CS sehr unterschiedlich gesehen wird – von Einzelreizen bis zur Gesamtsituation), Skinner sogar nur auf CR (und die Nachfolgebedingungen), während Tolman mit CS-(U)CR-UCS wieder die vom Organismus hergestellte Verbindung zwischen Reizen in den Vordergrund rückt, die nun aber Sinn und Bedeutung erhalten.

Therapeutische Hilfe für Soldaten. Die lerntheoretischen Grundlagen und frühen verhaltenstherapeutischen Erkenntnisse führten nach dem Zweiten Weltkrieg in größerem Ausmaß zu praktisch-therapeutischen Ansätzen: Die Erfahrungen auf den Schlachtfeldern waren so schrecklich, dass mit den heimkehrenden Soldaten ein kaum zu bewältigendes Potential an Patienten entstand, das dringend psychischer Hilfe bedurfte.

Abgesehen davon, dass es ohnedies nicht genug Therapeuten gab, war es das Gebot der Stunde, in Ergänzung zur langwierigen Psychoanalyse Formen der Kurzzeittherapie zu entwickeln. Hierfür waren die verhaltenstherapeutischen Konzepte bestens geeignet. Somit wurden nach dem Zweiten Weltkrieg verstärkt verhaltenstherapeutische Programme gefördert, die dann in den 50er Jahren zu einer Blüte der Verhaltenstherapie führen sollten. Es sei aber angemerkt, dass auch in der psychoanalytischen Bewegung in Erkenntnis der Dringlichkeit unterschiedliche Modifikationen der Technik im Hinblick auf mögliche Kurztherapien erprobt wurden – z. B. von Franz Alexander, Thomas French oder Alexander Herzberg.

8.5 Zusammenfassung

Hintergrund und Entstehungsgeschichte. Der Begriff „Verhaltenstherapie" umfasst eine heterogene Gruppe von Ansätzen, deren Gemeinsamkeit sinnvollerweise in einem lerntheoretischen Verständnis für die Genese und Therapie von Störungen auszumachen ist (und weniger in einer empirischen Absicherung der therapeutischen Wirksamkeit, die ja auch bei fundamental anderen Therapieformen nachweisbar ist).

Die ersten, die den Begriff „Verhaltenstherapie" unabhängig voneinander verwendeten, waren Skinner, Wolpe und Eysenck. Wichtige Vertreter der kognitiven Verhaltenstherapie sind Beck, Mahoney, Meichenbaum und Ellis. Die Grundlagen für diese Therapieformen liegen in den eher zu Forschungszwecken entwickelten Lerntheorien der 30er Jahre. In der klinischen Praxis fanden verhaltenstherapeutische Techniken erst in den 50er Jahren Eingang.

Frühe theoretische Ansätze. Pawlows Entdeckung des bedingten Reflexes lenkte die Konzentration auf objektiv beobachtbare physiologische Prozesse. Deshalb verwendete Bechterew Pawlos Arbeiten zur Untermauerung seiner „objektiven Psychologie". Ihr erklärtes Ziel war es, „psychologische" Begriffe zu vermeiden und für psychische Krankheiten möglichst eine biologische Erklärung durch rein experimentelle Reduktion zu finden – gemäß dem objektivistischen, materialistischen naturwissenschaftlichen Modell.

Protagonist einer Richtung mit weitgehend gleichen Zielen in Amerika, des Behaviorismus, war Watson. Der Behaviorismus kann vor allem als forschungsmethodologische Position verstanden werden, die dann die Grundlage für Lerntheorien bildete. Viele Behavioristen hatten durchaus die praktische Relevanz der Forschung im Auge, weshalb sie auch die in der klinischen Praxis verbreitete und erfolgreiche Psychoanalyse achteten.

Frühe praxisorientierte Verhaltensforschungen. Frühe Anwendungen fanden sich in der Tierdressur, in der Aversionstechnik von Rosenbach und in der Forschung zu den nicht geplanten experimentellen Neurosen. Bekannt wurde v. a. das ethisch fragwürdige – und in seinen theoretischen Schlussfolgerungen wissenschaftlich unhaltbare – Experiment von Watson mit dem kleinen Albert, der eine durch klassische Konditionierung ausgelöste Furchtreaktion vor Fellgegenständen entwickelte.

Als einer der Ersten setzte Bechterew die Konditionierung praktisch ein, indem er bei hysterischen Patienten suggerierte Furcht auslösende Inhalte mit einem entspannten Zustand koppelte. Die von Watson beschriebenen Maßnahmen der Konfrontation, Rekonditionierung und Imitation positiver Verhaltensweisen wurden v. a. von Mary C. Jones bei Ängsten von Kindern angewandt und erweitert. Bedingt durch den Rückzug der führenden Vertreter Watson und Hamilton sowie die weite Verbreitung und größere finanzielle Unterstützung der praktisch anwendbaren Psychoanalyse, blieben die behavioristischen Ansätze aber bis in die 50er Jahre hinein für die klinische Praxis irrelevant.

Die amerikanischen Lerntheorien. Die amerikanischen Lerntheorien von Hull, Skinner, Guthrie und Tolman sind eine Schnittstelle zwischen den genannten theoretischen und praktischen ersten Arbeiten und späteren verhaltenstherapeutischen Ansätzen. Hull versuchte mit seiner Lerntheorie die behavioristischen Theorien Pawlows und Thorndikes, zudem aber auch psychoanalytische Begriffe zu integrieren. Der Fokus lag dabei auf Reiz-Reaktions-Verbindungen (CS-CR) durch das Erreichen eines lustbetonten Zustands als Verstärkers. Dagegen beschäftigte sich Skinner mit den Kontingenzen zwischen spontan auftretendem Verhalten und dessen Nachfolgebedingungen (Sequenzen von CR): Ein Verhalten wird wahrscheinlicher, wenn ein Individuum auf sein Verhalten eine triebadäquate Belohnung erfährt – ein Vorgang, der operante Konditionierung genannt wird. Mit der Verhaltensformung und dem Näherungslernen zeigte Skinner, wie komplexes Verhalten in viele kleine Verhaltensanteile zerlegt werden kann; damit legte er einen Grundstein für spätere verhaltenstherapeutische Pläne.

Bei Guthries Kontiguitätsprinzip geht es um die räumlich-zeitliche Nähe zwischen einem Reizmuster und einer erfolgreichen Handlung (Kontiguität von CS und CR); demzufolge sind Verstärker zu vernachlässigen. Tolmans Experimente zum latenten Lernen lassen die behavioristischen Begriffe noch mehr in den Hintergrund treten. Die Anwendung der Begriffe Absicht und Erwartung sowie die postulierte Verbindung zwischen Zeichen und Bezeichnetem setzt den Einbezug kognitiver Prozesse voraus und bietet daher auch eine Grundlage für die kognitive Verhaltenstherapie (CS-(U)CR-UCS).

Die Notwendigkeit schneller Hilfe für traumatisierte Soldaten nach dem Zweiten Weltkrieg erforderte eine Alternative zur langwierigen psychoanalytischen Behandlungsmethode und bildete den Hintergrund für den Aufstieg lerntheoretischer Erkenntnisse in der Verhaltenstherapie.

8.6 Verständnisfragen

▶ Welche Strömungen gibt es in der Verhaltenstherapie?
▶ Wann etablierte sich die Verhaltenstherapie zu einer relevanten therapeutischen Richtung?
▶ Welcher Unterschied in der Erklärung vom bedingten Reflex kennzeichnet Pawlows gegenüber Thorndikes psychologischem Ansatz?
▶ Welche Grundorientierung hatten die frühen Behavioristen? Welches Forschungsbeispiel wird häufig verwendet?
▶ Welchen psychologischen und wissenschaftlichen Stellenwert haben die Forschungsergebnisse zum „kleinen Albert"?
▶ Warum haben die frühen Behavioristen das Gegenprogramm zur Psychoanalyse entwickelt? Wie lässt sich das frühe Verhältnis von Psychoanalyse und Behavioristen beschreiben?
▶ In welchen frühen Ansätzen der Verhaltenstherapie spielen Konditionierungsprinzipien eine Rolle?

▶ Wie entstand die Forschung zur experimentellen Neurose?
▶ Warum wurde die Verhaltenstherapie trotz ihrer frühen praxisorientierten Ansätze erst so spät als klinisch-therapeutische Richtung ernst genommen?
▶ Beschreibe kurz die Grundzüge der amerikanischen Lerntheorien von Hull, Skinner, Guthrie und Tolman!
▶ Was ist der Unterschied zwischen klassischem und operantem Konditionieren?
▶ An welcher Stelle bleibt Skinner dem behavioristischen Anspruch einer rein experimentellen Beobachtung nicht treu?
▶ Warum ist die Theorie zum „latenten Lernen" eine Grundlage für die kognitive Verhaltenstherapie?
▶ Aus welcher pragmatischen Notwendigkeit ergab sich eine Erweiterung der praktisch-therapeutischen Ansätze?

9 Lerntheoretische Verhaltenstherapie

9.1 Desensibilisierung und Angstbewältigung

Die Ansätze moderner Verhaltenstherapie in den 40er und 50er Jahren griffen zunächst auf die vorliegenden Lerntheorien zurück. Joseph Wolpe (1915–1991) und seine Gruppe in Südafrika sowie die sog. Maudsley-Gruppe in England um Hans-Jürgen Eysenck (1916–1997) legten dabei den Schwerpunkt auf den Abbau von Ängsten und Neurosen mittels Techniken, die in der Tradition der klassischen Konditionierung standen. B. F. Skinner und seine Schüler hingegen wählten selbstverständlich Ansätze, die auf der von Skinner propagierten operanten Lerntheorie basierten; darum lag ihr Schwerpunkt eher in dem Aufbau bestimmter Fertigkeiten und erwünschter Verhaltensweisen.

Beide Strömungen waren stark dem Behaviorismus verbunden. Aus der Kritik daran, dass diese behavioristischen Ansätze zu sehr intentionale und andere kognitive Prozesse vernachlässigten, entwickelten sich in den 60er und 70er Jahren kognitiv orientierte Ansätze der Verhaltenstherapie, die später dargestellt werden.

Gegenkonditionierung

Die Desensibilisierung ist eines der ältesten und inzwischen am weitesten verbreiteten verhaltenstherapeutischen Konzepte. Grundprinzip ist die Gegenkonditionierung – so wie sie bereits in den frühen Ansätzen von Mary C. Jones unter Supervision von Watson vorgenommen wurde: Die Verbindung zwischen Angst und dem auslösenden Reiz (der ggf. auch eine ganze Situation umfassen kann) wird als konditioniert aufgefasst, wie z. B. die Angst des kleinen Albert vor „pelzartigen Gegenständen" im Versuch von Watson. Nun wird in einem neuen Konditionierungs-„Experiment" zu diesem CS eine andere, positive Reaktion konditioniert, etwa das positive Gefühl beim Essen von Süßigkeiten. Diese neue Verbindung hemmt und verdrängt die alte.

Schematisch könnte man sich den Vorgang in diesem Beispiel wie folgt verdeutlichen:

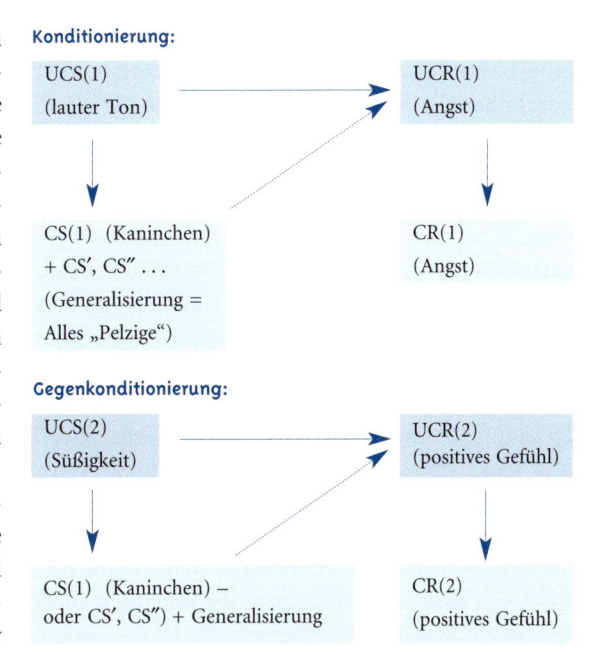

Konditionierung:

UCS(1) (lauter Ton) → UCR(1) (Angst)

↓

CS(1) (Kaninchen) + CS′, CS″ … (Generalisierung = Alles „Pelzige") — CR(1) (Angst)

Gegenkonditionierung:

UCS(2) (Süßigkeit) → UCR(2) (positives Gefühl)

↓

CS(1) (Kaninchen – oder CS′, CS″) + Generalisierung — CR(2) (positives Gefühl)

Schematische Darstellung von Konditionierung und Gegenkonditionierung

Natürlich wurde üblicherweise die Angst nicht in einer vom Forscher verursachten „experimentellen Neurose" erworben, sondern zu der entsprechenden Konditionierung führte eine Erfahrung im bisherigen Leben. Wegen der Generalisierung muss nicht unbedingt der ursprünglich einmal konditionierte Reiz für die Gegenkonditionierung gefunden werden, sondern es genügen „ähnliche" Reize (CS′), auf die jetzt ebenfalls Angstreaktionen erfolgen.

Wenn man sich das Schema genau ansieht, so besteht ein wesentlicher Unterschied zwischen dem CS (Kaninchen) in der Konditionierung (1) und der Gegenkonditionierung (2): Im ersten Fall ist der CS zunächst relativ neutral, im zweiten hingegen nicht, denn CS ist ja mit UCR(1), der Angst, verbunden. Es besteht somit die reale Gefahr, dass statt der erwünschten Gegenkonditionierung CS-UCR(2) nun

UCS(2)-UCR(1) konditioniert wird, bzw., salopp formuliert, nicht das positive Gefühl von der Süßigkeit auf den Anblick des Kaninchens übertragen wird, sondern die Angst vor dem Kaninchen auf die Süßigkeit. Statt also einen UCS wie z. B. Süßigkeit zu verwenden, ist es offensichtlich vorteilhaft, eine Bedingung zu wählen, die der Angst möglichst unmittelbar entgegenwirkt.

Progressive Relaxation. Im Zusammenhang mit der Vegetotherapie von Reich wurde bereits erwähnt, dass Angst mit dem sympathischen System (Verengung der Blutgefäße, Verkrampfung etc.) verbunden ist, dem das parasympathische System (also Erweiterung, Entspannung) entgegenwirkt. Schon 1929 hatte Edmund Jacobson ein Trainingsverfahren entwickelt, mit dem Patienten lernen können, sich zu entspannen: Dabei wurden nacheinander (progressiv) verschiedene Muskelgruppen angespannt (um sie deutlich zu spüren) und dann gezielt entspannt. Er nannte dieses Verfahren „progressive Relaxation" und wies nach, dass sich diese Entspannung positiv auf Angstzustände auswirkt.

Angst in der Phantasie. Eine weitere Modifikation der obigen Versuchsanordnung besteht darin, dass der Angst auslösende Reiz (bzw. die Situation) nicht real erlebt, sondern nur vorgestellt wird – offensichtlich eine wesentliche Erleichterung, wenn das Reizobjekt real schwer beschafft werden kann (z. B. örtlich oder zeitlich zu weit entfernt, zu komplex oder abstrakt ist etc.). Wie oben ausgeführt, hatte bereits Bechterew zu Beginn des 20. Jahrhunderts Erfolge beim Angstabbau durch Vorstellungen erzielen können.

Systematische Desensibilisierung

Obwohl somit diese Konzepte schon in den ersten beiden Jahrzehnten des 20. Jahrhunderts formuliert und praktisch erprobt worden waren, wird in der Literatur gewöhnlich Joseph Wolpe das Verdienst zugeschrieben, die aus diesen Elementen bestehende Therapieform formuliert und weiterentwickelt zu haben. Wolpe, ein Mediziner an der Universität in Johannesburg (Südafrika), nannte diesen Ansatz „systematische Desensibilisierung" – ein Begriff, der eigentlich in der Medizin bereits im Zusammenhang mit der Allergietherapie besetzt war.

Angsthierarchie. Der Kern der systematischen Desensibilisierung besteht darin, dass der Patient zunächst die Angst auslösenden Situationen bzw. Teilsituationen, Reize etc. in eine Hierarchie hinsichtlich des Grades der Angstauslösung (sog. „Angsthierarchie") einordnet. Nachdem der Patient sich dann tief entspannt hat (meist mithilfe des durch Wolpe verkürzten Verfahrens von Jacobson), wird er aufgefordert, sich diese Situationen vorzustellen. Dabei wird mit jener Situation begonnen, die gemäß der Angsthierarchie mit der schwächsten Angst verbunden ist – und so die Angsthierarchie stufenweise abgearbeitet (in der Regel über mehrere Sitzungen verteilt und auch öfter wiederholt).

Klient und Therapeut stellen die Angsthierachie gemeinsam auf – zunächst durch „Situations-Sammlungen" in speziellen Explorationsgesprächen, mit Hilfe von Angstfragebögen, Verhaltensbeobachtung in der Realität oder in Rollenspielen, Klientenprotokollen von typischen Situationen, die als Hausaufgaben gegeben werden, Befragung von Verwandten und Bekannten (besonders bei Kindern). Anschließend werden sie nach Themen geordnet und die Angst eingestuft – typischerweise auf einer Skala von 0 bis 100 –, wobei nach Möglichkeit auch physiologische Messwerte mit herangezogen werden sollten.

Die eigentliche Angsthierarchie sollte etwa zehn Items umfassen. Zusätzlich wird eine „Ruhe-Szene" vereinbart: eine Situation, die nicht mit der Angst zusammenhängt, sondern im Gegenteil angenehm und entspannend ist. Diese dient dann während der Desensibilisierung bei Belastung zur Ablenkung und zur Vertiefung der Entspannung.

Desensibilisierung in der klinischen Praxis. In der klinischen Praxis ist die systematische Desensibilisierung für ein breites Spektrum von Symptomen angewendet worden: neben unterschiedlichen Neurosen z. B. auch für psychosomatische Störungen. Zahlreiche Autoren haben die Wirksamkeit dieser Methode bestätigt, wobei allerdings auch gezeigt wurde, dass die beiden Kernelemente – Entspannung und Angsthierarchie – zwar besonders effektiv, aber nicht unbedingt notwendig sind: Die Vorgabe der Angstsituationen ohne Entspannung (auf jeden Fall: ohne muskuläre Entspannung) oder die Vorstellung von nicht klar hierarchisierten Angstsituationen (z. B. in der Gruppentherapie) führte ebenfalls zu Angstabbau. (Dies sind zwar Ergebnisse von Untersuchungen in der zweiten Hälfte des 20. Jahrhunderts, aber genau genommen hatten das auch schon Bechterew und Jacobson gefunden, denn für ihre erfolgreichen Angsttherapien benutzte Ersterer keine Muskelentspannung, Letzterer keine vorgestellten Angstsituationen.)

Probleme und Kritik. Wolpe selbst war über die Arbeit an experimentellen Neurosen bei Katzen zu seiner Therapie gekommen. Er reduzierte die Angst der Tiere erfolgreich durch Fütterung in verschiedenen Käfigen, die jenem Käfig nach und nach immer ähnlicher wurden, in welchem die experimentelle Neurose erzeugt worden war. Fressen und neurotische Reaktion sah er somit als zwei sich gegenseitig hemmende Reaktionen an und sprach zunächst von „reziproker Hemmung" (erst später von „Gegenkonditionierung").

Für den therapeutischen Einsatz am Menschen ersetzte Wolpe, wie schon gesagt, das Fressen durch Entspannung, aber sein Erklärungsmodell blieb „Reziproke Hemmung als zentrale Basis psychotherapeutischer Effekte" (so der Titel seiner ersten Arbeit über diese Therapie, 1954).

Erfolgsstatistiken. Wolpe und seine Schüler – besonders Arnold A. Lazarus und Stanley Rachman, die 1957 ihre erste Arbeit zur systematischen Desensibilisierung veröffentlichten, nahmen zahlreiche Laborstudien vor und initiierten weitere. Dabei wurde die Methode gegen viele mögliche Artefakte abgesichert, und recht beeindruckende Erfolgsstatistiken wurden erstellt – besonders im Amerika der 60er Jahre (auch Wolpe war nach Amerika übergesiedelt), aber ebenso von der Psychologengruppe um Eysenck und Shapiro am Londoner Maudsley-Hospital.

Im Gegensatz dazu publizierten z. B. die Psychiater dieses Instituts Mitte der 60er Jahre eine Reihe kritischer Arbeiten, in denen mangelnde Wirksamkeit, Symptomverschiebung, Probleme der Generalisierung, Entspannungsschwierigkeiten und weitere Probleme diskutiert wurden (besonders von Crisp, Gelder, Marks und Meyer im British Journal of Psychiatry – z. B. Gelder & Marks, 1966; Meyer & Crisp, 1966).

Umstrittene Erklärung. Trotz dieser kritischen Diskussion wurde die Methode der systematischen Desensibilisierung insgesamt weitgehend akzeptiert. Weit heftiger umstritten aber ist Wolpes lerntheoretische Begründung ihrer Wirksamkeit: So zeigten z. B. Valins und Ray (1967) mittels falscher Rückmeldung des Pulsschlages, dass nicht die Entspannung selbst, sondern der Glaube bzw. Eindruck, entspannt zu sein, wirksamer ist – ein Effekt, der vielfach repliziert wurde (Übersicht in Florin & Tunner, 1975).

Habituation. Eine mehrfach untersuchte Konkurrenzhypothese zur Wirkungsweise der systematischen Desensibilisierung lautet, salopp formuliert: Ein Gewöhnungseffekt durch mehrfache Darbietung der (Angst-)Reize habe sich eingestellt („Habituation").

Als weitere wichtige (und sich teilweise überlappende) Wirkungs- bzw. Erklärungsaspekte stellten sich in Untersuchungen heraus: Die Erwartungen der Patienten in den Erfolg – aber auch in die eigene Leistungsfähigkeit –, die Rolle der Instruktion, die Lebendigkeit der Vorstellung – insbesondere hinsichtlich veränderter Reaktionen, Selbstinstruktion, Modelllernen (ggf. verdeckt; s. u.) usw.

Desensibilisierung als komplexer Lernvorgang. Diese Befunde laufen letztlich darauf hinaus, dass viele Autoren die systematische Desensibilisierung (unbeschadet ihrer Technik) als komplexen kognitiven Lernvorgang verstehen, in dem die Angst auslösenden Situationen teils habituiert, teils neu bewertet werden und auch mit einer veränderten Erfahrung und Einschätzung hinsichtlich der eigenen Reaktionsmöglichkeiten verbunden sind. Eine solche Sichtweise öffnet einerseits auch Erweiterungen und Modifikationen in der Technik Tür und Tor, andererseits bewirkt sie einen reibungslosen Übergang zu (intendiert) kognitiven Ansätzen.

Expositionstraining

Vor allem bei bestimmten Angststörungen hat es sich als günstig erwiesen, die Patienten direkt mit jenen Situationen und Stimuli zu konfrontieren, vor denen sie Angst haben bzw. welche die Symptome auslösen. Dabei kann, ähnlich wie bei der systematischen Desensibilisierung, der Patient in einer graduellen Annäherung an die höchste Angststufe herangeführt werden („Habituationstraining"). Beim

„flooding" (Reizüberflutung) hingegen wird sofort mit der höchsten Intensität gearbeitet; so wird z. B. gleich ein sehr hoher Turm bestiegen, ein überfülltes Kaufhaus aufgesucht, eine dunkle enge Kammer verschlossen etc. Hier kommt es somit zunächst zu einem sehr starken Anstieg der Angst, die aber im weiteren Verlauf, wenn und indem erfahren wird, dass sonst nichts weiter Schlimmes passiert, deutlich absinkt. Es handelt sich somit letztlich ebenfalls um einen Habituationsprozess.

Diese In-vivo-Exposition kann mehrere Stunden in Anspruch nehmen; Hautzinger (1996, S. 231) spricht von bis zu 8-stündigen Behandlungssitzungen, besonders bei Ängsten vor verschiedenen Situationen, von denen am Behandlungstag so viele Angst auslösende Konstellationen wie möglich eingeplant werden sollten. Allerdings muss mit steigender Länge auch die Gefahr bedacht werden, dass Komplikationen auftreten können – so führt Hand (1996) unter „Kontraindikationen" auf, dass fortgesetzte Expositionsübungen auch „Ersatzrituale für Symptomrituale oder auch kurzfristige Lebensinhalte" werden könnten bzw. dass ggf. auch die psychophysiologische Habituation ausbleiben könne und dann ein längeres Fortsetzen eher zur Irritation als zu einem späten Erfolg führe.

Kognitive Begleitung. Selbstverständlich geschieht dies nicht nur in Absprache und mit Einwilligung des Patienten, sondern es bedarf dazu auch einer sorgfältigen kognitiven Vorbereitung auf beiden Seiten: Der Therapeut muss sich mit den aufzusuchenden Situationen vorher vertraut machen und sicher sein, dass er diese selbst angstfrei durchstehen kann. Der Patient wird genauestens darüber aufgeklärt, wozu die spezifische Reizexposition dient, weshalb nach Beginn ein Abbruch, Flucht oder Vermeidung nicht zugelassen werden darf, wie die Rückkopplung zwischen Patient und Therapeut über das jeweilige Ausmaß der Angst geschehen soll usw. Fiegenbaum und Tuschen (1996) betonen, dass die Modelle, die der Therapeut hierbei als Erklärungsmuster verwendet, sehr sorgfältig bedacht sein müssen. Denn diese haben weitreichende Auswirkungen auf die Akzeptanz bzw. die Widerstände des Patienten gegenüber der Therapie und sind daher als ein Kernstück der Behandlung zu sehen.

Angstbewältigungstraining

Eine erweiternde Modifikation der systematischen Desensibilisierung beruht darauf, dass die Entspannung anders eingesetzt wird: Aufkommende Angst soll dabei nicht vermieden, sondern deutlich (und frühzeitig) wahrgenommen und durch den aktiven Einsatz der Entspannung bewältigt werden.

Wie Untersuchungen gezeigt haben (z. B. Sachse & Kröner, 1978), ist diese Vorgehensweise besonders wirksam, wenn drei Bedingungen zusammenkommen:

(1) Eine möglichst frühe Wahrnehmung aufkommender Angst anhand körperlicher Reaktionen;
(2) die bewusste Selbstinstruktion, dass die Angstreaktion selbständig unter Kontrolle gebracht werden kann;
(3) eine wirksame Entspannungstechnik, um (2) umzusetzen – und der Glaube daran.

Entspannungstechniken. Als Entspannungstechniken werden neben Jacobsons progressiver Relaxation (bzw. Kurzformen davon) Atemkontrolle oder an ein verbales Signal (z. B. „ruhig") konditionierte Entspannung angewandt. Wichtig im Sinne der Selbstinstruktion ist dabei, dass die Technik vom Therapeuten als aktive Bewältigungsmethode eingeführt wird. Während manche Autoren die Wirkungsweise analog zu Wolpes Erklärung der systematischen Desensibilisierung auf reziproke Hemmung bzw. Gegenkonditionierung zurückführen, hat besonders Goldfried (1971) diesen Aspekt der aktiven Selbstkontrolle hervorgehoben.

Selbstbehauptungstraining. Diese Variante geht auf Andrew Salter zurück und wurde sogar von Wolpe selbst bereits vor der Entwicklung seiner eigenen Technik angewendet. Das Selbstbehauptungs- (oder Selbstsicherheits-)Training geht davon aus, dass selbstunsichere Personen meist prinzipiell genau wissen, wie sie sich in (sozialen) Situationen verhalten müssten oder möchten und was sie sagen sollten oder könnten. Aber die Angst vor Ablehnung oder Beleidigung und Verletzung anderer hindert sie faktisch daran, ihre Interessen zu vertreten. Oft geht es dabei letztlich um eine zurückgehaltene Reaktion von Ärger.

Assertive Training. Statt mit Entspannung – wie in der systematischen Desensibilisierung – wird beim Assertive(ness) Training die Angstreaktion daher durch eine Ärgerreaktion gehemmt – schon Wolpe hielt beide Emotionen für physiologisch gleichzeitig unvereinbar. Die Patienten werden daher ermuntert, ihre Ärgergefühle mehr und mehr zum Ausdruck zu bringen. Hierdurch sollen solche Situationen immer weniger aversiv werden. Als Erklärung nahm Salter Gegenkonditionierung an (mindestens genauso plausibel erscheint aber Habituation oder kognitive Umstrukturierung).

Das Assertive Training wurde durch mehrere Arbeiten Ende der 70er Jahre wieder stärker ins therapeutische Blickfeld gerückt – allerdings zunehmend in multimodale Programme zum Training sozialer Kompetenz (unter Einschluss von Modelllernen, Rollenspielen, In-vivo-Übungen, kognitive Techniken) mit einer entsprechend umfassenderen Indikation eingereiht (vgl. Pfingsten, 1996).

9.2 Operante Ansätze

Die im vorigen Abschnitt im Zusammenhang mit Desensibilisierung vorgestellten Ansätze haben sich unter lerntheoretischen Gesichtspunkten letztlich aus Konzepten der klassischen Konditionierung entwickelt (wobei auf alternative Erklärungsweisen für den Therapieerfolg hingewiesen wurde). Solche Ansätze eignen sich vorzugsweise für eine Verhaltenstherapie von emotionalen Problemen – vor allem von Angst.

In diesem Abschnitt werden nun Ansätze vorgestellt, die sich aus der operanten (auch: „instrumentellen") Konditionierung nach Skinner (s. o.) entwickelt haben und die vorzugsweise eingesetzt werden, wenn Verhaltensweisen verändert bzw. neu aufgebaut werden sollen.

Es sei schon vorweggenommen, dass es für die theoretische Erklärung der Wirksamkeit dieser Ansätze ebenfalls alternative Modelle gibt. Darüber hinaus ist mit dem Wort „vorzugsweise" eine durch die Theorie vorgegebene und in der Praxis verwirklichte Tendenz in der Bearbeitung von Problemen gemeint – keineswegs Ausschließlichkeit. Zunächst sollen nun einige allgemeine Grundkonzepte erläutert, danach spezielle Ansätze referiert werden:

Grundkonzepte operanter Konditionierung

Positive und negative Verstärkung. Wie oben schon skizziert wurde, geht es bei der operanten Konditionierung grob um Folgendes: Die Wahrscheinlichkeit eines bestimmten Verhaltens (bzw. eines Elementes aus einer komplexeren Verhaltenssequenz) wird erhöht, wenn dieses belohnt („positiv verstärkt") wird (in Tierexperimenten meist durch Futter). Bleibt der gewohnte Verstärker auf dieses Verhalten hin aus, so sinkt die Wahrscheinlichkeit rasch wieder; man spricht dabei von Extinktion.

Nun gibt es aber auch das Phänomen, dass durch den Einsatz von sog. negativen Verstärkern die Reaktionswahrscheinlichkeit gesenkt werden kann (in Tierversuchen dienen dazu in der Regel Elektroschocks).

Bleibt der gewohnte negative Verstärker hingegen aus, so steigt die Reaktionswahrscheinlichkeit wieder: Diesen Wegfall eines negativen Verstärkers nennt man negative Verstärkung (zweifellos eine etwas verwirrende Terminologie!), die im Endeffekt genau so wirkt wie eine positive Verstärkung. Es können sogar beide Verstärker gekoppelt werden.

Da es somit positive und negative Verstärker gibt, die entweder gegeben oder nicht gegeben (bzw. beseitigt) werden können, ergeben sich folgende vier Möglichkeiten (nach Holland & Skinner, 1974, S. 245):

	Darbietung	Beseitigung
Positiver Verstärker	(A) positive Verstärkung	(B) Bestrafung
Negativer Verstärker	(C) Bestrafung	(D) negative Verstärkung

Vier Möglichkeiten der Verstärkung

Da es bei Skinner nur um die Veränderung von Reaktionswahrscheinlichkeiten geht, sind A und D sowie B und C einander jeweils äquivalent. (Es sei auf die bemerkenswerte Tatsache hingewiesen, dass ein so radikaler Behaviorist wie Skinner, der nichts „Unbeobachtbares" gelten lässt, von „Wahrscheinlichkeiten" statt von „Häufigkeiten" spricht, obwohl Erstere hypothetisch spekulativer als „Hunger", „Trieb" oder „Konflikt" sind.)

Trotz dieser Äquivalenz hinsichtlich der Wirkung von positiver und negativer Verstärkung gibt es für den Einsatz doch einen wesentlichen Unterschied: Bei A muss das Verhalten zuerst einmal zufällig spontan auftreten, damit man es positiv verstärken kann – Verhalten wird also überhaupt erst aufgebaut –, während bei D das Verhalten, das negativ verstärkt wird, schon vorhanden sein muss. Analoges gilt für die Bestrafung B und C.

Belohnungen und Bestrafungen. In der operanten Verhaltenstherapie am Menschen ist natürlich die erste Zeile besonders bedeutsam: Erwünschtes Verhalten wird aufgebaut, indem die entsprechenden Handlungen belohnt werden – unerwünschtes Verhalten wird abgebaut, indem man die Verstärker dafür ausfindig macht und beseitigt (und gleichzeitig eher Handlungsalternativen verstärkt). Der Einsatz negativer Verstärker ist – abgesehen von der ethischen Problematik – allein deshalb schon schwierig, weil es im Alltagsleben selten kontingente aversive Stimuli gibt, deren Beseitigung zur Verstärkung führen könnte (D). Direkte Bestrafung (C) – das Patentrezept mancher „Erzieher" – wurde schon von Skinner selbst bezüglich ihrer dauerhaften Wirksamkeit bezweifelt.

Verstärker und Verstärkungspläne. Es ist klar, dass ein Verstärker trieb- bzw. motivationsspezifisch ist: Das Verhalten einer durstigen Ratte wird nicht durch Futter, sondern durch Wasser verstärkt. Skinner bevorzugt statt über „Trieb" bzw. „Motivation" über „Deprivation von diesem Verstärker" zu sprechen. (Doch neben der „introspektiven" Alltagserfahrung, dass Trinken den Durst stillt, könnte „Deprivation vom Futter" m. E. nur dadurch „objektiv" beobachtet werden, dass Futter eben als Verstärker wirkt – damit würde Deprivation aber durch jene Beobachtung definiert, die sie erst erklären soll.)

Primäre und sekundäre Verstärker. Unterschieden wird auch zwischen primären und sekundären Verstärkern: Erstere sind angeborene Bedürfnisse, Letztere wurden erst erlernt – im Extremfall sind diese generalisiert und dienen dann zur Befriedigung vieler Grundbedürfnisse (z. B. „Geld", das – unter üblichen Bedingungen – zur Befriedigung von Hunger, Durst usw. eingesetzt werden kann: eine wichtige Grundlage für sog. „Token-Programme"; s. u.).

Kontinuierliche und intermittierende Verstärkung. Der elementarste Verstärkerplan ist die Verstärkung jeder Zielreaktion („kontinuierliche Verstärkung"). Häufiger wird aber eine „intermittierende" Verstärkung gewählt, d. h., die Verstärkung erfolgt jeweils erst nach einer bestimmten Anzahl von Reaktionen oder nach einem bestimmten Zeitintervall. Zusätzlich kann zwischen konstanten und variablen Reaktionshäufigkeiten bzw. Zeitintervallen bei dieser Verstärkung unterschieden werden. Bei intermittierender Verstärkung ist der Widerstand gegen Löschung größer als bei kontinuierlicher Verstärkung.

Erweiterungen der Konditionierungssituation. Im Kernkonzept ist nur die Kontingenz zwischen operanter Verhaltensweise (oder Wirkreaktion) und der nachfolgenden Verstärkung relevant, d. h., der Reizsituation wird keine Bedeutung beigemessen. Dennoch kann in Erweiterung dieses Kernes eine Verstärkung auch in Abhängigkeit von bestimmten Reizsituationen erfolgen – z. B. wird „Tasten-Drücken" nur dann mit Futter verstärkt, wenn vorher ein Licht aufleuchtet. Es gilt dann also, den „Hinweisreiz" (hier: Licht) zu beachten bzw. zwischen diesem Hinweisreiz und anderen Reizen (auf die hin eine Reaktion nicht verstärkt wird) zu diskriminieren; man spricht dann von „Stimuluskontrolle" bzw. von „Diskriminationslernen".

Kognitive Alternativen. Die Berücksichtigung der Reizsituation nähert natürlich die Konzepte von klassischer und operanter Konditionierung einander wieder an. Für die Humantherapie aber ist diese Erweiterung wichtig, da im Alltag das Verhalten des Menschen (das verstärkt wird oder nicht) in der Regel vom Kontext abhängt. So ist z. B. das „Hersagen" einer richtigen Lösung in der Schule nur dann erwünscht, wenn man vorher vom Lehrer dazu aufgefordert wurde. Es dürfte einleuchten, dass gerade an dieser Stelle auch kognitive Alternativen zur operanten Konditionierung ansetzen.

Schon oben wurde betont, dass zumindest beim Einsatz von operanten Techniken am Menschen auch Fragen der Ethik und nicht nur der Wirksamkeit zu berücksichtigen sind. Das gilt besonders für die im

Folgenden vorgestellten Großversuche in Kliniken und Asylen, durch die die operanten Programme der Verhaltenstherapie sehr bekannt wurden.

Token-Programme

In Token-Programmen erfolgt die Verstärkung mittels „Münzen" (also Geldstücken oder Plastikchips), die dann gegen etwas anderes eingetauscht werden können (z. B. Essen). So entwickelten beispielsweise Teodoro Ayllon und Nathan H. Azrin in den 60er Jahren ein umfangreiches Token-Programm in einer psychiatrischen Anstalt mit psychisch schwer gestörten Patienten, die kaum zu gezielter Tätigkeit zu bewegen waren.

Nach einer genauen Analyse des Anstaltbetriebes und der Gewohnheiten und Vorlieben der Patienten stellten Ayllon und Azrin eine große Zahl von „Jobs" zusammen, z. B. „20 min Botengänge" oder „15 min Kleiderpflege" (jeweils genauer operationalisiert). Diese Jobs wurden mit einer genau vorgegebenen Anzahl Tokens belohnt, die wiederum für bestimmte Dinge eingetauscht werden konnten (die eigentlichen Verstärker), welche die Klienten gern taten oder haben wollten, z. B. einen bestimmten Schlafraum wählen, einen Film sehen, ein privates Gespräch mit einem Sozialarbeiter führen etc. (vgl. Ayllon & Azrin, 1968).

→ **Beispiel 9.1** Klassisches Token-Programm mit hospitalisierten schizophrenen Patienten

Ergebnisse der Token-Programme. Die Ergebnisse zeigten einerseits klar, dass eine leistungskontingente Verstärkung tatsächlich in hohem Ausmaß auch bei diesen schwer hospitalisierten und chronisch erkrankten Patienten die für den Stationsbetrieb erwünschten Verhaltensweisen aufbauen und erhalten konnte (allerdings nahmen diese Verhaltensweisen bei Ausbleiben der Belohnung – im Schema oben: B – wieder deutlich ab). Andererseits zeigten kritische Reanalysen von Azrin (1977), dass es in einer solchen Klinik sehr viel schwieriger ist, ein System von Verstärkern und kontingenten Verhaltensweisen zu entwickeln als im Labor, und dass bestimmte angewandte Prinzipien sich nicht aus dem operanten Konditionieren allein herleiten lassen.

Ethische Einwände gegen Token-Programme. Auch an anderen Kliniken wurden mehr und mehr ähnliche Stationen eingerichtet, bis dieser Trend ab Mitte der 70er Jahre wieder zum Erliegen kam, weil Bürgerrechtsbewegungen ethische Einwände erhoben. In der Tat ist die ethische Frage schwer zu beurteilen. Denn einerseits ist es sicher für einen schizophrenen Menschen, der bisher nur unansprechbar zurückgezogen lebte, positiv, wenn er sich selbst ankleidet und an einigen Gemeinschaftsaktivitäten teilnimmt. Andererseits ist es schwer zu vertreten, wenn relativ elementare Grundbedürfnisse, wie ein persönlicher Stuhl, ein Kleiderbügel oder gar das Gespräch mit einem Priester oder einem Psychologen, den Menschen prinzipiell vorenthalten werden und erst „bezahlt" werden müssen.

Dabei hatten Ayllon und Azrin schon auf die „kostenlose" Sicherstellung zumindest einiger Grundbedürfnisse geachtet: In den 50er Jahren hatten ähnliche therapeutische Experimente Ayllons, bei denen nicht Tokens, sondern direkt Essen und die Gewährung anderer Grundbedürfnisse als Verstärker eingesetzt wurden, noch mehr Bedenken ausgelöst (denn das Nichtgewähren dieser Verstärker bedeutete z. B. Essenentzug).

Operante Konditionierung bei Kindern. Da Kinder-„Erziehung" vielfach so verstanden wird, als müsse ein bestimmtes Verhalten (ein den Eltern genehmes und wünschenswertes, versteht sich) „anerzogen" und der „junge Mensch geformt" werden, wird in der Kindererziehung und -verhaltenstherapie nicht selten operante Konditionierung angewendet. Ein eher positives Beispiel ist eine Untersuchung von Ayllon und Kelly (1972), in der für retardierte Kinder (IQ unter 55) ein spezielles Lernmaterial entwickelt wurde, so dass mit Hilfe von Tokens bestimmte Leistungen verstärkt werden konnten. Im Vergleich zu einer sorgfältig parallelisierten Kontrollgruppe nahm der IQ signifikant zu (allerdings wenig relevant, nämlich nur wenige IQ-Punkte). Ethisch fragwürdiger ist zweifellos der Einsatz von operanten Methoden bei der Therapie von Zornanfällen, aggressivem Verhalten, Bettnässen usw. (Offensichtlich ist aber solches Kind-Verhalten immer noch leichter modifizierbar als die monokausale Weltsicht mancher „Pädagogen").

Biofeedback

Während bei den oben beschriebenen Ansätzen das willkürliche Verhalten im Vordergrund stand, geht es beim Biofeedback (was allgemein die Rückmeldung körperlicher Zustände bedeutet) überwiegend um die Verstärkung bestimmter unwillkürlicher, also „autonomer" Reaktionen.

Von Yogis zu Apparaten. In den 70er Jahren war Biofeedback geradezu eine Modeerscheinung. Eine wesentliche Anregung kam durch Arbeiten von Wenger u. a. (1961) an indischen Yogis. Es zeigte sich, dass die Yogis in der Lage waren, z. B. den Puls um 30 Schläge pro Minute zu beschleunigen bzw. um 16 Schläge pro Minute zu verlangsamen (natürlich ohne zusätzliche Bewegung usw.). Besonders wirksam war dabei die akustische bzw. optische Rückmeldung dieser Veränderungen.

In der Welle der Begeisterung wurden – nicht zuletzt durch einen florierenden Apparate-Markt – so ziemlich alle erdenklichen Parameter „rückgemeldet" und damit der Kontrolle zugänglich gemacht: von der Herz- und Atemfrequenz (wobei letztere natürlich auch ohne Apparatur kontrollierbar wäre) über muskuläre Spannungen (Elektromyogramm, EMG), Hautleitfähigkeit, Hauttemperatur, Blutdruckparameter, bis hin zu bestimmten Frequenzen (vorzugsweise: Alpha-Wellen) im Elektroenzephalogramm (EEG).

Konditionierung des autonomen Systems. Während Mitte der 70er Jahre eine heftige Debatte darüber geführt wurde, ob das autonome System direkt oder nur über Vermittlung des willkürmotorischen Systems beeinflussbar ist, scheint diese Frage heute kaum noch von Belang zu sein: Ausgelöst wurde diese Debatte durch angebliche Konditionierungserfolge von Miller und DiCara (1967) an curarisierten Ratten (bei denen also die Willkürmotorik ausgeschaltet war).

Doch ließen sich diese Ergebnisse später nicht replizieren, und auch die Autoren selbst sprechen heute von Artefakten. – Auch kann aus der Nichtausführbarkeit der willkürmotorischen Reaktionen nicht sicher auf deren prinzipielles Nichtbeteiligtsein geschlossen werden – zumal autonome und willkürliche Reaktionen offenbar bereits im Gehirn in einem gewissen Maße zentral integriert sind, wie Wittling (1980, S. 204) betont. Obwohl Befunde an gelähmten Menschen doch Hinweise auf unvermittelte Konditionierung autonomer Reaktionen geben (z. B. Brucker, 1977), sind dies ggf. sicher Sonderfälle – und letztlich handelt es sich wohl eher um ein definitorisches Problem dessen, was „Vermittlung" sein soll, als um ein empirisches (Brener, 1977). Auch Rau (1996) stellt nüchtern fest, dass „für den praktischen Einsatz der Biofeedbacktherapie ... diese Frage der Vermittlung ... autonomer Reaktionen innerhalb der Biofeedbackanordnung weitgehend irrelevant" sei.

„Alpha-Kult". Auch die ursprüngliche Hoffnung, durch Alpha-Training auf breiter Front Patienten helfen zu können, hat sich nicht erfüllt. „Der Alpha-Kult ist vorbei" resümierte Birbaumer bereits 1977 in seiner Zusammenstellung der Biofeedbackforschung (S. 276) und betonte: „Entspannung" und „Wohlbehagen" – angeblich mit erhöhtem Alpha im EKG verbunden – gehen eher auf Versuchsleiter- und Versuchspersonen-Erwartung und -Attribution zurück (was allerdings bei ängstlichen und neurotischen Personen, bei denen Erwartungen eine große Rolle spielen, dennoch – als Placebo-Effekt – hilfreich sein kann). Doch gibt es begrenzte Teilerfolge, z. B. in der Behandlung von Epilepsie durch Training spezieller EEG-Wellen (Sterman, 1976).

Artefakt-Probleme. Ein grundsätzliches Problem der Biofeedbacktherapie ist, dass zwar eine Veränderung entsprechender Variablen innerhalb einer Therapiesitzung im erwünschten Sinne hinreichend gut kontrolliert werden kann, über mehrere Sitzungen hinweg jedoch erhebliche Möglichkeiten zu Artefakten bestehen. Die Baseline, d. h. der jeweilige Ausgangswert, ist nämlich neben therapeutischen Effekten u. a. vom Kaffee-, Tee-, Alkohol-, Zigarettengenuss, der Tageszeit, der Befindlichkeit etc. abhängig. Bei elektrischen Phänomenen (z. B. Hautleitfähigkeit) kommen weitere Artefaktmöglichkeiten hinzu, wie z. B. die verwendete Seife.

Bilanz der Effektivität. So war es kein Wunder, dass z. B. Birbaumer (1977) und Wittling (1980) in ihren Übersichtsartikeln hinsichtlich der Effektivität des Biofeedbacks in Übereinstimmung mit anderen Autoren in jüngster Zeit zu einem eher gedämpften Optimismus kamen: So findet man z. B. bei Waschulewski-Floruss et al. (1996) eine Übersicht sowohl der „positiven Erfahrungen mit Biofeedback" als auch der „umstrittenen" und „fragwürdigen" Erfolge, mit einer positiven, wenn auch nüchternen Gesamtbilanz. Nimmt man allerdings nicht die euphorischen Erwartungen der frühen 70er Jahre zum Maßstab, so hat sich die Biofeedbacktherapie einen begrenzten, aber festen Platz unter den Therapiemethoden gesichert. So beschreibt z. B. Rau (1996) exemplarisch konkrete Biofeedbackanwendungen für die Behandlung von Wirbelsäulenverkrümmungen (Skoliose), Bluthochdruck, chronischem Schmerz und Harninkontinenz und zeigt damit, dass diese Methode zum heutigen Alltag der Verhaltenstherapie (und -medizin) gehört.

9.3 Selbstkontrolle

Da die wesentlichen Grundkonzepte der operanten Konditionierung in streng kontrollierten Tierexperimenten entwickelt und erforscht worden waren, hatte sich zunächst auch eine entsprechende Sichtweise auf die Therapie am Menschen übertragen: Der Mensch wurde demnach tendenziell als eher passiver Organismus gesehen, der durch bestimmte Verstärker und die Reizsituation – also letztlich durch äußere Bedingungen – bestimmt wird.

Eine solche Sichtweise berücksichtigt zu wenig, dass die meisten Handlungen (zumindest die wichtigen) intendiert sind – und zwar auch im Zusammenhang mit Therapie. Angefangen von der Tatsache, dass sich die Person selbst in Behandlung begibt, über die Zusammenarbeit mit dem Therapeuten bei der Analyse des Verhaltens und der Kooperation im Umgang mit Verstärkern (z. B. Aufsuchen von Bedingungen, in denen weniger positive Verstärker für unerwünschtes Verhalten vorhanden sind), über selbstkontrollierte Verhaltensübungen bis hin zur eigenständigen Planung von Selbstverstärkung (z. B. Ausdenken von Belohnungen für bestimmte Leistungen sowie Überwachen und Einhalten dieser Planung).

Wenn man nun solche Fähigkeiten berücksichtigt und für die verhaltenstherapeutische Arbeit nutzt, wird der enge Rahmen der operanten Konzeption verlassen. Je nach Gewichtung der selbstgesetzten Verstärker oder aber der bewussten Förderung von allgemeinen Problemlösungsfähigkeiten eröffnet dies einen mehr oder minder nahtlosen Übergang zu kognitiven Modellen der Verhaltenstherapie.

Neben der in der Überschrift gewählten Bezeichnung „Selbstkontrolle" – wie sie von Skinner verwendet wurde – findet man übrigens für diese Ansätze auch Begriffe wie „Selbstregulation", „Selbststeuerung" oder „Selbstmanagement". Der letztere Begriff wurde besonders durch Frederick H. Kanfer verbreitet, der sich gegen jeden Dogmatismus in der Verhaltenstherapie wendete. Er stellte Aspekte wie Selbstverstärkung, Selbstbewertung und Selbstüberwachung ins Zentrum seiner Ansätze (s. u.) und betonte auch die Eigenverantwortung der Person für die Veränderung und Aufrechterhaltung ihres Verhaltens (vgl. z. B. Kanfer & Goldstein, 1979). Die fließenden Grenzen zur kognitiven Verhaltenstherapie werden gerade auch an Kanfer deutlich, da ihn manche Autoren (z. B. Hecht, 1984) schon zu den „kognitiven Verhaltenstherapeuten" rechnen. Im Folgenden sollen einige zentrale Ansätze im Bereich der Selbstkontrolle kurz vorgestellt werden.

Selbstverstärkung

Dieses Konzept weist von den hier referierten Ansätzen noch die größte Übereinstimmung mit den Kernvorstellungen des operanten Lernens auf: Es werden lediglich die operanten Methoden statt von einer dritten Person (Therapeut) nun von dem Patienten selbst angewendet (der Therapeut hat dabei die Aufgabe des Vermittlers, Beraters und Trainers dieser Selbstanwendung). Am häufigsten wird hier die Wahrscheinlichkeit für erwünschtes Verhalten durch positive Verstärker erhöht (A), indem man sich für ein solches Verhalten („Leistung") entweder etwas nicht Alltägliches gönnt, oder aber – sinnvoller – sich die vielen alltäglichen erfreulichen Dinge (Essen, Fernsehen etc.) nur kontingent zu diesem Verhalten zugesteht.

Die Verminderung der Auftretenshäufigkeit unerwünschter Reaktionen ist schon schwieriger zu bewerkstelligen. Zwar sind Selbstbestrafungsmethoden (C) verwendet worden, doch bedarf es dazu einer hohen Motivation des Patienten. Auch indirekte Selbstbestrafung (D) ist wegen der Schwierigkeit, übliche Verstärker zu finden, die entzogen werden können, kaum praktisch umzusetzen. Besser zu handhaben ist daher oft die Stimuluskontrolle.

Stimuluskontrolle

Dieser Begriff war oben schon eingeführt worden, nämlich als Kontrolle der Situationen („Hinweisreize") , in denen ein unerwünschtes (oder auch erwünschtes) Verhalten verstärkt wird. Bei problematischen Verhaltensweisen (zu viel Essen, Rauchen etc.) führt eine genaue Verhaltensanalyse sehr oft zu der Erkenntnis, dass diese Verhaltensweisen von vielen angenehmen Stimuli begleitet werden, z. B. Essen mit Sozialkontakt, beim Fernsehen etc. Es geht nun darum, die Situationsbedingungen selbst und das Verhalten möglichst einzugrenzen: z. B. keine kalorienreichen Nahrungsmittel zu kaufen, nur geringe Mengen zu lagern, sie erst kurz vor dem Essen zuzubereiten, die ständige Zugänglichkeit einzuschränken usw. und das Essen nur zu bestimmten Zeiten, an festgelegten Orten unter Ausschaltung aller sonstigen positiven Verstärker einzunehmen. Auf diese Weise wird das Problemverhalten isoliert.

Aufbau erwünschten Verhaltens. Gleichzeitig können dabei alternative Verhaltensweisen positiv verstärkt werden (Zurücklassen von Essen). Analog dazu kann Stimuluskontrolle auch für den Aufbau erwünschter Verhaltensweisen eingesetzt werden: Für das Verhalten selbst muss der negative Kontext gefunden und beseitigt und die Verstärkung für das Zielverhalten sichergestellt werden. So kann die positive Verstärkung unerwünschter Verhaltensweisen (z. B. Essen) abgebaut werden und an deren Stelle die Belohnung für erwünschte Verhaltensweisen (z. B. sportliche Aktivitäten) treten.

Wie bereits gesagt, erfordert dies eine genaue Analyse der Begleitumstände. Zu beachten ist, dass es auch kognitive Verstärker gibt (z. B. „Erfolgsgefühl" als positiver Verstärker, „Misserfolgsgefühl" als kognitive Bestrafung). Beides, Analyse und kognitive Verstärker, stehen beim folgenden Ansatz im Zentrum.

Selbstbeobachtung

Bei der Selbstbeobachtung geht es einmal um die genaue Erfassung und Analyse der reaktionskontingenten Bedingungen. Das Verhalten muss dazu genau definiert werden, Häufigkeiten, Intensitäten und Zeitspannen werden protokolliert usw. (vgl. Kanfer, 1979, S. 370 ff.). Im Sinne des operanten Lernens wirkt dabei aber gleichzeitig die Protokollierung eines unerwünschten Verhaltens als kognitive Bestrafung, die Protokollierung eines erwünschten Verhaltens als positiver Verstärker. Darum dürfen die Lernschritte bei positiver Verstärkung nicht zu groß angesetzt werden, damit nicht das Bemühen um erwünschtes Verhalten durch Scheitern bestraft wird.

Die Protokollierung kann daher erheblich ausgedehnt und somit der Stellenwert erhöht werden (z. B. Graphiken des Verlaufs anfertigen). Zudem bekommt der Patient durch die genaue Selbstbeobachtung ein Feedback über sein Verhalten, von dem Teile sonst möglicherweise „automatisch" ablaufen. Erreicht man es, dass unerwünschtes Verhalten vor der Ausführung registriert wird, so ist als weiterer Effekt erst einmal der Ausführungsprozess unterbrochen.

Natürlich bewertet sich der Patient im Zuge der Selbstbeobachtung nicht nur selbst, sondern seine Bemühungen stehen – allein schon durch die Verbindung zum Therapeuten – in einem sozialen Kontext. Dies kann zur Unterstützung der Bemühungen beitragen.

→ **Beispiel 9.2** Ätiologie und Therapie eines Alkoholikers

Therapieverträge

Schriftlich fixierte Therapieverträge werden auch in vielen anderen Therapieansätzen verwendet, da sie klare Verhältnisse schaffen. Oft gibt es eine Art „Grundvertrag", der die gesamte Therapie betrifft. In diesem Zusammenhang hier sind aber eher kurzfristige, oft von Sitzung zu Sitzung (für die Zeit dazwischen als „Hausaufgaben") vereinbarte Kontrakte gemeint, in denen sich der Patient zur Erprobung bestimmter Verhaltensweisen selbst verpflichtet.

Solche Kontrakte unterstützen durch ihre Explizierung Prozesse der Selbstbeobachtung und durch ihre Verbindlichkeit positive Verstärkung bzw. (kognitive) Bestrafung (wobei darüber hinaus Verstärker und Bestrafungen zusätzlich festgelegt werden können und dann als Bestandteil in den Vertrag aufgenommen werden sollten).

Kanfers integratives Modell der Selbstregulation

Kanfer (1979) hat ein Modell der Selbstregulation vorgestellt, in dem viele der oben erörterten Aspek-

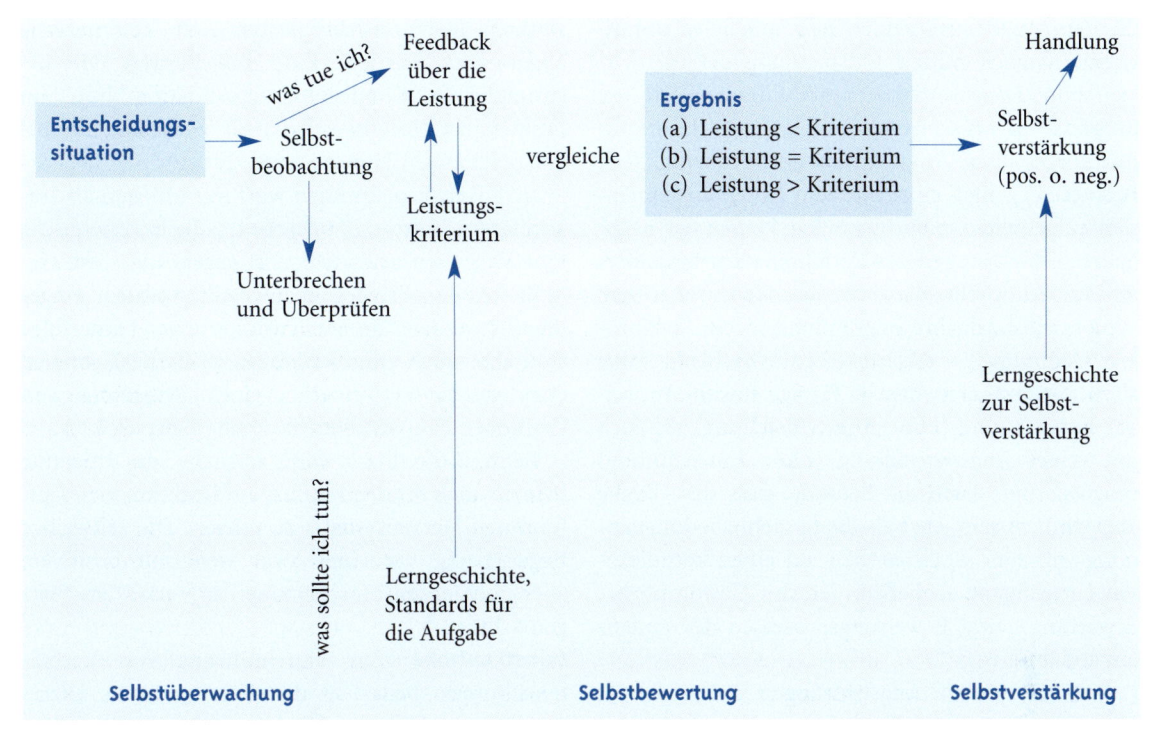

Selbstregulations-Modell (nach Kanfer, in Kanfer und Goldstein, 1977, S. 147)

te integriert sind. Dieses Modell gliedert die grundlegenden Merkmale des Prozesses, mit denen ein Individuum sein eigenes Verhalten steuert, in drei Phasen auf, nämlich Selbstüberwachung, Selbstbewertung und Selbstverstärkung. Es handelt sich dabei allerdings um ein Denk- bzw. Arbeitsmodell und nicht um die Postulierung dreier unterschiedlicher psychischer Prozesse. Kanfer betont, dass große Teile des Verhaltens in eingefahrenen Sequenzen – quasi „automatisch" – ablaufen.

Das Modell wird dann relevant, wenn dieser Ablauf durch ein konflikthaftes Ereignis unterbrochen wird, z. B. wenn unerwartete Konsequenzen auf das Verhalten hin auftreten oder aber wenn Entscheidungen darüber notwendig werden, wie es weitergehen soll. Das Modell hilft dann, sich Übersicht über die unterschiedlichen beteiligten Aspekte zu verschaffen. Bei den konkreten Interventionen kommen die in den vorhergehenden Abschnitten dargestellten Prinzipien und Vorgehensweisen zum Tragen.

9.4 Zusammenfassung

Desensibilisierung und Angstbewältigung. Während die Behavioristen um Wolpe und Eysenck mit der Anwendung der Ergebnisse zur klassischen Konditionierung auf den Abbau von Ängsten und Neurosen zielten, ging es Skinner und seinen Schülern entsprechend dem operanten Ansatz mehr um den Aufbau erwünschten Verhaltens.

Aus der ersten Richtung stammte zunächst die Maßnahme der Gegenkonditionierung: Der konditionierte, Angst auslösende Reiz wird durch einen positiven Reiz mit einer positiven Reaktion (angenehmes Gefühl) verknüpft, so dass die Verbindung mit der negativen Reaktion (Angst) gelöst wird. Dabei besteht aber die Gefahr, dass sich die negative Reaktion auf den positiven Reiz statt die positive Reaktion auf den konditionierten Reiz überträgt.

Demgegenüber entwickelte Wolpe mit seiner „systematischen Desensibilisierung" eine Methode, die dem Angst auslösenden Reiz möglichst unmittelbar, nämlich mittels Entspannung entgegenwirken sollte. Dazu verband er eine kürzere Form der progressiven Muskelentspannung (nach Jacobson) mit vorgestellten Angst auslösenden Inhalten (wie Bechterew) gemäß einer mit dem Patienten gemeinsam aufgestellten Angsthierarchie. Neben der nachhaltigen Wirksamkeit des Verfahrens war besonders die Erklärung für diese Wirksamkeit umstritten: Wolpe selbst sah ihre Begründung in der „reziproken Hemmung" – erklärungsbedürftig bleibt dabei aber, warum therapeutische Erfolge sowohl mit reiner Entspannung (ohne Angstvorstellung) als auch mit reiner Angstvorstellung (ohne Entspannung) möglich sind. Auch die Befunde, dass der Glaube entspannt zu sein, eher als die tatsächliche Entspannung wirksam ist, lassen eher auf einen komplexeren Lernvorgang schließen, der von Gewöhnungs-, Erwartungs- und Bewertungsprozessen des Patienten abhängig ist.

Bei bestimmten Angststörungen hat sich das Expositionstraining („Habituierungstraining" oder „Reizüberflutung") als wirksam erwiesen, wobei sorgfältige kognitive Vorbereitung und die Auswahl eines patientengerechten Erklärungsmodells wichtig sind. Eine Modifikation des Verfahrens ist das Angstbewältigungstraining; es beinhaltet drei Momente: frühe Wahrnehmung von Angst, bewusste Selbstkontrollinstruktion und aktive Anwendung eines Entspannungsverfahrens.

Die aktive Bewältigung einer Situation spielt auch im Selbstbehauptungstraining (Assertive Training) eine Rolle: Dem Gefühl der Angst wird das damit nicht zu vereinbarende (und bisher unterdrückte) Gefühl von Ärger entgegengesetzt, was die entsprechende Situation weniger aversiv machen und die Selbstkontrolle erhöhen soll.

Operante Ansätze. Bei den operanten Maßnahmen wird die positive und negative Verstärkung genutzt: Ein Verhalten wird häufiger, wenn etwas Positives auf ein Verhalten folgt oder etwas Negatives wegfällt; es wird seltener, wenn ihm etwas Negatives folgt oder etwas Positives wegfällt (zwei Arten der Bestrafung). Klinisch bedeutsam ist die Anwendung positiver Verstärker. Diese können primär (Grundbedürfnis) oder sekundär (z. B. Geld) sein und kontinuierlich oder intermittierend bezüglich der verstärkten Reaktionshäufigkeiten oder Zeitintervalle angewendet werden. Eine Erweiterung der ursprünglichen Konditionierungssituation liegt im Diskriminationslernen, bei dem Verhalten nur bei entsprechenden Hinweisreizen auftritt.

In Token-Programmen wird mit Münzen als (sekundären) Verstärkern gearbeitet, die bei erwünschtem Verhalten erworben und gegen etwas anderes (z. B. Essen, Privilegien im Alltagsleben) eingetauscht werden können. Trotz positiver Lernerfolge sind aber auch ethische Fragen zu berücksichtigen, etwa was die Vertretbarkeit einer „Bezahlung" von Grundbedürfnissen betrifft. (Siehe Beispiel 9.1.)

Beim Biofeedback wird versucht, das operante Prinzip auch für den Einfluss auf Reaktionen des autonomen Nervensystems zu nutzen. Die zeitweilige Begeisterung hat einer zwar weiterhin positiven, aber nüchternen Einschätzung des Verfahrens Platz gemacht.

Selbstkontrolle. Zur Durchführung von Verhaltensübungen bedarf es der Selbstkontrolle. Dieses Konzept markiert den Übergang zu kognitiven Modellen der Verhaltenstherapie. Unter dem Titel „Selbstmanagement" wurde es v. a. von Kanfer verbreitet. In der therapeutischen Praxis werden v. a. die Methoden der Selbstverstärkung, der Stimuluskontrolle und der Selbstbeobachtung eingesetzt.

Bei der Selbstverstärkung werden operante Prinzipien vom Patienten (mit Hilfestellung des Therapeuten) selbst angewendet, was dessen grundsätzliche eigene Motivation voraussetzt. Meistens verstärkt der Patient sein erwünschtes Verhalten, seltener bestraft er sich für unerwünschtes Verhalten. Bei der Stimuluskontrolle wird versucht, das Problemverhalten von seinen begleitenden, es begünstigenden Umständen zu isolieren, um diese Umstände selbst entsprechend modifizieren oder vermeiden zu können. (Siehe Beispiel 9.2.) Bei der Selbstbeobachtung werden das Verhalten und seine Begleitumstände genau protokolliert und analysiert. Dies wirkt zugleich (kognitiv) als bestrafend (bei unerwünschtem Verhalten) bzw. verstärkend (bei erwünschtem Verhalten). Das dadurch erzielte Feedback über ansonsten „automatisch" ablaufendes Verhalten ermöglicht es, ein bestimmtes Verhaltensmuster „rechtzeitig" zu unterbrechen.

Durch verbindliche Therapieverträge können diese Selbstbeobachtungs- und Verstärkungsprozesse unterstützt werden. Kanfers integratives Modell der Selbstregulation kann bei aufkommenden Problemen der Selbstüberwachungs-, Selbstbewertungs- und Selbstverstärkungsprozesse eine Hilfe für die Auswahl oder Veränderung konkreter Interventionen sein. (Siehe auch Beispiel 9.2.)

9.5 Verständnisfragen

▶ Welche therapeutischen Interventionen gehen auf die klassische Konditionierung zurück?
▶ Worin besteht das Konzept der Gegenkonditionierung? Was ist daran problematisch?
▶ Welche Konzepte setzen an dem „Schwachpunkt" der Gegenkonditionierung an?
▶ Woraus entwickelte sich die systematische Desensibilisierung und wie wirkt diese nach Wolpe?
▶ Was könnte eine Erklärung dafür sein, dass Desensibilisierung auch ohne intendierte muskuläre Entspannung wirken kann?
▶ Welche Kritik wurde an der Desensibilisierung als therapeutisches Verfahren geübt?
▶ Welche Erklärungsansätze für die Wirkung der systematischen Desensibilisierung gibt es?
▶ Bei welchen Störungen hat sich ein Expositionstraining als besonders wirkungsvoll erwiesen?
▶ Wie läuft ein Expositionstrainig ab?
▶ Welche der Exposition vorangehenden Aspekte sind wesentlich für den Erfolg eines Expositionstrainings?

▶ Welche Modifikationen der systematischen Desensibilisierung gibt es?
▶ Wie funktioniert das Selbstbehauptungstraining?
▶ Welche Verfahren haben sich aus der Forschung zur operanten Konditionierung entwickelt?
▶ Beschreibe kurz die folgenden Begriffe: Belohnung – Bestrafung, positive Verstärkung – negative Verstärkung, Verstärkungspläne und Diskriminationslernen!
▶ Welchen Nutzen und welche Probleme haben Token-Programme?
▶ Wie entwickelte sich das Biofeedback und wie ist dessen heutiger Stellenwert?
▶ Wofür ist die Berücksichtigung der Selbstkontrolle relevant?
▶ Welche Methoden der Selbstkontrolle gibt es und wie wirken sie?
▶ Worin liegt die Wirkung bei der Selbstbeobachtung?
▶ Worin liegt der Wert des Selbstregulationsmodells von Kanfer?

Fallbeispiele auf CD

Beispiel 9.1: Klassisches Token-Programm mit hospitalisierten schizophrenen Patienten
Das Fallbeispiel aus einer klassischen Studie zu einem Token-Programm mit hospitalisierten schizophrenen Menschen verdeutlicht:
▶ in welchen verhaltenstherapeutischen Gesamtkontext ein Token-Programm eingebettet sein kann.
Das Fallbeispiel bezieht sich auf das Kapitel:
9.2 Operante Ansätze

Beispiel 9.2: Ätiologie und Therapie eines Alkoholikers
Das Fallbeispiel eines 27-jährigen alkoholabhängigen Mannes verdeutlicht:
▶ die lerntheoretische Perspektive auf Ätiologie und Therapie,
▶ verschiedene Instrumente und Techniken der lerntheoretischen sowie der kognitiven Verhaltenstherapie.
Das Fallbeispiel bezieht sich auf die Kapitel:
9.1 Desensibilisierung und Angstbewältigung
9.2 Operante Ansätze
9.3 Selbstkontrolle
10.5 Selbstinstruktion

10 Kognitive Verhaltenstherapie

10.1 Entstehung der kognitiven Verhaltenstherapie

Kognitive Veranlagung des Menschen

Reflexives Bewusstsein. Das typische Kennzeichen des Menschen ist sein reflexives Bewusstsein: Im Gegensatz zum Instinktverhalten der Tiere, im Gegensatz zum komplizierten Schwänzeltanz der Biene, mit der sie anderen Information mitteilt und diese adäquat darauf reagieren, im Gegensatz zum konditionierten Tier und im Gegensatz zum menschlichen Neugeborenen, das schreit und dessen Schreien möglicherweise durch „Belohnung" verstärkt wird, setzt der (dann etwas ältere) Mensch in der Regel seine Gesten (z. B. das Schreien) bewusst ein – er weiß (in etwa), was auf das Schreien erfolgt, er schreit, damit das und das passiert, er kann diese Folgen vorhersehen und erwarten.

Perspektivenwechsel. Das heißt, er versteht (meist) die Bedeutung seiner eigenen Gesten – zeigt sich quasi selbst etwas an und blickt auf sich selbst aus der Perspektive eines anderen zurück. Spätestens, wenn das Kind „Mutter und Kind" mit seiner Puppe spielt, dabei die Mutter spielt und der Puppe seine eigene Rolle – die des Kindes – zuweist, durchschaut es sinnhaft (zum Teil) sein Tun. Damit es dies kann, muss es nämlich sich selbst (in „Person" der Puppe) und die Beziehung zur Mutter spielen (inklusive deren Erwartungen) – d. h. auch aus der Perspektive der Mutter auf sich selbst zurückblicken.

Erwartungs-Erwartungen. Durch Übernahme weiterer Perspektiven (und entsprechender Erwartungen) sowie durch Generalisierung entsteht ein komplexes Gebilde aus Erwartungs-Erwartungen: Die Vermutungen (Erwartungen, Projektionen) einer Person darüber, wie sie aus den allgemeinen Perspektiven der anderen aussehen mag und was diese wohl von ihr erwarten könnten (d. h. Normen und Werte der Gesellschaft). Ein großer Teil des Verhaltens eines Erwachsenen ist sogar von seinen Erwartungs-Erwartungen abhängig: Was jemand glaubt und denkt, dass andere von ihm erwarten, ist wichtiger, als was ein unabhängiger Beobachter hinsichtlich des Wahrheitsgehaltes feststellen könnte.

Diese Ausführungen betraffen, in extremer Kürze dargestellt, den Kern des reflexiven Bewusstseins, wie er z. B. von dem Sozialpsychologen George Herbert Mead (1936) ausführlich entwickelt wurde (und wie er in die – besonders für die Soziologie bedeutsame – Theorie des „symbolischen Interaktionismus" eingeflossen ist).

Mangel an Erklärungen. Natürlich kann man nun versuchen, im Sinne klassischer oder operanter Konditionierung eine „Psychologie" ohne Berücksichtigung gerade dieser typisch menschlichen Eigenschaften zu betreiben. Einwände dagegen sind weniger der Hinweis, dass solche Forschung besser bei den (Human-)Ethologen, Biologen und Physiologen untergebracht wäre (d. h. die Frage aufzuwerfen, worin dann eigentlich eine eigenständige Psychologie begründet werden sollte). Es geht auch nicht so sehr um Zweifel, ob es sinnvoll ist, eine moderne Psychologie nach naturwissenschaftlichen und wissenschaftstheoretischen Idealvorstellungen des 19. Jahrhunderts (und bestenfalls sehr frühen 20. Jahrhunderts) auszurichten – nach Positionen also, die in diesen Wissenschaften längst als antiquiert überwunden wurden.

Wichtiger ist eher der Hinweis, dass es ganz offensichtlich nicht gelungen ist, im Zusammenhang mit der Therapie menschlicher Probleme – also jenseits des experimentellen Labors – diese Position durchzuhalten und eine Reihe von Phänomenen überhaupt oder zumindest befriedigender zu erklären, als konkurrierende Ansätze unter Einbeziehung kognitiver Aspekte das tun.

Grenzen des Behaviorismus. So war schon im Rahmen der frühen amerikanischen Lerntheorien (und selbst auf Versuche mit Ratten beschränkt) die Position des Behaviorismus nicht durchzuhalten: Tolmans Ansatz mit Begriffen wie „latentes Lernen",

„Zeichenerwartung", „Absicht" usw. war entstanden, um Phänomene wie das Lernen der Tiere ohne beobachtbare Verstärker oder die „Übersicht" der Tiere („cognitive map") bei der Wahl des jeweils kürzesten Labyrinthweges zu erklären. Und selbst Skinners „Durst" – der erklärt, warum für voll gefressene, aber lange nicht mit Flüssigkeit versorgte Ratten nicht Futter, sondern Wasser ein Verstärker darstellt – ist eben nicht so streng behavioral, wie Skinner es gern gehabt hätte: Beobachtbar ist eben nur die Trinkbewegung und nicht so etwas wie „Durst".

Noch stärker aber zeigte sich in Humanexperimenten, wie oben ausgeführt, der Einfluss von Instruktion, Erwartung, Selbstbewertung, Selbstindoktrination usw. auf den Therapieprozess – z. B. sowohl bei der Desensibilisierung als auch bei den operanten Ansätzen.

Integration kognitiver Elemente
Angesichts solcher Befunde aus der Forschung und besonders der täglichen Praxis haben Verhaltenstherapeuten schon früh begonnen, kognitive Elemente in ihre Theorien zu integrieren. Je mehr auch in der theoretischen Grundlagendiskussion der 60er Jahre die Stringenz und Ausschließlichkeit der lerntheoretischen Erklärungen für einige therapeutische Phänomene bezweifelt wurden, desto mehr nahmen sich auch die eher praxisorientierten Forscher die Freiheit heraus, lerntheoretische Konzepte der Verhaltenstherapie um „theoriefremde" Elemente zu erweitern – und zwar offensichtlich mit beträchtlichem Erfolg bei ihren Klienten und bei Kollegen.

Lazarus' „technischer Eklektizismus". So trat Arnold Lazarus, lange Zeit ein enger Schüler Wolpes, vehement für einen „technischen Eklektizismus" ein: Der klinische Psychologe habe zuallererst dem Patienten zu helfen – man könne sich somit nicht leisten, auf effektive Techniken zu verzichten, nur weil sie bestimmten lerntheoretischen Grundsätzen nicht entsprächen. Die Konzepte von Wolpe und Skinner bezeichnete er als „simplizistisch, eng und eingeschränkt" und trat für die Integration kognitiver Aspekte in die Therapie ein (vgl. z. B. Lazarus, 1967 und Kap. 10.7 Multimodale Therapie). Ähnlich argumentierte u. a. Todd Risley (z. B. 1969) im Lager der operanten Verhaltenstherapeuten.

Vielzahl von Ansätzen
Nach und nach entstanden somit immer weitere kognitiv bereicherte und begründete Modifikationen verhaltenstherapeutischer Ansätze. Es ist verständlich, dass bei dieser eher praxisorientierten Innovationsfreudigkeit eine Vielzahl an Techniken entstanden ist, deren theoretische Fundierung oftmals im Dunkeln bleibt, wie selbst Vertreter dieses kognitiven Lagers beklagen (z. B. Mahoney & Arnkoff, 1978).

Schon der Begriff „kognitive Verhaltenstherapie" erklärt sich eigentlich nur aus der historischen Genese – eben der Erweiterung der Verhaltenstherapie um kognitive Aspekte –, denn mit diesem Terminus werden eigentlich zwei unvereinbare Perspektiven und Erklärungsansätze zusammengeklammert. Begrifflich ist „kognitive Verhaltenstherapie" also so etwas wie ein „gegrillter Schneeball": ein Widerspruch in sich.

Im Folgenden sollen die wichtigsten Ansätze der kognitiven Verhaltenstherapie jeweils kurz vorgestellt werden. Dazu gehören – um schon einen groben Überblick zu geben – zunächst:
▶ das Modelllernen von Bandura,
▶ die verdeckte Konditionierung nach Homme und Cautela,
▶ Formen, bei denen es um die Fähigkeit zur Bewältigung („coping skills") problematischer Situationen geht (z. B. Goldfried, 1971; Suinn & Richardson, 1971).

Hier werden kognitive Elemente zur Erklärung und Erweiterung der verhaltenstherapeutischen Erklärungsmodelle verwendet. In den direkten Problemlösungstherapien wird die Beherrschung kognitiver und behavioraler Strategien im Verbund gleichermaßen gefördert. Bei den Ansätzen zur kognitiven Umstrukturierung letztlich (z. B. Beck, 1970; Meichenbaum, 1974; aber auch Ellis, vgl. Kap. 11 Rational-emotive Therapie) geht es primär um die Veränderung der internen Bewertungs-, Verarbeitungs- und Argumentationsmuster, die dem Verhalten zugrunde liegen.

Bei der Vielzahl vorliegender Konzepte können im Folgenden nur einige zentrale Gedanken und Ansätze kurz und eher exemplarisch erläutert werden.

10.2 Lernen am Modell

Beim Modelllernen (auch: Imitationslernen oder Beobachtungslernen) wird durch die Beobachtung bestimmter Reaktionen von Modellpersonen gelernt, ohne dass der Patient diese Reaktionen selbst (manifest) ausführen muss. Schon Watson hatte 1920 zur Löschung der experimentellen Neurose „soziale Imitation" vorgeschlagen, was wenige Jahre später von Mary C. Jones erfolgreich beim Abbau neurotischer Ängste von Kindern erprobt wurde (vgl. in Kap. 8.3: Konditionierung bei psychischen Störungen).

Bandura betonte in seinen Untersuchungen mehr als 40 Jahre später, dass sich nicht nur die Beobachtung angstfreien Verhaltens zur Löschung von Angstreaktionen eigne, sondern dass alle möglichen Verhaltensweisen allein über die Beobachtung des entsprechenden Verhaltens gelernt werden können. Diese Art des Lernens ist auch besonders dann geeignet, wenn es sich um recht komplexe Verhaltensweisen handelt, die man sich durch Nachahmen zeitökonomisch aneignen kann.

Faktoren des Modelllernens

Bekannt geworden sind besonders Banduras Untersuchungen zum Modelllernen in Bezug auf die Therapie von Ängsten: Wenn z. B. Kinder mit Angst vor einem bestimmten Objekt (etwa „Hunden") beobachten können, wie andere Kinder furchtlos mit diesem Objekt umgehen, so überträgt sich dieses Verhalten. Durch verschiedene Variationen der Bedingungen fand Bandura (und andere) heraus,

- dass eine Beobachtung in vivo einer Beobachtung im Film überlegen ist,
- dass eine langsamere Annäherung des Modells an den Angstreiz positiv ist (wenn also nicht gleich volle Kompetenz beim Modell vorhanden ist),
- dass ein positiver Kontext (z. B. Beobachtung im Rahmen einer Party) förderlich ist und
- dass Modelllernen mit anleitender Teilnahme (das vom Modell vorgeführte Verhalten wird gleich danach selbst erprobt) am effektivsten ist (vgl. z. B. Bandura et al., 1969).

Drei regulatorische Prozesse. In seinem Erklärungsmodell unterscheidet Bandura drei regulatorische Prozesse, die das Verhalten beeinflussen:

- externe Reize (etwa im Sinne der klassischen Konditionierung),
- innere symbolische Prozesse (die z. B. Aufmerksamkeit, Wahrnehmung und Gedächtnis hinsichtlich dargebotener Verhaltensmuster beeinflussen) und
- reaktionsverstärkende Prozesse (etwa im Sinne von operanter Konditionierung und von Biofeedback-Prozessen).

In einer aktuelleren Bewertung des Modelllernens betont Perry (1996), dass zahlreiche Studien die Effektivität dieses Ansatzes sowohl unter Laborbedingungen als auch in natürlichen Situationen gezeigt hätten. Es bestehe ein breiter Anwendungsbereich, von dem sehr unterschiedliche Personen profitieren können.

Soziale Kompetenzen

Wenn sich jemand in bestimmten (besonders: in sozialen) Situationen unangemessen verhält, woran liegt das? Er kann (eine ankonditionierte) Angst haben, bestimmte Verhaltensweisen zu zeigen – also muss er, analog zur systematischen Desensibilisierung, gegenkonditioniert werden. Dieser Ansatz führt zu Wolpes und Salters Assertive Training.

Es kann aber auch sein, dass die Person diese Verhaltensweisen gar nicht erst erworben hat – es handelt sich dann also um Verhaltenslücken. Diesen zweiten Aspekt betonen einige kognitive Verhaltenstherapeuten (unter ihnen ebenfalls Bandura). In der konkreten Praxis ist dieser theoretische Unterschied allerdings weniger von Bedeutung.

Wenn jemand also keine oder zu wenig Gelegenheit hatte, ein bestimmtes Verhaltensrepertoire zu beobachten und/oder zu erproben, so können schlicht Kenntnisse fehlen. Es wäre aber auch möglich, dass es einfach an Diskriminationsfähigkeit mangelt, Situationen und Verhaltensalternativen angemessen aufeinander abzustimmen. Ebenso könnte es an mangelnder Übung für das konkrete Verhalten selbst liegen. Es ist also sinnvoll, bei der Betrachtung von Lernvorgängen den Erwerb einer Fähigkeit und die Ausführung dieser Fähigkeit zu unterscheiden.

Problemtypen. Pfingsten (1996, S. 361) nennt in diesem Zusammenhang drei Typen von sozialen

Kompetenzen, die Patienten erfahrungsgemäß besondere Schwierigkeiten bereiten:

- **Typ R (Recht):** Eigene Rechte und berechtigte Interessen in Anspruch nehmen und durchsetzen (gegenüber fremden Personen, Behörden, am Arbeitsplatz usw.), Forderungen stellen, berechtigte Forderungen anderer ablehnen;
- **Typ B (Beziehung):** Gefühle, Bedürfnisse und Wünsche einbringen (in die Beziehung zu nahe stehenden Personen wie Ehepartner, Kinder, Freunde usw.), Umgang mit Kritik, Kompromisse finden;
- **Typ K (Kontakt):** Kontakte aufnehmen und gestalten (v. a. zu mehr oder minder fremden Personen beiderlei Geschlechts), Menschen für sich gewinnen, um Sympathie werben.

Kompetenztraining. In jedem Fall aber müssen bei solchen Verhaltenslücken neue Verhaltensweisen aufgebaut werden. Neben der Einübung konkreter Verhaltensweisen in vivo (vorzugsweise in Therapiegruppen) oder im Rollenspiel mit dem Therapeuten ist hier wiederum das Modelllernen eine geeignete Trainingsmethode (besonders bei Kindern). Gerade bei komplexeren Verhaltensmodellen und im Zusammenhang mit sozialen Ängsten hat sich gezeigt, dass ein Modell vorzuziehen ist, welches die Situation und seine Schwierigkeiten selbst erst bewältigen muss (dem Patienten also nur wenig voraus ist), gegenüber einem allzu perfekten und kompetenten Modell (vgl. z. B. Marlatt & Perry, 1977). Pfingsten (1996) weist darauf hin, dass Kompetenztrainings sehr häufig in Kombination mit anderen Verfahren der Verhaltenstherapie kombiniert werden.

10.3 Problemlösungstherapien

Neben Schwierigkeiten im Sozialkontakt kann auch ein unangemessener Umgang mit „Sachproblemen" und Lebensschwierigkeiten (z. B. Entscheidung über ein Stellenangebot, nicht rechtzeitiges Eintreffen bestellter Bücher für ein wichtiges Referat usw.) zu erheblichen Beeinträchtigungen führen. Als eine der ersten haben D'Zurilla und Goldfried (1971) Problemlösungstherapien vorgeschlagen, die dann besonders von Goldfried selbst und von anderen weiterentwickelt worden sind.

Erwerb allgemeiner Strategien

Die Autoren beschreiben Problemlösen als einen offenen und kognitiven Verhaltensprozess, der

- eine Vielzahl potentiell wirksamer Reaktionsalternativen für die problematische Situation bietet und
- die Wahl der wirksamsten Reaktion aus diesem Repertoire wahrscheinlicher macht.

Es geht bei diesem Ansatz nicht um spezifische Lösungen für spezielle Probleme, sondern um den Erwerb allgemeiner Strategien für die bessere Bewältigung problematischer Situationen.

Ablauf der Problemlösung

Der Problemlösungsprozess wird dabei analytisch in fünf Phasen unterteilt (wobei nicht behauptet wird, dass Problemlösen immer in diesen Phasen abläuft):

(1) **Allgemeine Einstellung:** Hier geht es darum, das Auftreten von Problemen als „normal" anzusehen, eine differenzierte Wahrnehmung für solche Problemsituationen und positive Einstellung zur Bewältigung zu entwickeln.

(2) **Definieren und Formulieren des Problems:** Die einzelnen Elemente des Problems müssen möglichst klar erfasst, ggf. von einer abstrakten auf die konkrete Ebene übertragen und hier reformuliert werden.

(3) **Finden von Alternativen:** Im Sinne des „Brainstormings" sollten zuerst viele Lösungsmöglichkeiten gesammelt (und nicht durch vorzeitige Bewertungen bereits vor der weiteren Betrachtung eliminiert) werden.

(4) **Entscheiden:** Erst nach Phase (3) sollen alle Alternativen hinsichtlich der „Kosten" und des „Nutzens" sowie der Wahrscheinlichkeit der sich ergebenden Konsequenzen beurteilt werden.

(5) **Überprüfen:** Nach der erfolgten Entscheidung und Handlung soll eine erneute Bewertung über die Bewältigung des Problems durchgeführt werden.

TOTE-Konzeption. Diese Vorgehensweise steht in engem Zusammenhang mit der TOTE-Konzeption (Test – Operation – Test – Ende) von Miller, Galanter und Pribram (1960), nach der Handlungen in hierarchisch organisierten Teilaufgaben ablaufen. Beispielsweise kann das „Nagel-Einschlagen" wie folgt untergliedert werden: Test = „Nagel nicht (ganz) im Holz"; Operation = „mit dem Hammer auf den Nagel schlagen"; erneuter Test – wenn Ergebnis wie zuerst, dann wieder Operation, sonst Ende, d. h. nächste TOTE-Einheit wählen.

Dabei kann die Operation selbst wieder durch TOTE-Einheiten organisiert sein – nämlich Hammer-Heben/Hammer-Senken – und die obige TOTE-Einheit als Operation innerhalb einer höheren Einheit verstanden werden: Nagel-Einschlagen als Teil eines Brett-Annagelns und dies wieder als Teil eines Schrank-Bauens).

Ein Großteil des therapeutischen Problemlösungstrainings findet auf der kognitiven Ebene statt (Analysieren, Phantasie-Handeln, Argumentieren). Die Erprobung der obigen Schritte in vivo bei konkreten Problemen wird allerdings dann ebenfalls in der Therapie aufgearbeitet.

→ **Beispiel 10.1** Problemlösungstherapie bei Partnerschaftsproblem

10.4 Verdeckte Konditionierung

Bei diesen Techniken, die zunächst von Lloyd E. Homme (1965), dann aber besonders von Joseph Cautela (z. B. 1966, 1976) entwickelt wurden, geht es um die verhaltensmodifikatorische Wirkung von im Geiste vorgestellten („imaginierten") Handlungen, Verstärkern und Strafen. Zunächst vom operanten Lernmodell ausgehend, schlug Homme im Sinne der Selbststeuerung verdeckte (covert) Bestrafungen für ein unerwünschtes Verhalten (z. B. Rauchen) und positive Verstärker für dessen Unterlassung (bzw. für alternative Reaktionen) vor. Diese nannte er „Coverants" – eine Kurzform für „covert operants".

Techniken

Bei Cautelas „verdeckter Sensitivierung" müssen die Patienten sich aversive Stimuli zur Bestrafung vorstellen: z. B. zunächst den Wunsch zu rauchen, das Ergreifen einer Zigarette, das Anzünden, das Inhalieren – und dann, dass ihnen sterbensübel wird. Die gesamte Szene – und insbesondere die „Bestrafung" – wird dabei möglichst intensiv und lebensecht ausgemalt. Nach einer Pause wird dann – ebenso intensiv – in der Phantasie eine Szene durchgespielt, in welcher der Patient auf das Rauchen verzichtet und dafür positiv verstärkt wird (z. B. durch ein angenehmes, glückliches Gefühl).

Bei der „verdeckten Löschung" müssen sich die Patienten vorstellen, dass die sonst wirksame Verstärkung ausbleibt – etwa bei Esssucht die Vorstellung, dass man ein Stück vom Lieblingskuchen isst, dabei aber keinerlei Geschmack empfindet und keine anderen angenehmen Gefühle hat.

Beim „verdeckten Modelllernen" wird ebenfalls nur in der Phantasie vorgestellt, wie die „Modell-Person" ihre Angstsituation bewältigt, z. B. sich einem Hund mehr und mehr nähert, ihn streichelt usw.

Schwierigkeiten und Wirksamkeit

Ein Problem bei diesen „verdeckten Konditionierungen" ist natürlich, dass der Therapeut das Ausmaß erfolgreicher Vorstellung wenig beurteilen kann – z. B. ob bei der verdeckten Löschung mit dem unerwünschten Verhalten wirklich keinerlei positive Verstärkung mehr in der Kognition vorhanden ist.

Roth (1996) empfiehlt, den Einsatz verdeckter Konditionierungsmethoden in ein komplexeres therapeutisches Vorgehen einzubetten. Es gebe zwar für einige Bereiche erstaunliche Erfolge – z. B. bei der Behandlung von Kleintierphobien oder bei sexuellen Deviationen. Doch seien die Erfolge im Zusammenhang mit Essproblemen beispielsweise „eher bescheiden". Die theoretische Erklärung sei zudem nach wie vor umstritten bzw. „muss noch als unbefriedigend bewertet werden."

10.5 Selbstinstruktion

Während beim Training von sozialen Fertigkeiten und von Problemlösungskompetenzen durchaus noch (die mit Kognitionen verbundenen) äußeren Verhaltensweisen im Zentrum stehen, beim verdeckten Konditionieren hingegen nur noch bildhafte Vorstellungen und von Außenstehenden nicht mehr beobachtbare Verhaltensweisen, geht es bei der Arbeit an der Selbstinstruktion im Kern weder um offenes noch um verdecktes Verhalten, sondern um einen (das Verhalten begleitenden) „fehlerhaften" Denkstil.

Historisch ist der Selbstinstruktionsansatz vorwiegend mit dem Namen Donald W. Meichenbaum verbunden (vgl. z. B. 1977, 1979) – obwohl wesentliche Aspekte auf Albert Ellis und auf Aaron T. Beck (s. u.) zurückgehen.

Innerer Dialog

Der Ausgangspunkt dieser Ansätze ist die Erkenntnis, dass menschliches Handeln (inklusive dessen Planung) und Erleben von einem selbstreflexiven „inneren Dialog" begleitet wird. Dass hierzu, wie zu Beginn dieses Kapitels skizziert, eine umfassende Theorie bereits seit den 30er Jahren vorliegt, scheint nicht bekannt zu sein – jedenfalls führt Meichenbaum (1979) unter über 500 Autoren Mead nicht auf, Beck et. al. (1981) erwähnen Mead ebenfalls nicht, und Ellis (1977) erwähnt ihn nur ganz am Rande. So ist zu vermuten, dass der innere Dialog aus der Position des praktischen Eklektizismus neu (wieder-)entdeckt und nicht auf der Grundlage der vorliegenden elaborierten Theorien entwickelt wurde.

Selbstbewertung. Der innere Dialog ist nun insofern besonders wichtig, als dabei vielen Dingen eine Bewertung zugeordnet wird und diese wiederum wesentlich bestimmt, ob etwas ein positiver Verstärker oder eine Bestrafung ist: Wenn man auf einer Party ist und niemand spricht mit einem, so kann man sich sagen „Wie furchtbar, niemand scheint an mir interessiert zu sein. Es ist peinlich, so gemieden zu werden. Niemand mag mich – das ist kaum zu ertragen", oder man kann zu sich sagen „fein, endlich kann ich mich mal entspannen und dem Treiben zusehen. Es ist toll, so aus etwas Abstand diese Menschen zu beobachten".

Das Ereignis – auf der Party nicht angesprochen zu werden – ist also in beiden Fällen identisch, führt aber zu völlig unterschiedlichen Ergebnissen – nicht das Ereignis selbst ist hier also ein positiver oder ein aversiver Reiz, sondern dessen Bewertung. Es ist klar, dass mit dieser unterschiedlichen Party-Erfahrung auch unterschiedliche Konsequenzen im gegenwärtigen und zukünftigen Verhalten verbunden sind.

Drei Phasen der Therapie

Wenn nun der Therapeut vorhersehen und verändern kann, was der Klient zu sich selbst sagt, so hat er einen wichtigen Zugang zur Verhaltensänderung. Den konkreten Therapieprozess unterteilt Meichenbaum in drei Phasen (wobei allerdings gegebenenfalls von einer späteren Phase als Wiederholung oder zur tieferen Klärung nochmals auf eine frühere zurückgegriffen werden kann):

▶ **Phase 1:** Begriffliche Strukturierung des Problems: Hier geht es um ein „verstehendes Eindringen in die besondere Natur des vom Patienten vorgestellten Problems". Das gewöhnlich vom Klienten mitgebrachte Begriffsschema seines Problems wird erörtert, der Therapeut führt eine Situationsanalyse durch und der Behandlungsanfang wird geplant.

▶ **Phase 2:** Erprobung des Konzeptes: Hier hilft der Therapeut dem Patienten, die „begriffliche Struktur seines Problems weiter auszuforschen, auszuprobieren und zu konsolidieren". Der Klient lernt auf „Selbstaussagen" zu horchen, d. h. dahingehend zu differenzieren, dass nicht die äußeren Ereignisse, sondern seine eigenen Gedanken und Bewertungen es sind, die z. B. Angst auslösen.

▶ **Phase 3:** Modifikation von Selbstaussagen und Produktion neuer Verhaltensweisen: In dieser Phase werden unterschiedliche Techniken eingesetzt, um die Selbstaussagen und Verhaltensweisen zu ändern. Meichenbaum führt neben der RET (Ellis) u. a. Desensibilisierung, Modelllernen, Konditionierung und verdeckte Konditionierung an – also das „klassische" verhaltenstherapeutische Methodenarsenal, das nun aber mit veränderten (meist positiven) Selbstinstruktionen gekoppelt wird.

Selbstinstruktion bei Kindern. Als Variante für ein Selbstinstruktionstraining mit überaktiven, impulsiven Kindern schlägt Meichenbaum (1979, S. 439) vor, das motorische Verhalten dieser Kinder in drei Stufen unter verbale Kontrolle zu bringen: Zunächst soll das Sprechen anderer (in der Regel Erwachsener) das Verhalten der Kinder leiten; dann soll das Kind selbst durch lautes Sprechen seine Pläne und Handlungen begleitend steuern (und positiv verstärken); und letztlich soll dieses laute Sprechen durch ein „inneres" Sprechen abgelöst werden.

10.6 Kognitive Therapie

Ähnlich wie Meichenbaum hebt Aaron T. Beck (*1921) in seinem Ansatz hervor, dass es nicht so sehr die Dinge selbst sind, auf die ein Mensch reagiert, sondern seine speziellen Wahrnehmungen und die Interpretationen, mit denen er Objekte mit speziellen Bedeutungen versieht und dann gefühlsmäßig darauf reagiert (vgl. Beck, 1971, 1980).

Persönliche Domäne

Ein wichtiger Begriff in diesem Zusammenhang ist die „persönliche Domäne", deren Kern vom Selbstbild bestimmt wird: Jenes Bild, das ein Mensch von sich selbst, von seiner Persönlichkeit, von seinem Aussehen, von seinen Wertvorstellungen, Zielen usw. hat. Um dieses Selbstbild herum sind die anderen Dinge, die für ihn wichtig sind, gruppiert (z. B. Familie, Freunde, Besitz usw.). Dinge und Ereignisse werden dahingehend bewertet, ob sie eine Einschränkung, eine Gefährdung oder gar eine Verletzung dieser Domäne bedeuten.

Was dabei als zuträglich für die persönliche Domäne empfunden wird, löst positive Gefühle aus, wie z. B. Freude. Hingegen führt die Meinung, dass etwas der persönlichen Domäne abträglich wäre, zu negativen Reaktionen und Gefühlen. Beck sieht somit Emotionen im Zusammenhang mit bestimmten Kognitionen: z. B. Trauer als Reaktion auf wahrgenommenen Verlust von bedeutsamen Personen oder Materialien, Angst als Reaktion auf wahrgenommene Bedrohung oder Gefährdung der eigenen Domäne oder Zorn und Aggression als Reaktion auf wahrgenommene bewusste direkte Verletzung der eigenen Domäne.

Kognitive Trias und Denkfehler

Beck, der insbesondere durch seine therapeutische Arbeit mit Depressiven bekannt geworden ist (vgl. Beck, 1981), weist dabei auf eine „kognitive Trias" aus negativem Selbstbild, negativer Interpretation der Lebenserfahrungen und nihilistischer Sicht der Zukunft hin.

Ein großer Teil des Bewertens läuft nach Beck in Form von automatischen Gedanken ab, Gedanken also, die dem Patienten in der Regel selbst nicht voll bewusst werden. Emotionale Störungen beruhen nun oftmals auf so genannten „Denkfehlern", von denen Beck fünf wesentliche Gruppen herausgearbeitet hat:

Typische Denkfehler

▶ **Personalisieren:** Hierbei werden Ereignisse der Außenwelt ungerechtfertigt und extrem auf die eigene Person bezogen und erhalten so eine selektive Wichtigkeit.

▶ **Polarisiertes Denken:** Hierunter wird die Neigung zum Denken in Extremen verstanden (gut – böse, niemals – immer usw.). Es fehlt hier also an Differenzierungsmöglichkeit.

▶ **Selektive Abstraktion:** Bestimmte Aspekte von Ereignissen oder Situationen werden herausgegriffen, überbewertet und auf Kosten anderer bestimmend für das Befinden und für Handlungen.

▶ **Übergeneralisierung:** Einzelne Aspekte oder Erlebnisse werden ungerechtfertigt zu allgemeinen Aussagen generalisiert.

▶ **Übertreibung:** Hierbei werden geringfügige Veränderungen oder Ereignisse verzerrt wahrgenommen und erhalten eine unangemessene irrelevante Bedeutung. (nach Beck)

Aufdeckung automatischer Gedanken. Ein wesentliches Ziel in der Therapie ist es, den Patienten sensibler zu machen gegenüber seinen automatisch ablaufenden Gedanken und den dabei auftretenden selbstzerstörerischen Bewertungen und Denkfehlern. Beck gliedert das therapeutische Vorgehen in vier Phasen, wobei er im Hinblick auf die Passivität von depressiven Patienten eine starke Strukturierung durch den Therapeuten für wünschenswert hält:

Prozessphasen in der Kognitiven Therapie

- **Beobachten:** Nach einer Einführung in das Therapiekonzept (demzufolge Probleme insbesondere mit „automatischen Gedanken" und Bewertungen verbunden sind) lernt der Klient, sich selbst zu beobachten und seine automatisch aufkommenden Gedanken zu notieren.
- **Identifizieren:** Anhand dieses vom Klienten erstellten Materials werden die inneren Selbstgespräche und ihre selbstzerstörerische Tendenz im Hinblick auf die oben genannte Trias analysiert.
- **Hypothesenüberprüfung:** Hier lernt der Patient, die implizit mit seinen automatischen Gedanken verbundenen Hypothesen über sich selbst und seine Umwelt differenziert wahrzunehmen und auf ihren Wahrheitsgehalt hin zu überprüfen. Auf diese Weise lernt der Patient, dass seine Bewertungen und Schlussfolgerungen nicht immer unbedingt zwingend sind, und er erkennt zunehmend differenzierter seinen Anteil an der kognitiven Gestaltung seiner Lebenswelt.
- **Training der alternativen Erklärungen:** Mit dem Therapeuten zusammen werden alternative kognitive Strukturierungen entwickelt und in realen Situationen erprobt. Es handelt sich hier um Gegenkonzepte zu den automatischen Gedanken. (nach Beck)

→ **Beispiel 10.2** Kognitive Therapie bei Depression

Systemimmanente kognitive Therapie. Insgesamt besteht große Ähnlichkeit zwischen der Kognitiven Therapie von Beck und der Rational-emotiven Therapie von Ellis (vgl. Kap. 11) sowie den zentralen Vorstellungen von Meichenbaum. Um diese Ansätze zu integrieren und mit neueren kognitions-, emotions- und motivationspsychologischen Theorien und Befunden zu verbinden, hat Fiegenbaum eine „Systemimmanente kognitive Therapie" vorgeschlagen (vgl. Tuschen & Fiegenbaum, 1996).

Diese gliedert sich in verschiedene Phasen der Diagnostik, kognitiven Vorbereitung, Intensivphase der Therapie und Selbstkontrollphase. Die Bezeichnung „systemimmanent" verweist darauf, dass der Therapeut in der Phase der kognitiven Vorbereitung mit dem Patienten gemeinsam ein detailliertes Störungsmodell entwickelt, das einerseits die lebensgeschichtliche Entwicklung der Probleme verstehbar macht, andererseits aber vor allem auch die aktuellen Bedingungen der Aufrechterhaltung der Störungen herausarbeitet.

Das Wirkungsnetz unterschiedlicher Einflussgrößen in diesem Zusammenhang ist kompatibel mit modernen systemtheoretischen Vorstellungen und Erkenntnissen – überwindet daher am explizitesten die klassischen Ursache-Wirkungs-Modelle des Behaviorismus. Daraus wird dann das Veränderungsmodell abgeleitet, d. h. die konkreten Interventionen zur Veränderung der Probleme. Diese Interventionen umfassen sowohl spezifische Gesprächstechniken (die in hoher Übereinstimmung zu anderen kognitiven Ansätzen stehen) wie auch Verhaltensexperimente, in denen z. B. bestimmte destruktive „Hypothesen" der Patienten überprüft und dabei falsifiziert oder modifiziert werden können (vgl. Tuschen & Fiegenbaum, 1996).

→ **Beispiel 10.3** Systemimmanente kognitive Therapie bei Angststörungen und Medikamentensucht

10.7 Multimodale Therapie (BASIC ID)

Kognitive Verhaltenstherapeuten koppeln oft mehrere „Techniken" – unabhängig von deren theoretischem Hintergrund. Arnold A. Lazarus (*1932), der besonders vehement für einen „technischen Eklektizismus" eintritt, verweist mit dem Kürzel „BASIC ID" auf die unterschiedlichen Bereiche, in denen sich Probleme äußern können und welche der Therapeut daher nach Möglichkeit berücksichtigen sollte:

▶ Verhalten (B-ehavior),
▶ Gefühl (A-ffect),
▶ Empfindung (S-ensation),
▶ Vorstellung (I-magery),
▶ Denken (C-ognition),
▶ den Bereich der Sozialbeziehungen (I-nterpersonal Relations) und
▶ Probleme im Zusammenhang mit Drogen (D-rugs).

Lazarus geht dabei davon aus, dass nur extrem selten ein Bereich allein gestört ist – somit habe der Therapeut stets auf alle Aspekte zu achten. Von einem Patienten wird entsprechend diesem Schema ein Bereichsprofil seiner Störungen erstellt, und die einzelnen Probleme werden durchaus in Koppelung beliebiger Techniken angegangen – Hauptsache, sie sind Erfolg versprechend.

Ein Problem einer solchen allein praxisgeleiteten Strategie, der Lazarus (1973) den Namen „multimodale Therapie" gab, ist sicherlich, dass dieses „Erfolg versprechend" schwer kontrollierbar ist: Lazarus selbst ist zwar offensichtlich ein erfolgreicher Therapeut, aber solche – nahezu beliebigen – Kombinationen von Therapietechniken sind schwerlich zu lehren: Therapie wird eher zur Kunst als zur Anwendung eines spezifizierten Wissens oder gar von Wissenschaft – eine Sichtweise, die allerdings auch in anderen therapeutischen Richtungen von nicht wenigen vertreten wird.

Lazarus selbst betont dabei, dass BASIC ID von der Individualität eines jeden Individuums ausgeht, und versucht, die Behandlungsmöglichkeiten möglichst spezifisch auf die verschiedensten persönlichen Bedürfnisse und Rahmenbedingungen abzustimmen. Dies gelingt, so Lazarus (1996), weil „BASIC ID die gesamte Breite der menschlichen Persönlichkeit umfasst und es kein Gefühl, keine Leistung, kein Problem, keinen Traum und keine Phantasie gibt, die nicht durch das BASIC ID erfasst werden."

Das mag im Einzelfall hoch kompetenter Therapeuten (z. B. Lazarus) durchaus zum Vorteil der Patienten sein, im Rahmen breiter Ausbildungsgänge – wo Kriterien kaum zu erstellen sind, um wirkliche „Künstler" von „Möchte-Gernen" zu unterscheiden – dürfte der Nutzen zumindest umstritten sein. Diese Feststellung richtet sich allerdings keinesfalls gegen die Notwendigkeit, auf theoretischer Basis eine Grundlage zur Kombination erfolgreicher Techniken zu entwickeln. Solche multimodalen theoretischen Fundierungen stehen allerdings noch aus.

→ **Beispiel 10.4** Multimodale Therapie der Redeangst

10.8 Zusammenfassung

Entstehung der kognitiven Verhaltenstherapie. Der Mensch zeichnet sich durch sein reflexives Bewusstsein aus. Das Verständnis von Bedeutungen, die Einnahme von Fremdperspektiven und damit einhergehende Erwartungen bestimmen einen großen Teil seines Verhaltens. Schon Tolman hatte durch Begriffe wie „Absicht" den streng behavioristischen Rahmen überschritten. Der im letzten Kapitel geschilderte Einfluss von Aspekten der Selbstkontrolle auf den therapeutischen Erfolg zeigt, dass die Berücksichtigung kognitiver, nichtbeobachtbarer Prozesse wichtiger ist als eine Eingrenzung auf lerntheoretische Grundsätze. Lazarus plädierte daher für einen technischen Eklektizismus zum Wohle der Patienten.

Aufgrund dieser Praxisorientierung sind viele verhaltenstherapeutische Techniken entstanden, die nicht immer theoretisch fundiert sind. Der Einbezug kognitiver und behavioraler Strategien ist dabei in unterschiedlicher Gewichtung vorhanden.

Modelllernen. Beim Modelllernen nach Bandura wird Verhalten durch die Beobachtung eines anderen erlernt. Bandura unterscheidet Verhaltenseinflüsse durch externe Reize, innere symbolische Prozesse und reaktionsverstärkende Prozesse. Besonders effektiv ist es, wenn die Beobachtung in vivo erfolgt, das Modell eine nur leicht vorauseilende Kompetenz hat, das Verhalten unmittelbar danach erprobt werden kann und der Kontext positiv ist.

Beim Training sozialer Kompetenz kann unterschieden werden, ob die Kompetenz für bestimmtes Verhalten aus Angst gehemmt wurde, ob sie ganz neu erworben oder geübt werden muss. Pfingsten unterscheidet die sozialen Fähigkeiten Typ R (Recht), Typ B (Beziehung) und Typ K (Kontakt). Ein soziales Kompetenztraining beinhaltet die Einübung konkreter angemessener Verhaltensweisen in vivo, durch Rollenspiel oder Modellernen und wird oft in Kombination mit anderen Verfahren der Verhaltenstherapie durchgeführt.

Problemlösungstherapien. Bei Problemlösungstrainings werden allgemeine Strategien zur Bewältigung problematischer Situationen eingeübt. Dieser Vorgang ist zunächst ein überwiegend kognitiver Lernvorgang, bevor es anschließend zur In-vivo-Erprobung kommt (siehe Beispiel 10.1).

Verdeckte Konditionierung. Bei der verdeckten Konditionierung nach Cautela soll entsprechend der realen Konditionierungsprozesse z. B. das unerwünschte Verhalten und anschließend ein aversives Gefühl möglichst intensiv imaginiert werden. Der Erfolg und die theoretische Erklärung sind umstritten.

Selbstinstruktionstraining. Das Selbstinstruktionstraining nach Meichenbaum fokussiert auf den inneren Dialog, in dem Ereignissen ihre Bedeutung zugeschrieben wird. Von dieser Bedeutung, nicht vom Ereignis selbst, hängt oft ab, was ein positiver oder negativer Verstärker ist. In der Therapie soll daher zunächst das gewohnheitsmäßige, seinem Problemverhalten zugrunde liegende Schema des Patienten begrifflich strukturiert werden (Phase 1), dann dieses Konzept durch die Unterscheidung von äußeren Ereignissen und inneren Bewertungen differenziert werden (Phase 2) und schließlich die entsprechenden Bewertungen und Selbstaussagen mittels verschiedener verhaltenstherapeutischer Methoden modifiziert werden (Phase 3). (Siehe auch Beispiel 9.2.) Für Kinder gibt es eine Variante des Trainings mit handlungsbegleitendem, selbstinstruierendem Sprechen.

Kognitive Therapie. Ähnlich zentral ist die Zuschreibung von Bedeutungen und die damit verknüpfte Gefühlsreaktion auch bei der Kognitiven Therapie nach Beck. Das Selbstbild und die darum herum gruppierten wichtigen Dinge und Personen bilden die persönliche Domäne, die möglichst aufrechterhalten werden soll. Ereignisse, Personen und Dinge werden nun auf ihre Passung zu dieser Domäne überprüft. Je nachdem reagiert ein Mensch unterschiedlich: bei festgestellter Passung mit positiven, bei mangelnder Passung mit negativen Gefühlen; z. B. reagiert er auf Verlust mit Trauer, auf Bedrohung mit Angst und auf direkte Verletzung mit Wut.

Ein negatives Selbstbild, eine negative Interpretation der Lebenserfahrungen und eine nihilistische Sicht der Zukunft bilden die kognitive Trias Depressiver, bei denen oft automatische Gedanken mit typischen Denkfehlern (wie Personalisieren, polarisiertes Denken, selektive Abstraktion usw.) auftreten. In einem strukturierten Therapieprozess soll eine Sensibilität für diese Automatismen entwickelt werden; er lässt sich nach Beck in vier Phasen gliedern: Selbstbeobachtung – Identifikation selbstzerstörerischer kognitiver Tendenzen – Hypothesenüberprüfung – Training alternativer Erklärungen (siehe Beispiel 10.2).

Mit der systemimmanenten kognitiven Therapie hat Meichenbaum ein integratives und erweiterndes Konzept vorgeschlagen, das ein größeres Wirkungsgefüge verschiedener Einflüsse umfasst (siehe Beispiel 10.3).

Multimodale Therapie (BASIC ID). Die multimodale Therapie nach Lazarus (BASIC ID) verweist auf Bereiche, die in jeder Therapie berücksichtigt werden sollten. Dabei können je nach Störungsschwerpunkten beliebige Techniken angewendet werden (siehe Beispiel 10.4) – was allerdings den Wissenschaftsanspruch von Therapie in Frage stellt.

10.9 Verständnisfragen

- Ab wann begann die Verhaltenstherapie kognitiv zu werden?
- Zur Erklärung welcher Phänomene genügte die behavioristische Position irgendwann nicht mehr?
- Was bedeutet „technischer Eklektizismus"?
- Unter welchen Bedingungen ist Modelllernen am effektivsten?
- Welche drei Problembereiche gibt es bei der Ausübung sozialer Kompetenzen?
- Was soll durch Problemlösungstherapien erreicht werden?
- Welche Phasen werden dabei unterschieden?
- Welche Namen verbindet man mit verdecktem Konditionieren?
- Wie läuft verdecktes Konditionieren ab? Welches Lernprinzip wird hier in die Kognition verlagert?
- Auf welchen Grundgedanken stützt sich das Selbstinstruktionstraining von Meichenbaum? Welcher Begriff ist hier zentral?
- Welche drei Phasen folgen in der Therapie? Was passiert günstigerweise genauer in der zweiten Phase?
- Was ist eine persönliche Domäne nach Beck?
- Woraus besteht die kognitive Trias bei Depressiven?
- Welche typischen Denkfehler nennt Beck?
- Wie arbeitet Beck mit den automatischen Gedanken? Welche Phasen sind in der Kognitiven Therapie wichtig?
- Was bedeutet „BASIC ID"? Was ist das Problem bei dem von Lazarus geforderten technischen Eklektizismus?

Fallbeispiele auf CD

Beispiel 10.1: Problemlösungstherapie bei Partnerschaftsproblem

Das Fallbeispiel einer frustrierten Ehefrau verdeutlicht:
- die einzelnen Schritte eines Problemlösungstrainings,
- Möglichkeiten, aber auch Grenzen dieser Technik.

Das Fallbeispiel bezieht sich auf das Kapitel:
10.3 Problemlösungstherapien

Beispiel 10.2: Kognitive Therapie bei Depression

Das Fallbeispiel eines depressiven Lehrers verdeutlicht:
- wie durch ein Tagesprotokoll automatische Gedanken festgehalten werden,
- wie daraus in den folgenden Therapiephasen die dysfunktionalen Grundannahmen und alternative Gedanken herausgearbeitet werden.

Das Fallbeispiel bezieht sich auf das Kapitel:
10.6 Kognitive Therapie

Beispiel 10.3: Systemimmanente kognitive Therapie bei Angststörungen und Medikamentensucht

Das Fallbeispiel eines 30-jährigen Mannes mit multiplen Situationsängsten, Leistungsangst und Medikamentensucht verdeutlicht:
- die Bedeutung und Umsetzung der unterschiedlichen Phasen der Systemimmanenten kognitiven Therapie.

Das Fallbeispiel bezieht sich auf das Kapitel:
10.6 Kognitive Therapie

Beispiel 10.4: Multimodale Therapie bei Redeangst

Das Fallbeispiel eines jungen Mannes mit Redeangst verdeutlicht:
- wie die Grundlage der Redeangst durch Vorstellungsübungen, Differenzierungen und radikale Umdeutungen im sokratischen Dialog erfahrbar gemacht wird,
- wie der Therapeut unterschiedliche Problembereiche im Sinne der BASIC ID einbezieht;
- Ähnlichkeiten zu Ellis' Rational-emotiver Therapie.

Das Fallbeispiel bezieht sich auf das Kapitel:
10.7 Multimodale Therapie (BASIC ID)

11 Rational-emotive Therapie

11.1 Entstehung der Rational-emotiven Therapie

Die Rational-emotive Therapie (RET) wurde von Albert Ellis (*1913) ab den 50er Jahren entwickelt und 1956 erstmals auf der Jahresversammlung der American Psychological Association vorgestellt (damals noch unter der Bezeichnung: „Rational Therapy"). Im Zentrum dieser Therapieform stehen dysfunktionale Kognitionen (Bewertungen, Schlussfolgerungen, Ideen usw.) von Patienten (in Form von „belief systems") und deren Bedeutung für die Beeinträchtigung des psychischen Wohlbefindens bzw. für die Erklärung von Verhaltensstörungen.

Aus diesem Grunde wird die Rational-emotive Therapie auch häufig mit zu den kognitiven Verhaltenstherapien gezählt. Ellis selbst hat sich aber stets dagegen verwahrt, bei aller Nähe der RET zu verhaltenstherapeutischen Konzepten unter die Verhaltenstherapien subsumiert zu werden. Zeitlich gesehen hat sich die RET auch parallel zur Verhaltenstherapie in den 50er Jahren entwickelt. Dagegen entstanden die in den vorangegangenen Kapiteln dargestellten „anderen" kognitiven Verhaltenstherapien erst Ende der 60er und in den 70er Jahren auf der Grundlage bereits vorliegender verhaltenstherapeutischer Konzepte.

Die theoretischen Grundlagen der Rational-emotiven Therapie werden unterschiedlich bewertet; so meint Ellis (1979, S. 39) zwar, dass die RET „über eine hochdifferenzierte und praktikable Theorie verfügt", andere Autoren äußern sich jedoch in dieser Hinsicht eher zurückhaltend (z. B. von Quekelberghe, 1979). Wohl nicht umsonst schreibt L. Wachinger im Vorwort zur deutschen Ausgabe von „Die rational-emotive Therapie" von Albert Ellis (1977, S. 7): „Mögen manche den rationalen Ansatz von Albert Ellis oberflächlich finden (‚deutsche Tiefe' gegen ‚amerikanischen Vernunft- und Technik-Optimismus') – die große Ermutigung für Gestörte und ihre Helfer ist doch nicht zu übersehen."

Der theoretische Kern der RET – der innere Dialog und die Bedeutung kognitiver, symbolischer Repräsentationen von Situationen und Ereignissen für Wahrnehmung, Bewusstsein und Verhalten – ist in der Tat in wesentlich fundierterer und umfassenderer Form z. B. von George Herbert Mead mehr als 20 Jahre vor Ellis entwickelt und dargelegt worden. Verwandte Konzepte im Bereich der Psychotherapie finden sich schon Anfang dieses Jahrhunderts u. a. bei Paul Dubois (1906) oder Alfred Adler.

Ellis' Verdienst liegt eher darin, mit der RET eine praktikable und effektive Therapie als Alternative zur Psychoanalyse entwickelt zu haben, ohne dem stark behavioristischen Dogmatismus der frühen Verhaltenstherapie von Wolpe, Eysenck und Skinner verfallen zu sein. Vielmehr hat er die späteren kognitiven Erweiterungen und Modifikationen verhaltenstherapeutischer Ansätze um mehr als ein Jahrzehnt vorweggenommen.

Dank Ellis' Fähigkeit, die wesentlichen Aspekte der Rational-emotiven Therapie in wenigen griffigen Schlagworten auszudrücken, die auch theoretisch weniger interessierten Therapeuten oder den üblicherweise psychologisch nicht vorgebildeten Patienten auf Grund allgemeiner Alltagserfahrung unmittelbar einleuchten, fand die RET nach anfänglichem Widerstand dann in den 60er und 70er Jahren rasch Verbreitung. Auch im deutschen Sprachraum fand die RET große Beachtung und viele Anhänger. Sie wird in manchen neueren Lehrbüchern zur Verhaltenstherapie (z. B. Margraf, 1996; Linden & Hautzinger, 1996) allerdings nur am Rande erwähnt. Dennoch soll sie hier einen breiteren Raum der Darstellung erhalten, weil sie aus den oben angegebenen Gründen zu den Grundkonzepten kognitiver Verhaltenstherapie zählt, die z. B. der kognitiven Therapie von Beck in vielen Aspekten überaus ähnlich ist – und wohl auch heute noch als paradigmatisch für kognitive Konzepte gelten kann.

Biographischer Hintergrund

Die Entwicklung der RET hängt eng mit Ellis' persönlicher Geschichte zusammen: Er wuchs als Sohn jüdischer Einwanderer in New York auf; seine Eltern ließen sich scheiden, als er zwölf Jahre alt war. In den 30er Jahren arbeitete er als Geschäftsmann, schrieb aber in seiner Freizeit Gedichte, Erzählungen, Romane und Theaterstücke.

Ellis und die Psychoanalyse. Obwohl er nach eigenen Angaben davon träumte, ein großer Schriftsteller zu werden, fand er keinen Verleger für seine damaligen Manuskripte. – Vielleicht erklärt dies teilweise seine spätere Publikationsemsigkeit auf dem Gebiet der Psychologie, insbesondere der RET: rund 500 Aufsätze und 40 Bücher. – Erst mit 30 Jahren begann er Psychologie zu studieren und arbeitete zunächst im Bereich der Beratung.

Ende der 40er Jahre absolvierte er eine psychoanalytische Ausbildung mit einer dreijährigen Lehranalyse. Er praktizierte allerdings nur sehr kurze Zeit als Analytiker – offensichtlich, wie aus seinen späteren Schriften und seiner Polemik gegen die Psychoanalyse hervorgeht, mit sehr wenig Erfolg.

Schon zu Beginn der 50er Jahre wendete er sich neofreudianischen und verhaltenstherapeutischen Ansätzen zu. Aus seiner Kritik der Psychoanalyse (vgl. u. a. Ellis, 1950) und der Reflexion seiner persönlichen Erfahrung mit Patienten entwickelte er nach und nach das Konzept einer stark direktiven, auf einem rationalen Disput basierenden Therapieform, die er zunächst „rational therapy" nannte.

Erst als Reaktion auf die Vorwürfe psychodynamisch orientierter Psychologen, er betone kognitive Aspekte zu stark und vernachlässige das emotionale Leben der Patienten, benannte Ellis Anfang der 60er Jahre seinen Ansatz in „Rational-emotive Therapie" um und ging in seinen Schriften auch stärker auf die emotionalen Prozesse ein.

Erfolg trotz Kritik. Zudem war Ellis mit seinem Konzept der „rational therapy" ohnedies in den ersten Jahren auf Kritik und Ablehnung gestoßen: „Als er es 1956 erstmals auf der Jahresversammlung der ‚American Psychological Association' vorstellte, waren sich Rogerianer, Gestalttherapeuten und Psychoanalytiker einig: Sie bewerteten seine Technik als zu simpel und meinten, sie könne gar nicht funktionieren" (Schorr, 1984, S. 144). Hans-Jürgen Eysenck, der sich Ellis in der vehementen Kritik der Psychoanalyse verbunden fühlte, war einer der ersten, der Ellis stark förderte und seine Artikel 1960 und 1964 in Handbücher aufnahm.

1962 veröffentlichte Ellis mit „Reason and emotion in psychotherapy" sein erstes zentrales Werk zur RET (deutsche Ausgabe 1977); „Growth through reason" (1971) wurde sein zweites. 1977 (deutsche Ausgabe: 1979) konnten dann Ellis und Grieger ihr Handbuch der RET mit den Worten beginnen lassen: „Die rational-emotive Therapie hat es zweifellos geschafft. Man darf ohne weiteres sagen, dass sie sich als eine der führenden Therapieformen etabliert hat."

Bedeutung der Rational-emotiven Therapie. Wie oben bereits erwähnt, fand die RET auch im deutschen Sprachraum besonders in den 70er Jahren große Verbreitung, wenn auch nicht kritiklos (z. B. Eschenröder, 1977; Keßler & Hoellen, 1982 oder Rückert, 1982 – bzw., in kritischer Diskussion, Beule et al., 1978; Braunert, 1980 oder v. Quekelberghe, 1979).

Zweifellos stellt die RET eine wichtige Bereicherung des therapeutischen Spektrums dar, wenn auch Ellis' Aussagen zu relativieren sind, „dass 90% aller mit RET behandelten Patienten nach zehn oder mehr Sitzungen eine deutliche oder nennenswerte Besserung aufweisen" (Ellis, 1977, S. 42). Die Bereicherung ist allerdings, wie gesagt, eine praktisch-methodische und weniger eine theoretische.

Verhältnis zu anderen Therapieformen

Kritisch anzumerken ist bei Ellis' Schriften, dass die Literaturhinweise am Ende seiner Artikel sich nicht selten aus einer völlig unstrukturierten Aneinanderreihung von 20 und mehr Namen in einem einzigen Satz im Text ergeben, und bei „Auseinandersetzungen" mit anderen Therapieformen diese bestenfalls als Karikaturen wieder zu erkennen sind – wodurch nicht gerade fundierte Kenntnisse dokumentiert werden.

Polemik. Wenig erfreulich ist auch eine massive Polemik gegen andere Therapieformen, die sein Werk durchzieht (und die auch auf mir bekannten Tonbändern von Vorträgen nicht fehlt). So bescheinigt er den „emotionaleren ... Methoden der Psychotherapie" pauschal, „relativ unwirksame Zeitverschwendung" zu sein (Ellis, 1977, S. 41); zu Rogers Personzentrierter Psychotherapie meint er, dass die „Technik zwar von vielen Patienten als unerhört befriedigend empfunden wurde (wenn auch oft nicht von den intelligentesten ...), zur Herbeiführung tief greifender Verhaltensänderungen erwies sie sich jedoch als völlig unbrauchbar" (ebd., S. 190).

Kolportation von Vorurteilen. Ellis kolportiert diffamierende Vorurteile: „Was die Reichianer ... zu übersehen scheinen, ist die Tatsache, dass man, wenn man einen Patienten speziell im sexuellen Bereich physisch manipuliert ..." (ebd., S. 192) oder: „‚Wie erklären Sie es sich', fragte ich den Patienten, ‚dass alle diese schrecklichen Freud'schen Komplexe, die Sie mir da auftischen, Ihr Sexualleben nicht schon längst durcheinander gebracht haben? Dagegen, was Sie in den letzten 15 Jahren getrieben haben, sind ja sogar die Reichianer wahre Waisenknaben'" (ebd., S. 125).

Was die RET und seine Person betrifft, ist Ellis allerdings weniger kritisch – etwa wenn er feststellt, dass „Psychotherapeuten (und wenig später auch die breite Öffentlichkeit) in mir alsbald einen der wahren Pioniere auf den Gebieten der kognitiven Therapie und der kognitiven Verhaltenstherapie zu sehen begannen" (Ellis, 1979, S. 3).

Wirksamkeit

Die Wirksamkeit der RET wurde in einer größeren Anzahl von Untersuchungen bestätigt, z. B. bei Testangst, Sprechangst, Stottern, sozialer Angst usw. (eine Übersicht über Effektivitätsuntersuchungen zur RET geben DiGiuseppe & Miller, 1979). Ähnlich vorsichtig positiv werden auch die Evaluationsergebnisse der RET in neueren Übersichten beurteilt (vgl. Haaga, 1987; Haaga & Davison, 1993). Davison und Neale (1998, S. 656) sehen vor allem darin ein Problem, dass der RET-Therapeut großen Spielraum in der Interpretation der Probleme des Patienten und damit in der Wahl der genauen Vorgehensweise hat. Hier geht die individuelle Fähigkeit und Geschicklichkeit des Therapeuten somit sehr stark in die Relevanz des Ansatzes ein.

Auch wenn Ellis gerade in der Mitte des 20. Jahrhunderts die Grenzen der klassischen Verhaltenstherapie weit überschritten hat, kann er m. E. doch nicht als „humanistischer Psychologe" eingestuft werden, wie dies etwa im Sammelband über „Neue Formen der Psychotherapie" von „Psychologie heute" (1980) versucht wurde. Angesichts der Verachtung, die Ellis den Ansätzen humanistischer Psychologie und deren Vertretern entgegenbringt, ist dies als Fehleinschätzung zu werten – auch wenn Ellis selbst sagt, „wirksame Therapieformen, die die Fähigkeit des Menschen betonen, seine Gefühlsprozesse zu kontrollieren, sind die humanistischsten, menschenwürdigsten Methoden, die bisher entwickelt worden sind" (S. 148).

11.2 „A-B-C" der Rational-emotiven Therapie

Dreh- und Angelpunkt für die therapeutische Intervention und auch für die Genese und Aufrechterhaltung psychischer Störungen ist nach Ellis das Denken. Genauer gesagt, geht es um dysfunktionale kognitive Prozesse, die in Form von „irrationalen Einstellungen" bzw. ganzen Bündeln oder Systemen davon („irrational belief systems") repräsentiert und mit falschen Schlussfolgerungen, Übergeneralisierungen, unzulässigen Vereinfachungen etc. verbunden sind.

Wegen der Interdependenz von Wahrnehmung, Verhalten, Fühlen und Denken, die Ellis hervorhebt, sind von diesen kognitiven Prozessen (und damit auch von ihrer therapeutischen Änderung) gleichzeitig alle fundamentalen menschlichen Lebensfunktionen betroffen.

Ellis verweist nun darauf, dass schon die Philosophie der Stoiker (denen im alten Athen, mehr aber noch in Rom, fast so etwas wie eine Psychotherapeuten-Rolle zukam; vgl. Chessik, 1977) lehrte: „Menschen werden nicht durch die Dinge an sich beunruhigt, sondern durch die Meinungen, die sie darüber haben" (Epiktet) – eine Auffassung, die mit Ausnahme der Empiristen auch in den folgenden Jahrtausenden von keinem Erkenntnistheoretiker bezweifelt wurde.

Ereignis und Bewertung

In der Psycho-Logik des Alltags aber sieht es oft ganz anders aus: Bestimmte Ereignisse werden oft als einzige, unmittelbare und auslösende Ursachen für emotionale bzw. verhaltensmäßige Beeinträchtigungen gesehen bzw. andersherum, letztere als notwendige Reaktionen bzw. Konsequenzen auf die Ereignisse.

Wenn beispielsweise jemand bei einer Prüfung durchgefallen ist, so kann er ggf. als unmittelbare Konsequenz daraus erleben, wie er depressiv wird, sich für einen totalen Versager hält, befürchtet, nie wieder eine Prüfung machen zu können, untätig und gelähmt zu Hause herumsitzt und sich sogar mit Selbstmordgedanken trägt.

Wenn man diese Person fragt, warum sie sich so verhält und so depressiv fühlt, wird sie höchstwahrscheinlich antworten „weil ich durch die Prüfung gefallen bin". Rein logisch betrachtet ist diese Erklärung aber falsch – wäre sie nämlich richtig, so müssten alle Menschen in derselben Weise reagieren, wenn sie bei einer Prüfung durchfallen. Tatsächlich aber werden die meisten ein solches Ereignis nur als mehr oder weniger unangenehm erleben; es ist sogar denkbar, dass jemand erleichtert reagiert und sich sagt „besser durchgefallen, als eine schlechte Note im Zeugnis – so kann ich die Prüfung wiederholen und habe die Chance, eine gute Note zu bekommen".

Es zeigt sich also, dass Depression, Suizidgedanken usw. keinesfalls die einzigen möglichen Konsequenzen auf das Ereignis „Durchfallen" sind. Vielmehr sind es die Bewertungen, die das Ereignis mit der Konsequenz verbinden.

A-B-C-Schema

Nach dem „A-B-C"-Schema der RET erlebt eine Person zeitlich nach A („activating event") – d. h. nach einer aktivierenden Erfahrung oder einem aktivierenden Ereignis (wie z. B. Nichtbestehen der Prüfung) – bestimmte C („consequences") – emotionale oder verhaltensmäßige Konsequenzen (hier z. B. Depression). Entgegen der falschen Annahme „A → C" – d. h., dass A die Ursache von C ist – lautet die Folge richtig: „A-B-C", wobei „B" für „belief system" steht. Die Ereignisse der Außenwelt tragen zwar (meist) zu den Gefühlen und dem Verhalten bei, verursachen es aber nicht direkt.

Beispiel für Funktion des A-B-C-Schemas. Im obigen Beispiel könnte B darin bestehen, dass sich der Student etwa Folgendes sagt: „Ich wollte die Prüfung bestehen. Ich hätte sie also unter allen Umständen bestehen müssen. Dass ich durchgefallen bin, ist eine absolute Katastrophe und ich bin ein totaler Versager. Das kann ich nicht aushalten; besser ist es, mich umzubringen."

Dass in einem solchen Falle B viel relevanter als A ist, wird deutlich, wenn man sich die Variante vorstellt, dass der Student die Prüfung glänzend bestanden hat – aber selbst dieses A würde nicht notwendigerweise folgendes, ziemlich ähnliches, B verhindern: „Nun gut, ich habe nochmals Glück gehabt mit dieser Prüfung. Aber bei der nächsten könnte ich durchfallen, obwohl ich sie unter allen Umständen bestehen müsste. Ich wäre dann ein absoluter Versager, und das könnte ich nicht ertragen. Ich müsste mich dann umbringen ..."

Diese Gedanken können durchaus dieselben Depressionen und Suizidtendenzen hervorrufen, wie in dem ursprünglichen Beispiel – woraus dann sogar im Sinne einer „selbsterfüllenden Prophezeiung" folgen kann, dass der Student so gelähmt ist, dass er bei der nächsten Prüfung tatsächlich durchfällt, d. h. „B-C-A" eintritt, als Folge der „irrationalen Einschätzungen" (iB, „irrational beliefs").

„Mussturbatorische Ideologien"

Selbstverständlich gibt es auch unter „rationaler" Beurteilung (rB) viele unangenehme Ereignisse: So wird das Durchfallen bei einer Prüfung in aller Regel tatsächlich unangenehm sein. Was aber das „Unangenehme" zu einer unerträglichen „Katastrophe" werden lässt, sind eben die iB, die meist in Form von „muss"-Sätzen formuliert werden können – Ellis spricht daher von „*mus*sturbatorischen Ideologien" und kennzeichnet die drei grundlegenden wie folgt (Ellis & Grieger 1979, S. 12):

▶ Ich muss meine Sache gut machen und für meine Leistungen anerkannt werden, sonst gelte ich als wertloses Subjekt.
▶ Andere müssen mich rücksichtsvoll und freundlich behandeln, genau so wie ich von ihnen behandelt werden möchte; wenn sie es nicht tun, dann soll die Gesellschaft und die ganze Welt sie für ihre Rücksichtslosigkeit auf das schärfste tadeln, verurteilen und bestrafen.
▶ Meine Lebensbedingungen müssen so beschaffen sein, dass ich praktisch alles, was ich will, bequem, schnell und ohne Mühe bekommen kann

und dass ich praktisch mit nichts konfrontiert werde, was ich nicht will.

Ellis hat diese drei grundlegenden mussturbatorischen Ideologien an verschiedenen Stellen in Form von zentralen „irrationalen Gedanken (bzw. Ideen)" ausgeführt. Für das Entstehen dieser irrationalen Ideen nimmt Ellis einerseits eine „genetische Prädisposition" an (die aber ziemlich dubios bleibt, da er deren genauere Randbedingungen nicht expliziert hat), andererseits frühe Indoktrinationen durch Eltern, Familie und Gesellschaft. Diese Indoktrinationen werden dann später ggf. durch die irrationalen Ideen der Umgebung aufrecht erhalten.

Selbstindoktrination

Weit wichtiger ist aber, dass sich das Individuum ständig selbst reindoktriniert: Da es eben nicht die Dinge selbst sind, vor denen jemand z. B. Angst hat, sondern die Bewertungen, können diese leicht als Verstärker für das Verhalten dienen: Der Mensch reagiert dann auf seine eigenen Bewertungen so, als wären sie Eigenschaften der Objekte bzw. Ereignisse – und diese Reaktionen werden dann wieder als Beweise oder Verstärker für die Richtigkeit der Bewertungen (d. h. der irrationalen Ideen) genommen.

Wenn jemand z. B. indoktriniert wurde, dass man Angst vor Hunden haben muss (iB), wird er jedes Mal, wenn er einem Hund begegnet (A), Angst empfinden (C) – und dies als Bestätigung für die Angemessenheit von iB werten. Subjektiv wird er sogar A als Ursache für C halten: „Es ist furchtbar, Hunden zu begegnen, denn jedes Mal empfinde ich Angst. Hunde machen also Angst, und es ist daher angemessen, sie zu fürchten".

Irrationale Ideen

Ellis (1970) nennt folgende grundlegende „irrationalen Ideen, die emotionale Störungen verursachen und aufrechterhalten":

- Die Idee, dass ein Erwachsener unbedingt in allen seinen Handlungen von jeder Person geliebt werden muss – anstatt sich auf seine eigene Selbstachtung zu konzentrieren, auf das Gewinnen von Anerkennung für praktische Ziele und auf das Lieben anstelle des Geliebtwerdens.
- Die Idee, dass bestimmte Handlungen schrecklich oder böse usw. sind und dass Leute, die solche Handlungen ausführen, streng bestraft werden sollten – anstelle der Idee, dass bestimmte Handlungen unangemessen oder antisozial sind und dass Leute, die solche Handlungen ausführen, sich dumm, unwissend oder neurotisch benehmen und man ihnen besser helfen sollte, sich zu ändern.
- Die Idee, dass es entsetzlich ist, wenn die Dinge nicht so sind, wie man es gern hätte – anstelle der Idee, dass es sehr schade ist und dass man besser versuchen sollte, die Bedingungen zu ändern oder zu kontrollieren, so dass sie befriedigender werden, und wenn das nicht möglich ist, man ihre Existenz lieber zeitweilig akzeptieren sollte.
- Die Idee, dass menschliches Elend von außen verursacht wird und einem durch Menschen und Ereignisse von außen aufgezwungen wird – anstelle der Idee, dass emotionale Störungen durch die individuelle Sicht der Bedingungen verursacht werden.
- Die Idee, dass man sich schrecklich aufregen sollte, wenn etwas gefährlich oder beängstigend ist oder sein könnte – anstelle der Idee, dass man dem besser offen entgegentreten und es ungefährlich machen sollte und, wenn das nicht möglich ist, das Unvermeidliche akzeptieren sollte.
- Die Idee, dass es einfacher ist, Lebensschwierigkeiten und Verpflichtungen zu vermeiden, als sie anzupacken – anstelle der Idee, dass der so genannte einfache Weg auf lange Sicht immer der viel schwierigere ist.
- Die Idee, dass man etwas anderes oder Stärkeres oder Größeres als sich selbst braucht, auf das man sich verlassen kann – anstelle der Idee, dass es besser ist, die Risiken des unabhängigen Denkens und Handelns auf sich zu nehmen.
- Die Idee, dass man in allen möglichen Bereichen äußerst kompetent, intelligent und erfolgreich sein sollte – anstelle der Idee, dass es besser wäre, seine Sache gut zu tun, als sie gut tun zu müssen, und dass man sich als ganz unvollkommenes Wesen annehmen sollte, das allgemein menschliche Grenzen und spezifische Schwächen hat.
- Die Idee, dass etwas unbeschränkt das Leben beeinflussen sollte, weil es früher das Leben stark

beeinflusste – anstelle der Idee, dass man aus seinen früheren Erfahrungen lernen kann, aber nicht zu sehr an sie gebunden sein oder durch sie beeinträchtigt werden sollte.
- Die Idee, dass man sichere und perfekte Kontrolle über Dinge haben muss – anstelle der Idee, dass die Welt voll ist von Wahrscheinlichkeit und Zufall und dass man trotzdem das Leben genießen kann.
- Die Idee, dass menschliches Glück durch Trägheit und Inaktivität erreicht werden kann – anstelle der Idee, dass Menschen dann am glücklichsten sind, wenn sie ganz in kreativen Zielen aufgehen oder wenn sie sich anderen Menschen oder Projekten widmen.
- Die Idee, dass man eigentlich keine Kontrolle über seine Gefühle hat und dass man nichts dafür kann, bestimmte Dinge zu fühlen – anstelle der Idee, dass man enorme Kontrolle über die destruktiven Gefühle hat, wenn man sich dazu entschließt, daran zu arbeiten, die blinden und unwissenschaftlichen Hypothesen zu ändern, die man verwendet, um die destruktiven Gefühle zu schaffen.

11.3 Praxis der Rational-emotiven Therapie

Sokratischer Dialog

Die wichtigsten beiden Schritte in der Therapie bestehen in der Fortführung des A-B-C um D, wobei „D" für „disputation, debating" steht. Hier wird mit dem Patienten ein „sokratischer Dialog" über seine iB, seine zentralen irrationalen Ideen, geführt, mit dem Ziel, ihre zerstörerische Wirkung auf C (ggf. auch auf A) aufzudecken. Im positiven Fall folgt darauf ein E, d. h. der kognitive und verhaltensmäßige Effekt.

Dieser Effekt beim Patienten besteht in einer „philosophischen Neuorientierung" seines Bewertungssystems, aber auch in der Modifikation seiner Art, Schlüsse zu ziehen, Information zu sammeln usw. Ellis betont, dass es bei diesem A-B-C-D-E nicht um Symptombekämpfung, sondern um grundlegende kognitive Umstrukturierungen geht: nicht um ein „feeling better" sondern um ein „getting better".

Analyse der A-B-C-Schemata

Es ist einleuchtend, dass dazu zunächst die spezifischen A-B-C-Schemata des Patienten, die mit seinen Problemen verbunden sind, aufgedeckt und analysiert werden müssen. Denn dem Patienten selbst sind, wie oben skizziert wurde, gewöhnlich nur die A-C-Verbindungen bewusst. Dies wird noch dadurch kompliziert, dass häufig sekundäre Probleme vorkommen, bei denen ein C zu einem A in einer neuen Kette wird.

> **Beispiel für die Entstehung eines sekundären Problems**
> - A: „Student muss Referat schreiben"
> - B: „Ich muss es toll machen, sonst bin ich eine Niete"
>   „Ich finde nie rechtzeitig einen Anfang"
>   „Schon der erste Satz/Entwurf muss perfekt sein"
> - C: Arbeitsvermeidung, Unruhe, Konzentrationsmangel
> - A: Student bemerkt C als Symptome
> - B: „Ich muss voll konzentriert sein"
>   „Es ist furchtbar, wie ich die Arbeit vermeide"
>   „Wer nicht stetig arbeiten kann, schafft nichts, sollte sein Studium besser gleich aufgeben und ist ein totaler Versager"
> - C: Verzweiflung, Arbeitslähmung, Depression

In solchen Fällen ist es sinnvoll, mit dem A-B-C des sekundären Problems zu beginnen, da dies für den Patienten eher zugänglich ist.

Wissensvermittlung. In der RET bestehen die ersten Arbeitsschritte darin, den Patienten mit der „Philosophie" der RET vertraut zu machen; d. h., er wird vor allem über das A-B-C der RET unterrichtet – nicht zuletzt durch Hinweise auf einschlägige Publikationen (z. B. Diekstra, 1979). Ziel ist es, dem Patienten theoretisches Wissen über die Entstehung und Aufrechterhaltung von Neurosen zu vermitteln und ihn in das Begriffsschema der RET einzuführen, auf das sich der Therapeut dann später im Disput beziehen kann.

Lehrer-Schüler-Beziehung. Ellis betont in diesem Zusammenhang, dass der rational-emotive Ansatz didaktischer Natur sei, und dass er das Therapeut-Klient-Verhältnis als eine Lehrer-Schüler-Beziehung sehe. Der Therapeut lehrt seine Patienten „viele Dinge, die ihnen auch ein guter Psychologieprofessor vermitteln würde, nur mit der Ausnahme, dass Lehrinhalte sich ganz an der Person des Klienten orientieren und von den Fakten seines gegenwärtigen Lebens Gebrauch machen" (Ellis, 1979, S. 162).

Klärung von Problemsituationen (A). Die Auseinandersetzung mit den konkreten A-B-C-Schemata des Patienten beginnt dann, ähnlich der Anamnese in vielen anderen verhaltenstherapeutischen Ansätzen, mit den A. Die Situationen, in denen die Probleme auftreten, werden genau abgeklärt, denn neben den B stellen die A wichtige Prämissen für die Schlussfolgerungen der C dar.

Ellis betont, dass oft schon die A unrealistisch und verzerrt wahrgenommen werden: Wenn beispielsweise jemand berichtet, er werde ständig beobachtet, die Leute reagierten ablehnend auf ihn, hätten bestimmte Erwartungen an ihn etc., so fließen in solche A bereits Bewertungen mit ein. – Daran zeigt sich allerdings, dass es nicht unproblematisch ist, das A-B-C als Abfolge zu verstehen (Ellis spricht sogar an verschiedenen Stellen von „Phasen"); viel eher dürfte eine Interdependenz angemessen sein. – Bei der Analyse der A werden auch schon typische irrationale Denkmuster deutlich (wie sie im vorigen Kapitel auch bei Beck beschrieben wurden), z. B. polarisiertes Denken, Übergeneralisierungen, Übertreibungen, Personalisieren.

Klärung von Gefühlen und Verhalten (C). Auch die C bedürfen in der Regel einer Klärung. Zwar sind es die gefühls- und verhaltensmäßigen Konsequenzen in Form von erlebten Beeinträchtigungen, mit denen der Patient in die Therapie kommt, doch können viele Patienten z. B. nicht zwischen Gedanken und Gefühlen differenzieren (diese Unterscheidung ist aber für die Klärung der iB wichtig).

Hier setzt dann ggf. ein Diskriminationstraining an, bei welchem der Klient lernen soll, einerseits Kognitionen von Emotionen zu unterscheiden (deren rigide Trennung in der RET allerdings durchaus auch kritisiert wird; vgl. Coyne, 1982), andererseits die einzelnen Gefühle und ihre Qualitäten deutlicher zu erleben und zu spezifizieren. So halten Depressive beispielsweise nicht selten ihren Ärger und ihre Wut für Traurigkeit. Mit der Differenzierung der Gefühle werden ebenfalls Hinweise über die iB gewonnen: So hängt z. B. Ärger mit Ansichten im Bereich Recht und Unrecht zusammen, Angst setzt Zukunftserwartungen hinsichtlich bestimmter A voraus, Schuldgefühle hingegen ergeben sich erst in der Retrospektive auf bestimmte A.

→ **Beispiel 11.1** A-B-C-Analyse bei Sexualproblem

Klärung der irrationalen Ideen (iB). Nach diesen vorläufigen Klärungen einiger A-C-Zusammenhänge – falls der Klient zu viele Probleme anbietet, werden zunächst nur einige besonders wichtige ausgesucht – wird den bereits erhaltenen Hinweisen auf die iB-Systeme nachgegangen. Bei der Aufdeckung der zentralen kognitiven Irrationalitäten können die drei „musturbatorischen Ideologien" und die zwölf Grundkategorien „irrationaler Ideen" zur Groborientierung hilfreich sein.

Allerdings warnen viele Autoren davor „das immer wieder aufgeführte ‚schmutzige Dutzend' ... mit einem begrenzten System von leicht verfügbaren Kognitionen" zu verwechseln und zu glauben, dass diese „in der von Ellis vorformulierten Weise im Kopf des Klienten stecken müssten" (Keßler, 1983, S. 1113); und: „Die häufig beobachtete Unfähigkeit von Klienten, sich in den Items von Fragebogen zu irrationalem Denken (vgl. z. B. Sutton-Simon, 1981) wieder zu finden, unterstreicht die Hypothese, dass irrationale ‚belief'-Systeme wesentlich spezifischer und idiosynkratischer repräsentiert sein dürften".

Es ist daher noch jeweils erhebliche Arbeit zu leisten, in einer Therapie die spezifischen iB herauszuarbeiten. Neben dem sokratischen Dialog, in dem der Patient von der Unsinnigkeit seiner iB überzeugt wird (s. u.), kommt hier vor allem die Geschicklichkeit des Therapeuten zum Tragen. Die Vorgehensweisen sind nur sehr bedingt planbar und allgemein vermittelbar; letztlich schlägt sich hier die Erfahrung und Überzeugungskraft des Therapeuten nieder. Es sei betont, dass die Aufdeckung irrationaler und dysfunktionaler Ideen die gesamte Therapie durch andauert.

→ **Beispiel 11.2** Irrationale Idee des Perfektionismus

Diffuser Begriff der Irrationalität. Sowohl für die Praxis als auch für die Theorie muss allerdings beklagt werden, dass Ellis ein so zentrales Konzept wie die „Irrationalität" sehr diffus gebraucht: Ellis verwendet „irrational" synonym mit „dysfunktional", „unvernünftig", „unrealistisch", „magisch" usw. V. Quekelberghe (1979, S. 23) kritisiert daher zu Recht: „der semantische Gehalt des von Ellis benutzten Irrationalitätsbegriffs reicht von der Sinnlosigkeit über den logischen Widerspruch bis hin zur schlichten Inadäquatheit der gewählten Mittel" und verweist auch auf Ellis' zirkuläre Definition der Irrationalität.

Davison und Neale (1998, S. 656) kritisieren ebenfalls die unklare Definition von „Irrationalität" bei Ellis und verweisen auf eine Reihe von Forschungsergebnissen, aus denen durchaus die lebensstabilisierende Funktion mancher „Irrationalismen" hervorgeht. So weisen die Geschichten, die sich Menschen erzählen, um leben zu können, oft irrationale Elemente auf; ferner ist es typisch, dass solche Menschen, die etwas Einzigartiges und Außergewöhnliches erreichen (wollen), durchaus von Ideen getragen werden, die erhebliche unrealistische Anteile haben.

Disputieren bis Definieren (D). Der letzte und sicher umfangreichste Schritt der Therapie ist im RET-A-B-C global mit „D" gekennzeichnet: „Disputieren, Debattieren, Diskriminieren und Definieren" (Ellis, 1979, S. 21). Ein Kernstück ist der bereits erwähnte sokratische Dialog, in dem der Therapeut durch hartnäckige Fragen – besonders der Art: „Warum muss ..." – die musturbatorischen Ideologien des Patienten im wörtlichen Sinne „infrage stellt".

Ellis betont dabei in vielen Schriften, dass es um die „Ausdehnung der naturwissenschaftlichen Methode auf menschliche Angelegenheiten", um die Unterscheidung „zwischen Sinn und Unsinn, Fiktion und Realität, Aberglauben und Wissenschaft" usw. ginge. Wie viele Psychologen bezieht sich Ellis hier mit dem Verweis auf „Naturwissenschaft" allerdings auf deren Weltbild im 19. Jahrhundert, das inzwischen längst revidiert ist. So betonen auch Davison und Neale (a. a. O.): „Nach unserer Auffassung kann es aufgrund empirischer oder wissenschaftlicher Grundlagen überhaupt keine Definition des irrationalen Denkens geben."

Abgesehen aber von Ellis' fragwürdigem Wissenschafts- und Realitätsverständnis setzen RET-Therapeuten über die obigen D hinaus aber ein breites Spektrum von Interventionstechniken ein, das abschließend kurz skizziert werden soll.

Interventionstechniken in der RET

Während im vorigen Abschnitt die therapeutische Intervention entsprechend dem A-B-C-D-E-Modell eher unter dem Aspekt prozessualer Phasen dargestellt wurde (die sich allerdings überlappen), lässt sich das Spektrum der Interventionstechniken der RET – das besonders bei D Anwendung findet – auch nach drei methodischen Modalitäten strukturieren: Ellis hat selbst eine Einteilung in „emotive", „behavioristische" und „kognitive" Aspekte vorgenommen (z. B. 1979).

Emotive RET-Techniken. Emotive Methoden werden vorwiegend in der RET-Gruppentherapie benutzt. Der Patient wird z. B. aufgefordert, Gefühle gegenüber Gruppenmitgliedern direkt auszudrücken (z. B. Feindseligkeit, Zuneigung usw.). Ellis verwendet Rollenspiele, Geschichtenerzählen, Humor und Kraftausdrücke, um bestimmte emotive Reaktionen zu provozieren.

In der Marathon-Gruppentherapie (in der eine Gruppe ohne Unterbrechung mehrere Tage zusammen arbeitet) werden die Teilnehmer animiert, sich auf einer unmittelbaren Ebene zu begegnen, sich zu zwingen, im „Hier und Jetzt" zu bleiben, sich selbst und den anderen Mitgliedern emotionale und sinnliche Reaktionen aufzuzeigen und unbarmherzig ehrlich zu sein – besonders in Hinblick darauf, welche iB-Systeme verwendet werden, mit denen sie jeweils bei sich und anderen negative Gefühle erzeugen.

Ähnlich dem katathymen Bilderleben (Leuner, 1981, 1994) werden rational-emotive Imaginations- oder Fantasieübungen (REI) verwendet, in denen der Patient in hypnoseähnlichem Zustand bestimmte vorgestellte Situationen bewältigt (vgl. Ellis & Harper, 1975).

In „shame-attacking exercices" (schambewältigenden Übungen) müssen, ähnlich dem Assertive Training, sozial unangenehme und peinliche Aufgaben bewältigt werden. So wäre z. B. eine solche Aufgabe, einen wildfremden Menschen auf der Straße anzuhalten und etwas sehr Persönliches zu sagen. Oder man lässt sich in heruntergekommener Kleidung in einem Nobelgeschäft eingehend neue Sachen anprobieren usw. (vgl. Walen et al., 1980). Die Gefühle und Wertsysteme gelangen hierbei ebenso ins Bewusstsein wie die Erfahrung, dass alles nicht so schlimm ist, wie man befürchtete.

Behavioristische RET-Techniken. Hier werden verbale und andere Verstärker verwendet, um erwünschte Verhaltensweisen zu fördern bzw. unerwünschte zu löschen. Dabei spielt auch die Selbstverstärkung eine wesentliche Rolle, bei der bestimmte Annehmlichkeiten nur im Anschluss an zu fördernde Handlungen in Anspruch genommen werden dürfen. Eine sehr wichtige Funktion in der RET hat die Bewältigung von Hausaufgaben, in denen bestimmte Handlungen im Alltagsleben ausgeführt werden müssen und die praktisch nach jeder Sitzung gegeben werden.

Solche Hausaufgaben können darin bestehen, während der Woche „drei neue Leute kennen zu lernen, seine nörgelnde Schwiegermutter zu besuchen, anstatt Begegnungen mit ihr zu vermeiden" (Ellis) usw. Es geht darum, Risiken einzugehen und neue Erfahrungen zu machen. In Gruppen werden Fertigkeiten in Rollenspielen trainiert, Ängste durch deren Thematisierung gegenüber anderen Gruppenmitgliedern desensibilisiert.

Kognitive RET-Techniken. An kognitiven Techniken findet man in der RET neben der oben beschriebenen Disputation etc. und der Information mit Hilfe von Büchern und anderen Texten z. B. die Arbeit mit bestimmten geistigen Bildern, die sich der Patient in kritischen Situationen vorstellen soll. Ebenso werden „Gegenindoktrinationen" verwendet. Dies sind Sätze, die der Patient sich gezielt selbst sagt. „Den üblichen Katalog therapeutischer Techniken wie Exploration, Gespräch, Vertiefung und Interpretation erweitert der rationale Therapeut um die direkteren Methoden der Konfrontation, Widerlegung, Gegen-Indoktrination und Umerziehung" (Ellis, 1977, S. 137).

In Gruppen werden auch allgemeine ethische, lebensanschauliche und philosophische Fragen diskutiert, das A-B-C der RET wird immer wieder durchgegangen, und typische iB werden besprochen. Die Patienten bekommen die Aufgabe, im täglichen Leben möglichst auf ihre Sätze zu achten, mit denen sie sich ihre negativen Emotionen schaffen.

Resümee. Trotz (oder vielleicht auch: wegen) des breiten Spektrums an Interventionen, die in der RET eingesetzt werden, bleibt letztlich ziemlich unklar, welche Art von Erfahrungen ein Patient machen muss, um von irrationalem Denken zu rationalem umzuschwenken (vgl. Keßler & Hoellen, 1982). So kritisiert Keßler (1983), dass es „offensichtlich an Modellen fehlt, die eine Übernahme der vom Therapeuten vorgeschlagenen adäquateren Kognitionen erklären" (S. 1114 – unter Hinweis auch auf Coyne, 1982 und Mahoney, 1980). Gleichwohl kommt auch Keßler resümierend durchaus zu der Einschätzung, dass sich „die RET insbesondere bei Ängsten, Depressionen, Ehe- und Sexualproblemen und zunehmend bei psychosomatischen Beschwerden bewährt" hat.

Vergleich der Therapien von Ellis und Beck. In Davison und Neale (1998) findet sich (unter Verweis auf Haaga & Davison, 1991) ein Vergleich der Ansätze von Ellis' RET und Becks Kognitiver Therapie, da die „Unterschiede zwischen beiden Therapieformen manchmal schwer auszumachen" sind. Demnach ist ein zentraler Unterschied, dass ein nach Becks Prinzipien vorgehender Therapeut eher induktiv vorgeht: Obwohl es auch in der Kognitiven Therapie bestimmte Prämissen gibt, arbeiten Therapeut und Patient doch gemeinsam daran, den dysfunktionalen Annahmen auf die Spur zu kommen, die den negativen Gedanken des Patienten zugrunde liegen. Ein RET-Therapeut geht hingegen eher deduktiv vor: Er ist überzeugt, dass es einer oder mehrere irrationale Glaubenssätze aus einer begrenzten Anzahl von allgemeinen Sätzen sind, welche den Problemen des Patienten zugrunde liegen.

Aus diesen Perspektivunterschieden – deduktiv vs. induktiv – folgen, nach Davison und Neale, Stilunterschiede in der therapeutischen Praxis: Für Beck ist der Rapport zum Patienten wichtig; der Therapeut soll ein allzu didaktisches Vorgehen vermeiden, sich mit dem Bezugsrahmen des Patienten vertraut machen und diesen dazu ausführlich zu Wort kommen lassen. Ellis hingegen hält seinen Patienten oft Mini-Vorlesungen und didaktische Vorträge. Er hält massive und eindringliche Interventionen für notwendig, um ein gut gelerntes fehlangepasstes Denkmuster zu zerstören. Daher arbeitet der RET-Therapeut viel konfrontativer als der Therapeut nach der Kognitiven Therapie.

In der Praxis haben sich allerdings viele Therapeuten sowohl die Vorstellungen von Ellis als auch von Beck zu eigen gemacht – gemischt mit weiteren kognitiven Konzepten – und ihre Vorgehensweisen im Detail verändert und weiterentwickelt. Dies ist ein weiterer Grund, weshalb die obigen Ausführungen zur RET aus heutiger Sicht als paradigmatisch – aber eben faktisch modifiziert und insofern auch als exemplarisch – für kognitive Verhaltenstherapie anzusehen sind.

11.4 Zusammenfassung

Enstehung der Rational-emotiven Therapie. Ellis entwickelte seine Rational-emotive Therapie (RET) parallel zur Verhaltenstherapie in den 50er Jahren, zu der sie sich inhaltlich rechnen lässt. Obwohl die RET anfänglich eher eine Praxeologie auf schwach entwickeltem theoretischem Unterbau war, hat sie sich inzwischen als eine praktikable und effektive Therapie etabliert.

„A-B-C" der Rational-emotiven Therapie. In der RET sind, ähnlich wie bei Beck, die dysfunktionalen Zuschreibungen von Bedeutungen zu bestimmten Ereignissen, die „irrationalen Einschätzungen", zentral. Im A-B-C-Schema geht es darum, die Psycho-Logik des Alltags zu hinterfragen, in der oft eine emotionale oder kognitive Reaktion als unmittelbare Folge (C, „consequence") eines bestimmten Ereignisses (A, „activating event") gesehen wird. Dabei „überspringt" man jedoch den eigentlich relevanten Auslöser für diese Reaktion: das „belief system" (B).

Wenn dieses „Glaubenssystem" von „musturbatorischen Ideologien" geprägt ist, werden z. B. unangenehme Ereignisse nicht einfach nur als unangenehm, sondern als katastrophal empfunden. Durch Selbstindoktrination, in der die eigene Bewertung von Ereignissen als Eigenschaft des Ereignisses selbst gesehen und entsprechend darauf reagiert wird, können irrationale Ideen (iB) aufrechterhalten werden. Aus drei grundlegenden musturbatorischen Ideologien leitet Ellis zwölf grundlegende irrationale Ideen ab, wie z. B. die irrationale Idee, perfekt zu sein – anstatt zu akzeptieren, dass man ein unvollkommenes Wesen ist (siehe Beispiel 11.2).

Praxis der Rational-emotiven Therapie. In der therapeutischen Praxis der RET kommt nach dem A-B-C auch das D („debating" etc.): das auch von der Geschicklichkeit des Therapeuten abhängige Führen eines „sokratischen Dialogs" (siehe Beispiele 11.1 und 11.2). Dadurch soll es schließlich zum Effekt (E) kommen: zu einer Neuorientierung des Bewertungssystems des Patienten.

Zunächst vermittelt der Therapeut dem Klienten das A-B-C-Schema der RET. Danach werden die Problemsituationen (A) und die gefühls- und verhaltensmäßigen Konsequenzen (C) des Klienten genau analysiert und differenziert, bevor es dann (u. a. mit Hilfe der genannten Grundkategorien) an die Aufdeckung der irrationalen Ideen (iB) gehen kann. Zuletzt werden außer dem „Disputieren, Debattieren, Diskriminieren und Definieren" (v. a. mit Hilfe des „sokratischen Dialogs") rationale, behavioristische und kognitive RET-Techniken angewendet.

Ellis hat insgesamt eine deduktive Vorgehensweise in der Therapie, da er die Annahme vertritt, dass aus einer begrenzten Anzahl möglicher irrationaler Ideen die jeweils zutreffenden gefunden werden können. Dies bedingt auch seine didaktischen und konfrontativen Interventionen.

11.5 Verständnisfragen

- Welche Ereignisse beeinflussten Ellis bei der Entwicklung seiner RET?
- Wie begründet Ellis, dass auch er „humanistische Psychotherapie" durchführe?
- Welche Psycho-Logik herrscht für Menschen im Alltag oft vor, d. h.: welche Verbindungen in A-B-C sind ihnen bewusst?
- Was kann durch B beeinflusst werden?
- Welche „mussturbatorischen Hauptideologien" unterscheidet Ellis?
- Wie erklärt Ellis die Entstehung irrationaler Ideen?
- Was ist das Problem bei der Groborientierung an den zwölf grundlegenden irrationalen Ideen?
- Was ist das Ziel der RET?
- Was ist das hauptsächliche „Arbeitsmittel" des Therapeuten?
- Was erfolgt zu Beginn der RET, bevor die eigentliche inhaltliche Arbeit (an den A-B-C-Schemata) beginnt?
- Warum und wie werden Gefühle und Verhalten in der Therapie differenziert?
- Welches theoretische und praktische Problem beinhaltet das Konzept der „irrationalen Ideen"?
- Welches Konzept der RET findet sich in ähnlicher Form z. B. bei Adler und auch in der Transaktionsanalyse?
- Auf welche lerntheoretischen Elemente greifen die RET-Interventionstechniken zurück?
- Wie lässt sich die Beziehung zwischen Klient und Therapeut in der RET beschreiben?

Fallbeispiele auf CD

Beispiel 11.1: A-B-C-Analyse bei Sexualproblem
Das Fallbeispiel einer Frau mit Angst vor sexuellem Versagen verdeutlicht:
- das Aufdecken der irrationalen Ideen und das Herausarbeiten des individuellen A-B-C-Schemas in einem „sokratischen Dialog".

Das Fallbeispiel bezieht sich auf die Kapitel:
11.2 „A-B-C" der Rational-emotiven Therapie
11.3 Praxis der Rational-emotiven Therapie

Beispiel 11.2: Irrationale Idee des Perfektionismus
Das Fallbeispiel eines perfektionistischen Klienten verdeutlicht:
- wie der Therapeut die irrationale Idee des Klienten durch Disputieren infrage stellt.

Das Fallbeispiel bezieht sich auf die Kapitel:
11.2 „A-B-C" der Rational-emotiven Therapie
11.3 Praxis der Rational-emotiven Therapie

III Humanistische Ansätze

12 Geschichte der humanistischen Psychotherapie
13 Personzentrierte Psychotherapie
14 Gestalttherapie
15 Logotherapie und Existenzanalyse
16 Psychodrama

12 Geschichte der humanistischen Psychotherapie

12.1 Geistesgeschichtlicher Hintergrund

Grundkonzepte der humanistischen Psychotherapie
Die „humanistische Psychologie" wird, besonders von ihren eigenen Anhängern, als „dritte Richtung" oder „dritte Kraft" in der Psychologie bezeichnet – neben der Psychoanalyse und dem Behaviorismus. Alle drei psychologischen Strömungen haben jeweils eine Reihe unterschiedlicher Psychotherapieansätze hervorgebracht.

Im Gegensatz zu den tiefenpsychologischen und den verhaltenstherapeutischen Therapiekonzepten, die sich zumindest anfänglich jeweils aus einem relativ homogenen Theoriegebäude entwickelten, wurden unter der Bezeichnung „humanistische Therapie" von Anbeginn an recht unterschiedliche Ansätze zusammengefasst. Dieser lockere Verbund ist eher durch ein hinreichend gleichartiges Menschenbild und einige grundsätzliche Übereinstimmungen in den Prinzipien therapeutischer Arbeit gekennzeichnet als durch eine gemeinsame Theorie. Die gleiche Tendenz einer theoretischen Heterogenität, aber paradigmatisch-methodischen Homogenität bestimmt übrigens auch die humanistische Psychologie selbst.

Holistische Orientierung. Als gemeinsames theoretisches Fundament kann man am ehesten die Orientierung an einer holistischen Zugangsweise kennzeichnen – also die Betonung von „top-down"- und nicht so sehr von „bottom-up"-Wirkungen. Diese holistische Position wurde vor allem durch die Gestaltpsychologie und der sog. „organismischen Psychologie" (beides s. u.) in der humanistischen Psychologie und Therapie wirksam. Dabei wird der Tatsache Rechnung getragen, dass viele Phänomene, die gerade für den Menschen und seine Lebenswelt wesentlich sind, sich nicht als Summe von (ggf. analytisch herausgearbeiteten) Einzelelementen und -wirkungen erklären lassen, sondern als Aspekte eines ganzheitlichen, dynamischen Geschehens begriffen werden müssen. Aus der Sicht moderner, interdisziplinärer Systemtheorie würde man heute von Phänomenen der Emergenz (Entstehen neuer Qualitäten durch ganzheitliches Zusammenwirken) und der Interdependenz (gegenseitige Abhängigkeit in einem umfassenden Wirkungsgefüge) sprechen.

Sinnhaftigkeit und Begegnung. Die gleichwohl beachtliche theoretische Heterogenität humanistischer Therapie und Psychologie ist historisch daraus zu erklären, dass sie als Sammelbewegung für ziemlich unabhängig voneinander entwickelte und ausdifferenzierte Ansätze entstanden ist. Die Hauptvertreter Charlotte Bühler, Abraham Maslow, Carl Rogers u. a. gründeten erst 1962 in den USA die Gesellschaft für humanistische Psychologie. Ziel war, sich explizit gegen das (eher) analytisch-kausale, mechanistische und deterministische Verständnis des Menschen auf bio-physiologischer Basis (Psychoanalyse) bzw. auf reiz-reaktions-mechanistischer Basis (Behaviorismus) abzugrenzen.

Allerdings sollte damit die Verankerung menschlichen Leidens und seiner therapeutischen Veränderung in den biophysischen Lebensprozessen und der Stellenwert auch reiz-reaktions-bedingter Lernzusammenhänge keineswegs negiert werden. Aber als mindestens ebenso bedeutsam für den Menschen (im Gegensatz zum nichtmenschlichen Bio-Organismus) sieht die humanistische Psychologie und Therapie die Perspektive an, dass der Mensch als reflexives Wesen seine Existenz und sein Dasein sinnhaft in dieser Welt definieren muss.

Dazu muss er hinreichend konsistente Beschreibungen seiner Vergangenheit und Entwürfe seiner Zukunft entwickeln, um im Hier und Jetzt sinnvoll leben zu können. Diese wesentlich menschlichen Eigenschaften sind zwar als biologische Möglichkeit mitgegeben, jedoch lassen sie sich nicht isoliert entwickeln, sondern immer nur in der Begegnung mit relevanten Anderen. Begegnung und Begegnungsfähigkeit stehen daher ebenfalls im Zentrum der humanistischen Psychologie und Therapie.

Vorläufer humanistischer Psychotherapie
Trotz der klaren Abgrenzung gegenüber anderen Richtungen gelten allerdings durchaus eine Reihe von Tiefenpsychologen (bzw. Psychoanalytikern, im weiteren Sinne dieser Bezeichnung) als wesentliche therapeutische Vorläufer dieser Bewegung – u. a. Alfred Adler, Viktor Frankl, Erich Fromm, Karen Horney und Wilhelm Reich.

Zu den Hauptrichtungen humanistischer Einzeltherapien gehören die Gestalttherapie (von Fritz Perls) und die Personzentrierte Psychotherapie von Carl Rogers (auch unter dem Begriff „Klientenzentrierte Psychotherapie" oder „Gesprächspsychotherapie" bekannt). Die Logotherapie und Existenzanalyse von Viktor Frankl und das Psychodrama von Iacov Moreno stellen im Hinblick auf die hier gewählte Gliederung schon Sonderformen dar, die wegen der Nähe auch zu verhaltenstherapeutischen und tiefenpsychologischen Ansätzen (Logotherapie) bzw. des typischen gruppenpsychotherapeutischen Arrangements (Psychodrama) nicht eindeutig in die eben genannte Kategorie passen.

Häufig werden auch noch die Bioenergetik (Lowen) und die Transaktionsanalyse (Berne) mit zu den humanistischen Ansätzen gerechnet, doch wurden sie in diesem Buch unter die tiefenpsychologischen Ansätze eingereiht: Beide Ansätze enthalten zu einem hohen Anteil (Sub-)Konzepte der Psychoanalyse.

Erneuerung der Psychologie. Die humanistischen Psychologen und Therapeuten traten mit dem expliziten Anspruch auf Erneuerung der Psychologie an. Dabei verstanden sie die Bezeichnung „humanistische Psychologie" nicht so sehr als Terminus – d. h. als theoretisch-fachwissenschaftlichen Begriff –, sondern als Topos – d. h. als Anleitung zum Tun.

12.2 Philosophische Wurzeln

Die humanistischen Therapien haben ihre philosophischen Wurzeln in folgenden Strömungen:
- in der Existenzphilosophie (v. a. Sören Kierkegaard, Friedrich Nietzsche, Martin Buber, Gabriel Marcel, Karl Jaspers),
- in der Phänomenologie (v. a. Edmund Husserl, Max Scheler),
- im klassischen Humanismus (v. a. Johann Gottfried Herder) und im sozialistischen Humanismus (v. a. Karl Marx) sowie, besonders in Europa, als eine Art Synthese zwischen diesen Strömungen,
- im Humanismus moderner französischer Prägung, der im phänomenologischen und existenziellen Kontext entwickelt wurde (v. a. von Maurice Merleau-Ponty, Jean-Paul Sartre, Albert Camus).

Existenzphilosophie
Die Perspektive der Existenzphilosophie geht auf den Dänen Sören Kierkegaard (1813–1855) und den Deutschen Friedrich Nietzsche (1844–1900) zurück (andere deutsche Vertreter sind Karl Jaspers, Martin Heidegger, Ludwig Binswanger).

Auf die Frage nach dem Charakteristischen und Eigentümlichen der Seinsweise des Menschen betont diese Richtung, dass die spezifische menschliche Existenz von allen anderen Formen des Seins völlig verschieden ist. Grammatikalisch bezeichnet das Wort „Mensch" zwar eine Klasse wie auch „Haus" oder „Baum" – eine Ansammlung von einzelnen Entitäten, die durch diese Klassifizierung eine Beschreibung des „Was" erfährt.

Das Wesentliche des Menschen ist aus existenzphilosophischer Sicht aber nicht seine Zugehörigkeit zu einer Klasse, sein „Was" er ist, sondern die Art und Weise, *wie* er sich und seine Existenz selbst in dieser Welt versteht, wie er sich zu sich selbst, zur Welt und seinen Möglichkeiten verhält.

Indem der Mensch nicht (nur) als ein Beispiel für die Spezies „Mensch" verstanden wird, machen ihn die unterschiedlichen Weisen, er selbst sein zu können, kategoriell frei. Existenz ist somit etwas, das erst verwirklicht werden soll.

Es ist klar, dass aus dieser Perspektive eine psychologische Forschung, in der Mensch weitgehend als „Versuchsperson" in massenstatistischen Designs und Daten aufgeht, dieses Wesentliche menschlicher Existenz nicht berühren oder gar erfassen kann.

Frage nach dem „wirklichen" Menschen. Von dieser Grundposition ausgehend (die im Detail bei den genannten Existenzphilosophen erhebliche Differenzen aufweist), sucht die Existenzphilosophie jenseits von absoluten Werten, festen Normen, Rollen und Fassaden den „wirklichen" Menschen, in seiner eigentlichen und „nackten" Existenz. Fragen nach dem Sein und dem Sinn der Welt werden nicht mehr im Hinblick auf absolute (ewig gültige) Antworten, sondern in der Dimension der Zeit gesehen, wobei sich der Mensch in Vereinzelung, Sorge und Angst immer wieder selbst in Frage stellen muss, sich immer auf dem Weg des Selbstwerdens befindet.

Das traditionell vorgegebene Wesen des Menschen, das eine „objektive" Dimension der Existenz eröffnet hatte, wird also bezweifelt; stattdessen kann der Mensch nur von „innen her", autonom, in seiner Zeitlichkeit und Endlichkeit begriffen werden. Der existenziell gelebte und erfahrene Augenblick gewinnt zentrale Bedeutung: Nicht das, was der Mensch ist, sondern das, wozu er sich jeweils durch die Tat macht, ist sein Wesen. Er ist, wie Sartre sagt, „zur Freiheit verdammt", er selbst oder nicht er selbst zu sein und zu werden. Durch diese Verantwortung und den Entscheidungsspielraum werden gleichzeitig aber auch Autonomie, Identität und menschliche Würde möglich.

Der Einfluss von Martin Buber. Die humanistische Psychologie wurde besonders durch die spezifische existenzphilosophische Position Martin Bubers (1878–1965) beeinflusst. Buber, wie Kierkegaard in religiöser Gewissheit verankert, weist in diesem Zusammenhang darauf hin, dass für den Menschen nicht nur der Bezug zur Welt, sondern vor allem auch die Ich-Du-Beziehung als „Begegnung" von Bedeutung ist – ohne Zweck, Gier oder Vorwegnahme. In einer solchen Begegnung hat jeder die Möglichkeit, sich selbst tiefer zu finden, ohne vom anderen in irgendeiner Weise manipuliert zu werden – die Partner sind dann wechselseitig Katalysatoren zum Wachsen in Freiheit.

„In das Leben der Dinge eingreifen", sagt Buber (1957; nach Rogers, 1977), „bedeutet, ihnen wie sich selbst Schaden zuzufügen ... Der vollendete Mensch ... greift nicht in das Leben der Wesen ein, er erlegt sich ihnen nicht auf, sondern er ,verhilft allen Dingen zu ihrer Freiheit' (Laotse)".

Begegnung mit dem Du. In seiner programmatischen Schrift „Ich und Du" (1994, erstmals 1923) führt Buber weiter aus, dass der Mensch auf zweierlei Weise in Beziehung zur Welt sein kann: als Ich-Du und als Ich-Es (bzw. Ich-Er oder Ich-Sie): „Es gibt kein Ich an sich, sondern nur das Ich des Grundworts Ich-Du und das Ich des Grundworts Ich-Es." (S. 10) Beim Letzteren erfährt der Mensch etwas über die Beschaffenheit der Welt – ein Wissen, was an den Dingen ist. Das Du aber „erfährt" man nicht; das Du begegnet mir. Die Beziehung zum Du ist unmittelbar, und das Grundwort „Ich-Du" kann nur mit dem ganzen Wesen gesprochen werden.

„Alles wirkliche Leben ist Begegnung", sagt Buber – und das ist auch der Kern des Credo der humanistischen Bewegung.

Phänomenologie

Auch unter „Phänomenologie" werden im Einzelnen recht unterschiedliche Positionen zusammengefasst. Gemeinsam ist ihnen, dass sie die Welt der Phänomene, all das dem Menschen unmittelbar sinnlich und bewusst fassbar Erscheinende, ins Zentrum rücken. Zunächst orientiert an Platos Unterscheidung von „Wesen" („Idee") und „Erscheinung" („Phänomen"), geht die Phänomenologie von der sinnlichen Erfahrung des Menschen aus und sucht hinter der Abfolge von Erscheinungen deren eigentliches Wesen.

Dabei war es Husserls Bestreben, in Weiterentwicklung hegelscher Gedanken einen neuen Objektivismus durch eine dem Menschentum eingeborene Vernunft in der Erfahrung selbst zu begründen. Im Laufe der Philosophiegeschichte wird allerdings die Frage nach dem hinter den Phänomenen Stehenden zunehmend ausgeklammert. Stattdessen wird das erfahrende Subjekt mit seinen sinnlichen Möglichkeiten, seiner Intentionalität und seinen Verstehensprozessen immer wichtiger. Schon Husserl betonte, dass alle Erfahrung von Gegenständen damit letztlich auf Selbsterfahrung aufbaut – eine Sichtweise, die vor allem für die Psychologie und Therapie darin Bedeutung bekommt, dass die subjektive Realität eines Patienten ernst genommen wird.

Die übliche Subjekt-Objekt-Trennung wird somit zumindest insoweit überwunden, als mit der

„Lebenswelt" als Ausgangspunkt der Erfahrung für den Menschen zentrale Aspekte des Lebens nicht in objektiviert-messbarer, sondern sinnhaft-eigenwertiger Weise beachtet werden: Lebenszeit und Lebensgeschichte, Sprache mit ihrer kommunikations- und traditionsbegründenden Funktion sowie Leiblichkeit und Geschlechtlichkeit als Voraussetzungen sinnerfüllten Lebens (vgl. Vetter & Slunecko, 2000).

Humanismus

Der Humanismus spielte zunächst in der Renaissance als Gegenströmung zum mittelalterlichen Dogmatismus eine Rolle. Der „neue Mensch" wird als Individuum und in seiner Einmaligkeit (wieder) entdeckt; in Nachahmung griechischer und römischer Lebensformen wird das selbstverwirklichte Individuum, das „jenseits von gut und böse" steht, glorifiziert (später auch in Nietzsches „Übermenschen"). Im 18. und 19. Jahrhundert wird von Herder und anderen idealistischen Philosophen bürgerliche Erziehung und humanistische Bildung als Ideal für eine emanzipatorische Entwicklung des Menschen betrachtet. Dagegen stellt der sozialistische Humanismus von Karl Marx u. a. die Emanzipation des Einzelnen in Frage – „wahre Humanität könne nur durch revolutionäre Anstrengung der Arbeiterklasse erreicht werden" (Graumann, 1980, S. 41).

Französischer Humanismus. Die skizzierten Positionen werden im französischen phänomenologischen Humanismus wesentlich erweitert. So stellt Maurice Merleau-Ponty (1908–1961) der phänomenologischen Wahrnehmungstheorie gleichrangig eine „Philosophie des Leibes" gegenüber. Ins Zentrum der Betrachtung wird die Mensch-Umwelt-Beziehung gerückt. Das „Sein zur Welt" (Merleau-Ponty), das immer ein intentionales ist, bezieht sich auf eine Umwelt, die immer schon vom Menschen strukturiert und verändert ist (wobei der Arbeit ein besonderer Stellenwert zukommt), und erhält hierdurch Wert und Sinn. Sartres oben zitiertes „verurteilt zur Freiheit" wird somit bei Merleau-Ponty „verurteilt zum Sinn".

Hier besteht also ein deutlicher Gegensatz zum klassischen (idealistischen) Humanismus, der den Menschen von innen, durch seine Persönlichkeitszüge, determiniert sieht und die Umwelt weitgehend ausblendet, aber auch ein Gegensatz zum sozialistischen Humanismus, der die Umwelt und die gesellschaftlichen (v. a. materiellen) Verhältnisse als determinierend ansieht. Humanismus bei Merleau-Ponty (aber auch bei Sartre und Camus) ist konkrete tägliche Praxis der Humanisierung, nicht irgendein Ziel oder möglicher Endzustand.

Kritische Aspekte. Bei der Gruppe um Karen Horney wurden schon früh sozialpsychologische Aspekte einbezogen und das soziale Umfeld betont, in Europa berücksichtigt die humanistische Psychologie weitgehend die Position von Merleau-Ponty (z. B. ganz explizit Hilarion Petzold). Graumann (1980) kritisiert zu Recht, dass besonders an der amerikanischen Westküste eher eine humanistische Psychologie im Sinne des klassisch-idealistischen Humanismus vorherrsche: „Doch die ‚menschliche Natur' – und das ist meiner Ansicht nach der Kernpunkt der Begriffsverwirrung in der humanistischen Psychologie – verbirgt sich nicht im Innern einer individualistisch begriffenen Persönlichkeit und wartet nur darauf, ‚entwickelt' oder ‚verwirklicht' zu werden" (Graumann, 1980, S. 48). In der Tat ist eine bisweilen vorzufindende „Humanismus-Duselei" in dieser „dritten Kraft" zutiefst inhuman: wenn nämlich mit unreflektiertem Pathos von satten Wohlstandskindern die Freiheit des sich selbst verwirklichenden autonomen, einzigartigen, gesunden Individuums verkündet wird, ohne die soziale Dimension dieser Welt, in der gefoltert und gehungert wird, zu sehen. Zudem wird dabei nicht selten auf die „weniger entwickelten" Menschen aus einer Perspektive arroganter Selbstgefälligkeit herabgeblickt.

Doch sollten solche Randerscheinungen nicht als Kern der humanistischen Bewegung gewertet werden, die im Wesentlichen durchaus die wechselseitige Bedingtheit von individueller und gesellschaftlicher Entwicklung und „Autonomie" in sozial verantwortlicher Perspektive sieht.

12.3 Einflüsse aus der Psychologie

Beitrag der Gestaltpsychologie

Holismus. Holistische und gestaltpsychologische Konzepte, die von einer ganzheitlichen Betrachtungsweise ausgehen, hatten einen sehr starken Einfluss auf die Entwicklung der humanistischen Psychologie. Der Begriff „Holimus" (von gr. „holos" = ganz, vollständig) wurde von dem südafrikanischen Staatsmann, General und Philosophen Jan Smuts geprägt (1926 erschien „Holism and evolution") und in Amerika im Rahmen der „organismischen Psychologie" ausdifferenziert.

Gestaltpsychologische Schulen. Etwas früher entstanden im deutschen Sprachraum unterschiedliche Schulen der Ganzheits- und Gestaltpsychologie. Besonders die Gestaltpsychologie der Berliner Schule – zu der Max Wertheimer (1880–1943), Wolfgang Köhler (1887–1967), Kurt Koffka (1887–1941); später auch Kurt Goldstein (1878–1966), Kurt Lewin (1890–1947) und Wolfgang Metzger (1899–1979) u. a. gehörten – erlangte Weltgeltung, bis das nationalsozialistische Regime diese Richtung zerschlug (außer Metzger emigrierten alle Genannten in die USA).

„Gestalt"-Begriff. Im Gegensatz zur „Elemente-Psychologie", die von der Annahme ausgeht, dass psychische Phänomene aus (isoliert untersuchbaren) einzelnen Elementen zusammengesetzt sind, betont die Gestaltpsychologie, dass beim Wahrnehmen, beim Denken, bei Willenshandlungen und bei Bewegungsabläufen eine ganzheitliche Organisation nach übergreifenden Gestaltgesetzlichkeiten und dynamischen Gerichtetheiten stattfindet.

Gestalten sind insbesondere transponierbar (z. B. eine Melodie, die in anderer Tonhöhe, von einem anderen Instrument, in anderem Rhythmus etc. gespielt werden kann) und heben sich vor einem Hintergrund als tendenziell geschlossene, in sich gegliederte Ganzheiten ab (Figur-Grund-Unterscheidung). Neben den bekannten Gesetzen des „Kontrasts", der „guten Gestalt", der „orthogonalen Begegnung", der „Gleichartigkeit" usw. wurden insgesamt mehr als 100 Gestaltgesetze aufgestellt (vgl. z. B. Metzger, 1954 und 1968), die aber nicht isoliert gesehen werden können.

Gestalten sind weder dadurch charakterisiert, dass zu den Elementen etwas hinzu kommt (das Ganze ist keineswegs „mehr als die Summe der Teile" – wie noch 1890 in einer Pionierarbeit von Ehrenfels hervorhob –, sondern etwas anderes!), noch dadurch, dass Elementeigenschaften durch die Gestalt zum Verschwinden gebracht würden. Vielmehr erhalten Elemente ggf. eine neue Funktion und Bedeutung: Der Leitton einer Melodie wird z. B. nur im Rahmen dieser Gestalt so empfunden und ist nicht etwa eine Eigenschaft des Tones (z. B. ‚C') selbst.

Organismische Selbstregulation. Zu den Gründern der Zeitschrift „Psychologische Forschung", in der die wichtigsten gestaltpsychologischen Arbeiten erschienen und in der die Gestaltpsychologen der Berliner Schule federführend waren, zählte auch Kurt Goldstein, der als Professor für Neurophysiologie und Psychiatrie in Frankfurt wiederum Klinikchef von Fritz Perls war und gestaltpsychologische Konzepte aus dem wahrnehmungspsychologischen Kontext auf klinisch-psychologische Bereiche übertrug.

Gestaltgesetze und der Organismus. Goldstein hat vor allem gezeigt, dass die Gestaltgesetze nicht nur im Wahrnehmungsbereich gelten oder auf rein psychische Phänomene beschränkt sind, sondern für den gesamten Organismus Bedeutung haben. Er betonte die Einheit des Organismus und dessen Fähigkeit zur Selbstregulation, indem er z. B. nachwies, dass ein Organismus ein nicht mehr funktionstüchtiges Körperteil in einer ganzheitlichen Umorganisation der verbliebenen Teile kompensiert. Schneidet man z. B. einem Käfer eines oder mehrere seiner sechs Beine ab, so werden die übrigen spontan in einer neuartigen Weise erfolgreich zur Fortbewegung organisiert.

Mit dieser „Tendenz zu geordnetem Verhalten" erklärte er, warum ein Organismus auch dann oft weiter existieren kann, wenn er erhebliche Beeinträchtigungen erfahren musste. Auf der Basis weitreichender Erfahrungen mit hirnverletzten Soldaten aus dem Ersten Weltkrieg stellte Goldstein die Tendenzen zur Selbstregulierung und zur Selbstaktualisierung heraus und verwies ähnlich wie auch Köhler auf die grundsätzliche Interdependenz psychischer und somatischer Prozesse.

Selbstaktualisierung. Diese „Selbstaktualisierung" ist ein zentraler Begriff bei Goldstein. (Sie spielt später in der Klientenzentrierten Psychotherapie von Carl Rogers ebenfalls eine große Rolle). Goldstein versteht darunter die selbstorganisierte Realisierung inhärenter Potentiale und Entfaltung. Der Organismus braucht für seine Ordnung also keinen externen „Organisator", sondern in Relation zur Umwelt strebt der dynamische Prozess selbst zu einer angemessenen Ordnung, bei der die inneren Möglichkeiten und äußeren Gegebenheiten dynamisch zu einer ganzheitlichen Gestalt abgestimmt werden. Veränderung dieser dynamischen Ordnung wird von Goldstein beschrieben als eine Reorganisation einer alten Struktur (pattern) zu einer neuen und effektiveren Struktur.

Nähe zur Systemtheorie. Diese Konzepte sind deshalb besonders bemerkenswert, weil man heute im Lichte moderner naturwissenschaftlich fundierter Systemtheorie die zentralen Annahmen genauso formulieren würde. Zu Recht entsinnt man sich in den harten Naturwissenschaften auch dieser Forschung durch die Gestaltpsychologie in den ersten Jahrzehnten des 20. Jahrhunderts (während die Psychologie selbst inzwischen allerdings eher die Denktradition der Naturwissenschaften des 19. Jahrhunderts zu etablieren versucht).

Große Nähe zur heutigen Systemtheorie hat auch eine andere Leitpersönlichkeit der organismischen Psychologie, Andras Angyal, der 1927 an der Universität Wien promovierte (ein Jahr nach Ludwig von Bertalanffy, dem späteren Begründer der Gesellschaft für Systemforschung). In seinem zentralen Werk „Foundation for a science of personality" (1941) prägte Angyal den Begriff „Biosphäre" und sprach ebenfalls bereits explizit von „Systemen" als holistischen Einheiten dieser Biosphäre.

Leitsätze für therapeutisches Handeln

Wolfgang Metzger und Hans-Jürgen Walter haben eine ausführliche Würdigung des Beitrages der Gestalttheorie zur Psychotherapie vorgenommen. Die folgende (hier nur teilweise wiedergegebene) Zusammenstellung und Kommentierung von Metzgers Aussagen (nach Metzger, 1962) zu „sechs Kennzeichen der ‚Arbeit am Lebendigen'" ist Walter (1994, S. 149–154) entnommen. Diese „Kennzeichen" können durchaus als Maxime für das Handeln humanistischer Psychotherapeuten verstanden werden.

(1) **Nichtbeliebigkeit der Form:** Man kann Lebendigem „auf die Dauer nichts gegen seine Natur aufzwingen"; man „kann nur zur Entfaltung bringen, was schon in dem ‚Material' selbst an Möglichkeiten angelegt ist".

(2) **Gestaltung aus inneren Kräften:** „Die Kräfte und Antriebe, die die angestrebte Form verwirklichen, haben wesentlich in dem betreuenden Wesen selbst ihren Ursprung. Der Betreuer sieht sich darauf beschränkt, durch die Setzung und Abwandlung gewisser Randbedingungen dessen innere Kräfte nach seinem Wunsch zu steuern, zu stärken oder zu schwächen, ihre Wirksamkeit im Ganzen oder an bestimmten Stellen zu erleichtern oder zu hemmen ... Von Dauer sind im Bereich des Lebendigen nur solche Formen, die durch die Entfaltung innerer Kräfte sich bilden und ständig von ihnen getragen und wieder hergestellt werden".

(3) **Nichtbeliebigkeit der Arbeitszeiten:** „Das lebende Wesen kann nicht beliebig auf seine Pflege warten. Es hat vor allem seine eigenen fruchtbaren Zeiten und Augenblicke, in denen es bestimmten Arten der Beeinflussung, der Lenkung oder der Festlegung zugänglich ist ... Der Formungsvorgang in dem Augenblick, wo ich mich von dem betreuten Wesen abwende, (bleibt) nicht stehen ... er geht weiter".

(4) **Nichtbeliebigkeit der Arbeitsgeschwindigkeit:** „Prozesse des Wachsens, Reifens, Überstehens einer Krankheit haben offenbar ihre jeweils eigentümlichen Ablaufgeschwindigkeiten, die sich nicht beliebig beschleunigen lassen."

(5) **Duldung von Umwegen:** „Wer mit der Pflege, Aufzucht und Erziehung von lebenden Wesen zu tun hat, muss überall dort Umwege in Kauf nehmen, wo diese bei der Entwicklung jenes Wesens im Schöpfungsplan vorgesehen sind".

(6) **Wechselseitigkeit des Geschehens:** „Das Geschehen beim Pflegen ... ist wechselseitig. Es ist im ausgeprägten Fall ein Umgang mit ‚Partnern des Lebens' ... Man kann daher – im strengen Sinne des Wortes – nur ein lebendes Wesen lieben – und von ihm wiedergeliebt werden, oder hassen – und von ihm wiedergehasst werden".

Walter führt noch sechs weitere Aspekte auf, die Therapeuten für ihre Arbeit zu bedenken haben. Drei entstammen der Feldtheorie Kurt Lewins – sie sind hier nicht kurz darstellbar. Die restlichen beinhalten die drei therapeutischen Basisvariablen nach Carl Rogers. Gerade aber die „Kennzeichen" Metzgers machen wohl deutlich, wie gut Wurzeln der Philosophie (Humanismus) und der Gestaltpsychologie zu einem „Busch" (mit vielen Zweigen) „humanistische Psychologie" zusammenwachsen können.

Effektivität systemischer Prinzipien. Darüber hinaus, das sei ebenfalls nochmals betont, entsprechen diese Aspekte bzw. „Kennzeichen" in hohem Maße jenen, die auch in der modernen naturwissenschaftlich fundierten System- und Selbstorganisationstheorie beachtet werden müssen, wenn man im Umgang mit solchen physikalischen oder chemischen Systemen Erfolg haben will (vgl. Kriz, 1998). Diese Konzeption von Effektivität im Rahmen der Naturwissenschaften stimmt bemerkenswerterweise viel mehr mit den Prinzipien humanistischer Psychologie überein als mit den Vorstellungen über Effektivität, wie sie z. B. im Rahmen der Qualitätssicherung und Evaluation derzeit gesellschaftlich propagiert werden.

Denn diesen liegt ein recht reduziertes Ursache-Wirkungs-Modell zugrunde, das in der Abgeschiedenheit eines Labors zwar relativ einfach untersucht und gemessen werden kann, nur leider der komplexen Wirklichkeit sozialer Systeme kaum gerecht wird (und das gilt auch schon für Mikrosysteme, mit denen Therapeuten zu tun haben). Die Gefahr einer „vermessenen" Effektivitätsforschung ist groß, wenn diese gemeinsamen Prinzipien naturwissenschaftlicher Systemtheorie und humanistischer Psychologie nicht beachtet werden.

Der Einfluss Morenos

Von ganz zentraler Bedeutung für die Entwicklung humanistischer Therapiekonzepte und das zugrunde liegende Menschenbild ist das Werk von Iacov Levy Moreno (1889–1974). Bemerkenswert ist, dass Moreno als in Wien arbeitender Psychiater (und Philosoph) praktisch kaum von Freud beeinflusst wurde – aber eine sehr große Wirkung auf viele Freud-Schüler hatte. Das psychoanalytische Setting in freudscher Konzeption (der Therapeut sitzt hinter dem auf der Couch liegenden Klienten) lehnte er ab.

Stattdessen entwickelte er eine Gruppenpsychotherapie, in der psychische und zwischenmenschliche Konflikte in kreativen, theaterähnlichen Szenen dargestellt und ausagiert werden, das „Psychodrama". Zusammen mit Alfred Adler, dem Dichter Franz Werfel u. a. gründete er 1917 den Genossenschaftsverlag Wien/Prag/Leipzig und gab 1918–21 die expressionistischen Zeitschriften „Daimon", „Neuer Daimon" und „Die Gefährten" heraus, in denen u. a. auch Martin Buber (s. o.) und Ernst Bloch mitarbeiteten. Bereits 1915 thematisierte er mit seiner Schrift „Einladung zu einer Begegnung" den Kern der humanistischen Psychologie, nämlich menschliche Begegnung („Encounter").

Pionier humanistischer Therapien. Mit seiner Betonung von „Hier und Jetzt", körperbezogener Arbeit, Rollenspiel und -tausch, „leerer Stuhl" usw. nahm er wesentliche Elemente vorweg, die in den humanistischen Therapieformen ebenfalls eine große Rolle spielen (besonders Fritz Perls, der bei Moreno dessen Psychodrama kennen lernte, übernahm viele Elemente in seine sog. „Gestalttherapie").

Dennoch wird Morenos Bedeutung häufig unterschätzt: Während Petzold (1980b) ihn wohl zu Recht als den „Nestor und bedeutendsten Pionier" humanistischer Therapie bezeichnet, wird er z. B. von Neel im „Handbuch der psychologischen Theorien" (1974) nicht einmal im Register erwähnt, obwohl dem von ihm beeinflussten Kurt Lewin und dessen Feldtheorie ein ganzes Kapitel gewidmet ist und viele bedeutende Schüler Lewins zugleich auch Schüler Morenos waren.

12.4 Menschenbild der humanistischen Psychologie

Zentrale Annahmen

Nachdem einige grundlegende Aspekte des Menschenbildes der humanistischen Psychologie bereits an vielen Stellen erwähnt wurden, sollen im Folgenden in Anlehnung an Völker die zentralen Grundgedanken in vier Punkten zusammengefasst werden (Zitate aus Völker, 1980):

- **Autonomie und soziale Interdependenz:** Der Mensch strebt aus seiner postnatalen biologischen und emotionalen Abhängigkeit heraus nach Unabhängigkeit von äußerer Kontrolle. Er entwickelt ein aktives Selbst, das zunehmend in die eigene Entwicklung eingreifen und die Verantwortung für das eigene Leben übernehmen kann. Autonomie ist aber, wie schon gesagt, sozial verantwortlich zu verstehen: „Nur ein Individuum, das für sich selbst verantwortlich ist, kann Verantwortung für die Gemeinschaft übernehmen. Eine Person, die entdeckt hat, dass sie sich selbst ändern kann, wird auch zu notwendigen Veränderungen der Umwelt beitragen".
- **Selbstverwirklichung:** Zur Erklärung der Befriedigung vieler primärer Bedürfnisse eignen sich das psychoanalytische und behavioristische Modell der Regulation des Organismus nach dem Homöostase-Prinzip. Doch auch wenn diese Bedürfnisse befriedigt sind, ist der Organismus aktiv, lebendig, unternehmungslustig und strebt u. a. danach, seine schöpferischen Fähigkeiten zu entfalten. Daher werden zusätzlich Selbstaktualisierungstendenzen bzw. Wachstumsbedürfnisse als grundlegende Antriebskräfte des Organismus angenommen, die in ständigem Austausch mit der sozialen Umwelt bei günstiger Konstellation vorhandene Fähigkeiten weiter entfalten und ausdifferenzieren lassen.
- **Ziel- und Sinnorientierung:** Neben den materiellen Grundlagen seiner Existenz prägen humanistische Wertvorstellungen wie Freiheit, Gerechtigkeit und Menschenwürde Leben und Handeln eines Menschen. Handlungen (als Oberbegriff für psychische und somatische Aktivitäten) sind grundsätzlich intentional, d. h. sinnstrukturierend und zielorientiert, und bilden so für das Bewusstsein eine Brücke zwischen innerer und äußerer Realität. Wesentlich ist durchaus auch eine selbsttranszendierende Zielsetzung „durch die Suche nach Sinn und Erfüllung über die eigene Existenz hinaus" (S. 19 – ein bemerkenswertes Modell hierzu entwickelt übrigens Fittkau, 1980, im selben Sammelband).
- **Ganzheit:** Mit der Gestaltpsychologie (wie oben dargestellt) sieht auch die humanistische Psychologie den „menschlichen Organismus als Gestalt, als organisches, bedeutungsvolles Ganzes und betont die Ganzheitlichkeit von Gefühl und Vernunft, von Leib und Seele" (S. 20).

Bedürfnishierarchie

Wachstums- und Selbstverwirklichungsprozesse sind von der Befriedigung grundlegender Bedürfnisse abhängig. Abraham Maslow, einer der Mitbegründer der humanistischen Psychologie, hat in diesem Zusammenhang eine fünfstufige Bedürfnishierarchie vorgestellt (Maslow, 1973), in der bestimmte Bedürfnisse auf einer Stufe erst relevant werden, wenn alle darunter liegenden Stufen (weitgehend) erfüllt sind: Auf der untersten Stufe sind demnach physiologische Bedürfnisse wie Hunger, Durst, Sexualkontakt zu finden, auf der nächsten Stufe Sicherheitsbedürfnisse, dann kommen Bedürfnisse nach Sozialkontakt (Zugehörigkeit und Liebe), und auf Stufe vier Bedürfnisse nach Bestätigung und Wertschätzung.

Erst wenn diese vier „Defizitbedürfnisse" befriedigt sind, kommen die Wachstums- und Selbstverwirklichungsbedürfnisse zum Tragen. Es ist einleuchtend, dass der Neurotiker, bei dem schon elementare Bedürfnisse nicht befriedigt sind, in hohem Maße abhängig ist von Situationen und Personen, an die er eine mögliche Befriedigung knüpft – Freiheit und Autonomie können so lange kein Thema sein.

Demgegenüber hat Maslow einen Katalog von Eigenschaften aufgestellt, die bei Personen mit hohem Ausmaß an Selbstverwirklichung typisch sind, wie z. B. stärkere Bewusstheit (awareness), Problemzentriertheit statt Ich-Zentriertheit bei Problemen usw. (vgl. Maslow, 1973). Einige wesentliche Aspekte dieser Begriffe werden in den folgenden Kapiteln weiter erhellt.

12.5 Zusammenfassung

Geistesgeschichtlicher Hintergrund. Der „dritten Kraft" in der Psychotherapie ist, in Abgrenzung zur Psychoanalyse und Verhaltenstherapie, eine holistische Orientierung gemeinsam. Die Sinnhaftigkeit menschlicher Lebenswelt und die zwischenmenschliche Begegnung stehen im Zentrum der humanistischen Psychologie.

Philosophische Wurzeln. Ihre philosophischen Wurzeln liegen in der Existenzphilosophie, der Phänomenologie, dem klassischen und sozialistischen Humanismus und dem modernen französischen Humanismus. Die humanistische Bewegung beachtet dabei insgesamt die wechselseitige Bedingtheit von individueller und gesellschaftlicher Entwicklung.

Einflüsse aus der Psychologie. Psychologische Einflüsse liegen besonders im Beitrag der Gestaltpsychologie. Ihr zufolge hebt sich eine Gestalt vor einem Hintergrund als Ganzheit ab, ist etwas anderes als die Summe ihrer Teile; und die Bedeutung der einzelnen Teile wird durch die Zugehörigkeit zu einer Gestalt bestimmt. Die zunächst im Wahrnehmungsbereich entwickelten Gestaltgesetze wurden von Goldstein auch auf den klinisch-psychologischen Bereich übertragen. Der bei ihm zentrale Begriff der Selbstaktualisierung als der Fähigkeit des Organismus zur Selbstregulation und Realisierung seines ihm inhärenten Potentials nahm Ergebnisse der heutigen modernen Systemtheorie vorweg. Auch die von Metzger formulierten Leitsätze für therapeutisches Handeln stimmen damit überein. Die so definierte Effektivität steht in Kontrast zur heute gängigen reduktionistischen Auffassung.

Wichtig für die humanistische Psychologie war auch der Einfluss Morenos. Er fokussierte v. a. auf die menschliche Begegnung und antizipierte in seiner konkreten Arbeit und den daraus entwickelten Konzepten und Techniken des Psychodramas viele therapeutische Elemente, die später in anderen humanistischen (und systemischen) Therapieformen aufgegriffen und erneut fruchtbar gemacht wurden.

Menschenbild der humanistischen Psychologie. Vier Grundgedanken können als zentral in der humanistischen Therapie betrachtet werden: Autonomie bei gleichzeitiger sozialer Interdependenz, Selbstverwirklichung, Ziel- und Sinnorientierung sowie Ganzheit. Nach Maslows Bedürfnishierarchie werden Selbstverwirklichungsbedürfnisse allerdings erst dann relevant, wenn die vorausgegangenen Grundbedürfnisse befriedigt sind.

12.6 Verständnisfragen

▶ Was ist den humanistischen Therapieansätzen gemeinsam?
▶ Welche Therapieformen können ebenfalls als „humanistisch" verstanden werden, auch wenn sie in diesem Buch anders eingeordnet sind?
▶ Welche philosophischen Wurzeln hat die humanistische Psychologie? Welche humanistischen Positionen lassen sich hier unterscheiden?
▶ Was ist ein Credo der humanistischen Therapie?
▶ Welchen Beitrag leistete die Gestaltpsychologie zur humanistischen Therapie?
▶ Warum ist eine Gestalt nicht „mehr als die Summe ihrer Teile"?
▶ Welchen Beitrag leistete Goldstein?
▶ Inwiefern wurde durch die Gestaltpsychologie das Weltbild des 19. Jahrhunderts überwunden?
▶ Was kennzeichnet nach Metzger die „Arbeit am Lebendigen"?
▶ Worin liegen die Affinitäten zwischen der humanistischen Psychologie und der modernen Systemtheorie?
▶ Welche Techniken führte Moreno in die Psychotherapie ein?
▶ Welche grundlegenden Prinzipien kennzeichnen das Menschenbild der humanistischen Psychologie?

13 Personzentrierte Psychotherapie

13.1 Entstehungsgeschichte der Personzentrierten Psychotherapie

Unterschiedliche Bezeichnungen

Die wesentlichen Grundkonzeptionen seines therapeutischen Ansatzes entwickelte Carl R. Rogers (1902–1987) in den Jahren von 1938 bis 1950, wobei er zunächst von „non directive therapy" („nichtdirektive Therapie") sprach. Spätestens ab seinem zentralen Lehrbuch von 1951 verwendet Rogers aber die Bezeichnung „client-centered therapy", später zunehmend „person-centered therapy" („klientenzentrierte" bzw. „personzentrierte Therapie").

„Gesprächspsychotherapie". Im deutschen Sprachraum wurde Rogers' Ansatz vorwiegend unter der Bezeichnung „Gesprächspsychotherapie" verbreitet. Dieser deutsche Begriff wurde 1968 von Reinhard Tausch als (neuer) Titel eines Lehrbuchs eingeführt und wenige Jahre später auch von der Gesellschaft für wissenschaftliche Gesprächspsychotherapie (GwG) übernommen. Auch im Gesundheitsbereich ist dieser Ansatz vorwiegend als Gesprächs(psycho)therapie bekannt und zählte mit der Psychoanalyse bzw. den tiefenpsychologischen Verfahren und der Verhaltenstherapie über Jahrzehnte zu den drei am stärksten etablierten Psychotherapieformen. Wie sich das deutsche Psychotherapeutengesetz von 1999 auswirken wird, in dessen Umsetzung zunächst die ersten beiden berufspolitischen Gruppierungen die alleinige Definitionsmacht über den Psychotherapiesektor zugesprochen bekommen haben, lässt sich zurzeit immer noch nicht abschätzen.

„Personzentrierte Psychotherapie". Die Bezeichnung „Gesprächspsychotherapie" wird auch zu Beginn des 21. Jahrhunderts immer noch von der überwiegenden Mehrheit einschlägiger deutscher Publikationen verwendet. Nachdem daneben aber schon lange auch hierzulande oft von „Klientenzentrierter Psychotherapie" gesprochen wurde (vgl. Pflug, 1984), findet man nun auch zunehmend die Bezeichnung „Personzentrierte Psychotherapie", die in Österreich und in der Schweiz sogar vorrangig verwendet wird. Diese Bezeichnung wurde hier als Kapitelüberschrift gewählt, weil sie Rogers' konzeptioneller und theoretischer Position, besonders in den letzten beiden Jahrzehnten seines Lebens, am präzisesten entspricht. In Deutschland spricht man heute von „Gesprächspsychotherapie", wenn man das heilkundliche Verfahren meint, hingegen von „Personzentrierter Psychotherapie", sofern es um die grundlegende Konzeption insgesamt geht (vgl. Eckert & Kriz, 2004). Leider ist nicht nur die Bezeichnung seines Ansatzes selbst, sondern sind auch andere Konzepte und Buchtitel überaus unglücklich ins Deutsche übersetzt worden, so z. B. Rogers' „On becoming a Person" (1961) mit „Entwicklung der Persönlichkeit" (1976).

Rogers' „Person"-Begriff. Der Begriff „Person" hat eine lange Geschichte mit unterschiedlichen etymologischen, philosophischen, theologischen und letztlich auch psychologischen Wurzeln, in deren Verlauf sich die zentralen Charakteristika herausbilden: Einzigartigkeit, Würde und Freiheit, aber auch der Bezug zum Gegenüber und zur Gemeinschaft. Der „Person"-Begriff Rogers' entstammt dem Kern der Existenzphilosophie, wie sie bereits als Basis der humanistischen Psychologie skizziert wurde.

Rogers hat sich dabei am stärksten von Kierkegaard und Buber leiten lassen. Von Kierkegaard übernahm er die typische Formulierung, es gehe darum, „das Selbst zu sein (bzw. zu werden, J. K.), das man in Wahrheit ist", von Buber die Betonung der „Ich-Du-Beziehung" und die Maxime: „alles wirkliche Leben ist Beziehung". So fasst Schmid (1995, S. 151) seine umfassende Analyse des „Person"-Konzepts bei Rogers mit der Formulierung zusammen: „Die Frage nach der Person ist die Frage nach dem Personsein und die Frage nach dem Personwerden – verbunden mit der Frage, wie eine Begegnung beschaffen sein muss, die dies möglich werden lässt."

Rogers als empirischer Psychotherapieforscher

Die Entwicklung des personzentrierten Ansatzes durchzieht eine erstaunliche Zweigleisigkeit (von manchen auch als Widersprüchlichkeit empfunden): Einerseits zählt Rogers zu den führenden Persönlichkeiten der humanistischen Psychologie, und dementsprechend stehen im Zentrum auch dieser humanistischen Psychotherapieform Konzepte wie menschliche Begegnung, Wachstum und Entfaltung von Persönlichkeitsaspekten, Vertrauen in die Selbstheilungstendenzen, persönliche Freiheit usw.

Auf der anderen Seite war Rogers einer der ersten Therapeuten, die systematisch Tonaufzeichnungen von der therapeutischen Interaktion machen ließen – anfangs übrigens nicht mit Tonbandgeräten, wie es üblicherweise in der Literatur heißt, denn die standen 1940 noch gar nicht allgemein zur Verfügung, sondern mit einem Apparat, der (analog zum Herstellungsverfahren für Schallplatten) Schallwellen in entsprechende Materialien ritzte. Diese Aufzeichnungen wurden nicht nur als Trainingsgrundlage verwendet, sondern auch mit Hilfe empirisch-statistischer Prozeduren im Hinblick auf systematische Grundmuster der Klient-Therapeut-Interaktion analysiert.

Rogers regte damit als Erster (neben den Pionieren der Verhaltenstherapie) umfangreiche empirisch-experimentelle Therapiestudien an, in denen versucht wurde, Therapeuten- und Klientenverhalten zu operationalisieren, auf Skalen zu messen und der klassischen Korrelations- und Teststatistik zu unterziehen.

Pionier der Prozessforschung. Allerdings war Rogers' Forschung nicht primär auf reine Outcome-Belege ausgerichtet, die selbst heute noch von manchen als Beleg für „Wissenschaftlichkeit" propagiert werden. Wo eine fundierte inhaltlich-substantielle Therapietheorie fehlt, lässt sich eine bestimmte Vorgehensweise natürlich nur anhand von Outcomes begründen. Hingegen ermöglichte es Rogers' differentielle theoretische Konzeption, auch im Bereich der Psychotherapieforschung Neuland zu betreten und in größerem Maße Prozessforschung durchzuführen.

Dazu entwickelten Rogers und seine Mitarbeiter eine spezielle Form eines Q-Sorts, in dem 100 Statements („Ich bin liebenswert", „Ich bin ein harter Arbeiter") nach dem Selbstbild, dem Idealbild und dem Bild „eines normalen Menschen" auf einer Skala von 1 bis 9 sortiert wurden. Diese Daten mit dem SIO-Q-Sort („Self", „Ideal", „Ordinary") wurden zu Beginn, am Ende und während der Therapie erhoben und erlaubten so über Kreuzkorrelationen differenzierte Analysen des Therapieverlaufs auf Variablen, die für Theorien bedeutsam sind.

Einfluss auf die Wissenschaft. Diese Studien (Rogers & Dymond, 1954) sind auch für heutige Psychotherapieforschung richtungsweisend, da die Entwicklung einer theorieadäquaten Methodik immer eine Herausforderung darstellt. Selbst in seinem Lehrbuch über „Differentielle Psychologie" widmet Hofstätter (1971), der die Entwicklung der empirischen Psychologie in Deutschland maßgeblich vorangetrieben hat, dieser Q-Sort-Forschung Rogers' ein Kapitel, was belegt, wie stark der wissenschaftliche Einfluss von Rogers' Forschung auch über die Klinische Psychologie hinaus war. Es ist daher verständlich, dass Rogers 1956 einen der ersten drei Wissenschaftspreise („Distinguished Scientific Contribution Award") der American Psychological Association (APA) zugesprochen bekam.

Ab den 60er Jahren wurden auch durch die Arbeiten der Rogers-Schüler Truax und Carkhuff zahllose weitere Untersuchungen zur Personzentrierten Psychotherapie angeregt (vgl. z. B. den Überblick in Truax & Carkhuff, 1967).

Biographische Hintergründe

Die Doppelgleisigkeit lässt sich aus Rogers' persönlicher Biographie erklären: Nach zwei Jahren Studium der Agrarwissenschaften und einem radikalen Wechsel zum Theologiestudium begann er Vorlesungen in Psychologie am Teachers College der Columbia-University zu besuchen (das dem Theologischen Seminar gegenüberlag). Bald wechselte er ganz ans Teachers College über – und empfing damit den größten Teil seiner Psychologen-Ausbildung an demselben Institut, an dem Watson 1913 sein Manifest des Behaviorismus erarbeitet hatte und an dem 1924 unter dessen Anleitung verhaltenstherapeutische Experimente durchgeführt wurden.

Methodische Ausbildung. Ganz in dieser Tradition stehend, hatten F. S. Keller, ein Studienkollege Skinners, und W. N. Schoenfeld ein Curriculum erstellt, um ab 1945 an der Columbia-University für die Rekrutierung von Wissenschaftlern im Bereich der operanten Lerntheorien zu sorgen. Es ist einsichtig, dass die Ausbildung an diesem Institut, das sich „im Fahrwasser der herrschenden amerikanischen Psychologie" befand, „mit ihrem Schwerpunkt auf streng wissenschaftlicher Methode, operationalem Denken und Hypothesenprüfung mittels hoch entwickelter statistischer Verfahren" (Rogers, 1983, S. 475), nicht ohne Einfluss auf Rogers' Einstellung zur Forschung blieb.

Philosophie und Gestaltpsychologie. Auch das Theologiestudium und die Existenzphilosophie Kierkegaards und Bubers wirkten sich auf die Entwicklung der Therapieform aus. In der Psychologie beeinflussten Rogers auch die aus Deutschland emigrierten Gestaltpsychologen Kurt Goldstein – der dann ebenfalls an der Columbia-University lehrte und von dem der Begriff der „Selbstaktualisierung" stammt – und Kurt Lewin, der bereits in den 30er Jahren aufgrund seiner Professuren an den renommierten Universitäten MIT und Harvard auch in Amerika wohl bekannt war.

Begegnung mit Otto Rank. Einen wichtigen Aspekt zur Entwicklung seines Ansatzes trug auch die Begegnung und theoretische Auseinandersetzung mit dem Freud-Schüler Otto Rank (1884–1939) bei: Rank betonte, dass der Patient die Verantwortung für sein eigenes Leben und die Form seiner selbstgeschaffenen Wirklichkeit haben müsse, und unterstrich die Notwendigkeit für Klienten, ihren eigenen Willen ausdrücken zu können.

Pfeiffer (1980) hebt hervor, dass Rogers' Konzept, die therapeutische Arbeit auf das Erleben von Gefühlen, auf die Steigerung der Kongruenz und auf die Veränderung der Wahrnehmung der eigenen Person zu zentrieren, schon in der Arbeit Ranks zu finden ist. Rogers selbst nennt noch ein weiteres Motiv für die Entwicklung seines Ansatzes. Er schreibt, dass das „Interesse an Gesprächsführung und Therapie sicher zum Teil aus meiner frühen Einsamkeit erwuchs" (Rogers, 1975, S. 14).

Entwicklung der „Gesprächspsychotherapie"

Anpassung an Wissenschaftsideal. Dass Rogers' Therapieansatz im deutschen Sprachraum durch Reinhard Tausch die Bezeichnung „Gesprächspsychotherapie" erhielt, ist sicher nicht ganz zufällig: Die deutsche Psychologie begann in den 60er Jahren in hohem Maße, sich am amerikanischen Behaviorismus zu orientieren und „objektive" experimentell-statistische Forschung als Inbegriff von Wissenschaftlichkeit zu verstehen. Vor diesem Hintergrund ist es verständlich, dass die umfassende theoretische Konzeption des personzentrierten Ansatzes von Rogers stark auf die drei Basisvariablen (s. u.) reduziert wurde und zudem die „technischste" dieser drei, nämlich das Verbalisieren emotionaler Erlebnisinhalte, ins Zentrum der Aufmerksamkeit rückte.

Objektivierung des Gesprächs. Verbalisieren – oder allgemeiner: das Gespräch – lässt sich als die unmittelbar manifeste Form der therapeutischen Interaktion am leichtesten operationalisieren, skalieren und damit objektivieren. Auf diese Weise konnte ein zwar extrem reduziertes, aber immerhin hinreichend objektiv messbares Phänomen den klassischen Prozeduren empirisch-statistischer Forschungstechnologie unterzogen werden, und die so ausgerichtete Psychotherapieform konnte nun in der deutschen Psychologie der 60er und 70er Jahre hoffähig werden.

Dass Rogers selbst als empirischer Methodiker viel innovativer war, als es diese Reduktion seiner Anhänger vermuten lässt, geriet in der Fülle der Untersuchungen mit Standardmethoden eher in Vergessenheit.

Rückbesinnung auf Rogers' Grundposition. Inzwischen ist es auch in der Gesprächspsychotherapie teilweise zu einer Rückbesinnung auf die humanistische Psychologie und die eigentliche Position von Carl Rogers gekommen, zumal dieser selbst seine existenzphilosophisch-phänomenologische Grundposition zunehmend stärker in den Vordergrund rückt (vgl. Rogers, 1981, 1987b).

So ergibt sich z. B. ein drastischer Unterschied, wenn man das klassische deutsche Standardwerk, Tauschs „Gesprächspsychotherapie", bis zur 6. Auflage mit den neueren Auflagen (ab 1979) vergleicht: Bis 1978 wurde der Leser noch stolz über einen Datenfriedhof geführt, vorbei an den Reihengräbern mit Korrelationskoeffizienten, oft um .30 bis .40 – die zwar signifikant sind, aber eben nur 10 bis 15 Prozent der gemessenen Varianz erklären (wobei die gemessene Varianz wiederum nur einen Bruchteil der relevanten Phänomene in der Therapeut-Klient-Interaktion erfassen dürfte).

Inzwischen sind die Untersuchungsdaten in den Hintergrund getreten, es wird von „Helfern", „Partnern" und „Personen" gesprochen, und relevante Aspekte werden eher durch Beispiele und Erläuterungen zu vermitteln versucht.

Trend zur prozessorientierten Forschung. Indessen gibt es auch einen dazu gegenläufigen Trend, in dem die Gesprächspsychotherapie mit sehr detaillierten und sogar prozessorientierten Methoden der Psychotherapieforschung untersucht wird (Übersichten in Behr et al., 1992; Behr, 1994; Eckert, 1995, 1996; Schmidtchen et al., 1995; bzw. Howe, 1980; Sachse et al., 1992; Sachse, 1995, 1999). Allerdings geschieht diese Forschung entsprechend den derzeitigen Mainstream-Vorgaben vorwiegend aus der Außenperspektive des Beobachters und Skalierers, mit entsprechenden diagnostischen und interaktionsanalytischen Kategorien.

Vermessene Außensicht auf den Menschen. Diese Perspektive geht daher wesentlich an dem existenzphilosophischen Kern von Rogers' Ansatz vorbei (im Gegensatz zu Rogers' eigenen Q-Sort-Analysen), wonach das, was die Existenz des Menschen ausmacht, eben nicht die Tatsache ist, dass er zur Spezies Mensch gehört oder sich bestimmten Kategorien zuordnen lässt, sondern sein Verstehen für sein Selbst und sein Sein. Diese Persepktive auf die Art und Weise, in der jemand seine konkrete Existenz und alles, was damit zusammenhängt, selbst versteht – die ja auch den Kern von Rogers' „Person"-Konzept ausmacht – zentriert im Gegensatz zur Außensicht auf die Innensicht des Menschen selbst.

13.2 Entwicklung der Personzentrierten Psychotherapie

Die derzeitigen Grundkonzepte von Rogers Ansatz wurden in einem jahrzehntelangen Entwicklungsprozess in der Akzentuierung bestimmter Gesichtspunkte mehrfach modifiziert. Insgesamt lässt sich diese Entwicklung grob in drei bis vier Phasen mit unterschiedlicher Schwerpunktsetzungen gliedern (eine Einteilung in drei Phasen nehmen z. B. Hart, 1970; Pavel, 1975; Minsel & Bente, 1980 vor, Shlien & Zimring, 1970 untergliedern in vier Phasen). Diese sind nicht klar voneinander abgegrenzt, sondern überlappen sich zeitlich erheblich; zudem ist zu berücksichtigen, dass die Ansätze inzwischen erheblich heterogener geworden sind.

Die folgende Darstellung in vier „Phasen" soll daher nur zur groben Orientierung in einem Prozess dienen, der zunehmend divergierende Strömungen hervorgebracht hat. Verfolgt wird hier allerdings die Entwicklung der Kernkonzepte; stark abweichende Linien und Kritik der jeweiligen Konzepte werden nur hinweisartig berücksichtigt.

Nichtdirektivität

Die ersten Grundkonzepte wurden zwischen 1938 und 1950 entwickelt, insbesondere in Ohio (1940 bis 1945) und Chicago (1940 bis 1950). Im Vordergrund steht hier die „nichtdirektive Beratung" (Rogers, 1942), in der es im Wesentlichen darum geht, dem Klienten eine Situation zu bieten, in der er sich sicher und geborgen fühlen kann. Die therapeutischen Interventionen sind insbesondere durch Permissivität bzw. Nichtdirektivität gekennzeichnet. Sie sind frei von jeder Form von Dirigismus und stattdessen von Wärme, Anteilnahme und Akzeptanz als Grundhaltungen getragen.

Defizitmodell. Das medizinische Modell – insbesondere dessen Aspekte „Diagnose einer Störung", „Spezifität der Behandlung" und „Eingriffe zum Zweck der Heilung" – wird in dieser Form abgelehnt; der Begriff „Patient" wird in diesem Zusammenhang durch „Klient" ersetzt. Störungen werden weniger als Krankheiten verstanden, sondern als Defizit an Bewusstheit und damit als Mangel an Wachstum.

Selbstverantwortlichkeit des Klienten. Im Vordergrund steht die Selbstverantwortlichkeit des Klienten, für den der Therapeut ein Klima schafft, in dem der Klient seine eigenen Entdeckungen machen und seine eigenen Entscheidungen treffen kann; keinesfalls soll er sich als Objekt der Behandlung empfinden.

Verbalisierung von Gefühlen

Die heftige Diskussion um „die nichtdirektive Beratung" (1942) sowie eine größere Anzahl empirischer Therapiestudien führten zu einer Verschiebung der Perspektive von der Nichtdirektivität zur Klientenzentrierung, in der dem Therapeuten bereits ein breites Interventionsspektrum im Rahmen der Grundhaltung (s. u.) zugestanden wird. Im Zentrum dieser „Klientzentrierten Psychotherapie" (Rogers, 1951) steht nun die Auseinandersetzung des Klienten mit seiner eigenen Gefühlswelt (etwa zwischen 1950 und Mitte der 60er Jahre).

Selbstkonzept als Schlüsselbegriff. Aufgabe des Therapeuten ist es vor allem, dem Klienten zu einer höheren Selbstwahrnehmung und Reflexion der eigenen Gefühlswelt zu verhelfen (Selbstexploration). Entsprechend treten bei den Interventionen des Therapeuten Versuche einer rationalen Klärung der Probleme des Klienten noch weiter zugunsten einer Verbalisierung der diese Probleme verursachenden Gefühle (und der damit verbundenen Werthaltungen und Wahrnehmungen). In der von Rogers vorgetragenen Theorie der Persönlichkeit und der Theorie des therapeutischen Prozesses bildet das „Selbstkonzept" den Schlüsselbegriff.

In dieser Phase werden auch sechs wesentliche Bedingungen als notwendige und hinreichende Bedingungen erfolgreichen therapeutischen Verhaltens entwickelt (Rogers, 1957), die später, besonders wieder in der deutschsprachigen Literatur, lange Zeit auf „die drei Basisvariablen" verkürzt eine zentrale Rolle spielen. Diese werden unten noch ausführlich dargestellt.

Erlebniszentrierung

Etwa seit den 60er Jahren hat die reine Verbalisierung der Gefühle, mit denen ein Klient bereits in die Therapie kommt, eine geringere Bedeutung. Wichtiger wird hingegen der Aspekt der Beziehung zwischen Therapeut und Klient in dem konkret ablaufenden Prozess. Vor dem Hintergrund der oben beschriebenen Grundhaltungen und Bedingungen liegen die Schwerpunkte der therapeutischen Intervention nun darauf, den intensiven Kontakt zwischen Therapeut und Klient, aber insbesondere auch den des Klienten zu sich selbst – d. h. zu seinem Erlebnisrahmen, zu der Form und Art seiner Wahrnehmungen, Gefühle, Haltungen und Reaktionen – nicht abreißen zu lassen.

Erlebnisfördernde Intervention. Zu diesem Zweck werden mehr und mehr erlebnisfördernde Interventionsformen in die Gesprächspsychotherapie integriert, z. B. das „Experiencing"- und das „Focusing"-Konzept von E. T. Gendlin (s. u.). Diese Ansätze zur Erweiterung der Basiskonzepte gehen einher mit zunehmenden Zweifeln der Schüler Rogers', ob die oben formulierten Bedingungen wirklich „notwendig und hinreichend" seien – eine Diskussion, die dann in den 70er Jahren noch viel umfassender und radikaler erfolgt.

Zweifel und Kritik. Auch wurden in den 60er Jahren zunehmend Vorbehalte am empirischen Gehalt der Theorie sowie an ihrer Präzisierung und Überprüfbarkeit geäußert (z. B. Ford & Urban, 1963); ferner erbrachten empirische Untersuchungen vermehrt auch Resultate, welche die Effektivität der sog. „Basisvariablen" in Frage stellten (z. B. Truax et al., 1965 oder Bergin & Jasper, 1969 – kritische zusammenfassende Diskussionen in Mitchell et al., 1977; Minsel & Zielke, 1977; Zielke, 1979).

Integration lerntheoretischer Aspekte. Diese Zunahme an Zweifel und Kritik – auch in den eigenen Reihen – erklärt sich nicht zuletzt daraus, dass die hohe Beachtung, die Rogers' Ansatz in der klinischen Psychologie zukam, und die starke Befürwortung empirisch-experimenteller Forschung (im Gegensatz zur Psychoanalyse) auch viele Personen anzog, die keineswegs Rogers' philosophisch-weltanschauliche Position teilten: Während Rogers selbst immer stärker humanistische bzw. existenzphilosophische und phänomenologische Aspekte in sein Denken aufnahm, wurde der Anteil jener Gesprächspsychotherapeuten immer größer, die lerntheoretische oder kommunikationstheoretische Aspekte in den Vordergrund stellten. (Im letzten Satz ist wohl in der Tat der Begriff „Gesprächspsychotherapeut" adäquater, als von „Personzentrierten Psychotherapeuten" zu reden.)

Erweiterung und Integration

Ab ca. 1970 wurden Rogers' Grundkonzepte weiter verändert und überarbeitet – und zwar in einer Weise, die weit über eine Ausdifferenzierung und Akzentverschiebung (wie man Konzepte wie „Experiencing" und „Focusing" noch deuten könnte) innerhalb von Rogers' psychotherapeutischem Ansatz hinausgeht. Dabei wurde versucht, zahlreiche Ansätze, theoretische Konzepte und Interventionstechniken aus anderen Therapieformen zu übernehmen bzw. sie in die Gesprächspsychotherapie zu integrieren.

Einen bedeutsamen Schritt in diese Richtung stellte der Band von Wexler und Rice (1974): „Innovations in Client-Centered Therapy" dar, in dem 17 Autoren Modifikationen und Erweiterungen der Rogers'schen Konzepte diskutieren.

Wichtige Erweiterungen. Beispiele für wichtige Erweiterungen sind z. B: Martin (1972) im Hinblick auf konflikttheoretische Konzepte, Tscheulin (1975) mit einer Integration kommunikationstheoretischer Aspekte, Wexler (1974) mit einer Ergänzung um informationstheoretische und kognitionspsychologische Konzepte oder Sachse (1992) im Hinblick auf eine stärkere Zielorientierung.

Auch für eine Neubelebung der klientenzentrierten Kinderpsychotherapie (Schmidtchen, 1991) wurden die Basiskonzepte Rogers' und des frühen kindertherapeutischen Ansatzes von Axline (1972, amerik. EV 1947) besonders um entwicklungs-, sozial- und familienpsychologische Aspekte erweitert.

Kombination mit anderen Therapieformen. Zur Kombination von Gesprächspsychotherapie mit nahezu allen gängigen anderen Therapieformen hat Howe zwei Sammelbände vorgelegt (Howe, 1982a, 1982b), die deutlich einen starken Trend zur Integration unterschiedlicher Ansätze in die Gesprächspsychotherapie widerspiegeln.

Kritik an Methodenintegration. Allerdings sind auch dezidierte Voten gegen eine solche Methodenintegration laut geworden, z. B. von Biermann-Ratjen, Eckert und Schwartz (1980). Diese Autoren haben selbst in ihrem Buch über Gesprächspsychotherapie (2003) einen sehr fundierten Ansatz zum Verständnis der Wirkungsweise dieser Therapie vorgetragen. Dabei rückten sie durch Reformulierung der Konzepte Rogers' das „Verändern durch Verstehen" in das Zentrum der Betrachtung.

Weitere nennenswerte Beiträge. Von zunehmender Bedeutung sind auch klientenzentrierte Encounter-Gruppen bzw. Gruppenpsychotherapie – eine Entwicklung, die Rogers selbst vorangetrieben hat (vgl. Rogers, 1974, amerik. EV 1970; Franke, 1978; Tausch & Tausch, 1979). Unter starker störungsspezifischer Perspektive sind Modifikationen vorgelegt worden u. a. von Speierer (1994), Swildens (1991) oder Finke und Teusch (1991). Jüngere theoretische Plädoyers für eine Differenzierung der existenzphilosophisch-phänomenologischen Konzepte sind hingegen rar; zu den wenigen Ausnahmen gehören Rogers und Schmid (1995) und Zurhorst (1989).

Klassifikation gesprächspsychotherapeutischer Methoden

Anlässlich der sozialrechtlichen Anerkennungsdebatte in Deutschland wurde auch die Gesprächspsychotherapie stärker den bürokratisch vorgegebenen Strukturen angepasst. So wurde das prozessdiagnostisch hochdifferentielle, letztlich auf den einzelnen Patienten zugeschnittene Verständnis von psychischen und psychosomatischen Leiden zusätzlich in das grobe und eher statische Klassifikations-Raster der ICD-10-Diagnostik übersetzt. Auf der anderen Seite wurden die entsprechend hochdifferentiellen Vorgehensweisen der Gesprächspsychotherapeuten ebenfalls zu „spezifischen Ausprägungsformen der Behandlungsmethodik" zusammengefasst, um den Erfordernissen kategoriellen Denkens im derzeitigen Gesundheitssystem zu entsprechen.

Diese Kategorien heben bestimmte Aspekte der Gesprächspsychotherapie hervor; sie sind theoretisch und auch in ihrer praktischen Umsetzung aber nicht immer streng voneinander zu trennen und werden in der klinischen Praxis häufig miteinander verbunden zum Einsatz gebracht. Unterschieden werden dabei:

(1) **Erlebenszentrierte Methoden**
Gebräuchlich sind die Kennzeichnungen „Focusing-oriented Therapy", „Experiential Psychotherapy" bzw. „Experienzielle Psychotherapie", „Process-experiential Psychotherapy" bzw. „Prozessexperienzielle Psychotherapie" und „Emotionsfokussierte Psychotherapie" (van Balen, 2002; Wiltschko, 2003). Neben dem Focusing und Experiencing (vgl. Kap. 13.6) zählen hierzu verschiedene Entwicklungen, welche die personzentrierten Vorgehensweisen der humanistischen Psychotherapie integrieren (Rice & Greenberg, 1984; Greenberg et al., 1993; Elliott & Greenberg, 2002). In Europa haben diese Methoden vor allem in Belgien und Holland, aber auch in

Deutschland Verbreitung gefunden (Greenberg et al., 1998; Elliott, 1999; Paivio & Nieuwenhuis, 2001; Keil & van Balen, 2003).

(2) **Differentielle Methoden**
Hier sind besonders die „Zielorientierte Gesprächspsychotherapie" von R. Sachse (2002) zu nennen, die „Prozessorientierte Gesprächspsychotherapie" des holländischen Psychiaters H. Swildens (2002), spezielle störungsspezifische Unterkonzepte, in deren Rahmen sogar Manuale für die Gesprächspsychotherapie bei depressiven Patienten (Finke & Teusch, 1999) und bei Patienten mit Panikstörungen und Agoraphobie (Teusch & Finke, 1995) entwickelt wurden, sowie das „Differentielle Inkongruenzmodell der Gesprächspsychotherapie" (DIM) von G.-W. Speierer (1993, 1994, 2002, 2003).

(3) **Erfahrungsaktivierende Methoden**
Diese unterstützen die Symbolisierung organismischer Erfahrungsprozesse insbesondere durch eine nichtsprachliche Intensivierung des (emotionalen) Erfahrens. Dies geschieht durch Einbeziehung von Körperarbeit (Gendlin, 1987; Heinerth, 1996; Wethkamp, 1997; Korbei & Teichmann-Wirth, 2002), von Traumanalysen (Gendlin, 1987; Lemke, 2000; Keil, 2002; Finke, 2003) und durch Elemente aus der Expressiven Kunsttherapie (also malerische, formende, musikalisch- und tänzerisch-darstellerische Prozesse; vgl. N. Rogers, 1993, 2002; Nölke & Willis, 2002; Wewelka, 2003). Im Bereich der Kinder- und Jugendlichen-Therapie gehören hier auch die Formen klientenzentrierter Spieltherapie dazu (Axline, 1972; Goetze 1981, 2002; Schmidtchen, 1991; Boeck-Singelmann et al., 1996, 2003; Weinberger, 2001).

Zur Darstellung zentraler Grundkonzepte. Trotz dieser außerordentlichen Heterogenität im gegenwärtigen Entwicklungsstand soll die folgende Darstellung zentraler Grundkonzepte eng an der Auffassung von Rogers „person-centered therapy" orientiert bleiben. Allerdings werden dabei die m. E. sehr fruchtbaren Aspekte der Erlebniszentrierung nach Gendlin und die Reformulierungen basaler gesprächspsychotherapeutischer Konzepte durch Biermann-Ratjen et al. (1995) besonders berücksichtigt.

13.3 Rogers' Persönlichkeits- und Entwicklungstheorie

Rogers' Ausführungen über seine Persönlichkeitstheorie sind meist verwoben mit eigener Lebenserfahrung und seinen Vorstellungen zur Psychotherapie, mit seinem existenziellen, humanistischen Menschenbild und philosophisch geprägten Vorstellungen über Lehr-, Lern- und Erfahrungsprozesse. Die einzelnen Aspekte trennen zu wollen, hieße „Fäden aus einem Gewebe zu ziehen" (Bischof, 1964). 1951 hat Rogers seine Gedanken zur Persönlichkeitstheorie in Form der 19 unten wiedergegeben Thesen wohl am explizitesten vorgetragen und erläutert (trotzdem wird von vielen eine mangelnde Stringenz kritisiert, besonders das Auseinanderklaffen von Theorie und Praxis – vgl. z. B. Zimring, 1974; Grunwald, 1976 oder Bommert, 1977). Wesentliche Aspekte seines Menschenbildes sind praktisch in jeder Publikation enthalten.

Das „Selbst" als zentrales Konzept

Entsprechend der bereits angeführten Maxime Kierkegaards, „das Selbst zu werden, das man in Wahrheit ist", ist das „Selbst" eines der zentralen Konzepte in Rogers' Persönlichkeitstheorie. Das Selbst differenziert sich im Verlauf der frühkindlichen Entwicklung aus den Körperwahrnehmungen in Interaktion mit der Umwelt heraus. Es organisiert und strukturiert Erfahrungen, was auch dazu führen kann, dass Erfahrungen verleugnet oder verzerrt werden, wenn sie keinen Bezug zum Selbst(bild) haben oder dieses sogar bedrohen. Rogers (1987a, S. 26) versteht das Selbst als „eine fließende, eine wechselnde Gestalt, um einen Prozess, der zu jedem beliebigen Zeitpunkt eine spezifische Wesenheit ist." Wird auf diese Gestalt von einem äußeren Bezugsrahmen aus geblickt, spricht Rogers von Selbststruktur.

Aktualisierungstendenz. Das zentrale Prinzip für ein personzentriertes Verständnis von Entwicklung – einschließlich Störungsentstehung und Psychotherapie – ist die Aktualisierungstendenz. Rogers hat hier mit Berufung auf den Gestaltpsychologen Kurt Goldstein und holistisch-organismische Konzepte seiner Zeit ein Prinzip erkannt, dessen Bedeutung erst in den letzten zwei Jahrzehnten des 20. Jahrhunderts zunehmend in der interdisziplinären Forschung entdeckt, belegt und gewürdigt wurde (z. B. mit Nobelpreisen).

Es geht dabei darum, dass komplexe, nichtlinear rückgekoppelte Systeme in der Lage sind, ohne von außen induzierte Ordnung inhärent gegebene Ordnungen zu entfalten und zu realisieren. Dies gilt bereits für manche Systeme aus toter Materie – für lebende Systeme ist dies hingegen die Regel. In heutiger interdisziplinärer Terminologie spricht man von Selbstorganisationsprozessen (vgl. Kriz, 1992, 1999a).

Missverständnis und Stützen. Dass so etwas nicht nur möglich, sondern für ganze Systemklassen geradezu typisch ist, war noch Mitte des 20. Jahrhunderts für viele Wissenschaftler eher abenteuerliche Spekulation. Daher wurde auch Rogers' Prinzip von vielen missverstanden und abgewertet – selbst in den eigenen Reihen. In ihrem Bemühen um „Wissenschaftlichkeit" versuchte die Psychologie lange (und teilweise noch heute), auch den Phänomenen des Lebens naturwissenschaftlich-methodische Erklärungsprinzipien des 19. Jahrhunderts überzustülpen – und hat sich dabei paradoxerweise immer stärker vom Fortschritt der modernen Naturwissenschaften abgekoppelt.

Rogers hat zumindest einige der bedeutsamsten Ergebnisse der multidisziplinären Systemforschung, die seine Vorstellungen über Therapie zunehmend stützten, wahrgenommen und in seinen Schriften darauf verwiesen. So schrieb er beispielsweise in seinem zentralen Beitrag 1980: „Eine der überzeugendsten Darstellungen dieser Position wurde von dem mit dem Nobelpreis ausgezeichneten Biologen Albert Szent-Gyorgyi (1974) gegeben. Er schloss aus seinem Lebenswerk, dass es mit Bestimmtheit einen Antrieb in allem Lebendigen gebe, sich selbst zu vervollkommnen. Er gab damit dem Begriff der Aktualisierungsfunktion des Organismus eine solide Stütze." (deutsch in Rogers & Schmid, 1995, S. 212). Auch die Vergabe des Chemie-Nobelpreises an Prigogine für dessen Selbstorganisationstheorie hat Rogers als weitere Stütze registriert und zitiert.

Selbstaktualisierung. Wesentlich für die Aktualisierung des menschlichen Organismus ist die Entwicklung eines Selbst. Diese Aktualisierung des Selbst ist zwar aus einer Entwicklungsperspektive ein (typisch menschlicher) Teil der Aktualisierungstendenz des Gesamtorganismus. Sie lässt sich aber analytisch insofern klar abgrenzen, als sie eine dynamische Struktur im Bereich psychisch-sozialer Entitäten darstellt und nicht im Bereich biologisch-somatischer Entitäten.

Es handelt sich um die Struktur der symbolisierten Erfahrungen, die für die bewusstseinsfähige, reflexive Beschreibung aktueller Erfahrungen wesentlich sind sowie für die sich selbst zugeschriebenen charakteristischen Eigenschaften und Werthaltungen – kurz: für das Selbstkonzept im weiteren Sinne. Im personzentrierten Ansatz heißt dieser Teil daher „Selbstaktualisierung".

> **Begriffsverwirrung**
> Aktualisierungstendenz und Selbstaktualisierungstendenz stehen den Konzepten moderner Selbstorganisationstheorien sehr nahe. Sie werden auch zunehmend in diesem Zusammenhang diskutiert. Es kann deshalb leicht zu einer Sprach- und Begriffsverwirrung kommen: Selbstorganisation meint üblicherweise „Eigen"-Organisation (im Kontrast zur „Fremd"-Organisation) und nicht die Organisation *des* Selbst. Selbstaktualisierung aber meint sehr wohl eine Aktualisierung des Selbst. Es handelt sich also genau genommen um eine Selbst-Selbstorganisation.

Inkongruenz. Das aktualisierte und wahrgenommene Selbst und die tatsächliche organismische Erfahrung können nun inkongruent sein: „Das Individuum nimmt sich selbst wahr als jemanden, der die Charakteristiken a, b und c besitzt und die Gefühle x, y und z. Eine exakte Symbolisierung dieser Erfahrung würde jedoch die Charakteristiken c, d, und e und die Gefühle v, w und x aufweisen." (Rogers, 1987a, S. 29). Die im Selbst und durch das Selbst repräsentierte Welt ist dabei also unangemessen zur äußeren Umwelt bzw. zu bestimmten Vorgängen im Organismus.

Die aktualisierten Strukturen der Erfahrung und des Verhaltens sowie die aktualisierten Strukturen des Selbst folgen dann teilweise Eigendynamiken – und dem Menschen ist seine eigene Erfahrung bzw.

das Verhalten in diesen Aspekten unverständlich. Denn einerseits unterstützt die Selbstbehauptungstendenz das Selbstkonzept, verschönt und stabilisiert also das Selbstbild, andererseits strebt der Organismus danach, seinen Bedürfnissen gerecht zu werden. Organismus und Selbst drängen also in unterschiedliche Richtungen. Der daraus deutlich werdende Konflikt ist die Grundlage der Angst (Rogers, 1983).

Zentrale Thesen zur Persönlichkeitstheorie

Im Folgenden sind die 19 Thesen zur Persönlichkeitstheorie aus Rogers (1973, amerik. EV 1951), die dort ausführlich erläutert werden, kommentarlos wiedergegeben. Viele Aspekte werden allerdings unten im Zusammenhang mit den therapeutischen Grundhaltungen und dem Therapieprozess wieder aufgegriffen:

Thesen zur Persönlichkeitstheorie

(1) Jedes Individuum existiert in einer ständig sich ändernden Welt der Erfahrung, deren Mittelpunkt es ist.
(2) Der Organismus reagiert auf das Feld, wie es erfahren und wahrgenommen wird. Dieses Wahrnehmungsfeld ist für das Individuum „Realität".
(3) Der Organismus reagiert auf das Wahrnehmungsfeld als ein organisiertes Ganzes.
(4) Der Organismus hat eine grundlegende Tendenz, den Erfahrungen machenden Organismus zu aktualisieren, zu erhalten und zu erhöhen.
(5) Verhalten ist grundsätzlich der zielgerichtete Versuch des Organismus, seine Bedürfnisse, wie sie in dem so wahrgenommenen Feld erfahren wurden, zu befriedigen.
(6) Dieses zielgerichtete Verhalten wird begleitet und im Allgemeinen gefördert durch Emotionen. Diese Emotionen stehen in Beziehung zu dem Suchen aller vollziehenden Aspekte des Verhaltens, und die Intensität der Emotion steht in Beziehung zu der wahrgenommenen Bedeutung des Verhaltens für die Erhaltung und Erhöhung des Organismus.
(7) Der beste Ausgangspunkt zum Verständnis des Verhaltens ist das innere Bezugssystem des Individuums selbst.
(8) Ein Teil des gesamten Wahrnehmungsfeldes entwickelt sich nach und nach zum Selbst.
(9) Als Resultat der Interaktion mit der Umgebung und insbesondere als Resultat wertbestimmender Interaktion mit anderen wird die Struktur des Selbst geformt – eine organisierte, fließende, aber durchweg begriffliche Struktur von Wahrnehmungen von Charakteristika und Beziehungen des „Selbst" zusammen mit den zu diesen Konzepten gehörenden Werten.
(10) Die den Erfahrungen zugehörigen Werte und die Werte, die ein Teil der Selbststruktur sind, sind in manchen Fällen Werte, die vom Organismus direkt erfahren werden, und in anderen Fällen Werte, die von anderen introjiziert oder übernommen, aber in verzerrter Form wahrgenommen werden, so als wären sie direkt erfahren worden.
(11) Wenn Erfahrungen im Leben des Individuums auftreten, werden sie entweder a) symbolisiert, wahrgenommen und in eine Beziehung zum Selbst organisiert, b) ignoriert, weil es keine wahrgenommene Beziehung zur Selbststruktur gibt, oder c) geleugnet oder verzerrt symbolisiert, weil die Erfahrung mit der Struktur nicht übereinstimmt.
(12) Die vom Organismus angenommenen Verhaltensweisen sind meistens die, die mit dem Konzept vom Selbst übereinstimmen.
(13) Verhalten kann in manchen Fällen durch organische Bedürfnisse und Erfahrungen verursacht werden, die nicht symbolisiert wurden. Solches Verhalten kann im Widerspruch zur Struktur des Selbst stehen, aber in diesen Fällen ist das Verhalten dem Individuum nicht „zu Eigen".
(14) Psychische Fehlanpassung liegt vor, wenn der Organismus vor dem Bewusstsein wichtige Körper- und Sinneserfahrungen leug-

net, die demzufolge nicht symbolisiert und in die Gestalt der Selbststruktur organisiert werden. Wenn diese Situation vorliegt, gibt es eine grundlegende oder potentielle psychische Spannung.

(15) Psychische Anpassung besteht, wenn das Selbstkonzept dergestalt ist, dass alle Körper- und Sinneserfahrungen des Organismus auf einer symbolischen Ebene in eine übereinstimmende Beziehung mit dem Konzept vom Selbst assimiliert werden oder assimiliert werden können.

(16) Jede Erfahrung, die nicht mit der Organisation oder der Struktur des Selbst übereinstimmt, kann als Bedrohung wahrgenommen werden, und je häufiger diese Wahrnehmungen sind, desto starrer wird die Selbststruktur organisiert, um sich zu erhalten.

(17) Unter bestimmten Bedingungen, zu denen in erster Linie ein völliges Fehlen jedweder Bedrohung für die Selbststruktur gehört, können Erfahrungen, die nicht mit ihr übereinstimmen, wahrgenommen und überprüft und die Struktur des Selbst revidiert werden, um derartige Erfahrungen zu assimilieren und einzuschließen.

(18) Wenn das Individuum all seine Körper- und Sinneserfahrungen wahr- und in ein konsistentes und integriertes System aufnimmt, dann hat es notwendigerweise mehr Verständnis für andere und verhält sich gegenüber anderen als Individuen akzeptierender.

(19) Wenn das Individuum mehr und mehr von seinen organischen Erfahrungen in seiner Selbststruktur wahrnimmt und akzeptiert, merkt es, dass es sein gegenwärtiges Wertsystem, das weitgehend auf verzerrt symbolisierten Introjektionen beruhte, durch einen fortlaufenden, organismischen Wertungsprozess ersetzt.

13.4 Grundhaltung des Therapeuten

Rogers (1957) hat sechs Bedingungen des Therapeuten als „notwendig und hinreichend" für konstruktive Persönlichkeitsveränderungen im Rahmen von Psychotherapie konzeptualisiert. In demselben Beitrag beschreibt er davon drei Aspekte dieser Grundhaltung ausführlicher, die dann von anderen häufig auf drei „Basisvariablen" des „Therapeutenverhaltens" reduziert wurden. Diese Bezeichnung kann aber insofern irreleiten, als es Rogers weniger darum ging, „Verhaltensvariablen" (etwa im Sinne Skinners „Verbal Behavior") als exakte Parameter einer Technik oder „Behandlungsmethode" einzuführen, als vielmehr Aspekte eines zwischenmenschlichen Beziehungsangebotes für therapeutisch wirksame Veränderungen zu beschreiben.

Dennoch ist im Rahmen eines eher technizistischen Verständnisses von Psychotherapie diese Grundhaltung als Verhaltensvariablen nicht selten in Trainings „eingeübt" worden, mit dem Ziel, auf entsprechenden Skalen möglichst hohe Werte zu erzielen. Dabei wird aber der fundamentale Unterschied ignoriert, der beispielsweise zwischen einem (ggf. noch so erfolgreich eingeübten und praktizierten) „echt wirken" und „echt sein" besteht.

Notwendige und hinreichende Bedingungen
(1) Zwei Personen befinden sich in psychologischem Kontakt.
(2) Die erste, die wir Klient nennen wollen, befindet sich in einem Zustand der Inkongruenz, ist verletzbar oder ängstlich.
(3) Die zweite Person, die wir Therapeut nennen wollen, ist kongruent oder integriert in der Beziehung.
(4) Der Therapeut empfindet eine unbedingte positive Zuwendung dem Klienten gegenüber.
(5) Der Therapeut empfindet ein empathisches Verstehen des inneren Bezugsrahmens des Klienten und ist bestrebt, diese Erfahrung dem Klienten gegenüber zum Ausdruck zu bringen.

(6) Die Kommunikation des empathischen Verstehens und der bedingungslosen positiven Zuwendung des Therapeuten dem Klienten gegenüber wird wenigstens in einem minimalen Ausmaß erreicht.

(nach Rogers, 1957)

Therapeut und Klient als Partner. Um den humanistischen Kern der Personzentrierten Psychotherapie stärker hervorzuheben, wird im Folgenden statt von drei (verschiedenen) Basisvariablen von drei Aspekten einer Begegnungshaltung gesprochen: Therapeut und Klient begegnen sich als Partner – wenn auch im professionellen Rahmen und mit unterschiedlichen Anliegen. In dieser Begegnung sollte der Klient erfahren können, dass der Therapeut ihn bei der Erforschung seines Selbst verständnisvoll begleitet, ihn durch seine Haltung ermutigt, nicht bewertet, und in seinen Problemen akzeptiert, ohne ihm die Verantwortung für sich abzunehmen.

Obwohl die Betonung von „drei Aspekten einer Begegnungshaltung" hier rein inhaltlich-phänomenologisch gemeint ist, scheint dies durchaus auch im Hinblick auf die empirischen Befunde sinnvoll zu sein: Immerhin korrelieren die drei – als „Verhaltensvariable" aufgefasst – nach Tausch (1973, S. 121) um .70, in einer Höhe also, die sonst in diesem Bereich kaum zu finden ist (vgl. auch z. B. Wiggins, 1973; Grunwald, 1976, die ebenfalls die Trennung dreier Variablen hinterfragen).

Unbedingte positive Zuwendung

Dieser komplexe Aspekt der Begegnungshaltung, die Rogers als „unconditional positive regard" bezeichnet hat, lässt sich noch schwerer in deutschen Begriffen fassen. Man sprach lange von „positiver Wertschätzung und emotionaler Wärme" und umschrieb diese durch weitere Begriffe wie „Akzeptanz", „Achtung" oder „Respekt".

Keine trainierte Freundlichkeit. Gerade in der heutigen Gesellschaft, mit dem antrainierten „Freundlichkeitsverhalten" von Managern bzw. Pseudointeressiertheit von Türverkäufern, muss betont werden, dass gerade nicht unechte, trainierte oder kontrollierte „Positivität" gemeint ist. Es geht vielmehr um die Fähigkeit und die Bereitschaft des Therapeuten, den Klienten als Mitmenschen zu erleben und sich auf eine existenzielle Begegnung mit ihm einzulassen, ohne ihn in Wert- und Nutzen-Kategorien aufgrund seiner Handlungen, Eigenschaften und Worte einzuordnen.

Achtung vor dem Klienten. Die Kernfrage ist also, ob der Therapeut im Klienten den Menschen wahrzunehmen vermag, oder nur (auf Grund eigener Probleme, angelernter Schablonen etc.) auf ein Bündel von Rollen, Handlungen, Worten schematisierend reagieren kann. Diese bedingungslose Annahme des Klienten bedeutet keineswegs, dass seine Handlungen gebilligt und seine Einstellungen geteilt werden müssen. Vielmehr ist gemeint, jenseits dieser Oberflächenstrukturen eine tiefe Achtung vor menschlichem Leben und seiner Vielfalt empfinden zu können, wie sie sich im individuellen So-Sein des Klienten manifestiert.

Rogers spricht in diesem Zusammenhang von „Liebe im Sinne des theologischen Begriffes ‚Agape' ... ein Gefühl, das weder patriarchalisch sorgend, noch sentimental, noch oberflächlich liebenswürdig ist" (Rogers, 1961/73). Es scheint mehr als zweifelhaft, dass solche Empfindungen „gelehrt" bzw. „gelernt" und „trainiert" werden können (im üblichen Sinne dieser Worte), sondern auch hier bedarf es der förderlichen Bedingungen, unter denen sich eine solche Haltung entfalten kann und alle neurotischen Hindernisse, die dieser Haltung entgegenstehen, überwunden werden können.

Keine Ratschläge und Empfehlungen. Eine unbedingte positive Zuwendung äußert sich auf der Verhaltensebene zumindest darin, dass nicht versucht wird, dem Klienten die Meinungen und Werthaltungen des Therapeuten aufzudrängen, keine Ratschläge und Empfehlungen gegeben werden usw. Zum Zwecke empirisch-statistischer Forschung hat z. B. Truax (1962) eine fünfstufige „Skala" entworfen, nach der Beobachter ihre Einschätzung des Therapeuten hinsichtlich dieser Variablen einer Kategorie zuordnen und in Form einer Zahl ausdrücken können.

Höhere Selbstachtung. Ein Therapeut, der bei sich in Bezug auf den Klienten diese positive Wertschätzung erleben und diesem mit emotionaler Wärme begegnen kann, wird ähnliche Gefühle auch beim Klienten hinsichtlich dessen Selbst auslösen, so dass dieser sich selbst ebenfalls mehr Achtung und Akzeptanz entgegenbringen kann (Biermann-Ratjen et al., 2003, nennen dies: „Etablierung eines empathischen inneren Objektes"). Auch lernt der Klient dabei, zwischen seinem Wert als Mensch und der Bewertung seiner Handlungen zu differenzieren.

Echtheit

Auch für diesen zweiten Aspekt der Begegnungshaltung gibt es eine Reihe weiterer Begriffe wie „Kongruenz", „Selbstaufrichtigkeit", „Ohne-Fassade-Sein" oder „Selbstintegration". Dies setzt im Sinne der humanistischen Psychologie eine reife Persönlichkeit voraus, die sich nicht hinter Fassaden, Floskeln, Rollen versteckt und keine neurotisch-ängstlichen Abwehrhaltungen ihren eigenen Gefühlen und Wahrnehmungen gegenüber hat, sondern bereit ist, sich selbst zu erleben und in die Situation einzubringen.

Ganzheit und Wahrhaftigkeit. Es geht hier also um „Ganzheit" (im Sinne humanistischer Psychologie) und Wahrhaftigkeit des Therapeuten in der Beziehung: Das, was er erfährt, ist in seinem Bewusstsein gegenwärtig und kommt authentisch in der Kommunikation zum Ausdruck. Auch hier ist die menschliche Substanz des Therapeuten gefragt, nicht eine antrainierte Technik oder ein über angelernte Selbstkontrolle regulierter Ausdruck.

Echtheit. Echtheit äußert sich auf der Verhaltensebene zumindest dadurch, dass z. B. die Inhalte einer Äußerung mit Tonfall, Mimik, Gestik etc. übereinstimmen und von einem großen Reaktionsspektrum spontan Gebrauch gemacht werden kann. Auch für diese Variable wurde eine Reihe von Skalen entwickelt (vgl. z. B. Truax, 1962, oder Carkhuff, 1969).

Echtheit des Therapeuten ermöglicht Vertrauen auf Seiten des Klienten, da der Therapeut transparent wird und der Klient das auch nonverbal (analog) erfahren kann, was er verbal (digital) an Mitteilungen hört. Nur ein solches Vertrauen in den Therapeuten ermöglicht aber, sich zu öffnen und sich seiner eigenen Person selbsterforschend zuzuwenden, statt voller Vorsicht das Gegenüber zu beobachten.

Einfühlendes Verstehen

Weitere Begriffe für diesen dritten Aspekt der Begegnungshaltung sind „Empathie", „Verständnis" oder „nichtwertendes Eingehen". Unter dem interventionstechnischen Gesichtspunkt wird diese Variable als „Verbalisierung emotionaler Erlebnisinhalte (VEE)" bezeichnet. Der Therapeut soll aus der oben umrissenen Haltung heraus bemüht sein, den Klienten in seinem Erleben (und seinen damit verbundenen Werthaltungen, Motiven, Wünschen und Ängsten) zu verstehen.

In der Literatur wird dies oft damit umschrieben, dass versucht werden soll, die Welt des Klienten mit dessen Augen bzw. in dessen innerem Bezugsrahmen zu sehen. Solche Beschreibungen bergen aber die Gefahr in sich, Missverständnisse zu erzeugen. So weisen z. B. Davison und Neale (1979, S. 495), von einem „völlig verschiedenen Paradigma" ausgehend, auf das „wissenschaftslogische Problem" hin, „wie ein Therapeut auf interne Prozesse schließen soll, die dem Klienten anscheinend nicht bewusst sind".

Beziehungsangebot. „Einfühlendes Verstehen" meint nicht statisch-diagnostischen Durchblick, sondern einen dynamischen Prozess auf der Grundlage eines Beziehungsangebotes (vgl. Biermann-Ratjen et al., 2003), bei dem sowohl dem Klienten als auch dem Therapeuten anfangs fast alle „internen Prozesse" des Klienten unbekannt sind. Das Bemühen um einfühlendes Verstehen, das Signalisieren der gemeinsamen Arbeit und die Erfahrung des (teilweisen) Verstandenwerdens geben dem Klienten den Mut, seine „internen Prozesse" nach und nach in einem langen Prozess unter Begleitung des Therapeuten selbst zu erforschen.

Der Unterschied zwischen einer therapeutischen Kompetenz, „richtige Schlüsse über innere Zustände des Patienten" zu treffen, und einer therapeutischen Kompetenz, den Prozess der Selbstexploration so zu fördern, dass diese inneren Zustände mehr und mehr erforscht werden können, scheint aber so schwer zu begreifen zu sein (zumindest aus einem „völlig verschiedenen Paradigma"), dass Davison und Neale auch in der „aktualisierten" Auflage von 1998 ihr Missverständnis erneut publizieren.

„Technik" des Verbalisierens

Die Verbalisierung emotionaler Erlebnisinhalte (VEE), die interventionstechnische Komponente der Empathie also, ist noch am ehesten „trainierbar" – bleibt allerdings ohne die beiden erstgenannten Aspekte und ohne den oben skizzierten Hintergrund eine aufgesetzte Technik, deren positive therapeutische Wirkung zumindest zweifelhaft sein dürfte. Im

Kern geht es darum, dass der Therapeut dem Klienten als ständiges Feedback mit eigenen Worten das rückmeldet, was er von den Erlebnisinhalten des Klienten verstanden hat.

Rückmeldung von Gefühlen und Empfindungen. Die Betonung liegt dabei auf „Erlebnisinhalte" – das sind insbesondere Gefühle, Empfindungen, mit Wertungen verbundene Erfahrungen und Wahrnehmungen. Der Therapeut „spiegelt" also nicht die Klientenäußerung (wie es manchmal unzutreffend heißt), sondern geht höchst selektiv vor, indem er nur die gefühls- bzw. erlebnismäßigen Inhalte aufgreift, die er aus der Aussage des Klienten herausgehört hat.

Wenig Interpretation. Dabei sollte der Therapeut allerdings möglichst wenig interpretieren – schon gar nicht im Hinblick auf irgendein abstraktes therapeutisches oder diagnostisches „Raster" –, sondern die Rückmeldung des Therapeuten muss aus der Klientenäußerung belegbar sein (zweifellos bleibt immer ein Rest Interpretation). Biermann-Ratjen et al. (2003) haben an ausführlich diskutierten Beispielen hervorgehoben, welche Bedeutung die Berücksichtigung des inneren Bezugsrahmens des Klienten für die Verbalisation des Therapeuten hat. Je mehr der Therapeut zu erfassen vermag, was hinter den Aussagen des Klienten an persönlicher Erfahrung, Erlebnisweise und Betroffenheit steht, umso adäquater kann er sein Verständnis dem Klienten mitteilen.

Das Training der sprachlichen Ausdrucksform zielt dabei nur auf ein Oberflächenphänomen; wesentlich ist, ob der Therapeut überhaupt das Spektrum der Gefühle und Erlebnisse des Klienten wahrnehmen und verstehen kann – und das wird umso schlechter gelingen, je weniger er seine eigenen Gefühle und Erlebnisse wahrzunehmen weiß und je neurotischer er bestimmte Aspekte seines eigenen Erlebens ausblendet.

Umfangreiche Selbsterfahrung. Sehr wesentlich für die Ausbildung eines Therapeuten ist also – vergleichbar mit der Lehranalyse – eine umfangreiche Selbsterfahrung bzw. eine eigene Therapie. Hier sollen eigene Probleme, Erstarrungen, Abwehrhaltungen, Vorurteile usw. aufgearbeitet werden, die den Therapeuten sonst die Klientenäußerungen im Lichte seiner eigenen Probleme und Raster wahrnehmen lassen und ihn daran hindern, dem Klienten frei begegnen zu können. Erst vor einem solchen Hintergrund können formale Aspekte für die therapeutische Intervention, wie sie z. B. bei Minsel (1974) zu finden sind, hilfreich sein – etwa: möglichst häufig eingreifen, kurz, konkret und anschaulich formulieren, Zweideutigkeiten vermeiden usw.

VEE-Skalen. Da, wie gesagt, der Aspekt „einfühlendes Verstehen" zumindest in vordergründigen Komponenten noch am ehesten als „Verhaltensvariable" beobachtbar ist, wurde die Verbalisierung emotionaler Erlebnisinhalte am häufigsten Gegenstand empirischer Untersuchungen. Entsprechend zahlreich sind auch die „Skalen", mit denen dieses Verhalten kategoriell erfasst und numerisch abgebildet wurde.

Am häufigsten findet man aber in der Literatur eine fünfstufige Skala von Carkhuff (1969) bzw. eine sechsstufige Skala (zwar von eins bis zwölf gehend, aber nur jede zweite Kategorie verbal verankert) von Tausch et al. (1969) bzw. leicht modifizierte Varianten davon. Sie reichen, grob gesagt, von „keine Gefühle aufgreifen" über „unwesentliche Gefühle verbalisieren" bis „alle wesentlichen persönlich-emotionalen Inhalte des Erlebens verbalisieren".

„Nichtklassische Therapeutenvariablen"

Es sei abschließend bemerkt, dass in der Literatur zur Gesprächspsychotherapie noch eine Reihe „nichtklassischer Therapeutenvariablen" diskutiert werden (Rieger & Schmidt-Hieber, 1979 geben hierzu eine Übersicht); so u. a. „spezifische Konkretheit" (vgl. Truax & Carkhuff, 1964), „aktives Bemühen (und innere Anteilnahme)" sowie „Konfrontation" (vgl. Bommert 1977, S. 73 bzw. S. 51), „Interpretation" (Howe, 1980; vgl. Tausch, 1973, S. 159), „Spezifität" (Helm, 1972, S. 39), „Selbsteinbringung" (Carkhuff, 1969), „Likability" („Sympathie und Zuneigung"; vgl. Tausch, 1973, S. 152), „sprachliche Aktivität" (Minsel et al., 1973), „Ansprechen des augenblicklichen Befindens" (Mitchell & Mitchell, 1968) und „persuasive Potenz" (Erwecken von Vertrauen und Hoffnung; Frank, 1961), oder „Zielorientiertheit" und „Explizierung" (Sachse, 1992). Diese Fülle ist nicht zuletzt mit ein Indiz dafür, wie außerordentlich komplex Rogers' Konzepte sind und wie schwierig es ist, diese auf die Ebene empirisch beobachtbarer „Variablen" zu reduzieren.

13.5 Der therapeutische Prozess

Entsprechend Rogers' Persönlichkeitstheorie vermag eine Therapeut-Klient-Beziehung, die im Wesentlichen durch die drei oben beschriebenen Aspekte gekennzeichnet ist, einen Prozess in Gang zu bringen, der im Individuum blockierte Selbstheilungs- und Selbstaktualisierungskräfte freilegt. In einem Klima von Achtung, Echtheit und Verständnis entwickelt somit der Klient durch Freisetzung dieser Kräfte u. a. mehr Autonomie (statt Abhängigkeit), Selbstakzeptanz und Selbstachtung (statt Selbstablehnung und Abwertung), Bewusstheit gegenüber seinem Erleben (statt Verzerrung), Flexibilität (statt Rigidität) und mutige Kreativität (statt ängstlich-konservativer Kontrolliertheit und Überangepasstheit).

Diese Begriffe kennzeichnen zugleich die Entwicklungsrichtung, die mit der Aktualisierungstendenz angezielt wird, die „fully functioning person" (ohne freilich dieses „Ziel" zu erreichen – es geht also um eine Orientierungsrichtung, nicht um einen Endpunkt).

Psychische Beeinträchtigungen

Es scheint sinnvoll, kurz der Frage nachzugehen, wieso eine solche starke Antriebskraft, die Aktualisierungstendenz, im Menschen überhaupt verschüttet werden kann. Wesentliche Gesichtspunkte psychischer Beeinträchtigungen wurden bereits in den Persönlichkeitsthesen (10), (11), (13), (14), (16), (17) angeschnitten: Solange die Selbststruktur, d. h. „die Organisation von Hypothesen zur Begegnung des Lebens" (Rogers), entsprechend der Umwelt erfolgreich ist, kann ein positives Selbstgefühl existieren. Die bewussten Spannungen bleiben minimal, da kein widersprüchliches Material die Angemessenheit der Funktionen in Frage stellen kann.

Unangemessene Selbststruktur. Nun kann es aber geschehen, dass die inneren Konflikte vergrößert werden, weil die bisherige Selbststruktur nicht länger angemessen ist (Rogers wählt als Beispiel einen sich selbst als „brilliant" wahrnehmenden Spitzenschüler einer Kleinstadt, der an die Universität kommt und dort mit Erfahrungen konfrontiert wird, die seinem bisherigen Selbstbild nicht entsprechen). Die Wahrnehmungen, die für die Struktur bedrohlich sind, werden entweder verleugnet, verzerrt oder unangemessen symbolisiert (vgl. die genannten Thesen).

Erstarrtes Erleben. Ohne eine Beziehung, die der therapeutischen im obigen Sinne entspricht, kann ab einem bestimmten Ausmaß an Bedrohung ein pathologischer Prozess einsetzen, in dem Wahrnehmungsverzerrungen zu immer mehr Einengungen des Erlebens führen und diese wieder die Verzerrungen verstärken oder zumindest aufrecht erhalten. Die Selbstaktualisierungstendenz ist in der „straffen, harten Gestalt, die typisch ist für jede bedrohliche Organisation" (Rogers), in ihrer lebendigen Wirksamkeit ebenfalls erstarrt.

Verleugnung von Erfahrung. Biermann-Ratjen (1993 – und zuvor schon Biermann-Ratjen & Eckert, 1982; Hübner, 1982 u. a.) arbeitet in Annäherung an ein tiefenpsychologisches Entwicklungsmodell heraus, dass solche Verleugnungen und Verzerrungen in problematischen Situationen auf frühkindliche Erfahrungen (bei der Entwicklung des Selbst) von missachtendem, unempathischem Nichtverstehen seitens relevanter Bezugspersonen zurückgeht. Wegen der hohen Abhängigkeit von Achtung und Wertschätzung werden Erfahrungen, die diese Wertschätzung gefährden können, verleugnet (analog zu Alice Millers: „Du sollst nicht merken", 1981).

Es wird nur noch gefühlt und empfunden, was die Eltern wollen – bis hin zur Verzerrung oder Verleugnung von Erfahrungen, in denen sich das Kind missachtet und gedemütigt fühlen müsste. Aber „nicht die Schmerzen der frühen Kindheit sind die Gefahr, die Tragik; die Gefahr liegt darin, dass einem menschlichen Lebewesen der eigene Zugang zu den eigenen Erfahrungen, dazu gehören auch Schmerzen, verstellt werden kann." (Biermann-Ratjen & Eckert, 1982, S. 38).

Aktualisierung früher Erfahrungen. Dass dann später diese frühen Erfahrungen aktualisiert werden und den besagten Prozess auslösen, hat schon Rogers (1951/73) mit dem Verweis darauf erläutert, dass in homogenen Kulturen auch „unrealistische" Wahrnehmungen weitgehend unproblematisch bestehen bleiben können, „aber in unserer modernen Kultur mit ihren konflikterzeugenden Subkulturen und ihren widersprüchlichen Werten, Zielen und

Wahrnehmungen wird das Individuum einer Realisierung der Diskrepanzen in seinen Wahrnehmungen ausgesetzt" (S. 182).

Veränderungen im Therapieprozess

Unter dem oben angeführten therapeutischen Beziehungsangebot erfährt der Klient nun ein Freisein von Bedrohung, fühlt sich in seinen Zweifeln, seiner vagen Wahrnehmung von sich selbst und seinen Unsicherheiten angenommen. Jeder Aspekt seines Selbst, den er vorsichtig freilegt und erkundet, wird gleichermaßen akzeptiert. Dabei kommen auch bedrohliche Erfahrungen und Einsichten zum Vorschein, bei denen sich der Klient vorübergehend auf die frühere, bequeme Gestalt zurückzieht, aber dann beginnt er langsam und vorsichtig, diese widersprüchlichen, beängstigenden Erfahrungen in eine neue und revidierte Struktur aufzunehmen.

Skalen für den Therapieverlauf. Rogers hat diesen Therapieprozess – als „Prozess der Desorganisation und der Reorganisation" – mehrfach unterschiedlich beschrieben (z. B. 1951/73, S. 181–186, oder 1961/76, S. 136–162), und dabei auch eine siebenstufige Prozessskala (Rogers, 1958, ähnlich auch 1961/73) vorgeschlagen, auf der die Entwicklung durch wiederum sieben Prozessvariablen kategoriell erfasst wird.

Es gibt somit 7×7=49 Kategorien, die aber z. B. Tomlinson und Hart (1962) durch Zusammenfassung der Stufen I/II, III/IV und VI/VII auf 7×3=21 reduziert haben; eine andere Reduzierung wurde von Truax (1966) vorgenommen, indem die sieben Prozessvariablen zu einer einzigen, der „Selbstexploration" (SE), zusammengefasst sind – eine Skala, die häufig in der Therapieforschung eingesetzt wurde. Im Folgenden sollen aber die Veränderungen im Therapieprozess grob anhand der sieben Prozessvariablen jeweils mit ihren beiden extremsten Stufen gekennzeichnet werden (vgl. z. B. Tausch, 1973; Pfeiffer, 1975).

> **Veränderungen anhand extremer Stufen**
> ▶ Gefühle und persönlich-gefühlsmäßige Meinungen werden auf Stufe I weder ausgedrückt noch erkannt, auf Stufe VII als unmittelbar gegenwärtig erfahren und geäußert,
> ▶ die Erfahrensweise ist auf Stufe I starr, wenig bewusst, Bedeutungen werden kaum symbolisiert, Gegenwärtiges wird in Bezug auf die Vergangenheit interpretiert; auf Stufe VII lebt der Klient im Prozess des unmittelbar gegenwärtigen Erfahrens, frei und akzeptierend,
> ▶ auf Stufe I ist der Klient weitgehend inkongruent, ohne dies zu bemerken; auf mittlerer Stufe werden diese Inkongruenzen häufig erfahren, bis auf Stufe VII nur noch selten Inkongruenz auftritt,
> ▶ eine Kommunikation über das Selbst fehlt auf Stufe I völlig, auf Stufe VII ist sie jederzeit möglich – das Selbst ist eingebettet ins unmittelbare Erleben,
> ▶ die kognitive Strukturierung des Erfahrungsraumes ist auf Stufe I starr und wird im Sinne äußerer Fakten verstande; auf Stufe VII sind die Strukturen flexibel, können versuchsweise eingesetzt und durch jede neue Erfahrung verändert werden,
> ▶ Probleme werden auf Stufe I nicht erkannt, der Wunsch nach Änderung fehlt; auf Stufe VII werden Probleme und der eigene Anteil daran deutlich wahrgenommen, die Verantwortung dafür wird übernommen,
> ▶ Beziehungen zu anderen Personen werden auf Stufe I als gefährlich vermieden, auf Stufe VII werden offene und freie Beziehungen auf der Basis unmittelbaren Erfahrens gesucht.

Stadien zum Therapieziel. Die genannten Extreme dienen dabei nur zur Orientierung: Rogers weist selbst darauf hin, dass sich eine Person, die sich bei allen Prozessvariablen auf Stufe I oder II befindet, vermutlich gar nicht freiwillig in Therapie begeben würde, auf Stufe VII hingegen wäre eine Person längst der Therapie entwachsen. Biermann-Ratjen et al. (2003, S. 100) betonen in diesem Zusammenhang, dass die Stufen I bis VII nicht als Therapiephasen und schon gar nicht als Reifungsphasen verstanden werden können, sondern als „Stadien, die ein Mensch durchläuft, wenn er Zugang zu seinem Empfinden gewinnen möchte, das für ihn irgendwie wichtig ist, von dem er aber abgeschnitten ist."

Bei jedem neuen Problem, dem er sich in der Therapie stellt, sind daher „Rückschritte" auf niedrigere Stufen möglich. Die Autoren kennzeichnen Gesprächspsychotherapie als Prozess, „in dem der Klient von der Beziehung, die er zu sich selbst hat und die er selbst und/oder andere als defizitär, unbefriedigend, rigide usw. erleben, in eine andere Beziehung zu sich selbst gebracht wird, die identisch ist mit der ihm vom Gesprächspsychotherapeuten angebotenen Beziehung" (ebd., S. 36).

→ **Beispiel 13.1** Verlauf einer Gesprächspsychotherapie

13.6 Experiencing und Focusing

Im Gegensatz zu manchen Neuentwicklungen im und Erweiterungen des personzentrierten Ansatzes, die diesen stärker in Richtung auf „Gesprächspsychotherapie" oder sogar noch weiter weg von den eigentlichen Kernkonzepten modifizierten, sei hier auf eine wesentliche Erweiterung (bzw. Ausdifferenzierung) Personzentrierter Psychotherapie hingewiesen, die zu deren Theorie und Menschbild konsistenter ist und auch zusammen mit Rogers entwickelt wurde. Gemeint sind die Konzepte „Experiencing" und „Focusing", die Gendlin (u. a. 1961, 1964) eingeführt hat. Das Erstere bezeichnet einen spezifischen Fokus auf den Veränderungsprozess beim Klienten, das Letztere meint eine besondere Vorgehensweise, die diesen Fokus stark berücksichtigt (vgl. Wiltschko, 2002, 2003).

Experiencing

Beim Experiencing („Erleben") handelt es sich zunächst um ein theoretisches Konstrukt, das in dem Bemühen entstand, die angeführte Prozessskala von Rogers zu verbessern, d. h. insbesondere die Validität zu erhöhen und den hohen Interkorrelationen zwischen den Prozessvariablen Rechnung zu tragen. „Experiencing" kennzeichnet somit eine Skala, mit der versucht wird, den Therapieprozess auf einen zentralen Aspekt, das unmittelbare Gefühlserleben des Klienten, zu fokussieren.

> **Definition von Experiencing**
> Experiencing lässt sich wie folgt definieren: „Experiencing soll das konkrete, im Augenblick vor sich gehende Erleben eines Individuums bezeichnen, bei dem die Aufmerksamkeit auf einen zugrunde liegenden, gefühlten Erlebnisgegenstand gerichtet ist. Dieser Gegenstand muss nicht unbedingt vollständig verbal fassbar sein, es ist für das Individuum mehr eine körperlich fühlbare Beziehung: eine gefühlte, unmittelbar gegenwärtige, persönliche Bedeutung von Dingen und Erlebnissen." (Dahlhoff & Bommert, 1978, S. 65)

Gefühlte Bedeutung. Ein Kernaspekt des Experiencing ist die „gefühlte Bedeutung" („felt meaning", „felt sense") – ein impliziter, noch nicht durch Worte symbolisierter Erlebnisgegenstand. Hierin wird die starke existenzphilosophische Fundierung von Gendlin deutlich (obwohl dieser aus der Physik kommt): Die Erfahrung der Existenz ist umso leichter möglich, als sie sich von den kategoriellen Beschränkungen der Alltagssprache frei machen kann. Dies wird im nichtsprachlichen Experiencing gefördert. Es ist dies also ein Versuch, dem organismischen Erleben unmittelbarer näher zu kommen, als es durch kategorielle Bezugnahmen, Introjekte, oder auch die Schemata der Selbststruktur möglich ist – was ja gerade bei „Störungen", wo Teile der organismischen Erfahrung nicht im Selbst symbolisiert sind, wichtig ist.

Experiencing-Skala. Hier ließen sich Verbindungen zur Gehirnhälftenforschung (hier: zur Spezifität der rechten Hemisphäre) bzw. zu den unterschiedlichen Repräsentationssystemen des „Neurolinguistischen Programmierens NLP" (vgl. in Kap. 20.1: Reframing) ziehen. Doch hat Gendlin sich unter empirischer Perspektive eher bemüht, sein Konzept operationalisierbar zu machen. Ein amerikanisches Manual wurde 1969 von Klein, Mathieu, Gendlin und Kiesler veröffentlicht; deutsche Fassungen gibt es u. a. in Pfeiffer (1976), Bommert und Dahlhoff (1978). Die siebenstufige Fassung der Skala fassen

die letztgenannten Autoren selbst wie folgt grob zusammen:
- Stufen 1–3: Die persönliche Rolle des Sprechenden im Experiencing-Sinn ist nicht bemerkbar bzw. der Standpunkt des Sprechenden liegt außen, außerhalb des eigenen unmittelbaren Erlebens (als ob eine andere Person berichtete).
- Stufen 4–7: Die Betrachtung der ausgeführten Inhalte wird von einem inneren, d. h. im unmittelbaren Fühlen und Erleben liegenden Standpunkt aus vorgenommen. Ein zunehmendes Ausmaß der Intensität und Veränderung der gefühlten Bedeutung wird beschrieben.

Die Bedeutung des Experiencing-Konzepts liegt allerdings vornehmlich im phänomenologisch-verstehensorientierten Bereich; zur quantitativ-empirischen Forschung trägt es – jedenfalls in der derzeitigen Operationalisierung – weniger bei, weil sehr hohe Korrelationen zwischen der Experiencing-Skala und den „klassischen" Skalen zur „Selbstexploration" berichtet werden (Sachse, 1992, S. 14).

Darüber hinaus wurde versucht, „Experiencing" zum Kern einer eigenständigen Theorie der Persönlichkeitsveränderung zu machen (vgl. Gendlin, 1978) bzw. sogar eine eigenständige Therapierichtung unter der Bezeichnung „Experiential Psychotherapy" (Gendlin, 1973) zu begründen, auf die hier aber nicht eingegangen werden kann.

Focusing

Auf der Basis des Experiencing-Konzepts hat Gendlin (u. a. 1970, 1978) ein therapeutisches Vorgehen spezifiziert, bei dem der Klient aufgefordert wird, sein Erleben zu vertiefen. Er nannte diese Vorgehensweise „Focusing" („Zentrieren", „Konzentration"). Im Zentrum der Überlegungen zur personzentrierten Störungslehre steht dabei der Aspekt, dass der normale Interaktionsprozess zwischen implizit gefühlten Bedeutungen und deren Symbolisierungen zu viele Freiheitsgrade durch eingefahrene Strukturen verloren hat. Daher muss die Beziehung zu dem unmittelbaren (und nicht strukturell-sprachlich vermittelten) Erleben gefördert werden.

Vier Phasen des Focusings

(1) **Direkte Bezugnahme** (direct reference): Als erster Einstieg wird der Klient sein Urteil „über sich und wie er ist" beiseite legen und sich auf etwas beziehen und konzentrieren, was er unmittelbar erlebt. Das, was erlebt wird, kann dabei noch nicht klar ausgedrückt werden – oft spricht der Klient nur vage von „dies".

(2) **Entfaltung** (unfolding): Aus dem vagen „dies" wird ein Gefühl „ich hab's", oft mit eigener Überraschung verbunden. Selbst wenn der Erlebnisgegenstand nicht positiv bewertet wird, zeigen Klientenberichte und physiologische Messungen, dass Spannungsreduktion auftritt: Analog zur Erwartungsangst zieht man es häufig vor, ein unangenehmes Ergebnis zu erfahren, als in Ungewissheit zu bleiben.

(3) **Erweiterte Anwendung** (global application): Der Klient erreicht direkten Zugang zu verschiedenen Erlebnisbereichen. Vorher scheinbar unverbundene Gefühlsgegenstände können durch die verändert gefühlte Bedeutung verknüpft werden. Gendlin betont, dass dies nicht „Einsicht" im üblichen Sinne ist.

(4) **Änderung der Bezugnahme** (referent movement): Nach Phase 1–3 sind nun neue implizite Bedeutungsgehalte des Erlebnisgegenstandes spürbar, alte treten in den Hintergrund. Der alte Gegenstand ist durch diesen Prozess verändert worden – oft zum eigenen Erstaunen des Klienten. Eine neu gefühlte Bedeutung ist vorhanden und der Vier-Phasen-Prozess kann erneut beginnen. (Vgl. auch Bense, 1979)

Focusing als Persönlichkeitsvariable. Gendlin verweist darauf, dass diese vier Phasen nicht immer klar trennbar sind und auch nicht immer in der angeführten Reihenfolge durchlaufen werden. Verschiedene Autoren haben schon versucht, Focusing-Fähigkeit als Persönlichkeitsvariable im Sinne der differentiellen Psychologie aufzufassen (z. B. VandenBos, 1973).

Veränderung als Wahrnehmungsproblem. Focusing hat auch im deutschen Sprachraum eine größere Anhängerschaft gefunden, zumal diese Erweiterung gut ins personzentrierte Konzept passt. Bereits 1951 hatte Rogers formuliert: „Damit das Verhalten sich ändert, muss eine Veränderung in der Wahrnehmung erfahren werden. Das kann nicht durch intellektuelles Erkennen ersetzt werden" (Rogers, 1951/73, S. 208). Focusing kann diesen Prozess unterstützen.

→ **Beispiel 13.2** Gesprächsprotokoll eines Focusing-Prozesses

13.7 Zusammenfassung

Entstehungsgeschichte der Personzentrierten Psychotherapie. Das Konzept von Rogers wird mit „Personzentrierte Psychotherapie" am treffendsten bezeichnet, da das Werden, das Wachstum und die Entfaltung der Person und ihre Bedingungen in der Begegnung im Zentrum des Ansatzes stehen. Für die Heilbehandlung hat sich in Deutschland die Bezeichnung „Gesprächspsychotherapie" etabliert.

Rogers war als Mitbegründer der humanistischen Psychologie stark von der Existenzphilosophie und der Lehranalyse bei Otto Rank beeinflusst. Andererseits hat seine methodische Ausbildung an der in behavioristischer Tradition stehenden Columbia-University mitbedingt, dass er auch Pionierarbeit zur Psychotherapieforschung leistete. So regte er z. B. als Erster sowohl empirische Outcome- als auch Prozessforschung an, in welcher der von ihm entwickelte Q-Sort angewandt wurde.

Die hierzulande verbreitete Bezeichnung „Gesprächs(psycho)therapie" spiegelt auch die Tatsache wider, dass im Sinne der experimentell-statistischen Forschung das Hauptaugenmerk auf der am besten objektiv messbaren Basisvariable lag: dem Verbalisieren emotionaler Erlebnisinhalte. Die damit einhergehende reine Außenperspektive steht jedoch Rogers' Personkonzept entgegen, das mehr auf die Innensicht gerichtet ist.

Entwicklung der Personzentrierten Psychotherapie. Zu Beginn des personzentrierten Ansatzes stand die Nichtdirektivität im Vordergrund, die sich bald auf Klientenzentrierung als Schwerpunkt verlagerte. Demnach soll der Therapeut dem Klienten zu einer möglichst hohen Selbstwahrnehmung v. a. seiner Gefühle und Bewertungen verhelfen. Von den (laut Rogers) sechs notwendigen und hinreichenden Bedingungen erfolgreicher Psychotherapie (die oft auf drei sog. „Basisvariablen" verkürzt wurden) war zunächst die Empathie für den inneren Bezugsrahmen des Patienten und seiner Gefühls- und Bewertungswelt zentral. Erst später wurde stärker die Beziehung zwischen Klient und Therapeut explizit als therapeutisches Agens thematisiert, mit der Inkongruenz zwischen Erleben und dessen Symbolisierung im Selbst erfahren werden und zu einer Reintegration beitragen können. Deshalb wurden nun mehr auch erlebnisfördernde Interventionsformen wie z. B. das Experiencing und das Focusing integriert.

Mit der zunehmenden Attraktivität des Ansatzes auch für Therapeuten mit mehr lerntheoretischer und kommunikationspsychologischer Ausrichtung wurden gleichzeitig auch Zweifel am Konzept der Basisvariablen laut. Insgesamt fand eine Ausdifferenzierung der Gesprächspsychotherapie statt, wobei auch Methoden mit z. B. stärkerer Integration von konflikttheoretischen oder kognitionspsychologischen Aspekten entstanden. Andere fordern hingegen eher die Rückbesinnung auf den humanistisch-existenzphilosophischen Ursprung von Rogers' Ansatz.

Rogers' Persönlichkeits- und Entwicklungstheorie. Das Selbst ist der zentrale Aspekt in Rogers' Persönlichkeitstheorie. Es entwickelt sich aus der Interaktion mit der Umwelt und organisiert und strukturiert Erfahrungen. Die Aktualisierungstendenz ist der Kern von Rogers Entwicklungstheorie. Gemeint sind hier Selbstorganisationsprozesse, also die Entfaltung einer dem gesamten Organismus inhärenten Ordnung. Die Wichtigkeit dieser Dynamik zur selbstorganisierten Bildung von Ordnung und ihre Adaptation an die Umgebung sah Rogers durch Ergebnisse multidisziplinärer Systemforschung bestätigt.

Auch das Selbst entwickelt sich beim Menschen als Teil der organismischen Aktualisierung – lässt sich aber analytisch als „Selbst"-Aktualisierung abgrenzen. Wenn Organismus und Selbst unterschiedliche Aspekte optimieren, kommt es zur Inkongruenz: Der Organismus steht dann im Spannungsfeld zwischen bestimmten Bedürfnissen oder Erfahrungen, die (noch) nicht symbolisiert wurden, und der Struktur des Selbst, die sich dazu im Widerspruch befindet. Bedeutsam für psychisches Wohlbefinden ist die Angemessenheit der Symbolisierungen sowohl zu den organismischen Prozessen als auch zur äußeren Umwelt.

Grundhaltung des Therapeuten. Die Grundhaltung des Therapeuten kann v. a. durch drei Aspekte einer Begegnungshaltung näher erläutert werden. Der erste besteht in der *unbedingten* positiven Zuwendung, d. h. in der Haltung des Therapeuten, sein Beziehungsangebot nicht von zu erfüllenden Bedingungen abhängig zu machen, sondern dem Klienten in Achtung vor seiner Individualität zu begegnen. Dadurch werden Bedingungen offen gelegt, unter denen der Klient in seiner Biographie Wertschätzung erfuhr und die ihn nun als Strukturprinzipien seiner Erfahrung in seinen Lebensprozessen einschränken.

Der zweite Aspekt, die Echtheit, beinhaltet die Authentizität und Transparenz des Therapeuten in der Beziehung zum Klienten. Reflektierte Inkongruenzen des ansonsten möglichst kongruenten Therapeuten können als Hinweise auf die spezifische Inkongruenzstruktur des Klienten nutzbar gemacht werden. Echtheit äußert sich auch in einem großen Reaktionsspektrum und der Übereinstimmung zwischen verbalen und nonverbalen Äußerungen.

Einfühlendes Verstehen, der dritte Aspekt, meint, den Klienten in seinem Erleben zu verstehen (nicht: einen diagnostischen Scharfblick für seine innere Welt zu haben) und ihm so die Möglichkeit zu geben, seine innere Welt selbst zu erforschen. Dabei werden selektiv die gefühlsmäßigen Erlebnisinhalte und Bewertungen, die den Äußerungen des Klienten zugrunde liegen, rückgemeldet (jedoch möglichst wenig interpretiert). Da die Wahrnehmung und das Verständnis dieser Gefühle im Hinblick auf den inneren Bezugsrahmen des Klienten umso besser gelingt, je mehr der Therapeut auch seine eigenen Gefühle wahrnimmt und je weniger Abwehrhaltungen etc. er einbringt, ist Selbsterfahrung ein integraler Bestandteil der therapeutischen Ausbildung.

Der therapeutische Prozess. Durch frühes unempathisches Nichtverstehen bestimmter Erfahrungen seitens relevanter Bezugspersonen kam es zur Verleugnung und Verzerrung oder gar zur Nichtsymbolisierung dieser Erfahrungen. Der Patient versteht sich und sein Verhalten dann teilweise selbst nicht. Die beschriebene therapeutische Beziehung ermöglicht hingegen, dass bisher verleugnete Erfahrungen in die Selbststruktur integriert werden und dies auf Dauer zu einer größeren Flexibilität, Kreativität und Selbstakzeptanz führt. Sie zielt darauf, dass die Beziehung des Klienten zu sich selbst der förderlichen Beziehung des Therapeuten zu ihm gleicht (siehe Beispiel 13.1).

Die Veränderungen im Therapieprozess können durch sieben Prozessvariablen gemessen werden, die sich auf den Zugang zum eigenen Empfinden beziehen. Zur Verbesserung dieser Prozessskala entwickelte Gendlin das Konstrukt Experiencing, das sich auf das Ausmaß der unmittelbar gefühlten (nicht sprachlich gebundenen) Bedeutung von Dingen und Erlebnissen bezieht. Eine Vorgehensweise zur Förderung dieses vertieften Erlebens liegt im Focusing, durch das implizit gefühlte Bedeutungen wieder erfahrbar werden sollen (siehe Beispiel 13.2).

13.8 Verständnisfragen

▶ Welchen Beitrag leistete Rogers zur Psychotherapieforschung?
▶ Was erhebt ein Q-Sort (so wie er von Rogers verwendet wurde)?
▶ Warum stand besonders das „Verbalisieren" im Vordergrund des Forschungsinteresses?
▶ Warum ist die heutige Therapieforschung, die v. a. Beobachtungsratings einschließt, mit Rogers' existenzphilosophisch-phänomenologischer Grundposition schwer zu vereinbaren?
▶ Wozu sollen erlebnisfördernde Interventionen dienen?

- Was versteht Rogers unter dem „Selbst"?
- Was ist der Unterschied zwischen den Begriffen „Aktualisierungstendenz", „Selbstaktualisierungstendenz" und „Selbstorganisation"?
- Inwiefern lässt sich die Aktualisierungstendenz auch aus heutiger naturwissenschaftlicher Perspektive beschreiben?
- Was bedeutet „Inkongruenz" in der Gesprächspsychotherapie?
- Was sind nach Rogers die drei notwendigen und hinreichenden Bedingungen, die ein Therapeut für konstruktive Persönlichkeitsveränderungen erfüllen muss?
- Kann ein Therapeut unbedingte positive Zuwendung lernen?
- Warum sind Ratschläge u. Ä. zu vermeiden?
- Was ist der Unterschied zwischen empathischem Verstehen nach Rogers und diagnostischem Erfassen des Klienten bzw. seines Problems?
- Warum ist die Auseinandersetzung des Therapeuten mit sich selbst so wesentlich für die Begegnung mit dem Klienten?
- Mit welchen Skalen wurde einfühlendes Verstehen oft gemessen?
- Inwiefern wirkt sich nach Rogers die therapeutische Beziehung auf die inneren Prozesse des Klienten aus?
- Welche Grundveränderung soll im Therapieprozess erreicht werden?
- Wie wurden diese Grundveränderungen gemessen (Skalen)?
- Was kennzeichnet Experiencing, was Focusing? Was ist der Bezug dieser Konzepte zur personzentrierten Störungslehre?
- Ist unsere Kultur für unsere Selbstaktualisierung wohl eher förderlicher oder einschränkender als noch vor 100 Jahren?

Fallbeispiele auf CD

Beispiel 13.1: Verlauf einer Gesprächspsychotherapie

Das Fallbeispiel einer 27-jährigen Klientin u. a. mit Zwangssymptomatik verdeutlicht:
- wie die therapeutische Beziehung in der Gesprächspsychotherapie die Selbstaktualisierungstendenz fördert,
- wie die notwendigen Introspektionsprozesse des Therapeuten mit einbezogen werden.

Das Fallbeispiel bezieht sich auf das Kapitel:
13.4 Der therapeutische Prozess

Beispiel 13.2: Gesprächsprotokoll eines Focusing-Prozesses

Das Fallbeispiel einer 48-jährigen Klientin mit Angst vor „engen Beziehungen" verdeutlicht:
- wie der Therapeut die Klientin anregt, ihr Problem körperlich zu erleben,
- wie der Therapeut die Klientin durch den Symbolisierungsprozess begleitet, gemeinsam mit ihr Bedeutungsmöglichkeiten sucht und so für sie der emotionale Gehalt eines Themas besser erfahrbar wird.

Das Fallbeispiel bezieht sich auf das Kapitel:
13.5 Experiencing und Focusing

14 Gestalttherapie

14.1 Entstehung der Gestalttherapie

Die gestaltpsychologischen Grundlagen der humanistischen Psychologie sind am stärksten und detailliertesten in den Konzepten der Gestalttherapie von Frederick („Fritz") Salomon Perls (1893–1970) und seiner Frau Lore zum Ausdruck gekommen. So spielen, wie noch gezeigt wird, bei dieser Therapieform z. B. besonders das Gestaltgesetz der Geschlossenheit (Wertheimer) und der Zeigarnik-Effekt (unerledigte Handlungen werden bevorzugt im Gedächtnis behalten) eine zentrale Rolle. Von der Theorie Kurt Goldsteins wurde die Betonung der Figur-Grund-Bildung sowie das Konzept der Selbstaktualisierung und der aktiven Auseinandersetzung mit der Umwelt übernommen.

Gestalttherapie und Gestaltpsychologie. Dennoch ist die Gestalttherapie nicht einfach die praktische Anwendung der Gestaltpsychologie – ein Verhältnis, wie es zumindest anfänglich für Verhaltenstherapie und Lerntheorien zutraf. Vielmehr wurden die sehr präzisen, experimentell fundierten Formulierungen gestaltpsychologischer Gesetze (vorwiegend im kognitiven und wahrnehmungspsychologischen Bereich) von Perls weitgehend in sehr verallgemeinerter Form und oft nur in metaphorischer Analogie verwendet.

Anfänge und Mitbegründer

Der Name „Gestalttherapie" war nur Perls' zweite Wahl für seinen Ansatz: Perls, der anfangs als „klassischer" Psychoanalytiker arbeitete, entwickelte die Konzepte dieser Therapieform erst langsam aus der Psychoanalyse heraus und behielt zunächst auch für seine modifizierten Vorgehensweisen noch lange die Bezeichnung „Psychoanalyse" bei.

In seinem ersten Buch von 1944 („Ego, Hunger und Aggression") überschrieb er dann den dritten Teil, der die therapeutische Technik beschreibt, mit „Konzentrationstherapie" („concentration therapy"). Als er dann Ende der 40er Jahre nach einem passenderen Namen für seinen Ansatz suchte, wollte er im Hinblick auf die stark existenzialistischen Züge die Therapie eigentlich „Existenzpsychotherapie" nennen. Er zog aber letztendlich den Namen „Gestalttherapie" vor, um sich von den „nihilistischen" Strömungen im Existentialismus (besonders Camus und Sartre) deutlich abzusetzen.

Neben Fritz Perls selbst werden besonders seine Frau Lore (bzw. angelsächsisch: Laura), Paul Goodman, James Simkin, Paul Weisz und Ralph Hefferline mit zu den Begründern der Gestalttherapie gezählt. Doch steht Fritz Perls zweifellos im Zentrum der Beachtung – nicht zuletzt wohl wegen seiner ausgeprägt individualistischen und stark nach Geltung strebenden Persönlichkeit (so hatte er z. B. in seinen frühen Schriften noch den hohen Anteil seiner Frau Lore an der theoretischen Konzeption gewürdigt, diese Hinweise dann aber in späteren Auflagen dieser Werke herausgestrichen).

Integration unterschiedlicher Ansätze

Unbestreitbar ist es das Verdienst Perls', sehr viele unterschiedliche Ansätze und Strömungen in die Gestalttherapie integriert zu haben: Wichtig ist hier zunächst die Übernahme psychoanalytischen Gedankengutes durch seine Lehranalysen bei Karen Horney (1925), Clara Happel (1926), Wilhelm Reich (1928) und einigen weiteren Analytikern aus dem engen Kreis um Freud.

Nähe zu psychoanalytischen Konzepten. Hartmann-Kottek-Schroeder (1983) verweist in diesem Zusammenhang auf eine bemerkenswerte Ähnlichkeit einiger Gedanken von Harald Schultz-Hencke (1892–1953), einer Kernfigur der Berliner Psychoanalytischen Schule, zu der Perls Anfang der 20er Jahre stieß, mit einigen zentralen Konzepten der späteren Gestalttherapie (z. B. die Bedeutung nicht-neurotischer Aggression, die Betonung des „Hier und Jetzt" – s. u.).

Biographischer Hintergrund

Perls' Auseinandersetzung mit der Gestaltpsychologie ist auf die Annahme einer Assistentenstelle bei

Kurt Goldstein in Frankfurt (ab 1926) zurückzuführen und darüber hinaus auf die Ehe mit seiner Frau Lore, die als Psychologin in Gestaltpsychologie promoviert hatte (er selbst hatte ja eine medizinische Ausbildung).

Nicht unwesentlich für seine spätere Abgrenzung gegenüber der Psychoanalyse war sicher auch eine sehr kritische Aufnahme seines Beitrages über „orale Widerstände" auf dem Psychoanalyse-Kongress 1936 und eine kränkende, ablehnende Haltung Freuds bei Perls' Besuch in Wien im selben Jahr. Jedenfalls begann kurz danach eine mehrjährige persönliche Krise Perls', in der er sich mit der Phänomenologie und dem Existenzialismus sowie der Gestaltpsychologie intensiv auseinandersetzte.

Weiterentwicklung in den USA. Als Jude musste er 1933 nach Holland fliehen, ging später nach Südafrika, (dort entstand „Ego, Hunger und Aggression") und arbeitete ab 1946 in den USA, wo er 1970 starb. Wichtig waren auch Perls' Kontakte 1947 und 1949 mit Moreno, bei dem er das Psychodrama kennen lernte. Paul Goodman, der in Chicago promoviert hatte, steuerte ab Ende der 40er Jahre die sozialphilosophischen Bezüge und die Perspektive der berühmten Chicagoer Schule des Pragmatismus (u. a. Dewey & Mead) zur weiteren Entwicklung der Gestalttherapie bei. In der Zusammenarbeit von Fritz und Lore Perls, Paul Goodman und Ralph Hefferline entstand 1951 das zweite zentrale Werk der Gestalttherapie, das nun auch schon diesen Namen trägt: „Gestalttherapy. Excitement and Growth in the Human Personality".

Theoretische Abstinenz und persönliche Krisen. Perls selbst hat später nicht mehr versucht, seine Weiterentwicklungen theoretisch-systematisch aufzuarbeiten – dies besorgten teilweise seine Anhänger –, sondern sich auf die Publikation zusammenfassender Darstellungen der grundsätzlichen Konzepte mit jeweils hohem Platzanteil von Protokollen seiner Gestalttherapie-Sitzungen beschränkt. Diese theoretische Abstinenz hängt möglicherweise auch damit zusammen, dass Perls nach einer weiteren längeren Krise in den 50er Jahren 1960 nach Japan ging, um die Zen-Meditation kennen zu lernen, wodurch die Ablehnung des Theoretisierens zugunsten persönlicher bewusster Erfahrung noch gefördert wurde.

Einflüsse aus dem Zen-Buddhismus. Gerade aus dem Zen-Buddhismus sind starke Einflüsse auf die Gestalttherapie von Fritz Perls zu verzeichnen, so z. B. eine noch stärkere Betonung der autonomen Selbstregulation und des Gleichgewichts aller Kräfte und, was die Fortentwicklung der Gestalttherapie durch Perls selbst angeht, eine immer deutlichere Orientierung auf bewusstseinserweiternde Prozesse hin – auf Kosten klinischer Aspekte.

Unterschiedliche Strömungen

Schon in den 60er Jahren bildeten sich allerdings in den USA zwei unterschiedliche Strömungen der Gestalttherapie heraus: An der „Westküste" (geprägt durch Fritz Perls, Claudio Naranjo und James S. Simkin) entstand die eher individualistische und persönlichkeitsentfaltende Richtung (die auch weniger für „übliche" klinische Patienten geeignet erscheint). An der „Ostküste" hingegen wurde die Gestalttherapie als psychotherapeutischer Behandlungsansatz weiterentwickelt (geprägt durch Lore Perls, Paul Goodman und Isadore From).

In Westeuropa wird die Gestalttherapie seit den 70er Jahren insbesondere durch Hilarion Petzold verbreitet und auch stärker theoretisch weiterentwickelt (teilweise unter der Bezeichnung „Integrative Therapie"), indem die ursprünglichen Anteile – Gestaltpsychologie, Psychodrama, Existenzialismus – wieder stärker herausgearbeitet werden.

14.2 Gestalttherapeutische Grundkonzepte

Die Gestalttherapie hat sich vornehmlich aus der therapeutischen (zunächst psychoanalytischen) Praxis unter der Wirkung der eben skizzierten persönlichen, personellen, theoretischen und weltanschaulichen Einflüsse entwickelt. Perls vermittelte jenseits akademischer Strukturen eher eine „Lebensform" und publizierte mehr kommentierte Sitzungsprotokolle als straff gegliederte Theorieansätze. Auch lassen sich einzelne Techniken gut in andere Therapieansätze einbeziehen. Darum wird Gestalttherapie gelegentlich als nur wenig geschlossen-strukturierte Ansammlung von Interventionstechniken verstanden.

Eine solche, rein praktisch orientierte Sichtweise der Gestalttherapie greift sicherlich wesentlich zu kurz. Dennoch ist richtig, dass das „Weltbild" der Gestalttherapie (bzw. ihr Menschenbild) und das Spektrum konkreter Interventionstechniken zumindest gleichrangig mit der Theorie (im engeren, akademischen Sinne) zu einem Ganzen (man könnte sagen: zu einer „Lebens-Gestalt" für den Therapeuten) miteinander verwoben sind.

Vielleicht ist die Gestalttherapie damit sogar die Therapieform, bei der die weltanschaulich-philosophischen Grunderkenntnisse (nämlich z. B. Erfahrung und Begegnung über das Theoretisieren zu stellen) am stärksten auch auf ihren Ansatz selbst zurückwirken (zumindest gilt das in hohem Maße für Perls selbst).

Kerngebote

Die Grundgedanken der gestalttherapeutischen Lebensphilosophie – quasi der Hintergrund, vor dem sich die Theorie und die konkreten therapeutischen Interventionen jeweils als ausgegrenzte Gestalten abheben – wurden von dem Perls-Schüler Eric Marcus (1979) in Übernahme von neun Kerngeboten aus Naranjo (1970) wie folgt formuliert:

- „Lebe jetzt. Kümmere dich um die Gegenwart statt um die Vergangenheit und die Zukunft". Vergangenheit und Zukunft, das sind Phantasien, Gedanken ...
- „Lebe hier. Beschäftige dich mit dem Anwesenden statt mit dem Abwesenden". Es müssen viele „unerledigte Geschäfte" aus der Vergangenheit erledigt, „unfertige Gestalten" geschlossen werden, bis man im Hier und Jetzt leben kann.
- „Höre auf, dir etwas vorzustellen. Erfahre die Realität". Die Therapie besteht im Wesentlichen darin, dem Klienten zu helfen, zwischen seiner Phantasie und der Wirklichkeit zu unterscheiden.
- „Höre auf, unnötig zu denken. Besser: Probier und schau." Experimentiere mit dir!
- „Drücke dich lieber aus, anstatt zu manipulieren, zu erklären, zu rechtfertigen und zu urteilen".
- „Lass dich auf Unerfreuliches und Schmerz ebenso ein wie auf Freude. Schränke deine Bewusstheit (awareness) nicht ein". Also: Vermeide nichts!
- „Akzeptiere keine ,sollte' oder ,müsste' außer deinen eigenen. Bete keine Götzenbilder an".
- „Übernimm die volle Verantwortung für deine Handlungen, Gefühle, Gedanken."
- „Akzeptiere dich (und die anderen), wie du jetzt bist (wie sie jetzt sind)". „Nur wenn wir die Unausweichlichkeit des jetzigen Zustandes akzeptieren, können wir neue Bewusstheiten akzeptieren, können wir neue Bewusstheiten entwickeln und neue Seinsweisen im nächsten Augenblick ausprobieren".

Leben als komplexer Prozess. Menschliches Leben, im Sinne der Gestalt„philosophie", ist demnach ein fortwährender Prozess, ein Gleiten von Situation zu Situation, eine jede gekennzeichnet durch innere Bedürfnisse, Gefühle, Erfahrungen und äußere Wahrnehmungen, Kontakte, Dialoge, Begegnungen, die stets komplex und ganzheitlich miteinander verwoben sind, auch wenn das Bewusstsein (bzw. die Aufmerksamkeit) entsprechend den Bedürfnissen jeweils einzelne Aspekte („Figuren") herausgreift. Leben, so verstanden, ist in jedem Augenblick ein packendes Experiment mit den eigenen Möglichkeiten und Erfahrungen (die allerdings nicht unabhängig vom sozialen Umfeld gesehen werden können) – jede Leugnung von Bedürfnissen, Einengung der Erlebens- und Verhaltensmöglichkeiten, Vermeidung von Kontakt zu sich und/oder zur Umwelt, ist Ausdruck einer Störung und erhält diese gleichzeitig aufrecht.

Zentrale Begriffe

Im konzeptionellen Zentrum der Gestalttherapie stehen Begriffe wie „Wachstum" bzw. „Selbstaktualisierung". Diese findet in einem Fluss von „Gewahrsein" oder „Bewusstheit" („awareness continuum") im ständigen „Kontakt" mit der „Umwelt" und der eigenen „Innenwelt", in der „Begegnung" („Ich und Du") und stets im „Hier und Jetzt" statt.

Man könnte die Konzepte der Gestalttherapie als Teilaspekte des Zieles, der Awareness, entwickeln (wobei im Sinne des Zen „Ziel" gleichzeitig als endloser „Weg" auf dieses Ziel hin verstanden werden kann); denn Awareness „ist der Zustand des lebendigen Organismus, der mit sich und der Umwelt in Kontakt ist, ohne dass Blockierungen, wie z. B. die neurotischen Mechanismen, die bewusste Wahrnehmung seiner selbst und des anderen trüben oder einschränken" (Perls, 1976, S. 73).

Im Folgenden soll aber der Begriff der „Assimilation", der Aufnahme und Verarbeitung von (zunächst) fremden Bestandteilen zum Zwecke des eigenen Wachstums, als Brennpunkt genommen werden, um die Aspekte dieser einzelnen Konzepte zusammenzuführen.

Assimilation und Wachstum

Kein Organismus ist so autark, dass er allein aus sich heraus existieren, geschweige denn wachsen könnte. Leben und Wachstum finden daher grundsätzlich in Auseinandersetzung mit der Umwelt statt. Perls macht diesen Vorgang an einem elementaren Beispiel, der Nahrungsaufnahme, deutlich: Um seinen Hungertrieb zu befriedigen, muss der Mensch zunächst in Kontakt mit der Umwelt treten. Dieses Herantreten (lateinisch: ad-greddi) an die Umwelt ist ein Akt der Aggression – Perls versteht also Aggression als positive und notwendige Grundvoraussetzung menschlichen Lebens, womit er stark von Freuds Todestrieb-Konzeption abweicht.

Transformation und Selektion. Die Nahrung, die bei diesem Herantreten und dem Sichauseinandersetzen mit der Umwelt gefunden wurde, muss nun dem Körper einverleibt werden; dazu gehört in der Regel, vom Nahrungsmittel abzubeißen, es durchzukauen und dabei zu schmecken sowie auf diese Weise Nahrhaftes und Erwünschtes von Giftigem und Unerwünschtem zu trennen. Ersteres wird vom Körper aufgenommen, beim Durchkauen und Verdauen zerlegt und zerstört, und erst auf diese Weise kann ein solches Fremdmaterial vom Körper assimiliert werden und als nun Körpereigenes dem Wachstumsprozess dienen.

Genau diese geglückte Transformation von Fremdmaterial in Eigenmaterial zum Zwecke des Wachstums kennzeichnet den Prozess der Assimilation. Dabei ist es allerdings, wie gesagt, auch wichtig, dass das nicht verwertbare Material zurückgewiesen („ausgespuckt") wird – hier hat der Ekel die wichtige Funktion, das, was als unbekömmlich herausgeschmeckt wurde, auch tatsächlich abzuweisen.

Nahrungsaufnahme als Grundmuster. Dieses elementare Beispiel der Nahrungsaufnahme kann grundsätzlich auch auf die anderen Prozesse der Auseinandersetzung mit der Umwelt und vom biologischen auf den „geistig-seelischen Stoffwechsel" (Perls) übertragen werden. Allerdings wurden der „Hunger" als wesentliches Bedürfnis und das Beispiel der konkreten Nahrungsaufnahme eben (und von Perls) nicht zufällig gewählt.

Vielmehr ist dieser Vorgang eine der ersten Formen der Auseinandersetzung des Kindes mit seiner Umwelt. Vor allem durch die Art der Gestaltung dieser Nahrungsaufnahme in der frühen Kindheit – also letztlich durch die ganze Beziehung zur Mutter – werden grundsätzliche Muster der Auseinandersetzung mit der Umwelt erworben und generalisiert. Die folgende Verallgemeinerung findet somit nicht nur an diesem Beispiel, sondern analog auch in der kindlichen Entwicklung statt.

Auseinandersetzung mit Erfahrungsmaterial. Wachstum setzt also die als Assimilation gekennzeichnete Transformation von (Organismus-)Fremdem in (Organismus-)Eigenes voraus. Abgesehen von dem Beispiel der Nahrungsaufnahme ist hier im psychologischen Sinne die Auseinandersetzung mit Erfahrungs- und Erlebnismaterial gemeint. Sowohl die Zerstörung des Fremden, die dem Aufbau als Eigenes vorausgeht, als auch die Annäherung an dieses Fremde in der Umwelt und seine Einverleibung sind Akte der „dentalen" Aggression.

Dazu muss der Organismus aber einerseits zwischen Brauchbarem und Unbrauchbarem differenzieren können, andererseits zunächst überhaupt entsprechend seinen Bedürfnissen den Kontakt mit der Umwelt gestalten und diese strukturierend wahrnehmen. Schon die Gestaltpsychologen Koffka und Goldstein betonten die „kreative Begegnung" des Subjekts mit der Welt, bei der, entsprechend der jeweiligen Bedürfnislage, Sinneinheiten (als Figur) aus der Umgebung (als Grund) hervorgehoben werden (s. u.).

Introjektion. In diesem Zusammenhang ist auf zwei Assimilationsstörungen hinzuweisen, die auch in der freudschen Psychoanalyse als Abwehrmechanismen eine wichtige Rolle spielen: Introjektion und Projektion. Introjektion ist die Aufnahme unbekömmlichen (oder zumindest unverdauten) Materials, das somit als fremder Bestandteil bestehen bleibt und nicht assimiliert wird. Im Essen-Beispiel wäre dies aufgezwungene Nahrung; übertragen handelt es sich um (ungeprüft und „unverdaut") übernommene Gebote und Verbote – im freudschen Sinne also um Bestandteile des Überichs.

Projektion. Projektion ist im Gegensatz dazu die Verweigerung jeglicher Aufnahme von Material – sogar von Material, das ursprünglich und eigentlich zum eigenen Organismus gehörte. Bestimmte Teile werden dann also nicht als „eigen" anerkannt (und schon gar nicht wieder assimiliert), sondern als „fremd" in die Umgebung projiziert. Der Projizierende kann nicht genügend zwischen der inneren und der äußeren Welt unterscheiden.

Die für gesundes Wachstum notwendige ungestörte Assimilation als Folge von (positiv verstandener) Aggression macht es notwendig, die Prozesse der Auseinandersetzung mit der Umwelt näher ins Auge zu fassen.

Umweltkontakt und Selbstregulation

Da der Mensch ein soziales Wesen ist, ist auch seine Umwelt immer schon eine soziale – d. h., entweder bezieht sich sein Umweltkontakt, seine Erfahrung, unmittelbar auf andere Personen oder aber, wenn es um „Dinge" in der Umwelt geht, müssen zumindest die Bedürfnisse und Interessen der anderen Personen mit berücksichtigt werden.

Aushandeln von Lösungen. Da man nicht davon ausgehen kann, dass immer alle Betroffenen komplementäre, sich ideal ergänzende Bedürfnisse haben, müssen gemeinsame Lösungen ausgehandelt werden. Im optimalen Fall findet dabei eine menschliche Begegnung statt – „ich und du im Hier und Jetzt". In jedem Fall aber verändert sich etwas durch diesen Dialog, in den beiden Partnern sowie in ihrer Beziehung zueinander und zur restlichen Umwelt. Wichtig ist, dass sich die ganze Person, das „Selbst", in dem Kontakt Organismus – Umwelt gestaltet.

Funktion und Struktur des Selbst. Dieses Selbst steht im Dienste der organismischen Selbstregulation, ist also der Integrator des Organismus und eben nur im Prozess der Organismus-Umwelt-Auseinandersetzung existent (s. u.). Das Selbst umfasst die Teilsysteme „Ich", „Es" und „Persönlichkeit" (nicht zu verwechseln mit „Person", die Perls synonym für „Selbst" verwendet). Allerdings sind diese drei Teilsysteme nicht scharf gegeneinander abgegrenzt, sondern nur im Sinne funktionaler Untergliederung zu verstehen und daher begrifflich schwer fassbar: Aus dem Es kommen die Bedürfnisse des Organismus, die vom Ich aufgegriffen werden und hier als bewusste, zielgerichtete Handlungsintensionen gegenüber der Umwelt erscheinen.

Die Persönlichkeit, in etwa mit Freuds Überich vergleichbar, ist die Verantwortungsstruktur des Selbst, die sich aus den bisherigen Sozialbeziehungen ergeben hat, das geronnene Ergebnis all des aufgenommenen (assimilierten und auch nicht assimilierten) Materials, also ein System an persönlichen „Eigenschaften", das man als Basis für die Erklärung des Verhaltens dieser Person heranziehen würde.

Kontaktzyklus. Diese funktionale Untergliederung des Selbst im Prozess der „organismischen Selbstregulation" wird im Zusammenhang mit dem sog. „Kontaktzyklus", in dem typischerweise die Auseinandersetzung des Organismus mit der Umwelt verläuft, etwas mehr erhellt: Das Ich, sagt Perls (1978, S. 175), „hat eine Art Verwaltungsfunktion; es verbindet die Handlungen des ganzen Organismus mit seinen vordringlichen Bedürfnissen". Wenn man jemanden, der hungrig ist, in eine luftdichte Kiste steckt, hat er nun das Gefühl, dass er erstickt – der Hunger ist weg, die Person hat nicht einmal beide Gefühle gleichzeitig, nämlich dass sie hungrig ist und erstickt. Ebenso wird ein Hungergefühl auch durch Essen zum Verschwinden gebracht.

Streben nach einer geschlossenen Gestalt. Es tritt also je nach Bedürfnislage eine Figur (z. B. ein Bedürfnis, eine kognitive Erkenntnis, eine Emotion, eine Wahrnehmung) aus dem Hintergrund und drängt im gestaltpsychologischen Sinne nach Schließung. Ist eine entsprechende Kontaktaufnahme zur Umwelt geglückt, so wird die Gestalt geschlossen, sinkt in den Hintergrund zurück und macht einer neuen Figur Platz.

Kontaktzyklus

Der Kontaktzyklus verläuft jeweils in vier Schritten:

(1) **Vorkontakt:** Aus dem Organismus oder der Umwelt taucht ein Verlangen bzw. ein Reiz auf, der zur Figur wird (aus der Sicht des Selbst wird der übrige Körper bzw. die übrige Umwelt zum Hintergrund). Die Wahl des hervortretenden Elementes wird dabei durch viele Faktoren bestimmt, die man grob unter dem Begriff „Interesse" zusammenfassen könnte.

(2) **Kontaktnahme:** Das Verlangen wird zum Hintergrund und als Figur tritt ein „Suchbild" für die Möglichkeiten zur Befriedigung; das „ad-greddi" (s. o.) rückt in den Vordergrund, Möglichkeiten werden differenziert und ausgewählt – hier ist die Funktion des Ich entscheidend.

(3) **Kontaktvollzug:** Im Kontakt selbst sind Körper und Umwelt Hintergrund, die Figur und der Kontakt selbst werden intensiv erlebt. Die Intention des Ich wird in die Spontaneität des Selbst transformiert, d. h., die ganze Person ist nun vom Erleben (Wahrnehmen, Fühlen) erfasst.

(4) **Nachkontakt:** Der Kontaktprozess ist zu Ende, das Selbst verblasst, die Figur tritt in den Hintergrund zurück. In der Begegnung mit dem „Nicht-Selbst" vollzog sich im optimalen Fall ein Wachstums- und Reifeschritt. Der Organismus ist nun bereit für den nächsten Kontaktzyklus.

Grundlage für lebenslanges Wachsen. Die organismische Selbstregulation, d. h. die permanente Aufeinanderfolge solcher Kontaktzyklen mit flexiblen und intakten Gestaltbildungsprozessen, ist nach Perls die Grundlage für lebenslanges Wachsen und Reifen. Bei einer Person ohne jede Störung findet dieser Prozess zudem in einem „awareness continuum" statt – übersetzt vielleicht: in einem Strom von „Gewahrsein" oder „Bewusstheit". Die Figur, die jeweils im Vordergrund steht (sei es im Körperinneren oder in der Umwelt), wird erkannt und bewusst erfahren.

Kontaktstörungen

Doch nur wenige Menschen lassen alle ihre Bedürfnisse zur Figur werden und können sich und die Umgebung voll im Strom der Bewusstheit erfahren. Stattdessen sind mehr oder weniger Störungen im Kontakt zu sich selbst und/oder zu ihrer Umwelt vorhanden. Wird aber eine Kontaktaufnahme unterbunden (z. B. auf Stufe 2 oder 3 im obigen Zyklus), so entsteht eine unvollendete Gestalt bzw. Situation, die nach ihrer Schließung drängt.

Gemäß dem Zeigarnik-Effekt tauchen jedoch gerade nicht geschlossene Gestalten – z. B. unerwünschte Gefühle, vermiedene äußere Konflikte („ad-greddi") – immer wieder im Bewusstsein auf. So hat denn z. B. „die Vermeidung äußerer Konflikte ... die Schaffung innerer Konflikte zur Folge" (Perls, 1978, S. 179). Dies lenkt den Blick auf die Formen der Blockierung bzw. der Kontaktvermeidung.

Kontakt und Grenzen. Der Kontakt mit der Umwelt, in der Begegnung mit dem „Du", aber auch mit sich selbst, ist eng mit dem Begriff der Grenze verwoben: Nur da, wo eine Grenze ist, kann auch Kontakt stattfinden, denn ohne eine solche Grenze würde nur eine undifferenzierte Verschmelzung stattfinden („Konfluenz", s. u.). Die Grenze ist gleichzeitig der Ort der Begegnung und der Trennung. „Paradoxerweise hängt unser Gefühl der Vereinigung von einem erhöhten Gefühl des Getrenntseins ab, und dieses Paradoxon versuchen wir fortwährend zu lösen" schreiben die Perls-Schüler Erving und Miriam Polster (1975, S. 101) und widmen dem Konzept der Kontaktgrenze ein ganzes Kapitel. Schon aus dem angeführten Kontaktzyklus wurde deutlich, dass Kontakt kein Zustand ist, den man hat oder nicht hat, sondern dass man tätig werden muss, um Kontakt zu haben.

Doppelgesichtigkeit des Widerstands. Gerade unter dem Aspekt der Selbstregulation haben dabei die oben angesprochenen Formen der Kontaktvermeidung ein doppeltes Gesicht: Einerseits wird dadurch der Organismus in seiner vollen Entfaltung zwar behindert, andererseits hat der Organismus aber offensichtlich in seiner bisherigen Entwicklung guten Grund gehabt, bestimmte Kontakte zu vermeiden, um – wenn auch eingeschränkt – zu überleben. Die Doppelgesichtigkeit des Widerstands ist praktisch in allen Therapieansätzen unter verschiedenen Begriffen bekannt: Aus der Perspektive der therapeutischen Arbeit bzw. des voll funktionierenden Organismus ist die Rede von „Widerständen", „Charakter-" bzw. „Körperpanzerungen", „Abwehrmechanismen", „Blockierungen", „Kontaktstörungen"; aus der Perspektive der Erfahrungsgeschichte des Organismus hingegen handelt es sich um „Stützen", „Bewältigungsstrategien", „Schutzmechanismen".

Dialektik des Widerstands. Auch Perls betont diesen Umstand so klar, dass es sich lohnt, diese Stelle wegen der außerordentlichen Wichtigkeit für therapeutische Prozesse zu zitieren:

„Wir können unseren Patienten nicht gerecht werden, solange wir die Dialektik des Widerstandes nicht erkennen. Das dialektische Gegenteil des Widerstandes ist Beistand. Die gleiche Festung, die dem Angreifer widersteht, unterstützt den Verteidiger. In diesem Buch können wir den Ausdruck ‚Widerstand' beibehalten, da wir im Grunde Feinde der Neurose sind. In einem Buch über Ethik würden wir den Ausdruck ‚Beistand' für jene Mechanismen vorziehen... Man darf aber nicht vergessen, dass wir nur dann erfolgreich mit den Widerständen umgehen können, wenn wir die Tatsache, dass der Patient seine Widerstände als ‚Beistand' ansieht, richtig würdigen" (Perls, 1978, S. 183).

Neurosen als Verteidigungsmanöver. Das, was üblicherweise als Neurose bezeichnet wird, ist also ein Verteidigungsmanöver gegen zu starke Bedrohung. Solche Manöver werden als Störungen an der Kontaktgrenze in Form von vier Mechanismen wirksam: Zwei Formen dieser Kontaktstörungen wurden oben schon beschrieben, nämlich Introjektion (ungeprüftes Hineinstopfen von Material, das nicht assimiliert wird) und Projektion (unerwünschte Teile der eigenen Person werden als etwas außerhalb des Organismus Liegendes halluziniert).

Retroflektion. Zwei andere Formen sind Retroflektion und Konfluenz: Bei der Retroflektion richtet man Impulse (Aggressivität), die normalerweise nach außen, gegen ein bestimmtes Objekt, gewendet sind, auf sich selbst zurück, z. B. wenn man sich die Haare rauft oder sich selbst streichelt. Da hier oft spontane Reaktionen gehemmt werden, ist das somatische Korrelat der Retroflektion häufig in Form von Muskelverspannungen zu finden: z. B. zusammengebissene Zähne, hochgezogene Schultern, Verspannung im Brustraum.

→ **Beispiel 14.1** Gestalttherapie bei Mutter-Tochter-Konflikt

Schuldgefühle. Auch Schuldgefühle resultieren aus Retroflektion; im ersten Schritt werden hier allerdings gewöhnlich bestimmte Aggressionsverbote introjiziert. Spürt die Person nun doch solche aggressiven Tendenzen oder blockt gar dieses aggressive Verhalten nicht vollständig ab, wie „das Gewissen" (d. h. das introjizierte Gebot) es verlangt, wird ein Teil dieser Energie gegen sich selbst in Form von Vorwürfen und Schuldgefühlen gerichtet.

Konfluenz. Bei der Konfluenz sind dem Organismus Kontakte, die ihn mit der Umwelt (vorzugsweise einem anderen Partner) verschmelzen lassen, wichtiger als die eigene Identität. Im Gegensatz zur Begegnung, zum Kontakt im positiven Sinne, ist die Awareness in der Konfluenz getrübt: Die Person erfährt sich nicht klar und deutlich im Zusammensein mit dem Partner, kann nicht ihre eigenen Wünsche und Empfindungen denen des Partners gegenüberstellen, so dass die Kontaktbereiche im Dialog ausgehandelt werden. Vielmehr fließen die eigenen Bedürfnisse, Wünsche, Wahrnehmungen, Erfahrungen verschwommen und unscharf mit den vermuteten des Partners zusammen.

Aufweichung der Ich-Grenzen. Typisch für Konfluenz ist das Leben des Neugeborenen, das noch nicht zwischen innen und außen, zwischen sich und den anderen differenzieren kann. Allgemeiner gesehen meint Konfluenz aber jede Aufweichung der „Ich-Grenzen", sei es gegen Empfindungen und Ansprüche von innen (z. B. Überflutung mit archaischem Material) oder von außen (z. B. vom Partner).

Zusammenfassend kann man sagen: „Der Introjektor tut, was andere von ihm erwarten könnten; der Projektor tut anderen das an, was er ihnen vorwirft; der pathologisch Konfluente weiß nicht, wer wem was tut; und der Retroflektor tut sich selbst das an, was er am liebsten anderen antäte" (Perls, 1976, S. 58).

Deflektion. Eine noch schwerere Kontaktstörung ist die Deflektion, bei der nahezu jeder engere Kontakt mit der Außenwelt vermieden wird (z. B. durch abweisenden Gesichtsausdruck, sprachliche Weitschweifigkeit usw.). Bei der Desensitivierung werden

Gewahrsein und Empfindungen auf ein Minimum reduziert. Der Organismus wird hier gegen Kontakterfahrungen abgestumpft – bis zur Gefühllosigkeit einzelner Körperregionen oder gegenüber bestimmten (psychischen und/oder physischen) Schmerzen.

Alle diese Kontaktstörungen machen auf unterschiedliche Art erfolgreiche Assimilationsprozesse unmöglich oder beeinträchtigen diese zumindest und stören so Wachstum und Selbstaktualisierung.

Schichten um das Selbst

Die Gestalttherapie hat neben (oder übergreifend zu) diesen Kontaktstörungen kein spezifisches Neurosemodell – Perls spricht von „growth disorder" oder „disturbance of development". Stattdessen hat die Gestalttherapie ein „zwiebelschalenförmiges" Modell abnehmenden Kontaktes des Organismus zu seinen Bedürfnissen und Empfindungen sowie zur Außenwelt – ein Modell, das auch für die Abfolge der therapeutischen Interventionen wichtig ist.

Perls unterscheidet fünf Phasen oder Schichten, die das Individuum wie Zwiebelschalen um sein eigentliches authentisches Selbst gelegt hat und die in der Therapie von außen nach innen bearbeitet werden müssen. Es lassen sich den einzelnen „Schalen" auch Typen von kontaktgestörten Lebensweisen zuordnen; häufig wird in diesem Zusammenhang in der Literatur sogar vom „Neurosemodell" gesprochen; doch wurde oben schon darauf verwiesen, dass Perls selbst vorschlug, statt von Neurose von Wachstumsstörung zu sprechen.

Fünf Phasen. Diese Phasen sollen kurz in der Reihenfolge von außen nach innen (entsprechend dem Therapieprozess) charakterisiert werden:

> ▶ **Klischeephase:** Das Individuum ist zu keiner intensiven Begegnung fähig, sondern verhält sich unecht, floskelhaft, klischeeartig, ritualisiert.

> ▶ **Rollenspielphase:** Rigide Rollenmuster und geringe Spontaneität helfen, einen zu intensiven Kontakt zu sich selbst und der Umwelt zu vermeiden; Bedürfnisse werden zwar schon teilweise erkannt, aber meist nicht akzeptiert, die Awareness ist noch sehr gering.

> ▶ **Blockierungsphase („impasse"):** Die schützenden Panzer von (1) und (2) und die gewohnten Handlungsklischees sind hier überwunden; Leere, Rat- und Auswegslosigkeit machen sich breit.

> ▶ **Implosionsphase:** Daher wird hier zunächst auf bestimmte Programme aus dem Selbstkonzept zurückgegriffen, die aber noch zu sehr nach innen gerichtet und somit nicht voll situationsadäquat sind.

> ▶ **Explosionsphase:** Die bisher vermiedenen, abgespaltenen, blockierten Bedürfnisse und Gefühle werden nun voll und situations- bzw. umweltadäquat zum Ausdruck gebracht.

Da in der letzten Phase der Organismus erst einmal mit den ihm bisher unbekannten Seiten vertraut werden muss, lässt z. B. Hartmann-Kottek-Schroeder (1983) mit Verweis auf Petzold im Hinblick auf den Therapieprozess noch zwei Phasen folgen, nämlich:

> ▶ **Aufarbeitungsphase:** Diese Phase dient dazu, die neue, erweiterte Identität erlebnismäßig zu integrieren und sich kognitiv mit dieser neuen Realität der Ganzheit auseinanderzusetzen.

> ▶ **Verhaltensmodifizierende Schlussphase:** Hier wird kreativ-experimentell die neue Identität verhaltensmäßig ausgelotet, erprobt und dabei gefestigt.

14.3 Gestalttherapeutische Intervention

„Die Bewusstmachung unerwünschter Gefühle und die Fähigkeit, sie zu ertragen, sind die conditio sine qua non für eine erfolgreiche Behandlung" – dieser Satz von Perls (1978, S. 216) zeigt nochmals deutlich, dass Gestalttherapie im Kern eine Widerstandsanalyse ist. Im Gegensatz zur Psychoanalyse aber wird der Widerstand nicht gedeutet oder „beseitigt", sondern als Gestalt prägnant und dem Klienten erfahrbar gemacht. In der Gestalttherapie steht nicht das (wegzensierte) Material, sondern der (Kontakt- und Blockierungs-)Prozess selbst im Zentrum. Im Verhalten hier und jetzt, in den Bewältigungsstrategien, in der Art des Umwelt- und Selbstkontaktes zeigen sich die unvollendeten, nicht geschlossenen Gestalten.

Analyse von Widerständen

Der Umgang mit diesen Widerständen geschieht vor dem Hintergrund der oben dargestellten Kerngebote. Dabei nutzt der Therapeut die Kraft der Selbstregulation und bringt sich selbst als Partner für die Begegnung in die Beziehung ein. Es gibt eine große Anzahl „Techniken" (deren Stellenwert gelegentlich überbetont wird), die helfen sollen, den Klienten mehr in Kontakt mit sich selbst und mit der Umwelt zu bringen. Im Grunde aber, sagt Perls, würden sogar die folgenden fünf Fragen „als Ausrüstung für den Therapeuten ausreichen": Was tust du? – Was fühlst du? – Was möchtest du? – Was vermeidest du? – Was erwartest du?

Unterstützung und Frustration. Damit ist natürlich nicht gemeint, dass diese Fragen so an die Klienten gerichtet werden sollen, sondern diese Fragen kennzeichnen eher Leitlinien für die therapeutische Arbeit. Im Gegensatz z. B. zur Gesprächspsychotherapie wird bei dieser Arbeit übrigens der Konfrontation und der Frustration des Klienten eine große Bedeutung beigemessen – allerdings nur auf der Basis einer tragfähigen Therapeut-Klient-Beziehung, die gleichzeitig durch Unterstützung gekennzeichnet ist. Das Wechselspiel zwischen Unterstützung („support") und Frustration („skillful frustration") ist ein wichtiges Kennzeichen des gestalttherapeutischen Interventionsstils (vgl. Schneider, 1981).

„Support" ist dabei gekennzeichnet durch empathisches Mitgehen, Ich-Du-Kontakt, Kooperation, Ermutigung, Haltgeben – indirekt auch z. B. durch Anweisungen, die den Atem vertiefen lassen, ein in Gang geratenes Bewegungsmuster ermutigen usw. „Skillful frustration" soll einerseits durch Konfrontation die Wahrnehmungskontexte des Patienten erweitern, indem z. B. der Therapeut seine Wahrnehmungen zurückspiegelt oder auf logische Brüche und Widersprüche in Aussagen hinweist. Andererseits sollen dem Patienten durch Provokation seine Erwartungen, Klischees, Fassaden, Selbstverständlichkeiten usw. deutlich erfahrbar gemacht werden.

Vertrauensbasis. Wie schon gesagt, geschehen solche Interventionen immer nur vor dem Hintergrund von Vertrauen, d. h. nur dann, wenn der Patient erfahren kann, dass die Frustration letztlich nur zur Transparenz im Zuge seiner Selbstentdeckung beiträgt. Dies setzt selbstverständlich stabile Ich-Grenzen voraus – bei Anzeichen z. B. einer psychotischen Tendenz darf so nicht vorgegangen werden.

Awareness von Abwehrverhalten

In jedem Fall ist es wichtig, zunächst die Awareness des Klienten – insbesondere auch für sein eigenes Abwehrverhalten – zu steigern. Durch verschiedene Hilfestellungen wird das Erleben aktiviert, z. B. durch Konzentration auf das „Hier und Jetzt", durch Aufmerksammachen auf Haltung, Tonfall, Gesten etc., mit Hilfe des „Gestalt-Dialogs", bei dem der Klient eine Bezugsperson oder einen physisch/psychisch/kognitiven Teil von sich auf einen leeren Stuhl gegenüber setzt, Kontakt aufnimmt und im Rollentausch einen Dialog durchführt.

Diese meist unerwünschten, oft abgespaltenen Teile, die hierbei erfahrbar werden, soll der Klient dann als eigen erkennen und auch für diese bisher verleugneten Anteile seiner Person die Verantwortung übernehmen. Hier kommt das Paradoxon der Veränderung zum Tragen: Indem man sich so annimmt, wie man ist – z. B. auch statt „man", „es" usw. nun „ich" sagen kann und statt „ich kann nicht" nun „ich will nicht" –, verändert man sich bereits.

→ **Beispiel 14.2** Was ist Gestalttherapie?

Integration und Konsolidierung. Die verleugneten, abgespaltenen Anteile werden in das Selbst re-integriert. In der Regel wird hier gebundene (und oft gegen sich selbst gerichtete) Energie freigesetzt, die nun zum Experimentieren verwendet werden kann, d. h., in einer sicheren Umgebung werden neue Verhaltensweisen erprobt – Verhaltensweisen, die aus den kognitiven und erlebnismäßigen Einsichten resultieren, also nicht vom Therapeuten aufgesetzt wurden. Letztlich muss dieses so erprobte Verhalten auf allgemeine Alltagssituationen generalisiert werden. Dort findet also eine Konsolidierung des neuen Selbst statt.

Breites Spektrum an Techniken
Bei der Auswahl der jeweiligen Interventions„techniken" ist die Gestalttherapie zunächst einmal anderen Therapieansätzen gegenüber offen – beispielsweise Morenos Psychodrama oder Reichs bzw. Lowens Körperarbeit. Insbesondere für die Steigerung der Awareness wird von einem breiten Interventionsspektrum Gebrauch gemacht: Neben dem bereits erwähnten „leeren Stuhl" (nicht zu verwechseln mit dem „heißen Stuhl", auf dem in der Gestalt-Gruppentherapie derjenige Platz nimmt, der gerade arbeiten will) werden kreative Übungen zur Gestaltung bestimmter Aspekte des Selbst (bzw. des Kontaktes) bevorzugt, wie z. B. Malen, Modellieren (wobei es auch zunächst einfach um den Kontakt zu den Materialien selbst geht, dann aber auch um den Kontakt zu sich und zur Welt, der auf diese Weise ausgedrückt wird), Darstellungen mit dem eigenen Körper (oder in der Gruppe: mit anderen Körpern – auch hier ist der Kontakt im doppelten Sinne wichtig), Fantasieübungen, in denen der Klient Kontaktbeziehungen tagtraumähnlich ausmalt.

Arbeit mit Träumen. Eine nicht unwichtige Rolle spielt in der Gestalttherapie auch die Arbeit mit Träumen, da hier oft die abgelehnten, entfremdeten Anteile des Selbst als „fremde Akteure" auftauchen (vgl. die Auseinandersetzung mit dem Schatten bei C. G. Jung). Indem der Klient sich seiner Position als Regisseur seines Traumes bewusst wird, kann er auch probeweise Kontakt mit diesen Anteilen aufnehmen (etwa sich mit ihnen identifizieren – z. B. wird dann aus: „da kam ein Hund auf mich zu" zunächst: „da lasse ich einen Hund auf mich zukommen" und dann: „ich bin jetzt der Hund...").

Der Traum wird als künstlerische Schöpfung verstanden, die dem Zweck dient, scheinbar unvereinbare Kräfte einander gegenüberzustellen. Dieser Widerspruch soll in der Therapie bewusst gemacht und gelöst werden (wobei oft auf latent angedeutete Lösungsmöglichkeiten im Traum zurückgegriffen werden kann).

→ **Beispiel 14.1** Gestalttherapie bei Mutter-Tochter-Konflikt

Gegen Psychotechniker und Gestaltklempner. Die „technischen" Aspekte der Gestalttherapie sollen hier auf dieser groben, skizzenhaften Ebene verbleiben – einerseits sind der Kreativität des Therapeuten keine Grenzen gesetzt, andererseits werden die Techniken gegenüber der Grundhaltung nicht selten überbetont. Daher sei abschließend auf Vööbus (1975) verwiesen, der sich dezidiert gegen die „Psychotechniker" und „Gestaltklempner" wendet, die „mit rostigen Zangen an menschlichen Seelen werkeln", und der dabei Perls wie folgt zitiert (Vööbus, 1975, S. 103):

„Die Psychotherapie ist kein Rummelplatz, auf dem sich jeder tummeln kann, und wo der etwas gilt, der die meisten Tricks kennt. Wachstum ist ein Prozess der Zeit braucht ..." Und: „Weißt du, woher all die Gestalttherapeuten kommen? Tausende von Gestalttherapeuten: Was fühlst du jetzt? Schreibe mal einen Dialog zwischen diesen Gefühlen! und jetzt noch einen leeren Stuhl her und die Gestalttherapie ist fertig! ... Wer von uns hat ihnen das beigebracht?!"

14.4 Zusammenfassung

Entstehung der Gestalttherapie. Die Gestalttherapie, begründet v. a. von Perls, integriert unterschiedliche Strömungen: neben der eher metaphorisch zu verstehenden Übernahme von Gestaltgesetzen psychoanalytische, sozialphilosophische und psychodramatische Aspekte.

Gestalttherapeutische Grundkonzepte. Perls vermittelte eher eine bestimmte Lebensform als eine fundierte Theorie. Sie kann mit neun Kerngeboten umrissen werden kann; ihr Ziel ist eine möglichst hohe „Awareness". Das Leben wird als fortwährender Wachstumsprozess verstanden, für den grundsätzlich die anverwandelnde Auseinandersetzung mit der Umwelt, die Assimilation, notwendig ist. Die früheste Art dieser Transformation von Fremdem in Eigenes ist die Nahrungsaufnahme in der frühen

Kindheit. Eine strukturierende Wahrnehmung der Umwelt ermöglicht die Unterscheidung von verwertbarem und nicht verwertbarem Material.

Das Selbst, bestehend aus Ich, Es und Persönlichkeit, ist der Integrator der Organismus-Umwelt-Auseinandersetzung. Das Ich dient dazu, einen geschlossenen Kontaktzyklus möglich werden zu lassen. Dabei wird aus einem Hintergrund eine Figur erkannt (z. B. ein Reiz, ein Verlangen oder eine Emotion), die nach Geschlossenheit strebt und im positiven Fall in das Selbst transformiert, also erfahren wird. Die ständige Folge unterschiedlicher Kontaktzyklen ist die Grundlage für lebenslanges Wachsen und Reifen.

Bei mangelnder Kontaktaufnahme entsteht eine nicht geschlossene Gestalt, die zwar äußere Konflikte vermeidet, aber innere Konflikte entstehen lässt. Diese zwei Seiten des Widerstands (einerseits seine Schutzfunktion, andererseits eine Konfliktquelle) zu beachten wird in der Gestalttherapie (wie in anderen Ansätzen auch) als Vorraussetzung für gelingende therapeutische Arbeit angesehen. Typische Kontaktstörungen sind die Introjektion, die Projektion, die Retroflektion, die Konfluenz und die Deflektion. Bei der Konfluenz z. B. werden die Grenzen, die für Kontakt notwendig sind, nicht wahrgenommen, sondern die eigenen Bedürfnisse fließen mit den vermuteten eines Partners zusammen.

Das Zwiebelschalenmodell des Individuums veranschaulicht die unterschiedlichen Stufen des Kontakts zu seiner Innen- und der Außenwelt. Je mehr Schichten sich um das „eigentliche" Selbst legen, desto schwieriger ist dieser Kontakt. Während in der Klischeephase der Kontakt noch stark behindert ist, ist er in der Explosionsphase voll hergestellt. In der Therapie werden die Schichten von außen nach innen bearbeitet (siehe auch Beispiel 14.1).

Gestalttherapeutische Intervention. In der gestalttherapeutischen Intervention geht es v. a. um die Analyse der Widerstände: Die therapeutische Arbeit sollte dabei an fünf Leitfragen orientiert sein (Was tust du? Was fühlst du? Was möchtest du? Was vermeidest du? Was erwartest Du?). Dies kann bei einer tragfähigen Therapeut-Klient-Beziehung durchaus auch konfrontativ und provokativ geschehen, um dem Patienten seine Blockierungen erfahrbar zu machen, so dass er auch abgespaltene Teile als eigen anerkennen und für sie Verantwortung übernehmen kann.

Das Annehmen der eigenen Person löst Veränderungsprozesse im Sinne der Reintegration dieser Anteile ins Selbst aus. Zur Förderung der Awareness werden viele Techniken eingesetzt, z. B. der „leere Stuhl" (siehe auch Beispiel 14.2). Das neue Selbst konsolidiert sich, indem das neu erworbene Verhalten in Alltagssituationen erprobt und generalisiert wird. Kreativität des Therapeuten und Anregung zur Kreativität des Klienten kennzeichnen die vielfältigen gestalttherapeutischen Interventionen (wie in beiden Beispielen deutlich wird).

14.5 Verständnisfragen

- Welche Bezüge gibt es zwischen Gestaltpsychologie und Gestalttherapie?
- Welche Bekanntschaften und Strömungen beeinflussten das Gedankengut von Perls?
- Welche Kerngebote beinhaltet die gestalttherapeutische Philosophie?
- Worin unterscheidet sich Perls Aggressionsbegriff von dem Freuds?
- Welche wesentlichen Aspekte des Kontaktes zur Umwelt verdeutlicht Perls mit seinem Beispiel der Nahrungsaufnahme?
- Was geschieht bei der Assimilation?
- Wie wird das Selbst in der Gestalttherapie gekennzeichnet?
- Worin besteht die Aufgabe des Ich?
- Was ist eine (geschlossene) Gestalt?
- Wie verläuft ein Kontaktzyklus?
- Was bedeutet „Dialektik des Widerstands" nach Perls?
- Welche Kontaktstörungen lassen sich unterscheiden?
- Was geschieht bei der Konfluenz?
- Was bedeutet Perls' Modell des Kontakts für die Therapie?

- Worin besteht und worauf zielt grundsätzlich gestalttherapeutische Intervention?
- Was ist das Besondere an der Arbeit mit dem Widerstand, verglichen z. B. mit der in der Psychoanalyse?
- Inwiefern unterscheidet sich Perls' Empathie-Begriff von dem Rogers'?

Fallbeispiele auf CD

Beispiel 14.1: Gestalttherapie bei Mutter-Tochter-Konflikt

Das Fallbeispiel einer 31-jährigen Frau mit einem Mutter-Tochter-Konflikt verdeutlicht:
- wie Perls einen Traum als Ausgangsbasis für die gestalttherapeutische Intervention verwendet,
- die therapeutische Arbeit an dem gestörten Kontakt zum eigenen Erleben (v. a. Projektion und Retroflektion).

Das Fallbeispiel bezieht sich auf die Kapitel:
14.2 Gestalttherapeutische Grundkonzepte
14.3 Gestalttherapeutische Intervention

Beispiel 14.2: Was ist Gestalttherapie?

Das Fallbeispiel eines Interviews mit Perls verdeutlicht:
- wie Gestalttherapie ablaufen kann, indem er seine Interviewpartnerin auffordert, seine Patientin zu spielen;
- den „Gestalt-Dialog", d. h. den Wechsel zwischen Unterstützung und Konfrontation unter Einbezug des aufkommenden Abwehrverhaltens.

Das Fallbeispiel bezieht sich auf das Kapitel:
14.3 Gestalttherapeutische Intervention

15 Logotherapie und Existenzanalyse

15.1 Entstehung der Logotherapie und Existenzanalyse

Grundlagen und Weiterentwicklung

Die Logotherapie von Viktor Frankl stellt die „Selbstbestimmung des Menschen aufgrund seiner Verantwortlichkeit und vor dem Hintergrund der Sinn- und Wertewelt" (Frankl, 1990, S. 230) ins Zentrum der Betrachtung. Die Bedeutung des griechischen „logos" ist vielschichtig; Frankl übersetzt es im Kontext seines Ansatzes mit „Sinn". Schon 1926 verwendete er den Begriff „Logotherapie" in öffentlichen Vorträgen; den Begriff „Existenzanalyse", für Frankl eine alternative Bezeichnung und gleichzeitig anthropologische Basis für die Logotherapie, gebrauchte er ab 1933.

„Das Leiden am sinnlosen Leben" (so der Titel eines seiner Bücher, 1977), die „noogene Neurose" (s. u.), ist eines der Hauptprobleme, denen sich die Logotherapie widmet. Dabei geht es allerdings nicht nur um Entwicklungs- und Lebenskrisen, sondern auch um Phobien, Depressionen, Zwänge, Süchte usw., denen ein solches „existenzielles Vakuum" zugrunde liegt.

Durch ihr bereits in den 30er Jahren vorgetragenes Anliegen einer Rehumanisierung der Psychotherapie sowie durch ihre philosophisch-anthropologische und phänomenologisch-existenzialistische Basis (die hier nur angedeutet werden kann) steht die Logotherapie den humanistischen Ansätzen sehr nahe.

Andererseits unterscheidet sie sich von diesen deutlich z. B. durch das Neurosemodell, das mit seiner Betonung von Diagnostik, von Ursache und Wirkung und mit der Unterscheidung von somatogenen und psychogenen Faktoren relativ stark am medizinisch-psychiatrischen Krankheitsbild orientiert ist.

Mit den logotherapeutischen Interventionsformen, insbesondere mit der paradoxen Intention und der Dereflexion (s. u.), hat Frankl eher verhaltenstherapeutische (speziell kognitive Aspekte) und systemische Konzepte, die heute zu den aktuellsten Interventionsansätzen gehören, bereits um viele Jahrzehnte vorweggenommen.

Vernachlässigung und Anerkennung. Die Logotherapie scheint hierzulande gelegentlich immer noch als „Geheimtipp" zu gelten: So ist in dem Band „Grundbegriffe der Psychotherapie" (Bastine et al., 1982) von 112 Artikeln zu Therapieformen keiner von oder über Frankl und seine Logotherapie enthalten, und außer in einem geschichtlichen Überblick von Ludwig Pongratz (der auch in seinem Lehrbuch 1973 Frankls Beitrag zur Psychotherapie würdigt) wird Frankl nur zweimal am Rande erwähnt.

Im doppelbändigen Werk von Corsini (1983) findet man Frankl auf über 1500 Seiten, unter 70 Therapieformen und unter mehr als 1000 Namen im Register, gar nur an einer einzigen Stelle in einem Nebensatz erwähnt. (Es mag für Frankl ein Trost sein, dass beide Werke auch C. G. Jung und dessen Analytische Psychologie in gleicher Weise ignorieren). Frankl hat offensichtlich versäumt, viel Zeit in Ausbildungsinstitute und -organisationen zu stecken.

Der geringen Beachtung in manchen Lehrbüchern steht allerdings Frankls internationale Anerkennung als Kontrast gegenüber: Wohl kein Therapeut und Wissenschaftler erhielt so viele Ehrendoktorate renommierter Universitäten in aller Welt (s. u.).

Personale Existenzanalyse. Allerdings ist der Ansatz in modifizierter und erweiterter Form – als „Personale Existenzanalyse" – durch den Frankl-Schüler Alfried Längle seit gut zwei Jahrzehnten international zunehmend gut vertreten, wozu neben einer fundierten und anerkannten Ausbildung in Österreich (und zahlreichen Ausbildungsinstituten in aller Welt) auch eine rege Publikations- und Kongresstätigkeit beiträgt. Daneben gibt es allerdings auch noch andere Ausbildungsinstitute für Logotherapie (vgl. z. B. Lukas, 1991), die diese Weiterentwicklung nicht mittragen oder nur den originär franklschen Ansatz vertreten.

In der Weiterentwicklung ist „Existenzanalyse" die Bezeichnung der psychotherapeutischen Anwendung geworden, während „Logotherapie" für die Behandlung (vorwiegend Beratung) von Sinnproblemen reserviert ist. Dabei ist Existenzanalyse Analyse der Bedingungen, um zu erfüllter Existenz zu gelangen. Sie mobilisiert die Entscheidungsfähigkeit des Menschen, damit er „mit Zustimmung leben" kann (Längle). Existenzanalyse kann daher als phänomenologisch-personale Psychotherapie bezeichnet werden, die ein emotional freies Erleben, authentische Stellungnahmen und eigenverantwortliches Handeln ermöglichen soll.

Biographischer Hintergrund

Die Logotherapie wurde von Viktor E. Frankl (1905–1997) in ihren wesentlichen Grundzügen bereits in den 20er und 30er Jahren entwickelt.

Frankl hat den größten Teil seines Lebens in seiner Geburtsstadt Wien verbracht. Sein intensiver Briefkontakt zu Freud, seine Mitgliedschaft in Adlers Verein für Individualpsychologie sowie sein Ausschluss aus diesem Verein 1927 wurden bereits in Kap. 1.4 (Freud und seine Schüler) erwähnt.

Nach dem Medizinstudium und der Promotion arbeitete Frankl zunächst an der psychiatrischen Universitätsklinik, dann vier Jahre am Psychiatrischen Krankenhaus Wien-„Steinhof", als Leiter des „Selbstmörderinnenpavillons". Die Erfahrung mit rund 12.000 Suizidantinnen in dieser Zeit schärften seinen diagnostischen Blick und waren sicher für die Entwicklung des Konzeptes der „noogenen Neurose" – der „Sinnlehre gegen die Sinnleere" – mit ausschlaggebend.

Verfolgung durch die Nationalsozialisten. Nach der „Eingliederung" Österreichs ins Dritte Reich war er als Jude der Verfolgung durch die Nationalsozialisten ausgesetzt, obwohl er anfangs gehofft hatte, seine Position als Klinikchef könnte seine Familie und ihn schützen. So war er in Wien bei seiner Familie geblieben, trotz eines Ausreisevisums. Doch vermochte er damit nur den Zeitpunkt hinauszuzögern, bis seine Familie und schließlich auch er selbst deportiert wurden. Drei Jahre verbrachte er in mehreren Konzentrationslagern, kehrte aber 1945 nach Wien zurück. Seine Eltern und sein Bruder waren in Auschwitz, seine Frau, mit 25 Jahren, in Bergen-Belsen ermordet worden – Erfahrungen, welche die Frage nach dem Sinn, Frankls zentralem Thema, jeder akademischen Begrifflichkeit entrücken.

Weltweite Anerkennung. Nach dem Zweiten Weltkrieg wirkte Frankl nicht nur als Professor für Neurologie und Psychiatrie in Wien, wo er auch nach seiner Pensionierung bis kurz vor seinem Tode lehrte, sondern er hatte zugleich eine Professur für Logotherapie an der Universität San Diego (Kalifornien) und war zeitweise Professor in Harvard, in Stanford und an den Universitäten von Dallas und Pittsburgh. Er verfasste über 400 Artikel und 31 Bücher, die in 24 Sprachen übersetzt wurden; Vortragsreisen an mehren hundert Universitäten, 28 Ehrendoktorate vorwiegend von amerikanischen Universitäten zeugen von seiner internationalen Anerkennung ebenso wie über 150 Dissertationen und Diplomarbeiten, 131 Bücher und über 1300 Arbeiten anderer Autoren zur Logotherapie (Stand 1995). Bis zur Jahrhundertwende wurden elf Weltkongresse für Logotherapie abgehalten.

In diesem Zusammenhang sei erwähnt, dass Frankls Logotherapie häufig als die „dritte Wiener Schule" der Psychotherapie (neben Freuds Psychoanalyse und Adlers Individualpsychologie) bezeichnet wird.

15.2 Theorie und Praxis der Logotherapie

Bedeutung der Sinnfrage

Frankl beschreibt, wie sich die Probleme, mit denen sich Menschen an Beratungsstellen wendeten und in psychotherapeutische Behandlung begaben, in den mehr als 50 Jahren, die er in Wien tätig war, erheblich gewandelt haben: Waren es Anfang dieses Jahrhunderts vor allem sexuelle Probleme, so stehen nun suizidale Probleme, „ein Nein auf die Sinnfrage" (Frankl) im Vordergrund (gefolgt von Sexual- und Suchtproblemen) – Erfahrungen von einer allgemeinen Zunahme des Sinnlosigkeitsgefühls, die sich mit Befunden aus anderen Industrienationen (westlichen wie östlichen) und sogar aus einigen Entwicklungsländern decken (vgl. Frankl, 1981, S. 23, der hier auf entsprechende Untersuchungen verweist).

Als Ätiologie für diese „Massenneurose" bietet Frankl im Kern folgende Erklärung an: „Im Gegensatz zum Tier sagt dem Menschen kein Instinkt, was er muss, und im Gegensatz zum Menschen in früheren Zeiten sagt ihm keine Tradition mehr, was er soll – und nun scheint er nicht mehr recht zu wissen, was er eigentlich will. So kommt es dann, dass er entweder nur will, was die anderen tun – und da haben wir den Konformismus –, oder aber nur tut, was die anderen wollen, von ihm wollen – und da haben wir den Totalitarismus" (ebd., S. 24).

Noogene Neurose. Eine dritte Folgeerscheinung, eine psychische Erkrankung, benennt Frankl mit dem Begriff der „noogenen Neurose" (von griechisch „noos" = menschlicher Geist). Damit kennzeichnet er eine psychogene Erkrankung, die „nicht auf Komplexe und Konflikte im herkömmlichen Sinn" zurückgeht, sondern eben in dem Sinnlosigkeitsgefühl, dem existenziellen Vakuum sowie in Gewissenskonflikten und Wertkollisionen begründet sind und somit geistige Ursachen hat.

Zur Auflösung der Eingebundenheit in Traditionen kommt aber auch noch hinzu, dass mit Vergrößerung des Freizeitanteils eine zu geringe Auseinandersetzung um neue Ziele stattgefunden hat, die anstelle des unmittelbaren Sinnes der Arbeit zu setzen wären: „Sobald die Leute genug haben, wovon sie leben können, stellt sich heraus, dass sie nicht wissen, wofür sie leben könnten" (ebd., S. 34).

„Existenzielle Frustration". In diesem Zusammenhang verweist Frankl auf eine Reihe von Tests, die an unterschiedlichen Instituten zur diagnostischen Erfassung der noogenen Neurose und dem Ausmaß der „existenziellen Frustration" entwickelt worden sind. Untersuchungen in mehreren Ländern mit diesen Tests haben übereinstimmend ergeben, dass der Anteil der noogenen Neurosen bei ca. 20 Prozent (der Neurosen) liegt (vgl. Frankl, 1981, S. 25). Gleichzeitig warnt Frankl (1977, S. 87) aber auch vor der Verallgemeinerung, dass alle existenzielle Frustration in eine noogene Neurose münde oder jede noogene Neurose auf Verzweiflung zurückzuführen sei.

Formen der Neurose
Frank unterscheidet folgende fünf Formen der Neurose:
- **die „noogene Neurose"**, die als ein spezifisches Konzept der Logotherapie eine psychogene Erkrankung meint, die auf Sinnlosigkeitsgefühl, existenzielles Vakuum sowie Gewissenskonflikte und Wertkollisionen zurückgeht;
- **„somatogene Neurosen"** mit körperlichen Ursachen und Auswirkungen im psychischen Bereich;
- **„psychosomatische Erkrankungen"**, die psychisch ausgelöst sind, aber auch mit körperlichen Beeinträchtigungen einhergehen;
- **„reaktive Neurosen"**, die ebenfalls von Psyche und Körper gemeinsam getragen werden, deren Hauptsymptome im Gegensatz zur somatogenen Neurose aber psychischer Art sind;
- **„psychogene Neurosen"**, die psychisch verursacht sind, sich aber durchaus auch körperlich auswirken können.

Bei dieser Einteilung wird deutlich der eher konservative Mediziner in Frankl sichtbar, der sich scharf für eine Trennung in „Ursachen" und „Wirkungen" im Zusammenhang mit Krankheiten ausspricht. Für diese fünf Formen der Neurose hatte die „klassische" Logotherapie jeweils unterschiedliche Therapiekonzepte entwickelt. Allerdings war diese Neurosenlehre auch für Frankl wohl eher eine Konzession an die vorherrschende Psychiatrie, als dass sie ihm Herzensangelegenheit gewesen wäre, denn er hat diese Differenzierungen nicht wesentlich ausgearbeitet und weiterentwickelt. Aus heutiger Sicht hat sie daher auch nur noch historische Bedeutung.

Der „Wille zum Sinn"
Die primäre Motivationskraft des Menschen sah Frankl im Willen zum Sinn – einem angeborenen Streben nach einem größeren Zusammenhang, in welchem sich der Mensch verstehen kann. Ohne Sinngefühl bzw. Sinnverständnis könne der Mensch keine Entscheidungen treffen und „nicht einmal den kleinen Finger rühren", weil der Wille ohne Orientierung gelähmt ist. Der Wille „will" Sinn. Das übertriebene Streben nach Lust und nach Macht – eine

Anspielung auf die Motivationstheorien Freuds und Adlers – ist nach Frankl die Folge einer anhaltenden Sinnleere.

Existentieller Sinn wird in der Logotherapie als eine Möglichkeit verstanden, die sich in der Situation auftut. Längle (2000) betont in seiner Sinnfindungsmethode die Wichtigkeit des Wertempfindens (also des Gefühls) bei der Sinnfindung, weil es nicht um eine beliebige, sondern um die „wertvollste" Möglichkeit der Situation gehe. Existentieller Sinn basiert auf einem gefühlsmäßig empfundenen Wert.

Da Sinnfindung auf einen Wahrnehmungsprozess hinausläuft, bedarf sie einer spezifischen Haltung der Offenheit, die einer existentiellen Wende gleichkommt: der Mensch ist der „vom Leben her Befragte, der dem Leben zu antworten – das Leben zu verantworten hat." (Frankl 1987, S. 96)

Interventionsansätze

Obwohl der „Sinn" die zentrale Kategorie der noogenen Neurose ist, kann „selbstverständlich ... nicht davon die Rede sein, dass die Logotherapie dem Leben des Patienten einen Sinn gibt. Den muss der selbst und selbständig finden" (Frankl, 1982, S. 183). Der Therapeut kann dem Patienten dabei helfen, sich auf die Suche nach einem Sinn in seinem Leben zu begeben, aber er kann ihm nicht befehlen, einen Willen zum Sinn zu haben – dieser Wille ist ein Akt des Wollens, der nicht selbst wiederum gewollt werden kann.

Was der Therapeut allerdings versucht, ist die Überzeugung beim Patienten zu wecken, dass sich der persönliche Einsatz für bestimmte Inhalte lohnt und dass selbst unter schlechten Bedingungen (z. B. sozial, ökonomisch oder körperlich) ein Sinn im Leben gefunden werden kann – und sei es nur, im Extremfall das Schicksal mit Würde zu ertragen und Leid zu bewältigen.

Der Therapeut bedient sich hier eines breiten Spektrums von konkreten Interventionsansätzen. So setzt er z. B. „Sinnfindungsgespräche" (vgl. Längle, 1998) oder „sokratische Dialoge" ein, in denen durch geschickte Fragen bestimmte Positionen des Patienten hinterfragt werden. Wesentlich ist aber gerade in diesem Bereich die von Frankl hervorgehobene Fähigkeit eines guten Therapeuten, nicht nach vorgefertigten Methoden vorzugehen, sondern zu improvisieren.

Einstellungsmodulation und Dereflexion. Lukas (1980, 1984) gab ihrem Ansatz der Logotherapie die Bezeichnung „Einstellungsmodulation"; diese sei bei folgenden Diagnosen (nach Frankl) indiziert: bei noogenen Neurosen (Förderungsschwerpunkt: Sinnfindung), bei reaktiven Neurosen (Förderungsschwerpunkt: Veränderung negativer Selbstdefinitionen) und bei somatogenen Neurosen (Förderungsschwerpunkt: Leidbewältigung).

Bei psychosomatischen Funktionsstörungen (und Schlafstörungen) sowie bei bestimmten psychogenen Neurosen (besonders bei Sexualneurosen) wird in der Logotherapie nach dem Konzept der sog. „Dereflexion" interveniert: Gerade Sexualprobleme, Schlafstörungen und ähnliche Symptome entstehen oft erst dadurch, dass bestimmten Phänomenen übermäßige Aufmerksamkeit geschenkt wird – also eine „Hyperreflexion" stattfindet.

Wenn z. B. beim Geschlechtsverkehr die Gedanken darauf fixiert sind, „dass man nicht versagt", und/oder mit aller Gewalt bei sich einen Orgasmus erzeugen will („Hyperintention"), so wird damit nicht selten das Symptom, das gerade vermieden werden soll, erst in einem Teufelskreis erzeugt – d. h. in diesem Zusammenhang, dass der spontane Ablauf des Sexualaktes gerade durch die übergroße Aufmerksamkeit und Intention gestört wird.

→ **Beispiel 15.1** Aus der inneren Isolation zur Existenz

Ignorieren von Symptomen. Bei der Dereflexion geht es nun darum, die Symptome zu ignorieren, indem die Aufmerksamkeit von ihnen abgelenkt wird. Dies ist natürlich nicht durch direktes Bemühen möglich, denn der Vorsatz, nicht an etwas zu denken, hätte in einem ähnlichen Teufelskreis wie die Störung selbst gerade das Gegenteil zur Folge. Vielmehr wird die Aufmerksamkeit auf etwas anderes gelenkt und daher zwangsläufig von den Symptomen abgezogen.

Der Vorstellungsinhalt, auf den die Aufmerksamkeit gelenkt wird, sollte gemäß der Logotherapie einen stark sinngebenden Charakter haben, denn „nur dann ist er imstande, die gedankliche Fixierung des Patienten von dessen Problematik zu lösen und damit dessen Problematik ‚aufzulösen'" (Lukas, 1984, S. 490). Bei Schlafstörungen wird dem Patienten z. B. geraten, sich nicht um den Schlaf zu kümmern, sondern seinen nächsten Wochenendausflug oder eine angenehme Überraschung für einen anderen zu planen.

Paradoxe Intention

Bereits in den 30er Jahren hat Frankl als spezifische und bedeutsame Technik, besonders im Rahmen von Kurzzeittherapien (ca. 6–10 Sitzungen) von Angst- und Zwangsneurosen, die paradoxe Intention entwickelt – eine Interventionstechnik, die nur geringfügig modifiziert in den letzten beiden Jahrzehnten vermehrt im Rahmen kognitiver Verhaltenstherapien, Kommunikationstherapien und Familientherapien eingesetzt wird, häufig unter der Bezeichnung „Symptomverschreibung". Die Wirkungsweise lässt sich am besten im Zusammenhang mit der Erwartungsangst erläutern (vgl. z. B. Frankl, 1982):

Erwartungsangst. Mit dem Begriff „Erwartungsangst" wird die neurotische Erwartung bezeichnet, dass irgendein ängstigendes Ereignis eintreten könne. Damit bewirkt die Erwartungsangst aber meist das Symptom, vor dem sich der Patient fürchtet. Ein (schwaches) Symptom oder Erlebnis erzeugt ein unangenehmes Gefühl, aber die Angst davor verstärkt erst recht das Symptom, womit ein ähnlicher Teufelskreis beginnt, wie er oben bei den Sexualneurosen und den psychosomatischen Funktionsstörungen schon skizziert wurde. So kann beispielsweise irgendeine leichte körperliche Unregelmäßigkeit, wie Herzklopfen oder Schwächegefühl als Hinweis für einen sich möglicherweise ankündigenden Zusammenbruch gewertet werden – die Angst vor diesem Zusammenbruch aber lässt das Herz noch schneller schlagen oder verstärkt das Schwächegefühl.

Dies bemerkt der Patient und „reagiert" nun erst recht mit Angst. Die Erwartungsangst erscheint vordergründig meist als „Angst vor der Angst", doch betont Frankl, dass bei genauerer Analyse im Gespräch mit dem Patienten sich typischerweise eine Kollapsphobie, eine Infarktphobie oder dergleichen als zugrunde liegende Angst herausstellt.

Herbeiwünschen von Symptomen. In diesen Fällen wird in der Logotherapie von der paradoxen Intention Gebrauch gemacht: der Patient wird angehalten, seine befürchteten Symptome herbeizuwünschen bzw. sie sich vorzunehmen. Damit wird, so Frankl, der Erwartungsangst „der Wind aus den Segeln genommen" und der Teufelskreis durchbrochen. Die paradoxe Intention sollte dabei so humoristisch wie möglich gegeben werden: Humor ist ein hervorragendes Mittel, den Menschen von sich selbst – und damit auch von seinen Ängsten und deren Umklammerung – zu distanzieren.

> ### Beispiel einer paradoxen Intention
> Konkret sieht eine solche paradoxe Intention grob wie folgt aus (vgl. Frankl, 1982): Eine Patientin mit Angst vor ihren Suizidgedanken und der Gefahr, geisteskrank zu werden, wird z. B. angehalten, sie solle in keiner Weise mehr gegen ihre Gedanken ankämpfen, sondern versuchen, diese humorvoll zu karikieren – sich etwa zu sagen: „Gut, jetzt gehe ich auf die Straße um verrückt zu werden. Prima, jetzt ist eine günstige Gelegenheit, jetzt werde ich mich unter ein Auto werfen, hab's ja schon lange nicht mehr getan!" oder: „Gestern wollte ich mich zehnmal unter ein Auto werfen, heute werde ich es zwanzigmal tun. Das Blut soll nur so spritzen!" Oder ein Patient mit Angst vor einem Kreislaufkollaps wird aufgefordert, längere Fahrten mit der Straßenbahn zu unternehmen und sich zu sagen: „Jetzt wird in die Straßenbahn gegangen. Dort werde ich denen einmal zeigen, wie ich kollabieren kann!"

Ontologische Basis der paradoxen Intention. Die Anwendung der paradoxen Intention bedarf freilich der Vorbereitung einer „ontologischen Basis": Nur wenn der Patient die Unmöglichkeit des Inhalts erkennt und letztlich auch mit dem schlimmstmöglichen Ausgang der Übung zurecht käme, darf mit der paradoxen Intention begonnen werden. Die klassische Indikation für diese Übung ist das Gefühl: „Ich weiß wohl, dass nichts passieren kann – allein, mir fehlt der Glaube" Dies mobilisiert eine innere Trotzreaktion, womit das ärgerliche Gefühl aufkommt: „Jetzt reicht es mit der blöden Angst . . .!" Diese innere Reaktion wäre der wirkungsvollste Boden für den Einsatz der paradoxen Intention.

Die Wirkungsweise der logotherapeutischen Interventionskonzepte wurde in zahlreichen Untersuchungen belegt (es gibt allein rund 100 Dissertationen zur Logotherapie; vgl. auch die Literaturzusammenstellung von Fizzotti in Frankl, 1981). Ähnlich wie auch schon das Werk Alfred Adlers hat auch Viktor Frankls Logotherapie große Bedeutung über den therapeutischen Bereich hinaus für die Pädagogik gewonnen (vgl. dazu Dienelt, 1973).

→ **Beispiel 15.2** Logotherapie bei schizoaffektiver Psychose

Personale Existenzanalyse

Seit den 80er Jahren wurde die Logotherapie durch den Wiener Frankl-Schüler Alfried Längle (*1951) besonders im Hinblick auf ein breiteres Spektrum psychopathologischer Störungen wesentlich erweitert. Mit seiner „Personalen Existenzanalyse – (PEA)" (Längle, 1993, 2000) verschiebt Längle den Fokus von der Sinnfrage auf personale Prozesse, mit denen der Mensch sein Sein im dialogischen Austausch mit der Welt vollzieht: Mit den drei prozessualen Kernaspekten der Person – „Eindruck", „Stellungnahme" und „Ausdruck" – werden Offenheit, Selektivität und Interaktivität der menschlichen Existenz verwirklicht. Diese erscheinen in der (kommunikativen) Außenperspektive als „Ansprechbarkeit", „Verstehen-Können" und „Antwort". Auf diese Weise werden in der Existenzanalyse stärker sowohl die von Frankl wenig einbezogenen Emotionen und Affekte berücksichtigt als auch die lebensgeschichtlichen Zusammenhänge des Patienten und seines Leidens.

Therapeutisches Vorgehen der PEA. Die PEA als therapeutische Methode geht dabei in vier Schritten vor:

(1) In der **deskriptiven Vorphase** geht es um die inhaltliche Erfassung und Beschreibung der Fakten bzw. Probleme und um die Aufnahme der therapeutischen Beziehung. Die therapeutische Haltung ist hier eher rational-kognitiv.

(2) In der **phänomenologischen Analyse** wird bei einer empathischen Haltung des Therapeuten die primäre Emotion und deren phänomenaler Gehalt bearbeitet.

(3) In der Phase der Restrukturierung der Person geht es um die innere (authentische) **Stellungnahme** zum erlebten Inhalt. Dabei wird dieser mit den bestehenden Wertbezügen des Patienten in Verbindung gebracht, wodurch die Emotion verständlich wird und Freiraum für neue Entscheidungen bezüglich der Probleme eröffnet wird. Hier arbeitet der Therapeut durchaus auch konfrontativ.

(4) Als letzter Schritt wird eine entsprechende Gesamt-„Antwort" als ein adäquater Ausdruck der gesamten Existenz in Form einer konkreten **Handlung** für die Problemherausforderung erarbeitet. Hier arbeitet der Therapeut vor allem schützend und ermutigend.

Existentielle Grundmotivationen

Neben der PEA (und rund einem Dutzend neuer Methoden zur Existenzanalyse und Logotherapie) ist vor allem eine Entwicklung zu erwähnen, mit der die Motivationslehre und das Existenzverständnis differenzierter und praktisch handhabbar gemacht wurden: das Konzept der existentiellen Grundmotivationen (Längle, z. B. 1999). Erfüllte Existenz beruht demnach auf vier Grundpfeilern, mit deren Erhaltung der Mensch ständig beschäftigt ist, und die daher als „Grundmotivationen" bezeichnet werden:

▶ das eigene „Sein-Können": Schutz, Raum und Halt in „seiner Welt" finden –
   „Arbeit am An-nehmen"
▶ das „Leben-Mögen": Beziehung, Zeit und Nähe mit dem Wertvollen leben –
   „Arbeit am Zu-wenden"
▶ das „Selbstsein-Dürfen": Rechtfertigung, Beachtung und Wertschätzung aufbringen –
   „Arbeit am An-sehen"
▶ das „Sinnvolle Wollen": Zusammenhänge, Aufgaben und Sinn realisieren –
   „Arbeit am Hin-geben"

Dieses Konzept bildet heute in der erweiterten Form auch die Grundlage für die Krankheitslehre in der Existenzanalyse und für die diagnosespezifische Therapie.

Mit dieser konzeptuellen und methodischen Erweiterung kann sich die Existenzanalyse dem gesamten Bereich psychischer Störungen stellen. Die klassische Logotherapie wird darin als Spezialbereich der Existenzanalyse für die Sinnthematik verstanden. Nicht nur, um die gesetzlichen Vorgaben zu erfüllen, sondern auch konzeptionell wurde durch die PEA und die Grundmotivationen die Selbsterfahrung zu einem zentralen Moment der Therapeutenausbildung – was Frankl im Rahmen der Logotherapie als „geistige Nabelschau" ablehnte und entwertete (in Übereinstimmung mit seiner Unterbewertung emotionaler Prozesse in der Therapie).

15.3 Zusammenfassung

Entstehung der Logotherapie und Existenzanalyse. Obwohl Frankl sehr viel internationale Anerkennung bekommen hat und sowohl verhaltenstherapeutische als auch systemische Interventionskonzepte vorweggenommen hat, wird seine Logotherapie in Deutschland nur randständig wahrgenommen. Frankls Arbeit im „Selbstmörderinnenpavillon", die Verfolgung durch die Nationalsozialisten, die seine Eltern, seinen Bruder und seine Frau ermordeten, prägten Frankls Hauptthema: die Frage nach dem Sinn.

Theorie und Praxis der Logotherapie. Das Sinnlosigkeitsgefühl ist nach Frankl zunehmend bedeutsamer für die Menschen geworden, da sowohl biologische Instinkte als auch kulturelle Traditionen immer weniger eine verlässliche Orientierung bieten. Aufgrund des existentiellen Vakuums kann es zu gesellschaftlichen Phänomenen wie Konformismus oder Totalitarismus kommen, beim einzelnen Menschen zu einer noogenen Neurose. Diese stellt unter den fünf unterschiedenen Neuroseformen die spezifische Kernpathologie der Logotherapie dar und meint eine psychogene Form der Neurose, die z. B. auch auf Gewissenskonflikte oder Wertkollisionen zurückgeht und nach Frankls Untersuchungen ca. 20 Prozent aller Neurosen ausmacht.

Als dem Menschen inhärente primäre Motivationskraft betrachtet Frankl den Willen zum Sinn. Demgemäß zielt die therapeutische Intervention darauf ab, die persönliche Sinnsuche zu unterstützen. Dabei können z. B. sokratische Dialoge hilfreich sein. Eine Interventionsform für psychosomatische Symptome oder bestimmte psychogene Neurosen ist die Dereflexion, bei der der Patient aufgefordert wird, seine Aufmerksamkeit vom jeweiligen Symptom wegzulenken, da dieses durch übertriebene Beachtung oft erst entsteht bzw. verstärkt wird, und sie stattdessen auf einen anderen, möglichst sinnstiftenden Inhalt zu lenken (siehe auch Beispiel 15.1). Zur Therapie von Angst- und Zwangsstörungen entwickelte Frankl die paradoxe Intention. Die Erwartungsangst, die dem Angstsymptom zugrunde liegt wird behandelt, indem der Patient auf möglichst humoristische Weise vom Therapeuten dazu angehalten wird, dieses gefürchtete Symptom aktiv herbeizuwünschen (siehe auch Beispiel 15.2). Dies ist nach Frankl nur bei einer entsprechenden Vorbereitung der ontologischen Basis anwendbar, also wenn der Patient auch mit dem schlimmstmöglichen Ausgang dieses Verhaltens zurechtkäme.

Die Weiterentwicklung der Logotherapie als Personale Existenzanalyse nach Längle wird zunehmend bekannter. Längle fokussiert die Sinnfrage zentral auf den dialogischen Austausch des Menschen mit der Welt. Dabei werden emotionale und biographische Aspekte stärker berücksichtigt als bei Frankl. Es gibt nach diesem Ansatz vier existentielle Grundmotivationen, deren Störungen in der Therapie behandelt werden.

15.4 Verständnisfragen

▶ Welche therapeutischen Konzepte hat Frankl schon vorweggenommen?
▶ Was bedeutet „Logotherapie" und „Existenzanalyse"?
▶ Welche biographischen Hintergründe haben Frankls Denken deutlich geprägt?
▶ Welche gesellschaftlichen Entwicklungen führten Frankl zu seiner Annahme der noogenen Neurose?

- Inwiefern kann Wohlstand eine noogene Neurose mitbedingen?
- Warum waren Lust- und Machtstreben als Motivationskräfte des Menschen für Frankl nicht zentral?
- Berät die Logotherapie den Patienten bei der Sinnfindung?
- Wann ist existentieller Sinn erfahrbar?
- Welche spezifischen Interventionen werden bei welchen Neurosen oder Störungen in der Logotherapie angewandt?
- Wann und wie arbeitet der Therapeut mit der paradoxen Intention?
- Welche von Frankl eher vernachlässigten Aspekte brachte Längle in die Existenzanalyse mit ein?

Fallbeispiele auf CD

Beispiel 15.1: Aus der inneren Isolation zur Existenz

Das Fallbeispiel eines 37-jährigen Informatikers mit zyklischer Depression verdeutlicht:
- u. a. das Konzept der Dereflexion im sokratischen Dialog,
- die Mobilisierung des „Willens zum Sinn".

Das Fallbeispiel bezieht sich auf das Kapitel:
15.2 Theorie und Praxis der Logotherapie

Beispiel 15.2: Logotherapie bei schizoaffektiver Psychose

Das Fallbeispiel eines 20-jährigen Mannes mit schizoaffektiver Psychose verdeutlicht:
- Konzepte und Interventionen der Logotherapie wie die paradoxe Intention,
- einige Erweiterungen der Existenzanalyse (implizit).

Das Fallbeispiel bezieht sich auf das Kapitel:
15.2 Theorie und Praxis der Logotherapie

16 Psychodrama

16.1 Entstehung des Psychodramas

Der Begriff Psychodrama
Die Verwendung des Begriffes „Psychodrama" liegt auf unterschiedlichen Bedeutungsebenen: Einmal ist damit im engeren Sinne eine therapeutische Vorgehensweise gemeint, nämlich eine „spontane szenische Darstellung interpersoneller und intrapsychischer Konflikte, um sie im therapeutischen Setting sichtbar, wiedererlebbar und veränderbar zu machen" (Leutz & Engelke, 1983, S. 1008).

Im weiteren Sinne umfasst „Psychodrama" daneben die „Soziometrie", einen Ansatz zur Erfassung und Darstellung sozialer Beziehungen, sowie Gruppenpsychotherapie, deren wesentliche Grundkonzepte Moreno bereits Anfang der 30er Jahre entwickelte und in Institutionen wie Gefängnissen und psychiatrischen Anstalten einsetzte (vgl. Moreno, 1932).

Biographischer Hintergrund
Iacov Levi (eingedeutscht: Jakob Levy) Moreno (1889–1974) wurde als ältestes von sechs Kindern jüdischer Eltern in Bukarest (Rumänien) geboren; die Familie zog 1894 nach Wien und später nach Deutschland, doch ging Moreno mit 13 Jahren allein nach Wien zurück, um in einer befreundeten Familie als Hauslehrer zu arbeiten und gleichzeitig seine eigene Schulausbildung am humanistischen Gymnasium fortzusetzen.

Nach seinem Medizinstudium und der Ausbildung zum Psychiater arbeitete er u. a. als medizinischer Betreuer eines riesigen Flüchtlingslagers in Wien-Mitterndorf (1915–17) und als Werks- und Gemeindearzt in Vöslau (bei Wien). 1925 wanderte er in die USA aus, um dort seine Erfindung elektromagnetischer Tonspeicherung kommerziell auszuwerten – was allerdings wegen des Aufkommens von Konkurrenzprodukten misslang.

In New York arbeitete er in Gefängnissen, Erziehungsanstalten und psychiatrischen Einrichtungen, in denen er seine psychodramatischen Konzepte erproben und weiterentwickeln konnte.

Stegreifspiele mit Kindern.
Erste Ansätze des Psychodramas reichen zurück in Morenos Schüler- und Studentenzeit, die bereits durch großes Interesse am Theater (und den literarischen und anderen künstlerischen Strömungen seiner Zeit) gekennzeichnet war. Neben der Auseinandersetzung mit dem „offiziellen" Theater begann er, mit Kindern in den öffentlichen Gärten erste Stegreifspiele zu inszenieren (eine Aktivität, die er später mit befreundeten Schauspielern weiter ausdehnte).

Spontanes Spiel.
Sein besonderes Interesse an der Arbeit mit Kindern galt dem spontanen, kreativen, unverbildeten Spiel – ein Aspekt, der für sein Psychodrama wesentlich war. Einen ähnlichen Ansatz vertrat übrigens zuvor der russische Psychologe, Mediziner und Philosoph V. N. Iljine mit seinem „Therapeutischen Theater" (z. B. Iljine 1909), doch gibt es keine Hinweise darauf, dass Moreno die Publikationen Iljines kannte.

Herausgeber und Verleger.
Verbunden mit seiner prä-therapeutischen Arbeit gab Moreno ab 1918 eine expressionistische Zeitschrift („Der Daimon") heraus, in der u. a. Martin Buber und Ernst Bloch schrieben. Auch in Amerika wirkte Moreno parallel zu seiner psychiatrischen Arbeit als Verleger, Autor sowie als Gründer und Herausgeber der Zeitschriften „Sociometry" und „Sociatry" – Erstere wird seit 1977 von der ASA (der Amerikanischen Soziologischen Gesellschaft) weitergeführt, Letztere existiert ebenfalls noch heute, allerdings unter dem Namen „Group Therapy and Psychodrama". Bereits diese wenigen Hinweise lassen Morenos große Kreativität und Interdisziplinarität deutlich werden, die Medizin, Psychologie, Soziologie, Philosophie und Anthropologie miteinander verband.

Einfluss auf andere Therapieformen
Wenn somit das Psychodrama als eigenständige, abgegrenzte Therapierichtung heute auch keine sehr große Bedeutung hat, ist sein indirekter Einfluss

dennoch umso größer, weil grundlegende Konzepte von vielen anderen Therapieansätzen (ggf. leicht modifiziert) übernommen wurden. So stammt z. B. der zentrale Begriff humanistischer Psychologie, die Begegnung, von Moreno (bereits 1915 erschien dessen Schrift „Einladung zu einer Begegnung"); auch das Konzept der Empathie, einer der drei Kernaspekte in Rogers Klientenzentrierter Psychotherapie, wurde von Moreno erstmals thematisiert, ebenso wie die Hervorhebung des „Hier und Jetzt" für das Erleben des Klienten und die therapeutische Arbeit.

Ferner sind wesentliche Aspekte der heutigen Gruppentherapie und der interaktionellen, systemischen Therapie bereits Jahrzehnte zuvor von Moreno vorweggenommen worden. Fritz Perls (Gestalttherapie) und Eric Berne (Transaktionsanalyse) waren ebenso wie fast alle Schüler Kurt Lewins (Gestalt- und Feldtheorie) in Morenos Vorlesungen. „Rollenspiel", „Rollentausch" und „leerer Stuhl" sind z. B. Elemente, die Perls für seine Gestalttherapie von Moreno übernahm.

16.2 Grundkonzepte des Psychodramas

Bedeutung von Rollen

Menschliches Handeln ist wesentlich an die Ausübung von Rollen gebunden; im Zusammenhang mit diesen Rollen entwickelt sich das menschliche Selbst. Eine ähnliche Konzeption findet sich auch bei George Herbert Mead, doch betonte Moreno weniger die Rollenübernahme (das „role taking" bei Mead) als vielmehr das aktive Spielen einer Rolle, das „role playing". Morenos Begriff der „Rolle" ist zudem wesentlich umfassender als in der Soziologie und umfasst praktisch alle Dimensionen menschlichen Daseins.

> **Sechs Personen suchen einen Autor**
> Das Anliegen des Psychodramas ist sehr gut in einer Szene aus dem Stück „Sechs Personen suchen einen Autor" ausgedrückt (L. Pirandello, 1965):
> *Leiter der Schauspielertruppe:* Wer sind diese Herrschaften? Was wollen Sie?
> *Vater:* Wir sind auf der Suche nach einem Autoren.
> *Leiter der Schauspielertruppe:* Und wo ist das Drehbuch?
> *Vater:* Es ist in uns, mein Herr. Das Drama ist in uns und wir können nicht erwarten, es darzustellen, so sehr drängen uns die Leidenschaften!

Rolle als aktive Handlung. Dabei lässt sich der Aspekt der Rolle „als Kategorie" von dem der Rolle „als aktiver Handlung" unterscheiden: Ersterer meint eine Art Verhaltenskonserve, in der gesellschaftlich vorgegebene Handlungsmuster (individuell transformiert) manifestiert sind. – Dieser Aspekt wird allerdings erst ab Mitte der 40er Jahre in Morenos Schriften deutlich. – Letzterer meint die im „Hier und Jetzt" gespielten Rollen, die das „Selbst in actu" bzw. das „Ich" ausmachen – ein Aspekt, der besonders in Morenos früheren Schriften betont wird und der die spontane Kreativität in seinem Stegreiftheater als wünschenswert der „kulturellen Konserve" gegenüberstellt. Wobei mit Letzterem die kulturell vorgegebenen, gelernten und weitgehend starren Rollen im „üblichen Theater" wie auch im Leben gemeint sind.

Die volle Bedeutung des überaus komplexen Rollenbegriffes Morenos kann hier nicht wiedergegeben werden (vgl. aber z. B. Petzold & Mathias, 1983), doch sei am Rande erwähnt, dass der heute so moderne Begriff der „Aktionsforschung" ebenfalls vor mehr als einem halben Jahrhundert von Moreno im Zusammenhang mit seiner Rollentheorie thematisiert wurde (vgl. auch Petzold, 1980b).

Vier Aspekte der Lebenswelt

Wesentlich sowohl für die theoretischen Überlegungen als auch für den therapeutischen Ansatz ist, dass Moreno die Lebenswelt des Menschen, in der er als „soziales Atom" handelt, durch vier Aspekte bestimmt sieht: Raum, Zeit, Kosmos und Realität:

▶ **Raum** ist nicht nur physisch, sondern insbesondere auch psychologisch und soziologisch zu verstehen, macht also den ganzen Lebenszusammenhang eines Menschen in seinem Umfeld aus. In der Psychodrama-Therapie spielt die Rekonstruktion dieses Raumes auf der „Bühne" (s. u.) daher eine wichtige Rolle.

▶ **Zeit** wird durch das „Hier-und-Jetzt"-Prinzip bestimmt, d. h. dadurch, dass Vergangenheit und Zukunft nur dann existieren (bzw. existenziell erfahren werden können), wenn sie vergegenwärtigt werden. In der Psychodrama-Therapie müssen also Vergangenheit und Zukunft in die Gegenwart geholt werden, um (im wörtlichen Sinne) eine Rolle mitspielen zu können.

▶ **Kosmos** bezeichnet den gesamten Kontext, in dem der Mensch seinen Entwicklungsprozess vollzieht und zu seiner eigentlichen Bestimmung, der schöpferischen Selbstverwirklichung, findet. In diesem „Kosmos"-Konzept sind Morenos philosophisch-religiös-anthropologische Vorstellungen geronnen.

▶ **Realität** ist immer auf Zeit und Raum bezogen; daher kann eine im Psychodrama dargestellte Szene zwar nicht im Sinne der Alltagswelt real sein, aber innerhalb der dargestellten Lebenswelt, der „psychodramatischen Hilfswelt", dennoch real erfahren werden. Sofern im Psychodrama äußere Sachverhalte dargestellt werden, spricht Moreno von „Semirealität"; geht es um psychische Inhalte, werden diese mit „Surplusrealität" bezeichnet.

Wie zu Beginn dieses Kapitels schon gesagt wurde, umfasst der Begriff „Psychodrama" Morenos „triadisches System" aus Psychodrama(-Therapie), Soziometrie und Gruppentherapie. In der folgenden Darstellung praktischer Aspekte steht die therapeutische Perspektive im Vordergrund.

16.3 Praxis der Psychodrama-Therapie

Katharsis

Ein wesentlicher Aspekt der Psychodrama-Therapie ist die Katharsis, die heilende Wirkung des Nacherlebens und Ausagierens von belastenden Erfahrungen. Die „Aufrollung des Lebens im Schein wirkt nicht wie ein Leidensgang, sondern bestätigt den Satz: jedes wahre zweite Mal ist die Befreiung vom ersten" (Moreno, 1932; zit. nach Petzold, 1976, S. 179). Obwohl Psychodrama auch als Einzeltherapie, als „Monodrama" (bzw. „Psychodrama en miniature"), durchgeführt wird, sind die wesentlichen Konzepte doch auf eine Arbeit mit Gruppen bezogen.

Sechs Konstituenten des Psychodramas

Dabei werden gewöhnlich in der Literatur folgende sechs Bestandteile („Konstituenten") des Psychodramas hervorgehoben:

(1) Die **Bühne oder Spielfläche** ist vom übrigen Raum der Gruppe deutlich abgegrenzt; ein Bühnenbild wird symbolisch, mit Hilfe der Vorstellungskraft geschaffen und um möglichst wenige reale Requisiten ergänzt. Diese Bühne ist für das Psychodrama nun der Raum (im obigen Sinne), in dem der Protagonist Szenen aus Vergangenheit und Zukunft, Träume, Ängste, Phantasien, Beziehungen, Lebenssituationen, Wünsche und Ängste entfaltet.

(2) Der **Protagonist** ist als Problemsteller bzw. Autor und Hauptdarsteller ein Mitglied der Gruppe, das auf der Bühne das spontan in Szene setzt, was ihm in den Sinn kommt – in der Regel Szenen, die seine Probleme und Konflikte betreffen. Mit Hilfe des Spielleiters und der Mitspieler, durch Einsatz von Sprache, Mimik, Gestik, Bewegung usw. soll ein möglichst hoher affektiver Realitätsgehalt (s. o.) erreicht werden. Hierdurch wird ermöglicht, dass der Protagonist seine Wirklichkeit erleben (bzw. wieder erleben) kann, aber auch mit sich experimentiert, und neue Erfahrungs- und Verhaltensmöglichkeiten für sich erprobt.

(3) Der **Spielleiter oder Direktor** ist der Regisseur, der dem Protagonisten beisteht und ihm ein möglichst intensives Spiel ermöglicht. Diese Rolle wird vom Therapeuten übernommen, der durch Warm-up-Übungen Aktivitäten und Prozesse initiiert bzw. katalysiert, möglichst jede

Anregung des Protagonisten aufgreift, auf eine Intensivierung der Probleme hinarbeitet und nach dem Spielgeschehen mit dem Protagonisten, den Mitspielern und den anderen Mitgliedern der Gruppe das Geschehen bespricht und analysierend aufarbeitet.

(4) Die **Mitspieler, Hilfs-Ichs oder Assistenten** dienen dem Protagonisten bei der Realisierung seines Spieles, indem sie reale oder phantasierte Personen, Symbolfiguren usw. darstellen – z. B. „Mutter", „Vater", „Chef", „(Phantasie-)Kontrolleur", „Ehrgeiz" etc. Diese Hilfs-Ichs spielen dabei ihre Rollen gemäß den Anweisungen des Protagonisten (bzw. den Vorschlägen des Spielleiters) und müssen versuchen, sich möglichst gut in dessen Lebenswelt einzufühlen.

(5) Die **Teilnehmer** der Gruppe, die nicht gerade als Mitspieler eingesetzt sind, bilden als Publikum den Resonanzboden für das dramatische Geschehen. Sie helfen bei den Vorbereitungen und in der Einstimmungsphase mit und geben dem Protagonisten zusammen mit den Mitspielern in der Abschluss- bzw. Nachbereitungsphase Rückmeldung: Beim sog. „Sharing" und Identifikations-Feedback wird dem Protagonisten rückgemeldet, was die einzelnen Gruppenmitglieder bei dem Spiel für sich erfahren haben, welche Eindrücke sie hatten, wo sie sich selbst angesprochen fühlten etc. Wesentlich ist hierbei eine unterstützende Anteilnahme, in der der Protagonist erfährt, dass er mit seinen Problemen nicht allein dasteht, sondern dass andere ähnliche Probleme, Erlebnisse und Gefühle haben. Beim Rollen-Feedback wird dem Protagonisten mitgeteilt, wie sich die Mitspieler in den einzelnen Rollen gefühlt und von diesen Perspektiven aus den Protagonisten erlebt haben.

(6) Die **Psychodrama-Techniken** dienen dem Leiter als Werkzeuge, um für den Protagonisten und die Gruppe Prozesse, Fragen, Probleme, Beziehungen usw. deutlich werden zu lassen. Das Psychodrama wird dabei in seinem Ablauf in drei Phasen untergliedert: (1) eine Inititialphase („Warm-up"-, Problemfindungs-Phase), (2) eine Handlungsphase (Aktions-, Spiel-, Problembearbeitungs-Phase) und (3) eine Abschlussphase („Sum-up"-, Gesprächs-, Integrations-, Nachbereitungs-Phase). Jeder Phase lassen sich spezifische Techniken zuordnen, von denen viele auch in der Gestalttherapie eingesetzt werden – z. B. „leerer Stuhl" in der Initialphase, Rollenwechsel und Doppeln (wobei der Leiter hinter den Protagonisten tritt und Äußerungen wiederholt bzw. „mitmacht") in der Spielphase. Daneben gibt es eine große Anzahl weiterer Techniken, die von Moreno in seinen Werken beschrieben und von anderen ergänzt wurden.

→ **Beispiel 16.1** Psychodrama eines Suizidversuchs
Integration verhaltenstherapeutischer Elemente. Petzold (u. a. 1978a, b) hat das Psychodrama um einige Aspekte erweitert – insbesondere der dreiphasigen Untergliederung eine vierte Phase hinzugefügt, nämlich eine „Neuorientierungs-Phase", in der neue Verhaltensweisen erprobt und gefestigt werden. Im sog. „Behaviordrama" versucht er, verhaltenstherapeutische Ansätze – wie systematische Desensibilisierung, Imitationslernen oder den Einsatz von Verstärkern – ins Psychodrama zu integrieren.

Anwendungen des Psychodramas

Wenn abschließend die Frage nach der Anwendung des Psychodramas aufgeworfen wird, so sei zunächst nochmals herausgestellt, dass die grundlegenden Konzepte und Techniken (die hier jeweils nur exemplarisch skizziert werden konnten – vgl. aber z. B. Leutz, 1974) in zahlreiche andere Therapieansätze eingeflossen sind, was durchaus von Moreno intendiert war (wenn er auch darunter gelitten hat, dass seine Konzepte oft übernommen wurden, ohne auf seine Urheberschaft hinzuweisen): „Die psychodramatische Methode ist in ihrer Anwendung praktisch unbegrenzt; der Kern der Methode bleibt jedoch unverändert" (Moreno, 1959, S. 88).

Was nun das Psychodrama als eigenständigen Ansatz betrifft, so hat schon Moreno selbst auf fünf Anwendungsschwerpunkte hingewiesen: Forschung (insbesondere im Zusammenhang mit der Soziometrie), Pädagogik, Prophylaxe, Diagnose, Therapie. Entsprechend wird das Psychodrama als Therapie in der oben skizzierten Form sowohl in psychiatrischen Kliniken als auch für die Diagnose in Beratungsstellen eingesetzt.

Seit den 70er Jahren findet sich eine zunehmende Verbreitung dieses Ansatzes auch im Bereich von

Selbsterfahrungsgruppen, deren Mitglieder eher an einer Persönlichkeitsentfaltung als an einer Therapie im engeren Sinne interessiert sind. Petzold (1978b) weist aber auf die Gefahren hin, die das Psychodrama in der Hand ungeschulter Kräfte darstellt, und nennt auch einige Kontraindikationen bei der Anwendung als Therapie, nämlich u. a. präpsychotische oder gar akut psychotische Zustände, psychosomatische Erkrankungen im akuten Stadium und Suizidgefährdung. Diese Kontraindikationen dürften allerdings für praktisch alle sog. aufdeckenden Verfahren gelten.

16.4 Zusammenfassung

Entstehung des Psychodramas. Das Psychodrama als Konzeption für eine erfahrungszentrierte Arbeit mit Gruppen, als soziometrischer Ansatz, aber auch als therapeutische Vorgehensweise wurde von Moreno entwickelt. Die Methoden und Konzepte haben starken indirekten Einfluss auf andere Therapieansätze ausgeübt, die viele Kernaspekte übernahmen, v. a. im Bereich der Gruppenpsychotherapie.

Grundkonzepte des Psychodramas. Fundamental im Psychodrama ist der Begriff der Rolle. In der Rolle als Kategorie sind gesellschaftlich vorgefertigte Handlungsmuster enthalten (analog zu Rollen im klassischen Theater), die Rolle als aktive Handlung hingegen beinhaltet die gegenwärtigen Aktionen des Ichs (analog zum Stegreiftheater). Im Psychodrama soll die Erfahrung und Reflexion dieser Rollen gefördert werden. Die vier Aspekte der Lebenswelt eines Menschen – Raum, Zeit, Kosmos und Realität – sind für die Praxis des Psychodramas wesentlich.

Praxis der Psychodrama-Therapie. Hauptziel im Psychodrama als Therapie ist die Katharsis (siehe Beispiel 16.1). Sechs Bestandteile bilden zusammen das Psychodrama: die Bühne, der Protagonist, der Spielleiter, verschiedene Mitspieler als Hilfs-Ichs oder Assistenten, die übrigen Gruppenteilnehmer und die vielfältigen Techniken zur Verdeutlichung von ablaufenden Prozessen (z. B. der „leere Stuhl", der später von der Gestalttherapie übernommen wurde). Dabei durchläuft es drei Phasen: die Initialphase, die Handlungsphase und die Abschlussphase. Petzold erweiterte das Psychodrama durch die Integration verhaltenstherapeutischer Elemente in einer vierten Phase, der Neuorientierungsphase.

Anwendung findet das Psychodrama z. B. therapeutisch in psychiatrischen Kliniken und in anderen Gruppentherapien, als diagnostisches Instrument in Beratungsstellen und generell als Mittel der Selbsterfahrung.

16.5 Verständnisfragen

▶ Welche Bedeutungsebenen umfasst der Begriff „Psychodrama"?
▶ Welche Grundkonzepte anderer humanistischer Therapieansätze wurden von Moreno vorweggenommen?
▶ Welche grundsätzlichen Aspekte der Rollen unterscheidet Moreno? Welcher davon entspricht dem klassischen Theater, welcher dem Improvisationstheater?
▶ Welche Aspekte der Lebenswelt des Menschen sind für das Psychodrama als Theorie und Therapie zentral?
▶ Welches sind die sechs Bestandteile des Psychodramas?
▶ Worin besteht die therapeutische Wirkung des Psychodramas?
▶ Welchen Beitrag leistete Petzold zur Weiterentwicklung des Psychodramas?
▶ Welche Anwendungsbereiche des Psychodramas gibt es?
▶ Welche Kontraindikationen gibt es?

> **Fallbeispiele auf CD**
>
> **Beispiel 16.1: Psychodrama eines Suizidversuchs**
> Das Fallbeispiel eines 31-jährigen Mannes nach einem Suizidversuch verdeutlicht:
> ▶ wie durch die Reinszenierung der auslösenden Situation neue Einsichten in mitwirkende Motive erkennbar und eine „Katharsis" ermöglicht werden.
>
> Das Fallbeispiel bezieht sich auf das Kapitel:
> 16.3 Praxis der Psychodrama-Therapie

IV Systemische Ansätze

17 Grundlagen systemischer Therapie
18 Kommunikation und Paradoxien
19 Die Zweierbeziehung als Kollusion
20 Familientherapie

17 Grundlagen systemischer Therapie

17.1 Einführung in die systemische Perspektive

Heterogenität der Weltbilder

Die vier „Richtungen", die durch die Grobgliederung dieses Buches wiedergegeben sind, lassen sich vier unterschiedlichen Welt- und Menschenbildern zuordnen – auch wenn es sich dabei um grobe Schematisierungen handelt, die der Ausdifferenzierung der einzelnen Ansätze (und hier wieder der Heterogenität der Unterströmungen) nur sehr bedingt gerecht wird. Gleichwohl ist eine solche Perspektive nützlich, um die systemischen Ansätze deutlicher gegenüber den anderen drei abzugrenzen. Zusätzlich wird dabei auch nochmals deutlich, dass diese Unterschiede in den Welt- und Menschenbildern nicht spezifisch für Psychotherapie oder die klinische Psychologie sind und man daher die „Uneinheitlichkeit" therapeutischer „Schulen" nicht beklagen müsste (was gelegentlich geschieht).

Vielmehr sind diese Unterschiede als Widerspiegelungen der Heterogenität von Welt- und Menschenbildern in der gesamten Gesellschaft zu verstehen. Als solche stehen sie für Pluralität, Denk- und Lebensfreiheit einer Gesellschaft und der blühenden Fülle ihrer Lebensweisen und -formen, ihrer Vorlieben, Werte und Ziele, die im Miteinander insgesamt überhaupt eine Kultur erst vorantreiben. Es geht somit um etwas Erhaltenswertes – es sei denn, man propagierte den monoklonen Menschen mit Einheitsbewusstsein und gleichgeschalteten Lebenszielen.

Kernbegriffe der anderen Richtungen. Will man die Richtungen mit wenigen Schlagworten und Schwerpunkten kennzeichnen, so könnte man den tiefenpsychologischen Ansätzen die Begriffe „Unbewusstes", „Konflikt", „Energie" und „Übertragung" und eine starke Orientierung am medizinischen Krankheitsmodell mit Ätiologie, Diagnostik, Prognose etc. zuordnen. Zentrale Konzepte der Verhaltenstherapien wären „Lernen", „Reiz-Reaktion", „Kognition", und die Orientierung an der empirisch-experimentellen Psychologie mit klaren Nachweisen des „Outcome" zur Begründung der Vorgehensweisen. Als Kernbegriffe der humanistischen Ansätze würde man „Begegnung", „Wachstum" und „Autonomie" anführen und die Einbeziehung einer „Innenperspektive", unter welcher der Mensch, zusätzlich zu seiner Beschreibung von außen, wesentlich durch seine „Existenz" gekennzeichnet ist, d. h. durch sein je eigenes Verständnis seines Seins das ist, was er ist (oder besser: so ist, wie er ist). Kategorien von Krankheit, Diagnostik etc. sind dabei natürlich Begriffe der Außenperspektive und für diese adäquat – sie verfehlen aber einen wesentlichen Teil des in diesen Ansätzen Thematisierten.

Systemische Kernbegriffe. Mit der gleichen prägnanten Verkürzung würde man die systemischen Ansätze mit den Kernbegriffen „Zirkularität", „Evolution", „Struktur" (oder: „Muster", „Regel"), „Ökologie" und „Kommunikation" kennzeichnen und hervorheben, dass sie ihren Schwerpunkt auf die Veränderung (sowohl bei „Pathologie" als auch bei „Therapie") von „narrativen Strukturen" legen – d. h. auf Geschichten, Deutungen und Wirklichkeitsinterpretationen (s. u.). Auch „Krankheit" und diagnostische Kategorien fallen dabei unter die „Narrationen", die je nach Zweck, Kontext und Verwendung nützlich und klärend oder aber auch behindernd und irreführend sein können.

Paradigmawechsel. Besonders in den 80er Jahren sprachen viele Anhänger der systemischen Ansätze im Zusammenhang mit diesen Konzepten häufig von einem „Paradigmawechsel" und meinten damit in Anlehnung an Thomas S. Kuhn (1976) ein revolutionierendes „Umkippen" des gesamten „Weltbildes" – also besonders der theoretischen Erklärungsmuster, der zulässigen Fragestellungen, der gängigen Methoden und Epistemologien oder Methodologien.

Es wurde aber bereits in der Erstauflage dieses Buches bezweifelt, dass der Begriff „Paradigmawechsel" im Hinblick auf systemische Therapieansätze angemessen ist (Kuhn selbst spricht übrigens inzwischen nicht mehr von „Paradigmen", sondern von „disziplinären Matrizen"). Durch eine systemische Betrachtungsweise werden zwar bestimmte „selbstverständliche" Erklärungsmuster und „Hintergrundannahmen" in Frage gestellt, das gilt aber wechselseitig auch für die anderen drei Richtungen (eben das macht ja die Unterschiede der Welt- und Menschenbilder aus).

Hingegen lässt sich im Hinblick auf die interdisziplinäre Systemtheorie schon eher von einem Paradigmawechsel sprechen. Dort werden Aspekte und Phänomene, die lange Zeit in den Naturwissenschaften als zu vernachlässigende Randerscheinungen angesehen wurden, plötzlich nicht nur als bedeutsam erkannt, sondern darüber hinaus zeigt sich, dass diese eher die Regel darstellen und die „klassische" Betrachtungsweise nur unter artifiziellen Sonderbedingungen korrekt und angemessen ist. Hierzu gehören besonders Rückkopplungseffekte, selbstorganisierte Ordnung, qualitative Sprünge, Nichtvorhersagbarkeit vieler Dynamiken und die Neuinterpretation des Konzepts der „Kausalität".

Erläuterung zentraler systemischer Konzepte. Die systemische Therapie ist aus praktischen Anliegen und Umständen heraus entstanden und hat sich zu einer blühenden Praxeologie entwickelt. Erst mit erheblicher Zeitverzögerung wurden theoretische Konzepte zur Erklärung zugeordnet. Dennoch soll hier mit einer Erläuterung der zentralen Konzepte begonnen werden.

Mitunter werden Beispiele aus den Naturwissenschaften mit herangezogen, nicht weil „Naturwissenschaft" „besser" oder „richtiger" ist oder gar Psychotherapie auf Naturwissenschaft reduziert werden sollte. Vielmehr lassen sich manche naturwissenschaftliche Systeme leichter isoliert betrachten und sind damit einfacher und für die Beschreibung präziser als die sehr komplexen Bedingungsgefüge beim Menschen oder gar bei Paaren und Familien, die nur sehr unangemessen so reduziert werden können, dass der jeweils gemeinte Aspekt präzise vermittelbar wird.

Zirkularität

Man könnte den zentralen Unterschied zwischen dem „klassischen" und dem „systemischen" Paradigma auf ein Ernstnehmen der Zirkularität zurückführen – woraus sich aber (selbst für Naturwissenschaftler lange Zeit) ungeahnte Konsequenzen ergeben. Mit „Zirkularität" ist zunächst einmal die schlichte Tatsache gemeint, dass „Dinge" (konkreter und abstrakter Art) nicht isoliert in der Welt vorkommen, sondern in Beziehungen zu anderen „Dingen", und dass diese Beziehungen oft als wechselseitige Wirkbeziehungen verstanden werden müssen. A wirkt dann nicht einfach auf B, sondern beide wirken – oft in einem komplex vernetzten Prozess und unter Einbeziehung weiterer „Dinge", C, D usw. – aufeinander ein. Diese „Dinge" und die zwischen ihnen bestehenden Wirkbeziehungen begründen dann ein „System" (was unten noch präzisiert wird). In der Dynamik dieses Systems – d. h. in der Entwicklung in der Zeit – wirkt dann jede Einwirkung von A über die anderen „Dinge" letztlich wieder auf A zurück. Dies nennt man z. B. in der Mathematik und Physik „Rückkopplung" (auch: Rekursion oder Iteration), in der Logik und Linguistik spricht man von „Selbstreferenz" oder „Selbstrückbezüglichkeit". So wirken z. B. in unserem Sonnensystem nicht nur Gravitationskräfte zwischen den einzelnen Planeten und der Sonne, sondern auch zwischen den Planeten (und Monden und Asteroiden etc.) – daher auch: „Sonnen-System".

Ungewöhnliche Phänomene. Das alles erscheint wenig neu und aufregend. In der Tat war eigentlich den Wissenschaftlern seit Beginn abendländischer Wissenschaft klar, dass die Betrachtung isolierter „Dinge" oder Wirkungen nicht ganz korrekt ist und nur eine Idealisierung, eine Näherung, darstellt. Aber man glaubte bis vor kurzem, dass man extrem kleine Wirkgrößen gegenüber sehr großen hinreichend vernachlässigen könnte – z. B. die winzige Anziehungskraft der Erde auf den Uranus (und umgekehrt) in Relation zur ungeheuer größeren Kraft der Sonne. Dieser Glaube erwies sich als falsch – und zwar grundlegend. Für das Sonnensystem hat schon 1890 der berühmte Mathematiker Henri Poincaré gezeigt, dass wir grundsätzlich nicht wissen können, ob dieses stabil ist oder nicht – d. h. dass z. B. die Venus (relativ) „plötzlich" einen Haken schlagen und aus dem Sonnensystem ausscheren könnte (eben aufgrund der extrem schwachen Rückkopplungen zu den anderen Planeten).

Und auch andere Wissenschaftler zeigten vereinzelt, dass aus einer Berücksichtigung von Rückkopplungen ganz ungewöhnliche Phänomene folgen können. Darüber hinaus wurden sogar in anderen Zusammenhängen ungewöhnliche Phänomene praktisch beobachtet und beschrieben – so z. B. die Selbstorganisation von Flüssigkeiten im Rahmen der Bénard-Instabilität (s. u.) schon Anfang des 20. Jahrhunderts. Aber es dauerte nach Poincarés Arbeit nochmals rund 75 Jahre, bis die praktische Bedeutung dieser Einzelerkenntnisse (oft unter „Kuriositäten" eingereiht) begann, in der Wissenschaftlergemeinschaft bewusst zu werden und größere Forschungsaktivitäten auszulösen. Dies geschah dann allerdings rasant.

Psychosoziale Zirkularität. Bevor wir uns einigen Phänomenen zuwenden, die auf die Zirkularität zurückgehen, sollte deutlich sein, dass auch im psychosozialen Bereich Zirkularität die Regel ist und die Betrachtung von einzelnen Ursachen dem Verständnis des Gesamtsachverhalts oft nicht förderlich ist.

So glossiert Plaum (1999) zu Recht die Suche nach Wirkfaktoren mit einer – sicherlich noch vereinfachten – Geschichte (vgl. Kasten), um der Frage nachzugehen, „was hat zur Verbesserung des gesundheitlichen Zustandes von Frau X. während einer Kur geführt? Bäder? Massagen? Das Klima? Die Distanz von zuhause? Der Kontakt zu Mitpatienten? Der ‚Kurschatten'?" Im Beispiel wohl alles „irgendwie" – doch nichts wirkt als zu isolierender „Faktor" als solcher, und auch nicht im Sinne varianzanalytischer Wechselwirkung „zusammen".

Denn man kann sich gut vorstellen, dass in Gruppen mit Personen unter „fast" genau denselben Bedingungen die Gesamtwirkung völlig unterschiedlich ausfällt. Plaum verwendet dieses Beispiel übrigens, um die Bedeutung dessen zu diskutieren, was der Gestaltpsychologe Kurt Lewin bereits in der ersten Hälfte des 20. Jahrhunderts mit dem komplexen Konzept der Einheit einer „Person in der Situation" meinte.

> **Wirkfaktoren für den Kurerfolg von Frau X.**
>
> ... Aufgrund der Distanz von zuhause war Frau X. in der Lage, ein anregendes Klima, eine reizvolle Landschaft, positiv auf sich wirken zu lassen, was durch die entspannende Wirkung der Bäder verstärkt worden ist; dass es Mitpatienten gibt, denen es offenbar schlechter ging als ihr, hat Frau X. neuen Lebensmut gegeben und sie offener für andere Menschen gemacht; die daraufhin möglichen Gespräche konnten ihr wiederum veränderte Lebensperspektiven nahe bringen; schließlich hat der Masseur bei Frau X. erotische Gefühle ausgelöst, die wiederum in der geschilderten aktuellen sozialen Situation zur Realisierung eines „Kurschattens" führten; dieser hat aufgrund seiner anziehenden Wirkung Frau X. zu der Überzeugung bringen können, dass es doch besser sei, die Diätvorschriften einzuhalten und nicht etwa sich am Nachmittag ins Café zu setzen, um dort die Sahnetorte zu verspeisen ...
>
> (aus Plaum, 1999)

Zirkuläre Fragen. Noch bedeutsamer als die oft nicht angemessen reduzierbare Vernetzung solch eher externer Aspekte ist die Interdependenz unterschiedlicher (realer und vermuteter) Perspektiven und der mit ihnen verbundenen Interpretationen, die einer Situation überhaupt erst eine bestimmte Bedeutung (oder ein Bedeutungsgeflecht) geben. Dies wird am Beispiel einer typischen systemtherapeutischen Interventionstechnik, den „zirkulären Fragen", deutlich.

Nehmen wir an, in einer Familientherapie beginnt die Mutter zu weinen. Während Therapeuten der meisten anderen Richtungen nun sinngemäß die Mutter fragen würden: „Wie fühlen Sie sich?", „Was erleben Sie gerade?" oder: „Was geht da in Ihnen vor?", lautet die zirkuläre Frage an den Sohn z. B. „Was glaubst du, was es in deinem Vater auslöst, wenn er deine Mutter so weinen sieht?" (vgl. die ausführlichen Beispiele in v. Schlippe & Schweitzer, 1996, S. 138).

Es geht dabei nicht darum, den einen Aspekt, nämlich den interaktiven in der Kommunikation, gegen den anderen, nämlich den persönlich-ausdrucksshaften, völlig auszuspielen. Natürlich ist auch der Letzte wichtig: Es ist durchaus bedeutungsvoll, was da in einem vorgeht; allerdings ist dies in der Tat nicht nur eine einfache Wirkung externer Reize oder interner Biochemie, sondern diese und weitere

"Variablen" sind verbunden mit der Vielfalt an unterschiedlichen Vermutungen, Wahrnehmungen und Deutungen – und zwar nicht nur bei der Mutter selbst, sondern zusätzlich auch bei den anderen Familienmitgliedern.

Es kann konsequenterweise auch nicht darum gehen, die einzigen oder wenigen „wahren" bzw. „wirklichen" „Ursachen" für das Geschehen herauszufinden – wenn eine solche Reduktion angemessen ist, dürfte es sich eher um einen Sonderfall als die Regel im komplexen Lebensalltag handeln. Vielmehr geht es darum, durch neue Perspektiven allzu eingeengte oder festgefahrene Deutungs- und Handlungsmuster zu bereichern und zu „verflüssigen" (s. u.) – und darauf zielt z. B. auch das zirkuläre Fragen ab.

Evolution und Ko-Evolution

Der Begriff „Evolution" kennzeichnet die wohl zentralste Konsequenz aus der Zirkularität: Da es stets um dynamische Systeme geht – also die zeitliche Entwicklung stets im Fokus der Betrachtung steht – und einzelne „Ursachen" im Netz des Wirkungsgefüges nicht oder nur als Sonderfall auszumachen sind, geht es somit um komplexe Bedingungsräume, in denen sich ein System zeitlich entwickelt.

Für diese Entwicklung sind systeminterne Aspekte mindestens so bedeutsam wie die äußeren Systembedingungen, an die es sich (aus externer Perspektive) „anpasst". Statt von „Anpassung" könnte man aber genauso gut (aus interner Perspektive) davon sprechen, dass sich das System einfach ständig weiter entfaltet, dabei aber natürlich nur solche Möglichkeiten realisieren kann, die mit den Gegebenheiten der Systemumgebung verträglich sind. Genau diese Aspekte meint „Evolution".

Da zu der Umgebung eines Systems (z. B. aus den Verhaltensweisen eines Menschen) oft andere (analytisch ausgegrenzte) Systeme gehören (z. B. die Verhaltensweisen von für diesen Menschen relevanten anderen wie etwa Familienangehörigen), lässt sich auch die gegenseitige Evolution dieser Systeme (hier: Verhaltensweisen) in einem Meta-System (hier: die Muster in der gesamten Familiendynamik) betrachten. Man spricht dann von Ko-Evolution, d. h. der gemeinsam aufeinander bezogenen Evolution der „Unter"-Systeme (aus Sicht des Meta-Systems).

Statische versus dynamische Systeme. Auf den ersten Blick mag es verwirrend erscheinen, dass der Fokus auf Dynamik und Entwicklung keineswegs ausblendet, dass ein System auch (dynamisch!) stabil sein kann. Daher soll der Unterschied zwischen statischen und dynamischen Systemen am Beispiel einer brennenden Kerze erläutert werden. Deren Stummel kann nämlich als statisches, die Flamme hingegen als dynamisches System verstanden werden:

Der Stummel einer Kerze kann als System beschrieben werden – er besteht, so gesehen, aus der Menge an (salopp formuliert) Kerzenmolekülen und deren räumlich-geometrischen Beziehungen (Anordnungen) untereinander. Dieses System ist statisch: Wenn man nicht auf den Stummel einwirkt, geschieht nichts – oder andersherum: Alles, was geschieht, ist ursächlich auf relativ einfache Wirkfaktoren zurückzuführen, z. B. wenn man das Wachs weich macht und den Stummel verformt oder wenn im Laufe von Jahrzehnten chemophysikalische Kräfte die Ordnung der Kerze nach und nach zerstören. Ursächlich-planerische („designhafte") Eingriffe sind möglich: Man kann das Wachs z. B. zu einem Osterhasen oder anderen Figuren verformen.

Ganz andere Prinzipien gelten für das dynamische System „Kerzenflamme": Auch hier muss etwas für den Menschen Stabiles da sein – sonst könnte er nicht darauf verweisen und sich sprachlich darauf beziehen. Auf der anderen Seite sind es nicht die Moleküle in ihrer Identität wie beim Stummel, denn zu jedem Zeitpunkt (der nicht allzu klein ist) sind andere Moleküle an dem Geschehen beteiligt – sie stammen aus dem Stummel, „verbrennen" (oxidieren) und diffundieren in den umgebenden Raum. Das Stabile am Phänomen „Flamme" ist somit nicht in der Stabilität der Moleküle noch ihrer räumlichen Beziehungen begründet, sondern in der *Struktur* des dynamischen Prozesses. Auch ohne jede äußere Einwirkung geschieht hier somit ständig etwas – hält die Prozessdynamik am Laufen, außer das System hört auf zu existieren (die Flamme verlischt).

Strukturelle Abstraktion. Lebensprozesse – somatisch-medizinische, psychische, interaktiv-soziale – sind grundsätzlich nur als dynamische Systeme zu fassen. Nicht einzelne biochemische Reaktionen,

Gedanken, Gefühle, Handlungen etc. sind relevant, sondern die Struktur, mit der diese immer wieder neu erzeugt werden. Während sich Psychologen manchmal schwer tun, sich von „handgreiflichen" und gegenständlich identifizierbaren Elementen zugunsten struktureller Betrachtungen zu lösen – und z. B. sich als System „Familie" die konkreten Leute vorstellen –, ist diese strukturelle Abstraktion etwa in der Soziologie die übliche Basis des konzeptuellen Denkens.

Eine „Institution" wie z. B. eine Universität – selbst eine konkrete, wie „die Universität X" – wird nicht durch ihre jeweils konkreten Elemente bestimmt (so wichtig und berühmt diese auch gerade sein mögen), sondern durch die Struktur, wie z. B. die Rollen „Professor", „Student", „Verwaltung" usw. Nach etlichen Jahren ist kein einziger Student, der „jetzt" zur Universität X gehört, mehr dort, noch später findet man auch kein Mitglied der Professoren, der Verwaltung etc. mehr; ja es können ggf. sogar alle Gebäude zerstört und an anderer Stelle wieder aufgebaut worden sein – kurz: nichts „Materielles" ist mehr geblieben und doch „existiert" die „Universität X" weiter und ist stolz auf ihre Tradition.

Stabilität und Veränderung. „Veränderung" meint somit die Veränderung der Struktur dieses Prozesses – z. B. indem man vorsichtig in die Flamme bläst oder die Luftzufuhr so drosselt, dass die Flamme rhythmisch zu flackern beginnt. Auch hier sind somit Einwirkungen von außen möglich, auf die das System reagiert. Allerdings – und das ist ein wesentlicher Unterschied – reagiert das System mit seinen inhärenten Möglichkeiten, was designhafte Eingriffe unmöglich macht. So lässt sich z. B. die Flamme durch noch so geschicktes Blasen nicht in Form eines Osterhasen bringen oder das Flackern einem vorgegebenen Rhythmus anpassen. Interventionen haben somit umso mehr Erfolg, je stärker man diese inhärenten Möglichkeiten berücksichtigt – oder, in den Worten vieler Weisheitslehren, „im Einklang mit der Natur handelt".

Wenn somit „Stabilität" für ein dynamisches System nicht bedeutet, dass „nichts geschieht", sondern dass die Struktur sich (im betrachteten Zeitraum) nicht verändert, muss Stabilität daher jeweils genauso erklärt und untersucht werden wie Veränderung – während es bei statischen Systemen ausreicht, darauf zu verweisen, dass keine Kräfte wirken und somit eben alles gleich bleibt.

Daher sind nicht nur die Übergänge „Gesundheit – Krankheit" (z. B. Psychopathologie) und „Krankheit – Gesundheit" (z. B. Psychotherapie) zu thematisieren, zu untersuchen und zu erklären, sondern auch der ggf. ständige Übergang „Gesundheit – Gesundheit". Denn „nichts tun" ist bei Dynamiken eben keine Erklärung, was lange vernachlässigt wurde, inzwischen aber im Rahmen von Gesundheitspsychologie und -medizin (Salutogenese) Bedeutung gewonnen hat. Das gilt aber auch für den Übergang „Krankheit – Krankheit", was immer noch kaum beachtet und nur durch Begriffe wie „Chronizität" beschreibend erfasst wird.

Sprachstruktur wider Systemdenken

Obwohl das Prinzip der Zirkularität in abstrakter Allgemeinheit leicht verstehbar erscheint, ergeben sich im Konkreten doch erhebliche Schwierigkeiten, wie die Erfahrung zeigt. Es ist nicht nur die „eingefahrene Gewohnheit", die viele Psychologen auch im akademischen Bereich immer noch in überkommenen Ursache-Wirkungs-Modellen argumentieren und damit Artefakte für den Normalfall ausgeben lässt.

Vielmehr steht systemischen Konzepten die Sprachstruktur unserer Kultur im Wege – die wiederum auch weitgehend die Denkstruktur stabilisiert: Die Sprachstruktur des SAE, des „standard average european", das vom indischen Sanskrit bis zu faktisch allen europäischen Sprachen (und damit z. B. auch der europäisierten Länder Nord- und Südamerikas) reicht, hat eine typische statische Systemstruktur: Substantive (Nomen), die wiederum auf „Gegenstände" verweisen, entsprechen den Elementen, Verben und Attribute, die auf „Tätigkeiten" bzw. „Eigenschaften" verweisen, den Relationen.

Damit geht die Sprachstruktur einher mit der „Verdinglichung" (Reifikation) unserer Lebenswelt – jenem kognitiven Vorgang, bei dem uns die Phänomene, die wir selbst vergegenständlicht haben, dann wie „Dinge" entgegentreten. Prozesse, noch dazu vernetzte, sind überaus holprig und umständlich ausdrückbar. Selbst ein so einfacher prozessualer Sachverhalt wie „Regnen" muss mit einem substanziellen „Täter" versehen werden, damit der Satz grammatikalisch korrekt klingt: Man sagt „es regnet", obwohl klar ist, dass das „es" auf niemanden verweist.

Noch weit undurchsichtiger wird es, wenn z. B. komplexe Verläufe, die prozesshaft auf unterschiedlichen Eben vernetzt sind (z. B. somatisch, psychisch, sozial), mit Begriffen beschrieben werden wie „Schizophrenie", „Depression" etc. und damit so etwas wie ein „Ding" mit fast ontologischer Seinsqualität entsteht. „Schizophrenie" wird dann vom Laien (und leider auch von manchem Kliniker) nicht mehr als ein Beschreibungs- und Erklärungsprinzip genommen, sondern als etwas, das „wirklich" „existiert", ja nach dessen (mehr oder weniger dinghafter Existenz) man sogar im Körper suchen kann.

Beispiel: Raub-und-Beutetier-Zyklus. Diese Sprach- (und damit auch Denk-)Schwierigkeit soll an einem einfachen Beispiel verdeutlicht werden – wieder aus dem nichtpsychosozialen Bereich, weil dies begrenzter und freier von klinisch-ideologischen Vorurteilen ist.

Es geht um die Zirkularität von „Raub- und Beutetieren", z. B. Luchsen und Hasen, die in der Regel Teile eines komplizierten ökologischen Systems mit vielen weiteren Vernetzungen sind. In einer kleineren ökologischen Nische (und etwas vereinfacht) finden wir eine Population von Luchsen und eine von Schneehasen. Die Luchse ernähren sich vorwiegend von Schneehasen, während Letztere keine weiteren Feinde, selbst aber genügend Futter vorfinden. Die Abbildung zeigt die Entwicklung der Populationen in einem bestimmten Zeitraum (genauer gesagt, um die Zahl abgelieferter Felle; wir nehmen aber vereinfacht an, diese entspräche dem Verhältnis der Populationen).

Begrenztheit des kausalen Ansatzes. Es geht um ein oft gewähltes Beispiel aus der systemischen Literatur – es wird in der Tat meist gewählt, weil es so überaus einfach und anschaulich ist, und in diesem Sonderfall nur die Beziehung zwischen zwei Variablen betrachtet werden muss. Man sieht selbst in diesem einfachen Beispiel deutlich die Begrenztheit des (linearen) kausalen Ansatzes: Der Zyklus der Ab- und Zunahme in der Zahl der Hasen lässt sich weder auf der Grundlage einer Betrachtung einzelner Tiere noch der Hasen„gesellschaft" als Ganzer kausal erklären. Einen ähnlichen Zyklus – nur zeitlich verschoben – weist der Bestand an Luchsen auf. Erst wenn man beide Phänomene im Zusammenhang sieht, lässt sich der Prozess verstehen.

Zirkuläre Verknüpfung von zwei Populationsdynamiken

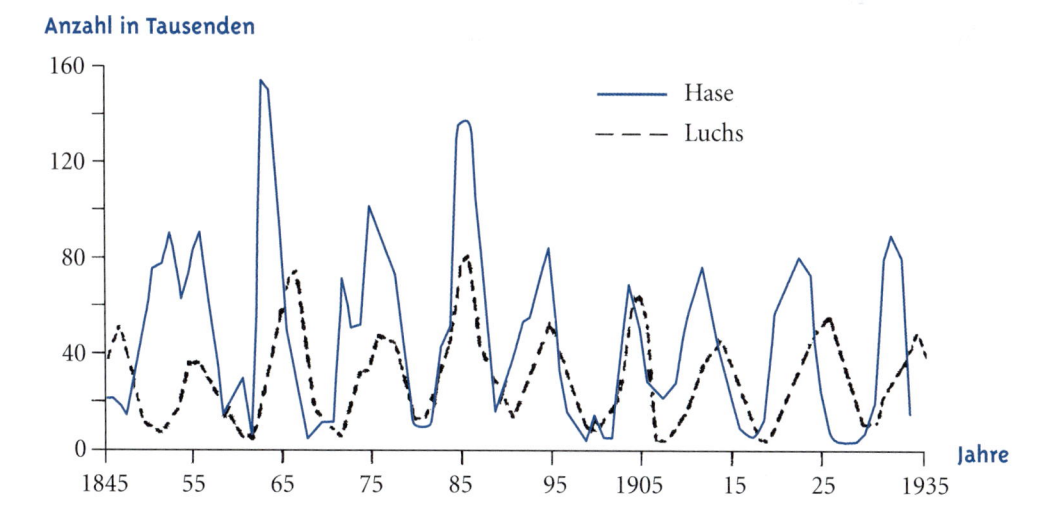

Anzahl in Tausenden

Änderung im Auftreten von Luchsen und Schneehasen. Es handelt sich um die Anzahl der Felle, die bei der Hudson Bay Company eingingen (nach McLulich, 1937).

Schwierigkeit einer angemessenen Beschreibung. Doch wie beschreibt man dies? Sinngemäß würde eine der möglichen, einfachen Beschreibungen etwa so aussehen:

> **Beschreibung eines einzigen Zyklus**
> Man beginnt an einem Zeitpunkt, wo beispielsweise viele Hasen und wenig Luchse vorhanden sind, so etwa 1864. Aufgrund der guten „Beute"-Bedingungen haben die Luchse dann hervorragende Reproduktionschancen und vermehren sich rasch. Da sich die Luchse aber weitgehend von den Hasen ernähren, wird deren Population rasch dezimiert – und zwar umso schneller, je mehr Luchse vorhanden sind. Wenn die Population der Hasen aber stark dezimiert ist, verschlechtern sich die Reproduktionsbedingungen der Luchse radikal, viele verhungern. Angesichts weniger Luchse haben dann aber die Hasen wieder weit bessere Überlebens- und damit Reproduktionschancen. Deren Population vermehrt sich rasch. Wir finden nun wieder eine Situation wie zu Beginn, 1864, und der nächste Zyklus kann beginnen.

Bei aller Einfachheit lässt sich das Geschehen wohl kaum wesentlich einfacher und kürzer (angemessen) beschreiben. Es fällt auf, wie viele Worte und Sätze für einen einzigen Zyklus notwendig sind – im Vergleich zu einem linear-kausalen Sachverhalt wie z. B.: „Je kräftiger man mit dem Hammer auf einen Nagel haut, desto weniger Schläge sind erforderlich, um ihn ins Holz zu treiben." Darüber hinaus fällt auf, dass der nicht linear-kausale Sachverhalt in eine Abfolge aus linear-kausalen Teilerklärungen aufgegliedert werden musste („Wenn viele Luchse vorhanden sind, dann werden die Schneehasen rasch dezimiert").

Kombination im Kopf. Jede dieser Einzelerklärungen wird aber allein dem dynamischen Geschehen nicht gerecht, d. h., man würde am Wesentlichen vorbeigehen, wenn man sich auf die „Wahrheit" oder Angemessenheit einer solchen Erklärung verlassen würde. Erst in der umständlichen Aneinanderreihung und in der Kombination im Kopf entsteht ein „Bild" der dynamischen Struktur. Es sei zudem beachtet, dass diese „Kombination im Kopf" sprachlich fast überhaupt nicht unterstützt werden kann, sondern dass die Sprache nur die Aneinanderreihung der im Einzelnen jeweils inadäquaten Teilbilder ermöglicht.

Dieses Sprachproblem gilt so nicht für die Naturwissenschaften, weil deren Sprache die Mathematik ist, in der solche systemischen Dynamiken gut darstellbar und kommunizierbar sind – allerdings muss auch dort zumindest ein Teil in den üblichen Erfahrungs-, Sprach- und Kommunikationsraum transformiert werden, und hier tauchen dann diese Probleme ebenfalls auf.

Man kann sich leicht vorstellen, wie kompliziert der Zyklus und damit die Beschreibung wird, wenn man nur eine weitere Tierart einführt, z. B. Rentiere, die von den Luchsen nur dann gejagt werden, wenn nicht genügend Hasen vorhanden sind (ein Dreierzyklus, der auf Neufundland zu beobachten ist).

Menschliche Verhaltenszyklen. Man muss nicht unmäßig kreativ sein, um Ähnlichkeiten zwischen diesem System und Humansystemen zu entdecken: Nimmt man z. B. „Arbeit im Haushalt durch die Ehefrau" und „Hilfeleistungen des Ehemannes" mit dem Zusatz, dass die Arbeit einer allein nicht schaffen kann und dass „er" nur hilft, wenn „sie" nicht mehr kann, so ist durchaus ein analoger Zyklus zum obigen Beispiel zu konstruieren: Sie steht mit der Arbeit allein, die mehr und mehr wird, bis sie zusammenbricht (oder ein ähnliches Symptom zeigt, das als „nicht mehr können" definiert ist). Nun ist er bereit zu helfen, die Arbeit wird weniger, sie erholt sich. Daraufhin zieht er sich wieder zurück, die Arbeit wird mehr.

Solche Zyklen müssen keineswegs auf reine Handlungen beschränkt sein: Ersetzt man nun aber z. B. „Arbeit" durch „Wunsch nach Zuwendung", „Zusammenbruch" durch „Weinanfälle" und „Hilfe" durch „Zärtlichkeit", so würde man (hier in extrem simplifizierter Weise) so etwas wie „zyklische Weinanfälle" finden (wobei die Problematik, nur innere oder nur äußere, appellative Aspekte heranzuziehen, bereits oben als Reduktionismus kritisiert wurde).

Mangelnde Systemkompetenz des Menschen. Dieser Prozess wird noch wesentlich komplizierter, wenn man die Dynamik in einer Familie mit den wechselseitigen Erwartungen, Verhaltensweisen, Äußerungen, Interpretationen, Bestätigungen, etc. betrachtet. Somit lässt sich das systemische Sprachproblem wie folgt präzisieren: Wenn die Sprache, mit der wir dieses Bild beschreiben wollen, uns solche Schwierigkeiten macht, wenn zudem die übliche Sprache dieser Gesellschaft mit den „Dingen", Kausalitäten und statischen Relationen des klassischen „Weltverständnisses" (und eines großen Teils z. B. auch des fachpsychologischen) so viel besser übereinstimmt, wie kann man da sicher sein, zu einem hinreichend „stimmigen" Bild zu gelangen? Was und wie viel selbst von der einfachen Jäger-Beute-Dynamik wird tatsächlich verstanden, d. h. in einer Weise, dass daraus adäquates Handeln folgen könnte?

Aufgrund der Arbeiten z. B. von Dörner (u. a. 1989) dürfen erhebliche Zweifel angemeldet werden, ob es ohne weiteres gelingt, Einsichten selbst in elementare systemische Zusammenhänge derart zu erlangen, dass ein adäquates Handeln möglich wird. Dörner hat anhand einfacher Simulationsmodelle von kleinen Sozialsystemen mit wenigen vernetzten Variablen gezeigt, wie inadäquat die überwiegende Mehrheit der Personen die gegebene Information gebrauchte und angemessene Interventionsweisen entwickeln konnte (vgl. zur „Systemkompetenz" auch W. Kriz, 2000; Schiepek, 1997).

Inadäquate Erklärungen. Diese kritischen und ernüchternden Feststellungen über die mangelnde Systemkompetenz des Menschen soll allerdings nicht als Plädoyer dafür verstanden werden, lieber bei den einfachen Ursache-Wirkungs-Modellen zu bleiben, weil sie zwar inadäquat, aber leicht verstehbar und kommunizierbar sind.

Das obige Beispiel mit der zirkulären Vernetzung der Weinanfälle der Ehefrau mit dem Verhalten des Mannes ruft natürlich auch andere Erklärungen auf den Plan: Allein auf die Symptome der Frau konzentriert, würde man „zyklische Depressionen" konstatieren können. Und da nun (wieder simplifiziert) Tränen nicht aus der Wasserleitung kommen, sondern vom Körper mit weiteren physiologischen Veränderungen produziert werden müssen, wird man bei genauer „medizinischer Untersuchung" natürlich zyklische somatische Veränderungen finden – und vielleicht geneigt sein, diese als „Ursache" dieser „Krankheit" anzusehen. (Man erinnere sich an die im vorigen Jahrhundert „entdeckte Krankheit", Drapetomanie, als „Ursache" für das Fortlaufen schwarzer Sklaven).

17.2 Grundkonzepte interdisziplinärer Systemforschung

Die systemische Therapie ist in der Begründung und theoretischen Aufarbeitung stark von Konzepten aus angrenzenden Wissenschaften – klassische Naturwissenschaften, Neurobiologie, Soziologie, Philosophie, Sprachwissenschaften – beeinflusst. Dies liegt auch daran, dass die m. E. einzige fundamental systemische Sichtweise in der Psychologie, die Gestalttheorie (auf der ja auch Kurt Lewins Feldtheorie fußt), im „Dritten Reich" weitgehend zerschlagen wurde.

Im Folgenden sollen daher zentrale systemische Konzepte von außerhalb des therapeutischen Kontextes vorgestellt und einige historische Hinweise zu ihrer Geschichte gegeben werden.

Selbstorganisation

Eine der Kernfragen in der interdisziplinären Systemforschung beschäftigt sich mit der Herausbildung von Strukturen („Regeln", „Ordnungen") und deren Stabilität. Auch hier hat sich rund hundert Jahre nach der Entwicklung der Thermodynamik, die ja (salopp formuliert) i. W. nur die Übergänge von Ordnung in Unordnung beschreiben konnte, durch die Entdeckung der Prinzipien der Ordnungsbildung in den letzten Jahrzehnten des 20. Jahrhunderts auch in den Naturwissenschaften ein neues Verständnis „der Welt" eröffnet.

So ist im oben gewählten Beispiel das System natürlich von den Randbedingungen abhängig, etwa davon, dass die Hasen ihrerseits genug Futter finden oder dass nicht plötzlich ein Jäger des Luchses auftaucht (hier besonders der Mensch), der die Luchse systematisch dezimiert. Sofern aber überhaupt Überlebensmöglichkeiten gegeben sind (d. h. überhaupt noch Futterflächen bleiben, der Mensch nicht alle Luchse ausrottet usw.), wird das System auf die veränderten Bedingungen in autonomer Weise antworten, d. h. in einer Weise, die aufgrund dieser Bedingungen nicht eindeutig vorhersagbar ist. Das System wird als solches überleben und sich auf einem anderen Level wieder einpendeln; so wird es bei vermehrter Luchsjagd einfach in allen Zyklen jeweils mehr Hasen geben. Gerade durch die oben erwähnte Selbstrückbezüglichkeit ist dieses System anpassungsfähig und kann seine Strukturen selbst verändern (ein typisches Kennzeichen für alle lebenden Systeme).

Beispiel: Bénard-Instabilität. Über die Zirkularität sind dynamische Systeme besonders zur Selbstorganisation ihrer Strukturen in der Lage. Da „Selbstorganisation" ein zentrales Phänomen und Konzept zum Verständnis des gesamten modernen systemischen Ansatzes ist, sei es hier etwas eingehender erläutert – zunächst wieder an einem einfachen, ideologiefreien Beispiel aus dem Bereich der Naturwissenschaft, der Bénard-Instabilität, die als Phänomen schon Anfang des 20. Jahrhunderts beschrieben wurde, aber erst 70 Jahre später im Rahmen der Systemtheorie erklärt werden konnte:

Eine von unten erhitzte Flüssigkeit gleicht die Temperaturunterschiede zur (gekühlten) Oberfläche durch Konvektionsströmung aus. Bei kontinuierlicher Erhöhung dieser Temperaturdifferenz geschieht ab einem kritischen Wert plötzlich ein qualitativer Sprung: Eine makroskopisch geordnete Bewegung setzt ein, wobei große Bewegungsrollen entstehen, an denen jeweils Myriaden von Molekülen kooperativ beteiligt sind. Diese geordnete Rollenbewegung nimmt oft komplizierte Formen an, z. B. die Form eines Bienenwabenmusters.

Zirkuläre Kausalität. Wesentlich ist, dass die Flüssigkeit diese makroskopische Struktur – beschreibbar durch die Ordnungsparameter eines Feldes – selbstorganisiert bildet: Die Ordnung wird eben nicht von außen als „Ordnung" eingeführt – etwa, indem jemand in der Flüssigkeit in Form der Bewegungsrollen herumrührt, wie man aus einem „klassischem" Verständnis von Intervention geneigt sein könnte. Vielmehr führt die kontinuierliche Änderung relativ undifferenzierter – aber keineswegs beliebiger! – Randbedingungen (hier: der Temperaturdifferenz) in einem diskontinuierlichen Sprung zu dieser hoch differenzierten Struktur. Dabei tragen alle Moleküle zu diesem strukturierten Bewegungs-Feld bei, das andersherum die Dynamik der einzelnen Moleküle bestimmt, so dass wir es mit einer zirkulären Kausalität zwischen Mikro- und Makroebene zu tun haben.

Phasenübergang. Diese Gesamtdynamik bleibt stabil, kann aber durch erneute bzw. weitere Umgebungsveränderung (hier: Erhöhung der Temperatur) zu einem neuerlichen qualitativen Struktursprung („Phasenübergang") veranlasst werden: ab einem weiteren kritischen Punkt erfolgt die strukturelle Änderung derart, dass nun ein chaotisches Wechseln der Drehrichtungen der Bewegungsrollen stattfindet).

Geschichtlichkeit von Systemen. Wesentlich ist auch die Nichtlinearität des Zusammenhanges zwischen der Veränderung der Umgebungsbedingungen und der des Systems: Je nach Systemzustand (d. h. der bisherigen „Geschichte" des Systems) können große Umgebungsveränderungen ggf. überhaupt nichts bewirken, während andererseits minimalste Einflüsse große Veränderungen auslösen können – d. h., die „klassische" Regel, dass große Wirkungen auf große Ursachen zurückgehen, gilt für solche Systeme also nicht.

Bénard-Instabilität

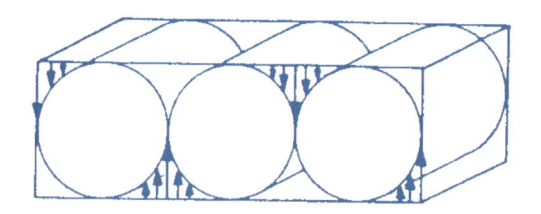

(a) Bewegungsrollen (schematisch, von der Seite gesehen)

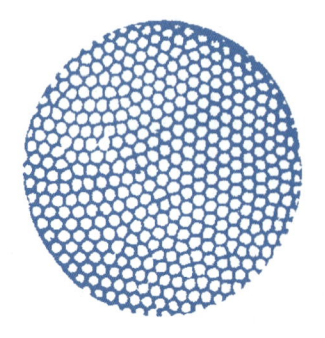

(b) bienenwabenförmige Rollen-Muster (von oben gesehen)

"Wahlfreiheit" von Systemen. Ein dritter zentraler Aspekt ist die Tatsache, dass dem System keine beliebigen Strukturen aufgezwungen werden können. Vielmehr ist es nur möglich, das System zur Bildung ihm inhärenter Ordnungsmöglichkeiten zu veranlassen. Da das System dabei grundsätzlich eine Phase (chaotischer) Instabilität durchläuft, hat es in der Regel mehrere „Wahlmöglichkeiten", auf welchen Attraktor hin es sich zubewegt, d. h. welche der ihm inhärenten Lösungsmöglichkeiten (d. h. stabilen Strukturen) es aufsucht. Da hier Zufallsschwankungen eine Rolle spielen können, ist die „gewählte" Lösung nicht deterministisch vorhersagbar. Bei guter Systemkenntnis wäre aber eine Unterstützung einer inhärenten Struktur erfolgreich.

Selbstorganisation als interdisziplinäres Phänomen. Solche selbstorganisierten Prozesse der Ordnungsbildung sind in vielen Untersuchungsbereichen „entdeckt" worden: Von den mikrophysikalischen Prozessen, die für das kohärente Licht im Laser verantwortlich sind, über raum-zeitlich homogene und zyklische chemische Reaktionen, die den sog. „chemischen Uhren" zugrunde liegen, bis hin zur Organisation von amöbenartigen Zellpopulationen zum „Schleimpilz" unter Bedingungen des Nahrungsmittelmangels (vgl. Haken, 1981).

Doch trotz der vielen unterschiedlichen Phänomenbereiche lassen sich die Ordnungsprozesse mit Hilfe derselben mathematischen Formalismen beschreiben, wie sie z. B. in der „Synergetik" entwickelt wurden – und es spricht vieles dafür, auch biomedizinische, psychische und soziale Strukturbildungsprozesse als nichtlineare Systemdynamiken zu begreifen (vgl. Kriz, 1992, 1999a, 2006).

Grundbegriffe interdisziplinärer Systemtheorie

System: In unterschiedlichen Zusammenhängen und Theorien recht unterschiedlich definierter Begriff. In diesem Rahmen geht es nur um dynamische Systeme. Dies sind von ihrer Umgebung (kognitiv) abgegrenzte Variablennetze, wobei sich die Dynamiken der Variablen wechselseitig beeinflussen.

Chaos: Hier muss unterschieden werden zwischen (a) „mikroskopischem" oder „grauem" Chaos – womit einfach ein überaus komplexes System gekennzeichnet wird, das auf mikroskopischer Ebene zwar prinzipiell mittels Myriaden von Differentialgleichungen beschrieben werden könnte, was faktisch aber nicht möglich ist. Ein Beispiel ist das Verhalten von unzähligen Gasmolekülen in einem Behälter. Das mikroskopische Verhalten aller Moleküle ist faktisch nicht erfassbar; das Gas wird durch wenige makroskopische Größen wie Druck, Temperatur etc. beschrieben.

Während (a) den Naturwissenschaftlern seit langem bekannt ist, ist (b) das „deterministische" Chaos eine Entdeckung der letzten Jahrzehnte. Es zeigte sich (für viele völlig unerwartet), dass selbst sehr einfache Systeme aus wenigen Elementen – im Extremfall durch eine einzige Variable im diskreten Fall oder bereits ab drei Differentialgleichungen im kontinuierlichen Fall – chaotische Entwicklungen zeigen können. Selbst wenn jeder einzelne Schritt z. B. mathematisch exakt aus dem vorhergehenden folgt (d. h. deterministisch ableitbar ist), ist die Entwicklung über viele Schritte hinweg faktisch nicht berechenbar. Zwei Entwicklungslinien, die beliebig nahe beieinander liegen können – z. B. durch eine Messungenauigkeit beliebiger Kleinheit – streben dann extrem rasch auseinander. Prognosen sind deshalb nicht möglich, weil immer eine minimalste Unsicherheit über den Ausgangszustand besteht, der dann eben zu völlig unterschiedlichen Verläufen führen kann.

Attraktor: Manche Systemdynamiken streben gegen stabile Ordnungszustände. Diese (dynamisch) stabilen Ordnungen heißen Attraktoren; die attrahierenden Kräfte werden auch „Ordner" genannt. Ein Attraktor ist in bestimmter Hinsicht das Gegenteil vom (deterministischen) Chaos: Unterschiedliche Entwicklungslinien laufen in dieser Ordnung zusammen – gegenüber mäßigen Störungen strebt das System somit immer wieder zum Attraktor, quasi eine Art „Selbstheilungskraft". Es gibt allerdings auch „chaotische Attraktoren"; das sind Dynamiken, die in einer oder mehreren Dimensionen („Variablen") chaotisch

▶

in einer oder mehreren sind. Es liegt nahe, z. B. viele Bereiche menschlicher Entwicklung als chaotische Attraktoren zu konzipieren: In manchen Dimensionen findet ständige Entfaltung und Ausdifferenzierung statt, in anderen ständige Konvergenz (z. B. Kategorisierungen, Regel- und Schemabildung).

Emergenz: Selbstorganisierte Strukturbildung aus mikroskopischem Chaos heraus, bei der sich die Gesamtdynamik aus Myriaden mikroskopischer Teildynamiken zu einem (multidimensionalen) Attraktor stabilisiert, der durch wenige (makroskopische) Aspekte oder Variable beschreibbar ist und somit kognitiv als „Ordnung" erfasst wird.

Phasenübergang: Ordnungsneubildung, die der Emergenz sehr verwandt ist, mit dem Unterschied, dass der Ausgangszustand nicht Chaos, sondern bereits emergierte Ordnung ist. Das System ändert seine Struktur und kognitiv erfassbare Ordnung (gr. „phasis" = Erscheinungsform) – es verlässt somit (aufgrund geänderter Umgebungsbedingungen) einen Attraktor und sucht einen neuen auf.

Selbstorganisation: Die Ordnung im System entsteht über Emergenz und/oder Phasenübergang – also wesentlich aufgrund der *inhärenten* wechselseitigen Beziehungen der Variablen; *externe* Variable der Umgebung des Systems stellen nur den Anlass (physikalisch ggf. die Energie) zur Verfügung. Es wird also keine Ordnung von außen importiert, sondern von innen entfaltet.

(umfassender in: Kriz, 1992, 1999a)

Geschichte systemtheoretischer Konzepte

„Klassische" Ansätze zu umfassenden Systemkonzeptionen, die über spezielle Phänomenbereiche hinausgehen – wie etwa die „Hyperzyklen"-Theorie von Manfred Eigen zur Erklärung der Evolution des Lebens aus lebloser Materie mittels Selbstorganisation – haben ihre Wurzeln bereits zu Beginn des 20. Jahrhunderts. Bedeutsam war z. B. die bereits in den 20er Jahren formulierte und bis in die 40er Jahre ausgebaute „General Systems Theory" von Ludwig von Bertalanffy (1968). Modell für sein Kernkonzept, dem Fließgleichgewicht, war ein See mit einem Zu- und Abfluss, der trotz – bzw. aufgrund – der ständigen Dynamik seinen Wasserspiegel in hinreichendem Gleichgewicht hält. Mit dieser Modellvorstellung untersuchte er Strukturgleichheiten in der Organisation recht unterschiedlicher Gegenstandsbereiche.

Noch umfassender war James Grier Millers (1978) Systementwurf der „Living Systems", der 19 Komponenten bzw. Subsysteme (wie „Konverter", „Verteiler", „Unterstützer") auf sechs Systemebenen (von der Zelle über Organismus und Gruppe bis hin zur Gesellschaft) beschreibt. Beide Konzeptionen sind aber heute von eher historischer Bedeutung.

Das Gleiche gilt für die Anwendung der „Kybernetik" von Norbert Wiener (1968) auf nichttechnische Bereiche. Typisches Beispiel für ein „Homöostase"-Modell ist die Zentralheizung mit Zimmerthermostat („Regler"), der bei zu niedriger Temperatur das Ventil öffnet und bei zu hoher wieder schließt – womit die Temperatur hinreichend konstant bleibt.

Während kybernetische Modelle von regulativer Stabilität für technische Konstruktionen auch heute oft noch hilfreich sind, scheitert eine angemessene Übertragung auf z. B. biologische, psychische oder soziale Systeme an der schlichten Frage: „Wer regelt den Regler?" – ein Problem, das bei der Konzeption selbstorganisierter Systeme entfällt.

Autopoiese – nach Maturana und Varela. Dieser Kunstbegriff (von gr. autos = selbst und poiein = machen) wurde zunächst Anfang der 70er Jahre von Humberto Maturana und Francisco Varela eingeführt, um die Funktion der lebenden Zelle zu beschreiben – insbesondere deren Abgrenzung (i. d. R. mittels einer Zellmembran) und die operativ-autonome Selbstproduktion der Bestandteile (Zellkern, Mitochondrien etc.) mittels dieser Bestandteile. Eine lebende Zelle wird dabei als ein Netzwerk chemischer Reaktionen verstanden, das durch eben diese Reaktionen genau jene Teile und Prozesse erzeugt bzw. an ihnen rekursiv mitwirkt, die sich selbst erzeugen. Darüber hinaus verwirklicht sich die Zelle als materielle Einheit.

Operationale Geschlossenheit. Entsprechend definieren Varela, Maturana und Uribe (1982, S. 158) die autopoietische Organisation allgemein „durch ein Netzwerk der Produktion von Bestandteilen, die erstens rekursiv an demselben Netzwerk der Produktion von Bestandteilen mitwirken, das auch diese Bestandteile produziert, und die zweitens das Netzwerk der Produktion als eine Einheit in dem Raum verwirklichen, in dem die Bestandteile sich finden." In diesem Sinne sind, wie die Autoren betonen, autopoietische Systeme operational geschlossene Systeme. Organismen, die aus vielen Zellen bestehen, nennt Maturana autopoietische Systeme zweiter Ordnung. Trotz der operationalen Abgeschlossenheit sind autopoietische Systeme nicht von der Umwelt und deren Struktur unabhängig, sondern gehen mit ihr eine strukturelle Kopplung ein – eine „effektive raumzeitliche Abstimmung der Zustandsveränderungen des Organismus mit den rekurrenten Zustandsänderungen des Mediums".

Diese wenigen Zitate lassen erahnen, dass die Darstellungsweise besonders von Maturana sehr kompliziert und – nicht zuletzt durch seine rekursiven Definitionen – ungewöhnlich ist. Das hat ihm viel Kritik eingetragen, die z. B. Finke (1985) dahingehend auf den Punkt bringt, dass deren „sehr komplizierte Darstellung in ungutem Kontrast zur Simplizität ihres Inhaltes steht." In einer etwas späteren Publikation, unter dem Titel „Der Baum der Erkenntnis" (1987), hat Maturana allerdings versucht, sein Konzept etwas einfacher darzustellen.

Radikaler Konstruktivismus. Zunehmend wurde die Autopoiese-Konzeption aber auch Teilaspekt einer umfassenderen erkenntnistheoretischen Konzeption Maturanas, mit der er den sog. „radikalen Konstruktivismus" propagierte. So schreibt z. B. Ludewig, der seine „systemische Therapie" fast ausschließlich auf dem „Autopoiese"-Konzept als Systemtheorie aufbaut: „Diese vier Thesen bilden meines Erachtens den Kern der Kognitionstheorie Maturanas:

▶ Menschliches Erkennen ist ein biologisches Phänomen und nicht durch die Objekte der Außenwelt, sondern durch die Struktur des Organismus determiniert.
▶ Menschen haben ein operational und funktional geschlossenes Nervensystem, das nicht zwischen internen und externen Auslösern differenziert; daher sind Wahrnehmung und Illusion, innerer und äußerer Reiz im Prinzip ununterscheidbar.
▶ Menschliche Erkenntnis resultiert aus ‚privaten' Erfahrungen, ist als Leistung des Organismus grundsätzlich subjektgebunden und damit unübertragbar.
▶ Der Gehalt kommunizierender Erkenntnisse richtet sich nach der biologischen Struktur des Adressaten." (Ludewig, 1992, S. 59.)

Autopoiese – nach Luhmann. Unglücklicherweise wird der Begriff „Autopoiese" auch noch in einem zweiten Theoriengebäude verwendet, das mit dem ersten außer der Annahme operationaler Geschlossenheit inzwischen wenig gemeinsam hat: Gemeint ist die Konzeption „sozialer Systeme" des Soziologen Niklas Luhmann (1984), in der er Gesellschaft, als System aller Kommunikationen, den beiden Systemen „Leben" (als Gesamtheit aller biologischen Vorgänge) und „Bewusstsein" (als Gesamtheit aller intrapsychischen kognitiven Vorgänge) gegenübergestellt.

Alle drei Systeme sind, nach Luhmann, operational geschlossen, also füreinander jeweils nur Umwelt, ohne informationellen Input und Output – sie erzeugen füreinander, so Luhmann, nur Rauschen: „Kommunikationen lassen sich nur durch Kommunikationen reproduzieren; bewusste Gedanken nur durch bewusste Gedanken; und das Leben lebt sein Leben, ohne dass ihm Bewusstsein oder Kommunikation hinzugefügt werden könnte. Die im geschlossenen Netzwerk reproduzierten Elementareinheiten sind anschlussfähig nur an Elementareinheiten des gleichen Netzwerkes", schreibt Luhmann (1988, S. 48).

Interpenetration. Die Interdependenzen, die natürlich auch Luhmann nicht leugnet, werden über das relativ wenig elaborierte Konzept der „Interpenetration" thematisiert (was bei Maturana dem Konzept der „strukturellen Kopplung" entspricht). Gleichzeitig gesteht Luhmann zu, dass „eine therapeutische Praxis hauptsächlich an Fragen interessiert sein wird, die sich aus den Interdependenzen dieser Systeme ergeben." Doch hier bleibt die Interpenetration im Vergleich zu den unten aufgeführten naturwissenschaftlichen Konzepten sehr erklärungsarm.

Bewusstsein und Kommunikation. Gleichwohl ist jener Aspekt der luhmannschen Konzeption gerade auch für Therapeuten beachtens- und bedenkenswert, dass Bewusstseinsprozesse und Kommunikationsprozesse sich wechselseitig einen Kapazitätsüberschuss zur Verfügung stellen. Hieraus ergibt sich die Betonung der Selektionsvorgänge: Mit welchen Aspekten der gerade ablaufenden Kommunikation beschäftigt sich mein Bewusstsein? Und welche Aspekte dessen, was gerade mein Bewusstsein beschäftigt, bringe ich in die Kommunikation ein? Darüber hinaus (wenn auch damit verbunden) wird der Fokus auf die Tatsache gelenkt, dass einerseits ein großer Teil der Kommunikation, gerade zwischen Partnern und in der Familie, darum kreist, was jemand „wirklich" gemeint hat, bzw. was er „wirklich" will, fühlt und denkt, ob er es „ehrlich meint", wie „offen" er ist, etc. Anderseits kreist ein großer Teil der Gedanken, wieder gerade in Bezug auf Partner und Familie (wegen der dort erwarteten Intimität – in problematischen Situationen, aber z. B. auch in Bezug auf Kollegen, Vorgesetzte etc. im System „Arbeitsplatz"), um Fragen, ob man auch richtig verstanden wird, ob die Kommunikation gelingt, was wohl diese oder jene kommunikative Handlung bedeutet etc.

Begrenzte Erklärungskraft der Autopoiese. Unabhängig von der Frage ihrer Brauchbarkeit im Rahmen der Erklärung von Leben bzw. für die Makrosoziologie erscheint mir eine Konzeption für humanwissenschaftliche Fragestellungen wenig geeignet, welche die Interdependenzen zwischen den Systemen nur mit relativ vagen Konzepten wie „Interpenetration" (Luhmann) bzw. „struktureller Koppelung" (Maturana & Varela) thematisiert.

Zudem zentriert sich die Autopoiese-Debatte um Aspekte der Abgrenzung und Stabilität, während Psychotherapeuten doch eher an Verbindungen und Strukturänderungen interessiert sind. Ohne die bereits an anderer Stelle erfolgte differenzierte Kritik hier referieren zu können (u. a. Kriz, 1988, 1990a, 1994), soll nochmals resümiert werden: „... das Autopoiese-Konzept trifft nicht das, was Psychologen vorwiegend interessiert und letzteres, andersherum, lässt sich mit dieser Theorie nicht konzeptualisieren" (Kriz, 1988, S. 100).

Trivialisierung. Mit dem Konzept der „trivialen" und „nichttrivialen" Maschinen hat von Foerster (1988) eine wichtige Unterscheidung eingeführt: Triviale Maschinen zeichnen sich dadurch aus, dass Eingangszustände („Reize") über eine einfache Wirkungsfunktion Ausgangszuständen („Reaktionen") zugeordnet sind. Sie entsprechen so der klassischen Sichtweise, gemäß der aus der Analyse der Reiz-Reaktions-Kontingenzen auf die Wirkungsfunktion, d. h. das „Funktionieren" dieser Maschine, relativ einfach geschlossen werden kann.

Führt man nun zusätzlich eine – ebenfalls einfache – Zustandsfunktion („Lernen") ein, die in Abhängigkeit von den Reizen auch die Wirkungsfunktion selbst ändert, so erhält man eine „nichttriviale" Maschine: Auch wenn die Funktionen ganz einfach und deterministisch sind, lässt sich zeigen, dass bereits für ganz wenige Reize und wenige Reaktionsmöglichkeiten faktisch keine Vorhersagen mehr möglich sind; denn die Anzahl der Möglichkeiten – und damit die notwendigen Experimente, um die „Funktionsweise" herauszufinden – wächst extrem rasch ins Astronomische. Dies ist strukturell sehr verwandt dem bereits skizzierten „deterministischen Chaos".

Da Menschen lernen können und auch über eine minimale Anzahl an Reaktionen auf diskriminierte Reize verfügen, sind sie als „nichttrivial" anzusehen – und damit zunächst nicht vorhersagbar. Dies ist, in solcher Radikalität, nicht nur unerträglich, sondern auch kontrafaktisch: Das Verhalten von Menschen ist zu einem gewissen Grad vorhersagbar. Der Grund liegt, so von Foerster, in der Trivialisierung – z. B. im Rahmen der Sozialisationsinstitute: Der kleine Fritz sagt auf die Frage „Was ist 3 mal 3?" vielleicht unerwartet und kreativ „grün!". Doch in der Schule lernt er schnell, dass dies (und weiteres) nicht zulässig ist, sondern er vorhersagbar mit „9!" zu reagieren hat – seine Reaktionen werden trivialisiert.

Bedeutsamer aber sind, so von Foerster, die Selbsttrivialisierungen z. B. von familiärer Interaktion. Über Rückkopplungen streben diese auf Stabilitätspunkte („Eigenoperatoren") zu. Diese sind strukturell sehr ähnlich dem bereits dargestellten „Attraktor". Bei attrahierenden Dynamiken bilden sich ja selbstorganisiert Regeln oder Ordnungen. Diese werden eben gerade nicht von außen als Regeln ins System eingeführt. Der kleine Fritz wird zwar zur Antwort „9" trivialisiert, der große Fritz und seine Freundin werden zwar durch viele Einflüsse und Vorschriften in ihren Möglichkeiten beschränkt; aber welche Paardynamik und welche Interaktionsmuster dabei entstehen, ist nicht von außen determiniert, sondern selbstorganisiert (bzw. selbsttrivialisiert).

Aus diesen Gründen hat von Foersters Konzeption vor allem eine argumentative Bedeutung, um solche attrahierenden Prozesse deutlich zu machen. Weiter elaboriert – auch in dem Sinne, dass präzise Beschreibungen der genauen Vorgänge vorliegen und darauf z. B. Experimente aufgebaut werden können – sind solche attrahierenden Dynamiken im Rahmen der beiden folgenden Theorien.

Dissipative Strukturen. Eine neuere naturwissenschaftlich fundierte Theorie der Selbstorganisation ist unter der Bezeichnung „dissipative Strukturen" bekannt geworden – eine Konzeption, für die Ilya Prigogine 1977 mit dem Chemie-Nobelpreis ausgezeichnet wurde (vgl. Prigogine & Stengers, 1981), der einer der Ersten war, die untersuchten, wie aus Unordnung und Chaos fern vom thermodynamischen Gleichgewicht mittels Selbstorganisation Strukturen entstehen können. Lange Zeit dachten Chemiker, dass jede chemische Umwandlung letztlich zu einem homogenen zeitunabhängigen Endergebnis führen würde.

Hingegen zeigen „chemische Uhren" eine raumzeitliche Struktur von kohärentem rhythmischen Reaktionsverhalten, das besonders schön durch Einfärbungen demonstriert werden kann – die Flüssigkeit wechselt dann in regelmäßigen Zeitintervallen ihre Farbe oder weist sehr eindrucksvolle raum-zeitliche Muster auf. Die Bezeichnung „dissipative Strukturen" wurde gewählt, „um die paradoxe Rolle von dissipativen Vorgängen bei ihrer Entstehung hervorzuheben" (Prigogine & Stengers, 1981, S. 21). Dissipation („Zerstreuung", d. h. der zeitliche Übergang irgendeiner Energieform in Wärmeenergie) wurde nämlich in der klassischen Thermodynamik lediglich als Quelle der Unordnung angesehen. Hier aber wird sie zu einer Quelle der Ordnung, indem kleine Schwankungen im Kontext der Systemumgebung sich selbst verstärken, bis sie das ganze System umfassen – man könnte auch von einer gigantischen Schwankung sprechen, die durch Energie- und Materieaustausch mit der Außenwelt stabilisiert wird.

Synergetik. Die derzeit wohl umfassendste Konzeption ist die „Synergetik", die „Lehre vom Zusammenwirken" von Hermann Haken (1978, 1981), die (zunächst) als Theorie des Lasers vor rund drei Jahrzehnten entstand. Bald aber wurde klar, dass die spezielle Betrachtungsweise bzw. die mathematische Behandlungsweise der damit verbundenen Probleme keineswegs auf Eigenschaften des Lasers oder auch nur auf physikalische Systeme beschränkt bleiben muss. Vielmehr beschäftigt sich die Synergetik inzwischen ganz allgemein mit Systemen, die aus sehr vielen Komponenten oder Subsystemen bestehen (bzw. andersherum betrachtet: sich in solche untergliedern lassen). Analysiert wird dabei insbesondere das Zusammenwirken oder „kooperative" Verhalten dieser Komponenten im Sinne der Selbstorganisation. Wie in der Gestaltpsychologie spielt die „top-down"-Wirkung im Sinne einer Feldwirkung eine zentrale Rolle, da auf der jeweils makroskopischen Ebene neue Phänomene auftreten, die sich qualitativ von den Phänomenen der Mikroebene deutlich unterscheiden lassen.

Interdisziplinäres Programm. Haken hat dabei praktisch von Anbeginn an interdisziplinäre Pionierarbeit geleistet und mit der Synergetik die Analyse selbstorganisierender Systeme auch in anderen Disziplinen angeregt – auch wenn die allgemeine Anwendbarkeit seiner Theorie bisher vorwiegend im Bereich der Physik, Chemie und Biologie gezeigt wurde: So enthalten die „Springer Series in Synergetics" mit derzeit fast 100 Bänden und rund 2000 Beiträgen ganz überwiegend Arbeiten aus diesen Disziplinen mit zahlreichen Beispielen für „unbelebte" Systeme, bei denen wohlorganisierte räumliche, zeitliche oder raumzeitliche Strukturen aus ungeordneten Zuständen heraus entstehen und/oder eine bestimmte strukturelle Ordnung verlassen, um nach Durchlaufen von Instabilität neue Konfigurationen zu bilden (sog. „Phasenübergänge"). Zunehmend wird die Synergetik aber auch auf die Analyse „belebter" und „kognitiver" Systeme angewendet – also auf human- und sozialwissenschaftliche Bereiche.

Synergetik in der klinischen Psychologie. Gerade für eine präzise Formulierung und Modellierung von Selbstorganisations-Dynamiken in Familien (und ggf. anderen sozialen Gruppen) sowie bei kognitiven Prozessen hat sich die Synergetik im letzten Jahrzehnt als fruchtbares Instrument erwiesen. Nach lehrbuchartigen Einführungen in die Formalismen,

Problemstellungen und unterschiedlichen Zugangsmöglichkeiten psychologischer Systemtheorien (z. B. Tschacher, 1990; Schiepek, 1991; Schiepek & Strunk, 1994) gibt der Band „Selforganization and Clinical Psychology" (Tschacher, Schiepek & Brunner, 1992) einen immer noch guten Überblick über die vielfältigen Perspektiven und Ansätze in diesem neuen Forschungsfeld.

Auch die neueren Arbeiten zeigen ein beachtliches Spektrum an Sichtweisen einerseits und Anwendungsbereichen andererseits – von der Ausarbeitung formaler Analysemöglichkeiten für die (relativ kurzen und undifferenzierten) Datenreihen im psychologisch-therapeutischen Bereich (z. B. Scheier & Tschacher, 1994) und deren Anwendung auf die Analyse einer Paartherapie (Tschacher & Scheier, 1995), von Gruppenprozessen (Brunner, Tschacher & Nowack, 1994; Tschacher & Brunner, 1995) oder von Krankheitsverläufen (Tschacher & Haas, 1994; Tschacher & Grawe, 1996), bis hin zur Entwicklung und Analyse von System- bzw. Planspielen (Schiepek, 1997; Schiepek et al., 1995).

17.3 Systemtheorie und Systemtherapie

Selbstorganisierte Verhaltensmuster

Neben zahlreichen Phänomenen in den Naturwissenschaften lassen sich auch in den Humanwissenschaften viele Vorgänge als selbstorganisierte Dynamiken verstehen. So bewegt sich eine Paar- oder Familiendynamik zwar typischerweise im Rahmen juristischer und sozialer Regeln und Normen und wird ebenso durch genetische und somatische Gegebenheiten mitbestimmt; diese stellen aber eher die Umgebungsbedingungen dar: Denn das, was eine spezifische Paar- oder Familiendynamik ausmacht und von anderen unterscheidet, ist eben nicht gesellschaftlich oder somatisch determiniert oder auch nur organisiert, sondern „spielt" sich als Regel zwischen diesen Menschen ein und organisiert sich selbst.

Nehmen wir zur Verdeutlichung folgendes (stark vereinfachtes und klischeehaftes) Muster der beiden Verhaltensweisen A: „Mann geht in Kneipe" und B: „Frau nörgelt":

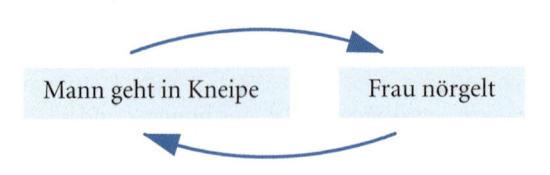

Mann geht in Kneipe ⇄ Frau nörgelt

So stabilisieren sich beide Verhaltensweisen A und B im Rahmen dieses einfachen Interaktionssystems nicht nur gegenseitig, sondern man kann sich gut vorstellen, dass Mann und Frau ggf. diese Verhaltensweisen nicht einfach in die Beziehung einbrachten, sondern die Dynamik hin zu diesem Muster sich erst in kleinen Schritten entwickelt hat: Wenn der Mann auf B verstärkt mit A reagiert und die Frau auf A verstärkt mit B, so differenziert sich dieses Muster als ein Attraktor heraus – das sich soweit radikalisiert, wie es die Randbedingungen zulassen (z. B. kann „Mann" nicht ewig in der Kneipe bleiben, und „nörgeln" geht nur in Anwesenheit des Partners). Weder dieses Muster allgemein noch die konkrete Frequenz sind vorgegeben oder von einem der beiden (in der Regel) intendiert, sondern eben selbstorganisiert.

Selbstorganisierter Klatschrhythmus. Ein anderes einfaches Beispiel ist das Entstehen von rhythmischem Klatschen z. B. am Ende eines Konzertes: Aus dem Chaos der vielfältigen Klatschrhythmen (nur als Rauschen wahrnehmbar) emergiert oft plötzlich ein gemeinsamer Rhythmus, ohne dass jemand auf der Bühne die Anweisung geben müsste: „jetzt! – jetzt! – jetzt! ...", was eine von außen eingeführte Fremdorganisation wäre. Vielmehr entsteht dieser Rhythmus selbstorganisiert in präziser Übereinstimmung mit den Selbstorganisationsvorgängen z. B. der Bénard-Instabilität (vgl. Kriz, 1999b, 2001).

Wir werden noch sehen, dass solche Muster und ihre selbstorganisierte Genese sowie Aufrechterhaltung sehr typisch für die Betrachtung im Rahmen systemischer Therapien ist.

Humanistische und systemische Konzepte

Es wurde bereits im Kapitel zu den Wurzeln humanistischer Psychotherapie darauf verwiesen, wie groß die inhaltlich-konzeptionelle Übereinstimmung von wesentlichen Prinzipien der humanistischen Psychologie mit den Kernprinzipien moderner, naturwissenschaftlich fundierter Systemtheorie ist. Dies kann nun – nach etwas genauerer Darstellung einiger systemischer Kernkonzepte – nochmals aufgegriffen werden: In der Gegenüberstellung der dort referierten „sechs Kennzeichen der ‚Arbeit am Lebendigen'" von Wolfgang Metzger mit Kernprinzipien interdisziplinärer Systemtheorie wird diese Korrespondenz besonders deutlich.

Metzgers „Kennzeichen der Arbeit am Lebendigen"	Kernprinzipien interdisziplinärer Systemtheorie
(1) Nichtbeliebigkeit der Form	
Man kann Lebendigem „auf die Dauer nichts gegen seine Natur aufzwingen", man „kann nur zur Entfaltung bringen, was schon in dem ‚Material' selbst an Möglichkeiten angelegt ist".	Man kann einem System nicht jede beliebige Form aufzwingen, sondern nur dem System inhärente Organisationsformen fördern.
(2) Gestaltung aus inneren Kräften	
„Die Kräfte und Antriebe, die die angestrebte Form verwirklichen, haben wesentlich in dem betreuten Wesen selbst ihren Ursprung."	Die entscheidenden Größen der Ordnung – sog. „Ordnungsparameter" – haben wesentlich ihren Ursprung im System selbst.
(3) Nichtbeliebigkeit der Arbeitszeiten	
„Das lebende Wesen kann nicht beliebig auf seine Pflege warten. Es hat vor allem seine eigenen fruchtbaren Zeiten und Augenblicke" für Veränderung.	Systeme haben eine „Geschichte" – relativ zu dieser bewirken „dieselben" Interventionen mal fast nichts, in anderen Phasen qualitative Sprünge.
(4) Nichtbeliebigkeit der Arbeitsgeschwindigkeit	
„Prozesse des Wachsens, Reifens, Überstehens einer Krankheit usw. haben offenbar ihnen jeweils eigentümliche Ablaufgeschwindigkeiten."	Phasenübergänge – das, was von außen als wesentliche und qualitative Änderung der Strukturdynamik wahrgenommen wird – haben systeminhärente („eigentümliche") Verläufe.
(5) Die Duldung von Umwegen	
Man muss überall Umwege in Kauf nehmen.	Die Entwicklungswege müssen respektiert werden (z. B. kann der Weg durch Bifurkationen nicht „abgekürzt" werden).
(6) Die Wechselseitigkeit des Geschehens	
„Das Geschehen . . . ist wechselseitig. Es ist im ausgeprägten Fall ein Umgang mit ‚Partnern des Lebens'".	Systeme sind nicht nur durch wechselseitige Verknüpfung der „Elemente"/Teildynamiken ausgezeichnet, sondern auch die Trennung System – Umwelt ist rein analytisch-formal; jede Separierung und Eliminierung holistischer Wechselwirkungen ist eine (ggf. notwendige) Vereinfachung.

Korrespondenz zwischen humanistischen und systemischen Konzepten (aus Kriz, 1998)

Kommunikation und Pathogenese

Systemische Psychotherapie konzentriert sich vor allem auf die Phänomenebene der Kommunikation: Hier wird für die jeweiligen Menschen die Realität ihrer Lebenswelt(en) erzeugt und stabilisiert – und diese ist wiederum mit den unterschiedlichen Handlungen und deren Bedeutungen in der interaktiven Vernetzung auf der einen Seite sowie den persönlichen und gemeinschaftlichen Werten und den damit verbundenen Gefühlen auf der anderen Seite zu einer überaus komplexen Dynamik verbunden. Doch trotz dieses „Wirrwarrs" sind die Ordnungen oder Muster oft so prägnant, dass ein kurzes Gespräch, ein Besuch oder eine Beobachtung der Einzelperson des Paares oder der Familie deutlich als Regeln im Fluss der Phänomene wahrnehmbar werden.

Somatische und kommunikative Vorgänge. Zusätzlich sind die dynamischen Verläufe auf den so skizierten Ebenen mit anderen Dynamiken verbunden, die ebenfalls in heutiger Sicht als selbstregulativ verstanden werden: So hat die Medizin seit langem diese selbstregulativen Aspekte vieler funktioneller Organprozesse beachtet – was durch den geläufigen Systembegriff unterstützt wird: Kreislaufsystem, autonomes und willkürliches Nervensystem, Herz-Lungen-System etc. Gerade die oben ausgeführte Konzeption von System-Umgebungs-Beziehung im Rahmen der Systemtheorie gibt Raum für ein vertieftes Verständnis der Psychosomatik.

So stellt beispielsweise auch für eine klar als somatisch-entzündliches Asthma diagnostizierte Dynamik der Reagibilität der Bronchien die familiäre Kommunikation eine wesentliche Umgebungsbedingung dar. Das Ausmaß an Stress in einer somatisch ohnedies angespannten Lage kann das „Zünglein an der Waage" sein, ob es zu einem Anfall kommt oder nicht.

Auf der anderen Seite stellt aber die somatische Belastung mit Asthma eines Familienmitgliedes eine wesentliche Umgebungsbedingung für die sozialen Interaktionen dar: In vielen Familien ist dies nicht nur eine zusätzliche Belastung; vielmehr kann die Interaktionsdynamik – in medizinisch keineswegs erforderlicher, sondern eher unangemessener Weise – durch das Asthma beeinflusst werden, etwa indem die Eltern sich nicht mehr trauen zu verreisen oder anderes einschränken, was dann wieder die Spannungen im Miteinander erhöhen kann.

Systemische Perspektive auf Krankheiten. In der systemtherapeutischen – d. h. vorwiegend: familientherapeutischen – Fachliteratur der 70er und 80er Jahre des 20. Jahrhunderts wurde daher der wesentliche Fortschritt des systemischen Ansatzes oft dahingehend beschrieben, dass sich die Betrachtungsweise für psychopathologische und psychotherapeutische Prozesse vom „Individuum" auf „die Familie" verschoben hat: Psychische Krankheiten, einschließlich vieler sogenannter psychosomatischer Störungen, die in anderen Ansätzen als vorwiegend individuelle Angelegenheiten verstanden wurden – „verursacht" z. B. durch „innere Konflikte", „erlernte Verhaltensweisen", „irrationales Denken" etc. – begann man nun primär im Hinblick auf ihren Stellenwert und auf ihre Funktion in sozialen Interaktionsprozessen zu analysieren (und hier eben besonders im System „Familie").

Eine „Krankheit" wie z. B. „Anorexia nervosa" muss also nicht unbedingt als „endogene … Appetitlosigkeit" beschrieben werden, wie es noch in einem Medizinlexikon (Roche) von 1984 zu finden ist, sondern kann über solche Interaktionsstrukturen gefasst werden – zumal zahlreiche Familientherapien gezeigt haben, dass die Symptome verschwanden, als eine Änderung dieser Interaktionsstrukturen eintrat (und das sogar oft in relativ wenigen Sitzungen). Dies ist verständlich, wenn man bedenkt, dass im Familiensystem die mit den Symptomen verbundenen Aktivitäten eben auch nichts anderes als kommunikative Handlungen sind. Zwischen den „üblichen" kommunikativen Handlungen wie „Fragen", „Antworten", „Weinen", „Kritisieren", „Vorschlagen" etc. und „symptomatischen" kommunikativen Handlungen wie „Nichtessen", „Erbrechen" etc. besteht kein prinzipieller Unterschied. Daher werden „übliche" und „symptomatische" kommunikative Handlungen gleichermaßen gemäß den Strukturen des Familiensystems ständig neu erzeugt und stabilisieren damit ihrerseits wieder die Strukturen des Familiensystems (und damit auch die „Symptome").

Einseitige Perspektive. Diese Sicht- und Zugangsweise hat in der Tat das Spektrum klinischer Erkenntnis und therapeutischer Handlungskompetenzen in wesentlichen Aspekten bereichert. Gleichwohl wurde dabei das Kind mit dem Bade ausgeschüttet – man könnte auch sagen: Der Familientherapie-Debatte jener Jahre ist der Mensch mit seinem Bedürfnis, seine Welt sinnhaft zu gestalten und sich als personales Selbst in sozialen Beziehungen auszudrücken und einzubringen, durch das Analysenetz der abstrakten Interaktionsstrukturen gerutscht. Formulierungen wie: „Bei der systemischen Erkundung gilt die innere Struktur der einzelnen und für sich bestehenden Einheit als irrelevant" (Andolfi, 1982, S. 25), waren nicht selten zu findende Übertreibungen dieser einseitigen Perspektive.

Sozialsystemischer Reduktionismus. Psychiatrische Kategorisierungen, wie z. B. Schizophrenie, wurden nun zwar radikal anders, aber letztlich ähnlich reduktionistisch kategorisiert – nämlich: als „nichts anderes als" ein bestimmtes Interaktionsmuster. Umgebungsbedingungen wurden dabei dann ausschließlich sozial verstanden, und es wurde übersehen, dass für das Handlungssystem z. B. auch biologische Prozesse und deren Eigendynamiken eine relevante Umgebungsbedingung darstellen.

Mag z. B. der Konsum von Alkohol noch so weitgehend als ein bestimmtes Interaktionsmuster rekonstruiert werden können: nach vielen Jahren hochdosierten Alkohol„genusses" und histologischen Veränderungen an den Neuronen haben die mit den sozialen Interaktionsprozessen ko-evolvierenden biologischen Prozesse sich ggf. körperlich so manifestiert, dass nun nicht mehr alle relevanten Vorgänge einfach im Rahmen sozialer Interaktionsmuster beschrieben werden können. Das, was dieser Mensch an Interaktionen hervorbringt, ist dann eben auch durch das geschädigte neuronale System mitbedingt und keineswegs nur durch das soziale System.

Darüber hinaus musste man zunehmend erkennen, dass die sog. „Spezifitätshypothese" des systemischen Ansatzes nicht zu halten war (vgl. z. B. Cierpka, 1996); d. h. dass die oben skizzierten Annahmen über differentielle Interaktionsstrukturen von z. B. „Alkohol"-, „schizophrener", „psychosomatischer" Familie nicht durch die Forschung bestätigt werden konnte.

Vernachlässigung von Eigendynamiken. Neben dem Irrtum, nur soziale Prozesse als Umgebungsbedingungen zu sehen, wurden auch die selbstorganisierten Prozesse auf anderen Betrachtungsebenen übersehen: Ein „Symptom" wie z. B. „Magersucht" als „nichts anderes als" einen Prozess kommunikativer Handlungen zu beschreiben, übersieht, dass die oben angeführten Prozesse selbstverständlich Korrelate z. B. in der Biochemie des Körpers haben, die dort ggf. eine bestimmte Eigendynamik aufweisen – so wie die kommunikative Handlung „Zornausbruch mit Geschirrzerschmeißen" materielle Konsequenzen hat und die Scherben selbst natürlich nicht sinnvoll als „kommunikative Handlungen" beschreibbar sind. Und wenn das geworfene Geschirr dabei gar die Fensterscheibe zerstört, können durch hereinströmenden Regen weitere Eigendynamiken gefördert werden: So kann der nass gewordene Teppich zu schimmeln beginnen – und auch die Schimmelpilze lassen sich nicht auf „nichts anderes als" kommunikative Handlungen reduzieren.

> **Personzentrierte Systemtheorie**
> Als explizite Gegenbewegung zu dieser Einseitigkeit, im Rahmen der System- und Familientherapie klinisch-therapeutische Prozesse fast ausschließlich als kommunikative Muster zu beschreiben, hat der Autor übrigens vor mehr als einem Jahrzehnt mit der Entwicklung einer „personzentrierten Systemtheorie" begonnen (u. a. Kriz, 1991a, 1999a). Es geht im Kern darum, der Tatsache besser Rechnung zu tragen, dass einerseits der Mensch als soziales Wesen seine Identität immer schon und immer nur in sozialen Prozessen gewinnen und aufrecht erhalten kann und andererseits jede Interaktion stets „durch das Nadelöhr persönlicher Verstehensprozesse und Sinndeutungen" gehen muss. Kommunikativ-interaktionelle Muster sind somit wesentlich von den Mustern dieser Sinndeutungen mit bestimmt.

Das Selbst im systemischen Ansatz
Während diese Betonung der personzentrierten Perspektive noch vor einem Jahrzehnt als Bruch der Grenzen eines rein kommunikativen Systems kritisiert wurde (z. B. Schiepek, 1991, S. 153), sind inzwischen im Zuge der postmodernen Philosophie und der narrativen Ansätze als antiquiert entwertete Aspekte wie „Person", „Selbst", „Sinn" etc. wieder eingekehrt (z. B. Ahlers et al., 1996; Hinsch & Steiner, 1997).

Wiederentdeckung der Sinnhaftigkeit. Es geriet nämlich zunehmend wieder ins Bewusstsein von systemischen Therapeuten, dass Sinndeutungen, verwoben zu Geschichten, die Realität der Lebenswelt herstellen – und dass der Therapeut in die Geschichten und ihre Veränderungen eingewoben ist (statt diese nur, strategisch oder strukturell, „von außen" zu beeinflussen). Die Sichtweise ging somit von der distanzierten Intervention zur gemeinsamen Konversation – dem therapeutischen Gespräch aller Beteiligten über eben solche Sinndeutungen in Form von Problemen, Lösungsmöglichkeiten, Erklärungen usw.

Prozesskompetenz. Für Therapeuten wurde dabei immer weniger wichtig, eine Kompetenz zur inhaltlichen Analyse eines Problems oder eines Interaktionsmusters zu haben, als vielmehr eine Kompetenz für den Prozess der Veränderung – eine Veränderung, die wegführt von solchen Geschichten, die eher einengen, kaum mehr Handlungsalternativen ermöglichen und immer wieder „zum Selben" führen, hin zu solchen Geschichten, die neue Perspektiven, Ideen, Sicht- und Handlungsmöglichkeiten eröffnen.

Postmoderne Konzepte. Postmoderne und narrative Philosophie betonen, dass die Grenzen der narrativen Strukturen und Erzählungen auch die Grenzen unserer Fähigkeit zum Verstehen und Erklären festlegen. Unsere Lebenswelt ist demnach wesentlich von Beschreibungen bestimmt – und diese Beschreibungen können aus unterschiedlichen Wahrnehmungs und (Er-)Lebensperspektiven sehr unterschiedlich sein. Es kann nicht darum gehen, welche Beschreibung die einzig richtige ist, sondern darum, die anderen in ihren Beschreibungen, den damit verbundenen Lebensperspektiven und den dahinter stehenden Standpunkten zu würdigen und zu verstehen.

Manche postmoderne Philosophen vertreten darüber hinaus den Standpunkt, dass die Narrationen als Puzzleteile zu verstehen seien, die nahezu beliebig zusammengefügt werden können, und dass dies auch für die Narration des „Selbst" gilt: Entsprechend den wechselnden Dialogen und Intentionen, in denen sich der Mensch z. B. im Laufe einer Woche wieder findet, werden auch diese Puzzleteile immer wieder neu geordnet, und es entstehen somit immer neue „Selbst"-Erzählungen. Das „Selbst", das z. B. im personzentrierten Ansatz als ein Wesenskern verstanden wird, den es zu entwickeln und zu entfalten gilt, wird hier als überkommene Vorstellung aus der Romantik diskreditiert (vgl. Gergen, 1990, 1996; Epstein, 1996).

Das postmoderne „Selbst". Sofern mit den „Selbst"-Erzählungen nicht nur unterschiedliche Aspekte gemeint sind, die in diversen Kontexten besonders prägnant in den Vordergrund des Bewusstseins und Handelns treten – was aber im Rahmen soziologischer Rollentheorie schon seit langem und sehr differenziert erörtert wurde –, halte ich die so skizzierte Position für nicht tragfähig: Die (möglicherweise in der Romantik besonders beachtete) Sehnsucht des Menschen, dem „Ich" in seiner Selbstreferenz sowie in seinen Entwürfen von Zukunft und seinen Erzählungen der Vergangenheit einen hinreichend kontinuierlichen Wesenskern zuordnen zu können, ist auch in dieser Zeit und unserer Kultur weiterhin eine starke Kraft.

Das System „Familie"

Die Konzeption des Systems „Familie" wird im Bereich der familientherapeutischen Literatur vorwiegend exemplarisch, anhand einleuchtender, überzeugender Beispiele vermittelt. Wenn man jedoch herauszufinden versucht, was denn nun im konkreten Fall genau ein System ausmacht, kann man in der Regel vergeblich nach Präzisierung suchen. Es wird üblicherweise auf zentrale, zugrunde liegende Ansätze verwiesen – vor allem auf die allgemeine Systemtheorie (Ludwig von Bertalanffy), die Informationstheorie (Claude Shannon), die Kybernetik (Norbert Wiener), die (systemische) Kulturanthropologie (Gregory Bateson) oder die philosophisch-verbale Systemkonzeption der „Autopoiese" (Maturana & Varela). Doch der genaue Beitrag dieser Ansätze zum Konzept „Familiensystem" ist nicht sehr klar.

Problematik von Systemhierarchien. Bei den eher metaphorischen Verwendungen des „System"-Begriffs kommt es dann leicht zu ontologischen Missverständnissen, wobei praktisch so getan wird, als „gäbe" es die Systeme und deren Hierarchien so, wie man Stockwerke in einem Hochhaus betrachten kann. So schreiben z. B. Napier und Whitaker (1978, S. 61): „Systeme sind hierarchisch organisiert. Man kann zum Beispiel eine Einzelperson als ein System betrachten. Schaut man von der Ebene dieses Systems aus ‚abwärts', so sieht man, dass es eine Anzahl von Subsystemen umschließt, die nach unten immer kleiner und einfacher werden . . .

Aber das ist noch nicht die ganze Hierarchie. Man kann auch ‚aufwärts' blicken zu noch komplexeren Systemen, die das Individuum beeinflussen."

Dazu findet sich die Aufstellung einer Hierarchie, die vom „subatomaren Teilchen" über „Organsystem" hinaufreicht zu „Person oder Organismus" (was, nebenbei bemerkt, zwei völlig unterschiedliche Phänomenbereiche kennzeichnet) und dann darüber hinaus über „Kernfamilie" bis zur „Weltgemeinschaft der Nationen" viele Hierarchiestufen auflistet.

Relativität der Systemperspektiven. Doch trotz vordergründiger Plausibilität handelt es sich nicht um „die" Hierarchie. Denn Systeme „gibt" es natürlich nicht einfach im ontischen Sinne. Vielmehr handelt es sich dabei um die kognitiven Schöpfungen von Erkenntnissubjekten. Daher ist die Frage, welche Elemente zu welchem System „gehören", vom Erkenntnis- und Erklärungsinteresse abhängig – kurz: von der eingenommenen Perspektive des Erkenntnissubjekts: Eine Person X ist Teil der Familie F hinsichtlich bestimmter Kommunikationen (einschließlich Handlungen, Erwartungsstrukturen etc.). Als Bauer gehört X zu einem (begrenzten, bäuerlichen) Ökosystem Ö, als Hobbybläser aber zur Blaskapelle B – und natürlich gibt es noch viel mehr Aspekte in Bezug auf X und seine Mitgliedschaften in weiteren Systemen.

Psychisch-somatische „Beeinträchtigungen" von X lassen sich nun im Hinblick auf X' Stellenwert in F betrachten (der „übliche" Ansatz systemischer Psychotherapie). Aber natürlich genauso gut im Hinblick auf X' Stellenwert in Ö (so ergibt sich z. B. daraus eine Beeinträchtigung, dass X mit Stoffen düngt, die, wenn er seine Lebensmittel verzehrt, bestimmte Systeme seines Organismus zu einem veränderten Gleichgewichtszustand bringen). Ein weiterer Aspekt wäre z. B. X' Stellenwert im „Jäger-Beute"-System H, in dem X' Hygiene-Handlungen in Bezug auf die Dynamik von Bakterien und Keimen im Zentrum steht: Möglicherweise „züchtet" X durch seine Art der Hygiene besonders resistente Keime, die X' Gesundheit oft beeinträchtigen, was seine Hygiene-Handlungen verstärkt, was . . . usw.

Kommunikation als fundamentale Relation. Es gibt also sehr viele Perspektiven, Aspekte der Lebensaktivitäten einer Person X für die Betrachtung auszuwählen und einem entsprechenden System zuzuordnen. Systemische Betrachtungsweise impliziert somit nicht selbstverständlich, die „Familie" als System „für X" zu wählen und dabei „Interaktion" als Betrachtungsebene der Vernetzungen zu verwenden – ein Gesichtspunkt, der, wie mir scheint, in der Diskussion um systemische Therapie oft übersehen wird.

Vielmehr ist es nur plausibel (!), Kommunikation auszuwählen, weil die Relation Therapeut – Klient ebenfalls eine kommunikative ist (mit Ausnahme von Körpertherapien). Und weil der Therapeut sich in das System F begeben kann (das selbstverständlich nun F' wird), um zu versuchen, auf dieser Ebene mitzuwirken und zu einer neuen Interaktionsdynamik beizutragen.

Verstörung eines Systems. Allerdings ist es genauso gut denkbar, als Therapeut möglichst wenig zu kommunizieren, eher selten zu intervenieren und wenige, aber klare Anweisungen zu geben. Man könnte dies mit dem Zünden „kommunikativer Bomben" von „außen" umschreiben, womit das System so aus dem eingefahrenen Gleichgewicht geworfen wird, dass es seine Fähigkeiten zur Selbstorganisation auf einem anderen Level aktiviert. Diese Vorgehensweise wurde z. B. von der Mailänder Schule um Mara Selvini Palazzoli gewählt, wo Sitzungen mit radikaler systemischer Intervention auch nur ca. alle sechs Wochen für eine Familie anberaumt wurden. Ludewig (1992) betont, dass lebende Systeme nicht gezielt zu verändern sind, sondern sie durch Störeinflüsse veranlasst werden können, ihre aktuelle Strukturform zu verlassen, um sich dann in autonomer Weise neu zu organisieren. In diesem Zusammenhang spricht er daher von „signifikanter Verstörung" als systemisch-therapeutischer Intervention.

Vielfalt der Systemkonzeptionen. Doch selbst wenn man Kommunikation als relevante Dimension für die Hierarchiebildung auswählt, ist nicht automatisch die Familie „das" System, um die Lebensprozesse von X nachzuvollziehen. So war X ja z. B. auch Mitglied der Blaskapelle B und kommuniziert dort ebenfalls. Allerdings sind die Kommunikationsinhalte und -strukturen in B in aller Regel wohl weniger lebens- und „krankheits"-relevant. Anders sieht es da schon am Arbeitsplatz A aus. Die Strukturen dort können so relevant werden, dass daneben das Familiensystem kaum noch eine Rolle spielt bzw. extrem beeinflusst wird (z. B. wenn der Vater, total gestresst und im Arbeitskampf verbissen, nur noch seine Wut an der Familie ablassen kann). Oder es kann eine Sekte K, der sich X zuwendet, viel wesentlicher werden.

Nicht nur im Hinblick auf den „kranken" Patienten (s. u.) wirken nun alle diese Systeme selbst wieder systemisch zusammen, sondern Ähnliches gilt (mit anderen Systemen) für die anderen Familienmitglieder. Die obige Hierarchie: Zelle – Organ – Organismus – Familie – Gesellschaft (mit Zwischenschritten) kann bestenfalls hilfreich sein, wenn man dabei den extremen Reduktionismus im Auge behält.

Wenn man allerdings annimmt, es gäbe nur diese Hierarchie und Familie sei das einzig mögliche System für ein Individuum, dann hat sich hier auf der Betrachtungsebene von Systemhierarchien genau jenes monokausale lineare Denken durchgesetzt, welches zu überwinden die systemische Therapie eigentlich angetreten war.

Familie als Teil der Gesellschaft. Mit derselben Konsequenz, mit der das „individuelle Symptom" hinsichtlich seines Stellenwertes in der Familienstruktur betrachtet wird, lässt sich übrigens die „spezifische Familienstruktur" hinsichtlich ihres Stellenwertes in der Gesellschaftsstruktur betrachten.

Schon Wilhelm Reich beispielsweise hat nicht nur die Symptome als Ergebnis der Eltern-Kind-Beziehung gesehen, sondern die Eltern als unbewusst im Auftrage der Gesellschaft handelnd gekennzeichnet – ein Weitblick, der auch in der modernen Diskussion systemischer Therapie nicht immer selbstverständlich ist. Das Rollenverständnis der einzelnen Mitglieder (z. B. „Vater" – „Mutter") sowie der Familie als Ganzes, das wesentlich die Transaktionen in der Familie mitbestimmt, ist genauso wenig nur Angelegenheit des einzelnen Individuums wie der privaten Familie, sondern vor allem der Gesellschaft. Die Beschränkung therapeutischen Handelns auf die Familie mag pragmatisch-technisch gerechtfertigt sein – bleibt sie aber unreflektiert, werden wesentliche Bestimmungsmomente der „Familiendynamik" schlicht übersehen. Mit den obigen Einschränkungen ist das System Familie also (u. a.!) zwischen individuellen und gesellschaftlichen Prozessen angesiedelt. Wer einerseits den Fortschritt systemischer Betrachtungsweise vom „Individuum" zur „Familie" hervorhebt, kann die „Gesellschaft" bzw. andere Metasysteme nicht ausblenden wollen; und wer andererseits die Autonomie der Familiendynamik gegenüber den „Umwelteinflüssen" der Gesellschaft betont, darf die Autonomie des Individuums gegenüber der Familie auch nicht ganz vernachlässigen.

Identifizierter Patient. Wenn nun in der Zentrierung der Perspektive auf die Familie nicht mehr ein individueller Patient, sondern die Familie als „krank" angesehen wird, spricht man konsequenterweise vom „identifizierten" Patienten (auch: „Indexpatient"). Damit ist jenes Familienmitglied gemeint, das (zunächst!) die (meisten bzw. auffälligsten) Symptome „hat". Die Klammern und Anführungszeichen des vorigen Satzes weisen darauf hin, dass Sprachgebrauch und Sichtweise problematisch werden, wenn sie sich an herkömmliche Vorstellungen anlehnen und einfach auf systemische Verhältnisse übertragen werden.

So war schon seit Freud klar, dass die Symptome einer „Krankheit" gleichzeitig als „Leistungen" des Menschen verstanden werden können, unter den gegebenen Bedingungen den Lebenskampf bestanden zu haben. Ebenso ist es inadäquat, von einem „kranken" System zu sprechen – bzw. es muss zumindest bedacht werden, dass das, was unter einer bestimmten Perspektive als „Krankheit" erscheint, gleichzeitig unter einer anderen als die „Fähigkeit" des Systems gesehen werden kann (und der Personen darin), sich unter den gegebenen Bedingungen zu arrangieren bzw. sich an den Kontext zu adaptieren.

Dieselbe perspektivische Relativität gilt auch für die Symptome und ihre(n) Träger selbst: Nicht selten – das ist auch eine gängige Erfahrung in Einzeltherapien gleich welcher Richtung – entwickeln sich im Verlauf der Besserung von Symptomen eines Patienten dann bei einem oder mehreren anderen Familienangehörigen dieselben Symptome oder solche, die in unmittelbarem Zusammenhang mit den gebesserten bzw. verschwundenen stehen. Diese Erfahrung war übrigens nicht unwesentlich für die Entwicklung systemischer Ansätze – d. h. für den konsequenten Schritt, dann doch gleich die ganze Familie mit in die Therapie einzubeziehen. Sie belegt die pragmatische Relevanz des familientherapeutischen Ansatzes, an dessen terminologischer Präzisierung und theoretischer Fundierung aber immer noch zu arbeiten sein wird.

Die Familie im Kopf. Das System „Familie" wird jedoch nicht durch die faktische Anwesenheit der Familienmitglieder bestimmt, sondern wesentlich durch die Interaktionsdynamiken und diese wiederum durch die Erwartungs-Erwartungen – d. h. dadurch, was jemand erwartet, dass andere von ihm erwarten. So kann z. B. der bedeutende Großvater seit vielen Jahren, ja Jahrzehnten tot sein, dennoch richtet sich in der Familie noch vieles nach seinen vermuteten Erwartungen, kreisen die Kommunikationen explizit oder verdeckt um die Frage: „Was würde Großvater wohl dazu sagen, wenn er hier wäre?".

Daher bestanden Systemtherapeuten auch zunehmend weniger rigide darauf, dass alle Personen, die an dem Problem irgendwie beteiligt sind, unbedingt auch physisch anwesend sein müssen – was in den 80er Jahren noch typisch war. Man sieht dies inzwischen sehr viel gelassener: Wer von den am Problem wesentlich Beteiligten es ermöglichen kann, Interesse an Veränderungen hat und meint, zur Lösung beitragen zu können, sollte dabei sein – ansonsten ist er eben auch so anwesend: nämlich in den Köpfen der Gekommenen.

Systemische Selbstsupervision

Im Extremfall kann daher eine einzelne Person allein mit sich im Zimmer systemische Therapie (oder etwas bescheidener: Supervision bzw. Problemklärung) betreiben. Dazu muss man sich z. B. die Erwartungen bzw. „Aufträge" bewusst machen, die man hinsichtlich eines Problems von unterschiedlichen Personen auf sich gerichtet sieht (und dies könnte z. B. sogar der erwähnte „tote Großvater" oder, symbolisiert, der „innere Antreiber" sein). Diese vermuteten Aufträge kann man externalisieren – z. B. auf Karten schreiben, die man um sich herum legt, und sich dann mit jeder einzelnen unter bestimmten Gesichtspunkten auseinander setzen. Hilfreich sind hier besonders Entscheidungen darüber, welche der Aufträge man bereit ist anzunehmen, welche man auf jeden Fall ablehnen möchte und welche man annehmen könnte, wenn sie in bestimmter Weise modifiziert werden (v. Schlippe & Kriz, 1996). Dieses Beispiel macht nochmals deutlich, wie fruchtbar es ist, nicht rigide zwischen „realen", extern beobachtbaren Interaktionen einerseits und Gedanken, inneren Selbstgesprächen und inneren (imaginierten) Dialogen mit anderen andererseits zu unterscheiden – also keine Ontologie der Systemoperationen zu kultivieren, wie es ebenfalls bis in die 90er Jahre hinein der Fall war.

17.4 Geschichte systemtherapeutischer Ansätze

Systemische Therapie, die faktisch ganz überwiegend als Familientherapie, weniger häufig als Paartherapie und immer noch vergleichsweise selten als Einzel- oder als Gruppentherapie durchgeführt wird, gibt es im engeren Sinne erst seit Mitte des 20. Jahrhunderts. Der Begriff „systemisch", der oben erheblich problematisiert wurde, wird aber auch im Zusammenhang mit anderen therapeutischen Vorgehensweisen und insgesamt recht unterschiedlich gebraucht, so dass man je nach Sichtweise zu unterschiedlichen Beurteilungen von „Vorläufern" kommt.

Als Terminus wurde „systemische Therapie" sogar lange Zeit vor allem nur für einen bestimmten „strategischen" Ansatz verwendet, nämlich den der Mailänder Gruppe um Mara Selvini Palazzoli (vgl. in Kap. 20.5: Pioniere strategischer Familientherapie). Angesichts der Vagheit der Begriffsverwendung – z. B. hinsichtlich unterschiedlicher Ebenen, unterschiedlicher Hierarchie-Aspekte usw. – sollen im Folgenden nur einige Aspekte der Geschichte systemischer Betrachtungsweisen herausgegriffen werden.

Damit bleibt hier z. B. die Frage unentschieden, ob eine Einzeltherapie, die explizit systemische Rückkoppelung in der Familie berücksichtigt und mit einplant, nicht berechtigter „systemisch" zu nennen wäre als eine Therapie, in der zwar mit der ganzen Familie gearbeitet wird, die aber systemische Vernetzungen nicht explizit zum Gegenstand der Reflexion und der Intervention macht.

Systemische Aspekte in früheren Therapieansätzen

Bei einer genauen Inspektion früherer Therapieansätze erscheint es fraglich, ob ein so starker Bruch im Gesamtverständnis therapeutischer Konzepte stattgefunden hat, wie die Anhänger des systemischen Ansatzes lange behauptet haben, oder ob nicht vielmehr bestimmte bereits vorhandene Sichtweisen stärker in den Vordergrund gerückt wurden. In fast allen Therapieansätze lassen sich nämlich ansatzweise systemische Aspekte aufzeigen.

18. und 19. Jahrhundert. So hat Trenckmann (1982) in einem interessanten Artikel gezeigt, dass in Europa schon im 18. und 19. Jahrhundert bestimmte Erkenntnisse und Konzepte in der Psychiatrie existierten, die aus heutiger Sicht familientherapeutisch gedeutet werden können, in dem damaligen Paradigma allerdings „Anomalien" (nach Kuhn, 1976) darstellten.

Er verweist darauf, dass schon Ende des 18. Jahrhunderts die Erkenntnis gang und gäbe war, dass akut psychisch Kranke, die in ihren Familien belassen werden, wenig Aussicht auf rasche Heilung haben (z. B. Georget, 1821; v. Nostitz und Jenkendorf, 1829). Hingegen wurden „immer wieder verblüffende Verbesserungen berichtet", wenn die psychisch Kranken in fremden Familien untergebracht worden waren, eine Tatsache, „die die vorherrschenden Theoriesysteme psychischen Krankseins nicht zu erklären vermochten" (Trenckmann).

In Belgien und in Schottland – an einzelnen Stellen auch in Deutschland – war solche Familienpflege psychisch Kranker im 19. Jahrhundert in erheblichem Ausmaß etabliert. In diesem Zusammenhang steht eine dritte „Anomalie", dass nämlich Psychosen von einer erkrankten Person auf eine zweite, in enger Gemeinschaft lebende, aber nicht blutsverwandte Person „übertragen" wurde – beschrieben als „folie à deux" bzw. „folie communique" (franz. „folie" = Wahnsinn).

Trenckmann weist letztlich darauf hin, dass das pathogene Denken des späten 18. Jahrhunderts psychische Krankheiten als sozial und gesellschaftlich mitbedingt gesehen hat, dass dieser gesellschaftskritische Zug sich aber zunehmend im 19. Jahrhundert verliert und psychische Krankheit verinnerlicht und individualisiert wird.

Freudsche Psychoanalyse. Dass auch Freud im Neuroseverständnis der Psychoanalyse schon systemische Aspekte berücksichtigt hat, wurde bereits erwähnt: So ist das Symptom schon bei ihm durchaus auch eine sinnvolle Leistung des Organismus, das nur im Kontext der Rekonstruktion früher Eltern-Kind-Interaktion verstanden werden kann. Auch deutet der Psychoanalytiker nicht die Äußerungen des Patienten als „objektiver Beobachter", vielmehr ist der Prozess, der sich zwischen ihm und dem Patienten abspielt, mit Gegenstand der Analyse. Allerdings muss schon beachtet werden, dass Freud mit seinen Vorstellungen von „Objektivität" noch im Mainstream des 19. Jahrhunderts stand.

Individualpsychologie und Neoanalyse. Auch Adler hat bereits Ende der 20er Jahre ganze Familien (teilweise auch Elterngruppen) in den Rahmen seiner Erziehungsberatung mit einbezogen, und es sei daran erinnert, dass der Aspekt der „Familienkonstellation" im Gedankengebäude Adlers eine zentrale Rolle spielt. Die von ihm stark beeinflussten Neoanalytiker – Horney, Fromm, Sullivan – betonten den Zusammenhang der Symptome mit soziokulturellen Faktoren und stellten die Mutter-Kind-Beziehung in den Vordergrund der Analyse.

Besonders Sullivan berücksichtige informationstheoretische Aspekte in den zwischenmenschlichen Beziehungen von Schizophrenen. Er vertrat ein ökologisches Modell, das in hoher Übereinstimmung mit heutigen systemischen Vorstellungen ist (vgl. „The Illusion of Individual Personality", 1950). Sullivan, der schon 1949 starb, hat selbst allerdings nie ein Buch veröffentlicht, so dass „seine" Bücher – aus Tonbandaufzeichnungen von Vorträgen und Aufsätzen zusammengestellt – teilweise erst in den 60er und 70er Jahren erschienen sind. Daher ist sein Einfluss auf die frühe Entwicklung der Familientherapie z. B. wesentlich geringer, als es seinem Werk zukäme (vgl. v. a. Sullivan, 1953/80).

Vegetotherapie. Reich beschrieb sehr detailliert die systemischen Vernetzungen zwischen Konflikten, abwehrend-bewältigenden Kommunikationsmustern (Charakterstrukturen) und entsprechenden verspannten Muskelsystemen, die sich wechselseitig aufrechterhalten: So dient z. B. eine flache Atmung zur Unterdrückung bestimmter Gefühle; die Muskeln, die sich für und durch das verhaltene Atmen ausbilden, verhindern nun wiederum ein tieferes Atmen und damit auch intensivere Gefühle. Auch Sozialsysteme werden bei Reich, wie schon oben in Erinnerung gebracht wurde, ausführlich berücksichtigt (vgl. Kap. 5.4 Sexualität und Gesellschaft). Dennoch beschränkt sich Reichs Vegetotherapie auf die Intervention beim Individuum und an den organismischen Teilsystemen.

Transaktionsanalyse. Auch die Spielanalyse in der Transaktionsanalyse akzentuiert durchaus systemische Aspekte, ebenso die Skriptanalyse. Doch wird in der Regel konkret mit dem Einzelindividuum gearbeitet, und die Sprache der Spielanalyse ist erstaunlich linear und individuumzentriert. In der Skriptanalyse spielt die Familie primär nur hinsichtlich ihrer Indoktrinationen in der Vergangenheit eine Rolle, als Urheber der zu neurotischen Kommunikationsmustern geronnenen Symptome. Dennoch enthält gerade die Herausarbeitung einer grundlegenden Spielstruktur „Opfer – Verfolger – Retter" und die Betonung, dass diese Rollen dynamisch wechseln, typisch systemische Bestandteile.

Logotherapie. Systemische Aspekte finden sich auch bei Frankl in seiner Erklärung der Erwartungsangst. Ferner findet sich seine Interventionsform der „paradoxen Intention" leicht modifiziert als eine der wichtigsten Interventionsformen in den systemischen Therapieansätzen.

Psychodrama. Auch das Psychodrama von Moreno enthält viele systemische Momente: Zwar wird das Psychodrama gewöhnlich nicht in dem sozialen System arrangiert, in dem sich die Symptome ergeben (z. B. Familie), sondern in der Therapiegruppe. Aber es kann gerade dadurch, dass die Positionen der anderen im System (z. B. „Vater", „Mutter" usw.) nur durch Mitspieler rollenhaft besetzt werden, leicht experimentiert werden: Probeweise lassen sich andere Strukturen des Systems arrangieren und erfahren (freilich eben nur in Bezug auf einen Patienten). Ende der 30er Jahre machte Moreno allerdings sogar schon Versuche, mit Paaren und Familien unter systemischen Aspekten zu arbeiten (vgl. Petzold, 1982).

Frühe systemtherapeutische Konzepte

„Schizophrenogene" Mutter. In der klinischen Forschung gab es insbesondere im Hinblick auf die Erklärung von Schizophrenie schon recht früh zahlreiche Ansätze, die eine Einbeziehung des sozialen Feldes des Schizophrenen nahe legten. Neben dem oben erwähnten Ansatz von Sullivan stellte z. B. David Levy schon 1943 die Beziehung zwischen pathogenen Zügen der Mutter (besonders „Überbehütung") und Störungen beim Kind her. Fromm-Reichmann sprach 1948 von der „schizophrenogenen" Mutter, und gut ein Dutzend weiterer Studien noch vor 1950 arbeiteten verschiedene Merkmale der Familien Schizophrener heraus, wobei auch die Rolle des Vaters mit einbezogen wurde (vgl. die Literaturübersicht von Zuk & Rubinstein, 1975).

Pathogene Familienmuster. Während diese frühen Arbeiten sich noch auf bestimmte Eigenschaften bei den einzelnen Familienmitgliedern konzentrierten und nach der „Ursache" von Schizophrenie gesucht wurde (also noch recht „linear" gedacht wurde), vollzog sich mit dem Begriff „symbiotische Bindung" Anfang der 50er Jahre eine stärkere Verschiebung der Perspektive auf Muster pathogener Beziehungen in der Familie insgesamt (allerdings hatte für Paarbeziehungen Oberndorf schon 1938 Muster neurotischer Interaktionen herausgearbeitet).

In den 50er Jahren begann dann in größerem Umfang die Entwicklung spezifischer Konzepte und Interventionstechniken sowie eine systemische Arbeit mit Patienten. Die familientherapeutische Arbeit konzentrierte sich zunächst stark auf Familien von Schizophrenen (meist mit einem schizophrenen Kind). Dies lag neben der eben skizzierten Forschungstradition nicht zuletzt auch daran, dass Neurotiker vorzugsweise von Psychoanalytikern behandelt wurden und somit den Familientherapeuten für die Erprobung neuer Ansätze besonders die – „unheilbaren" – Schizophrenen „übrig blieben" (als neuere Darstellung siehe Retzer, 1994).

„Double-Bind"-Theorie. Es gab daher durchaus schon eine Fülle einschlägiger Literatur, als die Aufsehen erregende Arbeit von Bateson, Jackson, Haley und Weakland „Towards a Theory of Schizophrenia" 1956 (deutsch 1969) erschien, die Schizophrenie im Rahmen der „Double-Bind"-Theorie (s. u.) als Beziehungsstörung systemisch reinterpretierte. Das Besondere an dieser Arbeit aber war, dass hier über eine empirisch-phänomenologische Beschreibung hinaus der Schritt zum Entwurf einer Theorie gemacht wurde.

Damit war eine wesentliche theoretische Gegenkonzeption zur somatisch-medizinischen bzw. psychoanalytischen Erklärung formuliert: Schizophrenie als Kommunikationsstörung, nämlich als „die einzig mögliche Reaktion auf einen absurden und unhaltbaren zwischenmenschlichen Kontext" (Watzlawick et al., 1969, S. 49) – die der weiteren Entwicklung familientherapeutischer Ansätze sicher starken Auftrieb gab (auch wenn heute die Positionen wieder gemäßigter sind und jede einseitige „Erklärung" als Reduktionismus begriffen wird).

Anfänge familientherapeutischer Praxis

Diese empirische und theoretische Forschungsarbeit lief zeitlich parallel zur Entwicklung konkreter therapeutischer Ansätze. Es sei bemerkt, dass die Double-Bind-Theorie aufgrund der Arbeit mit nur einer einzigen Familie entwickelt wurde – die empirische Basis der neuen Konzepte war somit recht dünn. Die ersten Familientherapeuten waren starke, kreative Individualisten, die unabhängig voneinander mit Familien zu arbeiten begannen und von denen jeder seinen persönlichen Stil entwickelte.

Zunächst waren die ersten Ansätze noch sehr an der Psychoanalyse (im weiteren Sinne) orientiert: Ab 1951 therapierte Nathan Ackermann in New York Familien mit emotional gestörten Kindern. Es ging ihm darum, der Familie Einsichten in ihre Probleme zu geben, die er als Manifestationen zurückliegender Erfahrungen verstand. Am National Institute of Mental Health arbeitete Murray Bowen seit 1954 mit Schizophrenen und deren Familien ebenfalls noch relativ stark psychoanalytisch orientiert (später kam u. a. Lyman Wynne dazu). Weitere häufig genannte Pioniere psychoanalytisch orientierter Familientherapie sind Ivan Boszormenyi-Nagy und James Framo (Philadelphia) sowie Theodore Lidz (Yale).

Carl Whitaker hatte sogar bereits 1946 in Atlanta Schizophrene innerhalb ihrer Familien behandelt; ins Zentrum seiner Arbeit stellte er die Notwendigkeit emotionaler Erfahrungen, den Einsatz seiner eigenen Persönlichkeit und seine jeweiligen Intuitionen (was das Lehren seines Ansatzes kaum möglich machte) und Aspekte, die auch in der humanistischen Psychologie eine große Rolle spielen, wie Wachstum, Ganzheit, Spontaneität usw.

Einen ähnlichen Ansatz – aber unabhängig von Whitaker – entwickelte Virginia Satir, die ab 1951 mit Familien arbeitete und die in besonderem Maße die Entwicklung der Familientherapie beeinflusste. Zwar hat sie sehr wenig und nicht „hochwissenschaftlich" publiziert – das haben die „Männer" in ihrer Umgebung aufgrund der Erfahrung mit Satirs Arbeit getan, z. B. Paul Watzlawick, Jay Haley, Richard Bandler. Dennoch hat sie in großem Umfang Familientherapie praktiziert, Ausbildungsprogramme hierfür entwickelt und die Erfahrung/Konzepte im Rahmen sehr umfangreicher Lehrtätigkeit in vielen Staaten der USA Ende der 50er Jahre – ab 1960 auch in Europa – verbreitet.

Das Mental Research Institute.

1959 wurde das MRI („Mental Research Institute") in Palo Alto von Virginia Satir, Don Jackson und Jules Riskin gegründet. In den 60er Jahren stießen auch Paul Watzlawick, Jay Haley, John Weakland, John Bell (nach dem Selbstmord Jacksons 1967 neuer Direktor des MRI) u. a. dazu. Auch Gregory Bateson, einer der „Väter" systemischer Betrachtungsweisen, arbeitete 1961–63 mit an diesem Institut, ebenso bestanden 1961/62 regelmäßig Kontakte zu Milton Erickson, dem „Begründer" moderner Hypnosetherapie (Haley und Weakland hatten bei ihm ihre Ausbildung gemacht).

Durch seine Ausbildungsprogramme in Familientherapie, die bis 1967 von Satir geleitet wurden, ist das MRI als eine der Keimzellen der Familientherapie auch in Europa bekannt geworden. Die Palo-Alto-Schule, die die jeweils gegenwärtige Interaktion in der Familie, speziell die Kommunikationsmuster, ins Zentrum der Arbeit rückt, wird auch als die „Kommunikations-Schule" der Familientherapie bezeichnet. Satir hat mit der Herausarbeitung von vier Kommunkationstypen auch hierzu ihren Beitrag geleistet.

Anfänge struktureller und strategischer Familientherapie.

Von Ackermann in die Familientherapie eingeführt, entwickelte in den 60er Jahren Salvadore Minuchin (erst in New York, später, ab 1965, in Philadelphia) einen einflussreichen Ansatz unter der

Bezeichnung „strukturelle Familientherapie" (vgl. Kap. 20.3). Hier steht die Differenzierung des Familiensystems in Subsysteme, deren Abgrenzung und Interaktionsstrukturen im Vordergrund der Betrachtung. Bei Minuchin arbeitete 1967–76 Jay Haley, der vom MRI gekommen war und den strukturellen Ansatz ebenfalls stark beeinflusste. Haley selbst gilt allerdings auch als Begründer eines noch betonter systemischen Ansatzes, der „strategischen Familientherapie" (vgl. Kap. 20.5).

Frühe Entwicklung in Europa. Auch in Europa begann man in den 50er Jahren familientherapeutisch zu arbeiten: In England entwickelte John G. Howells ab 1950 ein Programm in Familienpsychiatrie. Ende der 50er Jahre fing Ronald D. Laing an, Familien mit Schizophrenen zu erforschen. In Deutschland führte ab 1960 Horst-Eberhard Richter Familientherapie durch; Ende der 60er Jahre wurde Helm Stierlin in Heidelberg der zweite deutsche Exponent der Familientherapie. In Italien begannen ebenfalls Ende der 60er Jahre Maurizio Andolfi in Rom sowie Mara Selvini Palazzoli und ihre Gruppe in Mailand mit Familientherapie. Die Letztere hat unter der Bezeichnung „Mailänder Schule" der „systemischen Therapie" auf die europäische Entwicklung der Familientherapie einen starken Einfluss ausgeübt – besonders durch sehr radikal-strategische Vorgehensweisen, ein berühmt gewordenes Setting (zwei Therapeuten im Raum, zwei Therapeuten hinter einer Spiegelwand) und spektakuläre Verschreibungen.

In der Zwischenzeit ist aber mehr oder weniger explizit eine Wende eingetreten. So sprechen Selvini Palazzoli et al. (1987) von familiärem Reduktionismus und bezeichnen es inzwischen als Irrtum, den Hypothesen über das Beziehungssystem die ausschließliche Aufmerksamkeit zuzuwenden. Sie fordern Modelle, die es ermöglichen, biologische, individuelle, familiäre und soziale Ebenen zu integrieren (S. 145). Selbstkritisch merken sie an, in früheren Phasen „päpstlicher als der Papst" gewesen zu sein und einzelne Individuen als „Fallen" begriffen zu haben, die man sorgfältig hätte vermeiden müssen. Die weitere Darstellung der Familientherapie im Rahmen unterschiedlicher (Teil-)Richtungen erfolgt im Kapitel über familientherapeutische Konzepte.

17.5 Zusammenfassung

Einführung in die systemische Perspektive. Der Schwerpunkt der systemischen Therapie liegt in einer Veränderung interaktiver und „narrativer" Strukturen. In den klassischen Naturwissenschaften hat durch die Berücksichtigung von Wechselwirkungen und Rückkopplung – und damit auch von Zirkularität, Komplexität und Prozessualität – ein Paradigmenwechsel stattgefunden.

Eine Konsequenz davon sind die Konzepte der Evolution und Ko-Evolution dynamischer Systeme: Dynamische Systeme werden nicht von isolierten Außeneinflüssen verändert, sondern verändern sich gemäß ihren systeminhärenten Möglichkeiten zusammen mit anderen interagierenden Systemen. Relevant für die Therapie wird auch die Erklärung der Stabilität von Prozessen. So ist z. B. nicht nur zu klären, wie sich Gesundheit oder Krankheit verändern, sondern auch, wodurch diese aufrechterhalten werden.

Das Verständnis dynamisch-systemischer Phänomene wird durch die Struktur unserer Sprache erschwert, da diese eine Verdinglichung unserer Lebenswelt mit sich bringt und sich eher zur Beschreibung von linearen Kausalbeziehungen eignet als zu der von komplexen, prozessualen Systembeziehungen (z. B. Raub-und-Beutetier-Zyklus). Auch darüber hinaus lässt sich eine mangelnde „Systemkompetenz" des Menschen feststellen.

Grundkonzepte interdisziplinärer Systemforschung. Die Herausbildung und Veränderung von Strukturen hängt mit Selbstorganisationsprozessen zusammen, die nicht genau plan- und berechenbar sind. Wie das Beispiel der Bénard-Instabilität zeigt, muss bei dynamischen Systemen eine Ordnung nicht von außen eingeführt werden, sondern die zirkuläre Kausalität zwischen Mikro- und Makroebene bringt die jeweiligen Strukturen hervor (Emergenz). Die Veränderung des Systems hängt nicht linear mit der Veränderung der Umgebungsbedingungen zusammen; vielmehr kann es zu Struktursprüngen (Phasenübergängen) kommen. Auch kann das System lediglich dazu veranlasst werden, ihm inhärente Ordnungsmöglichkeiten (Attraktoren) auszubilden; welche davon es aussucht, ist jedoch nicht vorhersagbar.

Für die systemische Therapie bedeutsam ist von Foersters Unterscheidung zwischen trivialen und nichttrivialen Maschinen: Der Mensch als nichttriviale Maschine ist z. B. im Zuge familiärer Interaktion an Selbsttrivialisierungen beteiligt, die über Rückkoppelung Stabilität erzeugen, Freiheitsgrade reduzieren und damit die kommunikativen Handlungen z. T. vorhersehbar machen. Die Synergetik, die sich mit dem Zusammenwirken von Teilen in komplexen Systemen befasst, wird zunehmend auch in der klinischen Psychologie v. a. als brauchbares Analyseinstrument angewandt.

Systemtheorie und Systemtherapie. Auch viele menschliche Verhaltensweisen lassen sich als selbstorganisierte Muster verstehen (z. B. der Klatschrhythmus). Es besteht eine große Übereinstimmung zwischen systemischen und humanistischen Kernprinzipien, wie etwa aus Metzgers „sechs Kennzeichen der ‚Arbeit am Lebendigen'" zu ersehen ist.

Im Fokus der systemischen Therapie steht die Erzeugung und Stabilisierung von Realität durch Kommunikation. Dementsprechend untersucht sie psychische Krankheiten oder Störungen auf ihre Funktion in sozialen Interaktionsprozessen hin, v. a. im Kontext des Familiensystems. Entgegen der Überbetonung von Interaktionsstrukturen in der Analyse berücksichtigt die „Personzentrierte Systemtheorie", dass soziale Prozesse immer auch durch individuelle Verstehens- und Deutungsprozesse mit bestimmt sind.

Die Perspektive auf das System „Familie" ist zwar als Ansatzpunkt in der systemischen Therapie zentral, es können aber auch andere Systemperspektiven sowie unterschiedliche Bezugssysteme für eine Person bzw. Subsysteme relevant sein. Da in der systemischen Therapie das ganze System als „krank" angesehen wird, wird dasjenige Mitglied mit den meisten Symptomen lediglich als „identifizierter Patient" betrachtet. Die Relativität der Symptome (die einerseits als „Krankheit", andererseits als „Fähigkeit" eines Systems zur Anpassung an die gegebenen Bedingungen erscheinen) zeigt sich auch daran, dass bei einer individuell forcierten Reduktion der Symptomatik des identifizierten Patienten Symptome bei einem anderen Familienmitglied auftauchen können. Diese Erfahrung war historisch gesehen sogar grundlegend für die Einbeziehung der ganzen Familie in den Therapieprozess.

Das System „Familie" ist allerdings nicht identisch mit einer juristisch umschriebenen Menge von Personen oder mit den faktisch anwesenden Mitgliedern in der Therapie. Vielmehr geht es um die Personen und deren Beziehungen, die in den Vorstellungen der Beteiligten eine Rolle spielen, wenn sie ihre „Familie" denken. Das kann z. B. einen verstorbenen Großvater oder ein nie geborenes Kind einschließen. Daher müssen auch in einer Systemtherapie nicht unbedingt alle Personen physisch anwesend sein, die an dem jeweiligen Problem beteiligt sind.

Geschichte systemtherapeutischer Ansätze. Da der Begriff „systemisch" verschiedene Facetten hat, können „systemische Aspekte" auch in vielen früheren Therapieformen aufgezeigt werden (v. a. Psychoanalyse, Individualpsychologie, Vegetotherapie, Transaktionsanalyse, Logotherapie und Psychodrama). Im Zusammenhang mit der Schizophrenieforschung wurden schon früh pathogene Familienmuster als Erklärung für die Krankheit herangezogen, noch bevor die Double-Bind-Theorie einen Schritt weiter ging und Schizophrenie als Kommunikationsstörung darstellte.

Die ersten explizit familientherapeutischen Ansätze entstanden in den 50er Jahren und waren sowohl in den USA als auch in Europa zunächst psychoanalytisch geprägt. Besondere Bedeutung hatte das MRI in Palo Alto, durch das die kommunikationsorientierten Konzepte Satirs auch in Europa bekannt wurden. In den USA wurde auch die strukturelle und die strategische Familientherapie entwickelt. In Europa war besonders die Mailänder Gruppe mit ihren radikalen strategischen Vorgehensweisen für die Familientherapie einflussreich. Heute finden sich eher solche Sichtweisen, die individuelle Aspekte und die Bedeutsamkeit einer sinnhaften Struktur der Lebenswelt mit einbeziehen.

17.6 Verständnisfragen

- Welche naturwissenschaftlichen Beispiele zeigen die Angemessenheit einer systemischen Sichtweise anstelle monokausaler Ursachenzuschreibung?
- Was bedeutet Zirkularität in psychosozialen Prozessen?
- Wozu dienen zirkuläre Fragen in der systemischen Therapie?
- Was hat Evolution mit Zirkularität zu tun?
- Was bedeutet „Ko-Evolution"?
- Warum muss der Aspekt der Stabilität aus systemischer Perspektive ebenso berücksichtigt werden wie der Aspekt der Veränderung?
- Warum erschwert unsere Sprachstruktur uns ein systemisches Verständnis?
- Was bedeutet „Emergenz"?
- Was ist ein „Attraktor"?
- Warum ist diese Aussage für dynamische Systeme unzulänglich: „Je stärker/größer ein Eingriff, desto stärker/größer die Wirkung"?
- Was sind triviale bzw. nichttriviale Maschinen und wozu kann diese Unterscheidung in der Therapie dienen?
- Was ist die Besonderheit „dissipativer Strukturen"?
- Was kennzeichnet die Synergetik? Warum kann ihre Berücksichtigung in der klinischen Psychologie hilfreich sein?
- Was sind selbstorganisierte Verhaltensmuster?
- Welche Übereinstimmungen lassen sich zwischen systemischen und humanistischen Kernprinzipien feststellen?
- Auf welche Weise haben auch somatische Vorgänge etwas mit Kommunikation zu tun?
- Wie lassen sich aus systemischer Perspektive psychische (bzw. auch viele psychosomatische) Symptome deuten?
- Welche Kompetenz ist für einen systemischen Therapeuten elementar?
- Welche Narrationen sollen in Therapieprozessen möglich werden?
- Was hat die Beachtung verschiedener Systemperspektiven mit dem Ansatzpunkt einer Psychotherapie zu tun?
- Inwiefern halten Sie den therapeutischen Ansatzpunkt „Kommunikation" für plausibel bzw. welche anderen Ansatzpunkte halten Sie für relevant?
- Inwiefern ist mit dem Begriff „Familientherapie" mehr gemeint als die Behandlung der anwesenden Familie?
- Warum ist die Bezeichnung „systemische Therapie" für die dargestellten Konzepte sinnvoller als „Familientherapie"?
- In welchen früheren Therapieansätzen lassen sich systemische Aspekte aufzeigen?
- Welche zentralen Richtungen bzw. Gründer-Institute waren in den Anfänge der Familientherapie bedeutsam?
- Was bedeutet der Begriff „schizophrenogene Mutter"?

18 Kommunikation und Paradoxien

18.1 Kommunikation

Pragmatik menschlicher Kommunikation

1967 erschien ein vielbeachtetes Buch zur Pragmatik menschlicher Kommunikation (deutsch: 1969). Darin fassten drei Autoren des Mental Research Institutes (MRI) in Palo Alto, Watzlawick, Beavin und Jackson, die Erfahrungen und theoretischen Konzepte zu diesem Thema zusammen.

Pragmatik und Kommunikation. Der Begriff „Pragmatik" ist dabei im Sinne der Semiotik zu verstehen: Semiotik, als der Wissenschaft von den Zeichen (klassisches zentrales Werk: Morris, 1938) unterscheidet zwischen Pragmatik, Semantik und Syntaktik. Im Gegensatz zum Syntaktik-Aspekt, der die Beziehung der Zeichen zueinander betrifft (z. B. Grammatik), und zum Semantik-Aspekt, der die Beziehung der Zeichen zu den bezeichneten „Objekten" (im weitesten Sinne) beinhaltet, geht es beim Pragmatik-Aspekt der Zeichen um deren Beziehung zu ihren Benutzern. Gegenstand der Analyse sind somit der Verwendungszweck und die Wirkung der Zeichen (z. B. Sprache) im Hinblick auf die Kommunikation. Unter „Kommunikation" verstehen die Autoren in diesem Zusammenhang alles Verhalten in einer zwischenmenschlichen Situation. Phänomene der „Massenkommunikation" – Presse, Fernsehen etc. – sind nicht gemeint. Allerdings geht es keineswegs nur um Worte, sondern auch um „paralinguistische" Aspekte – Tonfall, Betonung, Modulation, Geschwindigkeit, Pausen, Lachen etc. – sowie um nonverbale Aspekte – Mimik, Gestik, Körperhaltung usw.

Metakommunikation. Nun kann man allerdings auch die Kommunikation selbst zum Gegenstand der Kommunikation machen. So kann man auf die Frage (Kommunikation): „Wie spät ist es?" sagen: „Warum fragst du das?" oder: „Musst du mich dauernd fragen!?" Diese Kommunikation über Kommunikation bezeichnet man als „Metakommunikation" – wobei natürlich auch über die Metakommunikation kommuniziert werden kann. Dies wäre dann Meta-Metakommunikation – etwa, wenn die erste Person nun sagt: „Mich ärgert, wenn du meine Frage nicht beantwortest, sondern meine Frage hinterfragst!" Theoretisch lässt sich zu jeder Ebene E eine noch höhere E' generieren, indem die Kommunikationsprozesse in E zum Gegenstand der Kommunikation gemacht werden.

Fünf Axiome der Kommunikation

Watzlawick et al. haben wesentliche (pragmatische) Grundeigenschaften menschlicher Kommunikation herausgearbeitet, die sie in Form der folgenden fünf „Axiome" definieren. Nach ihrem eigenen Verständnis handelt es sich dabei um vorläufige Formulierungen ohne Anspruch auf Vollständigkeit.

Grundlage der Double-Bind-Theorie. Diese Axiome bilden quasi die (nachträglich formulierte) Grundlage der Double-Bind-Theorie, die Schizophrenie als eine Kommunikationsstörung beschreibt (s. u.) und die 1956 von Bateson, Jackson, Haley und Weakland publiziert wurde. Allerdings war diese „Theorie" wohl nie als ausschließliche Erklärung „der Schizophrenie" gemeint, und dieses Konzept hat heute eher den Status einer interessanten Perspektive auf ein komplexes Geschehen. Gleichwohl hat das Erklärungsmuster des Double-Bind und die damit verbundene Analyse paradoxer und gestörter Kommunikation die Entwicklung der systemischen Therapie sehr befruchtet. Wesentliche Aspekte sollen im Folgenden nachgezeichnet werden.

Die folgenden fünf Axiome sind Watzlawick et al. (1969) entnommen. Die Thesen selbst sind wörtlich zitiert, die anschließende Diskussion setzt allerdings teilweise andere Schwerpunkte.

> **Axiom 1:** „Man kann nicht nicht kommunizieren."

Verhalten ist Kommunikation. Alles Verhalten in einer zwischenmenschlichen Situation ist Kommunikation. Zum Verhalten gibt es kein Gegenteil, denn auch z. B. „wie tot dasitzen" ist Verhalten. Das Schweigen auf eine Frage kann sehr beredt sein – es kann vieles bedeuten, aber es kann nicht „nichts" bedeuten. Der Mensch als soziales Wesen kann sich dem sozialen Kontext nicht entziehen – selbst der Rückzug eines Eremiten in die Einsamkeit wird von der Sozialgemeinschaft gedeutet und bedeutet natürlich auch aus der Sicht des Eremiten etwas.

Kommunikationsstörungen, die durch dieses Axiom thematisiert werden, finden sich besonders im Bereich der Schizophrenie: Zahlreiche Autoren (z. B. Bateson et al., 1956; Haley, 1978, amerik. EV 1963; Laing, 1977, engl. EV 1961) stimmen mit Watzlawick et al. überein, dass sich Schizophrene so verhalten, als versuchten sie, nicht zu kommunizieren (s. u.). In der Tat kann man sich einer bedrängenden Situation, in der der andere z. B. versucht, einen auszufragen oder die eigenen Aussagen umzudeuten, nicht nur dadurch entziehen, dass man entweder fortgeht oder explizit sagt, man wolle nicht weiterreden. Sondern es gibt darüber hinaus noch die Möglichkeiten, die Aussagen zu entwerten, z. B. absichtlich Unklarheiten, Missverständnisse, Widersprüche etc. zu schaffen, oder Symptome zu produzieren, z. B. Nichtverstehen, psychotische Symptome etc.

Axiom 2: „Jede Kommunikation hat einen Inhalts- und einen Beziehungsaspekt, derart dass Letzterer den Ersteren bestimmt und daher eine Metakommunikation ist."

Inhalt und Beziehung. Sprache teilt nicht nur Sachverhalte mit, sondern stellt vor allem Beziehung her. So kann der Satz: „Hast du ein Auto?" je nach Betonung und Kontext sehr Unterschiedliches bedeuten – etwa bei Betonung des „du" ausdrücken, dass man das dem Anderen nicht zugetraut hätte.

Aussagen sind niemals völlig eindeutig. Allein schon dadurch, dass jede Aussage z. B. ironisch gemeint sein könnte (also ihr Gegenteil bedeuten könnte), kann die Unterscheidung zwischen „ist so gemeint" und „ist nicht so gemeint" nur auf einer metakommunikativen Ebene getroffen werden.

Schulz von Thun (1981) weist in Anlehnung an Bühler (1934) darauf hin, dass neben den Aspekten „Sachinhalt" und „Beziehung" in einer Kommunikation auch noch die beiden Aspekte „Selbstoffenbarung des Senders" und „Appell an den Empfänger" betrachtet werden können. Sagt z. B. ein Teilnehmer an einem Seminar: „die Luft hier ist schlecht!", so schwingt z. B. als Beziehungsaspekt mit: „was muten Sie uns zu!", als Selbstoffenbarung: „ich kann nicht mehr zuhören" und als Appell: „Fenster auf und Pause!". Watzlawick et al. berücksichtigen diese beiden letzten Aspekte aber nicht, da es ihnen, wie sie sagen, nicht um (innere) Motive geht, sondern um (beobachtbares) Verhalten.

Vermengung von Inhalt und Beziehung. Kommunikationsstörungen im Hinblick auf dieses Axiom ergeben sich oft aus einer Vermengung von Inhalts- und Beziehungsebene. Um z. B. eine sachliche Kontroverse austragen zu können, muss man sich auf der Beziehungsebene weitgehend einig sein, d. h., man muss einig darin sein, uneins zu sein. Wird dies von einer oder beiden Seiten bestritten, so kann daraus erhebliche Konfusion folgen. Andere Störungen können sich daraus ergeben, dass die Kommunizierenden ihre Beziehungsdefinitionen, die mit jeder Aussage implizit gemacht werden, gegenseitig nicht bestätigten, sondern dem Partner z. B. andere Motive unterstellen.

Komplexität von Beziehungen. Laing et al. (1971), die sich ausführlich mit dem Aspekt „interpersoneller Wahrnehmung" auseinander setzen, konstruieren hierzu u. a. folgendes Beispiel, das die Komplexität der gegenseitigen Erwartungs- und Interpretationsstrukturen deutlich macht: „Ein Mann empfindet, daß seine Frau ihn nicht versteht. Was kann das bedeuten? Es könnte bedeuten, daß er denkt, ... daß sie denkt, er sei grausam, wo er doch nur standhaft sein will, oder selbstsüchtig, wo er doch lediglich nicht wie ein Schwächling ausgenutzt werden will. Seine Frau empfindet vielleicht, er denke, daß sie denke, daß er selbstsüchtig sei, wo doch alles, was sie möchte, nur ist, ihn dazu zu bewegen, ein bißchen weniger reserviert zu sein. Möglicherweise denkt sie, daß er denkt, daß sie denke, er sei grausam, weil sie empfindet, daß er stets alles, was sie sagt, als Vorwurf auffaßt ..." (S. 37).

Axiom 3: „Die Natur einer Beziehung ist durch die Interpunktionsabläufe seitens der Partner bedingt."

Interpunktion und Zeit. Da Wahrnehmen, Handeln, Verstehen und Kommunizieren Phänomene sind, die sich stets im Fluss der Zeit befinden, lässt sich zu jeder Situation eine vorhergehende und eine nachfolgende finden. Nach Axiom 1 verhalten sich in jeder Situation beide Partner. Daher kann zu jedem kommunikativen Verhalten (K_a) von Person A ein kommunikatives Verhalten (K_b) von Person B gefunden werden, das diesem vorausging (und umgekehrt).

Interpunktion liegt vor, wenn diese endlose Abfolge von Verhalten in Teile zerlegt und damit in bestimmter Weise strukturiert wird.

Verschiedene Interpunktionen

Nehmen wir z. B. die beiden „kommunikativen Akte": K_m und K_f, so lässt sich die Abfolge:

... $\rightarrow K_m \rightarrow K_f \rightarrow K_m \rightarrow K_f \rightarrow K_m \rightarrow K_f \rightarrow$

von beiden Partnern ganz unterschiedlich interpunktieren, nämlich

$(\rightarrow) / K_m \rightarrow K_f / (\rightarrow) / K_m \rightarrow K_f / (\rightarrow) / K_m \rightarrow K_f / (\rightarrow) \rightarrow ...$

bzw.

$\rightarrow K_m / (\rightarrow) / K_f \rightarrow K_m / (\rightarrow) / K_f \rightarrow K_m / (\rightarrow) / K_f \rightarrow ...$

Besonders interessant wird es, wenn diese Gliederungen nun kausal interpretiert werden: Bei der ersten Interpunktion erscheint dann K_f durch K_m verursacht, bei der zweiten K_m durch K_f. Watzlawick et al. wählen als Beispiel für K_f das Nörgeln einer Frau, für K_m das Zurückziehen des Ehemannes. Die Frau erklärt ihr Nörgeln dann als eine Reaktion auf das Zurückziehen ihres Partners, der Mann erklärt hingegen sein Zurückziehen als eine Reaktion auf das Nörgeln seiner Frau – eine Dynamik, die wir bereits diskutiert haben. Interessanterweise übersehen Watzlawick et al. hier, dass damit nur die „eine Seite der Medaille" dargestellt wird, wie wir unten noch diskutieren werden.

Selbsterfüllende Prophezeiung. Kommunikationsstörungen unter dem Aspekt dieses Axioms wurden bereits unter Axiom 2 und in dem vorangegangenen Beispiel skizziert. Neben der unterschiedlichen kausalen Interpretation ist ein weiteres Phänomen, das Störungen zugrunde liegt, die sog. „selbsterfüllende Prophezeiung". Ein Beispiel: Jemand glaubt, andere hätten etwas gegen ihn. Deshalb wird er diesen möglicherweise so voreingenommen und misstrauisch begegnen, dass diese als Reaktion darauf sich wirklich „merkwürdig" verhalten. Daraus lässt sich eine Bestätigung der eigenen Vermutung ableiten.

Axiom 4: „Menschliche Kommunikation bedient sich digitaler und analoger Modalitäten. Digitale Kommunikationen haben eine komplexe und vielseitige logische Syntax, aber eine auf dem Gebiet der Beziehungen unzulängliche Semantik. Analoge Kommunikationen dagegen besitzen dieses semantische Potential, ermangeln aber der für eindeutige Kommunikationen erforderlichen logischen Syntax."

Digitale und analoge Kommunikation. Dieses – zumindest in der deutschen Übersetzung schwierig und holprig ausgedrückte – Axiom unterscheidet zwischen digitaler und analoger Kommunikation: Mit „digital" ist hier die künstliche, per Konvention erlernte Zuordnung von Zeichen zu Inhalten gemeint (z. B. die Zeichenfolge K-a-t-z-e zum Tier Katze). „Analog" hingegen ist eine Zuordnung dann, wenn eine „grundsätzliche Ähnlichkeitsbeziehung" zwischen dem Inhalt und dem (Kenn-)Zeichen besteht (z. B. zwischen dem Bild einer Katze und dem Tier Katze).

In Bezug auf Axiom 2 betonen die Autoren, dass der Inhaltsaspekt einer Kommunikation vorwiegend digital – z. B. in Form von Wörtern –, der Beziehungsaspekt hingegen vorwiegend analog übermittelt wird – z. B. durch Mimik, Gestik, Tonfall etc. Mit Worten lässt sich z. B. recht präzise argumentieren, dass und warum man den Partner liebt; für die Beziehung ist es einfacher, klarer und überzeugender, man nimmt ihn einfach in den Arm. Hingegen kann man durch Mimik, Gestik etc. kaum vermitteln, dass es von Hamburg nach Osnabrück 90 km weiter ist als von Hamburg nach Hannover.

Diese Unterscheidung in analoge und digitale Modalitäten lässt sich übrigens einerseits mit den vorrangigen Fähigkeiten der rechten und linken Gehirnhälfte in Verbindung bringen, andererseits erinnert sie an die dargestellte Differenzierung zwischen primärem und sekundärem Bezugssystem in der Individualpsychologie.

Vieldeutigkeit. Kommunikationsstörungen im Zusammenhang mit digitalen und analogen Modalitäten beruhen häufig auf den bereits angeschnittenen Problemen der Vieldeutigkeit und mangelnden Übersetzbarkeit. In einer Arbeit über Kommunikationsstörungen stellen Bateson und Jackson (1964) sogar die Hypothese auf, dass hysterische Symptome eine Rückübersetzung von digitalem Material ins Analoge wären: So kann z. B. ein Kopfschmerz, der verbal vorgeschützt wird, um sich von Anforderungen zu entlasten, dann zur subjektiven Wirklichkeit werden und zu entsprechenden Schmerzempfindungen führen. Auf die besondere Problematik eines Widerspruches zwischen analogen und digitalen Aspekten in der Kommunikation wird unten im Zusammenhang mit der Double-Bind-Theorie noch eingegangen.

> **Axiom 5:** „Zwischenmenschliche Kommunikationsabläufe sind entweder symmetrisch oder komplementär, je nachdem, ob die Beziehung zwischen den Partnern auf Gleichheit oder Unterschiedlichkeit beruht."

Symmetrische und komplementäre Kommunikation. Dieses Axiom geht auf Verhaltensbeobachtungen zurück, die Bateson bereits 1935 bei den Jatmul (Kopfjäger in Neuguinea) gemacht und mit dem Begriff „Schismogenese" beschrieben hat: Wenn B mit K_b auf K_a „reagiert" und A mit K_a auf K_b (vgl. Axiom 3), so lassen sich zwei Formen unterscheiden, nach denen K_a und K_b sich immer mehr steigern: Sind K_a und K_b gleich (z. B. Prahlen oder Kämpfen) so steigert sich das Verhalten symmetrisch (Prahlen wird mit mehr Prahlen „beantwortet", dieses wieder mit noch mehr usw.).

Sind K_a und K_b verschieden und ergänzen sich gegenseitig (z. B. K_a: Dominanz – K_b: Unterwerfung, oder K_a: Hilflossein – K_b: Helfen), so wirkt dieses komplementäre Verhalten ebenfalls gegenseitig verstärkend (z. B. macht Hilfe oft noch hilfloser und „erfordert" so mehr Hilfe usw.). In beiden Fällen empfinden beide Partner aufgrund unterschiedlicher Interaktion ihr Verhalten als „notwendige Reaktion" auf den anderen.

Störungen in symmetrischen und komplementären Interaktionen sind besonders mit einer starren, ausschließlichen Wahl einer der beiden Möglichkeiten verbunden, während in einer guten Beziehung bei beiden Partnern jeweils beide Formen vorkommen und durchaus flexibel gewechselt werden können – ein Aspekt, der im Kapitel über die Paartherapie im Zusammenhang mit dem Kollusionskonzept noch genauer erörtert wird.

Rückkopplung. Axiom 5 ist ähnlich der so genannten „positiven Rückkopplung" im Erklärungskontext der Kybernetik: Der Aspekt der Zirkularität oder Rückkopplung („feed back") wurde bereits in dem einleitenden Kapitel über systemische Ansätze erläutert: Die Einwirkung eines Elementes, A, auf andere, B, C usw., wirkt (zeitlich verzögert) auf A zurück. In der Kybernetik wird dabei zwischen positiver und negativer Rückkopplung unterschieden: Bei positiver Rückkopplung führt die Abweichung von einem ‚Sollwert' zu mehr Abweichung, diese wieder zu noch mehr usw. – das System „explodiert" gewissermaßen. Bei negativer Rückkopplung hingegen wird eine solche Abweichung durch Aktivierung entgegengesetzt wirkender Mechanismen korrigierend auf den Ausgangszustand rückgeführt. Ein kybernetisches System mit negativer Rückkopplung weist demnach weitgehende Stabilität auf.

Homöostase. Statt von „Gleichgewicht" oder „Stabilität" spricht man – besonders in der älteren, an der Kybernetik orientierten Literatur – auch von „Homöostase" (bzw. von „Morphostase", wenn der Aspekt betont wird, dass ein System unter veränderten Umweltbedingungen seine Struktur beibehält). Haley (nach Hoffmann, 1982, S. 17) wählt folgendes Beispiel für Homöostase: „Nimmt man an, dass Leute in bestehenden Beziehungen als ‚Regler' in der Beziehung zueinander funktionieren, und nimmt man einmal an, dass es die Funktion des Reglers ist, Veränderungen minimal zu halten, dann ergibt sich daraus der erste Grundsatz menschlicher Beziehungen: Wenn eine Person eine Veränderung in ihrer Beziehung zu einem anderen andeutet, wird sich der andere in einer Weise verhalten, die diese Veränderung so gering und so gemäßigt wie möglich halten soll."

Allerdings wirkt das Konzept eines Reglers in diesem Zusammenhang überaus metaphorisch, solange nicht geklärt ist, auf was genau sich „der Regler" bezieht. Aus diesem Grunde sind moderne Konzeptionen selbstorganisierter Systemdynamik – etwa „Attraktor" – vorzuziehen, weil diese einerseits ohne „Regler" auskommen, andererseits sowohl Stabilität als auch Veränderung beschreiben und erklären können.

18.2 Macht in systemischen Ansätzen

Therapeutische Ansätze unterscheiden sich weniger im Klientel, mit dem sie arbeiten, als vielmehr in dem Fokus, mit dem sie konzeptuell auf ein überaus komplexes Geschehen schauen. Dies macht ihre jeweilige Stärke aus, denn die Prozesse im Fokus werden gewöhnlich schärfer und detaillierter wahrgenommen und aufgearbeitet als anderswo. Dies begründet aber oft auch Schwächen, denn manche Phänomene rücken dadurch an den Rand, werden konzeptionell zu wenig beachtet oder gelegentlich gar ignoriert.

Vernachlässigung der Macht

Die Ungleichheit von Macht im System ist ein solches Phänomen, das beim Fokus auf die vielfältigen Möglichkeiten der Interaktionsdynamiken allzu leicht an den Rand der Aufmerksamkeit rücken kann und gerückt ist. Zwar haben nicht zuletzt Schmidt-Lellek und Heimannsberg (1995) zu Macht und Machtmissbrauch speziell im systemischen Ansatz ein Buch herausgegeben (siehe auch Levold, 1986, 1994, oder Goodrich, 1994, zu spezifischen Aspekten, wie z. B. der feministischen Problematik, sowie ein Übersichtskapitel zur kritischen Diskussion des Machtaspekts in Jones, 1995). Gleichwohl war es gerade im Lager systemischer Therapeuten lange Zeit üblich, den Aspekt der Macht zu ignorieren oder gar zu negieren – und systemische Darstellungen sind weiterhin stark gefährdet, in dieser Richtung zumindest missverstanden zu werden.

„Macht" als Methapher. Als Beispiel für diese Haltung kann auf den für viele Therapeuten bedeutsamen Vordenker systemischer Sichtweisen, Gregory Bateson, verwiesen werden, dem eine zumindest unglücklich formulierte und daher zu Missverständnissen einladende Charakterisierung von „Macht" unterlief: Er bezeichnete Macht als einen „epistemologischen Irrtum" und als eine „quasi physikalische Metapher" – ja, er empfahl sogar, daher die Metapher „Macht" nicht weiter zu verwenden.

Fragwürdige Verallgemeinerungen. Diese Empfehlung richtete sich gegen die Verwendung von „power" (wie es im amerikanischen Original heißt – vgl. hierzu die Analyse von Portele & Roessler, 1994) und den damit verbundenen allzu starren, linearkausalen Konnotationen in einer technologiegläubigen Gesellschaft.

Doch diese Charakterisierung wurde in fragwürdiger Verallgemeinerung und Vereinfachung auch auf den therapeutischen Prozess übertragen. Batesons Denkanstoß wurde z. B. bei de Shazer (1986, S. 208) in die Aussage umgewandelt, „dass das Konstrukt oder die Metapher der Macht weder theoretisch notwendig noch praktisch nützlich ist." Von hier scheint freilich nur noch ein kleiner weiterer Schritt notwendig, um einen viel schlimmeren „epistemologischen Irrtum" zu begehen – nämlich zu glauben, dass man durch die Eliminierung eines Begriffes auch die entsprechende menschliche Erfahrung eliminieren könne.

Dass solche Befürchtungen nicht gegenstandslos sind, zeigt z. B. die gelegentlich in der Literatur vorzufindende Vulgarisierung der komplexen systemischen Vernetzung von Machtdynamiken zu Vorstellungen, nach denen Macht auf einer Kollusion (d. h. einem heimlichen, oft unbewussten Zusammenspiel) von Befehlendem und Gehorchendem beruhe. Daran mag in manchen Fällen, besonders in Paarbeziehungen, durchaus ein wesentlicher Kern stecken. Eine solche Sicht des Machtproblems aber zu verallgemeinern – und sie sogar auf den Einsatz körperlicher Gewalt zu erweitern – ist in einem Land besonders unerträglich, das u. a. Auschwitz, Treblinka und Bergen-Belsen hervorgebracht hat.

Verharmlosung der Macht. Dass gerade der systemische Ansatz für eine Verharmlosung der Macht anfällig ist, hängt mit der spezifischen Perspektive im Vergleich zu anderen Ansätzen zusammen: Systemische Psychotherapie hat den Fokus der Betrachtung von einzelnen Personen auf die Interaktionen zwischen Personen verschoben. Selbst eindeutig an einem einzelnen Menschen manifest beobachtbare somatische Symptome erwiesen sich aus dieser Perspektive immer auch einbezogen in das Interaktionsgefüge der für diesen Menschen wichtigen Sozialgemeinschaft. Die konzeptionelle Vorstellung, „Krankheit" ausschließlich oder aber primär als Angelegenheit eines kranken Individuums zu sehen, wurde daher nun interaktionistisch relativiert; statt vom „Kranken" sprach man vom „Symptomträger" oder vom „Indexpatienten".

Diese Relativierung von individuell zurechenbaren Aspekten zugunsten eines Verständnisses der Gesamtdynamik war für „Krankheit" eine Gewinn bringende Bereicherung, für „Macht" allerdings eher fatal: Selbst bei deutlich sichtbaren Erscheinungsformen – etwa wenn ein Mann wiederholt seine Ehefrau prügelt – wurden Erklärungen dafür weniger auf genetische Strukturen, frühe Kindheitserlebnisse oder die Persönlichkeit des Mannes beschränkt, sondern der Blick richtete sich (auch) auf die Interaktionszusammenhänge.

Nicht selten wurden dadurch auf vielen Betrachtungsebenen subtile Interaktionsmuster und damit Ungleichgewichte in der Verteilung von „Macht" und „Unterlegenheit" deutlich (wie übrigens früher schon sehr differenziert seitens der Transaktionsanalyse herausgearbeitet worden war), welche die zunächst so offenkundige Zuschreibung von „Täter" und „Opfer" oft in ganz anderem Licht erscheinen ließ. Auch die Vorstellung, familiäres Geschehen in einfache Ursache-Wirkungs-Ketten auflösen zu können, wurde durch die Analysen aus der Perspektive systemischer Therapie zunehmend obsolet und die Möglichkeiten instruktiver Veränderungen immer zweifelhafter.

Fehlannahme der Machtgleichheit. Was allerdings ursprünglich als eine Bereicherung der Perspektiven entstanden war, wurde im Abgrenzungskampf gegen andere Ansätze und wohl auch als Mittel der Profilierung Einzelner oder einiger Gruppen allzu sehr überzeichnet, dogmatisiert und, zu Begriffshülsen erstarrt, als unhinterfragbare Schulweisheit ausgegeben. Systemische Sichtweise und Therapie wurde dabei nun fast ausschließlich auf die Betrachtung von Interaktionsmustern bzw. auf Familientherapie reduziert. Die Erkenntnis, dass nicht nur den zunächst als „mächtig" erscheinenden Personen, sondern faktisch allen Beteiligten jeweils mehr oder minder viel Einfluss auf das Gesamtgeschehen einer Familie zugesprochen werden muss – und das zudem auf sehr unterschiedlichen und oft subtilen Ebenen –, ist zweifellos richtig.

Allerdings wurde dies zu der Vorstellung vulgarisiert, alle Beteiligten hätten gleichermaßen viel (oder noch verkürzter: „gleiche") Macht, – nicht selten mit der faktischen Konsequenz, sich um „Macht"-Phänomene dann auch nicht mehr kümmern zu müssen. Die in diesem Zusammenhang einseitige Ausdeutung der Machtkennzeichnung durch Gregory Bateson wurde bereits oben angeführt.

Beliebigkeit der Interventionen. Missverstanden und unzulässig vereinfacht wurden auch die wissenschaftlichen Konzepte im Zusammenhang mit Selbstorganisations-Phänomenen. Die Erkenntnis, dass selbstorganisierte Systeme nicht zu designhaft geplanten Strukturveränderungen gezwungen werden können, wurde bisweilen zur „Beliebigkeit" der Interventionen vulgarisiert. Damit wurde dann oft auch die Verantwortung für die Ergebnisse der Intervention negiert – so, als sei es für den Gärtner, der Struktur und Wachstum seiner Pflanzen ja ebenfalls nicht im engeren Sinne „planen" und „bewirken" kann, deswegen egal, ob er über die Pflanzen hinweg trampelt, sie mit zu viel Dünger schädigt, sie untätig verdorren lässt oder aber, der Selbstorganisation ihrer Biologie Rechnung tragend, möglichst förderliche Umgebungsbedingungen zu gestalten versucht.

Reduktion auf Kommunikationsmuster. Die Folge dieser Relativierungen: Auch der zunächst bereichernde Blick auf die Interaktionen zwischen Menschen – um somatische, psychische und behaviorale Prozesse besser verstehen zu können – wurde nun zunehmend zur einzigen und „richtigen" Perspektive dogmatisiert. Phänomene auf unterschiedlichen Ebenen wurden auf „nichts anderes als kommunikative Muster" reduziert. Psychische und Lebensprozesse wurden als „Umgebung" für Kommunikationssysteme konzipiert, die nur über vage „Interpenetration" (Luhmann) bzw. „strukturelle Koppelung" (Maturana) unspezifisch das sog. „autopoietische", also selbsterzeugende Kommunikationssystem als „Rauschen" tangieren. Wohl nicht zufällig erwähnt die Darstellung der systemischen Therapie von Ludewig (1992), in der es ausschließlich um die Autopoiese-Konzeptionen (von Maturana bzw. von Luhmann) geht, den Aspekt der Macht nur an insgesamt zwei Stellen am Rande.

Untersuchung der Macht

Unterscheidung der Perspektiven. Gerade im Zusammenhang mit „Macht" ist es jedoch wichtig, unterschiedliche Perspektiven und Ebenen zu berücksichtigen, wie Kriz (1995) in einem Beitrag über systemische „Macht" ausgeführt hat: Eine beobachtete Abfolge von Handlungen einer Person A lässt sich daher einerseits hinsichtlich der Regelmäßigkeiten (Redundanzen) in Bezug auf A selbst untersuchen – sie werden dann der betreffenden Person zugeschrieben –, andererseits hinsichtlich der Regelmäßigkeiten in der Gesamtfolge der Handlungen aller anwesenden Familienmitglieder – sie werden dann z. B. als „Muster familiärer Interaktion" verstanden.

Es dürfte klar sein, dass keine Perspektive für sich allein die größere „Richtigkeit" oder „Wahrheit" beanspruchen kann. Hinsichtlich des Aspektes der Macht haben die beiden Perspektiven hingegen unterschiedliche Wertigkeit: Werden die Handlungen der Person A zugerechnet, so sagen wir gewöhnlich, dass A dies „macht" (sofern A „bei Sinnen" ist, d. h. die Handlungen nicht irgendwelchen biologisch-physiologischen Sonderbedingungen wie Defekten, Drogen etc. zugerechnet werden).

Macht der Regeln. Wenn dieselben Handlungen hingegen aus der Perspektive interaktioneller Regeln betrachtet werden, neigen wir meist eher dazu, einen Teil dieser Macht den „Regeln" zuzuschreiben – zumindest in einem bestimmten Ausmaß wird dann etwas „mit" dieser Person ge„macht". Dies taucht natürlich auch in Selbstbeobachtungen bzw. in Eigenbeschreibungen auf – etwa, indem A äußert, nur „reagiert" zu haben (z. B. auf B).

Dieselbe Abfolge von Kommunikationen zwischen (z. B.) zwei Personen lässt sich daher nicht nur unterschiedlich interpunktieren – worauf Watzlawick et. al. (1969) verwiesen haben –, sondern die Interpunktionen lassen sich zudem noch nach Macht-Zuschreibungen aufsplitten. Nehmen wir nochmals das Beispiel des ins Wirtshaus gehenden Mannes und der nörgelnden Frau: Hier würden die Interpunktionen gemäß Watzlawick lauten: „Ich gehe ins Wirtshaus, weil du nörgelst" und: „Ich nörgle, weil Du in die Kneipe gehst".

„Täter" und „Opfer". Interessanterweise sind mit diesen Interpunktionen aber nur die „Opfer"-Rollen narrativiert. Entsprechend der systemischen Erkenntnis, dass jene Teile, die als „Täter" zu einer Dynamik beitragen, gleichzeitig als „Opfer" unter ihr zu leiden haben, wären ja zumindest auch die beiden „Täter"-Narrationen denkbar: Die Frau nörgelt, damit der Mann in die Kneipe geht, und: Der Mann geht in die Kneipe, damit die Frau nörgelt.

Die zweite Interpunktions-Variante mag zunächst ungewöhnlich erscheinen – vielleicht auch deshalb, weil uns allen „Opfer"-Geschichten so viel näher liegen als „Täter"-Geschichten. Unsere Alltagserfahrung (und noch viel mehr klinische Erfahrung) lässt aber leicht Motive für solch intendiertes Handeln finden: So könnte dem Mann z. B. das Nörgeln als willkommener Vorwand dienen, seine Wirtshauseskapaden nicht einschränken zu müssen. Und die Frau könnte durchaus Nutzen daraus ziehen, sich im sozialen Umfeld für ihren „rücksichtslosen Trunkenbold" bedauern zu lassen oder eine Distanz zu ihrem Mann und dessen Wünschen an sie schaffen wollen (um nur wenige mögliche Aspekte zu nennen).

Dort, wo der „Täter"-Anteil gegenüber dem „Opfer"-Anteil in der zirkulären Dynamik bewusster ist, würden Systemiker mehr Veränderungspotential ausmachen, da subjektiv intentionale Handlungen leichter veränderbar erscheinen als subjektiv erlebte „Reaktionen".

Erklären versus Entschuldigen. Es zeigt sich in dieser Analyse, dass der Aspekt der Macht selbst unter Beibehaltung der streng systemischen Perspektive auf die Gesamtdynamik durchaus eine Bereicherung darstellen kann. Allerdings erschöpft sich „Macht" keineswegs nur in diesem Zusammenhang. Es wäre vielmehr nötig, Zusammenhänge zwischen „Macht" und „Gewalt" oder zwischen „Macht" und „Gender" u. a. weitergehend zu untersuchen. Ein Ehemann, der seine Frau schlägt, kann dies ggf. aus psychischer Hilflosigkeit heraus tun; es können sich sogar alle Beteiligten – Mann, Frau, sowie Beobachter – ggf. darin einig sein, dass in dieser Paarbeziehung insgesamt die Frau die „Mächtigere" ist, z. B. verbal, in ihren Aktivitäten, usw. (was eben die unterlegene Hilflosigkeit des Mannes nur forciert).

Dennoch ist weder dieses Verhalten tolerabel, noch lässt sich sinnvoll die Ebene körperlicher Macht und Gewalt gegen andere Ebenen aufrechnen oder ausspielen. Systemisches Erklären der Zusammenhänge meint darüber hinaus keineswegs dasselbe wie Entschuldigen. Alles dies sind Aspekte, die sowohl innerhalb des systemischen Ansatzes als auch in der Darstellung nach „außen" viel sorgfältiger, differenzierter und verantwortungsvoller erforscht und beschrieben werden müssen. Hier ist m. E. noch viel Arbeit zu leisten.

18.3 Pragmatische Paradoxien

Parodoxien in der Kommunikation

„Eine Paradoxie lässt sich als ein Widerspruch definieren, der sich durch folgerichtige Deduktion aus widerspruchsfreien Prämissen ergibt" (Watzlawick et al., 1969, S. 171). In der Philosophie sind viele solcher Paradoxien bekannt, die im logisch-mathematischen bzw. im definitorischen Bereich liegen. Beispiele sind: „die Klasse aller Klassen, die sich nicht selbst als Element enthalten" bzw. „der Barbier, der alle Männer rasiert, die sich nicht selbst rasieren und keine anderen". Solche Paradoxien sind zwar logisch-philosophisch eine gewisse Herausforderung – sie haben aber im Alltagsleben praktisch keine Bedeutung.

Paradoxe Aufforderungen. Hingegen können auch im Alltagsleben Anweisungen gegeben werden, die paradox, also logisch unhaltbar, sind. Ein typisches Beispiel ist die Aufforderung an Person A: „Sei spontan!" Dies ist ein Prototyp, der konkret in vielen Varianten vorkommt, etwa: „Sei nicht so nachgiebig!" oder: „Du solltest mich lieben!" Da Spontaneität insbesondere dadurch gekennzeichnet ist, dass sie nicht gewollt ist, kann dieser Aufforderung nicht nachgekommen werden. Denn indem A der Aufforderung nachkommt, handelt er nicht spontan. Es besteht also nicht nur keine Wahlmöglichkeit für A, sondern jeder Rest an Spontaneität, der ohne diese Anweisung von A vorhanden gewesen wäre, ist nun zunichte gemacht. Wenn Person A sich auf dieses „Spiel" einlässt, hat sie schon verloren. Watzlawick et al. nennen dies eine „pragmatische Paradoxie". Die adäquate Möglichkeit eines Auswegs läge darin, zu metakommunizieren, d. h. auf die logische Unmöglichkeit zu verweisen, der Anweisung nachzukommen.

Nun kann dieser Ausweg aber dadurch verbaut sein, dass es verboten ist, zu metakommunizieren, oder dadurch, dass die logische Paradoxie, die der Anweisung zugrunde liegt, nicht durchschaut wird. In beiden Fällen kommt die Person in eine ausweglose Situation.

Es bleibt scheinbar noch ein weiterer Weg: Die Person versucht, nicht zu handeln und nicht zu kommunizieren. Da dies aber nach Axiom 1 unmöglich ist, kann zumindest ein ähnlicher Zustand gewählt werden: Man verhält sich irgendwie „verrückt", z. B. „schizophren". Denn eine Reaktion, die nicht eingeordnet werden kann, die im Sinne „normaler" Schemata also „keine" Reaktion ist, kann auch nicht falsch sein. Das obige „Spiel" ist auf diese Weise nicht „verloren" – allerdings auch nicht „gewonnen", sondern es ist nur unentscheidbar geworden.

Double-Bind-Theorie

Mit dieser Gedankenführung deutet sich eine Erklärung von „Schizophrenie" als adäquate Reaktion auf unhaltbare Situationen an, die von Bateson et al. 1956 im Rahmen der Double-Bind-Theorie ausformuliert wurde. Die wesentlichen Kennzeichen des Double-Bind sind dabei Folgende (leicht modifiziert nach Watzlawick et al., 1969, S. 195 f.):

▶ Zwei (oder mehr) Personen stehen zueinander in einer Beziehung, die für einen oder alle von ihnen einen hohen Grad an psychischer und/oder physischer Lebenswichtigkeit hat (typische Konstellation ist Mutter-Kind).

▶ In diesem Kontext wird eine Mitteilung gegeben, die

- etwas aussagt,
- etwas über die eigene Aussage aussagt,
- so zusammengesetzt ist, dass beide Aussagen einander negieren bzw. unvereinbar sind.

▶ Im Falle einer Handlungsaufforderung handelt es sich also um eine der eben beschriebenen pragmatischen Paradoxien. Im Falle einer Ich- oder Du-Definition entspricht die damit definierte Person dieser Definition nur, wenn sie ihr nicht entspricht und umgekehrt.

▶ Der Empfänger dieser Mitteilung kann der damit hergestellten Beziehungsstruktur nicht durch Metakommunikation oder Rückzug entgehen. Obwohl die Mitteilung logisch sinnlos ist, ist sie eine pragmatische Realität. Man kann nicht auf sie reagieren, aber man kann sich auch nicht in einer nichtparadoxen Weise verhalten, denn die Mitteilung selbst ist paradox.

Für die Genese einer Schizophrenie kommen zwei weitere Bestandteile hinzu:

▶ Häufiges bzw. chronisches Double-Bind führt zu gewohnheitsmäßigen und schwer zu beeinflussbaren Erwartungen hinsichtlich der Natur menschlicher Beziehungen. Diese Erwartungen bedürfen dann irgendwann keiner weiteren Verstärkung mehr.

▶ Das durch Double-Bind verursachte paradoxe Verhalten hat selbst entsprechende Rückwirkungen, und dies führt zu stabilisierenden Kommunikationsstrukturen. In künstlicher Isolierung betrachtet, entspricht das Verhalten des am auffälligsten gestörten Kommunikationsteilnehmers den klinischen Kriterien der Schizophrenie.

Begriffe wie „Genese", „verursachen" etc. sind hier nicht linear-kausal zu verstehen, sondern stellen einen Kompromiss an die Schwierigkeiten unserer Sprache dar, zirkuläre, vernetzte Beziehungen einfacher auszudrücken. Double-Bind „verursacht" nicht Schizophrenie im Sinne von Ursache und Wirkung. Das Phänomen „Schizophrenie" (entsprechend klinisch-diagnostischen Kriterien) ergibt sich vielmehr durch eine Perspektive des Beobachters, die auf eine bestimmte Person gerichtet ist, wenn die typische Beziehungsstruktur, in der diese Person steht, durch Double-Bind gekennzeichnet werden kann.

Kommunikation als zweistellige Relation. Besonders der letzte Punkt macht deutlich, dass auch die Double-Bind-Beziehungen wechselseitig aufeinander zurückwirken. Vielleicht erleichtert es das Verständnis dieser für „gewohntes" Denken durchaus schwierigen Strukturen, wenn man Kommunikation konsequent als (mindestens) zweistellige Relation versteht. Analog zur Relation R: „ist größer als" kann in dem Satz „A ist größer als B" R nicht als „Eigenschaft" von A aufgefasst werden, denn damit A größer als B ist, bedarf es notwendigerweise dieses B. Die Feststellung „A ist größer als" ist somit nicht falsch, sondern sinnlos. Die Variante „A ist groß", die an „A ist schizophren" erinnert, ist entweder genauso sinnlos oder setzt implizit eine bei allen Kommunikationspartnern gleichartige „Weltsicht" – hier: über das ausgelassene B – voraus. Dass es diese allgemein akzeptierte und geteilte Weltsicht gibt, ist zumindest anzuweifelbar.

Verschiedene Perspektiven auf Schizophrenie. Die Erkenntnis, dass in „schizophrenen Familien" – auch in Abwesenheit des „Indexpatienten" – kommunikative Paradoxien oder zumindest auffällige Ungereimtheiten und Widersprüchlichkeiten in der Kommunikation an der Tagesordnung sind, ist inzwischen bei vielen Klinikern und Forschern fester Bestandteil ihrer Arbeit. Dennoch wurde bewusst von „Erkenntnis" und nicht von „Tatsache" gesprochen, um nochmals die Perspektivität von „Wirklichkeit" deutlich zu machen. Wer sich einen einzelnen „Schizophrenen" mit der Fragestellung ansieht, welche Dosis Psycholeptika er „benötigt", wird zweifellos zu anderen Erkenntnissen kommen.

Man sollte auch nicht die eine „Schizophrenie"-Erklärung gegen die jeweils anderen ausspielen: „Schizophrenie" ist eine Sammelbezeichnung für im Einzelnen recht unterschiedliche Phänomene und Dynamiken (die sich dennoch gegenüber anderen unter bestimmten Perspektiven mit diesem Begriff analytisch abgrenzen lassen). Darüber hinaus spielen viele unterschiedliche Ebenen zusammen – von denen Soma, Psyche und Sozialsystem nur drei grobe Kategorisierungen sind.

Es wäre der Psychotherapie und klinischen Psychologie viel geholfen, wenn mehr Einsicht in die Vielfalt der Perspektiven (statt Streit um die einzig „wahre") und mehr Achtung vor dem Wissen, den Standpunkten und den damit verbundenen Perspektiven der anderen herrschen würde (statt angstvoller

Entwertung, um den eigenen Standpunkt aufzuwerten).

Kommunikativ-systemische Einzeltherapie

„Systemische Einzeltherapie" meint in Abgrenzung zur Paar- und Familientherapie, dass ein Therapeut mit einem Klienten arbeitet. Es handelt sich somit um das äußerliche Setting der „üblichen" Psychotherapie. Abweichungen sind denkbar und kommen vor – etwa wenn ein Therapeutenteam im Rahmen des reflektierenden Teams (s. u.) mit einem einzelnen Klienten arbeitet oder wenn jemand sich selbst therapiert und z. B. versucht, seine Einschlafschwierigkeiten durch eine paradoxe Eigenintervention zu beheben, oder sich in einer Art Eigensupervision über die systemische Auftragsstruktur an ihn bewusst wird. Allerdings geschieht dies eher selten.

Bemerkenswerterweise scheint der Begriff „Einzeltherapie" aber anzudeuten, dass es nicht immer als selbstverständlich gesehen wird, dass dabei zwei Personen, Klient und Therapeut, beteiligt sind und dass ein komplexes System aus Kommunikationen (einschließlich der „inneren Selbstgespräche" in Form von Erwartungen, Selbstdefinitionen etc.) und Relationen zwischen diesen die Dynamik psychotherapeutischer Arbeit beherrscht.

Auch wenn nur eine einzelne Person in die Therapie kommt, kann der Therapeut aus einer systemischen Perspektive heraus zu erfassen versuchen, welche Interaktionsstrukturen in der Familie mit den Symptomen verbunden sind, wie die anderen Familienmitglieder auf die Veränderungen des Patienten reagieren werden – bzw. wie sie diese zur Erhaltung einer stabilen Dynamik unbewusst boykottieren werden –, und von diesem Hintergrund aus seine Interventionen setzen. Dieser Aspekt systemischer Einzeltherapie soll hier aber ebenfalls nicht weiter verfolgt werden (Aspekte hierzu findet man z. B. in Jones, 1995). Wahrscheinlich spielen aber in fast jeder erfolgreichen Therapie zumindest implizit solche Aspekte eine erhebliche Rolle.

→ **Beispiel 20.1** Systemischer Ansatz in der Borderline-Therapie

Kommunikation mit sich selbst. Vielmehr geht es um die therapeutische Intervention in Fällen, in denen der Patient sich selbst in einer Art „Double-bind-Falle" verfangen hat – bzw. wo das Problem aus therapeutischer Sicht in diesem Sinne gedeutet werden kann.

Da das typische Kennzeichen des Menschen sein reflexives Bewusstsein ist, kommuniziert eine Person nämlich nicht nur mit anderen Personen, sondern auch (um nicht zu sagen: vornehmlich) mit sich selbst. Beziehungen gestaltet man nicht nur zu anderen, sondern auch zu sich selbst. Pragmatische Paradoxien können somit nicht nur in der Kommunikation mit anderen, sondern auch im „inneren Selbstgespräch" wirksam werden.

Paradoxie des Einschlafenwollens

Typisches Beispiel ist eine Person, die einschlafen will – etwa weil sie am Morgen für eine Prüfung besonders ausgeruht sein muss oder weil sie schon weiß, dass sie „Schlafstörungen hat". Je später es wird und je länger sie wach liegt, umso größer wird das Problem. „Ich muss jetzt endlich schlafen, sonst . . ." ist das „Leid-Motiv", das ergänzt werden könnte um: „. . . bin ich nicht ausgeschlafen" oder: „. . . werde ich noch ganz krank" etc. Es handelt sich hier aber um eine Variante der obigen „sei spontan!"-Paradoxie: Einschlafen ist ein natürlicher, spontaner Vorgang, der eben gerade deshalb nicht „gewollt" werden kann. Je mehr Energie und Willenskraft auf den Einschlafakt verwendet wird, desto unwahrscheinlicher wird ein Erfolg – obwohl meist irgendwann die körperliche Erschöpfung dem paradoxen Gedankenspiel ein Ende bereitet. Ähnliche Problemstrukturen findet man z. B. auch häufig bei Sexualstörungen oder bei Vermeidungsängsten.

Problemerzeugung durch Lösungsversuch. Analog zu den obigen Erörterungen und Beispielen kann die Paradoxie nur auf einer Metaebene gelöst werden. Watzlawick et al. (1974) haben in einer ausführlichen Analyse gezeigt, dass oft das Problem überhaupt erst in dem Versuch seiner Lösung besteht: Die meisten Menschen schlafen ein, gerade weil sie nicht versuchen, das „Einschlafproblem" mit aller Macht zu lösen.

Erst das Bemühen, sein „Einschlafproblem" lösen zu wollen, lässt das Problem entstehen. Ähnlich verhält es sich, wenn man meint, man sei zu wenig spontan, und sich vornimmt, ab sofort immer ganz spontan zu sein. Je mehr man dies versucht, je öfter man sich sagt: „Ich muss jetzt ganz spontan sein", desto weniger wird es gelingen. Erst der Versuch seiner Lösung schafft das Problem.

Lösungen zweiter Ordnung. Sobald dies aber geschehen ist, befindet sich die Person in einer echten Zwangslage: Das Problem ist ja nun „wirklich" da, d. h., es übt im wörtlichen Sinne von „wirklich" seine pathologische Wirkung aus. Und jeder Versuch, das Problem auf dieser Ebene zu lösen, macht es nur noch manifester. Der Patient müsste sozusagen aus der Ebene der Lösungsversuche herausspringen auf eine Metaebene, um aus der Problemlösungs-Falle zu entrinnen. Watzlawick et al. (1974) nennen dies „Lösungen zweiter Ordnung".

Paradoxe Intervention
Therapeutische Doppelbindung. Ein wesentliches therapeutisches Mittel, solche Lösungen zweiter Ordnung zu erreichen, ist die „therapeutische Doppelbindung", die praktisch strukturgleich zum oben angeführten pathologischen Double-Bind ist. Bereits in Watzlawick et al. (1969) wird dafür folgende (leicht modifizierte) Beschreibung der therapeutischen Doppelbindung gegeben (S. 225):
- Sie setzt eine enge Beziehung voraus, in diesem Fall die psychotherapeutische Situation, die für den Patienten einen hohen Grad von Lebenswichtigkeit und Erwartung hat.
- In dieser Situation wird eine Verhaltensaufforderung gegeben, die so zusammengesetzt ist, dass sie
  – das Verhalten verstärkt, das der Patient ändern möchte,
  – diese Verstärkung als Mittel der Änderung hinstellt und
  – eine Paradoxie hervorruft, weil der Patient dadurch aufgefordert wird, sich durch Nichtändern zu ändern.

Damit aber kommt er mit seiner Pathologie in eine unhaltbare Situation. Wenn er die Aufforderung befolgt, so zeigt er, dass er das Verhalten zumindest teilweise unter bewusster Kontrolle hat, es also auch ändern kann. Wenn er der Aufforderung Widerstand leistet, so kann er das nur durch nichtsymptomatisches Verhalten tun, womit der Zweck der Behandlung ebenfalls erreicht ist.
- Die psychotherapeutische Situation hindert den Patienten daran, sich der Paradoxie zu entziehen oder sie dadurch zu zerreden, dass er sie zu kommentieren versucht. Obwohl (bzw.: weil) die Aufforderung absurd ist, wirkt sie als eine pragmatische Realität: Der Patient kann nicht nicht auf sie reagieren – doch gleichzeitig kann er auch nicht in seiner üblichen, symptomatischen Weise darauf reagieren.

Praxis der paradoxen Intervention. Diese therapeutische Doppelbindung wird auch als „paradoxe Intervention" oder „Symptomverschreibung" bezeichnet und wurde schon wesentlich früher auch von Milton Erickson oder Viktor Frankl angewendet. Sie sprengt die Lösungen erster Ordnung, die das Problem sind, durch Lösungen zweiter Ordnung.

Im obigen Beispiel, der Schlaflosigkeit, würde man den Patienten veranlassen, sich zum Wachbleiben zu zwingen – etwa durch die Anweisung, mit offenen Augen im Bett zu liegen und sie nicht zu schließen, bevor er einschläft. Die genaue Formulierung der paradoxen Intervention muss dabei möglichst auf den spezifischen Kontext des Patienten zugeschnitten sein, damit sie als Verschreibung glaubwürdig klingt. Dies erfordert durchaus erhebliche Kreativität des Therapeuten, wie man oft in der Literatur über paradoxe Interventionen feststellen kann.

Wichtig ist, dass man den Patienten an der „Lösung" (erster Ordnung) des Problems hindert, die das Problem erzeugt. Die Intervention in diesem Beispiel kann sich also nicht gegen die Schlaflosigkeit richten, sondern dagegen, mit aller Macht einschlafen zu wollen. Watzlawick et al. (1974, S. 105) fassen den Einsatz von Lösungen zweiter Ordnung wie folgt zusammen:
- Lösungen zweiter Ordnung werden auf Lösungen erster Ordnung angewendet, wo diese nicht nur keine Lösung herbeiführen, sondern selbst das zu lösende Problem sind.
- Während Lösungen erster Ordnung sich meist auf den „gesunden Menschenverstand" gründen, scheinen Lösungen zweiter Ordnung häufig absurd, unerwartet und vernunftwidrig; sie sind ihrem Wesen nach überraschend und paradox.

- Dass Lösungen zweiter Ordnung sich auf problemerzeugende Pseudolösungen beziehen, bedeutet ferner, dass damit die zu lösenden Probleme hier und jetzt angegangen werden. Was dabei verändert wird, sind die Wirkungen und nicht die vermeintlichen Ursachen der betreffenden Situation; die entscheidende Frage ist daher „was?" und nicht „warum?".
- Lösungen zweiter Ordnung heben die zu lösende Situation aus dem paradoxen, selbstrückbezüglichen Teufelskreis heraus, in den die bisherigen Lösungsversuche geführt haben, und stellen sie in einen neuen, weiteren Rahmen.

Die Autoren geben zahlreiche Beispiele für therapeutische Doppelbindungen bzw. Lösungen zweiter Ordnung an. Die Konstruktion dieser „unerwarteten" und „paradoxen" Lösungen zweiter Ordnung hängt nicht unerheblich von der Kreativität des Therapeuten und seiner Fähigkeit ab, die „Strategie" in die Narrationen und den Handlungskontext des Klienten angemessen einzubauen.

Dies ist sicher weniger planbar und theoretisch vermittelbar, als es für eine Therapieausbildung wünschenswert wäre. In jedem Fall hat der konkreten Intervention eine sorgfältig vorzunehmende Problemanalyse vorauszugehen, die zu einer klaren und konkreten Definition des Problems führen sollte. Ebenso ist die Untersuchung der bisher versuchten Lösungen sowie eine klare Definition des Behandlungszieles wesentlicher Teil dieser Vorgehensweise.

→ **Beispiel 18.1 a/b** Paradoxe Interventionen bei diversen Problemen

18.4 Zusammenfassung

Kommunikation. Bei der Pragmatik menschlicher Kommunikation von Watzlawick, Beavin und Jackson geht es um den Verwendungszweck und die Wirkung von Zeichen (wie Sprache) im Hinblick auf die Kommunikation. Auch über Kommunikation selbst kann kommuniziert werden (Metakommunikation). Die Autoren haben fünf Axiome der Kommunikation formuliert, die viele Analysen und weitere Werke inspiriert haben. Betont wird dabei, dass Äußerungen von Menschen nicht nur auf etwas „in der Welt" verweisen (Semantik) und dabei eine bestimmte Struktur aufweisen (Syntaktik), sondern vor allem in beziehungsrelevanter Weise verwendet werden (Pragmatik). Aus der Vermengung von Inhalts- und Beziehungsaspekten ergeben sich viele Kommunikationsstörungen, deren therapeutische Bearbeitung wichtig ist.

Macht in systemischen Ansätzen. Ein Problem systemischer Ansätze ist der Umgang mit Macht. Die zunächst bereichernde Ansicht, dass alle Beteiligten einen Einfluss auf das Gesamtgeschehen in der Familie haben, führte zur Vernachlässigung oder gar Verleugnung ungleicher Machtverhältnisse. Ebenso führte die Erkenntnis selbstorganisierter Systeme zum Missverständnis der „Beliebigkeit" von Interventionen.

Eine systemische Erklärung und Beschreibung von Machtverhältnissen berücksichtigt unterschiedliche Ebenen und Wertigkeiten der Macht. Sie ermöglicht auch, durch eine andere Interpunktion von Kommunikationsakten den „Täter"- und den „Opfer"-Anteil anders zu gewichten. Dies erhöht die subjektive Veränderbarkeit eines Verhaltens. Damit soll jedoch z. B. körperliche Gewalt nicht mit einer anderen Form von Macht verrechnet oder entschuldigt werden. Die vielfältigen Aspekte von „Macht" stellen auch heute noch ein Problem für die systemische Therapie dar.

Pragmatische Paradoxien. Pragmatische Paradoxien begegnen uns im Alltag oft in Form von paradoxen Aufforderungen (z. B.: „Sei spontan!"). Ein zentrales Moment bilden sie in Double-Bind-Situationen, bei denen die Kommunikationspartner in einer existentiellen Beziehung zueinander stehen. Da der Adressat der paradoxen Mitteilung weder durch Metakommunikation noch durch Rückzug der Situation entgehen kann, bleibt als einzige Reaktion ein paradoxes oder „verrücktes" Verhalten. Die Double-Bind-Theorie wurde v. a. in den 50er und 60er Jahren zur Erklärung der Schizophrenie herangezogen. Zu pragmatischen Paradoxien kann es auch in der Kommunikation mit sich selbst kommen. Dabei ensteht das Problem oft erst durch den Versuch seiner Lösung (z. B. bei gewollten, aber erfolglosen Einschlafversuchen).

Die therapeutische Doppelbindung ist eine paradoxe Intervention, die nicht an der bisherigen „Lösung" (erster Ordnung) ansetzt, sondern z. B. durch „Symptomverschreibung" eine Lösung zweiter Ordnung ermöglichen soll: Wenn der Patient die Aufforderung, das pathologische Verhalten zu verstärken, befolgt, zeigt dies, dass er das als unkontrollierbar empfundene Symptom z. T. unter bewusster Kontrolle hat. Wenn er sie nicht befolgt, kann er dies nur durch nichtsymptomatisches Verhalten tun. Für den Erfolg paradoxer Interventionen sind eine genaue Problemanalyse und die Kreativität des Therapeuten mit entscheidend (siehe Beispiel 18.1 a/b).

18.5 Verständnisfragen

- Was bedeutet „Metakommunikation"?
- Inwiefern bestimmt der Beziehungsaspekt von Kommunikation ihren Inhaltsaspekt?
- Was für Kommunikationsstörungen können sich ergeben, wenn Inhalts- und Beziehungsebene vermengt werden?
- Was besagt das Konzept der „Interpunktion" in den Axiomen von Watzlawick?
- Inwieweit hat Adler schon zwischen analoger und digitaler Kommunikation unterschieden? Worin liegt der Unterschied in der Schwerpunktsetzung?
- Wovon hängt ab, ob symmetrische oder komplementäre Kommunikation entsteht?
- Zu welchen Effekten führt „positive" und „negative" Rückkopplung im Sinne der Kybernetik?
- Welches Phänomen ist in systemischen Ansätzen zu wenig problematisiert worden?
- Wie lässt sich auch in der systemischen Therapie sinnvoll mit dem Phänomen der Macht umgehen? Welcher Aspekt erscheint Ihnen besonders wichtig?
- Warum ist es bedeutsam, dass ein „Täter" durch ein systemisches Verständnis von Macht nicht entschuldigt wird?
- Wie entsteht Schizophrenie nach Bateson? – Und was ist das sprachliche Problem dieser Frage?
- Warum kann die Double-Bind-Theorie auch in der Einzeltherapie wichtig sein?
- Wozu dienen Lösungen zweiter Ordnung nach Watzlawick et al.?
- Was ist für eine wirkungsvolle paradoxe Intervention wichtig?

Fallbeispiele auf CD

Beispiel 18.1 a/b: Paradoxe Interventionen bei diversen Problemen

Die beiden Fallbeispiele (a) eines komplementären Konflikts in einem Arbeitsverhältnis bzw. (b) eines Studenten mit Arbeitsstörung verdeutlichen:

- wie durch paradoxe Interventionen „Lösungen zweiter Ordnung" in Gang gesetzt werden können.

Die Fallbeispiele beziehen sich auf das Kapitel:
18.3 Pragmatische Paradoxien

19 Die Zweierbeziehung als Kollusion

19.1 Systemische Paartherapie

Systemische Paartherapie nutzt grundsätzlich die Konzepte und Vorgehensweisen systemischer Therapie, die in den vorangegangenen Kapiteln vorgestellt wurden und später, im Rahmen der Darstellung von systemischer Familientherapie, noch ergänzt werden. Die Paarbeziehung hat allerdings in allen Kulturen einen besonderen Stellenwert unter den sozialen Gebilden: Bei aller Veränderung und Unterschiedlichkeit im Detail bietet sie eine wesentliche Basis für Sexualität, Intimität, Geborgenheit und Vertrauen und dient als Keimzelle der Familie – und damit der Reproduktion des Menschen. Zudem stellt die Paarbeziehung theoretisch die kleinste und reinste Form dar, an der sich die Entstehung und Veränderung von Interaktionsmustern untersuchen lässt. Viele Aspekte, die auch in der Einzeltherapie und in der Familientherapie eine Rolle spielen, lassen sich daher anhand der Paarbeziehung idealtypisch verdichtet betrachten.

Kollusion als Kernkonzept

Ein solches zentrales Konzept wurde unter dem Begriff „Kollusion" im deutschen Sprachraum besonders durch die Bücher von Jürg Willi (1975, 1978) bekannt. Willi bezieht sich dabei explizit auf Ronald D. Laing (der diesen Begriff wohl 1961, deutsch: 1977, eingeführt hat) sowie auf Henry Dicks (1967), der sich seinerseits wieder an W. R. Fairbairn (1952) und Melanie Klein (1962) konzeptionell anlehnt. Von starkem Einfluss waren auch, nach eigenen Angaben, ähnliche Beobachtungen, die aus der psychoanalytischen Gruppentherapie (speziell im Zusammenhang mit Paartherapie) berichtet werden, etwa von Bion (1971), Stock-Whitaker und Liebermann (1965), Argelander (1972), Heigl-Evers (1972), Grinberg et al. (1972) u. a.

Es geht dabei um die Analyse des unbewussten Zusammenspiels in Partnerwahl und Partnerkonflikt. Obwohl man die von Willi eingenommene Perspektive als eine systemische Erweiterung vor allem psychoanalytisch orientierter Ansätze verstehen kann, hat das Kollusionskonzept wegen seiner Bedeutsamkeit die Diskussion von Paardynamiken weit über den Kreis seiner psychoanalytischen Anhänger hinaus stark beeinflusst.

Damit wird zugleich eindrucksvoll demonstriert, welches Erklärungspotential in der „klassischen Psychoanalyse" freigesetzt werden kann, sofern man diese in neue Kontexte einbringt. Zudem betont Willi (1978), dass es sich bei der Akzentuierung der Zweierbeziehung als Kollusion um eine spezifische Perspektive handelt, die bei der Analyse eingenommen wird, dass damit aber andere wesentliche Einflussgrößen auf Paarbeziehungen, wie z. B. die ökonomische Situation, keineswegs geleugnet werden sollen.

Auch im Rahmen unserer Betrachtung zentraler Grundkonzepte der Psychotherapie soll das Kollusionskonzept daher als Hinführung zum Verständnis intra- und interpersoneller Dynamik in Paar- bzw. Familiensystemen dienen. Neben vier Grundmustern des unbewussten neurotischen Zusammenspiels (Kollusion; s. u.) eines Paares – entsprechend der psychoanalytischen Theorie in narzisstische, orale, anal-sadistische und phallische Kollusion gegliedert (s. u.) – sind die weiteren wesentlichen Konzepte dieses Ansatzes das Abgrenzungsprinzip, progressives und regressives Abwehrverhalten sowie die Gleichwertigkeitsbalance. Willi selbst hat vor allem mit zwei weiteren Werken (1985, 1991) die Frage des gemeinsamen Wachsens in der Parnerschaft („Ko-Evolution") und den Prozess des Zusammenlebens auf eine breitere Basis gestellt. Für unsere Zwecke ist aber das ursprüngliche Kollusionskonzept besonders prägnant.

Das Abgrenzungsprinzip

In Übereinstimmung mit zentralen Erkenntnissen z. B. der Psychoanalyse, der Gestalttherapie, der Familientherapie (besonders des „strukturellen Ansatzes") und letztlich der ganzen Diskussion um

	pathologischer Bereich	Normalbereich	pathologischer Bereich
intradyadische Grenze	starr	klar und durchlässig	diffus
extradyadische Grenze	diffus	klar und durchlässig	rigid
	(A|B)	(A¦B)	(A|B)

systemische Ansätze misst auch Willi dem Aspekt der Grenzen eines Systems einen wichtigen Stellenwert bei. Sowohl die Abgrenzung innerhalb der Paarbeziehung (also der beiden Partner voneinander) als auch die Abgrenzung des Paares gegenüber anderen Personen wird im „Normalbereich", d. h. bei einer hinreichenden funktionierenden Partnerschaft, als „klar und durchlässig" charakterisiert. Im pathologischen Fall hingegen sind diese Grenzen entweder zu starr (bzw. „rigid") oder zu diffus.

Klassifikation pathologischer Abgrenzungen. Insgesamt ergeben sich aus der Dichotomie „Innengrenzen – Außengrenzen" und der Dichotomie „starr/rigid – diffus" vier Kombinationsmöglichkeiten für eine Klassifikation pathologischer Abgrenzungen. Es zeigt sich allerdings, dass empirisch fast nur zwei dieser Kombinationen besetzt sind, nämlich Paarbeziehungen (oder „Dyaden") mit starren Innengrenzen, aber diffusen Außengrenzen oder mit diffusen Innengrenzen, aber rigiden Außengrenzen (Willi, 1975, S. 16):

Innen starr, außen diffus. Paare mit starren Innengrenzen, aber diffusen Außengrenzen errichten häufig aus Angst vor Selbstverlust und zu großer Intimität einen Schutzwall zwischen sich. Die Verbindung mit jeweils außenstehenden Personen soll zusätzlich die Abgrenzung gegenüber dem Partner absichern helfen. Hinzu kommen aber auch weltanschauliche, politisch-ideologische Gründe (z. B. „freie Sexualität"), aus denen heraus außereheliche Beziehungen gesucht werden. Dies wird besonders dann problematisch, wenn dabei die Unterschiede zwischen einer außerehelichen und der eigentlichen Partnerbeziehung verschwimmen.

Innen diffus, außen starr. Auf der anderen Seite sehen Paare mit rigiden Außengrenzen, aber diffusen Innengrenzen in der Ehe eine exklusive Liebesbeziehung mit hohen Idealen und Erwartungen an sich selbst und an den Partner. Die Zweierbeziehung wird als totale Symbiose angestrebt – nicht selten als Ersatz für die verlorene Mutter-Kind-Symbiose. Dabei kann die unrealistische Idealisierung dieser Ansprüche auf die Dauer den Partner leicht überfordern und durch eine allzu starke Umklammerung die Liebe in der Beziehung ersticken.

Klar und durchlässig. Eine gesunde „Ehe" – dieser Begriff soll als Kurzform für alle längerfristigen Zweierbeziehungen verwendet werden – muss dabei nach Willi (1975, S. 17) folgende Grenzziehungen beachten:

▶ Die Beziehung der Ehepartner zueinander muss klar unterschieden sein von jeder anderen Partnerbeziehung. Die Dyade muss gegen außen klar abgegrenzt sein, die Partner müssen sich als Paar fühlen, müssen füreinander eigenen Raum und eigene Zeit beanspruchen und eheliches Eigenleben haben.
▶ Innerhalb des Paares müssen die Partner aber klar voneinander unterschieden bleiben und klare Grenzen zwischen sich respektieren.

Regressive und progressive Tendenzen

Wohl alle psychotherapeutischen Richtungen sind sich darin einig, dass ein nichtneurotischer Mensch über ein großes Verhaltensrepertoire verfügt, welches er in unterschiedlichen Situationen angemessen einzusetzen vermag Hinzu kommen ein hohes Maß an Identität, Stabilität, Autonomie und Reife – wobei an dieser Stelle das übliche Alltagsverständnis dieser Begriffe genügen soll.

Hierzu gehört auch die Fähigkeit, mit Bedürfnissen adäquat umzugehen, die üblicherweise eher als „kindlich" bezeichnet werden, nämlich nach Schutz, Geborgenheit, Abhängigkeit, Zärtlichkeit, Einander-Gehören usw. Das bedeutet, diese Bedürfnisse zunächst überhaupt bei sich selbst wahrzunehmen, sie als Wünsche an den Partner zu artikulieren und sich ihnen hingeben zu können. Diese „kindlichen" Bedürfnisse werden als regressive Verhaltenstendenzen bezeichnet.

Demgegenüber stehen die progressiven Verhaltensweisen: Im Vergleich zu den „kindlichen" Verhaltensweisen geht es um die „erwachsenen" Verhaltensweisen, gekennzeichnet durch Stärke, Kompetenz, Tatkraft, Überlegenheit – kurz: jenes Verhalten, welches die regressiven Bedürfnisse des Partners zu befriedigen vermag.

Tendenz versus Position. Jeder Mensch hat nun sowohl progressive als auch regressive Tendenzen in sich. In einer gesunden Beziehung zweier nichtneurotischer Partner kann jeder durch einen flexiblen Wechsel beide Tendenzen zum Ausdruck bringen. Hingegen lässt sich der Neurotiker durch eine starke Einschränkung dieser Flexibilität seines Verhaltensrepertoires, d. h. durch eine Starrheit in seinen Wünschen und eine Fixierung auf nur wenige Verhaltenstendenzen, kennzeichnen.

Neurotische Abwehrhaltungen, die in der psychoanalytischen Theorie besonders durch Freud und Reich beschrieben wurden, kommen hier also durch Fixierung entweder auf eine regressive oder auf eine progressive Position zum Ausdruck. Von den „normalen" progressiven und regressiven Tendenzen sind diese Positionen somit dadurch unterschieden, dass sie nicht von einer Person flexibel gewechselt werden können, sondern dauerhaft von jeweils nur einem Partner eingenommen werden.

Nach dem Kollusionskonzept von Willi finden sich in einer Paarbeziehung vorzugsweise ein regressiver und ein progressiver Typ zusammen. Während der Partner in der regressiven Position praktisch alle Anforderungen nach einem reifen Verhalten von sich weist, ist auch das Verhalten des Partners in der progressiven Position nicht durch echte Reife gekennzeichnet, sondern durch die Pseudoreife eines überkompensierenden Verhaltens. Der progressiven Position liegt also die neurotische Abwehr gegen Angst und Scham hinsichtlich der eigenen regressiven Tendenzen zugrunde.

Die Gleichwertigkeitsbalance

In unserer Gesellschaft wird üblicherweise progressives, dominantes, „männliches" Verhalten einem „herrschenden" Partner zugesprochen, dem „beherrschten" Partner hingegen regressives, (scheinbar) unterlegenes, „weibliches" Verhalten. Eine genauere Analyse zeigt hingegen meistens, dass es äußerst schwierig auszumachen ist, wer wen „beherrscht". Wie nämlich sowohl von den psychoanalytischen als auch von praktisch allen anderen Therapieansätzen betont wird, werden nicht selten Krankheit, Hilflosigkeit, Unfähigkeit usw. als hervorragende Mittel eingesetzt, den anderen Partner zu manipulieren und letztlich subtil zu „beherrschen".

So betont Willi – wie z. B. auch Watzlawick et al. (1969) oder Bach und Wyden (1970) – dass sich in der komplexen Paardynamik grundsätzlich auf Dauer eine Gleichwertigkeitsbalance einpendelt und es keinen „Herrscher" und „Beherrschten" oder „Sieger" bzw. „Verlierer" gibt.

Auch wenn eine offene Gleichwertigkeit kurzfristig gestört wird, indem ein Partner scheinbar zunächst als „Sieger" aus einem Streit hervorgeht, hat der Unterlegene immer die Möglichkeit, das Gleichgewicht wiederherzustellen – gegebenenfalls auf eine subtile und destruktive Weise. Eingesetzte Mittel sind dann z. B. Weinen, depressve Vorwurfshaltung, Davonlaufen, trotziges Schweigen, Märtyrer- und Heiligenhaltung, psychosomatische Symptombildung, Suizidversuche, Alkoholräusche, Arbeitsstreik, Einbeziehung von Drittpersonen usw.

Es dürfte klar sein, dass die komplexe Paardynamik im Falle der oben gekennzeichneten neurotischen Fixierung das Zusammenspiel (bzw. die Kollusion) der beiden Partner in ganz bestimmter Weise prägt.

19.2 Kollusion und Kollusionstypen

Vier Grundthemen in Paarbeziehungen

Entsprechend dem psychoanalytischen Phasenmodell, erweitert um den Aspekt der Frühentwicklung des Selbst (Narzissmus-Konzept), kennzeichnet Willi vier Grundthemen, mit denen sich jedes Paar bei der Gestaltung seiner Beziehung auseinander zu setzen hat.

- Beim **narzisstischen** Beziehungsthema geht es um die Entwicklung eines eigenen, autonomen Selbst im Gegensatz zur Selbstverwirklichung in dem und durch den Partner. Dies ist gleichbedeutend mit der Frage nach dem Ausmaß der Abgrenzung vom Partner und der Eigenständigkeit – oder, andersherum, nach der Selbstaufgabe „für" den Partner und der Verschmelzung mit ihm.
- Beim **oralen** Beziehungsthema geht es um das Ausmaß und die Verteilung der gegenseitigen Fürsorge, des Helfens und der Übernahme von Verantwortung für den anderen.
- Beim **anal-sadistischen** Beziehungsthema wiederum geht es um das Ausmaß an Beherrschung, Kontrolle, Führung, usw. oder, andersherum, um Abhängigkeit und passive Hingabe.
- Beim **phallisch-ödipalen** Beziehungsthema letztlich geht es um die Ausprägung der „klassischen" Geschlechtsrollen bzw. darum, wie weit auch die jeweils gegenteiligen Tendenzen ausgelebt werden können (vgl. dazu z. B. C. G. Jungs Animus-Anima-Konzept).

Neurotische Konflikte und Partnerwahl. Nicht zufällig spielen diese vier Grundthemen gerade auch in gestörten Paarbeziehungen eine zentrale Rolle: Nach der psychoanalytischen Theorie sind Neurosen ja insbesondere durch Fixierung auf eine dieser Entwicklungsphasen gekennzeichnet. Diese neurotischen Grundkonflikte des Einzelnen spielen schon bei der Partnerwahl eine wichtige Rolle: Der Partner in der regressiven Position, der seine eigenen progressiven Tendenzen verdrängt hat, fühlt sich verständlicherweise besonders durch Partner angesprochen, welche die komplementären progressiven Verhaltensweisen zeigen. Dies sind nicht selten Personen in einer progressiven Position – also ebenfalls in einer neurotischer Fixierung, nur dass hier die regressiven Tendenzen verdrängt wurden.

Delegation verdrängter Wünsche. Eine solche Partnerwahl findet dann unter dem Gesichtspunkt statt, die eigenen verdrängten Tendenzen und Wünsche an den Partner zu delegieren. Insofern erscheint eine solche Partnerwahl zunächst einmal äußerst geglückt und befriedigend, zumal Ängste vor den verdrängten eigenen Tendenzen durch die Delegation an den Partner vorerst auf elegante Weise bewältigt zu sein scheinen.

Es geht dabei also um die Komplementarität der Bedürfnisse vor dem Hintergrund einer ähnlichen psychischen Störung und Persönlichkeitsstruktur der Partner. Dies wurde schon früher auch von vielen anderen Autoren gezeigt – z. B. Penrose (1944), Winch (1958), Nielsen (1964) oder Kreitman et al. (1971).

Konzept der Kollusion

Willi (1975, S. 59) fasst das Kernkonzept der Kollusion folgendermaßen zusammen:

- Kollusion meint ein uneingestandenes, voreinander verheimlichtes Zusammenspiel zweier oder mehrerer Partner auf Grund eines gleichartigen, unbewältigten Grundkonfliktes.
- Der gemeinsame unbewältigte Grundkonflikt wird in verschiedenen Rollen ausgetragen, was den Eindruck entstehen lässt, der eine Partner sei geradezu das Gegenteil des anderen. Es handelt sich dabei aber lediglich um polarisierte Varianten des Gleichen.
- Die Verbindung im gleichartigen Grundkonflikt begünstigt in Paarbeziehungen beim einen Partner progressive (überkompensierende), beim anderen Partner regressive Selbstheilungsversuche.
- Dieses progressive und regressive Abwehrverhalten bewirkt zu einem wesentlichen Teil die Anziehung und dyadische Verklammerung der Partner. Jeder hofft, von seinem Grundkonflikt durch den Partner erlöst zu werden. Beide glauben, in der Abwehr ihrer tiefen Ängste durch den Partner so

weit gesichert zu sein, dass eine Bedürfnisbefriedigung in bisher nicht erreichtem Maße zulässig und möglich wäre.
- Im längeren Zusammenleben scheitert dieser kollusive Selbstheilungsversuch wegen der Wiederkehr des Verdrängten bei beiden Partnern. Die auf den Partner verlegten (delegierten oder externalisierten) Anteile kommen im eigenen Selbst wieder hoch.

Positive Rückkopplung. Die zunächst einmal vordergründig perfekt gelungene Partnerwahl führt anfangs zu einer Beziehung, die durch eine Erfüllung der gegensätzlichen Strebungen gekennzeichnet ist und die somit jeweils von der positiven Verstärkung durch den Partner lebt. Dies ist in den vier Schemata (s. Abb.) für die vier idealtypischen Grundmuster von Kollusionen, jeweils in der oberen Hälfte, dargestellt. Wie in jedem System mit positiver Rückkoppelung muss auch diese Dynamik immer schneller immer extremere Positionen einnehmen. Die Delegierung der eigenen verdrängten Impulse, die zunächst als Befreiung und Befriedigung erfahren wurde, entpuppt sich zunehmend als absolutes Verbot, als totale Fixierung und Fesselung der Persönlichkeit.

Destruktive Kollusion. Es wird zusehends die Möglichkeit verwehrt, die Tendenzen, die vom Partner nun jeweils in extremem Maße ausgelebt und vorgeführt werden, zumindest in ganz geringem Maße auch selbst zu befriedigen. Denn die Verdrängung von Impulsen und Wünschen ist ja keineswegs dasselbe wie ihr Nichtvorhandensein. Auf Dauer kann der Progressive nicht ertragen, dem Partner jene regressive Befriedigung zu vermitteln, die er sich selbst versagt. Der Regressive aber hasst den Progressiven (und sich selbst), weil das Angewiesensein auf dessen Hilfe und das Wissen um die eigene Abhängigkeit ihn kränken.

So schlägt denn das Zusammenspiel der beiden Partner durch die Auflehnung gegen die jeweils absolute, extrem rigide Rollenfestlegung in eine destruktive Kollusion um, deren pathologische Züge nun deutlich hervortreten. Dieser Umschlagprozess, der sicher einen der Zentralpunkte des Kollusionskonzeptes darstellt, soll im Folgenden für die vier Grundtypen kurz erläutert werden.

Die narzisstische Kollusion

Die Beziehung zwischen Partnern, die auf der Basis des narzisstischen Grundkonfliktes eine progressive und eine regressive Position eingenommen haben, ist zunächst durch Verschmelzung und idealisierte Bewunderung gekennzeichnet. Auf Grund einer sehr frühen Störung in der Persönlichkeitsentwicklung konnte sich das Selbst nur sehr begrenzt entwickeln. In der Regel wurden solche Menschen als Kinder in der Entfaltung des eigenen Selbst durch Mütter daran gehindert, die ihr Kind wiederum nur als Teil ihres eigenen Selbst wahrgenommen haben. Das Kind musste so lernen, seine eigenen Wahrnehmungen und Gefühle zu verleugnen, so weit sie nicht dem Bild der Mutter entsprachen. „Ich kenne dich besser!" ist die typische Thematik.

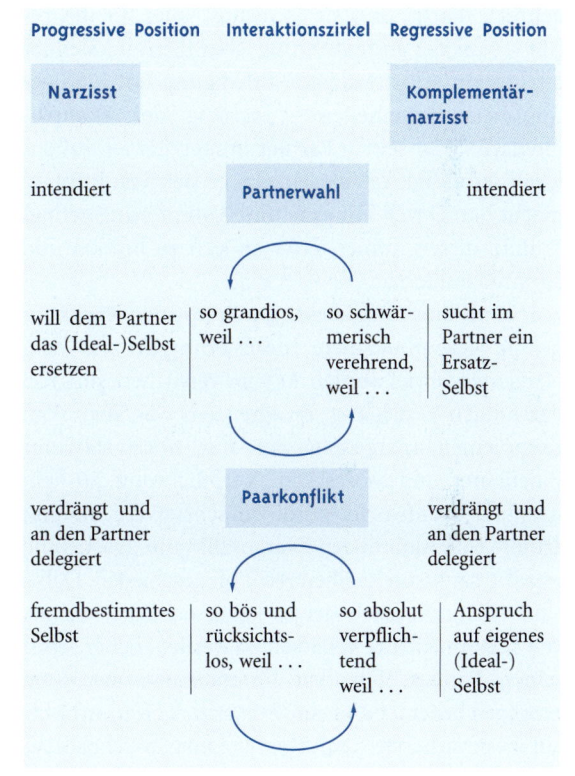

Progressive Position	Interaktionszirkel	Regressive Position
Narzisst		**Komplementärnarzisst**
intendiert	**Partnerwahl**	intendiert
will dem Partner das (Ideal-)Selbst ersetzen	so grandios, weil … / so schwärmerisch verehrend, weil …	sucht im Partner ein Ersatz-Selbst
	Paarkonflikt	
verdrängt und an den Partner delegiert		verdrängt und an den Partner delegiert
fremdbestimmtes Selbst	so bös und rücksichtslos, weil … / so absolut verpflichtend weil …	Anspruch auf eigenes (Ideal-)Selbst

Narzisstische Kollusion

Bei einem so defizitären Selbst ist der Narzisst, in der progressiven Position, auf Bewunderung und Idealisierung anderer angewiesen – hieraus erhält er die Definition seiner eigenen Persönlichkeit und Wertigkeit. Demgegenüber braucht der Komplementärnarzisst jemanden, den er bewundern und idealisieren kann, denn über diesen Partner holt er sich seine eigene Definition und Wertigkeit.

Pathogenese der Bewunderung. Aus diesem Grunde ergibt sich bei der Partnerwahl auch zunächst für beide eine sehr befriedigende Kollusion. Obwohl auf den ersten Blick und in der üblichen Umgangssprache der Narzisst als egoistisch, der Komplementärnarzisst als altruistisch bezeichnet wird, steht der äußeren Dominanz des Narzissten eine subtile Dominanz des Komplementärnarzissten gegenüber: Indem er nur für den und in dem Partner lebt, verschmilzt er ganz mit dem Narzissten, durchdringt ihn und übt gerade durch seine Selbstaufgabe, seine Bewunderung und seine Idealisierung eine starke Kontrolle aus. Ähnlich wie die „hingebungsvolle" Sekretärin sich ihrem Chef gerade dadurch unentbehrlich macht, dass sie „selbstlos" alles für ihn regelt – von der Aktenführung über Terminkalender bis hin zur selbstständigen Erledigung notwendiger Routineangelegenheiten –, vermag der Komplementärnarzisst seinen Partner immer stärker auf das idealisierte Bild festzulegen, das er sich von ihm gemacht hat. Durch Hingabe und Aufopferung gelingt es ihm, diesen immer fester an sich zu binden und zu umklammern.

Irgendwann muss dieser durch positive Rückkoppelung gekennzeichnete Idealisierungsprozess dem Narzissten zu viel werden: Er wird versuchen, sich von der totalen Festlegung abzugrenzen, was aber vom Komplementärnarzissten nur mit noch stärkerer Einengung und verstärkter Verpflichtung auf ein Idealbild beantwortet wird. So schlägt die anfangs erfüllte Kollusion in den Paarkonflikt um. Nach Willi werden narzisstische Ehen recht oft geschieden. Dabei verlässt der Narzisst, der es kaum ertragen könnte, von seinem Partner verlassen zu werden, lieber selbst seinen Partner. Für den Komplementärnarzissten hingegen bedeutet dies eine existenzielle Katastrophe, auf die er nicht selten mit Depressionen, psychosomatischen Symptomen usw. reagiert.

Die orale Kollusion

In der Partnerbeziehung, die durch einen oralen Konflikt gekennzeichnet ist, geht es um die Problematik von Umsorgen und Geborgenheit. Die Beziehung zwischen dem Partner in der regressiven Position, von Willi „Pflegling" genannt, und dem Partner in der progressiven Position, als „Mutter", lässt sich durch eine überzeichnete, klischeehafte Mutter-Kind-Beziehung charakterisieren: Den regressiven Bedürfnissen nach umsorgender Zuwendung, unverzüglicher Befriedigung aller Wünsche sowie nach Verwöhnung steht in der progressiven Position der „Helfer" gegenüber, der seine eigene Wertigkeit aus der Möglichkeit zieht, Hilfs- und Pflegeleistungen zu erbringen. Dahinter steckt aber meist eine verdrängte und sozial überkompensierte eigene orale Gier.

Regressive Position	Interaktionszirkel	Progressive Position
„Pflegling"		„Mutter"
intendiert	Partnerwahl	intendiert
Befriedigung in oralen Bedürfnissen	so pflegebedürftig, weil … / so fürsorglich, weil …	Ausübung von Mutterfunktionen
verdrängt und an den Partner delegiert	Paarkonflikt	verdrängt und an den Partner delegiert
Ausübung von Mutterfunktionen	so unersättlich und undankbar, weil … / so vorwurfsvoll und abweisend, weil …	Befriedigung in eigenen oralen Bedürfnissen

Orale Kollusion

Pathogenese der Versorgung. Es ist einleuchtend, dass der „Pflegling" – der eine umsorgende „Mutter" sucht – und die „Mutter" – die erst in der fürsorgenden Pflege aufblühen kann – zunächst und vordergründig ein scheinbar ideales Paar darstellen. Doch auch hier werden durch die positive Rückkoppelung des Systems die Positionen in der Kollusion ins Unerträgliche gesteigert: Der „Pflegling" regrediert immer mehr auf eine Anspruchshaltung und fordert immer mehr, bis die zunächst positiv verstärkende „Mutter" überfordert wird. Der „Pflegling" hat nun allen Grund, die „böse Mutter" zu verfolgen und noch unersättlichere Ansprüche zu stellen – wobei eine durch Pflege und Fürsorge entstandene Verminderung des Selbstwertgefühls, die Wut über die Schuldnerposition und die Angst, bei Dankbarkeitsbezeugungen könne die Mutter in den Pflegebemühungen nachlassen, zusammenwirken.

Auf der anderen Seite wird die überforderte und durch den Undank enttäuschte „Mutter" mit Vorwürfen und Abweisungen auf diese unersättlichen Wünsche reagieren – die erfolgreiche Beziehung ist in den Paarkonflikt umgeschlagen. Der Selbstheilungsversuch, den die Partnerschaft bei den unter einem oralen Konflikt leidenden Partnern zunächst darstellte, muss also als gescheitert angesehen werden.

→ **Beispiel 19.1 a** Orale Kollusion

Die anal-sadistische Kollusion

Macht und Abhängigkeit. Eine Partnerwahl, welcher der anal-sadistische Grundkonflikt zugrunde liegt, ist durch Liebe als „Einander-ganz-Gehören", also letztlich durch Macht und Abhängigkeit, gekennzeichnet. Willi bezeichnet diese Kollusion als die wohl häufigste Form von Ehekonflikten in unserer Kultur. In der progressiven anal-sadistischen Position, von Willi als „autonomer Herrscher" gekennzeichnet, werden die eigenen Ängste vor dem Beherrschtwerden und vor Unterlegenheit durch vorgezeigte Autonomie, Verlangen von kritiklosem Gehorsam, Nörgelei, Pedanterie usw. zu überdecken versucht.

Der Partner in der regressiven Position vermag als „heteronomer Untertan" den progressiven Partner hingegen auf subtile Weise gerade durch die Unterwürfigkeit zu beherrschen: Abhängigkeit und Gefügigkeit sind nur äußerlich. Zwar wird nie widersprochen, doch es wird sichtlich ohne Überzeugung nachgegeben. Was der „Herrscher" aber eigentlich will, ist nicht nur äußerliche Gefolgschaft, sondern Gefolgschaft in „freier persönlicher Entscheidung" (was natürlich eine Paradoxie ist). Zudem kann der regressive Partner durch Nachlässigkeit, Vergesslichkeit, Ungeschicklichkeit die Ordnungsliebe und Pedanterie des progressiven Partners sabotieren.

Pathogenese der Unterwürfigkeit. Doch bevor beide Partner diese negative Erfahrung machen können, ist zunächst einmal die Herrscher-Untertan-Kollusion vordergründig ebenfalls eine ideale Ergänzung, zumal noch ein weiterer Aspekt der anal-sadistischen Problematik gut in dieser Beziehung verteilt werden kann: die Trennungsangst. Der regressive Partner kann seine Trennungsängste deutlich ausdrücken und so dem progressiven Partner ermöglichen, seine eigenen Trennungsängste nicht ebenfalls ausdrücken zu müssen, sondern zu verleugnen.

Die eben skizzierten Möglichkeiten des regressiven Partners, in subtiler Weise die Macht des progressiven Partners untergraben zu können, demonstrieren deutlich, dass Machtausübung oft von Gefolgschaft abhängig ist. Je mehr der progressive Partner versucht, den „Untertanen" zu verpflichten und festzulegen, desto mehr wird sich dieser durch Unklarheit und Nachlässigkeit zu entziehen versuchen.

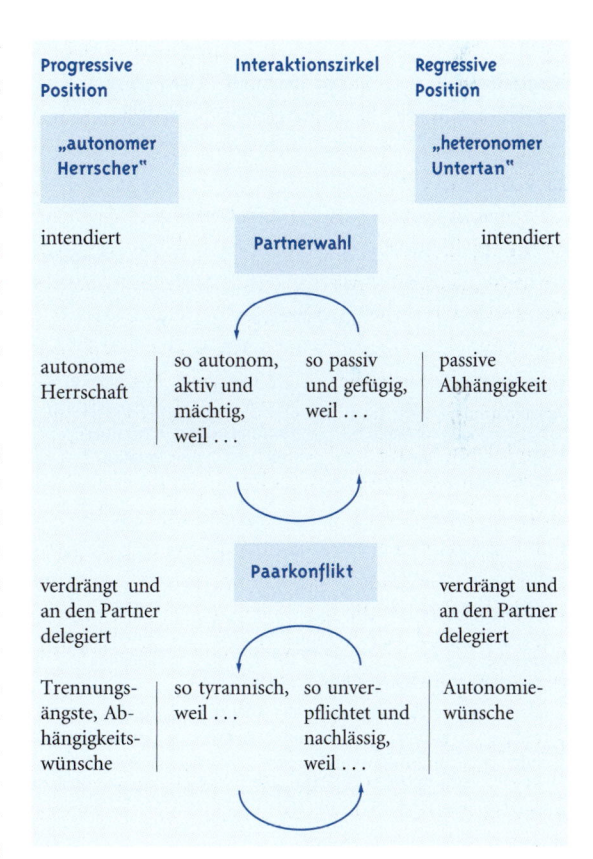

Progressive Position	Interaktionszirkel	Regressive Position
„autonomer Herrscher"		„heteronomer Untertan"
intendiert	**Partnerwahl**	intendiert
autonome Herrschaft	so autonom, aktiv und mächtig, weil … / so passiv und gefügig, weil …	passive Abhängigkeit
verdrängt und an den Partner delegiert	**Paarkonflikt**	verdrängt und an den Partner delegiert
Trennungsängste, Abhängigkeitswünsche	so tyrannisch, weil … / so unverpflichtet und nachlässig, weil …	Autonomiewünsche

Anal-sadistische Kollusion

Eine Variante dieser Beziehung ist nach Willi die „Eifersuchts-Untreue-Kollusion", bei der Trennungsängste einerseits bzw. Emanzipationswünsche andererseits im Vordergrund stehen. Der Interaktionszirkel sieht dann so aus, dass ein Partner „so eifersüchtig ist, weil der andere so untreu ist", und der andere „so untreu ist, weil der andere so eifersüchtig ist".

Ehelicher Machtkampf. Im Gegensatz zu diesen komplementären Beziehungen beschreibt Willi auf dieser Ebene auch eine symmetrische Beziehung, die er als „ehelichen Machtkampf" kennzeichnet: Es geht dabei darum, dass beide Partner auf der Grundphantasie: „Ich muss den anderen beherrschen, um nicht von ihm beherrscht zu werden" ständig um Macht und Einfluss kämpfen.

Die phallisch-ödipale Kollusion

Begriffe wie „Ödipuskonflikt", „Penisneid", „Kastrationsangst" usw. werden nicht mehr so gebraucht, wie Freud sie ursprünglich gefasst hat, sondern in erheblich erweiterter Bedeutung und oft eher metaphorisch.

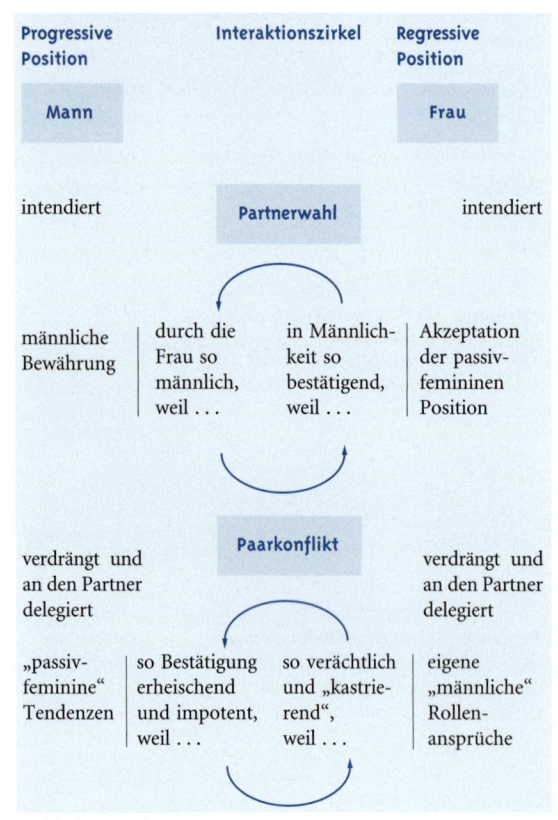

Progressive Position	Interaktionszirkel	Regressive Position
Mann		Frau
intendiert	Partnerwahl	intendiert
männliche Bewährung	durch die Frau so männlich, weil … / in Männlichkeit so bestätigend, weil …	Akzeptation der passiv-femininen Position
verdrängt und an den Partner delegiert	Paarkonflikt	verdrängt und an den Partner delegiert
„passiv-feminine" Tendenzen	so Bestätigung erheischend und impotent, weil … / so verächtlich und „kastrierend", weil …	eigene „männliche" Rollenansprüche

Phallisch-ödipale Kollusion

Pathogenese stereotyper Geschlechtsrollen. Bei der phallisch-ödipalen Kollusion geht es daher – abweichend von Freuds zentralem Ödipus-Konzept – um die Paardynamik im Hinblick auf die Ausformung der Geschlechtsrollen: In der phallischen Kollusion steht das „klassisch männliche" und „klassisch weibliche" Rollen-Stereotyp im Zentrum, während in der ödipalen Kollusion die Wiederholung der Beziehung zum gegengeschlechtlichen Elternteil Thema ist.

Entsprechend ist mit „phallischer Kollusion" eine neurotische Fehlhaltung bezüglich der Geschlechtsrolle gemeint, „die sich bei der Frau in einer Scheinweiblichkeit bei Unterdrückung männlicher Strebungen zeigen, beim Mann dagegen in einer Scheinmännlichkeit bei Unterdrückung passiv-femininer Tendenzen" (Willi, 1975, S. 130). Hier besteht übrigens auch eine Ähnlichkeit zum Animus-Anima-Konzept bei C. G. Jung; dies wird von Willi aber nicht thematisiert.

Ko-Abhängigkeit der Geschlechtsrollen. Oft entstehen solche Fehlhaltungen dadurch, dass das Kind während seiner Entwicklung vom gegengeschlechtlichen Elternteil als Substitut für den Partner benutzt wird, die Tochter bleibt dann an den Vater, der Sohn an die Mutter gebunden (ein Aspekt, den z. B. Richter, 1963/69, eindrucksvoll ausgeführt hat).

In der progressiven Position sucht der „Mann" nach Bestätigung und Anerkennung. Die „Frau" in der regressiven Position hingegen sucht jemanden, dessen männliche Potenz sie ganz bestätigen kann. Dies führt wiederum zunächst zur scheinbar geglückten Partnerwahl. Wobei nochmals betont sei, dass „Mann" und „Frau" hier als Rollen und nicht als biologische Eigenschaften zu verstehen sind – es geht um das, was in der englischen Sprache mit „gender" im Gegensatz zu „sex" bezeichnet wird.

Wie aber auch bei den anderen Kollusionen sind die Verhaltensmöglichkeiten in der progressiven Position nur allzu sehr abhängig von dem gewählten Verhalten in der regressiven Position: Die „männliche Bewährung" ist daher letztlich abhängig von der „femininen Bestätigung". Wegen der positiven Rückkopplung dieses Interaktionszirkels muss es schließlich auch hier zur Überforderung des Verhaltens in der progressiven Position kommen. Da immer deutlicher wird, wie „er" in seiner Potenz von „ihrer" entgegenkommenden Bestätigung abhängig ist, muss er schließlich versagen, und die „Frau", der es eben um die Bestätigung der Männlichkeit des Partners ging, reagiert darauf nun verächtlich – was die Wahrscheinlichkeit zur Impotenz wiederum erhöht. Auch hier ist die anfänglich erfolgreiche Kollusion in den Paarkonflikt umgeschlagen.

→ **Beispiel 19.1 b** Phallisch-ödipale Kollusion

19.3 Praxis der Paartherapie nach Willi

→ **Beispiel 19.1 b** Phallisch-ödipale Kollusion
Kollusionsthemen als Bereicherung. Das Ziel der Paartherapie ist nicht, die kollusiven Grundthemen unwirksam zu machen, sondern das Einspielen eines freien und flexiblen Gleichgewichts. Das Grundproblem in der Kollusion besteht ja darin, dass sich beide Partner aufgrund frühkindlich geprägter Beziehungsstörungen ängstlich in einer Extremposition verschanzen. Hingegen können in einer erfüllten Beziehung beide Partner jeweils das Spektrum regressiver und progressiver Phantasien und Strebungen hinsichtlich aller vier Themenbereiche flexibel ausfüllen.

Unter diesen Umständen können somit die Kollusionsthemen zu einer beiderseitigen Bereicherung werden: Durch Bestätigung des Partners als ein abgegrenztes Selbst (narzisstisch), durch wechselseitiges Geben und Nehmen (oral), durch Solidarität ohne Zwang (anal) und durch gegenseitige Ergänzung in der Geschlechtsidentität (phallisch).

Das Vorgehen des Therapeuten ist nach Willi in seinem Kern ein psychoanalytisches: Konsequenterweise spielen bei ihm auch „Widerstand" sowie „Übertragung" und „Gegenübertragung" in der Paartherapie eine wichtige Rolle. Doch spricht sich Willi auch dafür aus, z. B. Kommunikationsübungen und Partnerschaftstraining in die analytische Arbeit zu integrieren – bis hin zu konkreten Übungsprogrammen, wie sie von der Verhaltenstherapie nach Masters und Johnson (1973) angeboten werden. Er betont ferner in Übereinstimmung mit fast allen praktisch arbeitenden Therapeuten, dass es keine „richtige Methode an sich" gibt, sondern je nach Therapeut-Patienten-Konstellation bestimmte Interventionsaspekte bevorzugt und eher zum Erfolg führen werden.

> **Themen der regressiven Position**
> **narzisstisch:** Ich will mich ganz für dich aufgeben, da ich es nicht wert bin, irgendwelche Beachtung und Bestätigung für mich zu beanspruchen. Für mich gibt es auf der Welt nur noch dich. Mein Glück liegt nur noch in deinen Händen.
> **oral:** Ich möchte so umsorgt und gepflegt werden, weil ich als Kind frustriert (oder verwöhnt) worden bin und weil ich auf keinen Fall selbst Mutterfunktionen übernehmen kann aus Angst, darin so zu versagen wie meine Mutter.
> **anal:** Ich möchte mich dir passiv unterziehen und mich von dir widerstandslos führen lassen, so wie ich es zu Hause musste. Autonomieansprüche und Führungsambitionen meide ich aus Angst, dadurch von dir getrennt und verlassen zu werden.
> **phallisch:** Ich will dich in deinen „männlichen" Funktionen fördern und mich auf die „passiv-feminine" Haltung bescheiden, wie es mir als Frau auferlegt ist.
>
> **Themen der progressiven Position**
> **narzisstisch:** Ich will unter deiner Bestätigung über mich hinauswachsen und dein Idol verkörpern.
> **oral:** Ich will mich für dich wie eine ideale Mutter aufopfern und mich nicht mehr selbst wie ein hilfloses Kind behandeln lassen.
> **anal:** Da einer von beiden in der Ehe führen muss, übernehme ich dieses Amt, nachdem ich mich ein Leben lang immer ducken und unterordnen musste.
> **phallisch:** Ich will mich in unserer Beziehung männlich bestätigen (und nicht weiterhin von der Mutter als Versager verlacht werden).

Erkenntnisziele der Paartherapie

An den Erkenntnisprozessen, die im Rahmen der Paartherapie gefördert werden sollten, sind nach Willi (auch unter Einbeziehung seiner neueren Werke) folgende Aspekte wichtig:

- Bei den wichtigen Prozessen der Selbsterkenntnis ist ein besonderes Schwergewicht darauf zu legen, auch jene Persönlichkeitsanteile in sich selbst zu integrieren, die man in der Kollusion an den Partner delegierte.
- Wichtig ist auch ein erhöhtes Verständnis für den Partner. Dazu gehört besonders, ihn so zu sehen und zu akzeptieren, wie er ist – und nicht nur so, wie er sein sollte.
- Zentral für den in diesem Kapitel vorgestellten Ansatz ist ferner eine Einsicht in die Paardynamik und die Gemeinsamkeit des gleichen beunruhigenden Grundthemas: Indem die Partner begreifen, dass sie bisher polarisierte Extrempositionen desselben Themas eingenommen haben, kann das Trennende zum Verbindenden werden. Beide Partner sitzen quasi im selben Boot, dessen Gleichgewicht sie nun gemeinsam austarieren können.
- Von Bedeutung ist auch die Einsicht, dass Menschen in einer Lebensgemeinschaft sich eine gemeinsame innere und äußere Welt („eine gemeinsame Nische") schaffen, die ein wichtiger Faktor für den Zusammenhalt ihrer Beziehung ist und die Identifikation mit der Partner mit dieser Beziehung fördert.
- In „Psychologie der Liebe" (Willi, 2002) wird zusätzlich betont, dass Menschen heute von der Liebe vor allem erwarten, im innersten Kern ihrer Person erkannt und beantwortet zu werden. Diese Sehnsucht erfüllt sich nie ganz und verleiht einer Beziehung auch wenig Stabilität. Unter dem Aspekt „Psychologie der Vorwürfe" wird die gegenseitige Kritik der Partner als notwendige Herausforderung zur persönlichen Entwicklung gesehen. Die Vorwürfe des einen sind meist kompetent und zutreffend, aber nur im Lichte der Gegenvorwürfe des anderen. Oft sind die Partner allerdings nicht fähig, auf die Kritik einzugehen, sondern schützen sich mit Rechthaberei und Gegenangriffen, womit sie einen wichtigen entwicklungsfördernden Stimulus verpassen. Paartherapie kann helfen, sich den persönlichen Herausforderungen durch die Liebesbeziehung zu öffnen.

Beziehungsökologische Psychotherapie

Unter dem Titel „Ökologische Psychotherapie" führt Willi (1996) den Aspekt weiter aus, dass die persönliche Entwicklung einer Person in jenen Bereichen besonders begünstigt wird, in welchen sie in der Gestaltung ihrer Umwelt eine positive Antwortet findet. Um sich zu entfalten, muss sie sich daher eine Umwelt suchen und schaffen, die ihr diese Entfaltung ermöglicht. Das Leben entwickelt sich somit als wirkungsgeleiteter Lebenslauf, in welchem die erzielten Wirkungen auf das weitere Wirken zurückwirken – eine Sichtweise, die noch stärker als das Kollusionskonzept der in Kapitel 17.2 diskutierten zirkulären Kausalität Rechnung trägt.

Da Veränderungen in der Beziehungsgestaltung das Risiko in sich bergen, von der Umwelt negativ beantwortet zu werden, werden anstehende persönliche Entwicklungen oft so lange vermieden, wie die Umwelt dies zulässt. Zu Veränderungen in der persönlichen Entwicklung kommt es oft erst unter dem Druck veränderter Lebensumstände. Das Auftreten von psychogenen Symptomen wird in Zusammenhang gestellt mit dem Disstress, der auftritt, wenn ein Patient eine notwendige Entwicklung in der Gestaltung von Beziehungen zwar eingeleitet hat, sie dann aber aus Angst vor ihren Folgen blockiert. Der Fokus von Willis beziehungsökologisch orientierter Psychotherapie liegt demzufolge auf der Unterstützung einer anstehenden, bisher aber vermiedenen Entwicklung in der Gestaltung von Beziehungen.

Mit dieser Konzeption löst sich Willi allerdings weitgehend von der Zentrierung auf die Entwicklungsthemen der psychoanalytischen Phasenlehre. Stärker ins Blickfeld geraten nun die (Über-)Stabilität leidvoller Dynamiken und deren therapeutische Überwindung, wie man sie auch mit den in Kapitel 20.2 beschriebenen Konzepten des Attraktors bzw. des Phasenübergangs allgemein systemtheoretisch fassen kann bzw. wie dies auch im Rahmen der Personzentrierten Systemtheorie (Kriz 1990, 1991, 2004) konzeptionell entwickelt wurde. Der Übergang zu den Ansätzen der Familientherapie, deren Darstellung in den nächsten Kapiteln folgt, wird damit noch stärker sichtbar.

19.4 Zusammenfassung

Systemische Paartherapie. Die Zweierbeziehung als kleinstes System menschlicher Interaktion steht im Kollusionskonzept von Willi im Mittelpunkt. Dabei geht es um das unbewusste Zusammenspiel in Partnerwahl und -konflikt. Grundlegend für Willis Ansatz ist ferner das Abgrenzungsprinzip. Je nachdem, welche Form der Abgrenzung zwei Partner voneinander und gegenüber anderen Personen haben, lassen sich v. a. zwei pathologische Formen der Paarbeziehung ausmachen: Paare mit rigiden Innengrenzen, aber diffusen Außengrenzen und Paare mit diffusen Innen-, aber rigiden Außengrenzen. Ein gesundes Paar hingegen zeichnet sich durch klare und durchlässige Innen- und Außengrenzen aus, die also eine klare Zusammengehörigkeit, aber zugleich auch eine Unterscheidbarkeit der beiden Personen ermöglichen.

Weiterhin grundlegend ist die Unterscheidung zwischen regressiven („kindlichen") und progressiven („erwachsenen") Verhaltenstendenzen. So wie ein einzelner nichtneurotischer Mensch idealerweise beide Tendenzen in seinem Verhaltensrepertoire auslebt, zeichnet sich eine gesunde Beziehung dadurch aus, dass die Partner beide Tendenzen flexibel untereinander wechseln können. Dagegen sind neurotische Partner auf eine der beiden Positionen fixiert. Nach Willi finden sich häufig solche Partner zusammen, bei denen das gleiche Bedürfnis ein besonderes Lebensthema ist, das vom einen in regressiver und vom anderen in progressiver Weise realisiert wird. Die neurotische Abwehr des regressiven Partners besteht im Vermeiden der geforderten progressiven Verhaltensweisen, die des progressiven Partners in Überkompensation aus Angst vor den eigenen regressiven Tendenzen.

Ein weiteres wichtiges Konzept hebt hervor, dass sich in einer komplexen Paardynamik auf Dauer üblicherweise eine Gleichwertigkeitsbalance einpendelt. Demnach gibt es auch keinen ewigen „Sieger" bzw. „Verlierer". Macht kann einerseits durch dominantes Verhalten, aber auch durch subtile Mittel ausgeübt werden.

Kollusion und Kollusionstypen. In Anlehnung an das psychoanalytische Phasenmodell unterscheidet Willi vier Grundthemen einer Paarbeziehung: das narzisstische, das orale, das anal-sadistische und das phallisch-ödipale Thema. Die entsprechenden neurotischen Grundkonflikte spielen schon für die Partnerwahl eine Rolle. Eine gestörte Beziehung ist nach Willi durch ein uneingestandenes Zusammenspiel (Kollusion) im gleichartigen Grundkonflikt, das jeweilige Grundthema des Paares und die komplementäre Fixierung der Partner auf die regressive bzw. progressive Position gekennzeichnet. Verdrängte Wünsche werden auf den Partner delegiert – was zunächst ein glücklicher Selbstheilungsversuch zu sein scheint. Die positive Rückkoppelung der konträren Tendenzen der Partner führt jedoch zu immer extremeren Positionen, die zunehmend als Fesselung erfahren werden und schließlich zu einem Auflehnen gegen diese extreme Rigidität führen – dieser Umschlagprozess bedingt dann einen Paarkonflikt.

Entsprechend dem Grundthema bzw. -konflikt unterscheidet Willi vier Kollusionstypen. So kennzeichnet z. B. die orale Kollusion eine klischeehafte Mutter-Kind-Beziehung, bei der die Fixierung und Übersteigerung der Rollen zu einem Konflikt durch Anspruchshaltung und Überforderung führt (siehe Beispiel 19.1 a). Dagegen ist die phallische Kollusion von den stereotypischen Geschlechtsrollen geprägt: Der „männliche" Part sucht nach Bestätigung seiner Potenz, die ihm der „weibliche" Part gibt. Die Abhängigkeit von der Zustimmung des anderen führt aber schließlich zu Versagen, was die Verachtung des weiblichen Parts nach sich zieht und dies wiederum weiteres Versagen (siehe Beispiel 19.1 b).

Praxis der Paartherapie nach Willi. Das Ziel der Paartherapie ist ein flexibleres Gleichgewicht zwischen den Partnern in Hinsicht auf die Verhaltenstendenzen und die Grundthemen. Als Erkenntnisprozesse gefördert werden sollen v. a. die Selbsterkenntnis bezüglich nichtintegrierter Persönlichkeitsanteile, das Verständnis für den Partner und die Einsicht in das gemeinsame Grundthema.

19.5 Verständnisfragen

- Warum eignet sich die Zweierbeziehung gut zur idealtypischen Betrachtung systemisch-therapeutischen Denkens?
- Welche Rolle spielt Abgrenzung in einer Partnerschaft?
- Warum sind klare und durchlässige Grenzen in einer Ehe gesund?
- Welcher Grundgedanke zum Thema Regression vs. Progression findet sich im Kollusionkonzept wieder, der auch in anderen therapeutischen Richtungen so oder ähnlich formuliert wird?
- Was ist der Unterschied zwischen „Tendenz" und „Position" im Kollusionskonzept?
- Worin liegt die neurotische Fixierung einer Partnerschaft begründet?
- Warum bleibt eine Kollusion nicht auf Dauer befriedigend?
- Welche Kollusionen unterscheidet Willi?
- Warum schlägt die zunächst befriedigende Lösung irgendwann in einen Konflikt um?
- Wie lauten typische progressive und regressive Grundthemen?

Fallbeispiele auf CD

Beispiel 19.1 a/b: Orale und phallisch-ödipale Kollusion
Die beiden Fallbeispiele zweier Paare mit einer oralen bzw. einer phallisch-ödipalen Kollusion verdeutlichen:

- die anfängliche Symbiose und die spätere destruktive Rollenfixierung und Konflikteskalation der jeweiligen Kollusion.

Die Fallbeispiele beziehen sich auf das Kapitel:
19.2 Kollusion und Kollusionstypen

20 Familientherapie

20.1 Von der Familientherapie zur systemischen Therapie

„Familientherapie" als Sammelbegriff
Mehr denn je ist „Familientherapie" ein Sammelbegriff für eine große Anzahl recht unterschiedlicher Vorgehensweisen auf der Basis einiger gemeinsamer Konzepte, die aber im Detail keineswegs von allen geteilt werden. Die größte Gemeinsamkeit besteht darin, dass sich die Hauptperspektive therapeutischen Handelns auf Inhalt und, mehr noch, Struktur der familiären Interaktionsprozesse richtet.

Allerdings ist hierbei selbst das Setting liberaler geworden: In den ersten Jahrzehnten legte man viel Wert darauf, dass möglichst die gesamte Familie (zumindest alle am Problem wesentlich Beteiligten) im Therapieraum physisch anwesend ist – bis dahin, dass eine nicht „vollständig" erschienene Familie wieder zurückgeschickt wurde. Heute ist man durchweg bereit, mit jenen zu arbeiten, die kommen können und wollen, weil sie bereit sind, etwas zur Lösung der beklagten Probleme beizutragen.

Dies ist nicht nur pragmatische Einsicht in Beschränkungen alltäglicher Praxis, sondern auch theoretische Besinnung auf das, was das „System Familie" tatsächlich ausmacht: Wie bereits im Einführungskapitel zu Teil IV dargestellt wurde, findet „Familie" wesentlich in den Köpfen der Beteiligten statt. Und dafür ist es zwar wünschenswert, möglichst viele Köpfe zu versammeln, aber irgendeine Vollständigkeit wird keineswegs mehr als notwendig erachtet.

Erweiterung zur systemischen Therapie. Daher wird auch zunehmend der Begriff „Familientherapie" durch den umfassenderen „systemische Therapie" ersetzt und Therapie mit Familien eben als ein Anwendungsbereich eher allgemeiner (wenn auch nicht jeweils von allen geteilter) Prinzipien verstanden, die genauso auf Paare, Einzelpersonen, Teams, Arbeitsgruppen etc. angewendet werden können.

Trotz einer sehr stark gestiegenen Verbreitung des systemischen Ansatzes und einer entsprechenden Zunahme in der therapeutischen Arbeit mit Familien ist daher der Anteil von Hand- oder Lehrbüchern mit dem expliziten Titel „Familientherapie" gegenüber dem Stand noch vor zwei bis drei Jahrzehnten zurückgegangen. Bereits 1988 nannten Reiter et al. ihr Handbuch „Von der Familientherapie zur systemischen Perspektive" (neu bearbeitet 1997) und von Schlippe und Schweitzer (1996) betitelten ihr informatives Werk „Lehrbuch der systemischen Therapie und Beratung".

Resümierend lässt sich feststellen, dass in den letzten Jahrzehnten der enge Fokus auf die familiären Interaktionsmuster erheblich erweitert wurde: Berücksichtigt wird nun weit stärker die Interdependenz dieser Muster zu gemeinsamen und persönlichen Sichtweisen von „Realität" und den damit verbundenen Sinnfragen sowie „Welt- und Menschenbildern".

Diese Sichtweisen können sehr starr und einengend sein, zumal sie in Form von Beschreibungen und „Erzählungen" – so genannten „Narrationen" – zusätzlich an die verfestigenden Strukturen unserer Sprache gebunden sind. Eine eigenständige und flexible Anpassungsleistung des interaktionellen Geschehens an veränderte Umgebungsbedingungen kann durch solche Sichtweisen und Narrationen dann oftmals behindert werden – z. B. wenn Kinder zu pubertierenden Jugendlichen werden und dies von den Eltern ein verändertes Verhalten erfordern würde.

Vermischung unterschiedlicher Richtungen. Die unterschiedlichen Richtungen, aus denen sich im Verlauf der Entwicklung der Familientherapie die einzelnen Unterkonzepte und Handlungsweisen ausdifferenzierten, sind heute weniger deutlich zu erkennen. Konkretes therapeutisches Vorgehen ist aus dieser Perspektive eher als eine Mischform der ehemaligen Grundkonzepte und praktischen Handlungsweisen zu verstehen. Trotzdem sollen im Rahmen einer Darstellung von „Grundkonzepten" dennoch diese „klassischen" Richtungen in ihrer Unterschiedlichkeit herausgearbeitet werden.

Zuvor macht es aber Sinn, sich den richtungsübergreifenden Konzepten zuzuwenden. Dabei geht es nicht um einen vollständigen Überblick. Vielmehr sollen exemplarisch einige zentrale Aspekte herausgehoben werden, auf die in den dann folgenden Darstellungen einzelner Ansätze jeweils nur kurz Bezug genommen zu werden braucht.

Richtungsübergreifende Interventionskonzepte

Joining. Der Begriff „Joining" (therapeutisches Arbeitsbündnis) ist von Minuchin im Rahmen des strukturellen Ansatzes geprägt worden. Aber die Frage der Gestaltung des therapeutischen Arbeitsbündnisses spielt natürlich in allen Ansätzen eine sehr wichtige Rolle. In dem Augenblick, wo ein Therapeut mit einer Familie zu arbeiten beginnt, findet unter systemischen Gesichtspunkten bereits eine Transformation des Familiensystems S in ein neues System S′ – bestehend aus Familie und Therapeut – statt. Fast alle Familientherapeuten betonen die entscheidende Bedeutung der ersten gemeinsamen Sitzung. Denn hier werden die gemeinsamen Regeln festgelegt. Nicht selten findet ein subtiler Kampf statt, wer diese Regeln zu bestimmen hat.

Zu diesen Regeln gehört auch die Art der gemeinsamen Kommunikation, die vom Therapeuten stark beeinflusst wird. Hier gibt es zwischen den einzelnen Ansätzen große Unterschiede: Viele Therapeuten fördern die direkte Kommunikation zwischen den Familienmitgliedern („Sagen Sie es ihm direkt") und bezeichnen sogar jedes Reden über einen anderen als „unerwünschten Klatsch" (Walter Kempler). Im Kontrast dazu verwendete die Mailänder Gruppe (um Selvini Palazzoli) mit dem zirkulären Fragen eine spezielle Technik, in der jedes Familienmitglied über die Beziehungen zwischen jeweils anderen Mitgliedern befragt wird.

Sehr wichtig ist auch, gleich in dieser ersten Sitzung ein stabiles Arbeitsbündnis zwischen Therapeut und Familie herzustellen. Simon und Stierlin (1984, S. 174) betonen sogar, dass sonst im Allgemeinen kein therapeutischer Prozess zustande kommt – und nicht umsonst trägt eine wichtige Darstellung der klassischen Heidelberger Schule (Stierlin et al., 1977) den Titel „Das erste Familiengespräch".

Wenn im Einzelnen aus den verschiedenen Darstellungen auch nicht klar und explizit hervorgeht, wie dieses Arbeitsbündnis erfolgreich aufgebaut wird, gehören dazu doch Aspekte wie die Ansprache eines jeden Familienmitgliedes, Abbau von Vorurteilen, Angst und Scham durch positive Umdefinition der Symptome und der daran „Schuldigen" (Reframing; s. u.) oder die Förderung des persönlichen Selbstwertes der Einzelnen.

In jüngerer Zeit ist die affektive Komponente der Beziehungsgestaltung in diesem Zusammenhang verstärkt in den Vordergrund getreten. Indem der Therapeut im Gespräch zu jedem einzelnen Systemmitglied einen persönlichen und stabilen Kontakt herstellt, schafft er einen vertrauensvollen „affektiven Rahmen" (Welter-Enderlin & Hildenbrand, 1998), innerhalb dessen sich dann Dynamik des therapeutischen Prozesses entfalten kann.

Familienanamnese und Genogramm. Die Familienanamnese kann auch als Technik des Joining gesehen werden, denn sie stellt ein gutes Mittel dar, mit allen Familienmitgliedern in Kontakt zu kommen, ohne in eine bestimmte Koalition gedrängt zu werden. Auch hier gibt es verschiedene Vorgehensweisen, die zu erhebende Information graphisch-anschaulich für alle darzustellen. Es geht dabei u. a. um Geburtsdaten, Großelterngeneration, wichtige Familienereignisse – z. B. Tod, Unfälle, schwere Krankheiten, Umzüge, Arbeitslosigkeit etc. –, wichtige Personen, die nicht zur Kernfamilie gehören (z. B. weitere Verwandte, Freunde), etc.

Die Beteiligung aller Mitglieder an der Vorgehensweise und die Konzentrierung auf zunächst recht „sachliche" Information mindert oft Angst. Besonders der identifizierte Patient sieht sich bei dieser Anamneseform in eine Geschichte familiärer Ereignisse eingebettet und nicht, wie befürchtet, auf der Anklagebank sitzend. Für die Darstellung der Daten in graphischer Form, d. h. durch ein sog. Genogramm, sind unterschiedliche Notationssysteme vorgeschlagen worden (vgl. von Schlippe & Schweitzer, 1996, S. 130).

Arbeit an den Grenzen. Die Beachtung von Systemgrenzen spielt in vielen psychotherapeutischen Ansätzen eine große Rolle, z. B. in der Gestalttherapie. Im Rahmen der Darstellung über Konzepte der Paartherapie wurden die intra- und extradyadischen Grenzen für pathologische Strukturen bereits ausführlich erörtert, die natürlich auch bei der Betrachtung von Familiendynamiken wichtig sind. Innerhalb der familientherapeutischen Ansätze werden Funktion und Struktur von Grenzen besonders im strukturellen Ansatz hervorgehoben. Es geht hier um die Abgrenzungen einer Person oder Personengruppe gegenüber anderen, z. B. der Eltern gegenüber den Kindern. Aber auch in den anderen familientherapeutischen Ansätzen wird betont, dass der Therapeut sehr sorgfältig hinsichtlich der Grenzen bestimmter familiärer Subsysteme zu intervenieren habe.

Dabei kommt er um bestimmte normative Bewertungen nicht herum, denn er muss entscheiden, ob er eine bestimmte Koalition (z. B. zwischen Mutter und Sohn gegen den Vater) stärkt oder schwächt, die Abgrenzungen eines Subsystems (z. B. des Elternpaares) fördert oder nicht usw. Auch hier sind die einzelnen konkreten Techniken durchaus unterschiedlich; sie reichen von Erklärungen über Rollenspiele bis hin zu Konfrontation und Verschreibung bestimmter Verhaltensweisen.

Reframing. Eine wichtige Aufgabe des Therapeuten ist es, die Sichtweise der Probleme und der damit verbundenen Bedeutung der Symptome – kurz: die familiäre „Wirklichkeit" – umzudefinieren. Die Homöostase des Systems Familie mit seinen Interaktionen sowie den damit verbundenen Erwartungsstrukturen und Beziehungen beruht oft auf einer starren Perpetuierung pathologischer Kommunikations-, Definitions-, Erwartungs- und Interpretationsmuster, die man als pathogenes „Familienspiel" bezeichnen könnte. Sofern man dieses „Spiel" nicht durch Veränderung wichtiger äußerer Lebensbedingungen durchbricht – z. B. durch die Einweisung eines Mitgliedes in die Psychiatrie oder ein Erziehungsheim –, bedeutet Veränderung der Familienstruktur in diesem weiten Sinne immer ein „Reframing" („Umdeuten"): Die Probleme – und damit verbunden die Erwartungsstrukturen etc. – werden dabei in einen veränderten Verstehens- und Interpretationsrahmen gestellt.

Ähnlich wie „Joining" ist auch „Reframing" eine übergeordnete Kategorie, die jeweils eine Reihe unterschiedlicher Interventionen umfasst. So gehören zum Reframing zunächst die Technik positiver Konnotation: Hierbei wird das Verhalten der einzelnen Familienmitglieder – auch das des identifizierten Patienten hinsichtlich seiner Symptome – positiv gedeutet. Von Schlippe und Schweitzer (1996) weisen allerdings auf die Gefahr des Missverständnisses von „positiv" hin und plädieren dafür, von „wertschätzender" Konnotation zu sprechen.

Zum Reframing zählen ferner bestimmte paradoxe Interventionen und Symptomverschreibungen, hypnotherapeutische Interventionen – bei denen dem Patienten in einem Trancezustand suggestive Umdeutungen seiner Symptome angeboten werden (Erickson & Rossi, 1981; Haley, 1978) – sowie die erweiterten Techniken von Bandler und Grinder, die in jüngster Zeit unter dem Namen „Neurolinguistisches Programmieren" (NLP) bekannt geworden sind (vgl. Bandler & Grinder, 1985; Walker, 1996).

Beim NLP zieht der Therapeut aus bestimmten Hinweisen in Sprache und Motorik des Patienten Rückschlüsse über dessen Repräsentationssysteme, d. h. ob eine bestimmte Erinnerung z. B. eher als auditive, optische oder kinetische Erfahrung präsent ist und abgerufen wird (vgl. Weerth, 1992). Damit können die Bedeutungsmuster der Patienten besser rekonstruiert werden. Ferner vermag der Therapeut dadurch auch eher solche Erfahrungsmodalitäten beim Reframing zu wählen, die vom Patienten selbst bevorzugt werden und ihn damit auf dessen jeweiliger Erfahrungsebene besser ansprechen (vgl. Bandler & Grinder, z. B. 1981, 1982).

Systemisches Fragen. Wenn sich eine Familie in Therapie begibt, so bedeutet dies ganz allgemein, dass Symptome und das, worunter die Menschen leiden, so in eine allzu stabile Familiendynamik eingebettet sind, dass die Familie darin gefangen ist und selbst keine neuen Lösungsmöglichkeiten (andere Attraktoren) finden kann. Daher ist es Aufgabe von Therapeuten, diese einengenden Konstruktionen über Wirklichkeitsdeutungen zu erweitern und den durch rigide Interpretationen beschränkten Verständnis- und Handlungsraum zu erweitern. Besonders Narrationen mit engen, starren Alternativen wie „gesund – krank", „schuldig – unschuldig", „Täter – Opfer", „gut – böse" verhindern, oft vorhandene Möglichkeiten zu Veränderungen umzusetzen.

Daher dient systemisches Fragen in seinen vielfachen Schattierungen dazu, diese rigiden, quasi „verkrusteten" bzw. verdinglichten Konstruktionen wieder zu verflüssigen: Wenn der Sohn keine „Verhaltensstörung" als eine Art „Krankheit" „hat", wo man höchstens noch fragen könnte: „von wem geerbt?", sondern sich nur „gestört verhält", kommt man schon zu der Frage: „wann und wo?". Dies eröffnet die Einsicht in Zusammenhänge – führt allerdings auch zu der eher unliebsamen Erkenntnis, dass ggf. auch das Verhalten der anderen davon nicht ganz unabhängig ist.

Weitere Fragen lassen aber vielleicht sogar erkennen, dass manches, was als „gestört" gesehen und dann als „böse" verstanden wurde, der hilflose und misslungene, aber ggf. doch wohl gemeinte Versuch sein könnte, irgendetwas Gutes für sich oder gar für alle zu tun. Statt vieler „Belege für die Verhaltensstörung" ist dann eine große Vielfalt an unterschiedlichen Handlungen und Motiven erfahrbar – auf die die Familienangehörigen dann auch nicht immer gleich reagieren müssen, sondern sich selbst entsprechend differenziert verhalten können: Die „Störung" wurde verflüssigt – d. h. in viele unterschiedliche „Tropfen im Lebens- und Interaktionsstrom" differenziert.

Allein schon diese neue Sichtweise kann manchmal ausreichen, dass die Familie ohne weitere Hilfen nun ihre vorhandene Kompetenz zur Erhöhung der positiven und erträglichen sowie zur Reduzierung der unerwünschten und problemgenerierenden Handlungen nutzen und umsetzen kann.

Systemisches Fragen dient daher der Verstörung und Verflüssigung von verkrusteten kognitiven und interaktiven Strukturen. Dabei gilt, was v. Schlippe und Schweitzer (1996, S. 122) als „Respektlosigkeit gegenüber Ideen, Respekt gegenüber Menschen" bezeichnet haben, als Maxime. Fragen können daher Unterschiede verdeutlichen, vorhandene einengende Wirklichkeits- und Möglichkeitskonstruktionen hinterfragen bzw. erweiternde Konstruktionen fördern. Ebenso können Problem- und Lösungsszenarien in ihren vorhandenen Beschränkungen sichtbar gemacht werden und um erweiternde und verflüssigende Möglichkeiten bereichert werden.

Eine besondere Frageform ist das zirkuläre Fragen, bei dem in Anwesenheit der anderen jeweils einzelne Familienmitglieder aufgefordert werden, ihre Vermutungen darüber zu äußern, was eine bestimmte Handlung wohl für einen Dritten bedeutet. Es wurde bereits in Kapitel 17.1 an einem Beispiel behandelt und wird in verschiedenen Fallbeispielen zu Kapitel 20 veranschaulicht.

→ **Beispiel 20.1** Systemischer Ansatz in der Borderline-Therapie

Familienskulptur und Metaphern. Das Konzept der Familienskulptur geht auf Ansätze des Psychodramas zurück, wurde im Rahmen der Familientherapie von Duhl et al. (1973) sowie von Peggy Papp und Virginia Satir entwickelt und weit verbreitet (Papp et al., 1973). In Form eines pantomimischen Bildes stellen die Familienmitglieder bestimmte familiäre Beziehungen und Haltungen dar. Ein Familienmitglied fungiert dabei als „Bildhauer", die anderen Personen müssen sich entsprechend seinen Anweisungen aufstellen und bestimmte Haltungen einnehmen. Statt mittels digitaler Sprache werden hier also Strukturen analog dargestellt (Papp erweitert die statische Darstellung um choreographische Szenen). Familienskulpturen sind sowohl als diagnostisches Instrument als auch zur therapeutischen Aufarbeitung geeignet.

Ein Vorteil der Skulptur liegt darin, dass Bedeutungen und Strukturen körperlich dargestellt und sinnlich erfahren werden – der verdinglichende und kategoriell-reduzierende Einfluss der Sprache, der ja oft in besonderem Maße mit symptomatischen Dynamiken verbunden ist, also deutlich verringert wird.

Ähnlich ist auch die Wirkung von Metaphern und anderen symbolischen Hilfsmitteln – von expressiv-künstlerischen Ausdrucksformen bis zur Verwendung von Kult- und Alltagsgegenständen, die dann etwas Bestimmtes symbolisieren sollen: Obwohl oft weit stärker als die Skulptur mit Sprache verbunden, ist diese Sprache dennoch der üblichen Alltagskategorisierung und Verdinglichung durch ihren Symbolcharakter enthoben; die Sprache erlaubt hier somit, was sie üblicherweise verhindert: nämlich neue Perspektiven des Verstehens und Erlebens auf scheinbar Bekanntes zu richten und damit auch der bisher zu wenig entdeckten Möglichkeiten im bereits Vorhandenen gewahr zu werden.

Familienaufstellung. Eine Variante dieser Vorgehensweise, die im letzten Jahrzehnt stark und sehr kontrovers diskutiert wird, ist die so genannte Familienaufstellung (Hellinger, 1994; Weber, 1993; Sparrer & Varga von Kibed, 2000). Dabei werden

Familien- oder Problemstrukturen mit einer Anzahl anwesender Teilnehmer von einem Protagonisten aufgestellt und die Aufgestellten gebeten, ihre Wahrnehmungen und Empfindungen mitzuteilen. Auf symbolische Weise wird dadurch oft ein möglicher Kern der Gesamtproblematik in den Aufmerksamkeits- und Arbeitsfokus gerückt; Veränderungen in den Aufstellungen und deren Wirkungen auf alle Beteiligten können ausprobiert werden, Einsichten werden durch Rituale prägnant unterstützt.

Diese Vorgehensweise, die ihre Wurzeln bereits im Psychodrama hat und in vielfältigen Varianten ebenso lange wie seriös die psychotherapeutischen Vorgehensweisen bereichert hat, ist durch fragwürdige, guruhafte Auftritte Hellingers zunehmend in Verruf geraten. Ursprünglich kreative Anregungen wurden durch sektenhaft gläubiges „Nachbeten" selbst entwertet. Die sehr polarisierte Diskussion – von begeisterter, sektenhafter Zustimmung bis zu uninformierter, pseudowissenschaftlicher Ablehnung – hat letztlich dieser Vorgehensweise im Ansehen sehr geschadet.

Weniger spektakulär ist die Einbeziehung von therapeutischen Ritualen (vgl. Imber-Black et al., 1993) in die Familientherapie: Hier geht es darum, die Struktur- und Bedeutung gebende Kraft von Ritualen für den sozialen Zusammenhalt und das Zusammengehörigkeitsgefühl in Gruppen und Gesellschaften auch für den therapeutischen Raum nutzbar zu machen.

20.2 Psychoanalytisch orientierte Familientherapie

Auch die Familientherapie hat sich aus der Psychoanalyse entwickelt – allein schon deswegen, weil die überwiegende Mehrheit der Kliniker zunächst als Psychoanalytiker begann. Es gab schon zwischen 1930 und 1950 Psychoanalytiker, die ihr Augenmerk auf Familien richteten – etwa Erik Erikson, Rene Spitz, Erich Fromm und besonders Harry S. Sullivan. Hingegen waren die theoretischen Einflüsse aus der Systemtheorie (von Bertalanffy), Kybernetik (Wiener) und Kulturanthropologie (Bateson) auf die Entwicklung der Familientherapie am Anfang sehr begrenzt: Vielmehr waren es an der Lösung konkreter Probleme interessierte Praktiker, welche die Richtung wiesen.

So ist denn die Anzahl der „Pioniere", die das Bild der Familientherapie und zentrale Konzepte geprägt haben, in der Kategorie der „psychoanalytisch orientierten Ansätze" besonders groß. Im Folgenden sollen zunächst einige davon kurz vorgestellt werden; für eine etwas eingehendere Erörterung wird dann der Ansatz von Helm Stierlin ausgewählt.

Analyse von Beziehungen

Trotz der Bezeichnung „psychoanalytisch orientierte Familientherapie" wurden nur selten streng psychoanalytische Konzepte, die ja aufs Individuum bezogen sind, in analoger Form auf die Familienebene übertragen. Ein Beispiel hierfür wäre aber Norman Paul, der entsprechend zu Freuds Konzept der „Verdrängung" von „ungelösten Trauervorgängen" in der Familie sprach, die den Symptomen zugrunde liegen und die aufgedeckt und durchgearbeitet werden müssen. Im Hintergrund der Dynamik sah er oft einen Todesfall oder andere Verluste, die zur entsprechenden Zeit nicht angemessen betrauert wurden (vgl. Hoffman, 1982, S. 254).

Fokus auf Beziehungen. Bei den meisten Ansätzen psychoanalytischer Familientherapie wird im Gegensatz zu dem Konzept Pauls die Beziehung zwischen den Familienmitgliedern in das Zentrum der Betrachtung gerückt und direkt thematisiert. Ein Konzept psychoanalytischer Beziehungsdynamik, das im deutschen Sprachraum vor allem in den 70er Jahren diskutiert wurde, haben wir als Kollusionskonzept in einem vorausgehenden Kapitel ausführlich behandelt. Andere – und noch frühere – Konzepte sind z. B. „marital schism" (Ehespaltung) und „marital skew" (eheliche Strukturverschiebung) von Theodore Lidz, „pseudomutuality" (Pseudogegenseitigkeit) von Lyman Wynne oder „emotional fusion" (emotionale Verstrickung) bzw. „undifferentiated family ego mass" (undifferenzierte Familien-Ego-Masse) von Murray Bowen.

Das Verbindungsglied zwischen der individuellen Psychodynamik klassisch-psychoanalytischer Konzeption und sozialen Beziehungen ist, wie Nichols (1984) ausführt, die freudsche Theorie der Objektbeziehungen: Die Interaktion zwischen Personen wird demzufolge als Manifestation der internalisierten frühen Mutter-(bzw.: Eltern-)Kind-Beziehung gedeutet.

Multigenerationenfamilie. James Framo dehnte diesen Aspekt der Objektrelation sogar über die Familie hinaus aus: Alle Personen, die von den Familienmitgliedern für wesentlich gehalten werden, bezog er in seine Familientherapie mit ein und bat darum, dass diese nach Möglichkeit zu den Therapiesitzungen mit der Familie erscheinen sollten.

Die meisten psychoanalytisch orientierten Familientherapeuten erweiterten die Perspektive ohnedies nicht nur vom Individuum auf die gegenwärtige Kernfamilie, sondern auf die Multigenerationenfamilie. Dabei wurden Großeltern oder noch weiter zurückliegende Generationen in die Therapie mit einbezogen: Sie wurden entweder gebeten, persönlich an den Sitzungen teilzunehmen, oder (was meist der Fall war) es wurde zumindest der Beziehung der Kernfamilie zu diesen Personen in den Erörterungen ein besonderer Stellenwert eingeräumt (weshalb statt von „psychoanalytisch" auch von „historisch" orientierter Familientherapie gesprochen wurde, z. B. Jürgens & Salm, 1984).

So verwendete Ivan Boszormenyi-Nagy als Metapher gern ein über mehrere Generationen hinweg geführtes „Kontobuch" angefallener „Schuldverschreibungen" mit genauen Aufzeichnungen über Schuld und Sühne. (vgl. Hoffman, 1982, S. 255 f.). Pathologische Symptome sah er im Zusammenhang mit einer zu großen Anhäufung von Ungerechtigkeit am „Konto" des identifizierten Patienten.

Der Einzelne und die Familie. Wie schon Wynne mit dem erwähnten Begriff der „Pseudogegenseitigkeit" hervorhob, werden nämlich die individuellen Interessen oft dem Überleben der Gruppe bzw. Familie geopfert – etwa wenn das heranwachsende Kind durch Festhalten an der Mutter-Kind-Symbiose die Mutter vor dem Zusammenbruch bewahrt oder wenn das Kind Symptome produziert, „damit" die Eltern statt zu streiten sich gemeinsam um es kümmern. (Es sei bemerkt, dass hier die lineare Sprache der zirkulären Epistemologie wieder nicht gerecht werden kann).

Ein wesentlicher Aspekt der Therapie lag für Boszormenyi-Nagy daher in der Vergebung. Diese könne durch die Einsicht ermöglicht werden, dass Eltern, Großeltern usw. ihrerseits, eingebettet in ihre Familien, in bestimmter Weise handeln „mussten". Symptome können dabei meist in einen positiven Kontext gestellt werden, indem herausgearbeitet wird, was sie für das familiäre Gleichgewicht und die Intergenerationsdynamik bedeuten. Es handelt sich hier somit um einen spezifischen Aspekt von Reframing.

Mangelnde Individualisierung. Nach Murray Bowen ist es für psychische Gesundheit wichtig, durch weitgehende Lösung von der Ursprungfamilie zu einer Differenzierung des Ich zu gelangen – d. h. vor allem nicht in symbiotischen Verstrickungen zu verharren. In den Symptomen sah er ein Zeichen mangelnder Individualisierung, die wiederum mit starren Interaktions- und Koalitionsmustern zusammenhängt.

Er selbst demonstrierte die Wirkung der Sprengung solcher starren Formen an seiner eigenen (sehr großen) Ursprungfamilie: Wie er 1967 auf einem Kongress berichtete (nach Hoffman, 1982, S. 248), verschickte er dazu Briefe, in denen Mitgliedern der familiären Subsysteme jeweils der Klatsch der anderen über sie zugetragen wurde. Er mischte sich somit in die festgefahrenen Konstellationen und erreichte auf diese Weise nach eigenen Aussagen erstaunliche Änderungen und Auflockerungen in den verkrusteten Strukturen.

Pioniere psychoanalytischer Familientherapie

Nathan Ackermann. Als einer der wichtigsten Pioniere psychoanalytischer Familientherapie wird oft Nathan Ackermann genannt. Viele seiner familientherapeutischen Interviews liegen als Filme vor, manche sind als Transkripte veröffentlicht (z. B. befindet sich ein eindrucksvolles Fallbeispiel in Boszormenyi-Nagy & Framo, 1975). Hoffman zählt Ackermann auch zu den Vorläufern der strukturellen Familientherapie (s. u.), zumal deren „Begründer", Salvador Minuchin, durch Ackermann in die Familientherapie eingeführt wurde.

Horst-Eberhard Richter. Im deutschen Sprachraum hat Horst-Eberhard Richter sehr früh familientherapeutische Aspekte in seine Arbeit einbezogen. Zunächst (Richter, 1963) entwickelte er für die Analyse der Eltern-Kind-Beziehung eine Rollentheorie, die sich auch zur Beschreibung von Paarverhältnissen unter Erwachsenen eignet. Auch hierbei stand Freuds Konzept der „Objektwahl" im Zentrum: Die Rollen sind durch die unbewussten und bewussten gegenseitigen Erwartungen der Partner charakterisiert, wobei diese Erwartungsstrukturen oft Abwehrprozessen dienen.

In weitgehender Vorwegnahme von Willis Kollusionskonzept betonte Richter, dass die Rollenzuweisungen benutzt werden, um sich kompensatorisch von intraindividueller Konfliktspannung zu entlasten. Statt Konflikte also selbst auszutragen, wird der Partner manipuliert, als entschädigendes Ersatzobjekt zu fungieren.

Klassen von Rollenvorschriften. Richter unterschied dabei zwischen folgenden kurz umrissenen fünf Klassen von Rollenvorschriften (vgl. Richter, 1963, 1972, S. 50 f.):

(1) **Rolle eines Partnersubstituts:** Y wird von X (unbewusst) genötigt, stellvertretend für einen Partner Z aus der eigenen infantilen Vorgeschichte einzutreten.
(2) **Rolle eines Abbildes:** Y soll als genaue Kopie das Selbstbild von X realisieren (X ist dabei narzisstisch mit paranoiden Zügen).
(3) **Rolle des idealen Selbst:** Y soll das Ideal erfüllen, dessen Realisierung X misslungen ist (X wird dann durch narzisstische Identifizierung entschädigt).
(4) **Rolle des negativen Selbst:** Y soll X seine negative Seite abnehmen – Y wird damit ggf. zum Sündenbock oder verkörpert zumindest X' schwachen Teil der Persönlichkeit.
(5) **Rolle des Bundesgenossen:** Y soll als Bundesgenosse in X' zahlreichen äußeren Kämpfen fungieren.

Die Beziehungsdynamik, die sich aus diesen Rollenvorschriften entwickelt, erläuterte Richter (1963) ausführlich anhand von Beispielen. Dabei werden diese Rollenvorschriften offenbar besonders problematisch, wenn Y ein Kind ist. In einer Erweiterung (Richter, 1972) wurden drei Typen von familiären Charakterneurosen vorgeschlagen – die angstneurotische, die paranoide und die hysterische Familie – und mit familientherapeutischen Beispielen erläutert.

Dynamische Familientherapie

Im Folgenden sollen zentrale Konzepte der „dynamischen Familientherapie" nach Helm Stierlin, die von Boszormenyi-Nagy beeinflusst wurden, etwas ausführlicher dargestellt werden (vgl. Stierlin et al., 1977, 1987; Stierlin, 1975, 1978, 1982; Simon & Stierlin, 1984 – aus denen im folgenden Abschnitt ohne weitere Kennzeichnung zitiert wird). Es handelt sich um das „klassische Heidelberger Konzept", das später von Stierlin selbst und seinen Mitarbeitern in eine mehr zirkulär-systemische Konzeption überführt wurde. Trotz des historischen Charakters und der heute explizit weniger bedeutsamen psychoanalytischen Perspektive in der Familientherapie spielen aber diese Konzepte durchaus auch in neuere Sichtweisen (mehr oder weniger implizit) hinein.

Stierlins Konzept umfasst „horizontale" und „vertikale" Aspekte: Bei den Ersteren geht es um die Beziehungen zwischen Mitgliedern der gleichen Generation, bei den Letzteren u. a. um die Frage, wie sich eine ungelöste Bindung an die eigenen Eltern auf die Beziehung zum Ehepartner auswirkt.

Dabei werden fünf Hauptgesichtspunkte unterschieden, von denen ein jeder psychoanalytische und systemische Aspekte miteinander verbindet und sowohl destruktive wie auch heilende Kräfte erkennen lässt, was Möglichkeiten für therapeutische Interventionen eröffnet.

Bezogene Individuation. „Individuation" meint die Entfaltung einer individuellen Identität und die Ausbildung von psychischen Grenzen. Diese ermöglichen im Familiensystem insgesamt die Differenzierung und Entwicklung von Strukturen und damit eine erhöhte Funktionalität. Mit „bezogene Individuation" kennzeichnet Stierlin ein „allgemeines Prinzip, dem zufolge ein höheres Niveau an Individuation auch jeweils ein höheres Niveau an Bezogenheit auf andere sowohl verlangt als auch ermöglicht". Es geht dabei also um „Ko-Individuation", d. h. um die systemisch-wechselseitige Bedingtheit der Individuation der Familienmitglieder.

Misslingt die notwendige Abgrenzung, sind die Grenzen also zu weich, durchlässig und brüchig, und verschwimmen die Partner symbiotisch miteinander, so spricht Stierlin von „Unterindividuation". Im anderen Extremfall findet man „Überindividuation": zu starre und dichte Grenzen, Unabhängigkeit verwandelt sich in Isolation, Getrenntheit in ausweglose Einsamkeit, der Austausch mit den anderen erstirbt. Daneben ist in der klinischen Praxis eine dritte Störung zu beobachten, nämlich das ambivalente Hin- und Herpendeln zwischen beiden Extremen. Alle drei Störungen zeigen sich deutlich in mangelnder Fähigkeit und Bereitschaft zum Dialog.

Als therapeutische Konsequenz dieser Perspektive ergibt sich die Förderung der Bereitschaft zum Dialog und das Training konkreter Kommunikation: Trainiert werden z. B. Fähigkeiten wie Verallgemeinerungen, Verzerrungen und Auslassungen zu bemerken und zu korrigieren, sich besser gegen einander abzugrenzen, nur im eigenen Namen und in Ichform sprechen usw.

Interaktionsmodi von Bindung und Ausstoßung. Diese Perspektive thematisiert die Trennungsdynamik zwischen den Generationen, d. h. den Prozess der Ablösung im Jugendalter. Überwiegt der Bindungsmodus, so bleibt der Jugendliche im Familienghetto gefangen, was zu psychosomatischen und psychotischen Symptomen führen kann. Hingegen überwiegt in vielen Familien mit verwahrlosten, delinquenten Kindern der Ausstoßungsmodus. Diese Trennungsdynamik kann verschiedenen Ebenen zugeordnet werden.

Sowohl bei Bindung wie auch bei Ausstoßung ist oft eine nicht geleistete Trauerarbeit bedeutsame Ursache. Auch beobachtet man typischerweise, dass ein Elternteil nicht Abschied von den eigenen Eltern nehmen konnte, sondern an diese gebunden blieb, und dies nun durch die Bindung an eine andere Person – oft das Kind – kompensiert.

Für den Therapeuten ergibt sich daraus die Aufgabe, Trauerarbeit nachholen zu lassen. Je nach Interaktionsmodus sind dabei unterschiedliche Akzente zu setzen: Entweder muss die Bindung gelockert und die „Ent-Bindung" gefördert werden (beim Bindungsmodus) oder es muss zunächst einmal versucht werden, eine tragende Bindung herzustellen (beim Ausstoßungsmodus).

Delegation. Hier geht es um Aufträge und Vermächtnisse, die oft über Generationen hinweg wirksam werden. Kernelement der Delegation ist das Loyalitätsband, das Delegierenden und Delegierten miteinander verbindet – ein Band, das sich bereits in der frühen Eltern-Kind-Beziehung ausbildet. Delegation muss nicht immer pathologisch sein, sondern ist oft Ausdruck eines legitimen Beziehungsprozesses, der dem Leben Richtung und Sinn zu geben vermag. Der Delegationsprozess kann aber insbesondere dadurch entgleisen, dass die Aufträge nicht mit den Fähigkeiten und Bedürfnissen des Delegierten in Einklang zu bringen sind oder aber unterschiedliche Delegationen in Konflikt geraten.

Die Delegationsperspektive ermöglicht dem Therapeuten, das symptomatische Verhalten nicht mehr nur negativ zu sehen, sondern auch dessen positive Leistung für die Familie zu betonen – damit

	Bindung	Ausstoßung (Vernachlässigung)
Es-Ebene	Verwöhnung durch zu reiche Bedürfnisbefriedigung	Vernachlässigung durch mangelhafte Bedürfnisbefriedigung
Ich-Ebene	bindend wirkende Zuschreibungen bestimmter Eigenschaften, wie Schwäche, Bosheit, Verrücktheit	völliges Desinteresse an Gedanken, Gefühlen und Wahrnehmungen des anderen
Überich-Ebene	strikte Loyalitätsverpflichtungen	Vernachlässigung, die fehlendes „moralisches" Gewissen bei Kindern mitbedingt

werden auch zugleich die Eltern von Angst, Scham und Schuld entlastet (dies ist faktisch „Reframing"). Entsprechend hat das therapeutische Vorgehen diese positiven Aspekte herauszuarbeiten und für eine Revision der Verteilung in der Familie zu sorgen.

Vermächtnis und Verdienst. Unter dieser Perspektive wird die Mehrgenerationendynamik hinsichtlich der Delegationen ins Zentrum der Aufmerksamkeit gerückt. Neben dem Aspekt des Vermächtnisses spielt hierbei auch der des Verdienstes eine wichtige Rolle (analog zum „Kontobuch" Boszormenyi-Nagys). Für den Therapeuten ergibt sich daraus, auch die Großeltern mit einzubeziehen (ggf. nicht physisch sondern nur in die Erörterungen) und widersprüchliche Vermächtnisse sowie unausgeglichene Verdienstkonten zur Sprache zu bringen.

Status der Gegenseitigkeit. Hier geht es um die Starrheit des Familiengleichgewichts: In schweren Beziehungsstörungen ist häufig zu beobachten, dass im Sinne „symmetrischer Eskalation" nach Bateson sich ständig anheizende Machtkämpfe stattfinden, ein so genannter „maligner Clinch". Speziell in schizophrenen Familien ist oft ein großes „Waffenarsenal" zu beobachten, mit dem die Mitglieder sich (subtil) kränken, hilflos machen, unter Schulddruck setzen und die eigenen und fremden Kommunikationen disqualifizieren.

Allgemeine Aspekte der Intervention. Als allgemeine Grundlagen therapeutischer Intervention in der dynamischen (bzw. psychoanalytischen) Familientherapie hebt Stierlin folgende vier Aspekte hervor:

▶ **Allparteilichkeit:** Bemühen und Fähigkeit, sich aktiv in die Position eines jeden Familienmitgliedes einzufühlen
▶ **Aktivität:** Notwendigkeit für häufiges Eingreifen des Therapeuten, da sonst leicht der maligne Clinch, die Abwehrmanöver oder die Pathologie des Systems verstärkt wird
▶ **Betonung des Positiven:** Statt pathologisch-dysfunktionaler Aspekte soll die Funktionalität der Symptome und deren Beitrag für die Familie in den Vordergrund gestellt werden – wie oben im Zusammenhang mit dem Delegations-Konzept erläutert wurde
▶ **Mobilisierung der Ressourcen:** Mit der Betonung des Positiven einhergehende Tendenz der Intervention, Ressourcen wie Einsatzbereitschaft und -freudigkeit, Opferbereitschaft usw. zu mobilisieren, was oft tief greifende Veränderungen in kurzer Zeit ermöglicht.

Ein wesentlicher Teil der Interventionen ist in diesem Zusammenhang „Begegnungsarbeit". Sie soll einen befreienden innerfamiliären Dialog in Gang bringen. Dabei vermittelt der Therapeut eher durch Haltung und Handlungen als durch Worte, dass über bisher tabuisierte, mit Angst und Scham besetzte Dinge gesprochen werden darf und dass es möglich ist, alle Ängste durchzustehen. Stierlin verwendete daneben und später zunehmend auch Konzepte aus der strukturellen und vor allem der strategischen Familientherapie (hier besonders nach dem Mailänder Modell; s. u.).

→ **Beispiel 20.2** Psychoanalytisch-systemische Familientherapie bei Anorexie

20.3 Strukturelle Familientherapie

Dieser Ansatz ist mit dem Namen Salvador Minuchin verbunden. Als erstes grundlegendes Werk erschien „Families of the Slums" (Minuchin et al., 1967) – das Ergebnis mehrjähriger Arbeit seiner Forschungsgruppe in einem New Yorker Armenviertel, wo erstmals familientherapeutische Ansätze erprobt werden konnten. Nachdem Minuchin 1965 mit einem Teil seines Teams nach Philadelphia übergesiedelt war, wurde die weitere Entwicklung der Konzepte von Jay Haley mit beeinflusst, der von 1967 bis 1976 bei Minuchin arbeitete. Haley selbst gilt allerdings auch als einer der wichtigsten Vertreter der strategischen Familientherapie.

Der Begriff „Struktur" in Minuchins Ansatz bezieht sich insbesondere auf die Gliederung der Familie in Subsysteme (einzelne Personen, Kinder/Eltern usw.), auf das Ausmaß an Starrheit bzw. Flexibilität dieser Subsysteme, auf die Transaktionen zwischen ihnen sowie auf Aspekte der Abgrenzung und der Durchlässigkeit solcher Grenzen.

Die Intervention des Therapeuten geschieht vor dem Hintergrund der normativen Vorstellung Minuchins davon, wie die Struktur einer gut funktionierenden Familie beschaffen sein sollte und wie nicht: „Die Ursache der Schwierigkeiten sind die dysfunktionalen Transaktionen der Familie, die im Verlauf der Familie verändert werden müssen" (Minuchin & Fishman, 1983, S. 50). Aus diesem Grunde geht der Therapeut auch recht direktiv vor: „Der Familientherapeut muss von Anfang an die Führung übernehmen" (ebd.).

Normative Familienstruktur

Eine sehr wichtige Forderung in Minuchins normativem Familienmodell ist, dass klare Grenzen zwischen den Subsystemen existieren müssen. Grenzen sind wichtig, denn sie haben „die Funktion, die Differenzierung des Systems (in Subsysteme) zu bewahren", und durch diese Subsysteme erfüllt das Familiensystem seine Funktionen (z. B. die einzelnen Mitglieder zu schützen, sich Veränderungen anzupassen, Kontinuität zu gewährleisten usw.).

Klarheit der Grenzen. Klarheit bedeutet nun in diesem Zusammenhang, dass die Grenzen weder unangemessen starr noch diffus sind. Im ersteren Fall wären die Subsysteme voneinander losgelöst bzw. isoliert, im zweiten Fall spricht Minuchin von „Verstrickung". Positiv formuliert kann ein Subsystem bei klaren Grenzen seine Funktionen ohne eine unzulässige Einmischung von außen vollziehen und gleichzeitig Kontakt nach außen haben. Es sei angemerkt, dass trotz der häufigen Verwendung des Begriffes „Funktion" an zentralen Stellen in Minuchins Werk seine Bedeutung – etwa auf einer soziologisch-gesellschaftskritischen Ebene – weitgehend unreflektiert bleibt.

Subsysteme. Aus struktureller Perspektive werden drei charakteristische Subsysteme hervorgehoben, deren Abgrenzung und Funktionsfähigkeit im Gesamtzusammenhang betrachtet werden: Das eheliche, das elterliche und das geschwisterliche Subsystem. Das elterliche Subsystem kann ggf. aber auch einen Großelternteil oder ein Kind enthalten, dem elterliche Funktionen delegiert wurden.

Eheliches Subsystem. Eine besondere Stellung weist Minuchin dem ehelichen Subsystem zu. Es hat lebenswichtige Funktionen für die Familie – allein schon deshalb, weil es in der Regel die Familie überhaupt erst gründet. Die Interaktionsmuster zwischen den Partnern sollten weitgehend komplementär sein, „so dass jeder Ehegatte ‚nachgeben' kann, ohne das Gefühl, sich ‚aufgegeben' zu haben" (Minuchin, 1977, S. 76). Die Abgrenzung gegenüber den anderen Familienmitgliedern muss für dieses System besonders klar sein, da „Mann und Frau ein Refugium vor den vielfältigen Anforderungen des Lebens" brauchen. „In der therapeutischen Situation schreibt dieses Bedürfnis zwingend vor, dass der Therapeut die Grenzen rund um das eheliche Subsystem schützt" (S. 77). Dies gilt auch dann, wenn Kinder vorhanden sind, das eheliche also gleichzeitig elterliches Subsystem wird.

Elterliches Subsystem. Minuchin betont mehrfach, dass Elternschaft immer den Einsatz von Autorität erfordere. „Solange die Kinder noch sehr klein sind, herrschen die Funktionen des Nährens und Schützens vor. Später werden Kontrolle und Führung wichtiger" (S. 78). Allerdings haben die Kinder das Recht und die Verpflichtung, zu wachsen und Autonomie zu entwickeln, d. h., auch die Grenzen des geschwisterlichen Subsystems müssen gewahrt und geschützt werden. (Es sei bemerkt, dass auch diese normativen Forderungen – „muss" ist eines der häufigsten Wörter – weder kulturrelativistisch noch historisch-gesellschaftskritisch hinterfragt werden).

→ **Beispiel 20.3** Salvador Minuchin im Gespräch mit den Wagners

Notationssystem und Lageplan. Um die Struktur der Familie, die Grenzen, Subsysteme, Koalitionen usw. zu erfassen, hat Minuchin das folgende Notationssystem vorgeschlagen (1977, S. 73):

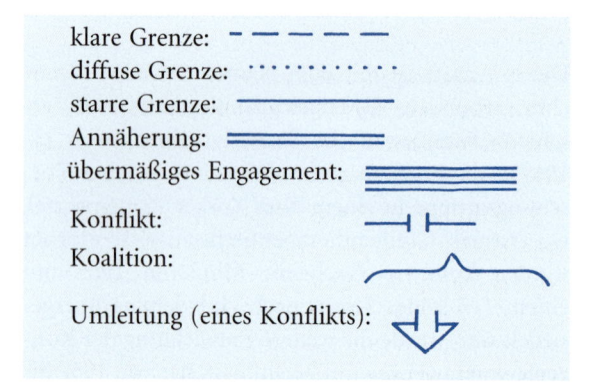

klare Grenze:	– – – – –
diffuse Grenze:	··········
starre Grenze:	──────
Annäherung:	═══════
übermäßiges Engagement:	≡≡≡≡≡
Konflikt:	⊣⊢
Koalition:	⌒
Umleitung (eines Konflikts):	↓

Der „Lageplan" einer Familie könnte dann wie in dem Schema unten aussehen. Der Therapeut agiert dabei nicht „objektiv, von außen", sondern als Bestandteil des (neuen, erweiterten) Systems. Daher sind solche Lagepläne, die ohnedies schrittweise erarbeitet werden, immer nur als vorläufige Hypothesen im Sinne einer Prozessdiagnose zu verstehen – allein schon deshalb, weil sich ja auch die Struktur in der Therapie ändern soll. Es werden also laufend revidierte Lagepläne erstellt, auf Grund derer die Interventionen (besser: deren jeweils grundsätzliche Leitlinien) geplant werden.

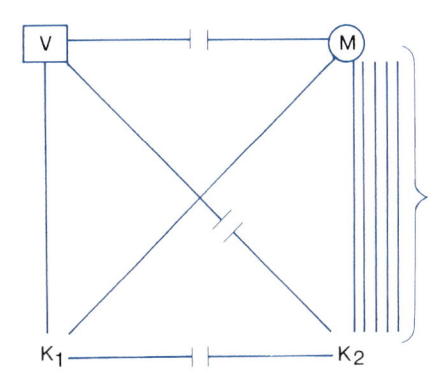

Lageplan einer Familie mit zwei Kindern

Pathogene Familienstrukturen

Die Familie, die in die Therapie kommt, hat meist klare Vorstellungen von den Problemen: Sie liegen in der Regel in den Symptomen eines einzelnen Familienmitgliedes, das „repariert" werden soll. Statt diese Definition zu übernehmen, ist es Aufgabe des Therapeuten, pathogene bzw. dysfunktionale Strukturen aufzudecken. Diese entstehen häufig dann, wenn das System Familie auf Veränderungen (z. B. Kinder werden erwachsen) nicht flexibel, sondern mit Stereotypierung seiner Funktionsweise und starren Transaktionsmustern reagiert.

Aus der Frage, was als pathogene Familienstruktur gesehen wird, leiten sich vor dem Hintergrund dieser Forderungen einige Aspekte ab – z. B. wenn sich das elterliche Subsystem gegenüber den Kindern nur diffus abgrenzt oder wenn ein Mitglied der Kernfamilie isoliert ist. Verstrickung oder/und Isolierung kann für jedes einzelne Subsystem, beliebige Kombinationen von Subsystemen und/oder die ganze Familie festgestellt werden. Starre, dauerhafte Koalitionen (die Verbündung bestimmter Subsysteme gegen andere) oder ungelöste bzw. verdeckte Konflikte sind vom Therapeuten ebenfalls zu beachten.

Triangulation. Wichtig ist in diesem Zusammenhang das Konzept der Triangulation (Dreiecksbildung): Hierunter versteht man die „Erweiterung einer konflikthaften Zweierbeziehung um eine dritte Person (z. B. Kind, Therapeut), die den Konflikt verdeckt oder entschärft" (Simon & Stierlin, 1984, S. 366). So kann in einem Konflikt heimlich eine Koalition mit einem Dritten eingegangen werden, um das Gleichgewicht der Kräfte wieder herzustellen. Der Konflikt wird auch verdeckt, wenn der Dritte (meist ein Kind) ein Problem (z. B. ein psychosomatisches Symptom) entwickelt, weil sich dann z. B. die Eltern (deren Konflikte am häufigsten über solche Triangulationen verdeckt und umgeleitet werden) gemeinsam diesem Problem widmen können bzw. müssen.

Fast immer (allein schon wegen der üblichen Familiengröße) sind an solchen Triangulationen oder „starren Triaden" mehrere Generationen beteiligt. Die Einbeziehung der Großeltern ist deshalb besonders wichtig, weil sich in Familien mit Triangulationen gestörte Beziehungen oft auch in der nächsthöheren Generation wieder finden lassen. So tritt die Koalition zwischen einem Kind und einem Elternteil beispielsweise häufig zusammen mit der Koalition eines Elternteils zu einem Großelternteil auf.

Strukturelle Intervention

Axiome der Therapie. Die Planung der Behandlung spielt sich vor dem Hintergrund dreier „Axiome" ab:
(1) Die Familienstruktur beeinflusst als Kontext die inneren Prozesse des Individuums (und umgekehrt),
(2) Veränderungen in diesem Kontext bewirken Veränderungen im Individuum,
(3) das Verhalten des Therapeuten wird Teil des Kontextes.

Der Therapeut tritt also nicht der Familie gegenüber, sondern der „Grundgedanke lautet, dass eine Veränderung dadurch zustande kommt, dass der Therapeut sich der Familie anschließt und sie nach einem sorgfältigen Plan neu strukturiert, so dass die dysfunktionalen Transaktionsmuster umgewandelt werden" (Minuchin, 1977, S. 117).

Schritte der Therapie. Der therapeutische Prozess, sagt Minuchin, besteht aus drei wichtigen Schritten, die aber in der Behandlung selbst untrennbar voneinander sind:

(1) Der Therapeut schließt sich der Familie an und nimmt eine Führungsrolle ein (z. B. laufen wichtige Kommunikationen über ihn, er hat die Verantwortung für das, was geschieht),
(2) er hat die zugrunde liegende Familienstruktur aufzudecken und
(3) soll die Umstände schaffen, die eine Transformation der Struktur möglich machen.

Dazu greift der Therapeut in die Homöostase der Familie ein, schafft Krisen, um die Familie in Richtung auf ein neues Gleichgewicht zu drängen. Durch eine Reihe von Techniken fordert er die bisherige Organisation des Systems heraus. Diese Herausforderung ist grundsätzlich als Suche nach neuen Mustern zu verstehen – dazu müssen allerdings erst die alten zerstört werden, z. B. durch Konfrontation, durch Zerstörung der Realitätssicht usw.

Hauptstrategien und -techniken. Im Zusammenhang mit solchem Vorgehen stellt Minuchin drei Hauptstrategien der strukturellen Familientherapie mit jeweils einer Anzahl verschiedener Techniken dar. Diese Hauptstrategien sind (vgl. Minuchin & Fishman, 1983):

▶ **„Herausforderung des Symptoms:"** Aus Sicht der strukturellen Familientherapie ist das Symptom (des „identifizierten" Patienten), mit dem die Familie in die Therapie kommt, als protektive Lösung zur Erhaltung der Homöostase unter Stressbedingungen zu verstehen. Daher besteht ein wesentlicher Therapieschritt darin, die Problemsicht der Familie neu zu definieren. Nachdem der Therapeut die Familienstruktur unter besonderer Berücksichtigung der Transaktionen um den Symptomträger beobachtet und schriftlich formuliert hat, versucht er auf unterschiedliche Weise – z. B. durch paradoxe Intervention, durch direkte Anweisungen für bestimmte Transaktionen usw. – die Definition des Problems und die Art der Familie, darauf zu reagieren, herauszufordern. Ziel ist die Umdefinition dieser Sicht, das Reframing.

▶ **„Herausforderung der Familienstruktur":** Nachdem der Therapeut den Zugang zur Familie geschafft und im Lageplan seine Hypothesen über die Struktur fixiert hat, enthüllt er Bündnisse und Koalitionen, zeigt Konflikte und deren Umleitungen über Dritte auf, macht zu starre und/oder diffuse Grenzziehungen erfahrbar, deckt die Funktion einzelner Subsysteme bei der Lösung von Konflikten auf usw. Dazu arbeitet er abwechselnd mit den einzelnen Subsystemen, geht unterschiedliche Koalitionen ein, gibt Anweisungen, Nähe und Distanz neu zu gestalten usw. Daraus erhält er weitere Information über die dysfunktionalen Strukturen in der Familie, aber auch über die Stärken und die Möglichkeiten zu Veränderung. Ziel ist es, das Gleichgewicht der Familie so zu erschüttern, dass der Phasenübergang zu einem neuen Regelsystem notwendig wird.

▶ **„Herausforderung der Familienrealität":** Die Symptome zeigen auch, dass die Familie mit der Realität, die sie geschaffen hat, nicht mehr fertig wird. Minuchin verweist darauf, dass die Realitätserfahrung der Menschen in der Familie von den Transaktionsmustern abhängig ist – sicher gilt im systemischen Sinne gleichzeitig auch das Umgekehrte. Veränderung der Struktur und der Realitätserfahrung gehen also Hand in Hand. Als Techniken dienen hier wieder Reframing, paradoxe Intervention, Arbeit an kognitiven Konstrukten. In Fallbeispielen von Familien, in denen psychosomatische Symptome vorkommen, haben Minuchin et al. (1981) gezeigt, wie oft überraschend strukturelle Neuordnung, Veränderung der Realitätssicht und neue Handlungsmöglichkeiten auftreten, wenn die Familienmitglieder sich selbst und die anderen in neuer Weise erfahren.

20.4 Erfahrungszentrierte Familientherapie

Familientherapie und humanistische Psychologie

Mehrere familientherapeutische Konzepte weisen eine deutliche Nähe zur humanistischen Psychologie auf. Existentialistische, phänomenologische und humanistische Themen wie Autonomie, Wachstum, Begegnung, Ganzheit, Einzigartigkeit spielen hier eine große Rolle. Die Übergänge zu verschiedenen Richtungen, die auf dieser Basis Einzeltherapie durchführen – besonders Gestalttherapie, Klientenzentrierte Therapie und Psychodrama – sind oft fließend.

Allerdings werden in der Familientherapie doch stärker der Kontext und die systemische Vernetzung von Kommunikationen (im weitesten Sinne) berücksichtigt, die den Rahmen abgeben, in dem das Symptom des identifizierten Patienten seine Funktion erfüllt.

Personen, die sich hier zuordnen lassen, sind vor allem Carl Whitaker, Virginia Satir, Walter Kempler und Peggy Papp. Carl Whitaker begann Mitte der 50er Jahre in Atlanta (ab 1965 in Wisconsin) mit familientherapeutischer Arbeit.

Virginia Satir, die mit Jackson und Riskin das MRI in Palo Alto gründete und dort das familientherapeutische Ausbildungsprogramm entwickelte und leitete, ist besonders durch ihre sehr umfangreiche praktische Arbeit und deren Demonstration auf vielen auswärtigen Seminaren bekannt geworden. Wie Peggy Papp verwendete und verbreitete sie insbesondere den Ansatz der Familienskulptur (s. o.), ein psychodramatisches Element, die Beziehungen in der Gruppe darzustellen, zu erleben und experimentell zu verändern.

Walter Kempler letztlich hat seinen Ansatz der Familientherapie aus der Perspektive der Gestalttherapie unter Einbeziehung von Aspekten aus der Encounter-Gruppen-Bewegung entwickelt.

Bedeutung der Erfahrung. Auch in frühen Darstellungen hat sich kein gemeinsamer Name für die Ansätze dieser vier (und anderer) Persönlichkeiten durchgesetzt. Die hier gewählte Bezeichnung „erfahrungszentriert" ist also zu relativieren. Sie soll aber darauf verweisen, dass im Zentrum dieser Ansätze nicht die Struktur der Familie, die Strategie des therapeutischen Vorgehens oder psychodynamische Theorievorstellungen stehen, sondern Erfahrung im doppelten Sinne des Wortes: Erstens geht es um die gegenseitige Erfahrung der Familienmitglieder hinsichtlich ihrer emotionalen Äußerungen in ihren Aktionen, Reaktionen und Interaktionen im „Hier und Jetzt". Zweitens geht es um die bisherige Erfahrung (individuell wie familiär) als kontextueller Hintergrund für das jetzige Geschehen und die weiteren Erfahrungsmöglichkeiten – dies schließt also den Entwicklungsbegriff mit ein.

Gleichwohl haben auch heute noch die erfahrungszentrierten Konzepte eine größere Bedeutung und Verbreitung in den unterschiedlichen familientherapeutischen Vorgehensweisen als z. B. die strukturellen Konzepte.

→ **Beispiel 20.4** Erstinterview unter Einbezug der Kinder

Funktionen der Familiengründung

Erfahrungszentrierte Familientherapie hat trotz der systemischen Perspektive durchaus auch die Änderung (besser: das Wachstum) der einzelnen Personen im Auge. Entsprechend dem humanistischen Menschenbild wird eine Person unter natürlichen, nicht behindernden Bedingungen als grundsätzlich gesund angesehen – kreativ, produktiv und liebenswert.

Delegierte Aufgaben. Wie schon der psychodynamische betont aber auch der erfahrungszentrierte Ansatz, dass das Paar, das sich zur Gründung einer Familie zusammentut, bereits von ihren Ursprungsfamilien bestimmte Aufgaben (bzw. Lebenspläne, Skripts) delegiert bekam, die es zu erfüllen gilt. Nach Kempler (1981) geraten Personen in ihrer Entwicklung oft in einen Loyalitätskonflikt: Loyalität gegenüber der (Ursprungs-)Familie versus Loyalität gegenüber sich selbst.

Überlebensmythen der Familie. Whitaker und Keith (1981) formulierten dies so, dass in pathologisch-dysfunktionalen Familien oft nicht die Heirat am Beginn steht, sondern dass zwei Sündenböcke („scapegoats") von ihren Familien ausgesandt wurden, um ihre Funktionen zu perpetuieren. Eine solche Beziehung ist dann von Sicherheitsstreben statt von Erfahrung, Begegnung und Wachstum bestimmt. Kennzeichen einer unter diesen Vorzeichen gegründeten Familie ist die Entfremdung von Erfahrung (Kempler) – der emotionale Tod der Familie (Whitaker).

Paradoxerweise, so die Satir-Schüler Luthman und Kirschenbaum (1977), ist dieser emotionale Tod, die Starrheit in den Kommunikations- und Erlebensmustern und die Angst vor Veränderung mit dem „Überlebensmythos" verbunden: „Der Überlebensmythos hängt mit der Illusion aller Familienmitglieder zusammen, dass sie ihre bestehenden familiären Beziehungen (so) aufrecht erhalten müssen, um psychisch überleben zu können" (S. 213).

Auf diesen Aspekt weisen auch viele andere Familien- und Paartherapeuten hin: In der engen Umklammerung, in der Bewegungslosigkeit, in der Angst, den anderen und dessen Liebe zu verlieren, wird gerade diese Liebe erstickt. Liebe, Zuwendung, gute Kommunikation usw. sind eben nicht wie Perlen, die man festhalten und sichern müsste oder könnte, sondern wie Pflanzen, die ständiger Erneuerung im Wachstum bedürfen, um nicht einzugehen.

Selbstwert und Kommunikation

In den Konzepten Virginia Satirs hat der Selbstwert in Verbindung mit Wachstum eine besondere Bedeutung für die Kommunikationsstrukturen in der Familie (vgl. Satir, 1975): „Ich bin überzeugt, dass das Gefühl des Wertes nicht angeboren ist, es ist erlernt. Und es ist in der Familie erlernt. Du hast dein Gefühl von Wert oder Unwert in der Familie gelernt, die deine Eltern gegründet haben, und deine eigenen Kinder lernen es in ihrer Familie gerade jetzt" (S. 42) und: „Kommunikation ist der Maßstab, mit dem zwei Menschen gegenseitig den Grad ihres Selbstwertes messen, und sie ist auch das Werkzeug, mit dem dieser Grad für beide geändert werden kann" (S. 49). Ein geringer Selbstwert führt zu dysfunktionaler Kommunikation, weil dann auf bestimmte starre Reaktionsmuster (s. u.) zurückgegriffen werden muss, um den Selbstwert zu schützen.

Durch diese Verbindung von Selbstwert und Kommunikation findet man bei Satir quasi eine Mehr-Ebenen-Perspektive: Kommunikation, etwas Interpersonales, Kennzeichen des Systems „Familie", wird unmittelbar in Bezug gesetzt zu etwas Intrapersonalem, dem Selbstwert. Gleichzeitig wird aber auch in dynamisch-systemischer Zirkularität darauf aufmerksam gemacht, dass diese intrapersonale Größe nur im System der Ursprungsfamilie erworben wurde – relativ zu den Kommunikationsstrukturen – und nun in der Interdependenz zwischen Selbstwert und Kommunikation perpetuiert wird.

„Wie ich mich fühle, mit mir umgehe, hat eine direkte Auswirkung darauf, wie ich mit anderen Menschen umgehe und umgekehrt", betont von Schlippe (1984, S. 65) und er zitiert ein Gespräch mit Satir (in Schneider, 1983, S. 15): „In meiner Praxis und in meinem Leben stelle ich fest, daß Menschen, die sich selbst als Ganzheit erleben und das Gefühl besitzen, selbst etwas wert zu sein, fähig sind, mit allen Herausforderungen des Lebens in schöpferischer und angemessener Weise fertig zu werden – auch in liebevoller Weise. Wachstum bedeutet, daß das Leben in beständiger Veränderung besteht, und es gibt keine Möglichkeit, das zu unterbinden, so wie der Tag in die Nacht übergeht, die Jahreszeiten einander folgen und sich ein Jahr im nächsten auflöst."

Kommunikationsmuster zur Abwehr

Satir beschrieb vier „universelle Reaktionsmuster" bzw. Kommunikationsformen, die Menschen verwenden, um einer Minderung ihres Selbstwertes vorzubeugen:

▶ Beschwichtigen
▶ Anklagen
▶ Rationalisieren
▶ Ablenken.

Diese sollen hier referiert werden, da diese Typologie nicht nur intra- und interpsychische Aspekte verbindet, sondern auch sprachlich-syntaktische Beobachtungen einbezieht und den Typen differenzierte Interventionsvorschläge zuordnet. Hier eröffnet sich somit eine Möglichkeit, mit spezifischer Kommunikationsforschung weitere Zusammenhänge aufzuhellen.

Doppeldeutige Botschaften. Die Kommunikationsmuster sind nach Satir besonders in gestörten Familien oft vorzufinden und als Abwehr eines zu schwachen Selbstwertes gegen (vermeintliche) Bedrohung zu verstehen. Die Muster betreffen im Sinne der Metakommunikation vor allem die Beziehung – gehen also weit über den reinen Inhalt der gesagten Worte hinaus und umfassen u. a. auch Mimik und Gestik, wobei Wortinhalt und Beziehung oft durchaus Unterschiedliches ausdrücken. Solche „doppeldeutigen Botschaften" treten besonders dann auf (vgl. Satir, 1975, S. 83), wenn eine Person

- ein geringes Selbstwertgefühl hat und meint, sie sei schlecht, weil sie so empfindet,
- befürchtet, Gefühle anderer zu verletzen,
- die Vergeltung von Seiten anderer befürchtet,
- den Abbruch der Beziehung befürchtet,
- sich nicht aufdrängen möchte,
- dem Gesprächspartner oder der Beziehung keine Bedeutung beimisst.

Körperhaltungen. Ähnlich wie Reich und Lowen hat Satir im Zusammenhang mit den Reaktionsmustern verfestigte körperliche Haltungen beobachtet, mit denen sich der Körper dem Selbstwertgefühl anpasst. Sie hat diese Körperhaltungen (in Satir, 1975) in Form von Karikaturen bzw. „Skulptur"-Stellungen dargestellt (vgl. die Abb. auf den folgenden Seiten). Im Folgenden sollen diese Reaktionsmuster und die damit verbundenen Körperhaltungen nur in Form von Kurzcharakterisierung beschrieben werden (Bandler & Grinder, 1994, beschreiben z. B. die spezifische sprachliche Syntax, Bosch, 1977, die Empfängerreaktionen ausführlicher).

Dabei ist zu berücksichtigen, dass systemische Aspekte in dieser Kürze sprachlich nicht ausdrückbar sind: So sind z. B. „Empfängerreaktionen" natürlich gleichzeitig auch „Aktionen". Zudem hängt die Empfänger„reaktion" auch davon ab, welches der vier Kommunikationsmuster der Empfänger verwirklicht – in Klammern ist somit jeweils der Typ angegeben.

Kongruente Kommunikationsform. Diesen Mustern gestörter Kommunikation – zur Verbergung der (vermeintlichen) Schwäche des Selbstwertes – stellt Satir die „kongruente Kommunikationsform" gegenüber: Im Kontakt zu sich selbst sendet der Mensch auf allen Ebenen übereinstimmende Botschaften, Diskrepanzen können wahrgenommen und angesprochen werden, Interaktion beruht auf Wertschätzung, Selbstwert, klaren Regeln, Realitätsbezogenheit, Zuverlässigkeit und Zuversichtlichkeit.

Kommunikationsmuster nach V. Satir

1. Beschwichtigen. Wer beschwichtigt, will vermeiden, dass der andere ärgerlich wird. Dazu nimmt er eine vorsichtige und rücksichtsvolle Haltung ein.

Worte: zustimmend, entschuldigend, wohlwollend, nie fordernd
Stimme: leise, weinerlich, vorsichtig, gedrückt
Auftreten: eher vorsichtig, leise bis zaghaft, rücksichtsvoll
Körper: Schultern vorgebeugt, im Sitzen eine Hand offen auf dem Schoß, wenig Atmung
Syntax: viele Einschränkungen: wenn, nur, ganz, gerade; häufiger Konjunktiv (könnte, würde); häufige Störung durch Versuche, Gedanken zu lesen
Selbsterleben: durch Hilflosigkeit und Wertlosigkeit geprägt; versucht, sich nützlich zu fühlen, indem ständig für andere etwas getan wird; Angst vor Ablehnung und Verlassenwerden sowie starken Gefühlen, sucht ständig die eigene Schuld
Empfängerreaktionen: Schuldgefühle (1), Mitleid (1), Schutz- und Hilfsreaktionen (1), Ärger (2), Verachtung (2), Forderungen (2, 3)

Therapie: Arbeit am Ärger, Ressentiments herausheben, Selbstwert steigern, Differenzen hervorheben, Veränderungen anerkennen, Symptomverschreibungen. Fördern: Entscheidungen treffen, Neinsagen, Forderungen stellen, Wünsche äußern, Verantwortung übernehmen.

2. Anklagen. Wer anklagt, will erreichen, dass die andere Person ihn als stark ansieht. Dazu eignen sich forderndes Auftreten und Versuche, den anderen zu beschuldigen und Vorwürfe zu erheben.

Worte: nicht zustimmend („du machst nie etwas richtig"), fordernd, diktatorisch, überlegen, beschuldigend, ablehnend, unterbrechend
Stimme: laut, oft schrill, hart, fest
Auftreten: sich um Antworten zu kümmern, ist unwichtig; sinnbildliche Haltung: beschuldigend ausgestreckter Finger, nach vorn gebeugt, eine Hand in der Hüfte
Körper: Atmung in kleinen, engen Zügen oder ganz angehalten
Syntax: häufig Verallgemeinerungen: jeder, alle, nie, keiner, jedes Mal, immer; Verwendung von negativen Fragen: „Warum tun Sie es nicht", „Wie kommt es, dass Sie ... nicht können?"; zeitliche und situative Zusammenhänge sind oft unkorrekt wiedergegeben oder verbunden
Selbsterleben: Im Vordergrund steht der ungeduldige Wunsch, sich und seine Meinung anerkannt zu bekommen. Je mehr Ärger, desto mehr Verlangen. Ständiges Warten darauf, angegriffen zu werden und zu unterliegen. Person fühlt sich ungehört, unverstanden, ungerecht behandelt, wertlos, erfolglos, einsam. Misstrauisch wird das Erkennen der eigenen Schwäche befürchtet. Angriff ist die beste Verteidigung.
Empfängerreaktionen: Angst (1), Furcht (1), Rückzug (1), Schuldgefühle (1), Ärger (2), Wut (2), Kälte (3), sachliche Erläuterung (3)

Therapie: eigene Grenzen setzen, klare Regeln einführen, destruktive Abläufe unterbrechen, mit Nähe und Distanz experimentieren, schnell und energisch reagieren. Fördern: Ich-Botschaften, Zuhören, Anklage in Bedürfnis übersetzen.

3. Rationalisieren. Wer rationalisiert, will beweisen, dass eine Bedrohung als ganz harmlos angesehen wird. Der eigene Selbstwert soll über den Gebrauch großer Worte gefestigt werden.

Worte: vernünftig, erklärend, begründend, rechtfertigend; es geht um die Unterscheidung von richtig und falsch
Stimme: oft monoton
Körper: unbewegt, gespannt
Syntax: Tilgung der Darstellung von Erlebnisinhalten, d. h., es entfällt oft das Subjekt der aktiven Verben, z. B. „kann gesehen werden" statt: „ich sehe" oder „es ist störend" statt: „es stört mich"; häufig: „man", „es", „Leute"; Verallgemeinerungen, Nominalisierungen: „Frustration", „Stress", „Spannung"
Selbsterleben: Angst vor Erregung und Gefühlen, vor Verlust der Kontrolle und vor Ausgeliefertsein
Empfängerreaktionen: gelangweilt (2, 4), erlebt nichts und zieht sich zurück (3, 4), ablenkend (4), hält Gegenvorträge (4), fühlt sich klein und dumm (2), zollt Bewunderung (1), fühlt sich unbeachtet und macht Vorwürfe (2)

Therapie: sehr langsam, auf Nuancen im nonverbalen Ausdruck achten, Sprache dem Gegenüber anpassen, d. h. nicht zu viele Gefühle, da sonst bedrohlich; viel Anerkennung geben, nonverbalen Ausdruck fördern.

4. Ablenken. Ablenkung hat den Sinn, eine Bedrohung zu ignorieren, als sei diese nicht vorhanden.

Worte: ohne Beziehung, Clownerien, ausweichend, häufiger Themenwechsel; im Extrem: Worte ergeben keinen Sinn, Vermeidung alles Konkreten, irritierend
Körper: eckig und in verschiedene Richtungen weisend, farbig, auffällig, interessante Aufmachung
Syntax: selten direkte Bezugnahme auf das vom Therapeuten Gesagte
Selbsterleben: gleichzeitig Sehnsucht nach und Angst vor Kontakt, Einsamkeit und Sinnlosigkeit, Angst vor Gefühlen, Orientierungslosigkeit; einziges Ziel: den anderen abzulenken
Empfängerreaktionen: unterschiedlich – anfangs oft mit Lachen, Spaß, Bewunderung, bei Fortsetzung aber mit: Irritation, Konfusion (1), Ängstlichkeit, Furcht (1), Einsamkeit, Isolation (1), Befremden, Enttäuschung (2), Ablehnung (2), Ärger und Hass (2), Kontaktabbruch (3), Müdigkeit (3)

Therapie: leiten, Hilfe für vollständige Transaktionen, zu Ende bringen, klar bleiben; wo möglich, körperlichen Kontakt aufnehmen.

Therapeutische Intervention

Da die Heterogenität der „erfahrungszentrierten Ansätze" groß ist und humanistische Psychotherapie ohnedies über ein breites Interventionsspektrum verfügt, können hier nur grobe Grundzüge des therapeutischen Handelns skizziert werden.

Die allgemeine Haltung des Therapeuten entspricht dabei natürlich den Grundprinzipien der humanistischen Psychologie – ist also getragen von Aspekten wie Begegnung, Einzigartigkeit, Ganzheit usw. Von großer Wichtigkeit ist die Spontaneität des Therapeuten in der existentiellen Begegnung – das gilt ganz besonders für die oben genannten „Pioniere" dieser Richtung, die sich als starke Persönlichkeiten keiner schematisierten Technik unterworfen hätten.

Grenzen therapeutischer Technik. So betonte z. B. Kempler (1981), „Experiential Therapy" kenne keine Techniken, sondern nur Personen. Und Whitaker (1976) ergänzte, dass Theorie zwar nützlich für Anfänger sei, später aber sei es wichtiger, man selbst zu werden. Carl Rogers und Joseph Wolpe z. B. hätten zwar auch im Hinblick auf ihre Techniken viele Erfolge vorzuweisen; doch an ihren Schülern zeige sich klar die Grenze der Technik. Der geringere Erfolg dieser Schüler beruhe darauf, dass sie versuchten, die technische und theoretische Struktur ihrer Lehrer zu kopieren statt selbst kreativ zu sein. Jede Therapie sei eine Mischung aus Kunst und Wissenschaft – und für die „Experiential Therapy" sei das Verhältnis 90:10.

Gemeinsame Handlungsstrukturen. Trotz dieser starken Betonung der Authentizität und Spontaneität des Therapeuten gibt es durchaus gemeinsame Handlungsstrukturen, wenn auch sicherlich die Interventionen nicht in einem solchen Ausmaß geplant sind, wie es z. B. für den strategischen Ansatz gilt (s. u.) Das mag für Whitaker vielleicht am eingeschränktesten zutreffen, da er sich selbst als „Therapeut des Absurden" bezeichnete. Er verwendete ungewöhnliche paradoxe Interventionen, versuchte zu schockieren, zu erstaunen, zu verzaubern, zu verwirren (vgl. Hoffman, 1982, S. 234 ff.).

Ziel ist es, die erstarrten Kommunikationsstrukturen ins Fließen zu bringen, das Problem umzudefinieren und den Erfahrungsprozess der einzelnen Personen in der Familie für ihre eigenen Wünsche und Gefühle und die der anderen zu fördern.

Anweisungen für die Gestalt-Familientherapie. Walter Kempler hat für die Gestalt-Familientherapie viele praktische Anweisungen für den Therapeuten gegeben (Kempler, 1975); einige wesentliche davon sind:

- Finde Bedürfnisse heraus – und beginne damit beim Therapeuten!
- Wünsche müssen aufrichtig, detailliert, persönlich sein – und vorzugsweise klein und erfüllbar.
- Während der Therapie werden Ablenkungen zielbewusst auf ein Minimum gesetzt. Die Hitze der Frustration muss genutzt werden, um eine neue Beziehung zu schmieden.
- Das Unmittelbare ist in den Vordergrund zu stellen.
- Sprich lieber zu jedem einzelnen als zu mehreren auf einmal.
- Verankere das Gespräch lieber an der praktischen Wirklichkeit als an Ideen.
- Erlaube nicht, dass Interventionen zum Gesprächsgegenstand gemacht werden.
- Bringe Einzelheiten und nochmals Einzelheiten! Bitte um Feedback und nochmals um Feedback!
- Dirigiere alle anstehenden Mitteilungen zu ihrer wirklichen Zielscheibe: zu der Person, die sie betreffen. Alle Bemerkungen über eine Person, die zu einer Dritten gesagt werden, sind als unerwünschter Klatsch zu betrachten. „Sagen Sie es ihm (ihr, ihnen)!", ist das Stichwort.

Es sei allerdings nochmals darauf hingewiesen, dass diese letzte Anweisung im Rahmen der Technik der zirkulären Befragung genau entgegengesetzt gehandhabt wird. Insgesamt bringt Kempler viele Anleitungen, Hinweise und Kurzbeispiele für erfolgreiche Interventionen, die hier im Einzelnen nicht wiedergegeben werden können. Darüber hinaus machen alle Therapeuten der erfahrungszentrierten Richtung regen Gebrauch von den eingangs dargestellten richtungsübergreifenden Interventionstechniken.

20.5 Strategische Familientherapie

Die familientherapeutische Entwicklung und Diskussion bis Ende der 80er Jahre wurde am stärksten durch die Konzepte der strategischen Familientherapie beeinflusst. „Individuelle" Probleme auf der Ebene der einzelnen Personen wurden weitgehend unberücksichtigt gelassen.

Stattdessen stand die Dynamik der gesamten Familie als kommunikativem System im Zentrum der Betrachtung und Interventionen. Es wurden somit bewusst alle psychischen Phänomene, wie individuelle Konflikte, Bedürfnisse, Schicksale, Motivationen, körperliche Dispositionen usw. vernachlässigt – unabhängig davon, dass und wie diese Manifestationen und Repräsentanten der Familienstrukturen sind.

Pioniere strategischer Familientherapie

Gregory Bateson und Milton Erickson leisteten die Pionierarbeit für die Konzepte der strategischen Therapie. Die wichtigsten Verfechter in den 70er und 80er Jahren waren Jay Haley, einige (ehemalige) Kollegen der Palo-Alto-Gruppe – besonders Paul Watzlawick, John Weakland und Richard Fisch (Haley verließ das MRI 1967 und ging bis 1976 zu Minuchin) –, ferner Gerald Zuk (der früher eher psychodynamisch orientiert war) und Lynn Hoffman.

In Europa wurde der strategische Ansatz besonders durch die Gruppe um Mara Selvini Palazzoli in Mailand vom MRI übernommen und unter der Bezeichnung „systemische Therapie" eigenständig weiterentwickelt. Die folgende Aussage mag ihre Konzeption treffend kennzeichnen: „Es ging nun nicht mehr darum, der Familie rational ihre Situation verstehen zu helfen, zu erklären oder zu interpretieren. Vielmehr ging es darum, so schnell wie möglich das Spiel der Familie zu erfassen, das zur Aufrechterhaltung der Symptome beiträgt" (Selvini Palazzoli et al., 1977)

Mara Selvini Palazzoli. Mara Selvini Palazzoli begann (wie ja fast alle Begründer anderer Richtungen) als Psychoanalytikerin. Ende der 60er Jahre legte sie ein Buch vor (auf Italienisch), das ihre psychoanalytischen Erfahrungen mit Pubertätsmagersucht, Anorexia nervosa, zusammenfasste – und die dürftigen Erfolge trotz Einzelbehandlungen von oft mehreren 100 Stunden. In der 1974 erschienenen englischen Ausgabe (deutsch, 1982) waren bereits einige Kapitel hinzugefügt, in der erste Ergebnisse ihres familientherapeutischen Ansatzes berichtet werden: In gut ein Dutzend Familien, mit denen sie nach diesem Ansatz (s. u.) gearbeitet hatte, verschwand die Anorexie nach etwa 15 Sitzungen dauerhaft. In „Paradoxon und Gegenparadoxon" (1977, ital. EV 1975) legte sie Konzeption und Ergebnisse ihrer Arbeit mit schizophrenen Familien vor – mit ebenso verblüffenden Erfolgen.

Strategischer Ansatz des Mailänder Modells

Verstörung der Kommunikationsstrukturen. Die zugrunde liegende Überlegung ist dabei grob skizziert folgende: Wenn die Beeinträchtigungen, derentwegen die Familie in die Therapie kam – z. B. bestimmte Symptome bei einem Mitglied – wesentlich als Erscheinungsbild von familiären Kommunikationsstrukturen verstanden werden können oder zumindest durch diese Strukturen aufrecht erhalten werden, müsste eine Veränderung bzw. Zerstörung dieser Strukturen eine Besserung zur Folge haben. Dabei müsste man sich noch nicht einmal die Mühe machen, genau analytisch zu erfassen, welche Struktur es war, die man zerstörte.

Im Gegensatz zum strukturellen Ansatz Minuchins stehen hier also weniger normative Überlegungen hinsichtlich einer „gut funktionierenden Familie" im Zentrum. Vielmehr kennzeichnet der im Einführungskapitel erwähnte Begriff der „Verstörung" eines Systems (Ludewig, 1992) am klarsten die Intention des Therapeuten: Die eingefahrenen, starren Strukturen werden so verstört, dass das System ein neues dynamisches Gleichgewicht finden muss. Typische therapeutische Strategie ist daher die paradoxe Intervention.

Hoffman (1982) kennzeichnet den Unterschied des strategischen gegenüber dem strukturellen Ansatz auch dadurch, dass Minuchin auf der abstrakten Ebene (der Struktur) anfängt und sich ins Familiensystem einarbeitet, während strategische Therapeuten auf der Ebene spezifischer Aspekte beginnen und sich zu einer Gesamtsicht der Familie vorarbeiten, um dann z. B. die paradoxe Intervention zu setzen.

Parallelen zur Hypnosetherapie. Jay Haley, der den Begriff „strategische" Familientherapie prägte, zeigt Parallelen auf zwischen dem strategischen Ansatz und der Hypnosetherapie (wie sie insbesondere von Milton H. Erickson geprägt ist, bei dem Haley mehrere Jahre in Ausbildung war). So setzt z. B. der Hypnotiseur in jeder Trance-Induktion paradoxe Elemente ein: Beispielsweise wird der Widerstand, der immer nach einiger Zeit auftritt, umgedeutet, indem der Therapeut dazu auffordert, das zu tun, womit Widerstand geleistet wird. Der Patient darf, ja soll also Widerstand gegen die Führung des Therapeuten leisten – aber unter der Führung des Therapeuten. Dies entspricht ziemlich genau einer Symptomverschreibung bei der paradoxen Intervention (vgl. Haley, 1978).

> **Beispiel: Paradoxe Intervention bei Hundeangst**
> In einem ausführlich dokumentierten Fall (Haley, 1977) wird eine besonders raffinierte Form paradoxer Intervention gewählt: Der Patient ist ein achtjähriger Junge mit einer so starken Hundeangst, dass er das Haus kaum verlässt und kopflos in den Straßenverkehr rennt, wenn er einem Hund begegnet. Nach einigen Sitzungen Familientherapie (in der z. B. ein verdeckter Konflikt der Eltern deutlich wird), ist der Junge so weit, dass er mit dem Vater zusammen einen kleinen Welpen kaufen kann – das in der Therapie festgelegte Kriterium für die Auswahl des Hundes ist dabei, dass dieser vor ihm Angst hat. Die Aufgabe des Jungen besteht im weiteren Verlauf nun darin, den Hund von dieser Angst zu „heilen", indem er ihm „vorspielt", er, der Junge, hätte Angst vor dem Hund. Dieses paradoxe Arrangement war wirksam: Nach wenigen Wochen war der Junge seine Hundeangst los.

Programm mit invarianten Verschreibungen. Noch stärker wird der strategische Aspekt anhand eines Forschungsprogramms mit „invarianten Verschreibungen" deutlich, das Selvini Palazzoli und Prata 1985 veröffentlichten. Für 19 Familien (sechs Fälle chronisch kindlicher Psychose, zehn chronisch schizophrene Patienten und drei mit halluzinatorischen Psychosen), entwickelten sie folgendes stark strukturiertes Programm:

Nach zwei Sitzungen mit der Kernfamilie (die im Wesentlichen der Informationsbeschaffung dient) werden die Eltern allein zur Therapie bestellt. In dieser dritten Sitzung wird die Reaktion der Kinder (bzw. des Kindes) und die der Eltern auf die gegebene Anweisung besprochen, dass nur die Eltern allein kommen sollten. Die Sitzung endet mit einer vierstufigen Anweisung:

(1) Der gesamte Inhalt der Sitzung wird unbedingt vor allen Familienangehörigen geheim gehalten.
(2) Etwa eine Woche nach diesem Termin sollen die Eltern beginnen, allein vom späten Nachmittag bis 23 Uhr auszugehen. Niemand darf wissen, wo sie sind, sie hinterlassen nur eine kurze Notiz: „Heute Abend sind wir nicht zu Hause" (wann und wie oft, wird genauestens mit dem Therapeuten festgelegt).
(3) Auf Fragen haben sie nur zu antworten: „Das sind Dinge, die nur uns beide angehen."
(4) Jeder der Eltern führt für sich ein geheimes Tagebuch, in das möglichst alle Reaktionen aller Familienmitglieder eingetragen werden. Nach Stufe (4) kommen (wenn die Eltern dies befolgt haben) Ausflüge analog zu (2) von zwei Tagen – was später von zehn Tagen bis zu einem Monat gesteigert wird.

Dieses Vorgehen mag für einen „klassischen" Kliniker ebenso absurd wie unverantwortlich erscheinen. Immerhin aber hatten alle Fälle „sehr schwere, entmutigende Krankengeschichten" – galten also im Sinne „üblicher" Psychiatrie als „unheilbar". Dennoch zeigte, nach Angaben der Forscher, der identifizierte Patient in zehn der 19 Familien rasch eine Besserung und gab schrittweise sein symptomatisches Verhalten auf (in den anderen neun Fällen wurden die Anweisungen nicht eingehalten – meist wurde das Geheimnis verraten). „Die Verordnung unterbricht offenbar das laufende Spiel, ohne dass es für den Therapeuten notwendig ist, zuvor zu verstehen, welches Spiel abgelaufen ist" (Selvini Palazzoli & Prata, 1985, S. 279). Der strategische Ansatz zielt also darauf ab, „eine Familie zum Handeln zu bringen, anstatt zum Reden" (S. 281) – wobei mit „Reden" hier eher „Klagen", „Erklären" usw. ge-

meint ist und nicht „Kommunizieren", denn die massive Veränderung der Kommunikationsstrukturen ist gerade ein wichtiger Aspekt auch des strategischen Ansatzes.

Ob diese Anfangserfolge wirklich Bestand hatten und ob sich diese Vorgehensweise in ähnlichen Kontexten wiederholen ließ, ist nicht bekannt. Das Beispiel diente daher auch nur der Verdeutlichung der radikal strategischen Position.

Auflösung des Mailänder Teams. Inzwischen hat sich das Mailänder Team längst aufgelöst: Ende der 70er Jahre trennten sich die beiden Männer im Team, Boscolo und Cecchin, und schlugen einen anderen therapeutischen Weg ein. Sie kritisierten in Publikationen die „Metaphern des Kalte-Kriegs" in der Sprache des Mailänder Ansatzes – wie „Manöver", „Gegenangriffe", „Strategie" etc. – und entwickelten selbst eine Arbeitsweise, in der narrative Strukturen, Metaphernanalyse und vor allem dialogische Aspekte eine viel größere Bedeutung haben (Boscolo et al., 1988; Boscolo et al., 1994).

Selbstkritik und Fokuserweiterung. Auch bei den Frauen des ursprünglichen Mailänder Teams ist eine starke Wende eingetreten. So sprechen Selvini Palazzoli et al. (1987) von familiärem Reduktionismus und bezeichnen es inzwischen als Irrtum, den Hypothesen über das Beziehungssystem die ausschließliche Aufmerksamkeit zuzuwenden. Sie fordern Modelle, die es ermöglichen, biologische, individuelle, familiäre und soziale Ebenen zu integrieren (S. 145). Selbstkritisch merken sie an, in früheren Phasen „päpstlicher als der Papst" gewesen zu sein und einzelne Individuen als „Fallen" begriffen zu haben, die man sorgfältig hätte vermeiden müssen.

Selvini Palazzoli und Prata bezogen nun stärker individuumbezogene Aspekte mit ein und näherten sich den ursprünglich verschmähten psychoanalytischen Sichtweisen wieder an (Selvini Palazzoli et al., 1987).

Wenn im Folgenden der konzeptionelle Hintergrund des strategischen Ansatzes mit Bezug auf den ursprünglichen Rahmen des Mailänder Modells erörtert wird, dann deshalb, weil diese Aspekte für die strategische Perspektive der systemischen Familientherapie typisch sind. Auch andere und neuere Konzepte – wie z. B. das „reflektierende Team" von Tom Andersen – haben sich oft in einer Auseinandersetzung mit dem Mailänder Modell entwickelt.

Pathogene Familienstrukturen

Allen Konzepten therapeutischer Intervention im Mailänder Modell liegt die Perspektive zugrunde, dass nicht das einzelne Familienmitglied, auch nicht der identifizierte Patient und nicht einmal die Familie selbst das Objekt dieser Interventionen ist, sondern das „Familienspiel": Jede Familie konstituiert sich in einem gewissen Zeitraum, Transaktionen werden quasi experimentell erprobt, bis das System zu einer Struktur findet, die durch Regeln gesteuert wird.

Transaktionen als Symptommanifestationen. Eine „pathologische" Familie reguliert sich somit durch Transaktionen, die die Art der Symptome widerspiegeln. Das Konzept des Konstitutionsprozesses einer Familie leugnet keinesfalls, dass die sich zusammenfindenden Personen (in der Regel das Ehepaar) nicht bereits bestimmte Erfahrungen und Gewohnheiten mitbringen, die dann in die Ausdifferenzierung bestimmter Regeln einfließen.

So verweisen Selvini Palazzoli et al. (1977) auf Bowens Behauptung, dass mindestens drei Generationen notwendig seien, um einen Schizophrenen hervorzubringen: Das Elternpaar stammt demnach aus Ursprungsfamilien mit jeweils starren Normen. Kommt nun noch eine Scheu vor persönlicher Auseinandersetzung hinzu (z. B. aus Angst vor Abweisung), so ist die Grundlage für ein Regelsystem gelegt, in dem als Symptom Schizophrenie entsteht. Bei der Beschreibung schizophrener Familien geht die Mailänder Gruppe von der Perspektive aus, die die Bateson-Gruppe im Rahmen der Double-Bind-Theorie herausgearbeitet hatte: Kern ist ein Paradoxon aufgrund von inkongruenter Kommunikation auf der Inhalts- und der Beziehungsebene, dem man sich nicht durch Metakommunikation (oder offene Flucht) entziehen kann.

Machtkampf um Beziehungsdefinition. In schizophrenen Familien wird nun Metakommunikation durch einen „Nebelschleier" (Selvini Palazzoli) verhindert, der durch die Scheu entsteht, sich auseinander zu setzen und die Beziehungen zu definieren. Hinzu kommt noch ein subtiler Machtkampf in einer symmetrischen Beziehung: Jeder will die Kontrolle über die Definition der Beziehung erlangen, weicht aber dem gefürchteten Fehlschlag und der Niederlage aus, indem er zu einem wirksamen Mittel greift: die eigene Definition der Beziehung abzuwerten, und zwar, bevor der andere es tun kann, (um) dem unerträglichen Schlag zuvorzukommen. (Selvini Palazzoli et al., 1977, S. 31).

In diesem Zusammenhang arbeiten die Autoren zwei Möglichkeiten der Entwertung heraus, die sie beobachtet haben: erstens die Botschaften und Beziehungsdefinitionen der anderen zu ignorieren, zweitens beim Senden der Botschaften irgendwie zu signalisieren: „ich existiere nicht in der Beziehung mit dir" – jemand der nicht existiert, kann nicht verletzt werden und man kann die Beziehung zu ihm nicht bestimmen.

Aufrechterhaltung des Kommunikationsspiels. Der Kern des sich daraus ergebenden Kommunikationsspiels (ausführlich a. a. O.) ist, dass alle Transaktionen nur Schachzüge sind, alles immer nur vorgetäuscht wird. Wegen der symmetrischen Beziehung darf das Spiel nie zu Ende gehen, denn solange es andauert, besteht zumindest theoretisch die Möglichkeit, es zu gewinnen – jedenfalls hat man nicht verloren. Die Homöostase hängt also von der Aufrechterhaltung des Spiels ab – „ein absurdes Spiel, bei dem die Spieler sich vornehmen zu gewinnen, während die oberste Regel des Spiels das Verbot ist, zu gewinnen bzw. zu verlieren" (S. 41).

Der Schizophrene ist nun jemand, der den Schachzug eines Familienmitgliedes, mit dem Verlassen des Systems (und dem Ende des Spiels) zu drohen, damit beantwortet, dass er bereits gegangen sei – er sei nur noch körperlich anwesend, als ein Fremder also. Er „opfert" sich quasi (allerdings auch nur als Schachzug), damit das Spiel weitergehen kann, denn darauf müssen die anderen reagieren.

Schizophrenes Verhalten ist so gesehen die Aufforderung, die Definition der Beziehungen zu verändern – doch ist diese Aufforderung paradox, denn diese Beziehungen sind ja nie definiert worden. „Wer ist stärker in dem Spiel, eine Beziehung zu definieren, die als undefinierbar definiert ist? Der Schizophrene? Oder der, der ihn dazu gemacht hat?" (S. 47). Diese Kennzeichnung schizophrener Familieninteraktion stimmt übrigens auch mit Haleys ausführlicher Analyse schizophrener Interaktion überein (vgl. Haley, 1978, amerik. EV 1963).

Strategische Intervention

Gegenparadoxon. Sowohl durch Erfahrungen mit erfolglosen Versuchen, im System die Regeln zu ändern (also gewissermaßen mitzuspielen), als auch durch die Veröffentlichungen der Bateson-Gruppe, die mit „therapeutischen Doppelbindungen" experimentierte, kamen die Autoren zu dem Schluss, diese Technik der therapeutischen Doppelbindung in erweiterter Form, als sog. „Gegenparadoxon" zu verwenden: Es geht im Sinne der paradoxen Intervention darum, die Logik des paradoxen Spiels außer Kraft zu setzen. Auf diese Weise kann verhindert werden, in das Spiel mit einbezogen zu werden: „Derjenige, der das Spiel mitspielt, hat es bereits verloren".

Mailänder Setting. Das Mailänder Team hatte ein spezielles Setting entwickelt: Zwei Therapeuten arbeiten mit der Familie, zwei weitere beobachten den Prozess durch einen Einwegspiegel. Zwischen den beiden Teilteams besteht reger Kontakt, da über ein Telefon zwischen beiden Räumen kommuniziert werden kann: So kann ein Therapeut herausgehen, um etwas mit den Beobachtern zu besprechen. Er kann auch herausgerufen werden, oder schriftliche Botschaften werden hereingereicht (z. B. welche Fragen zu stellen sind) usw.

Dies dient einerseits dazu, den Prozess des Hypothetisierens (s. u.) über die Interaktionen, die wichtigen zu erfragenden Informationen und die Interventionen möglichst zu optimieren. Ein nicht unwichtiger Nebeneffekt besteht aber darin, dass die Familie solche Therapeuten, die ganz offensichtlich von außen „beherrscht" werden, nicht in ihr Spiel einbeziehen kann: Der Versuch, diese Therapeuten selbst zu beherrschen, ist offenbar zwecklos.

Gegen Ende der Sitzung wird eine Pause gemacht, in der sich das gesamte Team in einem Nebenraum miteinander bespricht. Dann verkündet das Team z. B. geschlossen eine „Definition der Situation" oder eine Aufgabe. Allerdings macht auch eine Vorgehensweise wie das „therapeutische Splitting" in dieser Konstellation einen besonderen Sinn: Der Therapeut kommt dabei nach der Beratung im Team wieder herein und spiegelt die bestehende Ambivalenz etwa in folgender Form wider: „Wir sind uns nicht einig geworden: Meine Kollegen hinter dem Spiegel meinen, dass Sie derzeit noch nichts an dem Problem verändern sollten, weil . . . Ich persönlich aber meine, dass . . .". Auch ein solches Vorgehen macht eine „Beherrschung" der Therapeuten durch die Familie praktisch unmöglich.

Lange Kurzzeittherapie. Die Sitzungen dauerten ca. eine Stunde und fanden nur in vier- bis fünfwöchigen Abständen statt: Die Erfahrung zeigte, dass so lange Abstände günstig waren, um der Familie die Möglichkeit zur Veränderung zu geben. Selvini Palazzoli sprach daher von „langer Kurzzeittherapie": eine sehr geringe Anzahl Sitzungen über einen großen Zeitraum verteilt. Versuche, Termine vorzuverlegen – etwa weil die Symptome sich extrem verschlechtert haben – wurden als Hinweise auf Veränderung und Versuche interpretiert, die Prozesse zu boykottieren, und höflich, aber bestimmt abgelehnt.

Positive Konnotation. Der erste wesentliche Schritt des Gegenparadoxons besteht darin, die Selbstdefinition der Familie umzuformulieren. Das Mittel ist „positive Konnotation" (Selvini Palazzoli): Sowohl das symptomatische Verhalten des identifizierten Patienten als auch das Verhalten der anderen Familienmitglieder, die dies (im systemischen Sinn) unterstützen, wird positiv für die dynamische Stabilität des Familiensystems definiert.

Koalition zwischen Mutter und Tochter

Einer Familie mit einer 22-jährigen Tochter, Sofia (Symptome: extrem psychotisches Verhalten mit Delirien), wird am Ende einer Sitzung folgende Botschaft vorgelesen und überreicht (nachdem das Team aufgrund der Beobachtungen eine verdeckte Koalition zwischen Sofia und der Mutter hypothetisch angenommen hat): „Wir sind sehr bewegt über die Aktion, die Papa, Antonio, Lina, Celia und Renzino machen, um Sofia dazu zu bringen, Mamas Leben wieder mit einem Sinn zu erfüllen. Sie sind nämlich zu der Überzeugung gekommen, dass abwechselnd immer einer in der Familie Mamas Interesse wach halten müsse, und sei es auch in einer Form, dass sie darunter leidet. Da sie Sofias Unabhängigkeitsdrang kennen, wissen sie recht gut, dass sie Sofia, je mehr sie sie drängen, sich von der Mutter zu lösen, umso stärker zwingen, sich an die Mutter zu klammern. – Das Therapeutenteam" (Selvini Palazzoli et al., 1977, S. 141).

Dabei beobachten die Therapeuten sehr sorgfältig die Reaktionen der einzelnen Mitglieder, um daraus weitere Hypothesen und Strategien für die nächste Sitzung zu entwickeln. Die positive Konnotation ist analog zur paradoxen Symptomverschreibung zu sehen, denn „was soll ein Mädchen tun, das von den Therapeuten als so unabhängig definiert wird, dass es von den anderen gezwungen wird, abhängig zu sein, um sich unabhängig zu glauben?" (ebd.).

→ **Beispiel 20.5** Die selbstmordgefährdeten Schwestern

Drei zentrale Konzepte. Selvini Palazzoli et al. (1981) resümieren in einem Artikel nochmals die Grundregeln und Methoden ihres (früheren) Ansatzes. Sie kommen dabei zu drei zentralen Konzepten:

▶ **Hypothetisieren** – Die von den Therapeuten gesammelte komplexe Information in Bezug auf das Symptom muss in systemische Hypothesen gebracht werden. Diese Hypothesen gelten jeweils als Ausgangspunkt für die Informationserhebung und die Intervention (siehe obiges Beispiel). Damit wird dieses Vorgehen zu einem experimentellen Tun im Sinne der Aktionsforschung: Das Prüfen der Hypothesen (unabhängig, ob sie richtig oder falsch sind) ist ein Eingriff in das zu untersuchende Feld. Besonders, wenn die Hypothese richtig und wirksam war, modifiziert sie das System, das allein schon hierdurch in der nächsten Sitzung ein anderes ist. Handlung als „Datensammlung" und Handlung als „Intervention" sind somit nicht mehr getrennt.

▶ **Zirkularität** – Darunter verstehen die Autoren zunächst ganz allgemein „die Fähigkeit des Therapeuten, sich selbst in seiner Befragung vom Feedback leiten zu lassen, das sich ihm aus dem Verhalten der Familie darbietet, wenn er um Information über ihr Verhalten untereinander, d. h. über die Unterschiede und Veränderungen bittet" (ebd., S. 131). Konkret bedeutet das, bei der Befragung besonders Unterschiede im Verhalten hervorzuheben (statt Gefühle oder Interpretationen). Hierzu hatte das Mailänder Team bekanntlich die Technik der zirkulären Fragen entwickelt (s. o.). Dabei werden auch nicht anwesende Personen und hypothetische Situationen angesprochen. Ein Beispiel: „Wer mischt sich mehr in den Streit deiner Eltern ein, dein Großvater oder deine Großmutter?" oder: „Wenn eines von euch Kindern zuhause bleiben würde ohne zu heiraten, wer wäre da wohl am besten für Euren Vater? Und wer wäre am besten für Eure Mutter?" Auch geht es darum, wie jedes Familienmitglied auf das Symptom reagiert, statt „in langweilige Aufzählungen symptomatischer Verhaltensweisen verstrickt zu werden" (S. 135). Beispiel: „Wenn X a tut, wie reagiert dann Y? Und wie reagiert Z?" Ein Vorteil dieser Vorgehensweise ist, neben detaillierter Information, differenziertes Denken und Unterscheiden bei den Familienmitgliedern zu fördern – Fähigkeiten, an denen es in vielen Familien stark mangelt.

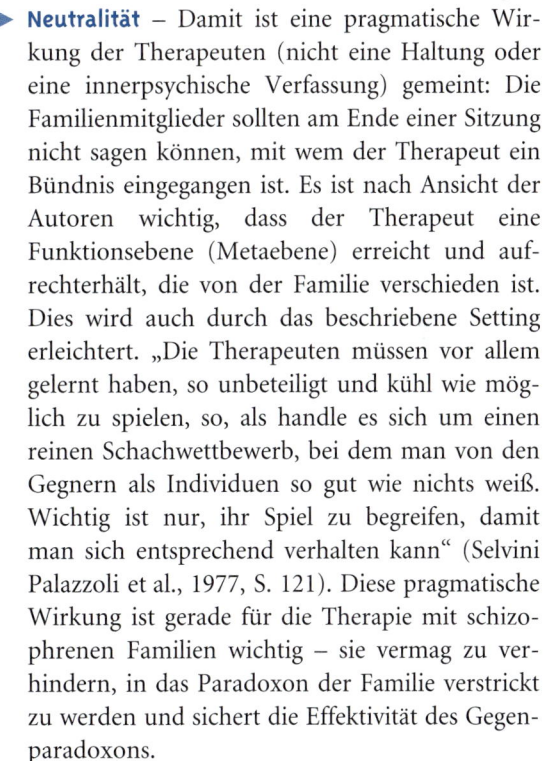

▶ **Neutralität** – Damit ist eine pragmatische Wirkung der Therapeuten (nicht eine Haltung oder eine innerpsychische Verfassung) gemeint: Die Familienmitglieder sollten am Ende einer Sitzung nicht sagen können, mit wem der Therapeut ein Bündnis eingegangen ist. Es ist nach Ansicht der Autoren wichtig, dass der Therapeut eine Funktionsebene (Metaebene) erreicht und aufrechterhält, die von der Familie verschieden ist. Dies wird auch durch das beschriebene Setting erleichtert. „Die Therapeuten müssen vor allem gelernt haben, so unbeteiligt und kühl wie möglich zu spielen, so, als handle es sich um einen reinen Schachwettbewerb, bei dem man von den Gegnern als Individuen so gut wie nichts weiß. Wichtig ist nur, ihr Spiel zu begreifen, damit man sich entsprechend verhalten kann" (Selvini Palazzoli et al., 1977, S. 121). Diese pragmatische Wirkung ist gerade für die Therapie mit schizophrenen Familien wichtig – sie vermag zu verhindern, in das Paradoxon der Familie verstrickt zu werden und sichert die Effektivität des Gegenparadoxons.

20.6 Narrative Familientherapie

Einfluss postmodern-narrativer Ideen
In den 90er Jahren des 20. Jahrhunderts war in unterschiedlichen Geistes- und Sozialwissenschaften eine deutliche Zunahme an Beiträgen mit postmodernem und narrativem philosophischen Hintergrund zu verzeichnen. Davon blieben auch die systemtherapeutischen Konzepte nicht unberührt. Vielmehr trugen diese Ideen dazu bei, dass die in den vorhergehenden Abschnitten beschriebenen Konzepte und Arbeitsweisen modifiziert wurden und zunehmend stärker die konstruktiven Aspekte der Realität Berücksichtigung fanden.

Die Interdependenz zwischen „individuellen" und „familiären" Wirklichkeiten wurde wieder entdeckt und das von vielen als „Relikt einer antiquierten epistemologischen Sichtweise" diskreditierte Subjekt konsequenterweise wieder stärker in die Betrachtungen und Interventionen einbezogen.

Einbezug von Sinndeutungen. Zudem geriet zunehmend wieder ins Bewusstsein von systemischen Therapeuten, dass Sinndeutungen, verwoben zu Geschichten, so etwas wie Realität aufbauen – und dass der Therapeut in die Geschichten und ihre Veränderungen eingewoben ist, statt diese nur strategisch oder strukturell, „von außen" zu beeinflussen. In diesem Zusammenhang wird von „Kybernetik zweiter Ordnung" gesprochen: Beobachter bzw. Intervenierender und das Beobachtete bzw. das System, in das interveniert wird, sind nicht mehr streng trennbar. Die Sichtweise ging somit von der distanzierten Intervention zur gemeinsamen Konversation: zum therapeutischen Gespräch aller Beteiligten über ebensolche Sinndeutungen in Form von Problemen, Lösungsmöglichkeiten, Erklärungen usw.

Eröffnung neuer Perspektiven. Für Therapeuten wurde dabei immer weniger wichtig, eine Kompetenz zur inhaltlichen Analyse eines Problems oder eines Interaktionsmusters zu haben, als vielmehr eine Kompetenz für den Prozess der Veränderung – eine Veränderung, die wegführt von solchen Geschichten, die eher einengen, kaum mehr Handlungsalternativen ermöglichen und immer wieder „zum Selben" führen, hin zu solchen Geschichten, die neue Perspektiven, Ideen, Sicht- und Handlungsmöglichkeiten eröffnen.

Lösungsorientierte Kurztherapie
Die von Steve de Shazer am „Brief Family Therapy Center" in Milwaukee, USA, entwickelte „lösungsorientierte Kurztherapie" zentriert die Arbeit stark auf die vorhandenen Ressourcen des Systems.

Ausnahmen im Blickpunkt. So werden z. B. nicht lange die Probleme in ihrer Geschichte, interaktionellen Verstrickung und Bedeutung betrachtet, sondern die situativen Ausnahmen in den Blickpunkt gerückt. Es geht dabei um jene Umstände, unter denen diese Probleme einmal nicht auftreten. Dadurch wird die Aufmerksamkeit auf Lösungswege gerichtet, die offenbar bereits vorhanden sind, aber bisher zu wenig beachtet wurden.

In der Sprache der Systemtheorie könnte man sagen, dass hier auf die bereits im System angelegten – aber von anderer Dynamik zu stark verdeckten – Ordner rekurriert wird, die durch ihre Wahrnehmung und Benennung einen größeren Stellenwert erhalten können.

Vereinbarung von Therapiezielen. Typisch für diese Vorgehensweise ist auch die Vereinbarung von Therapiezielen. Dies lässt sich leicht mit der sog. „Wunderfrage" verbinden: „Wenn Sie morgen früh durch ein Wunder dieses Ziel erreicht hätten bzw. das Problem über Nacht verschwunden wäre, woran genau würden Sie dies merken? Was würden Sie als Erstes machen? Wie würden Ihre Familienangehörigen, Ihr Chef ... reagieren?" Auch dies schärft die Wahrnehmung für die kleinen Veränderungen in Richtung auf das Ziel bzw. die möglicherweise schon erreichten Schritte – besonders auch in der Folgezeit. Unterstützt wird dies durch Hausaufgaben, die sowohl die Beobachtungsfähigkeit für Veränderungen als auch die Aufmerksamkeit für kleine Verhaltensänderungen schärfen sollen.

Therapie als System. Die Familie spielt hier ggf. nur eine untergeordnete oder sogar gar keine Rolle – die Vorgehensweise eignet sich somit auch für systemische Einzeltherapie. Wesentlich ist, ob die anderen Teilnehmer an der Sitzung bereit sind, den Prozess der Neudefinition von Realität zu unterstützen. Dies wird in einem Zitat prägnant zusammengefasst, mit dem de Shazer (1997) einen Beitrag unter dem Titel „Therapie als System" beendete:

„Zusammenfassend behaupte ich, dass es unwahrscheinlich ist, dass die Familientherapie ihre Definition des ‚beobachteten Systems' von ‚Familie als System' zu ‚Therapie als System' ändert, solange eine objektive (d. h. die Realität als ‚außerhalb' und unabhängig von unserer Beobachtung von ihr verstandene) Sicht als möglich und nützlich betrachtet wird.

Die moderne Wissenschaft hat schon lange die Idee des unabhängigen Beobachters aufgegeben; von Glasersfeld, von Foerster, Watzlawick und andere konstruktivistische Philosophen haben die ‚Realität der Realität' sehr ausführlich behandelt. Innerhalb unseres Geltungsbereiches kann man die Schwierigkeiten der Klienten am besten als Konstruktionen begreifen, die mit bestimmten Aspekten ihres sozialen Lebens zu tun haben und durch sie selbst in konkreten sozialen Beziehungen und Settings (Miller, 1986) erzeugt werden. Das Therapiesystem verbindet Therapeuten und Klienten in einer Rekonstruktion dieser Aspekte so, dass diese von den Klienten nicht mehr als beschwerlich erlebt werden." (S. 303)

Therapie mit problemdeterminierten Systemen

Die narrative Diskussion innerhalb der Familientherapie wurde stark von Veröffentlichungen und der Arbeitsweise Harold A. Goolishians (University of Houston) beeinflusst. Bis zu seinem Tod 1992 leitete er das Galveston Familiy Institute, Texas (Nachfolgerin ist die langjährige Koleiterin Harlene Anderson, die auch bei vielen Beiträgen Koautorin war).

Die „brauchbarste Art, die menschliche Gemeinschaft wahrzunehmen", so Goolishian, sei es, Menschen als solche Systeme zu begreifen, die vor allem Bedeutung erzeugen. Sie tun dies durch sprachlichen und kommunikativen Austausch.

Aus diesem Grunde sei es am sinnvollsten, auch in der Therapie mit „problemdeterminierten Systemen" zu arbeiten: Diese sind eher durch kommunikative Handlungen als durch willkürliche und voreingenommene Begriffe einer sozialen Struktur (wie z. B. „Rolle") gekennzeichnet. In der Tat lässt sich oft beobachten, dass Menschen zusammenkommen, um über ein bestimmtes Problem zu reden – diese haben nicht selten ohne dieses Problem sogar keinen oder wenig Kontakt. Das Problem macht somit diese Menschen (besser: ihre spezifischen Kommunikationen und Verhaltensweisen in Bezug auf das Problem) zum Teil dieses Problemsystems.

Dialogischer Raum. Entsprechend betonen Goolishian und Anderson (1997, S. 283), dass der Therapieprozess auf der Konstruktion eines Kontextes beruhe, der wiederum durch einen dialogischen Raum gebildet werde. In einem solchen kommunikativen Raum sind die Mitglieder eines problemdeterminierten Systems damit beschäftigt, das Ungesagte zu erforschen. Sie bemühen sich, neue Bedeutungen und neues Verstehen zu entwickeln.

Therapie bietet, so gesehen, vor allem die Gelegenheit, gemeinsam eine neue Konversation, eine neue Sprache und neue Realitäten zu erkunden. Diese Realitäten sind mit der jeweils individuellen Art verträglich, wie wir unseren Erfahrungen Bedeutung zuschreiben. „Die Systeme, mit denen wir arbeiten, existieren nur in der Sprache, und deshalb existieren auch Probleme, nur in der Sprache. Das Ziel der Therapie liegt nicht darin, Lösungen für Probleme zu finden, sondern an einem Prozess teilzunehmen, in dessen Verlauf eine Sprache entwickelt wird, in der das Problem nicht mehr existiert."

Kunst des Dialogs. Aus dieser Perspektive wird Therapie als „Kunst des Dialogs" gesehen: Ein dialogisches Gespräch soll in Gang kommen und aufrecht erhalten werden, in dem ständig neue Bedeutungen entstehen, die auf die „Auflösung" eines Problems hinwirken. Probleme existieren also, so betont Goolishian, in der Sprache – und ein therapeutisches System ist ein sprachliches System: Auch dieses organisiert sich um das Sprechen über bestimmte Fragen, die das System erhalten. Ist das Problem „gelöst", löst sich auch (dieses spezielle) therapeutische System wieder auf.

Für die praktische Arbeit heben Goolishian und Anderson (1997, S. 272) hervor, dass es als Therapeut wichtig sei, ein guter Zuhörer zu sein. Zu rasches Verstehen berge nämlich die Gefahr in sich, dass Missverständnisse und Vorurteile entstünden. Verstehen sei ein Vorgang, der sich mit dem Fortgang des Gespräches ändere. Die Kompetenz des Therapeuten besteht demnach darin, einen Kontext zu bieten, in dem alle Beteiligten Gelegenheit zu einem dialogischen Austausch haben.

Die Position des Therapeuten soll dabei durch „Gegenseitigkeit, Bescheidenheit und Respekt" gekennzeichnet sein. „Durch Respekt und Neugier gegenüber Menschen und ihren Ideen, gegenüber uns selbst und unseren Klienten, durch Offenheit und Flexibilität gegenüber der Entwicklung neuen Sinns und Verstehens in dieser therapeutischen Haltung wird weder das Erleben von Sinn noch die Integrität irgendeines der Beteiligten angefochten" (S. 270).

→ **Beispiel 20.6** Fragen als Interventionen

Das reflektierende Team

Die gleiche Grundeinstellung finden wir auch beim reflektierenden Team, das auf den Norweger Tom Andersen zurückgeht. Dieser Ansatz lässt sich allerdings auch zunächst durch das Setting beschreiben, das aus einer Modifikation des Mailänder Settings entstanden ist:

Es wird dabei zwischen zwei Gruppen getrennt, nämlich:

- Die Familie (bzw. Paar, Arbeitsteam oder andere Konstellationen von Menschen, in deren alltäglichem Miteinander Probleme auftreten) zusammen mit einem oder zwei Therapeuten, deren Hauptaufgabe es ist, möglichst viel Information über die Sichtweisen und Problemdefinitionen der Familie explizit zu machen.
- Im selben Raum anwesend, aber deutlich abgerückt davon, befindet sich ein weiteres Team von ca. zwei bis vier Therapeuten, die den Prozess aufmerksam verfolgen, aber nicht eingreifen. Allerdings wendet sich die Familie mit ihren Therapeuten nach ca. 15 min – dann nochmals nach rund weiteren 20 bzw. 45 min – diesem Team zu, das nun über das Wahrgenommene miteinander „reflektiert", während nun die anderen nur zuhören und nicht eingreifen.

Aufgabe dieser „Reflexionen" ist es, möglichst viele neue Deutungen, Lösungsentwürfe, Ideen, Perspektiven zu entwickeln, die folgende Bedingungen erfüllen: es sollen wertschätzende, positive Konnotationen sein – wobei „positiv" nicht bedeutet, „alles gutheißen" zu sollen, sondern die Äußerungen können durchaus auch Konfrontationen derart enthalten, dass daraus ein Bemühen um Begegnung und Verständnis erfahrbar wird (besser wäre daher vielleicht, von „nicht abwertenden, nicht beurteilenden" Konnotationen zu sprechen); sie sollen in der Konjuktivform geäußert werden, und sie sollen insgesamt „neutral" sein – d. h. insbesondere nicht „auf Kosten" einer oder weniger Personen geschehen.

Erweiterung der Narrationen. Die Interviewer und das reflektierende (besser: kontextualisierende) Team schaffen dabei eine Umgebung mit sehr hoch angereicherter Semantik, d. h. die Deutungen, Erwartungen, Vermutungen der Klienten „kommen nun auf den Tisch" – was allein schon weit mehr Semantik ermöglichen kann als die stillschweigenden Vermutungen. Dieses Spektrum an Narrationen wird um die Perspektiven aus dem reflektierenden Team bereichert.

Die Wirkung dieser Narrationen wird wohl dadurch erhöht, dass die „alten" Sichtweisen wegen der Indirektheit nicht verteidigt werden müssen (es geht ja nur um Antworten auf Fragen des therapeutischen Interviewers bzw. um ein Zuhören beim „Expertengespräch"). Mögliche „Widerstände" werden auch dadurch verringert, dass in dieser Arbeit die vielen Deutungs-Hypothesen mit aktuellem Bezug in positiver Konnotation (s. o.) formuliert werden sollen.

Allgemeine Aspekte narrativer Ansätze. Die folgenden Aspekte, durch die sich die Arbeit mit dem reflektierenden Team kennzeichnen lässt (vgl. Kriz, 1996), gelten weitgehend auch für andere heutige Ansätze, die durch die sog. „postmoderne Theorie" und den darauf aufbauenden narrativen Sicht- und Vorgehensweisen (s. o.) beeinflusst sind:

- Vielfalt der Konnotationen/Semantiken: Es gibt nicht eine Wahrheit, sondern viele Standpunkte – und die damit möglichen Perspektiven bereichern den „Betrachtungsgegenstand".
- Positive Konnotationen: Jedes Handeln macht „Sinn" – und zumindest dort, wo bewusst gehandelt wird, ist dieser Sinn letztendlich positiv (wenn diese Positivität auch in der ko-evolvierten hilflosen Verstrickung so verborgen sein kann, dass sie dem Beobachter – ja, sogar auch dem Selbstbeobachter – Mühe bereitet, unter der Fülle von scheinbar „Bösem" oder „Krankem" entdeckt zu werden). Positive Konnotation meint aber nicht Vernebelung, Verleugnung, Beschwichtigung „negativer" Aspekte – vielmehr schafft ggf. erst die klare Konfrontation damit ein Gefühl für die Achtung des letztendlich positiven und sinnvollen Bedeutungswesens hinter diesen Erscheinungen.

- Deutungsalternativen dürfen nicht auf Kosten des (Gesamt-)Selbstwertes irgendeiner Person gehen, wenn sie hilfreich sein sollen.
- Deutungsalternativen und „Lösungen", die bereits vorhandene Tendenzen aufgreifen und verstärken, sind wahrscheinlich erfolgreicher als „Lebensweisheiten" der Therapeuten.
- Explizites Reden über die jeweiligen Gedanken, Vermutungen, Deutungen, schafft gegenüber den starren impliziten Erwartungsstrukturen stets neue Wirklichkeiten.
- Es ist besonders sinnvoll, aktuelles Handeln (hier und jetzt im Raum) neu zu konnotieren (denn dies ist jetzt erfahrbar)

Es wird aus dieser Aufzählung wohl deutlich, dass die Art, wie über die „Welt" gesprochen wird und mit welchen Geschichten (Narrationen) man seine Erfahrungen anderen (und sich selbst) mitteilt, bei diesen Ansätzen im Zentrum stehen.

→ **Beispiel 20.7** Das reflektierende Team in der Superversion

Modifikationen. Nachdem Andersen 1990 ein Buch über das reflektierende Team auf Deutsch veröffentlichte (erst später erschien eine amerikanische Version), wurde dieser Ansatz rasch bekannt und in unterschiedlichen Kontexten eingesetzt: Reiter (1991) modifizierte es zum „fokussierenden Team", in dem nur über bestimmte, vorher mit der Familie abgesprochene Bereiche reflektiert wird; Hargens und von Schlippe (1998) zeigen in einem Band weitere unterschiedliche Anwendungsfelder auf – von der Supervision über psychiatrische Kontexte bis hin zur Beratung und Einsatz in der Schule. Das Setting wird dabei zunehmend unwichtiger bzw. lässt Spielraum für viele Veränderungen. Wesentlich ist die Veränderungskraft reflektierender Positionen nach den angeführten Prinzipien.

20.7 Zusammenfassung

Von der Familientherapie zur systemischen Therapie. Da es bei der Familientherapie inzwischen weniger um die physische Anwesenheit und Behandlung der ganzen Familie als um familiäre Interaktionsstrukturen bzw. die daraus resultierenden „Narrationen" geht, wird zunehmend der Begriff „systemische Therapie" verwendet. Heute finden sich meist Mischformen der klassischen Richtungen.

Zu den richtungsübergreifenden Konzepten und Techniken gehören: Joining (Gestaltung des therapeutischen Arbeitsbündnisses), Familienanamnese und Genogramm, Systemgrenzen, Reframing (Umdefinition maligner, destruktiver oder symptomatischer Wirklichkeitsbeschreibungen), systemisches Fragen, Familienskulptur und Familienaufstellung sowie andere symbolische Hilfsmittel.

Psychoanalytisch orientierte Familientherapie. Hintergrund der psychoanalytisch orientierten Familientherapie ist die Theorie der Objektbeziehungen: Die Interaktion zwischen Personen wird als Manifestation der frühen Eltern-Kind-Beziehung betrachtet. Dabei können auch mehrere Generationen berücksichtigt werden (vgl. etwa Beispiel 20.2).

Ausgehend von der Objektbeziehungstheorie konstatierte Richter, dass ein Partner oft als kompensatorisches Ersatzobjekt benötigt wird. Er unterschied zunächst fünf typische Rollenvorschriften zur kompensatorischen Konfliktentlastung, später drei Arten familiärer Charakterneurosen.

In der dynamischen Familientherapie nach Stierlin werden klare, also weder zu durchlässige noch zu starre Grenzen zwischen den Mitgliedern einer Familie als Voraussetzung für deren Funktionalität („bezogene Individuation") betrachtet. Deshalb soll in der Therapie eine geeignete Kommunikation gefördert werden. Die beiden Formen der Ablösung im Jugendalter (Bindung oder Ausstoßung) hängen oft mit nicht geleisteter Trauerarbeit zusammen. Daraus ergibt sich für die Therapie die Aufgabe, sie nachholen zu lassen. Zu den weiteren Kernkonzepten zählen die Delegation, das Vermächtnis bzw. Verdienst und der Status der Gegenseitigkeit. Als vier allgemeine Aspekte therapeutischer Intervention nennt Stierlin: Allparteilichkeit, Aktivität, Betonung des Positiven und Mobilisierung der Ressourcen.

Strukturelle Familientherapie. Die strukturelle Familientherapie nach Minuchin beruht auf einer normativen Vorstellung von der Familienstruktur. Dazu gehören klare Grenzen zwischen den Subsystemen, z. B. zwischen dem ehelichen, dem elterlichen und dem geschwisterlichen Subsystem. Zur Darstellung der Familienstruktur wird ein „Lageplan" erstellt. Pathogene Strukturen (z. B. diffuse oder rigide Grenzen zwischen Subsystemen, Isolation oder Verstrickung eines Familienmitglieds) sollen vom Therapeuten enthüllt werden. Eine besondere Bedeutung hat dabei die „Triangulation" (Dreiecksbildung), die meist mehrere Generationen betrifft (siehe Beispiel 20.3).

In der strukturellen Familientherapie nimmt der Therapeut eine Führungsrolle ein, indem er die pathogene Familienstruktur aufdeckt und die Umstände für eine Veränderung der dysfunktionalen Transaktionsmuster schafft. Die drei Hauptstrategien dabei sind die „Herausforderung" des Symptoms, der Familienstruktur und der Familienrealität; als Techniken dienen z. B. Reframing oder paradoxe Intervention.

Erfahrungszentrierte Familientherapie. Erfahrungszentrierte Ansätze betonen – wie die humanistische Psychotherapie – Erfahrung, Begegnung und Wachstum. Dem stehen oft delegierte Aufgaben oder Überlebensmythen einer Familie entgegen. Nach Satir hängt das Selbstwertgefühl eng mit den Kommunikationsstrukturen in der Familie zusammen (siehe Beispiel 20.4). Sie unterscheidet vier Kommunikationsmuster, die einer Minderung des Selbstwertgefühls vorbeugen sollen und auch durch bestimmte Körperhaltungen, Gestik und Mimik ausgedrückt werden: Beschwichtigen, Anklagen, Rationalisieren und Ablenken. So wird z. B. durch Rationalisieren versucht, sich mittels einer unbewegten Körperhaltung und einer erklärenden Redeweise angesichts einer Bedrohung als „überlegen" zu beweisen.

Grundlegend für die therapeutische Intervention sind neben einer humanistischen Haltung die Spontaneität, Kreativität und Individualität des einzelnen Therapeuten. Zahlreiche praktische Anweisungen gab Kempler für die Gestalt-Familientherapie.

Strategische Familientherapie. In den Anfängen der strategischen Familientherapie war die Individualität eines Familienmitglieds weitgehend irrelevant. Der Fokus lag vielmehr auf der Erfassung des „Familienspiels" und der „Verstörung" jener Kommunikationsstrukturen, welche die Symptome stabilisieren. Als typische Interventionstechniken sollen paradoxe Interventionen und invariante Verschreibungen das bisherige Spiel unterbrechen und verändern. Dabei ist eine genaue Einsicht des Therapeuten in das Spiel keine notwendige Voraussetzung für den Erfolg. Die (oft mehrgenerational entstandenen) Spielregeln erhalten ein gewisses Gleichgewicht, in dem es keine „Gewinner" oder „Verlierer" gibt.

Ausgehend von den Konzepten des MRI – besonders der Double-Bind-Theorie und der Idee der therapeutischen Doppelbindungen – entwickelte das Mailänder Team um Selvini Palazzoli ein spezielles Setting: Zwei Therapeuten arbeiten im Raum mit der Familie (v. a. mit „zirkulären Fragen"), die beiden anderen beobachten das Geschehen hinter dem Einwegspiegel und können ggf. „von außen" intervenieren. Zur großen Endintervention – ein „Gegenparadoxon", das meist aus einer Symptomverschreibung besteht – berät sich das Team zunächst draußen, um dann diese Intervention zu verkünden. Durch dieses Setting soll verhindert werden, dass die Therapeuten in das machtvolle Familienspiel mit einbezogen werden. Darüber hinaus werden Hypothetisieren, Zirkularität und Neutralität als drei zentrale Konzepte der strategischen Intervention gesehen. (Siehe Beispiel 20.5.)

Narrative Familientherapie. Die narrative Familientherapie entwickelte sich unter dem Einfluss postmoderner Theorien. Daher berücksichtigt sie stärker die konstruktiven Aspekte, unter denen Sinndeutungen, verwoben zu Geschichten (Narrationen), Realität erzeugen. In der Therapie geht es darum, durch Veränderung der Geschichten, mit denen das Individuum seine Situation sowie sein Verhältnis zur Welt, zu anderen und zu sich selbst beschreibt, neue Perspektiven zu eröffnen.

Im „lösungsorientierten" Ansatz wird der Fokus auf jene Ausnahmen gerichtet, die auf bisher nicht (genügend) beachtete Lösungswege hindeuten, statt das bestehende Problem auf seine Ursachen hin zu untersuchen. Die Vereinbarung von Therapiezielen soll die Beobachtungsfähigkeit und Aufmerksamkeit schon für kleine Veränderungen schärfen. Therapie als Arbeit mit „problemdeterminierten Systemen" soll es erlauben, im dialogischen Austausch neue Bedeutungen zu entwickeln, die auf die Auflösung des Problems hinwirken. Die Aufgabe des Therapeuten besteht v. a. darin, einen dafür geeigneten Kontext bereitzustellen (siehe Beispiel 20.6).

In ähnlicher Form sollen auch durch das reflektierende Team nach Anderson neue Verstehens- und damit Handlungsmöglichkeiten für ein Problem entwickelt werden (siehe Beispiel 20.7). Die hierfür meist von einem ganzen Therapeutenteam geäußerten vielfältigen Narrationen sollen mit positiven Konnotationen verbunden sein, in Konjunktivform geäußert werden und nicht auf Kosten anderer Personen gehen. Sie sind besonders dann wirksam, wenn sie an vorhandenen Tendenzen anknüpfen und aktuelles Handeln mit einbeziehen.

20.8 Verständnisfragen

▶ Inwiefern setzen die Begriffe „Familientherapie" und „systemische Therapie" unterschiedliche Schwerpunkte?
▶ Welche familientherapeutischen Interventionskonzepte sind mittlerweile richtungsübergreifend?
▶ Was bedeutet „Reframing"?
▶ Was soll durch systemische Fragen ermöglicht werden?
▶ Warum kann „Vergebung" therapeutisch effektiv sein?
▶ Wer beeinflusste besonders die psychoanalytische Familientherapie?
▶ Was bedeuten die Konzepte „bezogene Individuation", „Bindung und Ausstoßung" und „Delegation" in der dynamischen Familientherapie nach Stierlin?
▶ Was charakterisiert eine „Rolle" im Ansatz von H.-E. Richter? Nennen Sie einige der fünf Rollenvorschriften!
▶ Wer ist der wichtigste Vertreter struktureller Familientherapie und was sind hier die Grundannahmen?
▶ Was besagen die Axiome der strukturellen Familientherapie?
▶ Worin besteht dabei die Rolle des Therapeuten?
▶ Was sind die Schritte, was die Ziele der strukturellen Familientherapie?
▶ Welche wichtigen Vertreter gibt es in der erfahrungszentrierten Familientherapie? Zu welcher Therapierichtung bestehen Affinitäten? Welche gemeinsamen Grundkonzepte gibt es?
▶ Was besagt der Überlebensmythos einer Familie?

▶ Wie hängen Selbstwertgefühl und Kommunikationsstrukturen miteinander zusammen?
▶ Welche starren Reaktionsmuster können zum Erhalt des Selbstwerts dienen und wie können sie entstanden sein?
▶ Welche Anweisungen sind in der Gestalt-Familientherapie wichtig?
▶ Wer sind die Pioniere der strategischen Familientherapie?
▶ Was ist der zentrale Unterschied zur strukturellen Therapie?
▶ Welches Hauptinstrument wird folglich häufig angewandt?
▶ Was steht im Fokus der Behandlung?
▶ Welches typische Setting kennzeichnet die strategische Familientherapie?
▶ Welche drei zentralen Konzepte im frühen strategischen Ansatz gab es?
▶ Was ist das grundsätzlich „Neue" an narrativen Ansätzen?
▶ In der Therapie soll nicht eine Problemlösung herbeigeführt werden, sondern …?
▶ Welche therapeutischen Interventionsformen entwickelten sich aus dieser Idee?
▶ Was soll durch das reflektierende Team ermöglicht werden? Inwieweit unterscheidet sich das reflektierende Team in seiner Arbeitsweise und den Zielen vom Team in der strategischen Familientherapie?
▶ Warum ist das gute, genaue Zuhören des Therapeuten hier so bedeutsam?

Fallbeispiele auf CD

Beispiel 20.1: Systemischer Ansatz in der Borderline-Therapie

Das Fallbeispiel einer 40-jährigen Borderline-Patientin verdeutlicht, wie im Erstgespräch der Einzeltherapie durch systemisches Fragen:
- der Therapieauftrag geklärt,
- das spezifische Beziehungsmuster der Ambivalenz herausgearbeitet und
- ein positiver Sinnzusammenhang der Symptomatik hergestellt werden kann.

Das Fallbeispiel bezieht sich auf die Kapitel:
18.3 Pragmatische Paradoxien
20.1 Von der Familientherapie zur systemischen Therapie

Beispiel 20.2: Psychoanalytisch-systemische Familientherapie bei Anorexie

Das Fallbeispiel einer Familie mit einer 23-jährigen anorektischen Indexpatientin verdeutlicht:
- die Verbindung von psychoanalytisch-mehrgenerationaler und systemisch-zirkulärer Perspektive,
- die Konzepte der bezogenen Individuation und der Delegation.

Das Fallbeispiel bezieht sich auf das Kapitel:
20.2 Psychoanalytisch orientierte Familientherapie

Beispiel 20.3: Salvador Minuchin im Gespräch mit den Wagners

Das Fallbeispiel einer jungen „normalen" Familie verdeutlicht:
- wie sich durch die Geburt eines Kindes eine Neustrukturierung der Familienorganisation ergibt,
- wie durch systemisches Fragen das eheliche und elterliche Subsystem mit ihren spezifischen Transaktionsmustern herausgearbeitet werden.

Das Fallbeispiel bezieht sich auf das Kapitel:
20.3 Strukturelle Familientherapie

Beispiel 20.4: Erstinterview unter Einbezug der Kinder

Das Fallbeispiel eines ersten Familieninterviews verdeutlicht:
- in welchen Schritten und mit welchen Mitteln Kinder in die Familientherapie einbezogen werden können,
- welche hohe Bedeutung dem Selbstwert in der erfahrungszentrierten Therapie beigemessen wird.

Das Fallbeispiel bezieht sich auf das Kapitel:
20.4 Erfahrungszentrierte Familientherapie

Beispiel 20.5: Die selbstmordgefährdeten Schwestern

Das Fallbeispiel einer 8-köpfigen Familie, in der zwei mittlere Schwestern selbstzerstörerische Verhaltensweisen zeigen, verdeutlicht:
- das strategische Setting (in etwas anderer Form als im Buch beschrieben);
- wie die symptomatischen Verhaltensweisen als Versuche entlarvt werden, die Mutter daran zu hindern, den Vater zu verlassen;
- wie durch paradoxe Interventionen schließlich das Familienspiel durchbrochen wird.

Das Fallbeispiel bezieht sich auf das Kapitel:
20.5 Strategische Familientherapie

Beispiel 20.6: Fragen als Interventionen

Das Fallbeispiel eines Paares, dessen einer Partner an rezidivierenden Depressionen leidet, verdeutlicht:
- wie sich verschiedene Zuschreibungen einer Depression auf Erlebens- und Verhaltensweisen eines Paares auswirken können,
- wie v. a. durch zirkuläre (bzw. „reflexive") Fragen als Interventionen ein Perspektivenwechsel und damit eine Neuinterpretation der verfestigten Verhaltensmuster erreicht werden kann.

Das Fallbeispiel bezieht sich auf das Kapitel:
20.6 Narrative Familientherapie

Beispiel 20.7: Das reflektierende Team in der Supervision

Das Fallbeispiel einer Beratungslehrerin im Umgang mit einem Schüler und dessen Mutter verdeutlicht:
- den Einsatz des reflektierenden Teams in der Supervision,
- die Aufteilung in die beiden Phasen des Interviews und der Reflexion,
- das Aufzeigen verschiedener Anknüpfungs- und Deutungsmöglichkeiten.

Das Fallbeispiel bezieht sich auf das Kapitel:
20.6 Narrative Familientherapie

Inhalt der beiliegenden CD-ROM

Verständnisfragen

Zusammenfassungen

Fallbeispiele zu den Buchkapiteln

1 Tiefenpsychologie

2 Psychoanalyse

Beispiel 2.1: Freuds Analyse des Traums von Irmas Injektion
Zu den Buchkapiteln:
- 2.8 Traum und Deutung
- 2.9 Widerstand, Übertragung und Gegenübertragung

Beispiel 2.2: Psychoanalyse eines Patienten mit Depression nach Suizidversuch
Zu den Buchkapiteln:
- 2.6 Konflikt, Symtombildung und Neurose
- 2.7 Die therapeutische Situation
- 2.8 Traum und Deutung
- 2.9 Widerstand, Übertragung und Gegenübertragung

Beispiel 2.3: Psychodynamische Aspekte in der Behandlung von Schlafstörungen

3 Individualpsychologie

Beispiel 3.1: Die Zweckmäßigkeit eines Irrtums
Zu den Buchkapiteln:
- 3.2 Minderwertigkeit und Geltungsstreben
- 3.3 Lebensstil, Leitlinien und Lebensplan
- 3.5 Das neurotische Arrangement der Symptome

Beispiel 3.2: „Dem Führer folgen"
Zu den Buchkapiteln:
- 3.2 Minderwertigkeit und Geltungsstreben
- 3.6 Individualpsychologische Therapie

4 Analytische Therapie

Beispiel 4.1: Deutung eines Traums von Jung
Zu den Buchkapiteln:
- 4.4 Kollektives Unbewusstes und Archetypen
- 4.6 Analyse nach C. G. Jung

Beispiel 4.2: Archetypische Gegenübertragung als Märcheneinfall
Zu den Buchkapiteln:
4.4 Kollektives Unbewusstes und Archetypen
4.6 Analyse nach C. G. Jung

5 Vegetotherapie

Beispiel 5.1: Der Orgasmusreflex – Eine Krankengeschichte
Zu den Buchkapiteln:
5.3 Seelische Gesundheit und Energie
5.6 Körperpanzer und Körperarbeit

6 Bioenergetik

Beispiel 6.1: Bioenergetische Therapie einer schizoiden Patientin
Zu dem Buchkapitel:
6.2 Charakterstrukturen und Charaktertypen

Beispiel 6.2: Bioenergetische Trauma-Therapie
Zu dem Buchkapitel:
6.3 Grounding und Körperarbeit

7 Transaktionsanalyse

Beispiel 7.1: „Irgendwann bricht etwas Schreckliches über mich herein"
Zu den Buchkapiteln:
7.2 Strukturanalyse
7.4 Spielanalyse
7.5 Skriptanalyse

II Verhaltenstherapie

8 Grundkonzepte der Verhaltenstherapie

9 Lerntheoretische Verhaltenstherapie

Beispiel 9.1: Klassisches Token-Programm mit hospitalisierten schizophrenen Patienten
Zu dem Buchkapitel:
9.2 Operante Ansätze

Beispiel 9.2: Ätiologie und Therapie eines Alkoholikers
Zu den Buchkapiteln:
9.1 Desensibilisierung und Angstbewältigung
9.2 Operante Ansätze
9.3 Selbstkontrolle
10.5 Selbstinstruktion

10 Kognitive Verhaltenstherapie

Beispiel 10.1: Problemlösungstherapie bei Partnerschaftsproblem
Zu dem Buchkapitel:
10.3 Problemlösungstherapien

Beispiel 10.2: Kognitive Therapie bei Depression
Zu dem Buchkapitel:
10.6 Kognitive Therapie

Beispiel 10.3: Systemimmanente kognitive Therapie bei Angststörungen und Medikamentensucht
Zu dem Buchkapitel:
10.6 Kognitive Therapie

Beispiel 10.4: Multimodale Therapie bei Redeangst
Zu dem Buchkapitel:
10.7 Multimodale Therapie (BASIC ID)

11 Rational emotive Therapie

Beispiel 11.1: A-B-C-Analyse bei Sexualproblem
Zu den Buchkapiteln:
11.2 „A-B-C" der Rational-emotiven Therapie
11.3 Praxis der Rational-emotiven Therapie

Beispiel 11.2: Irrationale Idee des Perfektionismus
Zu den Buchkapiteln:
11.2 „A-B-C" der Rational-emotiven Therapie
11.3 Praxis der Rational-emotiven Therapie

III Humanistische Ansätze

12 Geschichte der humanistischen Psychotherapie

13 Personzentrierte Therapie

Beispiel 13.1: Verlauf einer Gesprächspsychotherapie
Zu dem Buchkapitel:
13.5 Der therapeutische Prozess

Beispiel 13.2: Gesprächsprotokoll eines Focusing-Prozesses
Zu dem Buchkapitel:
13.6 Experiencing und Focusing

14 Gestalttherapie

Beispiel 14.1: Gestalttherapie bei Mutter-Tochter-Konflikt
Zu den Buchkapiteln:
14.2 Gestalttherapeutische Grundkonzepte
14.3 Gestalttherapeutische Intervention

Beispiel 14.2: Was ist Gestalttherapie?
Zu dem Buchkapitel:
14.3 Gestalttherapeutische Intervention

15 Logotherapie

Beispiel 15.1: Aus der inneren Isolation zur Existenz
Zu dem Buchkapitel:
15.2 Theorie und Praxis der Logotherapie

Beispiel 15.2: Logotherapie bei schizoaffektiver Psychose
Zu dem Buchkapitel:
15.2 Theorie und Praxis der Logotherapie

16 Psychodrama

Beispiel 16.1: Psychodrama eines Suizidversuchs
Zu dem Buchkapitel:
16.3 Praxis der Psychodramatherapie

IV Systemische Ansätze

17 Grundlagen systemischer Therapie

18 Kommunikation und Paradoxien

Beispiel 18.1 a/b: Paradoxe Interventionen bei diversen Problemen
Zu dem Buchkapitel:
18.3 Pragmatische Paradoxien

19 Paartherapie

Beispiel 19.1 a/b: Orale und phallisch-ödipale Kollusion
Zu dem Buchkapitel:
19.2 Kollusion und Kollusionstypen

20 Familientherapie

Beispiel 20.1: Systemischer Ansatz in der Borderline-Therapie
Zu den Buchkapiteln:
18.3   Pragmatische Paradoxien
20.1   Von der Familientherapie zur systemischen Therapie

Beispiel 20.2: Psychoanalytisch-systemische Familientherapie bei Anorexie
Zu dem Buchkapitel:
20.2   Psychoanalytisch orientierte Familientherapie

Beispiel 20.3: Salvador Minuchin im Gespräch mit den Wagners
Zu dem Buchkapitel:
20.3   Strukturelle Familientherapie

Beispiel 20.4: Erstinterview unter Einbezug der Kinder
Zu dem Buchkapitel:
20.4   Erfahrungszentrierte Familientherapie

Beispiel 20.5: Die selbstmordgefährdeten Schwestern
Zu dem Buchkapitel:
20.5   Strategische Familientherapie

Beispiel 20.6: Fragen als Interventionen
Zu dem Buchkapitel:
20.6   Narrative Familientherapie

Beispiel 20.7: Das reflektierende Team in der Supervision
Zu dem Buchkapitel:
20.7   Narrative Familientherapie

Schulenübergreifend

Die richtige Psychotherapie? – Wirksamkeit und Grenzen verschiedener Ansätze

Anleitung zur Benutzung der CD-ROM

Auf dieser CD-ROM finden Sie Verständnisfragen, die Zusammenfassungen der einzelnen Kapitel und Fallbeispiele zu den im Buch beschriebenen Therapieformen.

Alle Materialien liegen als pdf-Dateien vor und können direkt von der CD-ROM mit Hilfe des Acrobat-Reader angeschaut und ausgedruckt werden. Sollten Sie keinen Acrobat-Reader haben, können Sie ihn direkt von der CD-ROM aus kostenlos installieren (Sie werden dabei leicht verständlich durch die einzelnen Schritte geführt).

Danach ist das Arbeiten mit der CD-ROM ganz einfach. Sie öffnen auf der Seite „CD-ROM Gesamtverzeichnis" mit einem Doppelklick das gewünschte Kapitel. Von dort können Sie jederzeit über die Buttons am Kopf der Seiten auf die Startseite eines anderen Kapitels springen oder aber zurück auf die Startseite des Kapitels gehen, in dem Sie gerade arbeiten.

Hinweis: Gelegentlich schaltet sich am Ende der Installation der PC automatisch ab, um die neuen Daten zu speichern. Das kann einen Moment dauern. Schalten Sie dann den PC wieder ein, sofern er das nicht automatisch tut. Entnehmen Sie die CD-ROM und legen Sie sie neu ein – dann startet sie automatisch.

Literaturverzeichnis

Adler, A. (1927): Individualpsychologie und Wissenschaft. Internationale Zeitschrift für Individualpsychologie, 5, (o. A.).

Adler, A. (1973). Der Sinn des Lebens. Frankfurt: Fischer.

Adler, A. (1973a). Individualpsychologie in der Schule. Frankfurt: Fischer.

Adler, A. (1974). Praxis und Theorie der Individualpsychologie. Frankfurt: Fischer.

Adler, A. (1974a). Die Technik der Individualpsychologie (2 Bde.). Frankfurt: Fischer.

Adler, A. (1982): Zusammenhänge zwischen Neurose und Witz. In: A. Adler, Psychotherapie und Erziehung, Bd. 1. Frankfurt: Fischer.

Ahlers, C. et al. (1996). Einführung in die Psychotherapie. Wien: Facultas.

Andersen, T. (1990) (Hrsg.). Das reflektierende Team. Dortmund: Verlag Modernes Lernen.

Andolfi, M. (1982). Familientherapie. Das systemische Modell und seine Anwendung. Freiburg: Lambertus.

Angyal, A. (1941). Foundations for a science of personality. New York: Commonwealth Fund.

Argelander, H. (1972). Gruppenprozesse. Reinbek: Rowohlt.

Atmanspacher, H., Primas, H. & Wertenschlag-Birkhäuser, E. (Hrsg.) (1995). Der Pauli-Jung-Dialog und seine Bedeutung für die moderne Wissenschaft. Heidelberg: Springer.

Axline, V. (1947/72). Kindertherapie im nicht-direktiven Verfahren. München: Kindler.

Ayllon, T. & Azrin, N. H. (1968). The token economy. A motivational system for therapy and rehabilitation. New York: Appleton-Century-Crofts.

Ayllon, T. & Kelly, K. (1972). Effects of reinforcement on standardized test performance. Journal of Applied Behavior Analysis, 4, 477–484.

Azrin, N. H. (1977). A strategy for applied research. American Psychologist, 32, 140–149.

Bach, G. R. & Wyden, P. (1970). Streiten verbindet – Formeln für faire Partnerschaft in Liebe und Ehe. Gütersloh: Bertelsmann.

Baker, E. F. & Nelson, A. (1983). Orgontherapie. In R. J. Corsini (Hrsg.) (1983), Handbuch der Psychotherapie, Bd. 2 (S. 845–863). Weinheim: Beltz.

Balen, van R. (2002). Die Entwicklung des Experienziellen Ansatzes. In W. Keil & G. Stumm (Hrsg.). Die vielen Gesichter der personzentrierten Psychotherapie (S. 209–230). Wien, New York: Springer.

Bandler, R. & Grinder, J. (1981). Neue Wege der Kurzzeittherapie. Paderborn: Junfermann.

Bandler, R. & Grinder, J. (1982). Reframing. Moab: Real People.

Bandler, R. & Grinder, J. (1985). Reframing – ein ökologischer Ansatz in der Psychotherapie (NLP). Paderborn: Junfermann.

Bandler, R. & Grinder, J. (1994). Kommunikation und Veränderung. Die Struktur der Magie II (6. Aufl.). Paderborn: Junfermann.

Bandura, A., Blanchard, E. & Ritter, B. (1969). Relative efficacy of desensitization and modeling approaches for inducing behavioral, affective, and attitudinal changes. Journal of Personality and Social Psychology, 13, 173–199.

Barnes, G. et al. (1979). Transaktionsanalyse seit Eric Berne, Bd. 1: Schulen der TA. Berlin: Kottwitz (Eigenverlag des Instituts für Kommunikationstherapie).

Bastine, R., Fiedler, P. A., Grawe, K., Schmidtchen, S. & Sommer, G. (Hrsg.) (1982). Grundbegriffe der Psychotherapie. Weinheim: edition psychologie.

Bateson, G. & Jackson, D. D. (1964). Some varieties of pathogenic organization. In D. M. Rioch (Eds.), Disorders of communication (S. 270–283). Research Publications. Association for Research in Nervous and Mental Diseases.

Bateson, G., Jackson, D. D., Haley, J. & Weakland, J. (1956). Towards a theory of schizophrenia. Behavioral Science, 1, 251–264.

Beck, A. T. (1970). Cognitive therapy – nature and relation to behavior therapy. Behavior Therapy, 1, 184–200.

Beck, A. T., Rush, A. J., Shaw, B. F. & Emery, G. (1981). Kognitive Therapie der Depression. München: Urban & Schwarzenberg.

Behr, M. et al. (Hrsg.) (1992). Jahrbuch der personenzentrierten Psychologie und Psychotherapie. Köln: GwG.

Behr, M. et al. (Hrsg.) (1994). Jahrbuch der personenzentrierten Psychologie und Psychotherapie. Köln: GwG.

Bense, A. (1979). „Experiencing" und „Focusing". In W. Grunwald (Hrsg.), Klinische Stichwörter zur Gesprächspsychotherapie (S. 90–110). München: Fink.

Berg, C. (1948). Clinical psychology. London.

Bergin, A. E. & Jasper, L. G. (1969). Correlates of empathy in psychotherapy. A replication. Journal of abnormal Psychology, 74, 477–481.

Berne, E. (1966). Principles of group treatment. New York: Oxford University Press.

Berne, E. (1967). Spiele der Erwachsenen. Reinbek: Rowohlt.

Bertalanffy, L. v. (1968/75). General systems theory. New York: Braziller.

Beule, B. et al. (1978). Rational-Emotive Therapie in der Diskussion. Mitteilungen der DGVT, 4, 559–584.

Biermann-Ratjen, E.-M. (1993). Das Modell der psychischen Entwicklung im Rahmen des klientenzentrierten Konzepts. In J. Eckert, Höger, D. & Linster, H. (Hrsg.), Die Entwicklung der Person und ihre Störung, Bd. 1 (S. 777–787). Köln: GwG.

Biermann-Ratjen, E.-M. & Eckert, J. (1982). Du sollst merken – wie willst du sonst verstehen. In E. Biehl et al. (Hrsg.), Neue Konzepte in der klinischen Psychologie und Psychotherapie. (S. 36–39). Tübingen: DGVT/GwG.

Biermann-Ratjen, E.-M., Eckert, J. & Schwartz, H.-J. (1980). Wider die Methodenintegration in der Gesprächspsychotherapie. In W. Schulz & M. Hautzinger (Hrsg.), Klinische Psychologie und Psychotherapie (S. 37–42). Kongressbericht Berlin 1980. Tübingen: DGVT/GwG.

Biermann-Ratjen, E.-M., Eckert, J. & Schwartz, H.-J. (2003). Gesprächspsychotherapie. Verändern durch Verstehen. Stuttgart: Kohlhammer.

Bion, W. R. (1971). Erfahrungen in Gruppen und andere Schriften. Stuttgart: Klett.

Birbaumer, N. (Hrsg.) (1977). Psychophysiologie der Angst. München: Urban & Schwarzenberg.

Bischof, L. J. (1964). Interpreting personality theories. New York: Harper & Row.

Bitter, W. (Hrsg.) (1977). Freud, Adler, Jung. München: Kindler.

Boadella, D. (1977). Bio-Energetik und Körpersprache. In H. Petzold (Hrsg.), Die neuen Körpertherapien (S. 14–50). Paderborn: Junfermann.

Boadella, D. (1983). Wilhelm Reich. Frankfurt: Fischer.

Boeck-Singelmann, C., Hensel, T., Jürgens-Jahnert, S. & Monden-Engelhardt, C. (Hrsg.) (1996). Personzentrierte Psychotherapie mit Kindern und Jugendlichen, Bd. 1: Grundlagen und Konzepte, Bd. 2: Anwendung und Praxis, Bd. 3 (2003): Störungsspezifische Falldarstellungen. Göttingen: Hogrefe.

Bommert, H. (1977). Grundlagen der Gesprächspsychotherapie. Stuttgart: Kohlhammer.

Bommert, H. & Dahlhoff, H.-D. (Hrsg.) (1978). Das Selbsterleben (Experiencing) in der Psychotherapie. München: Urban & Schwarzenberg.

Bosch, M. (1977). Ansätze der entwicklungsorientierten Familientherapie. Unveröff. Diss. Frankfurt a. M.

Boscolo, L., Bertrando, P. (1994). Die Zeiten der Zeit. Eine neue Perspektive in systemischer Therapie und Konsultation. Heidelberg: Carl-Auer.

Boscolo, L., Cecchin, G., Hoffman, L. & Penn, P. (1988). Familientherapie – Systemtherapie. Das Mailänder Modell. Dortmund: Modernes Lernen.

Boszormenyi-Nagy, I. & Framo, J. L. (Hrsg.) (1975). Familientherapie – Theorie und Praxis (2 Bde.). Reinbek: Rowohlt.

Bowlby, J. (1975). Bindung. München: Kindler.

Braunert, K. (1980). Zur Kritik der Rational-Emotiven Therapie. Mitteilungen der DGVT, 1, 113–120.

Brener, J. (1977). Sensory and perceptual determinants of voluntary visceral control. In G. Schwartz & J. Beatty (Eds.), Biofeedback (S. 29–66). New York: Academic Press.

Brucker, B. (1977). Learned voluntary control of systolic blood pressure by spinal cord injury patients. Unveröff. Diss. New York University.

Brunner, E.-J., Tschacher, W. & Nowack, W. (1994). Gruppenentwicklung als Selbstorganisationsprozeß der Musterbildung. Gestalt Theory, 16, 89–100.

Buber, M. (1923/94). Ich und Du (12. Aufl.). Gerlingen: Lambert Schneider.

Buber, M. (1957). Pointing the Way. New York: Harper.

Bühler, K. (1934). Sprachtheorie. Jena: G. Fischer.

Büntig, W. (1983). Bioenergetik. In R. J. Corsini (Hrsg.), Handbuch der Psychotherapie, Bd. 1 (S. 66–110). Weinheim: Beltz.

Bykow, K. M. (1966). Lehrbuch der Physiologie. Berlin: VEB.

Capra, F. (1983). Wendezeit. München: Scherz.

Carkhuff, R. R. (1969). Helping and human relations. Vol. I/II. New York.

Cautela, J. R. (1966). Treatment of compulsive behavior by covert sensitization. Psychological Review, 16, 33–41.

Cautela, J. R. (1976). The present status of covert modeling. Journal of Behaviour Therapy and Experimental Psychiatry, 7, 323–326.

Cheney, W. D. (1971). Eric Berne. Biographical Sketch. Transactional Analysis Journal, 1, 14–22.

Chessik, R. D. (1977). Great ideas in psychotherapy. New York: Aronson.

Cierpka, M. (1996). Familiendiagnostik. In M. Cierpka (Hrsg.), Handbuch der Familiendiagnostik (S. 1–24). Heidelberg: Springer.

Corsini, R. J. (Hrsg.) (1983). Handbuch der Psychotherapie (2 Bde.). Weinheim: Beltz.

Coyne, J. C. (1982). A critique of cognitions as causal entities with particular reference to depression. Cognitive Therapy and Research, 6, 3–13.

Dahlhoff, H.-D. & Bommert, H. (1978). Forschungs- und Trainingsmanual zur deutschen Fassung der Experiencing-Skala. In H. Bommert & H.-D. Dahlhoff (Hrsg.), Das Selbsterleben (Experiencing) in der Psychotherapie (S. 63–128). München: Urban & Schwarzenberg.

Davison, G. C. & Neale, J. (1998). Klinische Psychologie. Weinheim: Beltz PVU.

De Shazer, S. (1986). Ein Requiem der Macht. Zeitschrift für Systemische Therapie, 4, 208–212.

De Shazer, S. (1997). Therapie als System. Entwurf einer Theorie. In L. Reiter et al. (Hrsg.), Von der Familientherapie zur systemischen Perspektive (2. Aufl., S. 289–303). Heidelberg: Springer.

Dicks, H. V. (1967). Marital tensions. New York: Basic.

Diekstra, R. F. W. (1979). Ich kann denken/fühlen, was ich will. Lisse: Swets & Zeitlinges.

Dienelt, K. (1973). Von der Psychoanalyse zur Logotherapie. München: Reinhardt.

DiGuiseppe, R. A. & Miller, N. J. (1979). Überblick über Untersuchungen zur Effektivität der rational-emotiven Therapie. In A. Ellis & R. Grieger (Hrsg.), Praxis der rational-emotiven Therapie (S. 37–62). München: Urban & Schwarzenberg.

Dörner, D. (1989). Die Logik des Mißlingens. Strategisches Denken in komplexen Situationen. Reinbek: Rowohlt.

Dubois, P. (1906). The psychic treatment of nervous disorders. New York: Funk & Wagnalls.

Duhl, F., Kantor, D. & Duhl, B. (1973). Learning, space, and action in family therapy. In D. Bloch (Eds.), Techniques of family psychotherapy. New York: Grune & Stratlon.

D'Zurilla, T. J. & Goldfried, M. R.(1971). Problem solving and behavior modification. Journal of abnormal Psychology, 78, 107–126.

Eckert, J. (Hrsg.) (1995). Forschung zur Klientenzentrierten Psychotherapie. Aktuelle Ansätze und Ergebnisse. Köln: GwG.

Eckert, J. (1996). Gesprächspsychotherapie. In C. Reimer et al. (Hrsg.), Psychotherapie (S. 124–191). Heidelberg: Springer.

Ehrenfels, C. v. (1890). Über Gestaltqualitäten. Vierteljahresschrift für wissenschaftliche Philosophie, 14, 249–292.

Elliott, R. (1999) Prozess-Erlebnisorientierte Psychotherapie. Ein Überblick. Psychotherapeut 44, 203–213 und 340–349.

Elliott, R. & Greenberg, L. S. (2002) Process-experiential Psychotherapy. In D. J. Cain & J. Seeman (Eds.). Humanistic Psychotherapies. Handbook of Research and Practice (pp. 279–306). Washington, D. C.: APA.

Ellis, A.. (1950). An introduction to the principles of scientific psychoanalysis. Genetic Psychological Monographs, 41, 147–212.

Ellis, A. (1962/77). Die rational-emotive Therapie. München: Pfeiffer.

Ellis, A. (1979). Die wichtigsten Methoden der rational-emotiven Therapie. In A. Ellis & R. Grieger (Hrsg.), Praxis der rational-emotiven Therapie (S. 155–165). München: Urban & Schwarzenberg.

Ellis, A. & Grieger, R. (Hrsg.) (1979). Praxis der rational-emotiven Therapie. München: Urban & Schwarzenberg.

Ellis, A. & Harper, R. A. (1975). A new guide to rational living. Englewood Cliffs, N. J.: Prentice-Hall.

Epstein, K. (1996). Der narrative Turm. In A. v. Schlippe & J. Kriz (Hrsg.), Kontexte für Veränderungen schaffen (S. 3–14). Osnabrück: Universität (Forschungsberichte 111).

Erdheim, M. & Nadig, M. (1983). Ethnopsychoanalyse. In W. Mertens (Hrsg.), Psychoanalyse (S. 129–135). München: Urban & Schwarzenberg.

Erickson, M. H. & Rossi, G. (1981). Hypnotherapie. München: Pfeiffer.

Eschenröder, C. (1977). Theorie und Praxis der rational-emotiven Therapie. Integrative Therapy, 3, 91–106.

Eysenck, H.-J. (1970). The structure of human personality. London: Menthuen.

Fairbairn, W. R. D. (1952). Psychoanalytic studies of the personality. London: Tavistock.

Federn, P. (1932). The reality of the death instinct, especially in melancholie. Psychoanalytic Review, 19, 129–151.

Fiegenbaum, W. & Tuschen, B. (1996). Reizkonfrontation. In J. Margraf (Hrsg.), Lehrbuch der Verhaltenstherapie, Bd. 1 (S. 301–314). Berlin: Springer.

Finke, P. (1985). Empirizität allein genügt nicht. Spiel, 4, 71–97.

Finke, J. & Teusch, L. (Hrsg.) (1991). Gesprächspsychotherapie bei Neurosen und psychosomatischen Erkrankungen. Heidelberg: Asanger.

Finke, J. & Teusch, L. (1999). Entwurf zu einer manualgeleiteten Gesprächspsychotherapie der Depression. Psychotherapeut, 44, 101–107.

Fittkau, B. (1980). Die Bedeutung des Transpersonalen für die Humanistische Psychologie. In U. Völker (Hrsg.), Humanistische Psychologie (S. 77–108). Weinheim: Beltz.

Florin, I. & Tunner, W. (Hrsg.) (1975). Therapie der Angst. München: Urban & Schwarzenberg.

Foerster, H. v. (1988). Abbau und Aufbau. In F. B. Simon (Hrsg.), Lebende Systeme (S. 19–31). Berlin: Springer.

Ford, D. H. & Urban, H. B. (1963). Systems of psychotherapy. New York: Wiley.

Frank, J. D. (1961). Persuasion and healing. Baltimore.

Franke, A. (1978). Klientenzentrierte Gruppenpsychotherapie. Stuttgart: Kohlhammer.

Frankl, V. E. (1977). Das Leiden am sinnlosen Leben. Freiburg: Herder.

Frankl, V. E. (1981). Die Sinnfrage in der Psychotherapie. München: Piper.

Frankl, V. E. (1982). Der Wille zum Sinn. (3., erw. Aufl.). Bern: Huber.

Frankl, V. E. (1987). Ärztliche Seelsorge. Frankfurt: Fischer.

Frankl, V. E. (1990). Der leidende Mensch. Anthropologische Grundlagen der Psychotherapie. München: Piper.

Freud, A. (1936/64). Das Ich und die Abwehrmechanismen. München: Kindler.

Freud, S. (1894 ff./1960 ff.). Gesammelte Werke. Frankfurt: Fischer. (Enthält alle im Text aufgeführten Werke.)

Freud, S. (1972). Abriß der Psychoanalyse. Frankfurt: Fischer.

Freud, S. & Fließ, W. (1950). Aus den Anfängen der Psychoanalyse. Frankfurt: Fischer.

Fromm-Reichmann, F. (1948). Notes on the development of schizophrenia by psychoanalytic psychotherapy. Psychiatry, 11, 267–277.

Gelder, M. G. & Marks, I. M. (1966). Severe agoraphobia. A controlled prospective trial of behavior therapy. British Journal of Psychiatry, 112, 309–319.

Gendlin, E. T. (1961). Experiencing. A variable in the process of therapeutic change. American Journal of Psychotherapy, 15, 233–245.

Gendlin, E. T. (1964). A theory of personality change. In P. Worchel & D. Byrne (Eds.), Personaliy Change (S. 100–148). New York: Glencoe.

Gendlin, E. T. (1970). Existentialism and experiential psychotherapy. In J. T. Hart & T. M. Tomlinson (Eds.), New directions in client-centered therapy (S. 70–94). Boston: Mifflin.

Gendlin, E. T. (1973). Experiential psychotherapy. In R. J. Corsini (Eds.), Current psychotherapies (S. 317–352). Itasca: Peacock.

Gendlin, E. T. (1978). Eine Theorie der Persönlichkeitsveränderung. In H. Bommert & H.-D. Dahlhoff (Hrsg.), Das Selbsterleben (Experiencing) in der Psychotherapie (S. 1–62). München: Urban & Schwarzenberg.

Gendlin, E. T. (1987). Dein Körper – Dein Traumdeuter. Salzburg: Otto Müller.

Georget, E. J. (1821). Über das Irresein (Original: „De la Folie"). Leipzig: Vogel.

Gergen, K. J. (1990). Die Konstruktion des Selbst im Zeitalter der Postmoderne. Psychologische Rundschau, 41, 191–199.

Gergen, K. J. (1996). Das übersättigte Selbst. Heidelberg: Carl-Auer.

Goetze, H. (Hrsg.) (1981). Die personzentrierte Spieltherapie. Göttingen: Hogrefe.

Goetze, H. (2002). Handbuch der personenzentrierten Spieltherapie. Göttingen: Hogrefe.

Goldfried, M. R. (1971). Systematic desensitization as training in self-control. Journal of Consulting and Clinical Psychology, 37, 228–234.

Goodrich, Th. (Hrsg.) (1994). Frauen und Macht. Neue Perspektiven für die Familientherapie. Frankfurt: Campus.

Goolishian, H. A. & Anderson, H. (1997). Menschliche Systeme. In L. Reiter et al. (Hrsg.), Von der Familientherapie zur systemischen Perspektive (2. Aufl., S. 253–287). Heidelberg: Springer.

Gould, S. J. (1983). Der falsch vermessene Mensch. Basel: Birkhäuser.

Goulding, R. L. (1976). Four models of transactional analysis. International Journal for Group Psychotherapy, 26, 385–392.

Goulding, R. L. & Goulding, M. (1981). Neuentscheidungstherapie. Stuttgart: Klett-Cotta.

Graumann, C. F. (1980). Psychologie – humanistisch oder human? In U. Völker (Hrsg.), Humanistische Psychologie (S. 39–52). Weinheim: Beltz.

Greenberg, L. S., Rice, L. & Elliott, R. (1993). Process-experiential therapy: Facilitation emotional change. New York: Guilford Press.

Greenberg, L. S., Watson, J. C. & Lietaer, G. (Eds.) (1998). Handbook of Experiential Psychotherapy. New York: Guilford Press.

Grinberg, L., Langer, M. & Rodrigue, E. (1972). Psychoanalytische Gruppentherapie. München: Kindler.

Grunwald, W. (1976). Psychotherapie und experimentelle Konfliktforschung. München: Fink.

Guthrie, E. R. (1935). The psychology of learning. New York.

Guthrie, E. R. (1938). The psychology of human conflict. New York.

Haaga, D. A. (1987). Treatment of the type A behavior patterns. Clinical Psychology Review, 7, 557–574.

Haaga, D. A. & Davison, G. C. (1991). Disappearing differences do not always reflect healthy integration: An analysis of cognitive therapy and rational-emotive therapy. Journal of Psychotherapy Integration, 1, 287–303.

Hacker, A. (1983). Psychoanalyse und Feminismus. In W. Mertens (Hrsg.), Psychoanalyse (S. 264–272). München: Urban & Schwarzenberg.

Hagehülsmann, U. & Hagehülsmann, H. (1983). Transaktionsanalyse. In R. J. Corsini (Hrsg.), Handbuch der Psychotherapie, Bd. 2 (S. 1315–1356). Weinheim: Beltz.

Haken, H. (1978). Synergetics. An introduction. Berlin: Springer.

Haken, H. (1981). Erfolgsgeheimnisse in der Natur. Synergetik: Die Lehre vom Zusammenwirken. Stuttgart: DVA.

Haley, J. (1977). Direktive Familientherapie. München: Pfeiffer.

Haley, J. (1978). Gemeinsamer Nenner Interaktion. München: Pfeiffer.

Hand, I. (1996). Expositionsbehandlung. In M. Linden & M. Hautzinger (Hrsg.), Verhaltenstherapie (3. Aufl., S. 139–149). Berlin: Springer.

Hargens, J. & Schlippe, A. v. (1998). Das Spiel der Ideen. Reflektierendes Team und systemische Praxis. Dortmund: Borgmann.

Harris, T. A. (1975). Ich bin o. k. – du bist o. k. Reinbek: Rowohlt.

Harsch, H. L. & Jessen, F. M. (1984). Transaktionsanalyse. In H. Petzold (Hrsg.), Wege zum Menschen, Bd. 2 (S. 309–396). Paderborn: Junfermann.

Hart, J. T. (1970). The development of client-centered therapy. In J. T. Hart & T. M. Tomlinson (Eds.), New directions in client-centered therapy (S. 3–22). Boston: Mifflin.

Hartmann-Kottek-Schroeder, L. (1983). Gestalttherapie. In R. J. Corsini (Hrsg.), Handbuch der Psychotherapie, Bd. 1 (S. 281–320). Weinheim: Beltz.

Hautzinger, M. (1996). Verhaltenstherapie und kognitive Therapie. In C. Reimer, Eckert, J., Hautzinger, M. & Wilke, E. (Hrsg.), Psychotherapie (S. 192–272). Berlin: Springer.

Hecht, C. (1984). Kognitive Verhaltenstherapie. In H. Petzold (Hrsg.), Wege zum Menschen, Bd. 2 (S. 401–492). Paderborn: Junfermann.

Heigl-Evers, A. & Nitzschke, B. (1984). Psychoanalyse – „klassische" und „moderne" Konzepte. In H. E. Lück, R. Miller & W. Rechtien (Hrsg.), Geschichte der Psychologie (S. 102–112). München: Urban & Schwarzenberg.

Heigl-Evers, A. (1972). Konzepte der analytischen Gruppenpsychotherapie. Göttingen: Vandenhoeck & Ruprecht.

Heinerth, K. (1996). Indikation für Körperkontakt in der Klientenzentrierten Psychotherapie. In U. Esser, K. Sander & B. Terjung (Hrsg.). Die Kraft des Personenzentrierten Ansatzes. Erlebnisaktivierende Methoden. (S. 5–23) Köln: GwG.

Hellinger, B. (1994). Ordnungen der Liebe. Heidelberg: Carl-Auer.

Helm, J. (1972). Psychotherapeutische Gespräche als Gegenstand der Forschung. In J. Helm (Hrsg.), Psychotherapieforschung (S. 27–48). Berlin: Deutscher Verlag der Wissenschaften.

Hinsch, J. & Steiner, E. (1997). Vom Paar zum Subjekt. Ein Beitrag zur Paartherapie. Systeme, 7, 34–45.

Hoffman, L. (1982). Grundlagen der Familientherapie. Hamburg: Isko Press.

Hoffmann, S. O. (1983). Psychoanalyse. In R. J. Corsini (Hrsg.), Handbuch der Psychotherapie, Bd. 2 (S. 978–1007). Weinheim: Beltz.

Hofstätter, P. R. (1971). Differentielle Psychologie. Stuttgart: Kröner.

Hofstätter, P. R. (1972). Psychologie. Frankfurt: Fischer.

Holland, J. G. & Skinner, B. F. (1974). Analyse des Verhaltens. München: Urban & Schwarzenberg.

Homme, L. E. (1965). Perspectives in psychology, XXIV: Control of coverants, the operants of the mind. Psychological Review, 15, 501–511.

Howe, E. S. (1962). Anxiety-arousal and Specificity. Journal of Consulting Psychology, 26, 178–184.

Howe, J. (1980). Prozessgeschehen in der Gesprächspsychotherapie. Frankfurt: Lang.

Howe, J. (Hrsg.) (1982a). Therapieformen im Dialog. München: Kösel.

Howe, J. (Hrsg.) (1982b). Integratives Handeln in der Gesprächstherapie. Weinheim: Beltz.

Hübner, W. (1982). Was heißt Verändern durch Verstehen? In E. Biehl et al. (Hrsg.), Neue Konzepte der klinischen Psychologie und Psychotherapie (S. 40–44). Tübingen: DGVT/GwG.

Iljine, V. N. (1909). Improvisiertes Theaterspiel zur Behandlung von Gemütsleiden. Kiew: Teatralny Kurier.

Imber-Black, E., Roberts, J. & Whiting, R. (1993). Rituale. Rituale in Familien und Familientherapie. Heidelberg: Carl-Auer.

Irigaray, L. (1980). Speculum. Frankfurt: Suhrkamp.

Jacobi, J. (1978). Die Psychologie von C. G. Jung. Frankfurt: Fischer.

Jacoby, H. (1983). Alfred Adlers Individualpsychologie und Dialektische Charakterkunde. Frankfurt: Fischer.

Jones, E. (1995). Systemische Familientherapie. Dortmund: Modernes Lernen.

Jung, C. G. (1912). Wandlungen und Symbole der Libido. Leipzig: Deuticke.

Jung, C. G. (1935/75). Über Grundlagen der analytischen Psychologie. Frankfurt: Fischer.

Jung, C. G. & Pauli, W. (1952). Naturerklärung und Psyche. In C. A. Maier (Hrsg.), Studien aus dem C. G. Jung-Institut, IV. Zürich: Rascher.

Jürgens, G. & Salm, H. (1984). Familientherapie. In H. Petzold, (Hrsg.), Wege zum Menschen, Bd. 1 (S. 387–450). Paderborn: Junfermann.

Kahler T. & Capers, H. (1974). The miniscript. Transactional Analysis Journal, 4, 26–34.

Kanfer, F. H. (1979). Self-management. Strategies and tactics. In A. P. Goldstein & F. H. Kanfer (Eds.), Maximizing treatment gains: Transfer enhancement in psychotherapy (S. 185–224). New York: Academic.

Kanfer, F. H. & Goldstein, A. P. (Hrsg.) (1979). Möglichkeiten der Verhaltensänderung. München: Urban & Schwarzenberg.

Karpmann, S. B. (1968). Fairy tales and script drama analysis. Transaction Bulletin, 7, 39–43.

Kast, V. (1990). Die Dynamik der Symbole. Grundlagen der Jungschen Psychotherapie. Olten: Walter.

Keil, W. & Balen, van R. (2003). Process-Experiential Psychotherapie. In G. Stumm, J. Wiltschko & W. Keil (Hrsg.), Grundbegriffe der Personzentrierten und Focusing-orientierten Psychotherapie und Beratung (S. 245–248). Stuttgart: Pfeiffer bei Klett-Cotta.

Kempler, W. (1975). Grundzüge der Gestalt-Familien-Therapie. Stuttgart: Klett.

Kempler, W. (1981). Experiential psychotherapy within families. New York: Brunner & Mazel.

Kernberg, O. F. (1981). Objektbeziehung und Praxis der Psychoanalyse. Stuttgart: Klett-Cotta.

Keßler, B. H. (1983). Rational-emotive-Therapie. In R. J. Corsini (Hrsg.), Handbuch der Psychotherapie. 2 Bde (S. 1105–1126). Weinheim: Beltz.

Keßler, B. H. & Hoellen, B. (1982). Rational-emotive Therapie in der klinischen Praxis. Weinheim: Beltz.

Klein, M. (1962). Das Seelenleben des Kleinkindes und andere Beiträge zur Psychoanalyse. Stuttgart: Klett.

Klein, M. H., Mathieu P. L., Gendlin E. T. & Kiesler, O. J. (1969). The Experiencing Scale: A Research and Training Manual. Madison: Wisconsin Psychiatric Institute.

Kohut, H. (1979). Die Heilung des Selbst. Frankfurt: Suhrkamp.

Korbei, L. & Teichmann-Wirth, B. (2002). Zur Einbeziehung des Körpers in die Klientenzentrierte/Person-zentrierte Psychotherapie. In W. Keil & G. Stumm (Hrsg.), Die vielen Gesichter der personzentrierten Psychotherapie (S. 377–410). Wien, New York: Springer.

Kreitman, N., Collins, Y., Nelson, B. & Troop, J. (1971). Neurosis and Marital Interaktion. British Journal of Psychiatry, 119, 243–252.

Kriz, J. (1981). Methodenkritik empirischer Sozialforschung. Stuttgart: Teubner.

Kriz, J. (1988). Pragmatik systemischer Therapie-Theorie. Teil I: Probleme des Verstehens und der Verständigung. System Familie, 1, 92–102.

Kriz, J. (1990a). Erkennen und Handeln. Zum Verhältnis von konstruktivistisch-systemischer Theorie und Praxis. In V. Riegas & C. Vetter (Hrsg.), Zur Biologie der Kognition (S. 189–204). Frankfurt: Suhrkamp.

Kriz, J. (1990b). Pragmatik systemischer Therapie-Theorie. Teil II: Der Mensch als Bezugspunkt systemischer Perspektiven. System Familie, 3, 97–107.

Kriz, J. (1991a). Systemisches Denken und Gestalten bei klinischen Prozessen. In K. Kratky (Hrsg.), Systemische Perspektiven. Interdisziplinäre Beiträge zu Theorie und Praxis (S. 113–125). Heidelberg: Carl-Auer.

Kriz, J. (1991b). Mental Health: Its Conception in Systems Theory. An Outline of the Person-Centered System Approach. In: M. J. Pelaez (Ed.), Comparative Sociology of Family, Health & Education. Vol. XX (pp. 6061–6083). Malaga.

Kriz, J. (1992). Chaos und Struktur. Systemtheorie, Bd. 1. München, Berlin: Quintessenz.

Kriz, J. (1994). Gestalten menschlicher Lebenswelten, Teil II. Gestalt Theory, 16, 1, 21–34.

Kriz, J. (1995). Über die Macht der Sprache. In C. Schmidt-Lellek & B. Heimannsberg (Hrsg.), Macht und Machtmissbrauch in der Psychotherapie (S. 43–63). Köln: Edition Humanistische Psychologie.

Kriz, J. (1996). Zum Verhältnis von Forschung und Praxis in der Psychotherapie. Psychotherapie Forum, 4, 163–168. (Nachdruck in systhema, 11 (1), 42–50 und in Existenzanalyse (1998), 15 (1), 33–37.)

Kriz, J. (1998). Die Effektivität des Menschlichen. Argumente aus einer systemischen Perspektive. Gestalt Theory, 20, 131–142. (Nachdruck in systhema, 12, 277–288.)

Kriz, J. (1999a). Systemtheorie für Psychotherapeuten, Psychologen und Mediziner. Eine Einführung. Wien: Facultas/UTB.

Kriz, J. (1999b). On Attractors – The Teleological Principle in Systems Theory, the Arts and Therapy. Poiesis. A Journal of the Arts and Communication, 24–29.

Kriz, J. (2001). Self-Organization of Cognitive and Interactional Processes. In M. Matthies, H. Malchow & J. Kriz (Eds.), Integrative Systems Approaches to Natural and Social Dynamics (S. 517–537). Heidelberg: Springer.

Kriz, J. (2004). Lebenswelten im Umbruch. Zwischen Chaos und Ordnung. Wien: Picus.

Kriz, W. C. (2000). Lernziel: Systemkompetenz. Planspiele als Trainingsmethode. Göttingen, Zürich: Vandenhoeck & Ruprecht.

Kufner, W. (1984). Bioenergetik. In H. Petzold (Hrsg.), Wege zum Menschen, Bd. 2 (S. 245–312). Paderborn: Junfermann.

Kuhn, T. S. (1976). Die Struktur wissenschaftlicher Revolutionen. Frankfurt: Suhrkamp.

Künkel, F. (1975). Einführung in die Charakterkunde. Stuttgart: Hirzel.

Laiblin, M. (1977). Die Psychologie von C. G. Jung. In W. Bitter (Hrsg.), Freud, Adler, Jung (S. 65–81). München: Kindler.

Laing, R. D. (1977). Das Selbst und die Anderen. Reinbek: Rowohlt.

Laing, R. D., Phillipson, H. & Lee, A. R. (1971). Interpersonelle Wahrnehmung. Frankfurt: Suhrkamp.

Längle, A. (1993). Personale Existenzanalyse. In A. Längle (Hrsg.), Wertbegegnung, Phänomene und methodische Zugänge (S. 133–160). Wien: GLE.

Längle, A. (1998). Viktor Frankl. Ein Portrait. München: Piper.

Längle, A. (1999). Die existentielle Motivation der Person. Existenzanalyse, 16, 18–29.

Längle, A. (2000). Praxis der Personalen Existenzanalyse. Wien: Facultas.

Laplanche, J. & Pontalis, J. B. (1972). Das Vokabular der Psychoanalyse (2 Bde.). Frankfurt: Suhrkamp.

Lazarus, A. A. (1967). In support of technical eclecticism. Psychological Review, 21, 415–416.

Lazarus, A. A. (1973). Multimodal behavior therapy. Treating the BASIC ID. Journal of Nervours and Mental Diseases, 156, 404–411.

Lazarus, A. A. (1996). Multimodale Therapieplanung (BASIC-ID). In M. Linden & M. Hautzinger (Hrsg.), Verhaltenstherapie (3. Aufl., S. 47–51). Berlin: Springer.

Lazarus, A. A. & Rachman, S. (1957). The use of systematic desensitization in psychotherapy. South African Medical Journal, 31, 934–937.

Leuner, H. (1981). Katathymes Bilderleben. Stuttgart: Thieme.

Leuner, H. (1994) Lehrbuch der Katathym-imaginativen Psychotherapie. Grundstufe, Mittelstufe, Oberstufe. Bern: Huber.

Leutz, G. A. (1974). Psychodrama. Heidelberg: Springer.

Leutz, G. A. & Engelke, E. (1983). Psychodrama. In R. J. Corsini (Hrsg.), Handbuch der Psychotherapie, Bd. 2 (S. 1008–1031). Weinheim: Beltz.

Levold, T. (1986). Die Therapie der Macht und die Macht der Therapie. Über die Wirklichkeit des Sozialen. Zeitschrift für systemische Therapie, 4, 243–252.

Levold, T. (1994). Die Betonierung der Opferrolle. Zum Diskurs der Gewalt in Lebenslauf und Gesellschaft. System Familie, 7, 19–32.

Levy, D. (1943). Maternal overprotection. New York: Columbia University.

Lewis, R. & Lowen, A. (1977). Bioenergetische Analyse. In H. Petzold (Hrsg.), Die neuen Körpertherapien (S. 217–244). Paderborn: Junfermann.

Linden, M. & Hautzinger, M. (Hrsg.) (1996). Verhaltenstherapie (3. Aufl.). Berlin: Springer.

Lowen, A. (1967). Der Verrat am Körper. München: Scherz.

Lowen, A. (1972). Depression. München: Kösel.

Lowen, A. (1979). Bioenergetik. Reinbek: Rowohlt.

Lowen, A. & Lowen, L. (1979). Bioenergetik für Jeden. Gauting: Kirchheim.

Ludewig, K. (1992). Systemische Therapie. Grundlagen klinischer Theorie und Praxis. Stuttgart: Klett.

Luhmann, N. (1984). Soziale Systeme. Grundriss einer allgemeinen Theorie. Frankfurt: Suhrkamp.

Luhmann, N. (1988). Selbstreferentielle Systeme. In F. B. Simon (Hrsg.), Lebende Systeme (S. 47–53). Berlin: Springer.

Lukas, E. (1980). Auch dein Leben hat Sinn. Freiburg: Herder.

Lukas, E. (1984). Logotherapie. In H. Petzold (Hrsg.), Wege zum Menschen, Bd. 1 (S. 451–522). Paderborn: Junfermann.

Lukas, E. (1991). Spannendes Leben. Ein Logotherapie-Buch. Weinheim: Beltz (Quintessenz).

Luthman, S. G. & Kirschenbaum, M. (1977). Familiensysteme. München: Pfeiffer.

Mahler, M. S, Pine, F. & Bergman, A. (1980). Die Psychische Geburt des Menschen. Symbiose und Individuation. Frankfurt: Fischer.

Mahoney, M. J. & Arnkoff, D. (1978). Cognitive and self-control therapies. In S. Garfield & A. Bergin (Eds.), Handbook of psychotherapy and behavior change (2nd Ed., S. 689–722). New York.

Mahoney, M. J. (1980). Psychotherapy process. New York: Plenum.

Malinowski, B. (1929/79). Das Geschlechtsleben der Wilden in Nordwestmelanesien. Leipzig, Frankfurt: Grethlein.

Marcus, E. (1979). Gestalttherapie. Hamburg: Isko Press.

Margraf, J. (Hrsg.) (1996). Lehrbuch der Verhaltenstherapie (2 Bde.). Heidelberg: Springer.

Marlatt, G. A. & Perry, M. A. (1977). Methoden des Modellernens. In F. H. Kanfer & A. P. Goldstein (Hrsg.), Möglichkeiten der Verhaltensänderung (S. 133–177). München: Urban & Schwarzenberg.

Martin, D. G. (1972/75). Gesprächs-Psychotherapie als Lernprozess. Salzburg: Müller.

Maslow, A. H. (1973). Psychologie des Seins. München: Kindler.

Masters, W. H. & Johnson, V. E. (1973). Impotenz und Anorgasmie. Frankfurt: Goverts Krüger Stahlberg.

Maturana, H. R. & Varala, F. J. (1987). Der Baum der Erkenntnis. Bern: Scherz.

McLulich, D. A. (1937). Fluctuations in the number of varying hare. Toronto: University Press.

Mead, G. H. (1936/68). Geist, Identität und Gesellschaft. Frankfurt: Suhrkamp.

Meichenbaum, D. H. (1974). Cognitive behavior modification. Morristown (N. J.): General Learning Press.

Meichenbaum, D. H. (1977). Cognitive-behavioral modification. New York: Plenum.

Meichenbaum, D. H. (1979). Cognitive behavior modification. The need for a fairer assessment. Cognitive Therapy and Research, 2, 127–132.

Meier, C. A. (1992). Wolfgang Pauli und C. G. Jung. Ein Briefwechsel. Heidelberg: Springer.

Metzger, W. (1954). Gesetze des Sehens (2. Aufl.). Frankfurt: Kramer.

Metzger, W. (1962). Schöpferische Freiheit. Frankfurt: Kramer.

Metzger, W. (1968). Psychologie (4. Aufl.). Darmstadt: Steinkopff.

Metzger, W. (1973). Einführung. In A. Adler, Individualpsychologie in der Schule. Frankfurt: Fischer.

Meyer, V. & Crisp, A. H. (1966). Some problems in behavior therapy. British Journal of Psychiatry, 112, 367–381.

Miller, G. (1986). Depicting family troubles: A micro-political analysis of purposeful questioning. Journal of Strategic and Systematic Therapies, 5, 1–13.

Miller, G. A., Galanter, E. H. & Pribram, K. H. (1960). Plans and the structure of behavior. New York: Holt, Rinehart and Winston.

Miller, J. G. (1978). Living Systems. New York: Mc Grawhill.

Miller, N. E. & DiCara, L. V. (1967). Instrumental learning of heart rate changes in curarized rats. Journal of Comparative and Physiological Psychology, 63, 12–19.

Minsel, W.-R. (1974). Praxis der Gesprächspsychotherapie. Wien: Böhlau.

Minsel, W.-R. & Bente, G. (1980). Gesprächspsychotherapie. In W. Wittling (Hrsg.), Handbuch der Klinischen Psychologie, Bd. 2: Psychotherapeutische Interventionsmethoden (S. 139–164). Hamburg: Hoffmann & Campe.

Minsel, W.-R. & Zielke, M. (1977). Theoretische Grundlagen der CCT. In L. J. Pongratz, Handbuch der Psychologie, Bd. 8, II: Klinische Psychologie (S. 953–980). Göttingen: Hogrefe.

Minsel, W.-R., Langer, I., Petersen, U. & Tausch, R. (1973). Bedeutsame weitere Variablen des Psychotherapeutenverhaltens. Zeitschrift für Klinische Psychologie, 2, 197–210.

Minuchin, S. (1977). Familie und Familientherapie. Theorie und Praxis struktureller Familientherapie. Freiburg: Lambertus.

Minuchin, S. & Fishman, H. (1983). Praxis der strukturellen Familientherapie. Freiburg: Lambertus.

Minuchin, S., Montevalo, B., Guerney, B., Rosman, B. & Schumer, F. (1967). Families of the slums. New York: Basic Books.

Minuchin, S., Rosman, B. & Baker, L. (1981). Psychosomatische Krankheiten in der Familie. Stuttgart: Klett.

Misch, W. & Misch, K. (1932). Die vegetative Genese der neurotischen Angst und ihre medikamentöse Beseitigung. Der Nervenarzt, 5 (8), 415–418.

Mitchell, K. M. & Mitchell, R. M. (1968). The significant other scale. Paper read at South-western Psychology Association meeting. New Orleans

Mitchell, K. M. et al. (1977). A reappraisal of the therapeutic effectiveness of accurate empathy nonposesive warmth and genuiness. In A. S. Gurmann & A. M. Razin (Eds.), Effective psychotherapy (S. 482–502). New York: Pergamon.

Moreno, J. L. (1915). Einladung zu einer Begegnung. Wien: Anzengruber.

Moreno, J. L. (1932). Application of the group method to classification. New York: National Committee on Prisons & Prison Labor.

Moreno, J. L. (1959). Gruppenpsychotherapie und Psychodrama. Stuttgart: Thieme.

Morris, C. W. (1938). Foundations of the theory of signs. Chicago: University Press.

Napier, A. & Whitacker, C. A. (1978). Tatort Familie. Düsseldorf: Diederichs.

Naranjo, C. (1970). Present centeredness. In J. Fagan & I. L. Shepherd (Eds.), Gestalt therapy now (S. 47–69). New York: Science Behavior Books.

Neel, A. (1974). Handbuch der psychologischen Theorien. München: Kindler.

Nell, R. (1976). Traumdeutung in der Ehepaar-Therapie. München: Kindler.

Nichols, M. P. (1984). Family therapy. New York: Gardner.

Nielsen, J. (1964). Mental disorders in married couples. British Journal of Psychiatry, 110, 683–697.

Nölke, E. & Willis, M. (Hrsg.) (2002). Klientenzentrierte Kunsttherapie in institutionalisierten Praxisfeldern. Bern: Huber.

Nostitz und Jenkendorf, G. A. E. v. (1829). Beschreibung der Kgl. Sächsischen Heil- und Verpflegungsanstalt Sonnenstein (2 Bde.). Dresden: Walther.

Oberndorf, C. P. (1938). Psychoanalysis and married couples. Psychoanalytic Review, 25, 453–475.

Ollendorf-Reich, I. (1975). Wilhelm Reich. München: Kindler.

Paivio, S. C. & Nieuwenhuis, J. A. (2001). Efficacy of Emotion Focus Therapy for Adult Survivors of Child Abuse: A Preliminary Study. Journal of Traumatic Stress 14, 115–133.

Papp, P., Silverstein, O. & Carter, E. (1973). Family sculpting in preventive work with „well Families". Family Process, 12, 197–212.

Parfy, E., Schuch, B. & Lenz, G. (2003). Verhaltenstherapie. Moderne Ansätze für Theorie und Praxis. Wien: Facultas.

Pavel, F.-G. (1975). Die Entwicklung der klientenzentrierten Psychotherapie in den USA von 1942–1973. In Gesellschaft für wissenschaftliche Gesprächspsychotherapie (Hrsg.), Die klientenzentrierte Gesprächspsychotherapie (S. 25–41). München: Kindler.

Pawlow, I. (1923). Zwanzigjährige Erfahrungen mit dem objektiven Studium der höheren Nerventätigkeit (des Verhaltens) der Tiere. Petrograd (Nachdruck in Pawlow, I. (1953). Sämtliche Werke, Bd. III/1. Berlin: Akademie-Verlag.)

Pechtl, W. (1980). Die therapeutische Beziehung und die Funktion des Therapeuten in der bioenergetischen Beziehung. In H. Petzold (Hrsg.), Die Rolle des Therapeuten und die therapeutische Beziehung (S. 74–112). Paderborn: Junfermann.

Penrose, L. (1944). Mental illness in husband and wife. Psychiatric Quarterly Supplement, 18.

Perls, F. S. (1944/78). Das Ich, der Hunger und die Aggression. Stuttgart: Klett-Cotta.

Perls, F. S. (1976). Grundlagen der Gestalttherapie. München: Pfeiffer.

Perls, F. S., Hefferline, R. F. & Goodman, P. (1979). Gestalt-Therapie. Stuttgart: Klett.

Perry, M. (1996). Modelldarbietung. In M. Linden & M. Hautzinger (Hrsg.), Verhaltenstherapie (3. Aufl., S. 234–239). Berlin: Springer.

Petzold, H. (1976). Dramatische Therapie. Integrative Therapy, 4, 178–189.

Petzold, H. (1978a). Angewandtes Psychodrama. Paderborn: Junfermann.

Petzold, H. (1978b). Das Psychodrama als Methode der klinischen Psychologie. In L. J. Pongratz, Handbuch der Psychologie, Bd. 8, II: Klinische Psychologie (S. 2751–2795). Göttingen: Hogrefe.

Petzold, H. (1980a) Ich bin o. k. – du bist so lala. Psychologie heute, Sonderband (Neue Formen der Psychotherapie), 131–141.

Petzold, H. (1980b). Moreno – nicht Lewin – der Begründer der Aktionsforschung. Gruppendynamik, 11, 142–166.

Petzold, H. (Hrsg.) (1980c). Die Rolle des Therapeuten und die therapeutische Beziehung. Paderborn: Junfermann.

Petzold, H. (1982). Der Mensch ist ein soziales Atom. Integrative Therapy, 3, 161–165.

Petzold, H. (1995). Die Kraft liebevoller Blicke. Psychotherapie und Babyforschung, Bd. 2. Paderborn: Junfermann.

Petzold, H. & Mathias, U. (1983). Rollenentwicklung und Identität. Paderborn: Junfermann.

Pfeiffer, W. M. (1975). Erklärungsmodelle zum Verlauf des psychotherapeutischen Prozesses. In Gesellschaft für wissenschaftliche Gesprächspsychotherapie (Hrsg.), Die klientenzentrierte Gesprächspsychotherapie (S. 72–78). München: Kindler.

Pfeiffer, W. M. (1976). Erlebnisaktivierendes Vorgehen in der Gesprächspsychotherapie und seine Erfassung durch die Erlebnis-Intensitäts-Skala. In P. Jankowski, D. Tscheulin, H.-J. Fietkau & F. Mann (Hrsg.), Klientenzentrierte Psychotherapie heute (S. 127–134). Göttingen: Hogrefe.

Pfeiffer, W. M. (1980). Otto Rank – Wegbereiter personenzentrierter Psychotherapie. In W. Schulz & M. Hautzinger (Hrsg.) (1980), Klinische Psychologie und Psychotherapie. Kongressbericht, Berlin 1980 (S. 93–101). Tübingen: DGVT/GwG

Pfingsten, U. (1996). Traning sozialer Kompetenz. In J. Margraf (Hrsg.), Lehrbuch der Verhaltenstherapie, Bd. 1 (S. 361–370). Heidelberg: Springer.

Pflug, J.-H. (1984). Das Namenparadox der GwG. GwG-info, 56, 234–236.

Pierrakos, J. C. (1977). Core-Therapie. In H. Petzold (Hrsg.), Die neuen Körpertherapien (S. 90–116). Paderborn: Junfermann.

Pirandello, L. (1965). Sei personaggi in cera d'autore. Milano: Maschere Nudo.

Plaum, E. (1999). Weshalb fährt der IC 781 am 26. Geburtstag von Sabine M. um 13.49 Uhr mit einer Geschwindigkeit von 82,5 km/h durch den Bahnhof Eichstätt? Oder: Das Elend mit der Suche nach reinen Wirkfaktoren in einer hochkomplexen Realität. Gestalt Theory, 21, 191–207.

Polster, E. & Polster, M. (1975). Gestalttherapie. München: Kindler.

Pongratz, L. J. (1973). Lehrbuch der Klinischen Psychologie. Göttingen: Hogrefe.

Pongratz, L. J. (1982). Geschichte der Psychotherapie. In R. Bastine et al. (Hrsg.), Grundbegriffe der Psychotherapie (S. 123–129). Weinheim: edition psychologie.

Portele, G. H. & Roessler, K. (1994). Macht und Psychotherapie. Ein Dialog. Köln: Edition Humanistische Psychologe.

Prigogine, I. & Stengers, I. (1981). Dialog mit der Natur. Neue Wege naturwissenschaftlichen Denkens. München: Piper.

Quekelberghe, R. v. (1979). Modelle kognitiver Therapien. München: Urban & Schwarzenberg.

Rattner, J. (1976). Verstehende Tiefenpsychologie. Berlin: Verlag für Tiefenpsychologie.

Rau, H. (1996). Biofeedback. In J. Margraf, (Hrsg). Lehrbuch der Verhaltenstherapie, Bd. 1 (S. 415–422). Berlin: Springer.

Reich, W. (1932/72). Der Einbruch der sexuellen Zwangsmoral (3. Aufl.). Köln: Kiepenheuer & Witsch.

Reich, W. (1933/70). Charakteranalyse. Frankfurt: Fischer.

Reich, W. (1933/79). Die Massenpsychologie des Faschismus. Frankfurt: Fischer.

Reich, W. (1972). Die Entdeckung des Orgons I. Frankfurt: Fischer.

Reich, W. (1975). Die Entdeckung des Orgons II. Frankfurt: Fischer.

Reiter, L. (1991). Vom „Reflektierenden Team" zum „Fokussierenden Team". Eine Weiterentwicklung der Idee von Tom Andersens. System Familie, 4 (2), 119–120.

Reiter, L., Brunner, E. & Reiter-Theil, S. (Hrsg.) (1997). Von der Familientherapie zur systemischen Perspektive (2. Aufl.). Berlin, Heidelberg: Springer.

Retzer, A.. (1994). Familie und Psychose. Stuttgart: G. Fischer.

Revenstorf, D. (1982/85). Psychotherapeutische Verfahren (4 Bde.). Stuttgart: Kohlhammer.

Richter, H.-E. (1963/69). Eltern, Kind und Neurose. Reinbek: Rowohlt.

Richter, H.-E. (1972). Patient Familie. Reinbek: Rowohlt.

Rice, L. N. & Greenberg, L. S. (Eds.) (1984). Patterns of change. New York: Guilford Press.

Rieger, A. & Schmidt-Hieber, E. (1979). Gesprächspsychotherapie. In W. Grunwald (Hrsg.), Klinische Stichwörter zur Gesprächspsychotherapie (S. 117–123). München: Fink.

Risley, T. R. (1969). Behavior modification. In L. A. Hamerlynck, P. O. Davidson & L. E. Acker (Eds.), Behavior modification and the mental health services. Calgary: University of Calgary Press.

Rogers, C. R. (1942/72). Die nichtdirektive Beratung. München: Kindler.

Rogers, C. R. (1951/73). Die klientbezogene Gesprächstherapie. München: Kindler.

Rogers, C. R. (1957). The necessary and sufficient conditions of therapeutic personality change. Journal of Consulting Psychology, 21, 95–103.

Rogers, C. R. (1958). A process conception of psychotherapy. American Psychologist, 13, 142–149.

Rogers, C. R. (1961/73). Entwicklung der Persönlichkeit. Stuttgart: Klett.

Rogers, C. R. (1970/74). Encounter-Gruppen. München: Kindler.

Rogers, C. R. (1975). Entwicklung und gegenwärtiger Stand meiner Ansichten über zwischenmenschliche Beziehungen. In GwG (Hrsg.), Die klientenzentrierte Gesprächspsychotherapie (S. 11–24). München: Kindler

Rogers, C. R. (1981). Der neue Mensch. Stuttgart: Klett.

Rogers, C. R. (1983). Klientenzentrierte Psychotherapie. In J. R. Corsini (Hrsg.), Handbuch der Psychotherapie, Bd. 1 (S. 471–512). Weinheim: Beltz.

Rogers, C. R. (1987). Eine Theorie der Psychotherapie, der Persönlichkeit und der zwischenmenschlichen Beziehungen. Köln: GwG.

Rogers, C. R. & Dymond, R. F. (Eds.) (1954). Psychotherapy and Personality Change. Chicago: University Press.

Rogers, C. R. & Schmid, P. F. (1995). Person-zentriert. Grundlagen von Theorie und Praxis. Mainz: Grünewald.

Rogers, N. (1993). The Creative Connection: Expressive Arts as Healing. Palo Alto: Science and Behavior Books

Rogers, N. (2002). Personzentrierte Expressive Kunsttherapie. In W. Keil & G. Stumm (Hrsg.), Die vielen Gesichter der personzentrierten Psychotherapie (S. 411–426). Wien, New York: Springer

Roth, W. L. (1996). Verdeckte positive Verstärkung. In M. Linden & M. Hautzinger (Hrsg.), Verhaltenstherapie (3. Aufl., S. 324–327). Berlin: Springer.

Rückert, H.-W. (1982). Kombination von Gesprächspsychotherapie mit Rational-Emotiver Therapie. In J. Howe (Hrsg.), Integratives Handeln in der Gesprächstherapie (S. 91–118). Weinheim: Beltz.

Sachse, R. (1992). Zielorientierte Gesprächspsychotherapie. Göttingen: Hogrefe.
Sachse, R. (1995). Der psychosomatische Patient in der Praxis. Stuttgart: Kohlhammer.
Sachse, R. (1996). Praxis der Zielorientierten Gesprächspsychotherapie. Göttingen: Hogrefe.
Sachse, R. (1999). Lehrbuch der Gesprächspsychotherapie. Göttingen: Hogrefe.
Sachse, R. (2002) Zielorientierte Gesprächspsychotherapie . In W. Keil & G. Stumm (Hrsg.), Die vielen Gesichter der personzentrierten Psychotherapie (S. 265–284). Wien, New York: Springer
Sachse, R. (2003). Zielorientierte Gesprächspsychotherapie. In: G. Stumm, J. Wiltschko & W. Keil (Hrsg.), Grundbegriffe der Personzentrierten und Focusing-orientierten Psychotherapie und Beratung (S. 341–343). Stuttgart: Pfeiffer bei Klett-Cotta.
Sachse, R. & Kröner, B. (1978). Selbstkontrolle von Angst. Die Bedeutung von Entspannung, Wahrnehmung von Angstsregungen und Kognitionen. Zeitschrift für Klinische Psychologie, 7, 41–59.
Sachse, R., Lietaer, G. & Stiles, W. B. (Hrsg.) (1992). Neue Handlungskonzepte der Klientenzentrierten Psychotherapie. Eine grundlegende Neuorientierung. Heidelberg: Asanger.
Samelson, F. (1980). Early behaviorism, Part 3: The stalemate of the twenties. Paper at CHEIRON 1980 meeting.
Sandler, J., Dare, C. & Holder, A. (1973). Die Grundbegriffe der psychoanalytischen Therapie. Stuttgart: Klett.
Satir, V. (1975). Selbstwert und Kommunikation. München: Pfeiffer.
Satir, V., Baldwin, M. (1988). Familientherapie in Aktion. Paderborn: Junfermann.
Schiepek, G. (1991). Systemtheorie der klinischen Psychologie. Braunschweig: Vieweg.
Schiepek, G. (1997). Ausbildungsziel: Systemkompetenz. In L. Reiter, E. J. Brunner & S. Reiter-Theil (Hrsg.), Von der Familientherapie zur systemischen Perspektive (2. Aufl., S. 181–215). Heidelberg: Springer.
Schiepek, G., Manteufel, A., Strunk, G. & Reicherts, M. (1995). Kooperationsdynamik in Systemspielen. In W. Langenthaler & G. Schiepek (Hrsg.), Selbstorganisation und Dynamik in Gruppen (S. 119–154). Münster: LIT-Verlag.
Schiff, J. L. et al. (1975). Cathexis Reader: Transactional Analysis Treatment of Psychosis. New York: Harper & Row.
Schlippe v., A. (1984). Familientherapie im Überblick – Basiskonzepte, Formen, Anwendungsmöglichkeiten. Paderborn: Junfermann.
Schlippe, A. v. & Kriz, J. (1996). Das „Auftragskarussell". Eine Möglichkeit der Selbstsupervision in systemischer Therapie und Beratung. System Familie, 9, 106–110.
Schlippe, A. v. & Schweitzer, J. (1996). Lehrbuch der systemischen Therapie und Beratung. Göttingen, Zürich: Vandenhoeck & Ruprecht.
Schmid, P. F. (1995). Souveränität und Engagement. .Zu einem personzentrierten Verständnis von „Person". In C. R. Rogers & P. F. Schmid, Person-zentriert. Grundlagen von Theorie und Praxis (S. 15–152). Mainz: Grünewald.
Schmidt, R. (1977). Finalität der Angst. Zeitschrift für Individualpsychologie, 2, 48–57.

Schmidtchen, S. (1991). Klientenzentrierte Spiel- und Familientherapie. Weinheim: Psychologie Verlags Union.
Schmidtchen, S., Speierer, G.-W. & Linster, H. (Hrsg.) (1995). Die Entwicklung der Person und ihre Störung, Bd. 2: Theorien und Ergebnisse zur Grundlegung einer klientenzentrierten Krankheitslehre. Köln: GwG.
Schmidt-Lellek, C. & Heimannsberg, B. (Hrsg.) (1995). Macht und Machtmissbrauch in der Psychotherapie (S. 43–63). Köln: Edition Humanistische Psychologie.
Schneider K. (1981). Interventionsstile in der Gestalttherapie: Support und Frustration. Integrative Therapie, 1, 26–45.
Schneider, K. (Hrsg.) (1983). Familientherapie in der Sicht psychotherapeutischer Schulen. Paderborn: Junfermann.
Schönpflug, W. & Schönpflug, U. (1983). Psychologie. München: Urban & Schwarzenberg.
Schorr, A. (1984). Die Verhaltenstherapie. Weinheim: Beltz.
Schulz v. Thun, F. (1981). Miteinander Reden. Reinbek: Rowohlt.
Seelmann, K. (1982). Adlers Lebenslauf – bis zu seiner Trennung von Freud. In Tiefenpsychologie, Bd. 4. Weinheim: Beltz.
Seidel, U. (1983). Individualpsychologie. In R. J. Corsini (Hrsg.), Handbuch der Psychotherapie, Bd. 1 (S. 390–413). Weinheim: Beltz.
Selvini Palazzoli, M. (1982). Magersucht. Stuttgart: Klett.
Selvini Palazzoli, M. & Prata, G. (1985). Eine neue Methode zur Erforschung und Behandlung schizophrener Familien. In H. Stierlin et al. (Hrsg.), Psychotherapie und Sozialtherapie der Schizophrenie (S. 275–282). Berlin: Springer.
Selvini Palazzoli, M., Boscolo, L., Cecchin, G. & Prata, G. (1977). Paradoxon und Gegenparadoxon. Stuttgart: Klett.
Selvini Palazzoli, M., Boscolo, L., Cecchin, G. & Prata, G. (1981). Hypothetisieren – Zirkularität – Neutralität. Familiendynamik, 4, 123–139.
Selvini Palazzoli, M., Cirillo, M. & Sorrentino, A. (1987). Das Individuum im Spiel. Zeitschrift für systemische Therapie, 5, 144–152.
Shlien, J. M. & Zimring, F. M. (1970). Research directives and methods in client-centered therapy. In J. T. Hart & T. M. Tomlinson (Eds.), New directions in client-centered therapy (S. 33–57). Boston: Mifflin.
Simon, F. B. & Stierlin, H. (1984). Die Sprache der Familientherapie. Stuttgart: Klett-Cotta.
Sparrer, I. & Varga v. Kibed, M. (2000). Ganz im Gegenteil. Tetralemmaarbeit und andere Grundformen systemischer Strukturaufstellungen. Heidelberg: Carl-Auer.
Speierer, G.-W. (1993). Psychopathologie nach dem Differentiellen Inkongruenzmodell der klientenzentrierten Psychotherapie. In S. Schmidtchen et al (Hrsg.), Die Entwicklung der Person und ihre Störungen, Bd. 2 (S. 117–138). Köln: GwG.
Speierer, G.-W. (1994). Das differentielle Inkongruenzmodell (DIM). Handbuch der Gesprächspsychotherapie als Inkongruenzbehandlung. Heidelberg: Asanger.
Speierer, G.-W. (2003). Das Differentielle Inkongruenzmodell (DIM). In: G. Stumm, J. Wiltschko & W. Keil (Hrsg.), Grundbegriffe der Personzentrierten und Focusing-orientierten Psychotherapie und Beratung (S. 75–78). Stuttgart: Pfeiffer bei Klett-Cotta.
Sterman, M. B. (1976). Effects of sensorimotor EEG feedback training on sleep and clinical manifestations of epilepsy. In

J. Beatty & H. Legewie (Eds.), Biofeedback and behavior (S. 167–200). New York: Plenum Press.

Stern, D. N. (1992). Die Lebenserfahrung des Säuglings. Stuttgart: Klett-Cotta.

Stern, D. N. (1995). The motherhood constellation. Unified view of parent-infant psychotherapy. New York: Basic Books.

Stierlin, H. (1975). Von der Psychoanalyse zur Familientherapie. Stuttgart: Klett.

Stierlin, H. (1978). Delegation und Familie. Frankfurt: Suhrkamp.

Stierlin, H. (1982). Dynamische Familientherapie. In R. Bastine et al. (Hrsg.), Grundbegriffe der Psychotherapie (S. 98–103). Weinheim: edition psychologie.

Stierlin, H. (1987). Ko-Evolution und Ko-Individuation. In H. Stierlin, F. Simon & G. Schmidt (Hrsg.), Familiäre Wirklichkeiten (S. 126–138). Stuttgart: Klett.

Stierlin, H., Rücker-Embden, I., Wetzel, N. & Wirsching, M. (1977). Das erste Familiengespräch. Stuttgart: Klett.

Stierlin, H., Simon, F. & Schmidt, G. (Hrsg.) (1987). Familiäre Wirklichkeiten. Stuttgart: Klett.

Stock-Whitacker, D. & Liebermann, A. (1965). Psychotherapy through the group process. London: Tavistock.

Suinn, R. M. & Richardson, E. (1971). Anxiety management training. A non-specific behavior therapy program for anxiety control. Behavioral Therapist, 2, 498–510.

Sullivan, H. S. (1950). The Illusion of Individual Personality. (o. A.)

Sullivan, H. S. (1953/80). Die interpersonelle Theorie der Psychiatrie. Frankfurt: Fischer.

Sutton-Simon, K. (1981). Assessing belief-systems. In P. C. Kendall & S.C. Hollon (Eds.), Assessment strategies for cognitive-behavioral interventions (S. 59–84). New York: Academic Press.

Swildens, H. (1991). Prozessorientierte Gesprächspsychotherapie. Köln: GwG.

Swildens, H. (2002). Prozessorientierte Gesprächspsychotherapie. In: W. Keil & G. Stumm (Hrsg.), Die vielen Gesichter der personzentrierten Psychotherapie (S. 187–206). Wien, New York: Springer.

Tausch, R. (1968). Gesprächspsychotherapie. Göttingen: Hogrefe.

Tausch, R. (1973). Geprüfte Annahmen und Prozessgleichung zur klientenzentrierten Gesprächspsychotherapie In G. Reinert (Hrsg.), Bericht über den Kongress der Deutschen Gesellschaft für Psychologie (S. 172–184). Göttingen: Hogrefe.

Tausch, R. & Tausch, A. (1979). Gesprächspsychotherapie (7. Aufl.). Göttingen: Hogrefe.

Tausch, R., Eppel, H., Fittkau, B. & Minsel, W.-R. (1969). Variablen und Zusammenhänge in der Gesprächspsychotherapie. Zeitschrift für Psychologie, 176, 93–102.

Teichmann-Wirth, B. (2003). Körper, Körperarbeit. In: G. Stumm, J. Wiltschko & W. Keil (Hrsg.), Grundbegriffe der Personzentrierten und Focusing-orientierten Psychotherapie und Beratung (S. 196–198). Stuttgart: Pfeiffer bei Klett-Cotta.

Teusch. L. & Finke. J. (1995). Die Grundlagen eines Manuals für die gesprächspsychotherapeutische Behandlung bei Panik und Agoraphobie. Psychotherapeut, 40, 88–95.

Titze, M. (1979). Lebensziel und Lebensstil. München: Pfeiffer.

Titze, M. (1984). Individualpsychologie. In H Petzold (Hrsg.), Wege zum Menschen, Bd. 2 (S. 7–100). Paderborn: Junfermann.

Tolman, E. C. (1932). Purposive behavior in animals and men. New York: Appleton Crofts.

Tomlinson, T. M. & Hart, J. T. (1962). A validation study of the process scale. Journal of Consulting Psychology, 26, 74–78.

Trenckmann, U. (1982). Familienforschung und -therapie in den psychiatrischen Krankheitskonzepten des 19. Jahrhunderts. In O. Bach & M. Scholz (Hrsg.), Familientherapie und Familienforschung (S. 9–16). Leipzig: Vogel.

Truax, C. B. (1962). A tentative scale for the measurement of unconditional positive regard. Wisconsin: Psychiatric Institute Bulletin.

Truax, C. B. (1966). Reinforcement and nonreinforcement in Rogerians psycotherapy. Journal of abnormal Psychology, 71, 1–9.

Truax, C. B. & Carkhuff, R. R. (1964). Significant developments in psychotherapy research. In L. E. Abt & B. F. Riess (Eds.), Progress in clinical psychology (S. 124–155). New York: Holt.

Truax, C. B. & Carkhuff, R. R. (1967). Toward effective counseling and psychotherapy. Training and practice. Chicago: Aldine.

Truax, C. B., Carkhuff, R. R. & Kodmann, F. (1965). Relationships between therapist-offered conditions and patient change in group psychotherapy. Journal of Clinical Psychology, 31, 327–329.

Tschacher, W. (1990). Interaktion in selbstorganisierten Systemen. Grundlegung eines dynamisch-synergetischen Forschungsprogramms in der Psychologie. Heidelberg: Asanger.

Tschacher, W. (1997). Prozessgestalten. Die Anwendung der Selbstorganisationstheorie und der Theorie dynamischer Systeme auf Probleme der Psychologie. Göttingen: Hogrefe.

Tschacher, W. & Brunner, E. J. (1995). Empirische Studien zur Dynamik von Gruppen aus der Sicht der Selbstorganisationstheorie. Zeitschrift für Sozialpsychologie, 26 (2), 78–91.

Tschacher, W. & Grawe, K. (1996). Selbstorganisation in Therapieprozessen – Die Hypothese und empirische Prüfung der „Reduktion von Freiheitsgraden" bei der Entstehung von Therapiesystemen. Zeitschrift für Klinische Psychologie, 25, 55–60.

Tschacher, W., & Haas, H. (1994). Zeitreihenanalyse einer anthroposophisch erweiterten psychiatrischen Behandlung bei einer geistig behinderten, schizophrenen Patientin. In R. Haltiner, & J. Egli (Hrsg.), Dezentrale Betreuung von Menschen mit geistiger Behinderung (S. 181–190). Luzern: Edition SZH.

Tschacher, W. & Scheier, C. (1995). Analyse komplexer psychologischer Systeme. II: Verlaufsmodelle und Komplexität einer Paartherapie. System Familie, 8, 160–171.

Tschacher, W., Schiepek, G., & Brunner, E. J. (Eds.) (1992). Self-Organization and Clinical Psychology. Berlin: Springer.

Tscheulin, D. (1975). Gesprächspsychotherapie als zwischenmenschlicher Kommunikationsprozess. GwG, 98–113.

Tuschen, B. & Fiegenbaum, W. (1996). Kognitive Verfahren. In J. Margraf, (Hrsg.), Lehrbuch der Verhaltenstherapie, Bd. 1 (S. 387–399). Berlin: Springer.

Valins, S. & Ray, A. A. (1967). Effects of cognitive desensitization on avoidance behavior. Journal of Personality and Social Psychology, 7, 345–350.

VandenBos, G. R. (1973). An investigation of several methods of teaching „experierential focusing". Unpubl. Diss. University of Detroit.
Vetter, H. & Slunecko, T. (2000). Phänomenologie. In G. Stumm & A. Pritz (Hrsg.), Wörterbuch der Psychotherapie (S. 512–513). Wien, New York: Springer.
Völker, U. (Hrsg.) (1980). Humanistische Psychologie. Weinheim: Beltz.
Vööbus, K. V. (1975). Gegen die Psychotechnik oder ein Plädoyer für die Gestaltanalyse als Einzeltherapie. Integrative Therapie, 1, 102–109.
Walen, S. R., DiGiuseppe, R. & Wessler, R. L. (1980). A practitioners' guide to rational-emotive therapy. New York: Oxford University Press.
Walker, W. (1996). Abenteuer Kommunikation. Bateson, Perls, Satir, Erickson und die Anfänge des Neurolinguistischen Programmierens (NLP). Stuttgart: Klett-Cotta.
Walter, H. J. (1994). Gestalttheorie und Psychotherapie (3. Aufl.). Opladen: Westdeutscher Verlag.
Waschulewski-Floruss, H., Miltner, W. & Haag, G. (1996). Biofeedback. In M. Linden & M. Hautzinger (Hrsg.), Verhaltenstherapie (S. 102–108). Heidelberg: Springer.
Watson, J. B. (1913). Psychology as the behaviorist views it. Psychological Review, 20, 158–177.
Watzlawick, P., Beavin, J. H. & Jackson, D. D. (1969). Menschliche Kommunikation. Bern: Huber.
Watzlawick, P., Weakland, J. H. & Fisch, R. (1974). Lösungen. Bern: Huber.
Weber, G. (1993). Zweierlei Glück. Heidelberg: Carl-Auer.
Weerth, R. (1992). NLP & Imagination. Grundannahmen, Methoden, Möglichkeiten und Grenzen. Paderborn: Junfermann.
Weinberger, S. (2001). Kindern spielend helfen. Weinheim: Beltz
Welter-Enderlin, R. & Hildenbrand, B. (Hrsg.) (1998). Gefühle und Systeme. Die emotionale Rahmung beraterischer und therapeutischer Prozesse. Heidelberg: Carl-Auer.
Wenger, M. A. et al. (1961). Experiments in India on „voluntary" control of the heart and pulse. Circulation, 24, 1319–1325.
Wethkamp, B. (1997). Eine praxisorientierte Einführung in die klientenzentrierte Körperpsychotherapie. In D.-H. Moshagen (Hrsg.), Klientenzentrierte Therapie bei Depression, Schizophrenie und psychosomatischen Störungen (S. 13–30). Heidelberg: Asanger.
Wewelka, M. (2003). Expressive Art Therapy. In: G. Stumm, J. Wiltschko & W. Keil, (Hrsg.), Grundbegriffe der Personzentrierten und Focusing-orientierten Psychotherapie und Beratung (S. 108–110). Stuttgart: Pfeiffer bei Klett-Cotta.
Wexler, D. A. (1974). A cognitive theory of experiencing, selfactualization, and therapeutic process. In D. A. Wexler & L. N. Rice (Eds.), Innovations in client centered therapy. New York. Wiley.
Wexler, D. A. & Rice, L. N. (Eds.) (1974). Innovations in client centered therapy. New York: Wiley.
Whitaker, C. A. (1976). The meaning of theory in clinical work. In P. J. Guerin (Hrsg.), Family therapy. New York: Pergamon.
Whitaker, C. A, & Keith, D. V (1981). Symbolic-experiential family therapy. In A. S. Gurman & D. P. Kniskem (Eds.), Handbook of Family Therapy (pp. 187–225).
Wiener, N. (1968). Kybernetik. Regelung und Nachrichtenübertragung im Lebewesen und in der Maschine. Düsseldorf, Wien: Econ.
Wiggins, J. S. (1973). Personality and prediction. Menlo Park: Addison-Wesley.
Wigner, E. P. (1970). Symmetries and reflections – Scientific essays. Cambridge, Mass.: M.I.T. Press.
Willi, J. (1975). Die Zweierbeziehung. Reinbek: Rowohlt.
Willi, J. (1978). Therapie der Zweierbeziehung. Reinbek. Rowohlt
Willi, J. (1985). Ko-Evolution. Die Kunst gemeinsamen Wachsens. Reinbek: Rowohlt.
Willi, J. (1991). Was hält Paare zusammen? Der Prozess des Zusammenlebens in psycho-ökologischer Sicht. Reinbek: Rowohlt.
Willi, J. (1996). Ökologische Psychotherapie. Göttingen: Hogrefe.
Willi, J. (2002). Psychologie der Liebe. Stuttgart: Klett-Cotta.
Wiltschko, J. (2002). Focusing und Focusing.Therapie. In W. Keil & G. Stumm (Hrsg.), Die vielen Gesichter der personzentrierten Psychotherapie (S. 231–264). Wien, New York: Springer.
Wiltschko, J. (2003). Experiencing, Focusing, Focusing-Therapie. In G. Stumm, J. Wiltschko & W. Keil (Hrsg.), Grundbegriffe der Personzentrierten und Focusing-orientierten Psychotherapie und Beratung (S. 99–102, 117–120, 120–122). Stuttgart: Pfeiffer bei Klett-Cotta.
Winch, R. F. (1958). Mate selection. New York: Harper.
Wittling, W. (Hrsg.) (1980). Handbuch der klinischen Psychologie (6 Bde.). Hamburg: Hoffmann & Campe.
Wolpe, J. (1954). Reciprocal inhibition as the main basis of psychotherapeutic effects. Archives of Neurological Psychiatry, 72, 205–226.
Worchel, P. & Byrne, D. (Eds.) (1964). Personality change. New York: Glencoe.
Wynne, L. (1980). Paradoxe Interventionen. Familiendynamik, 5, 42–56.
Yates, A. (1977). Falsche Auffassungen über die Verhaltenstherapie. In H. Westmeyer & N. Hoffmann (Hrsg.), Verhaltenstherapie: Grundlegende Texte. Hamburg: Hoffmann & Campe.
Zielke, M. (1979). Indikation zur Gesprächspsychotherapie. Stuttgart. Kohlhammer.
Zimring, F. M. (1974). Theory and practice of client-centered therapy. A cognitive view. In D. A. Wexler & L. N. Rice (Eds.), Innovations in client centered therapy. New York: Wiley.
Zuk, G. H. & Rubinstein, D. (1975). Überblick über Konzepte für die Untersuchung und Behandlung von Familien Schizophrener. In I. Boszormenyi-Nagy & J. L. Framo (Hrsg.), Familientherapie – Theorie und Praxis (S. 20–50). Reinbek: Rowohlt.
Zurhorst, G. (1989). Skizze zur phänomenologisch-existentialistischen Grundlegung des personenzentrierten Ansatzes. In M. Behr et al. (Hrsg.), Jahrbuch für personenzentrierte Psychologie und Psychotherapie (S. 21–59). Salzburg: Otto Müller.

Personenregister

Abraham   8, 10–11
Ackermann   234, 268
Adler, Alexandra   9, 41
Adler, Alfred   5, 8–10, 12–13, 20, 40–49, 53, 73, 89, 141, 155, 160, 196, 198, 232
Adler, Kurt   9, 41
Adler, Valentine   41
Agassiz   2
Ahlers   227
Alexander   10, 68, 115
Allers   9
Andersen   283, 288–289
Anderson   287
Andolfi   227, 235
Angyal   159
Argelander   251
Arnkoff   131
Atmanspacher   60
Axline   168
Ayllon   123
Azrin   123

Bach   253
Baker   80
Balint   10–11, 25
Bandler   234, 265, 277
Bandura   105, 131–132
Barnes   99
Bastine   195
Bateson   14, 228, 233–234, 238–239, 241–243, 267, 280, 283–284
Beavin   238
Bechterew   107, 111, 119
Beck   14, 105, 131, 135–137, 141, 149
Behr   166
Bell   234
Bénard   212, 218, 224
Bente   166
Berg   66
Bergin   167
Bergman   25
Berne   13, 89–91, 94–96, 99, 155, 204
Bernheim   5, 7
Bertalanffy   159, 220, 228, 267
Beule   142
Biermann-Ratjen   168, 173–174, 176–177
Binswanger   12, 155
Bion   251
Birbaumer   124
Bischof   169
Bitter   4, 7
Bleuler   9–10

Bloch   160, 203
Boadella   24–25, 66–67, 72–74, 80
Bommert   169, 175, 178
Bosch   277
Boscolo   282
Boss   12
Boszormenyi-Nagy   234, 268–269, 271
Bowen   234, 267–268
Braid   6
Braunert   142
Brener   124
Breuer   1, 5–8, 22
Broca   2–4
Brown   106
Brücke   23
Brunner   224
Buber   155–156, 160, 163, 165, 203
Bühler, Charlotte   154
Bühler, Karl   239
Büntig   81–83
Burt   111
Burton   4
Bykow   114
Byron   42

Camus   155, 157, 183
Capra   108
Capers   98
Carkhuff   164, 174–175
Cartwright   5
Cautela   131, 134
Cecchin   282
Charcot   5–7, 21, 53
Cheney   89–90
Chessik   143
Chomsky   60
Cierpka   227
Corsini   9, 55, 195
Coyne   147, 149
Crisp   119

Dahlhoff   178
Dare   35
Darwin   2
Davison   7, 148–149, 174
Demosthenes   42
Dewey   184
DiCara   124
Dicks   251
Diekstra   146
Dienelt   9–10
Dieterich   55

DiGiuseppe 143
Dörner 217
Dostojewskij 5
Dreikurs 9
Dubois 109, 141
Duhl 266
Dymond 164
D'Zurilla 133

Eckert 168, 176
Ehrenfels 158
Eigen 220
Einstein 55
Eitingon 11
Ellis 9, 14, 50, 105, 131, 135, 137, 141–149
Engelke 203
Epstein 41, 228
Erdheim 20
Erickson 234, 248, 265, 280–281
Erikson 11, 89, 97, 267
Eschenröder 142
Eysenck 14, 57, 105, 117, 119, 141–142

Fairbairn 251
Federn 9, 89
Fenichel 10
Ferenczi 8–9, 11, 25, 36, 53, 108
Fiegenbaum 120, 137
Finke 168, 221
Fisch 280
Fishman 272, 274
Fittkau 161
Fizzotti 200
Fließ 6, 22, 24
Florin 119
Foerster 222, 287
Ford 167
Forel 68
Framo 234, 268
Frank 175
Franke 168
Frankl 9, 12–13, 155, 195–201, 233, 248
French 115
Freud, Anna 11, 25, 32–33, 35, 73
Freud, Sigmund 1, 2, 4–6, 8–9, 11–13, 15, 20–24, 26–35, 40, 47, 66, 68–72, 74, 82–83, 89, 106, 108, 160, 184, 187, 196, 198, 230, 253, 267
From 184
Fromm 9–10, 12–13, 155, 232, 267
Fromm-Reichmann 233

Galanter 134
Gantt 110
Gelder 119
Gendlin 167, 169, 178, 179
Georget 232
Gergen 228
Gliddon 2

Goethe 5
Goldfried 120, 131, 133
Goldstein 125, 127, 158–159, 165, 169, 184, 186
Goodman 183–184
Goodrich 242
Goolishian 287
Gould 2–3, 5
Goulding 90, 99
Graumann 157
Grawe 224
Gregory 243
Grieger 142
Griesinger 4
Grinberg 251
Grinder 265, 277
Grunwald 169, 173
Guthrie 105, 113–114

Haaga 143, 149
Haas 224
Hacker 30
Hagehülsmann 90
Haken 219, 223
Haley 233–235, 238–239, 265, 271, 280–281
Hamilton 108, 112
Hand 120
Happel 183
Hargens 289
Harold 111
Harper 148
Harris 89, 98
Harsch 99
Hart 166, 177
Hartmann, Eduard v. 5
Hartmann, Heinz 11
Hartmann-Kottek-Schroeder 183, 190
Hautzinger 120, 141
Hecht 125
Hefferline 183–184
Hegel 156
Heidegger 12, 155
Heigl-Evers 5, 251
Heimannsberg 242
Hellinger 266
Helm 175
Helmholtz 23
Herder 155, 157
Herve 3
Herzberg 115
Heyer 10
Hildenbrand 264
Hinsch 227
Hippokrates 4
Hoffman 268, 279–281
Hoffmann 35
Hofstätter 164
Hohenheim 5
Holder 35

Holland   121
Homme   131, 134
Horney   9–10, 12–13, 29, 155, 157, 183, 232
Howe   166, 168, 175
Howells   235
Hübner   176
Hull   105, 109, 112–114
Husserl   12, 155–156

Iljine   203
Imber-Black   267
Irigaray   30

Jackson   233–234, 238, 241, 275
Jacobi   54, 57, 61
Jacobson   118–120
Jacoby   40, 42, 43
Jakob   10
Janet   5, 7, 53
Janov   67
Jasper   167
Jaspers   155
Jessen   99
Jesu   61
Jones, Elsa   242
Jones, Ernest   8–9, 11, 29
Jones, Mary C.   111, 117, 132
Jung   9–10, 12, 20, 30, 34, 53–58, 61–62, 108, 195, 254, 258
Jürgens   268

Kahane   8
Kahler   98
Kanfer   125–126
Karpmann   97
Kast   10, 62–63
Keith   275
Keller   164
Kelly   123
Kempler   264, 275, 279, 280
Kerenyi   54
Kernberg   25
Keßler   142, 147, 149
Kibed   266
Kierkegaard   5, 155–156, 163, 165
Kiesler   178
Kirschenbaum   276
Klein, M. H.   178
Klein, Melanie   10, 25, 29, 251
Koch   4
Koffka   158, 186
Köhler   158
Kohut   25
Kraepelin   4
Kraus   75
Kreitman   254
Kris   11, 24
Kriz, Jürgen   1, 160, 170, 219, 220, 222, 227, 231, 244, 288
Kriz, W. C.   217

Kröner   120
Kufner   80
Kuhn   67, 210, 232
Künkel   9, 41, 48

Laiblin   63
Laing   67, 235, 239, 251
Längle   12, 195–196, 198, 200
Laotse   61, 156
Laplanche   26, 31
Lazarus   14, 105, 119, 131, 138
Le Bon   3
Leuner   148
Leutz   203, 206
Levold   242
Levy   233
Lewin   158, 160, 165, 204, 212, 217
Lewis   85, 87
Liddell   110
Lidz   234, 267
Liébeault   5, 7
Liebermann   251
Linden   141
Lombroso   3
Lowen   13, 21, 67, 75, 80–86, 94, 155, 192, 277
Ludewig   221, 229, 244, 281
Luhmann   221–222, 244
Lukas   195
Luthman   276

Mach   23
Mahler   25
Mahoney   105, 131, 149
Malinowski   72
Marcel   155
Marcus   185
Margraf   104, 141
Marks   119
Marlatt   133
Martin   168
Marx   155, 157
Maslow   154, 161
Masters   259
Mathias   204
Mathieu   178
Maturana   220, 222, 228, 244
McLulich   215
Mead   130, 135, 141, 184, 204
Meichenbaum   105, 131, 135–137
Meier   55, 60
Meiers   9
Mendel   3
Merleau-Ponty   155, 157
Mesmer   5
Metzger   46, 158–159, 225
Meyer   119
Meynert   23
Mill   106

Miller, G. A.   134
Miller, A.   176
Miller, James G.   220
Miller, N. E.   124
Miller, N. J.   143
Minsel   166–167, 175
Minuchin   234, 264, 268, 271–272, 274, 281
Misch   76
Mitchell   167, 175
Moreno   13, 14, 155, 160, 184, 192, 203–204, 206, 233
Morris   238
Morton   2

Nadig   20
Napier   228
Naranjo   184–185
Neale   7, 143, 148–149, 174
Neel   160
Nell   62
Nelson   80
Neumann, Erich   10
Neumann, Johannes   9
Neutra   109
Nichols   267
Nielsen   254
Nietzsche   5, 155, 157
Nitzschke   5
Nostitz   232
Nott   2
Nowack   224

Ollendorf-Reich   67

Papp   266, 275
Pappenheim   7
Paracelsus   5
Pasteur   4
Paul   267
Pauli   55, 60
Pavel   166
Pawlow   105–106, 109–110, 112, 114
Pechtl   85
Penrose   254
Perls   9, 13–14, 67, 155, 158, 160, 183–190, 204
Perry   132–133
Petzold   25, 35, 95–96, 98, 157, 160, 184, 190, 204–207, 233
Pfeiffer   165, 177–178
Pfingsten   121, 133
Pflug   163
Pierrakos   77, 80, 85–86
Pine   25
Pinel   4
Pirandello   204
Plato   156
Plaum   212
Poincaré   211–212
Polster, Erving   188
Polster, Miriam   188

Pongratz   5, 109, 195
Pontalis   26, 31
Portele   242
Prata   282
Pribram   134
Prigogine   223
Putnam   8

Quekelberghe   141–142, 148

Rachman   119
Rado   10, 12
Rank   8, 9, 11–12, 165
Rattner   44
Rau   124, 125
Ray   119
Rayner   8
Reich   8–9, 12, 20–21, 23, 25, 32, 35, 66–77, 80, 82, 94, 118, 155, 183, 192, 230, 232, 253, 277
Reik   68
Reiter   263, 289
Reitler   8
Retzer   233
Revenstorf   95
Rice   168
Richardson   131
Richter   13, 235, 258, 268
Rieger   175
Riskin   234, 275
Risley   131
Roche   226
Roessler   242
Rogers   13, 104, 142, 154–156, 159–160, 163–169, 171–173, 176–178, 180, 279
Rosenbach   109
Rossi   265
Roth   134
Rubinstein   233
Rückert   142

Sachs   11
Sachse   120, 166, 168, 175, 179
Salm   268
Salter   120, 132
Samelson   111
Sandler   35
Sartre   155–157, 183
Satir   14, 234, 266, 275–277
Scheier   224
Scheler   155
Schiepek   217, 224, 227
Schiff   99
Schiller   5
Schlippe   212, 231, 263–266, 289
Schmid   163, 168, 170
Schmidt   41
Schmidtchen   166, 168
Schmidt-Hieber   175

Schmidt-Lellek 242
Schneider 191, 276
Schoenfield 164
Schönpflug 107, 114
Schopenhauer 5
Schorr 106–107, 111, 113, 142
Schultz-Hencke 12
Schwartz 168
Schweitzer 212, 263–266
Scopes 2
Secenow 106
Seelmann 41
Seidel 42
Seif 41
Selvini Palazzoli 229, 231, 235, 264, 280, 282–285
Shannon 228
Shapiro 105, 119
Shazer 242, 286
Shlien 166
Simkin 183, 184
Simon 264, 269
Skinner 14, 105, 109, 113–114, 117, 121–122, 125, 131, 141, 164
Slunecko 157
Smuts 158
Snarski 106
Sophokles 30
Sparrer 266
Speierer 168
Spitz 10, 11, 267
Stalin 41
Starr 9
Steiner 227
Stekel 8, 9, 10
Stengers 223
Sterman 124
Stern 25
Stierlin 13, 235, 264, 267, 269–271, 273
Stock-Whitaker 251
Strunk 224
Suinn 131
Sullivan 9, 12–13, 232–233, 267
Sutton-Simon 147
Swildens 168
Szent-Gyorgyi 170

Tausch 12, 165, 168, 173, 175, 177
Teusch 168
Thorndike 105, 107, 112–114
Thun 239
Titze 44, 49
Tolman 105, 114
Tomlinson 177
Trenckmann 232
Trotzki 41
Truax 164, 167, 173–175
Trüb 10
Tschacher 224

Tscheulin 168
Tunner 119
Tuschen 120

Urban 167
Uribe 220

Valins 119
VandenBos 179
Varela 220, 222, 228
Vetter 157
Vives 5
Völker 161
Vööbus 192

Wachinger 141
Walen 149
Walker 265
Walling 80
Walter 159–160
Waschulewski-Floruss 124
Watson 8, 105–106, 108, 110, 112, 114, 117, 132, 164
Watzlawick 14, 93, 234, 238–240, 244–245, 247–248, 253, 280, 287
Weakland 233–234, 238, 280
Weber 266
Weerth 265
Weisz 183
Welter-Enderlin 264
Wenger 124
Werfel 160
Wertheimer 158, 183
Wexler 168
Weyer 4
Whitaker 228, 234, 275–276, 279
Wiener 220, 228, 267
Wiggins 173
Wigner 108
Wilhelm 54
Willi 13, 251–253, 256–259
Winch 254
Wittling 124
Wolfe 67
Wolpe 14, 105, 117–121, 131–132, 141, 279
Woodworth 114
Wyden 253
Wynne 234, 267–268

Yates 104
Yerkes 108

Zielke 167
Zimmer 54
Zimring 166, 169
Zuk 233, 280
Zurhorst 168

Sachregister

A-B-C-Schema   144, 146–147
Abgrenzung   252, 265, 272
Abspaltung   92
Abstinenzregel, therapeutische   33, 36
Abwehr   31, 35, 81
Abwehrhaltungen   32, 74, 82, 253
Abwehrmechanismen   32–33, 35
Abwehrmuster   35, 73, 76
Achtung   173
Affekte   8, 22–23, 57, 76
Aggression   28–29, 186
Aggressivität   189
Agressionstrieb   40
Aktualisierungstendenz   169–170, 176
Aktualneurose   23, 70
Akzeptanz   173
Alchimie   54, 61
Alpha-Training   124
Amplifikation   62
anale Phase   29, 32
analsadistische Phase   29
Analytische Psychologie   9, 53–54
Angst   23–24, 75–76, 118
Angstabbau   111, 117–119, 132
Angstbewältigungstraining   120
Angsthierarchie   118
Angstneurose   23, 32
Angstreaktion, konditionierte   110, 117
Angsttheorie, freudsche   23–24
Anima   60
Animus   60
Anorexia nervosa   281
Anpassung, psychische   172
Anthropologie   2
Antreiber   98
Apperzeption, tendenziöse   43, 46
Archetypen   54, 59–60
Assertive Training   120–121
Assimilation   186
Assimilationsstörungen   186
Assoziation   5
– freie   7–8, 22
Assoziationsforschung   53
Assoziationsgesetz   106
Asthma   226
Atemschemel   86
Atemstörungen   86
Atemübungen   76
Atmung   76, 85–86
Attraktor   41, 219–220, 242
Aura   80, 85
Ausstoßung   270

Autoaggression   33, 189
Autoerotismus   30–31
Autonomie   161, 176, 275
Autopoiese   220–222
Aversionstechnik   109
awareness   161, 185–186, 188, 191–192

Balint-Gruppen   11
Bedürfnishierarchie   82–83, 161
Bedürfnisse   187, 253
Begegnung   10, 154, 156, 185, 187, 204, 275
Begegnungsarbeit   271
Behaviordrama   206
Behaviorismus   13, 105–106, 108, 111–113, 117, 130–131, 154
belief systems   141
– irrational   143
Belohnung   113, 121–122, 126
Bénard-Instabilität   212, 218
Beobachtungslernen   132
Besetzung   28
Bestrafung   121–122
– kognitive   126, 131, 141
Bewältigungsstrategien   81, 83, 131, 133
Bewertung   135–137, 143–145
Bewusstes   23, 27, 58
Bewusstheit   161, 176, 185, 188
Bewusstsein   27, 55–56, 58, 107–108, 221–222
– reflexives   130, 247
Bewusstseinsspaltung, hysterische   7
Beziehungsangebot, therapeutisches   172, 174, 177
Bezugssystem   44, 49
– inneres   171, 175
– primäres   44, 50
– sekundäres   44, 50
Bindung   270
Bioenergetik   13, 67, 77, 80–81, 85–87, 155
Biofeedback   124
Biofeedbacktherapie   124–125
Biosphäre   159
Blockaden   81
Blockierungen   188
Borderline-Syndrom   25

Chaos   219
Charakter   81
Charakteranalyse   73–74
Charakterhaltungen   81, 85
Charakterneurosen, familiäre   269
Charakterpanzer   73
Charakterschichten   73

Charakterstrukturen 35, 74, 81–83, 232
- neurotische 74–75
- pathologische 82–83, 252
Charaktertypen 74–75, 82–83
- hysterischer Charakter 74
- männlich-aggressiver Charakter 74
- masochistischer Charakter 75, 82, 84
- oraler Charakter 82–83
- passiv-femininer Charakter 74
- phallisch-narzisstischer Charakter 74
- psychopathischer Charakter 82, 84
- rigider/starrer Charakter 82
- schizoider Charakter 82–83
- Zwangscharakter 74
Core-Therapie 77, 80
Coverants 134

Daseinsanalyse 12
Defizitbedürfnisse 161
Deflektion 189
Delegation 254, 270, 275
Denken 56
Denkfehler 136–137
Denktyp 58
Depression 32, 136, 144
Dereflexion 198
Desensibilisierung 117
- systematische 118–120
Desensitivierung 189
Destruktionstrieb 28
Deutung 34–35
Dialog 187, 198, 287
- innerer 135, 247
- sokratischer 49, 146, 148, 198
Diskriminationslernen 109, 122
Diskriminationstraining 147
Dissipation 223
Doppelbindung, therapeutische 248, 284
doppeldeutige Botschaften 277
Doppeln 206
Double-Bind 245–246
Double-Bind-Theorie 233–234, 238, 245, 283
Drapetomanie 5, 217
Durcharbeiten 34
Dyade 252
Dysthesie 5

Echtheit 174
Effektgesetz 107
Effektivität 160
Einbrüche 57
Einschätzungen, irrationale 144
Einstellungen, irrationale 143
Einstellungsmodulation 198
Einstellungsweisen 58
Einzeltherapie, systemische 231, 247
Eklektizismus, technischer 131, 138
Ektopsyche 56

ektopsychische Funktionen 56
ektopsychische Typen 58–59
Elektrakomplex 30
Eltern-Ich 91–92
Eltern-Kind-Beziehung 71, 268–269
Elternschaft 272
Emergenz 154, 220
Emotionen 57, 136, 171
Empathie 174, 204
Empfindung 56
Empfindungstyp 59
Endopsyche 56
endopsychische Funktionen 57
Energie 8–9, 23, 28–29, 58, 68–70, 81
Energieblockade 75, 85
Energiefluss 81, 85
Energieniveau 86
Entspannung 118–120
Entspannungstechniken 120
Erfolg 107–108
Erlebniszentrierung 167
Ermutigung 49
erogene Zonen 28–30
Eros 28
Erotik 70
Ersatzgefühle 94
Erwachsenen-Ich 91–92
Erwartungs-Erwartungen 130, 231
Erwartungsangst 199
Erziehung 48
Erziehungsstil 43, 48
Es 24, 26–28, 34, 91, 187
Evolution 44, 213
Evolutionstheorie 2
Existentialismus 5, 183–184
Existenz 155–156, 166, 178, 200, 210
Existenzanalyse 12–13, 155, 195–196, 200–201
Existenzphilosophie 13, 155–156, 163
Exklusion 92
Experiencing 167, 178–179
- Skala 178–179
Experiential Psychotherapy 179
Expositionstraining 119–120
Extinktion 107, 121
Extraversion 58

Familie, schizophrene 283
Familienanamnese 264
Familienaufstellung 266
Familiendynamik 230, 265
Familienkonstellation 43, 49, 232
Familienmuster, pathogene 233
Familienrealität 274
Familienskulptur 266, 275
Familienspiel, pathogenes 265, 280, 283
Familienstruktur 230, 271, 274
- normative 272
- pathogene 273, 283

Familiensystem   226, 228, 230–231, 263–265, 272, 280
– Subsysteme   271–272
Familientherapie   14, 226, 234, 263, 267, 275
– dynamische   269, 271
– erfahrungszentrierte   279–280
– psychoanalytisch orientierte   234, 267, 271
– strategische   235, 280–281, 284–285
– strukturelle   235, 271, 273–274, 281
Fantasieübungen   192
– rational-emotive   148
Faschismus   46, 72
Feedback   175, 241
Fehlanpassung, psychische   171
Fehlentwicklungen   46, 48
felt meaning/sense   178
Figur-Grund-Unterscheidung   158, 186–188
Finalität   41
Fixierung   29, 31, 253
Flexibilität   176
Fließgleichgewicht   220
flooding   120
Focusing   167, 178–179, 180
fokussierendes Team   289
Fragen   212
– systemisches   265–266
– Vermeidungsfrage   49
– Wunderfrage   286
– zirkuläre   212–213, 264, 266, 285
Frustration   82–83
– existenzielle   197
– therapeutische   191
Fühlen   56
Fühltyp   59
Funktion
– inferiore   58
– minderwertige   58
– superiore   58

Ganzheit   161, 174, 275
Gedächtnis   57
Gedanken
– automatische   136–137
– irrationale   145
Gegenindoktrinationen   149
Gegenkonditionierung   117
Gegenparadoxon   284
Gegenübertragung   23, 36
Geisteskrankheiten   4–5
Geltungsstreben   41–42, 44, 46
Gemeinschaftsgefühl   41, 44–47
gender   258
General Systems Theory   220
Generalisierung   110, 117
genitale Phase   29–30
Genogramm   264
Geschlechtsrolle   42, 258
Geschwisterposition   42
Gesellschaft   71–72, 230

Gesprächspsychotherapie   12, 163, 165–168, 178
Gestalt   158, 187
– geschlossene   187
– nicht geschlossene   188, 191
Gestalt-Dialog   191
Gestalt-Familientherapie   280
Gestalt-Gruppentherapie   192
Gestaltgesetze   158, 183
Gestaltpsychologie   158–159, 183–184, 217
Gestalttherapie   9, 13–14, 67, 155, 183–185, 190–192
– Lebensphilosophie   185
– Selbst- und Umweltkontakt-Modell von Perls   190
Gestik   49, 240, 277
Gesundheit   214
– seelische   45, 69, 70
Gewahrsein   185, 188
Gewalt   244–245
Gewissen   26–27, 44, 49, 189
Gleichwertigkeitsbalance   253
Grenzen   188, 252, 264–265, 272
– extradyadische   252
– intradyadische   252
Grounding   84–85
Grundbedürfnisse   26, 83, 91, 161
Grundgefühle   91
Grundkonflikte, neurotische   254
Grundmotivationen, existentielle   200
Grundregel, therapeutische   33
Grundtriebe   28
Gruppenpsychotherapie   160, 203

habit   112
Habituation   119
Habituationstraining   119
Handlungsanweisungen   98
Hauptfunktion   58
Hemmung   70
Hemmung, reziproke   119
Hexenwahn   4
Hier und Jetzt   160, 185, 191, 204, 275
Hier-und-Jetzt-Prinzip   205
Hilfsfunktion   58
Hinweisreiz   112, 122
Hirnpathologie   4
Holismus   154, 158
Homöostase   220, 241
Humanismus   13, 155, 157
– französischer/phänomenologischer   155, 157
– klassischer/idealistischer   155, 157
– sozialistischer   155
humanistische Psychologie   5, 13, 40, 44, 62, 90, 154–157, 160–161, 225, 275
– Korrespondenz mit systemischen Konzepten   159, 160, 225
humanistische Psychotherapie   13, 154–155, 210
– Leitsätze   159
Humor   50, 199
Hyperintention   198

Hyperreflexion   198
Hyperzyklen   220
Hypnose   6–8, 21–22
Hypnosetherapie   281
Hypnotherapie   5
Hypothesenüberprüfung   137
Hypothetisieren   285
Hysterie   4–8, 22–23, 32
hysterische Symptome   7, 50, 241

Ich   24–25, 27–28, 32–33, 56, 61, 91, 187, 228
Ich-Bewusstsein   55
Ich-Du-Beziehung   156, 163
Ich-Funktion   25
Ich-Grenzen   32, 189
Ich-Libido   31
Ich-Pädagogik   11
Ich-Psychologie   11, 25, 68
Ich-Zustände   91–92
Ideen, irrationale   145–146
Identifikations-Feedback   206
Ideologien, mussturbatorische   144–145
Imaginationsübungen, rational-emotive   148
Imitation, soziale   111, 132
Imitationslernen   132
Indexpatient   13, 230, 243
Individualpsychologie   9, 40–41, 44, 48, 50, 53, 232
Individuation   54, 61, 269
– bezogene   269
Individuum   47, 157, 171–172, 190
Indoktrinationen   98
Inkongruenz   170–172, 177
Instruktion   34
Integrative Therapie   184
Intelligenz   3, 111, 123
Interaktionsmodi, familiäre   270
Interaktionsmuster   227, 243, 251
– familiäre   263
Interaktionsstrukturen, familiäre   226
Interdependenz   158, 221
– psychisch-somatische   158
Interdependenzen   222
Interpenetration   221–222
Interpunktion   93, 240, 244
Interventionen
– bioenergetische   85–86
– dynamisch-familientherapeutische   271
– erfahrungszentriert-familientherapeutische   279
– erlebnisfördernde   167, 179, 191
– familientherapeutische   264–267
– gestalttherapeutische   191
– hypnotherapeutische   265
– individualpsychologische   49–50
– kognitiv-verhaltenstherapeutische   134–135, 137
– lerntheoretisch-verhaltenstherapeutische   118, 120–121, 123, 125–126
– logotherapeutische   198–199
– narrativ-familientherapeutische   286–289

– paradoxe   50, 248–249, 274, 281, 284
– psychoanalytische   34, 268
– psychodramatische   206
– rational-emotive   148–149
– strategisch-familientherapeutische   281–282, 284–285
– strukturell-familientherapeutische   273–274
– systemisch-paartherapeutische   259
– transaktionsanalytische   99
– vegetotherapeutische   76
Introjektion   33, 187, 189
Introspektion   108
Introversion   58
Intuition   56
Intuitionstyp   59
irrationalen Ideen   147
Isolierung   33

Joining   264

Kastrationsangst   30, 42, 258
Katharsis   7, 22–23, 205
Kausalität   41
– lineare   215
– zirkuläre   218
Kind-Ich   91–92
Kinderverhaltenstherapie   123
Klärung   34
Klientzentrierte Psychotherapie   167
Ko-Evolution   213, 251
Ko-Individuation   269
Koalition   264–265, 273, 284
Kognitionen, dysfunktionale   141
Kognitive Therapie   105, 136–137, 149–150
kognitive Trias   136
Kollusion   96, 242, 251, 253–255, 259
– anal-sadistische   257
– destruktive   255
– orale   256–257
– phallisch-ödipale   258–259
Kollusionsthemen   259
Kommunikation   221–222, 229, 238–239, 246, 276
– analoge   240–241
– Axiome   238–241
– digitale   240–241
– familiäre   281
– Inhalts- und Beziehungsaspekt   239–240
– komplementäre   241
– symmetrische   241
– und Pathogenese   225–226
Kommunikationsform, kongruente   277
Kommunikationsmuster   234, 276–277
– Ablenken   276, 279
– Anklagen   276, 278
– Beschwichtigen   276–277
– Rationalisieren   276, 278
Kommunikationsspiel   283
Kommunikationsstörungen   239–241
Kommunikationsstrukturen, familiäre   276

Kompensation   42
Kompetenzen, soziale   132
Kompetenztraining   133
Komplex   30, 53, 63
Komplexe Psychologie   9, 10, 54
Konditionierung   8, 107, 111, 117
– klassische   8, 107, 117
– operante/instrumentelle   113, 121, 123, 125
– verdeckte   134–135
Konditionierungsexperimente   107, 110
Konflikt   31, 71
– frühkindlicher   32, 35, 73, 82–83
– kindlicher   71, 74
Konfluenz   189
Konfrontation   34, 111, 191
Kongruenz   172, 174
Konnotation, positive   265, 284–285, 288, 289
Konstruktivismus, radikaler   221, 287
Kontakt   185, 188, 192
Kontaktstörungen   188–190
Kontaktvermeidung   188
Kontaktzyklus   187–188
Kontamination   92
Kontiguitätsprinzip   114
Kontobuch   268
Konversion   8, 28
Körperarbeit   76, 85, 160
Körperhaltungen   49, 85, 277
Körpertherapien   12, 21, 77
Kosmos   205
Krankheit   210, 214, 230, 243
– psychische   68–69, 226
Krankheitsmodell, medizinisches   210
Kreativität   176
Kriminalanthropologie   3
Kurztherapie   10, 115
– aktive Methode   10
– lange   284
– lösungsorientierte   286
Kurzzeittherapie   115, 199
Kybernetik   220, 241, 286
– zweiter Ordnung   286

Latenzphase   30
Leben   185–186, 221
Lebensdrehbuch   94, 97
Lebensgrundpositionen   97–98
Lebenslinie   46
Lebensplan   41, 43–44, 49, 97
Lebensstil   41, 43–44
Lebenswelt   157, 204–205, 225, 227–228
Lehranalyse   36
Leitlinien   43
Lernen   113–114, 222
– latentes   114
Lerntheorien   105, 117, 130
– amerikanische   105, 107, 112–114, 130
Libido   8–9, 12, 23–24, 28–32, 53, 68, 70–71

Libidobesetzung   28
Libidoentwicklung   23, 28, 30–31
Libidostauung   70, 73
Libidotheorie   10, 12, 22–24
Liebe   48, 260
Liebesfähigkeit   69–70
Liebestrieb   28
Lieblingsgefühle   98
Living Systems   220
Logotherapie   9, 12–13, 155, 195–196, 198, 200–201, 233
Löschung   107
– verdeckte   134
Lösungen   248
– erster Ordnung   248
– zweiter Ordnung   248–249
Lust   75–76
Lustprinzip   28

Macht   242–245, 257
Machtkampf   258
– ehelicher   258
– familiärer   271
Machtmensch   46
Machtstreben   44, 46–47
Magersucht   281
Mailänder Modell   281–283
Mailänder Schule   229, 231, 235, 264, 280, 282, 284–285
Mandala   54, 61
Manie   4, 7
Manöver   95
Marathon-Gruppentherapie   148
Märchen   60
Maschinen, triviale/nichttriviale   222
Masochismus   75
Massage   76
Medizin   4, 76, 226
– mechanistisch-somatische   4–6
Melancholie   4
Mensch   1, 13, 130, 154–156, 161, 166
Mensch-Umwelt-Beziehung   157, 186–187
Menschenrassen   2
Mental Research Institute   234, 238, 275
Meta-System   213
Metakommunikation   238
Metaphern   266
Metapsychologie   20
Mimik   240, 277
Minderwertigkeit   40, 47
Minderwertigkeitsgefühl   41–44, 46–47, 49
Minderwertigkeitskomplex   46
Miniskripts   98
Modelllernen   132–133
– verdecktes   134
Monogenie   2
Morphostase   241
Multigenerationenfamilie   268
multimodale Therapie   138
Multimodale Verhaltenstherapie   105

Muskelpanzer   73, 75–76, 81, 85
Muskelverspannungen   73, 76, 81, 86, 189, 232
Mutter, schizophrenogene   233
Mutter-Kind-Beziehung   25, 45–46
Mythologie   54

Nachsozialisation   33
Näherungslernen   113
Narrationen   210, 227–228, 263, 265, 286, 288–289
Narzissmus   26, 31, 254–256
– primärer   28, 31–32
– sekundärer   31–32
Nationalsozialismus   11, 46, 72
Neoanalytiker   12, 13, 232
Neurasthenie   23
Neurolinguistisches Progammieren   265
Neurose   23–24, 31–32, 42, 46–48, 62–63, 70–72, 75, 92, 189, 197, 254
– experimentelle   109–110, 119
– noogene   195, 197
– psychogene   197
– reaktive   197
– somatogene   197
Neurosenlehre   23, 195, 197
neurotische Symptome   31, 42, 46–47, 73, 76, 232
Neutralität   285
Nichtdirektivität   173
NLP   265
Nullsummenspiele   95

Objekt   28, 30, 42
Objektbeziehung   11, 29–30, 268
Objektlibido   28
Objektliebe   31
Ödipuskomplex   20, 22, 29–30, 32
Ödipuskonflikt   23–25, 32, 258
Ökologische Psychotherapie   260
Onanie   71–72
Operation   95
Opfer-Täter-Zuschreibung   243–244
orale Phase   29, 32
oralsadistische Phase   29
Organismus   158–159, 161, 171–172, 186
Organismus-Umwelt-Auseinandersetzung   186–187
Orgasmus   69
orgastische Impotenz   71
orgastische Potenz   69–71, 73
Orgonakkumulator   12, 66
Orgonenergie   12, 66, 77
Orgonforschung   67
Orgontherapie   77, 80

Paarbeziehung   251–253, 260
– Grundthemen   254
Paartherapie, systemische   13, 251, 259–260
Palo-Alto-Gruppe   280
Palo-Alto-Schule   234
Panzerungen   73, 75, 81

Paradigmawechsel   210
Paradoxe Intention   199
Paradoxie   245
– logische   245
– pragmatische   245–247, 248
Parapsychologie   54
Partnerwahl   254
Patient, identifizierter   230
Penisneid   30, 258
Person   163
Persona   61
Personale Existenzanalyse   195, 200
Personalisieren   136
persönliche Domäne   136
Persönlichkeit   91, 187
– Strukturmodell   26–27, 91
Persönlichkeitsentwicklung   40, 91–92
Persönlichkeitsideal   47
Persönlichkeitstheorie   26, 169
– von Freud   26–27
– von Rogers   169, 170
Persönlichkeitstypen   32, 57
– analer Typ   32
– narzistischer Typ   32
– oraler Typ   32
– phallischer Typ   32
Personzentrierte Psychotherapie   12, 104, 155, 163, 166–169, 176–178
phallische Phase   29–30, 32
Phänomenologie   155–157
Phasenübergang   218, 220, 223
Phobien   111
Phrenitis   4
Phrenologie   6
Physik   60, 108
Polarisieren   136
Polygenie   2
Position
– progressive   253
– regressive   253
postmoderne Philosophie   227–228, 286
Pragmatik   238
Primärfunktion   58
Primärtherapie   67
private Logik   47, 50
Problemlösung   133
Problemlösungstherapie   131, 133–134
Problemzentriertheit   161
progressive Relaxation   118
Projektion   33, 187, 189
Prophezeiung, selbsterfüllende   240
Protokollierung   126
Prozessforschung   164
Prozesskompetenz   228, 286
Psyche   55–56, 58
– Typen der Ausrichtung   58
Psychiatrie   4

psychischer Apparat   22
- Strukturmodell   26–27
- topisches Modell   22–24, 27
Psychoanalyse   1, 6, 8, 10–11, 13, 20–26, 32, 40, 53, 68, 106, 108, 111–112, 154, 183, 232, 267
Psychodrama   13–14, 155, 160, 184, 203, 205–207, 233
- Konstituenten   205–206
- Techniken   206
- Therapie   205–207
Psychologie
- naturwissenschaftliche   60, 108, 170
- objektive   107
- organismische   158–159
Psychologismus   20
Psychoneurose   23, 70–71
Psychoreflexologie   107
Psychose   25, 33, 47, 92
psychosexuelle Entwicklung   29–31
- Phasenmodell   29, 254
Psychosomatik   226
psychosomatische Symptome   76, 274
Psychotherapie   62, 210
- Entwicklung   1, 8, 12–15, 211, 220, 223
- Kernbegriffe der Hauptrichtungen   210
Psychotherapieforschung   164, 166

Q-Sort   164

Racket   95
Racket-Gefühle   94–96
Rassismus   2
Rational-emotive Therapie   9, 141–142, 146–150
Raub-und-Beutetier-Zyklus   215–216
Raum   204–205
Reaktion
- instrumentelle   113
- konditionierte   107
- unkonditionierte   107
Reaktionsbildung   33
Realität   205, 263, 286
Reduktionismus
- familiärer   235, 282
- sozialsystemischer   227, 243
reflektierendes Team   288
Reflex, bedingter   106
Reflexologie   107
Reframing   50, 264–265, 268, 274
Regression   29, 32–33
Reifikation   214
Reiz
- neutraler   107
- unkonditionierter   107
Reiz-Reaktions-Schema   107, 112, 114
Reizexposition   120
Reizmuster   114
Reizsituation   122
Reizüberflutung   120
Rekonditionierung   111

Rekonstruktion   34
Repression   71–72
Respekt   173
Retroflektion   189
Rituale, therapeutische   267
Rolle   97, 204, 269
- Grundmuster   97
- Opfer   97
- Retter   97
- Verfolger   97
Rollen-Feedback   206
Rollenspiel   94, 97, 160, 233
Rollentausch   160, 206
Rollenvorschriften, familiäre   269
Rückkopplung   211, 241

Sadismus   29, 74
Salutogenese   214
Schatten   57, 61
Schizophrenie   25, 32, 215, 233–234, 238–239, 245–246, 283
Schlafstörungen   198
Schuldgefühle   189
Selbst   61, 169–172, 187, 190, 227–228
- Narrationen   228
Selbst-Erzählungen   228
Selbstachtung   173, 176
Selbstaktualisierung   159, 170, 185
Selbstaktualisierungstendenz   161, 170, 176
Selbstakzeptanz   49, 173, 176
Selbstanalyse   22
Selbstaussagen   135
Selbstbehauptungstraining   120
Selbstbeobachtung   126
Selbstbestrafung   125
Selbstbewertung   127
Selbstbild   136, 171, 176
Selbsterfahrung   175, 201
Selbsterhaltungstrieb   28
Selbstexploration   167, 174, 177
Selbstindoktrination   145
Selbstinstruktion   135, 136
Selbstintegration   174
Selbstkontakt   190, 192
Selbstkontrolle   125
Selbstkonzept   167, 171–172
Selbstmanagement   125
Selbstorganisation   170, 218–220
Selbstorganisationstheorie   160, 170, 223
Selbstreferenz   211
Selbstregulation   125–127
- organismische   158, 187–188
Selbsttrivialisierung   223
Selbstrückbezüglichkeit   211
Selbstsicherheitstraining   120
Selbststeuerung   125
Selbststruktur   169, 171–172, 176
Selbstsupervision, systemische   231
Selbsttrivialisierungen   222

Selbstüberwachung   127
Selbstverantwortlichkeit   161, 166
Selbstverstärkung   125, 127
Selbstverwirklichung   90, 161
Selbstwert   276
Selbstwertgefühl   42, 277
selektive Abstraktion   136
Semantik   238
Semiotik   238
Semirealität   205
Sensitivierung, verdeckte   134
Setting
– beim reflektierenden Team   288
– familientherapeutisches   263
– Mailänder   235, 284
– psychoanalytisches   34, 160
Sexualakt   70
Sexualberatung   72
Sexualerregung   28, 70–71
Sexualität   5, 24, 29, 70–72
– frühkindliche   22
– weibliche   29
Sexualkunde   72
Sexualneurose   198
Sexualprobleme   198
Sexualstauung   70
Sexualtrieb   8, 24
Sexualunterdrückung   71–72
sexueller Missbrauch   20–22
shame-attacking exercices   148
Sharing   206
Sinn
– existentieller   198
– Wille zum   197
Sinndeutungen   227–228
Sinnfindung   198
Sinnfrage   196
Sinnhaftigkeit   154, 227
Sinnlosigkeitsgefühl   197
Sinnorientierung   161
Skinner-Box   113
Skript   94
Skriptanalyse   89, 97–98
Skriptmatrix   98
Sozialpsychologie   40
Soziometrie   14, 203
Spiel   89, 94–97
Spielanalyse   89, 94–97
Sprache   238–239, 266, 287
Sprachproblem, systemisches   215–217
Sprachstruktur, statische   214
Stabilität   214
Stauungsneurose   70
Stimme   86
Stimuluskontrolle   122, 126
Störungen   166
– emotionale   136, 145
– hysterische   111

– narzisstische   32, 255–256
– neurotische   92
– psychische   4–5, 7, 69, 72, 111, 176, 226, 232
– psychosomatische   25, 76, 197–199, 226
– psychotische   92
Streicheleinheiten   94, 97
Stress   81
strokes   91, 94
Struktur   68, 213–214, 217
– dissipative   223
– narrative   210, 228, 286–289
Strukturanalyse   89, 91
strukturelle Abstraktion   213–214
strukturelle Koppelung   221–222
Stuhl
– heißer   192
– leerer   160, 191, 206
Sublimierung   28, 33
Surplusrealität   205
Symbiose   252
Symbol   62–63
Symbolisierung   171–172, 266
Sympathikotonie   76
Symptombildung   8, 23, 28, 31, 35
Symptomträger   230, 243
Symptomverschreibung   199, 248, 281
Synergetik   219, 223
Syntaktik   238
System   211, 213, 219, 225, 229
– autopoietisches   221
– dynamisches   213–214, 218–219
– Grundbegriffe   218
– lebendes   218, 229
– problemdeterminiertes   287
– selbstorganisierendes   223
– soziales   221
– statisches   213
Systemdynamik, nichtlineare   218–219
Systemforschung   170, 217
– Grundbegriffe   217–223
Systemhierarchien   228–229
Systemimmanente kognitive Therapie   137
systemische Therapie   13–14, 210–211, 217, 225, 229, 231, 243, 263, 280
– Geschichte   231–235
– Krankheitsverständnis   226–227, 243
Systemkompetenz, mangelnde   217
Systemperspektiven
Systemtheorie   41, 159–160, 211
– Entwicklung   211, 220, 223
– Grundbegriffe   211, 213–214, 219, 220
– Kernprinzipien   225
– Paradigmawechsel   211
– psychologische   224
Systemtheorie, personzentrierte   227

Täter-Opfer-Zuschreibung   243–244
teleologische Denkweise   41

Tendenzen
- progressive 253
- regressive 253
Thanatos 28–29
Therapeut-Klient-Beziehung 147, 166–167, 172, 176, 191, 229
- Echtheit 174
- einfühlendes Verstehen 174
- Grundhaltung des Therapeuten 72, 172–175
- unbedingte positive Zuwendung 173
Therapeut-Patient-Beziehung 33–34, 49, 50
- analytische Haltung 36
Therapeutenvariablen 165
- Basisvariablen 165, 172
- nichtklassische 175
therapeutischer Imperativ 99
therapeutisches Bündnis 33, 264
Therapieprozess 177
- Skalen 177
Therapiesystem 286–287
Therapieverträge 126
Thermodynamik 217, 223
Tiefatmung 76, 86
Tiefenpsychologie 5, 53, 210
Tierdressur 109
Todestrieb 8, 24, 28, 40
Token-Programme 123
TOTE-Einheit 134
Transaktionen 93, 97
- gekreuzte 93
- parallele/komplementäre 93
- verdeckte 93
Transaktionsanalyse 13, 90, 98–99, 155, 233
- Methoden 99, 168, 169
- Schulen 99
Transaktionsmuster 93, 94
Transfer 110
Traum 34, 62, 192
Trauma 7, 22, 63
Traumarbeit 62, 192
Traumatheorie 21–22
Traumbildung 34
Traumdeutung 35
Träumen 8
Traumgedanke, latenter 34
Trauminhalt, manifester 34
Trennungsangst 257
Triangulation 273
Trieb 24, 26, 28, 40, 112
Triebansprüche 27
Trieblehre, psychoanalytische 28–29
Trivialisierung 222
Trübung 92
Typenlehre 57, 59

Übergeneralisierung 136
Überich 24, 26–27, 91
Überindividuation 269
Überkompensation 42, 46

Überlebensmythos 275–276
Überlegenheitstendenz 46–47
Übertragung 8, 23, 35–36
Übertreibung 136
Überwertigkeitskomplex 46
Umstrukturierung, kognitive 131
Umweltkontakt 186–187, 190
Unbewusstes 5, 9, 23, 27, 42, 53, 55, 57–59, 63
- kollektives 9, 54, 57, 59
- persönliches 9, 57, 59
Ungeschehenmachen 33
Unterindividuation 269
Unterstützung 191
Urbilder 54
Urteilsfunktionen 56, 58

Vegetotherapie 67, 76, 80–81, 232
Veränderung 214
Verbalisierung emotionaler Erlebnisinhalte 165, 167, 174–175
- Skalen 175
Verdichtung 34
Verdienst 271
Verdinglichung 214
Verdrängung 24, 33, 76
Verfolgungsneurose 32
Vergebung 268
Verhalten 1, 112–113, 171, 238, 239
Verhaltensformung 113
Verhaltensmuster, selbstorganisiertes 224
Verhaltensstörungen 109
Verhaltenstherapie 8, 13–14, 104–106, 109, 115, 117, 131, 141, 210
- kognitive 104, 114, 125
- lerntheoretische 104, 117
- operante 122–123
Verhaltenszyklen, zirkuläre 216
Verkehrung ins Gegenteil 33
Vermächtnis 271
Verschiebung 34
Verspannungen 73, 76, 81
Verständnis 174
Verstärker 112, 122, 125
- kognitive 126
- primäre 122
- sekundäre 122
Verstärkung 91, 113, 121
- intermittierende 122
- kontinuierliche 122
- negative 121–122, 241
- positive 91, 121–122, 125–126, 241
Verstärkungspläne 113
Verstärkungstheorie 112
Verstörung 229, 266, 281
Verstrickung 272–273
Verzärtelung 46, 48
Vorbewusstes 23, 27

Wachstum 40, 62, 90, 185–186, 275, 276
Wachstumsbedürfnisse 161
Wachstumsstörung 190
Wahnsinn 5
Wahrhaftigkeit 174
Wahrnehmungsfunktionen 56, 58
Wendung gegen die eigene Person 33
Widerstand 8, 23, 33, 35, 73, 191
– Doppelgesichtigkeit 188–189
Widerstandsmuster 73, 76
Wiederholungszwang 36, 94
Witz 50

Zeichen 1, 114, 238, 240
Zeichenerwartung 114
Zeigarnik-Effekt 183, 188
Zeit 205
Zen-Buddhismus 184
Zielorientierung 161
Zirkularität 211
– familientherapeutische 285
– psychosoziale 212
Zwangsmoral, bürgerliche 71–72
Zwangsneurose 23, 32, 50, 73
Zwillingsforschung 111

Lebensfragen sokratisch lösen

In Therapie und Beratung, Coaching und Seelsorge tauchen immer wieder Fragen mit lebensphilosophischem Inhalt auf: „Darf ich das?" „Soll ich das tun?" „Was ist überhaupt ...?". Mit Hilfe der Sokratischen Gesprächsführung können solche grundsätzlichen Fragen leichter geklärt werden.

Der Sokratische Dialog, eine ursprünglich philosophische Unterrichtsmethode, leitet zu eigenverantwortlichem Denken, zu Reflexion und Selbstbesinnung an. Diese Fragetechnik wird im therapeutisch-beratenden Gespräch immer dann gern eingesetzt, wenn es um Begriffsklärung und Entscheidungsfindung geht. Aber wie kann man diese Methode der Gesprächsführung konkret umsetzen?

Harlich Stavemann, Lehrtherapeut und Trainer für Sokratische Gesprächsführung, beschreibt die Methode Schritt für Schritt. Anhand zahlreicher, ausführlich kommentierter Dialogbeispiele macht er das Wesen des Sokratischen Dialogs nachvollziehbar und leitet mit praktischen Tipps zu ihrem Training an.

Harlich H. Stavemann
Sokratische Gesprächsführung
2. vollst. überarb. Auflage 2007
XII, 356 Seiten. Gebunden.
ISBN 978-3-621-27598-9

Verlagsgruppe Beltz • Postfach 100154 • 69441 Weinheim • www.beltz.de